中国新兴产业投资研究
（2022）

何诚颖　等著

中国财经出版传媒集团
中国财政经济出版社

图书在版编目（CIP）数据

中国新兴产业投资研究.2022 / 何诚颖等著. ——北京：中国财政经济出版社，2022.4

ISBN 978-7-5223-1301-6

Ⅰ.①中… Ⅱ.①何… Ⅲ.①新兴产业-投资-研究-中国-2022 Ⅳ.①F269.24

中国版本图书馆CIP数据核字（2022）第052101号

责任编辑：马 真 郁东敏　　　　责任校对：胡永立

封面设计：中通世奥　　　　　　　责任印制：刘春年

中国财政经济出版社 出版

URL：http://www.cfeph.cn

E-mail：cfeph@cfeph.cn

（版权所有　翻印必究）

社址：北京市海淀区阜成路甲28号　邮政编码：100142

营销中心电话：010-88191522

天猫网店：中国财政经济出版社旗舰店

网址：https://zgczjjcbs.tmall.com

北京财经印刷厂印刷　各地新华书店经销

成品尺寸：185mm×260mm　16开　28.25印张　549 000字

2022年4月第1版　2022年4月北京第1次印刷

定价：89.00元

ISBN 978-7-5223-1301-6

（图书出现印装问题，本社负责调换，电话：010-88190548）

本社质量投诉电话：010-88190744

打击盗版举报热线：010-88191661　QQ：2242791300

序　言

（一）

21世纪以来，人工智能、增材制造、智能机器人、物联网、云计算、大数据、区块链、元宇宙等新兴技术不断取得突破，通过与各领域有机结合，已经产生了大量的新业态和新模式。从NBIC（纳米、生物、信息、认知）的崛起，到新能源、新材料，以及现在的5G、芯片、量子技术，新兴产业的快速发展吸引了创新型企业、金融机构和广大投资者的极大关注，其拉动经济增长的潜能正在不断释放。

为了培育出新的竞争优势，各主要国家把发展新兴产业作为一种战略选择。如德国2013年提出的"工业4.0"、美国2012年发布的"先进制造业国家战略计划"、法国2015年发布的"未来工业计划"等，都是围绕发展新兴产业这一核心和重点展开的。除此之外，巴西等新兴经济体也实施了相应的政策措施来推动新兴产业的发展。中国的新兴产业如何把握机遇，乘势而上，抢占21世纪制造业的高地？投资者该如何把握产业更替带来的千载难逢的投资机会？带着这些想法，我于2019年8月前往英国牛津大学访问学习，希望通过近距离了解工业革命的发源地，更深刻理解产业更替和发展的逻辑。

全球经济增长情况自2008年国际金融危机以来一直不容乐观。在此背景下，新兴产业以其特有的生命力进入世界各主要国家和经济体的视野，培育战略性新兴产业对一国发展十分重要，因此各国开始通过发展战略性新兴产业，力争为国家创造出新的经济增长点，以抢占发展先机。战略性新兴产业不仅以新技术、新模式的创造为基础，获得超越成熟行业的发展速度，而且可以通过技术渗透的方式，促使其他行业摒弃既有的运营模式，促进整个经济的结构转型。

中国也相继制定出台了一系列政策组合拳，促进战略性新兴产业发展，战略性产业已经成为中国实现经济稳定增长的重要力量。新冠肺炎疫情的确对全球经济造成了较大的影响，但对中国新兴产业而言，随着"后疫情时代"的到来，疫情对社会和经济带来的冲击可转化成为发展动力，进而优化中国新兴产业的未来发展布局。因此，大力发展战略性新兴产业对掌握未来发展先机具有重要意义。

（二）

20世纪后半叶，受益于新兴产业的发展，美国经济高速发展。美国提出新的能源政策，大力扶持其新能源产业，以应对国际金融危机后的能源危机和环境恶化，减少能源危机对其经济发展的影响。奥巴马政府于2009年签署了《美国复兴与再投资法案》，这项经济刺激政策规模巨大，且将对新兴产业项目的投资置于重要地位。

美国的新一代信息技术发展十分迅速，其如今强大的电网系统是其新一代信息技术发展的代表作之一。计算机技术等"虚拟基础设施"对国家经济发展越来越重要，美国在2011年公布的《美国创新战略2011》也强调了"虚拟基础设施"的建设。除此之外，美国政府致力于提高高速网的接入率，对其现代化电网系统进行更新和完善，进一步扩大无线宽带以支持其商业用户。美国的计算机技术及产业的先进与发展程度是世界其他国家暂时无法达到的。

美国的生物医药产业同样领先于世界上的其他国家。美国实施了各种扶持生物医药产业的相关政策，以巩固美国生物技术和生物产品的领先地位。硅谷生物产业园作为美国五大生物科技产业园区之一，生物医药产业的销售收入有57%出自硅谷生物产业园，而全美生物技术的研发投入有59%投向硅谷生物产业园，该产业园的销售额每年也在高速增长。

对于高端装备制造业，美国主要发展机械、运输和电气设备，并且在航空和卫星领域处于全球领先地位。政府通过各种直接手段，如通过颁布相关法律法规，鼓励大学与行业合作，有效地将研究成果转化成具有实用价值的产品；与此同时，通过一些间接政策刺激、鼓励该产业蓬勃发展。大力扶持高科技企业和产品附加值大的行业，不断推动技术创新发展。发展至今，美国硅谷等一系列新兴产业集群已经发展壮大，对世界新兴产业格局有重大影响。

为了尽快从衰退的困境中走出来,英国大力推动电动车等环保汽车产业的发展。英国在节能环保产业发展方面形成了自己的优势,并且在环境监测、空气和土地污染控制、水处理、清洁技术、噪声和震动控制、海洋污染控制等领域都有较强的比较优势。例如,英国的零排放电力有轨城市交通系统、污水处理工程的设计和建造、遥测设备的生产等,均处于世界领先地位,企业在该领域年营业额高达250亿英镑。

在生物医药领域,英国政府于1981年设立"生物技术协调指导委员会",于2009年颁布《构筑英国的未来》,于2010年初创立创新投资基金,以此鼓励和刺激生物医药领域技术的研究和开发,加速生物产业和生命科学的发展进程。而对于新能源汽车的发展,英国也颁布和实施了政策和计划,鼓励人们从使用传统汽车向购买新能源汽车过渡。例如,英国政府从2009年4月1日起对纯电动汽车免征消费税。英国为了普及和扩大电动汽车充电网络,于2010年提出了"绿色复苏"计划,刺激人们对新能源汽车的需求,并推行纯绿色汽车城市试点。

(三)

新兴产业最大的特点就在于不断突破与创新。逐年递增的专利申请凸显全球新兴技术的高速发展,这些新兴技术涉及信息、生物、新能源、新材料、纳米等领域。在现有新兴产业加速发展的同时,一些新的新兴技术和产业也在酝酿当中,这其中就蕴藏着全球新兴产业未来发展方向。总体来说,环保化、智能化、国际化和融合化是新兴产业的主要发展方向。

后金融危机时代,ICT(信息、通信、技术)技术突飞猛进,基于无线传感网、Internet、物联网、云计算、全球知识与技术创新,创造了一种全新的全球网络智能制造和服务模式,使市场信息、知识技术、材料装备、资金人才、管理服务等要素得以在全球范围内更自由、更便捷地流动和更有效地优化配置,全球制造、服务各个领域的智能化发展趋势不可逆转。

智能化概念包括智能家居等智能单元的相关概念,这些智能单元的集合将促进社会智能化,即智能社会的出现。与所谓"信息社会"不同,决定智能社会发展的关键性因素不是一般的信息和知识,而是智能技术。智能技术使所有终端设备都是智能化的,改变人类的生活方式,改变产业结构,也改变生产形式。从家庭到工作，到学习，到医疗，人类会被各种智能设备和智能机器人包围，所有基础的应用都将被集成到智能系统之中。

比如，将智能技术、信息技术和先进制造技术进行有机结合，并且集控制和分析等功能于一体的智能制造装备；又比如通过在住宅内集成网络通信技术、自动控制技术和安全防范技术等家居生活设施，帮助人们更高效地管理住宅设施和家庭事务，提高人们的家居舒适度、安全性、艺术性和便利性，实现居住环境环保节能和智能化等。

随着全球温室气体的大量排放，全球变暖程度越来越严重，地球已经无法继续承受人类对环境的破坏了。因此，人类必须重视对环境的保护。目前，绿色经济和低碳经济已经成为世界各国的未来战略发展方向。比如，欧盟十分重视经济复苏过程中的"绿色"和"低碳"。英国于2009年4月提出了一项"绿色振兴计划"，大力推动电动车等环保汽车产业的发展，同样强调了环保和"绿色"的重要性。中国"十四五"规划也明确提出"碳中和""碳达峰"的重要目标，加快推动产业结构转型和产品技术升级，实现经济高质量发展。

当前，对技术进行交叉与融合已是大势所趋。在各学科和产业融合发展的同时，更应以信息技术为支撑，将新材料等新兴技术进行有机结合，进一步推动和引导新一轮科技和产业革命。比如，纳米技术由于可以很好地与各种新兴技术进行有机融合，因此它值得成为新兴产业继续向前发展的焦点之一。元宇宙概念包含了人工智能、大数据分析、混合现实、区块链、物联网等最新技术和应用的融合，还包括对于经济、人性、社群、心智、共识的深层次理解。由于新兴产业本就产生和依赖于各学科和技术的融合，因此发展新兴产业更应该在推动传统产业进步的同时也促进新兴产业的崛起。此外，除了重视其他产业与新兴产业之间的融合外，新兴产业内部的交叉也是重中之重，如此才能不断增强综合竞争力，而模糊行业之间的界限。

(四)

培育战略性新兴产业是我国的重要战略决策。我国在经历经济高速发展的同时，环境和能源却没有得到良好的可持续性保护。如今我国很多资源都具有较高的进口依存度，这对我国经济社会的未来健康发展极为不利。因此，走出困境的方法不仅仅是要减少浪费，更要大力发展新兴产业实现我国产业的转型升级，以此达到可持续发展的目标。

纵观全球，经济新一轮的快速增长来源于技术创新和产业革命。因此，我国可以利用好新一轮产业革命的机遇，奋力追赶欧美等科技强国。2008年的国际金融危机对各国经济都产生了巨大影响，为了应对金融危机的负面影响，各国也在快速调整自身经济增长模式，近年来，在全球范围掀起了人工智能、机器人、元宇宙、纳米技术、智能汽车与智慧交通、3D打印、合成生物技术、互联网与大数据、精准医疗、免疫治疗、可再生能源与储能、绿色制造与先进制造等技术领域的创新与投资及应用热潮，这也代表着未来新兴产业的发展方向。

中国要充分调动各地区发展战略性新兴产业的积极性，将各地区的优劣势进行合理分析，在各自特点的基础上有针对性的提高。首先，东部地区基于其经济发展、创新水平以及资源环境等多方面的优势，有利于推动新兴产业往高端技术水平方向发展，如高端装备制造、信息技术与新能源汽车产业等；其次，中部地区存在高失业率的情况，适合发展助力就业的相关产业，如生物产业和新材料产业等；最后，经济相对落后但资源相对丰富的西部地区则更适合发展新能源产业。

新兴产业的发展需要金融支持、资本助力。创新企业初期需要启动资金，发展阶段需要建设资金，在成熟期需要产业增值的资金服务。近年来，我国建立和完善了多层次的资本市场体系。其中，科创板独立于主板市场，主要服务于世界前沿科技、经济主战场和国家重点需求项目，致力于帮助市场认可度高、拥有核心关键技术以及支持国家战略的高科技企业；而创业板也称"二板市场"，更多地为创新型企业创造融资机会，有助于新兴产业得到更好的发展；北交所以新三板精选层为基础，行业定位重点放在创新型中小企业，打造"专精特新""小巨人""隐形冠军"集中上市的中国版纳斯达克。随着科创板的建立、北交所的成立，新兴产业未来发展将会获得更多的资金和政策支持。

（五）

在过去的240年中，全球发生了四次技术革命，也意味着技术的不断进步。第一次工业革命标志着我们从农耕文明到工业文明的过渡；第二次工业革命即"电气时代"，我们又进入了钢铁、电力、重工业时代，石油、汽车的大规模生产促进了生产率的大幅增长；第三次工业革命即我们正在经历的信息时代，生产效率得到进一步提升，而就在第三次工业革命方兴未艾时，第四次工业革命悄然来临。这些历史周期十分相似，从重要的生产要素贬值开始，全社会的创新水平上升，紧接其后的是泡沫，而泡沫破灭之后经济下行，经过一段时期的巩固之后，高生产效率的新技术得以保存并广泛普及。

经济学家卡萝塔·佩蕾丝在《技术革命与金融资本》一书中试图找出这些技术周期循环背后的真正原因，并指出了周期增长和衰退相似轨迹存在的缘由。她的结论表示，尽管技术的进步带来了技术革命，但与技术革命周期联系更为密切的是社会、体制以及经济范畴。当新的技术体系应用于商业发展时，标志着我们进入了技术革命周期中的爆发阶段。在这个阶段，经济逻辑发生改变，从而形成一个全新的"技术经济范式"。这个技术经济范式可以利用新技术让企业效率、营利能力和竞争力提高。经济、制度和技术三个维度，共同驱动一场技术革命浪潮。技术革命的开端总是会伴随着许多反对的声音，社会和制度观念对旧有范式的强调正是如此。但随着技术革命的不断推进，会逐渐形成一个新的社会、政治和制度的规范体系以替代旧有体系，从而提升了新范式的地位。在技术革命深入人心的时候，人们将逐渐适应更新更优的技术，从而抛弃旧有范式。

中国在先进制造、生物制药、核心软件、新材料等领域中存在着不少薄弱环节甚至是空白地带，投资者需要关注如芯片半导体、量子计算、脑机接口；数字医疗、AI制药、合成生物等领域，把新兴产业的难点、痛点转变成投资发展的起点、亮点，这是当今时代对投资者更高远的期许。

过去几年里，新能源、电动汽车等领域率先出现了一批引领世界的中国企业。但是，"小荷才露尖尖角"，在"碳达峰、碳中和"这个历史性机遇下，还蕴含着更多投资机会，包括固态电池、家用储能、节能减排新材料、存算一体AI芯片、碳捕捉和碳量化、AI在节能和交通减排方面的应用等。

Meta在计算机领域称之为"元"，"verse"是宇宙"universe"的缩写，Metaverse（元宇宙）为探讨互联网的下一个阶段，是一种持续的能被分享的虚拟空间，由AR、VR、3D等技术支持。美国科幻作家Neal Stevenson在1992年发布的小说《Snow Crash》中最先提到元宇宙。小说里，所有现实世界的人，在元界都有一个网络分身。

元宇宙象征着一个平行于现实世界的、人造的虚拟维度，参与者能做的事和经历只会受到想象力的限制。Facebook 将元宇宙定义为"你可以与其他人共同构建和探索的虚拟空间"。我们认为，斯皮尔伯格的电影《头号玩家》中的"绿洲"世界应该是元宇宙的终极形态。

无论是元宇宙概念第一股罗布乐思（Roblox）2021 年 3 月在美国纽约证券交易所正式上市，首日市值就突破 380 亿美元。Facebook 宣布将在 5 年内转型成一家元宇宙公司，国内的腾讯、字节跳动等互联网巨头及米哈游等游戏新星都争先恐后地宣布加入到元宇宙赛道中。

新兴产业是中国经济转型和调结构的必然方向，按照政府的战略性新兴产业发展规划，新兴产业产值未来十年具有"十年十倍"的发展潜力。在资本市场上，新兴产业盈利质量显著优于传统地产等行业，股市投资以布局边际增量制胜，在经济发展动能切换、个股占比、市值占比、盈利质量持续抬升的趋势下，与新兴产业相关的龙头上市公司股票也具有很大的上涨空间。

最后，我想说的是，技术的发展从来不是一帆风顺的。过去 200 多年，技术革命为社会、为人类带来了翻天覆地的变化，可以预期的是，在未来 10 年到 20 年里，新兴产业也可能带来更多的改变。如今，新兴产业在资本市场掀起一阵阵的投资热潮，我也想借这句话表达我的感受——我们需要拥抱这个全新的技术革新时代带来的投资机会，同时也应未雨绸缪，做好承担风险的准备。

前　　言

20世纪80年代以来，一场以信息通信技术、新能源为主要内容的新技术革命和产业革命正在展开，掀起新一代工业革命浪潮。变革时代，众多专家都在加大对新产品的研发力度，全球技术创新活动屡创新高。世界知识产权组织数据显示，近年来，国际技术创新活动不断增长，尽管2008年受国际金融危机的影响，全球技术创新活动在短期经历了低潮，但随后迅速恢复，2010年就出现反弹，2013年国际专利申请数增长率达到了10年最高点。2020年尽管受疫情影响，但国际专利申请量继续增长，达到创纪录的27.59万件，较2019年增长4%。而在所有申请中，53.7%来自亚洲，中国申请数量高达68 720件，再次成为国际专利申请量最多的国家。

新兴产业最大的特点就在于其不断的突破与创新。逐年递增的专利申请凸显全球新兴技术的高速发展，这些新兴技术涉及信息、生物、新能源、新材料、纳米等领域。在现有新兴产业加速发展的同时，一些新的新兴技术和产业也在酝酿。总体来说，这些正在发展和潜在发展的新兴产业呈现出智能化、环保化、融合化和国际化的趋势。

改革开放以来，中国经济经历了40多年的高速增长，平均增速超过9%，但由于种种因素的限制，已经无法再支持经济的高增长。我们判断，中国经济从高速增长期迈入高质量发展新阶段，将更强调发展的平衡性、协调性和包容性，为实现共同富裕打好基础。

在高质量发展过程中，要解决发展的不平衡、不充分问题，高质量发展是体现新发展理念的发展，必须坚持创新、协调、绿色、开放、共享发展相统一，实现创新为第一动力、协调成为内生特点、绿色成为普遍形态、开放成为必由之路、共享成为根本目的的高质量发展，推动经济发展质量变革、效率变革、动力变革。

从2022年开始，全球经济将逐渐从一个极不寻常的全球疫情复苏期，开始过渡到一个更为正常的经济扩张期。随着中国经济增长放缓，2022年可能从2021年的峰值开始减速，随后在2021年晚些时候中国经济企稳，经济活动开始回升，财政政策将有望进一步推动增长引擎重启。

中国股市在2022年将迎来更好的一年。投资可重点关注汽车、消费品、传媒、电商、半导体五大板块。此外，在扎实推动共同富裕的框架下，消费、科技、新能源、国企改革概念股有望产生超额收益。看好"成长"，寻找增长机会，尤其是与政策挂钩的领域，例如"共同富裕"。

在本书中，我们将以全新的、系统化的方式考察如何及时发现新兴产业的发展规律，不同行业的市场表现，不同区域的发展特征，如何挖掘最具潜力的、具有高回报的新兴产业股票。全书分为新兴产业发展比较篇、中国新兴产业发展分布特征与投资评价篇、中国新兴产业发展与科创板篇、新兴产业上市公司市场表现篇、新兴产业上市公司价值创造篇、新兴产业投融资分析篇、新兴产业与金融创新篇。我们考察新兴产业上市公司的股票是如何在历史大变迁的背景下未雨绸缪、厚积薄发的。我们知道，历史不会重演，但历史也告诉我们，经验却是可以经常"再现"的！

本书由何诚颖牵头策划，杨高宇组织提纲、写作和统稿工作，参与写作的既有一流投资银行的著名分析师，也有一流大学博士、硕士，这是一个理论与实践结合的作者群，他们是：张立超、徐向阳、龚映清、薛冰、何牧原、陈薇、常雅丽、文璋、耿晓旭、黄庆成、潘滨初等，傅陆鸣提供了资料收集工作。在写作过程中，我们得到了许多领导和专家的大力关怀和支持，在此谨向他们表达诚挚的感谢。

何诚颖

2022年4月

目 录

第一篇 新兴产业发展比较

1. 新兴产业发展总述 ………………………………………………………（ 3 ）
　　1.1　新兴产业的缘起与概念界定 …………………………………………（ 3 ）
　　1.2　疫情后全球新兴产业新发展格局 ……………………………………（ 8 ）
　　1.3　新兴产业发展重点领域 ………………………………………………（ 10 ）
　　1.4　新兴产业领域发展大事件 ……………………………………………（ 19 ）
　　1.5　新冠肺炎疫情对新兴产业的影响 ……………………………………（ 34 ）

2. 新兴产业发展国际比较 …………………………………………………（ 43 ）
　　2.1　海外主要国家与地区新兴产业发展状况 ……………………………（ 43 ）
　　2.2　中国新兴产业发展状况 ………………………………………………（ 48 ）
　　2.3　中国、美国、德国、日本等国家的新兴产业发展比较 ……………（ 51 ）
　　2.4　中国、美国、德国、日本等国家的新兴产业政策比较 ……………（ 59 ）
　　2.5　全球新兴产业分布地图 ………………………………………………（ 69 ）

3. 双循环新发展格局下中国新兴产业发展战略选择 ……………………（ 77 ）
　　3.1　双循环背景下中国新兴产业发展重点领域 …………………………（ 77 ）
　　3.2　双循环背景下中国新兴产业核心发展路径 …………………………（ 80 ）
　　3.3　双循环背景下中国新兴产业发展重点任务 …………………………（ 83 ）

第二篇　新兴产业发展分布特征与投资评价

4. 中国新兴产业发展空间分布与行业特征·····················（95）
4.1 新兴产业总体发展状况·····················（95）
4.2 新兴产业区域分布特征·····················（96）
4.3 新兴产业发展行业特征·····················（98）
4.4 新兴产业发展整体水平评估·····················（99）

5. 中国新兴产业发展区域投资地图·····················（102）
5.1 新兴产业区域政策评估·····················（102）
5.2 新兴产业发展存在的突出问题·····················（106）
5.3 新兴产业区域投资评价·····················（107）

第三篇　新兴产业发展与科创板

6. 科创板设立及其投资含义·····················（113）
6.1 科创板与注册制·····················（113）
6.2 科创板政策解析·····················（119）
6.3 科创板发展方向及趋势·····················（133）
6.4 科创板对中国股票市场的影响·····················（137）
6.5 科创板整体分析与评价·····················（143）
6.6 北交所、科创板与新兴产业·····················（144）

7. 新兴产业的科创板投资地图·····················（147）
7.1 科创板挂板条件分析·····················（147）
7.2 科创板上市公司结构分析·····················（152）
7.3 科创板潜在企业名录·····················（162）

7.4 新兴产业的科创板投资地图 …………………………………………… (178)

7.5 北交所投资分析 ………………………………………………………… (180)

第四篇 新兴产业上市公司市场表现

8. 新兴产业上市公司价值创造 …………………………………………… (191)
8.1 总体市场指标表现 ……………………………………………………… (191)
8.2 总体估值分析 …………………………………………………………… (192)
8.3 总体成长性分析 ………………………………………………………… (197)

9. 市值管理百强榜分析 …………………………………………………… (207)
9.1 市值管理排行榜 ………………………………………………………… (207)
9.2 市值管理的区域表现 …………………………………………………… (208)
9.3 重点行业、企业表现 …………………………………………………… (213)

10. 行业分析 ………………………………………………………………… (216)
10.1 节能环保产业 ………………………………………………………… (216)
10.2 新一代信息技术产业 ………………………………………………… (219)
10.3 生物医药产业 ………………………………………………………… (221)
10.4 高端装备制造产业 …………………………………………………… (223)
10.5 新能源产业 …………………………………………………………… (229)
10.6 新材料产业 …………………………………………………………… (232)
10.7 新能源汽车产业 ……………………………………………………… (233)
10.8 "碳中和"产业 ……………………………………………………… (234)
10.9 线上互联网产业 ……………………………………………………… (235)

11. 行业关联与区域表现分析 …………………………………………… (237)
11.1 新兴产业与其他国际行业关联分析 ………………………………… (237)
11.2 新兴产业与其他相关行业关联分析 ………………………………… (239)

11.3　新兴产业企业的区域表现 ………………………………………（241）
11.4　中东西部区域的比较 ……………………………………………（243）
11.5　不同板块的区域表现比较 ………………………………………（244）
11.6　不同区域的价值创造前景分析 …………………………………（249）

12. 不同股本新兴产业公司表现分析 ………………………………（253）

12.1　小股本公司表现分析 ……………………………………………（253）
12.2　大股本公司表现分析 ……………………………………………（265）
12.3　股本规模与价值创造的比较 ……………………………………（273）
12.4　股本规模与公司的成长性分析 …………………………………（274）

第五篇　新兴产业上市公司价值创造

13. 新兴产业上市公司股权结构分析 …………………………………（279）

13.1　自然人持股分析 …………………………………………………（279）
13.2　机构投资者持股分析 ……………………………………………（281）

14. 新兴产业上市公司市值及影响分析 ………………………………（287）

14.1　上市公司市值的界定 ……………………………………………（287）
14.2　新兴产业的市值表现 ……………………………………………（288）
14.3　上市公司市值及影响分析 ………………………………………（294）

15. 新兴产业上市公司价值分析 ………………………………………（299）

15.1　品牌价值分析 ……………………………………………………（299）
15.2　生命周期与成长性分析 …………………………………………（302）
15.3　市场估值分析 ……………………………………………………（306）
15.4　新兴产业上市公司投资价值 ……………………………………（315）

第六篇 新兴产业投融资分析

16. 新兴产业一级市场投融资分析 …… (327)
- 16.1 2015—2020年新兴产业一级市场融资规模 …… (327)
- 16.2 2015—2020年新兴产业行业融资能力比较 …… (329)
- 16.3 2015—2020年新兴产业投资偏好分析 …… (331)

17. 新兴产业初创公司投融资分析 …… (335)
- 17.1 新兴产业初创公司的治理 …… (335)
- 17.2 新兴产业初创公司投资的指标选择 …… (339)
- 17.3 新兴产业初创公司投资的风险因素 …… (341)
- 17.4 最具投资价值的初创公司排行 …… (345)

18. 新兴产业投资案例分析 …… (353)
- 18.1 新兴产业典型行业投资案例 …… (353)
- 18.2 新兴产业股权投资案例 …… (361)
- 18.3 新兴产业公司投资案例分析 …… (368)

第七篇 新兴产业与金融创新

19. 金融创新助推新兴产业发展 …… (379)
- 19.1 金融产品创新与新兴产业发展 …… (379)
- 19.2 引导基金与新兴产业融资 …… (387)
- 19.3 信贷模式创新与新兴产业融资 …… (393)
- 19.4 融资服务体系创新与新兴产业发展 …… (395)

20. 全球新兴产业发展与投资机会 …… (400)
- 20.1 2020—2025年全球新兴产业重点发展方向 …… (400)
- 20.2 2020—2025年全球新兴产业发展规模预测 …… (406)

20.3　2020—2025年全球新兴产业投资机会分析 …………………………（414）

21. 中国新兴产业发展与投资策略 ………………………………………（415）

21.1　2020—2025年新兴产业发展整体策略：国家层面发展建议 …………（415）

21.2　2020—2025年新兴产业发展区域策略：地方政府层面发展建议 ……（419）

21.3　2020—2025年中国新兴产业投资策略：投资者层面投资建议 ………（424）

后记 …………………………………………………………………………………（430）

第一篇
新兴产业发展比较

1.

新兴产业发展总述

1.1 新兴产业的缘起与概念界定

1.1.1 新兴产业产生背景

新兴产业实践早在西方经济学形成之初就存在,但真正受到广泛关注是在20世纪四五十年代以电子信息技术为标志的新技术革命之后。新兴产业在科技革命推动下产生,代表着科学技术产业化新水平,代表着产业结构转换新方向。

21世纪以来的金融危机给世界经济带来了深远影响,新兴产业以其特有的生命力进入世界主要发达国家和经济体的视野,各国纷纷开始关注对国民经济发展和国家安全具有重大作用的战略性新兴产业,力争通过发展战略性新兴产业创造新的经济增长点,抢占新一轮国际竞争的战略制高点。

美国政府强调新能源、信息与互联网、生物与医疗、航天航空等领域的技术开发和产业发展,并将包括高效电池、智能电网、碳捕集和封存(Carbon Capture and Storage,CCS)、可再生能源等的新能源列为重点发展产业。

欧盟注重"绿色技术"的提高和"绿化"的创新和投资,加速向低碳经济转型。法国政府宣布建立200亿欧元的"战略投资基金"用于对能源、汽车、航空和防务等战略企业的投资与入股。英国启动了一项批量生产电动车、混合燃料车的"绿色振兴计划",致力于以"低碳经济模式"促使经济尽快从衰退中复苏。

日本于2009年推出"新增长策略",其发展方向为环保型汽车、电动汽车、低碳排放、医疗与护理、文化旅游业、太阳能发电,并大幅度提高新能源研发和利用的预算。

韩国制定了《新增长动力前景及发展战略》，将"绿色技术"产业、高科技融合产业、高附加值服务产业等三大领域共17项新兴产业确定为引领未来发展的新增长动力产业。另外，各国还纷纷加快信息产业发展、加大对生物技术和产业发展的支持力度、积极拓展纳米技术及产业的发展空间等（见表1-1）。

表1-1　　　　　　主要发达国家早期颁布的新兴产业重点发展领域

国家	时间	文件	主要内容
美国	2009年9月	《美国创新战略：促进可持续增长和提供优良的工作机会》	清洁能源、先进汽车技术、健康技术
	2009年12月	《重整美国制造业框架》	高技术清洁能源产业、生物工程产业、航空产业、钢铁和汽车产业（电动汽车是核心）、纳米技术产业、智能电网、低收入家庭房屋节能改造计划
英国	2009年6月	《构筑英国的未来》	低碳经济、生物产业、生命科学、数字经济、先进制造和金融服务业
日本	2009年12月	《面向光辉日本的新成长战略》	环保型汽车、电力汽车、医疗与护理、文化旅游和太阳能发电
韩国	2009年1月	《新增长动力规划及发展战略》	能源与环境、新一代运输装备、新兴信息技术产业、生物产业、产业融合、知识服务业

1.1.2　新兴产业的基本含义

目前学术界对"新兴产业"（Emerging Industry）的概念还没有形成一致且权威的定论。在国外，投资百科对新兴产业的定义是，"由新产品或新想法衍生出的、处于早起发展阶段的产业"。迈克尔·波特定义的新兴产业则是指通过技术创新、相对成本的变化、新消费需求的出现或其他经济和社会变革的出现，在新的商业机会下产生新的产品或服务，进而产生最新形成的或经过改良的产业。[①] Stefan Kesting、Jean Lin and Judith K. Pringle（2010）认为新兴产业是由技术、规则、市场或社会的变革而引发的产业[②]。

在国内，蒋学伟认为，新兴产业是指新形成或重新出现的产业。程巍认为新兴产业是指由于技术创新的结果，或新的消费需求的推动，或其他经济技术因素的变化使某种新产品或者新服务成为一种现实的发展机会，从而新形成或者重新形成一个产

---

① 迈克尔·波特. 竞争战略 [M]. 北京：华夏出版社，2005.
② Resting, K., Lin, J., K. Pringle, J. Identifying Emerging Industries [J]. Report to Ministry of Women's Affairs, 2010.

业。还有一部分学者从产业的重要性来定义。如陈刚认为新兴产业是指承担新的社会生产分工职能的，同时代表着新的科学技术产业化水平的，正处于产业自身生命周期形成阶段的产业[①]。黄南进一步对新兴产业作出了广义和狭义之分：广义的新兴产业是指利用先进科技革命成果建立起来的，普遍采用先进生产技术且具有较高劳动生产率，处于产业生命周期的成长期阶段，具有旺盛需求，对经济增长拉动作用十分明显的产业；狭义的新兴产业是指那些依靠科技革命成果衍生出来的高新技术产业[②]。

考虑到投资的需要，资本市场对新兴产业的定义则更宽泛，更动态。资本市场对新兴产业的界定主要有两个视角：一是强调新因素催生而来的新兴产业，如国投瑞银认为新兴产业是指随着科研、技术、工艺、产品、服务、商业模式以及管理等方面的创新和变革而产生和发展起来的新兴产业部门；二是强调新兴产业的新动力特性，如诺安新动力基金界定的新兴产业就是指推动中国社会发展和经济结构转型的，着眼于未来，能够带动我国经济持续稳定增长的新兴发展动力。

弗里曼对于主导产业等的概念有助于理解新兴产业的定义[③]。他们将五次康德拉季耶夫长波中生产关键要素（弗里曼称为核心投入）的产业称为动力部门（Motive Branches），如铁、煤、钢、石油、电子芯片等部门；将以核心投入和某些补充投入为基础的新产业称为支柱部门（Carrier Branches），支柱部门的迅猛增长和巨大的市场潜力能大力推动经济增长，这些部门包括棉纺、蒸汽机、铁路、电力器材、汽车、计算机等；他们认为新的基础设施将服务于新产业的需要，能够刺激和推动支柱部门和动力部门的迅速增长，动力部门、支柱部门和新的基础设施被佩蕾丝和弗里曼称为主导产业或主导部门（Leading Branches）。主导部门的概念对应于引致部门（Induced Branches），如服务站、修理店、车库、汽车配件店以及后来发展起来的大众旅游和快餐店。

参照佩蕾丝和弗里曼主导产业的定义，我们认为新兴产业的定义要包括新因素和新动力两个因素，可将新兴产业定义为随着新科研成果、新技术、新工艺、新商业模式和新目标市场的产生及应用而出现，符合经济结构转型方向，具有强劲竞争力和高速增长前景的行业。

另外，新兴产业是一个与时俱进的概念，随着经济与技术的不断发展，新兴产业的范围也在不断变化，新技术、新模式可能会被更新的技术或模式所替代，因此需要持续跟踪新科研成果、新技术、新工艺、新商业模式、新目标市场和相关政策的变化所导致的最新产业形态和相关上市公司的变化，定期或不定期对新兴产业的范围进行更新。

---

① 陈刚. 新兴产业形成与发展的机理探析 [J]. 理论导刊, 2004.
② 黄南. 世界新兴产业发展的一般规律分析 [J]. 科技与经济, 2008.
③ 克里斯·弗里曼, 弗朗西斯科·卢桑. 光阴似箭：从工业革命到信息革命 [M]. 北京：中国人民大学出版社, 2007.

按新兴产业生成方式的差异可以将新兴产业分为三类。第一类，以高科技为依托的全新产业。这种新行业以相对独立的方式进行，并不依附于原有产业。新兴产业的成长一般都是从一项新技术的发明开始，属于一种知识形态，在发展过程中其成果逐步产业化，最后形成一种新产业。第二类，高新技术改造传统产业，从而分化形成的新兴产业。分化是指新行业从原行业（母体）中分离出来，分解为一个独立的新产业。这种分化一般也是一个关键环节技术的突破，在用新技术改造传统产业并产业化的过程中逐步形成，比如改造钢铁行业，就成了新材料产业，生产复合材料以及抗酸、抗碱、耐磨、柔韧性好的新兴材料。第三类，衍生而来的新兴产业。衍生是指出现与原有行业相关、配套的产业。如 LED 技术的应用将带动包括 LED 照明、平板显示、LED 装备等一系列上下游配套关联产业的发展。

新兴技术是建立在科学基础上的革新，这些技术有潜力去创造一个新产业或改造一个老产业。换一种说法，新兴技术必须是指那些正在形成和发展的、对经济结构产生重大影响的高新技术。具体而言，新兴技术必须同时具备三个要素：一是该技术正在形成或发展之中，是刚刚出现的技术；二是能对经济结构产生重要影响；三是这些技术是高新技术而不是传统技术。在人类文明发展历程中，每一次世界经济发生的根本改变都是由一系列新兴技术集群所推动的，这些或者由激进革新而成，或者通过集中多个过去的独立研究成果而成的间断性、创新性技术引领着产业变革的方向，也主导着新一轮经济的增长，与之相伴随的是资本市场新一轮牛市的高涨。

1.1.3 新兴产业的主要特征

从新兴产业成长规律来看，它具有创新性、广泛性、高成长性和不确定性四大特征。

（1）创新性

创新性是新兴产业最基本的特点，是其区分于传统产业最重要的一点。创新有多种分类方法，其中一种是渐进性创新和突破性创新。一般行业的创新通常是在现有商业机会范围内，致力于降低产品的成本，提高企业的绩效等，这种创新总是和增加现有技术的价值联系起来的，是一种提供竞争力的渐进性创新。而新兴产业的创新通常是和根本性的、破坏现有竞争力的突破性创新紧密相连的。熊彼特进一步界定这种创新为创造性破坏（Schumpeter's Creative Destruction），他认为创新的本质是一种创造性破坏，一种新兴技术的产业化必然会对传统产业部门造成巨大冲击，并且创造一些新行业，打破现有的产业系统和竞争规则，迫使企业改变原有的管理方式和生产运作方式，这是新兴产业创造性破坏特征的集中体现。

（2）广泛性

一方面，新兴产业的渗透力强，对未来的经济产业结构调整具有极强的带动作用，新兴产业的发展不仅能通过技术创新促进新产业的形成与发展，还能借助渗透与辐射作用将技术创新应用于传统产业之中，促进传统产业的升级。另一方面，新兴产业自身技术含量高，技术复杂程度高于一般技术，因此支撑其发展的知识体系涉及面广，并且处于不断变化之中，还有些新兴技术来自多学科融合交叉，甚至一些不相干的学科相互结合产生了新的技术。20世纪80代开始迅猛发展的生物芯片技术是集合了生命科学、微电子、机械及计算机技术的新兴技术[①]。最近出现的3D打印技术，也是来源于计算机、新材料、电子制造等多个学科的深度融合，因此一旦某个学科发展滞后，就直接影响了新兴技术的发展。

（3）高成长性

新兴产业大多是基于新兴技术发展而成的产业，是高新技术产业的高端和前沿部分，且市场需求旺盛，处于产业生命周期的快速成长期阶段，规模不大但发展速度较快。因此，相对于传统产业，新兴产业具有非常明显的高成长性。这是因为新兴产业成长期始于主导设计形成之后，产业中的主导技术已经确立，创新主要转向以工艺改进为主，产业内的新进入者逐渐减少，市场尚未饱和，产品处于供不应求的状态，每个在位企业的市场份额逐渐增多，利润率较高，因此有实力的大企业不断地追加投资，促使整个产业的规模迅速膨胀，在量上呈现加速增长的趋势，表现为S增长曲线的快速上升阶段。

（4）不确定性

新兴产业处于生命成长周期的初期阶段，Porter认为，这一阶段有很大的不确定性，加上其在初创阶段，没有游戏规则，所以充满了机会和风险[②]。具体表现如下：第一，技术发展的不确定性，新兴技术属于刚刚出现或者正在发展的技术领域，该技术未来在研发、应用方面能否成功高度不确定，比如许多生物技术的基础是人类基因工程，但人类关于基因的探索只是冰山一角，许多知识领域是未知的，这对生物技术研发带来直接影响；第二，市场需求的不确定性，新兴产业在产品化的过程中面对来自传统产品及消费者习惯的挑战，部分市场竞争表现为协议之争，甚至是"眼球之争"，商业模式并不确定，需要依据市场的需求随时作出调整；第三，产业成长过程中外部环境的不确定性，相关政策和制度的不健全、基础设施和产业链配套的不成熟，产业发展标准的变化都将是产业未来发展的外部不确定因素。

---

① 银路，石忠国，王敏，等. 新兴技术：概念、特点和管理新思维 [J]. 现代管理科学，2005（4）：5-7.
② Porter描述新产业"不确定性"来源包括技术不确定、厂商战略作为不确定、初始成本高、厂商目光短浅、缺乏基础设施、缺乏产品或技术标准等10个方面。

1.2 疫情后全球新兴产业新发展格局

2020年暴发的全球新冠肺炎疫情，为新兴产业发展带来诸多挑战。一是全球产业合作格局重构，国际分工体系全面调整。当前几乎所有行业的价值链体系都开始更多地向研发和创新倾斜，要素价格在国际竞争中的重要性正在持续下降。随着传统成本型竞争优势的逐渐消退，发达国家与新兴国家间的国际竞争正越来越从错位竞争向正面竞争转变。二是主要发达国家均极度重视战略性新兴产业发展。在全球共同寻找经济增长新动能的过程中，目前所有发达国家和主要新兴经济体都在加紧布局战略性新兴产业，美国实施"再工业化"战略推出"先进制造伙伴计划"等措施，德国推出"工业4.0"，日本推行"第四次工业革命"计划等。三是战略性新兴产业国际治理体系尚不完善，未来发展的不确定性因素仍旧较多。当前战略性新兴产业的发展对于全球现存的治理体系提出了诸多挑战，在互联网平台企业的垄断认定、基因编辑等新型生物技术带来的伦理挑战、个人数据的隐私保护强度等方面，目前各国的规制规则大多落后于技术的发展，全球也缺乏统一的认定规则，不同国家的处理方式差异极大。这些规制问题将成为下一步产业发展的重大不确定因素。四是预计突发的全球新冠肺炎疫情短期内难以结束，将给全球经济造成长期波动风险[①]。

2020年，世界知识产权组织（WIPO）发布了《世界知识产权指标2020年度报告》。报告数据显示（见图1-1），近年来，国际技术创新活动不断增长，尽管2008年受国际金融危机的影响，全球技术创新活动在经历了短期低潮后迅速恢复，2010年就出现反弹，2013年国际专利申请数增长率达到了近10年来的最高点，2019年，全球申请人共提交了约320万件专利申请。

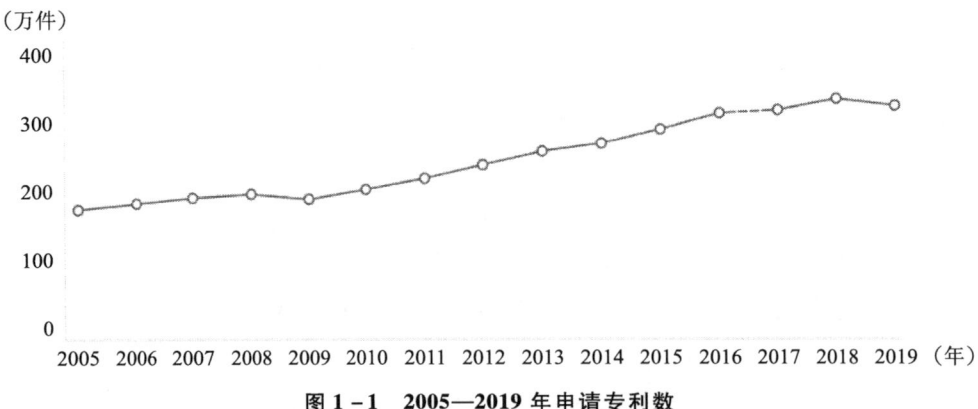

图1-1 2005—2019年申请专利数

---

① 中华人民共和国发改委 https://www.ndrc.gov.cn/xxgk/jd/wsdwhfz/202101/t20210104_1264124.html。

新兴产业的最大特点是在不断地突破与创新。全球专利申请的递增显示出新兴技术的飞速发展。当前，在现有的新兴产业快速发展的同时，新技术和产业也在酝酿之中，未来全球新兴产业的发展方向就蕴藏其中。总而言之，智能化、环保化、融合化和国际化是这些正在和潜在发展的新兴产业呈现出来的趋势。

1.2.1 智能化

后金融危机时代，信息与通信技术（ICT）突飞猛进，基于无线传感网、因特网、物联网、云计算、全球知识与技术创新，创造了一种全新的全球网络智能制造和服务模式，使得市场信息、知识技术、材料装备、资金人才、管理服务等要素得以在全球范围内更自由、更便捷地流动和更有效地优化配置，全球制造、服务等各个领域的智能化发展趋势不可阻挡。

智能化概念包括智能家居、智慧城市、智能工业等相关概念，这些智能单元的集合将导致社会智能化，即智能社会的出现。与所谓"信息社会"不同，决定智能社会发展的关键性因素不是一般的信息和知识，而是智能技术。智能技术将使所有终端设备都是智能化的，将改变人类的生活方式，改变产业结构，也改变生产形式。从家庭到工作、学习、医疗，人类会被各种智能设备和智能机器人所包围，所有基础的应用都将被集成到智能系统之中。

比如，先进制造技术、信息技术和智能技术的集成和深度融合，有感知、分析、推理、决策、控制功能的智能制造装备；以住宅为平台，利用综合布线技术、网络通信技术、安全防范技术、自动控制技术、音视频技术将家居生活有关的设施集成，构建高效的住宅设施与家庭日常事务的管理系统，提升家居安全性、便利性、舒适性、艺术性，并实现环保节能的智能居住环境等。

1.2.2 环保化

无论是从积极方面看，还是从消极方面看，人类赖以生存和发展的地球已经越来越不堪重负。因此，主动出击也好，被动应对也罢，都已经到了非出手不可的时候了。目前，绿色经济、低碳经济、节能环保已成为这个时代的高频词汇。全球气候变暖、极端气候条件频发等，更是使绿色、低碳成为多个国家甚至全球今后不变的战略发展方向。比如，欧盟在其经济复苏计划中就特别强调"绿化"的创新和投资，加速向低碳经济转型。

1.2.3 融合化

当前,技术交叉与融合越来越明显。可以说,新一轮科技和产业革命的方向不会仅仅依赖于一两类学科或某种单一技术,而是多学科、多技术领域的高度交叉和深度融合。其中,信息技术进一步发挥基础和支撑作用,生物、纳米、材料等技术将更广泛地渗透、交叉、融合,产生若干新兴技术和新兴产业,进而引发新的技术变革和产业革命。比如说,纳米技术已拓展到信息、生物、医药、能源、资源、环境、空间等诸多领域,成为各国创新投资的重点。技术融合趋势决定了新兴产业不能也不应该孤立地发展,而是既要有利于推动传统产业的创新,又要有利于新兴产业崛起。今后,新兴产业与其他产业之间,新兴产业内部之间的融合是大势所趋,作为一种相互补充和衔接,将使得行业间的界限越来越模糊,综合竞争力越来越强。

1.2.4 国际化

新兴产业孕育成长本身就具有国际化因素,随着产业国际化演进,将全球视为市场,依据各国核心专业选择产品的生产和服务的提供,由此推进产业全球化向纵深发展,这已成为未来新兴产业发展的一个必然趋势。

今天已经是全球化时代。新兴产业的勃兴也必然要在全球科技前沿领域的重大创新成果推动下形成。一则,当前科技突破催生的新兴产业发展呈现出在产业链高端共同投资、联合开发、通力合作等新的特点和趋势。比如,2013年欧盟花10亿欧元设立专项研发计划的人脑工程,作为"未来新兴旗舰技术项目",该研发计划就是由瑞士洛桑联邦理工学院教授亨利·马克拉姆(Henry Markram)牵头,并由87个来自世界各地的神经系统学、医学应用、计算机等多学科领域的研发团队共同承担任务。二则,国内市场总归有限,会制约新兴产业发展。没有国际大市场的依托,要发展技术领先的大企业、大产业是难以实现的。由此可见,正如推动科技创新既要依靠自力更生、又要借助引进吸收一样,国际合作也是加快培育发展战略性新兴产业的大势所趋,不仅科技研发的共同攻关、科技人才的互派互访成为常态,而且国际性的大科学、大工程计划也会越来越多。

1.3 新兴产业发展重点领域

科技创新是经济发展的源泉,科技创新方向是全球未来的新兴产业发展方向。近年来，在全球范围掀起了人工智能、机器人、纳米技术、智能汽车与智慧交通、3D打印、合成生物技术、互联网与大数据、精准医疗、免疫治疗、可再生能源与储能、绿色制造与先进制造等技术领域的创新、投资及应用热潮，这也代表着未来新兴产业的发展方向。2016年美国陆军部公布了《2016—2045年新兴科技趋势报告》，该报告由美国过去5年内政府机构、咨询机构、智囊团、科研机构等发表的32份科技趋势相关研究调查报告的基础上通过对近700项科技趋势的综合比对分析提炼形成，报告明确了20项最值得关注的科技发展趋势。经过这几年的发展，其中的大势已经获得了验证并仍将是未来科技发展的方向。结合这份报告和2016年以来新兴科技的发展情况，2019—2025年全球新兴产业重点发展方向如下。

1.3.1　大数据

信息技术快速发展与传统产业数据化转型带来大量数据存量。随着云计算、大数据、物联网、人工智能等信息技术的快速发展和传统产业数字化的转型，数据量呈现几何级数式增长，据国际数据公司（IDC）预测，全球数据总量预计2020年达到47 ZB，2025年达到163 ZB，其中我国数据量预计2020年将达到8060 EB，占全球数据总量的18%。在这些数据中隐藏了各种关于消费习惯、公共健康、全球气候变化以及其他经济、社会还有政治等方面的深刻信息。可惜的是，虽然大数据成了一个热点，但每年只有不到10%的数据会被分析。在接下来的时间里，我们处理巨量的动态数据的能力将会逐渐提高。自动人工智能软件将可以从散乱的数据中识别并提取有关联的信息。而这种数据分析的能力将会从商业应用扩散到普通人手里。

1.3.2　云计算

云计算是基于互联网相关服务的增加、使用和交付模式，通常涉及通过互联网来提供动态易扩展且经常是虚拟化的资源。云计算最初的目标是对资源的管理，针对的主要是计算资源、网络资源、存储资源三个方面。云计算是大数据的底层架构，以云计算来处理大数据。云计算产业链主要由上游芯片、中游服务器等设备供应商，以及下游云平台提供商、应用开发商等组成。经过10年的发展，目前已经形成了较为完整的生态系统，构建了从芯片到终端用户的全产业链。下游应用场景格局也在逐步清晰和智能化，基因测序、区块链、3D渲染等几种高算力应用场景正在成为投资热点，技术也更加成熟，有望成为算力时代最先普及的应用场景。

1.3.3 人工智能

2018年,全球人工智能产业进入一个快速发展时期,在世界各国的高度重视下,人工智能成为世界各国重点发展的战略性新兴产业。联合国世界知识产权组织(WIPO)发布了首份《2019技术趋势——人工智能报告》(WIPO Technology Trends 2019 - Artificial Intelligence)。报告显示,自20世纪50年代人工智能出现以来至2016年,科研人员已提交超过34万份人工智能发明专利申请,发表的科学出版物超过160万篇(部)。而这其中的专利超过半数是2013年以后公开的。

人工智能(Artificial Intelligence,AI)是研究、开发用于模拟、延伸和扩展人的智能的理论、方法、技术及应用系统的一门新的技术科学。人工智能技术包括模式识别、机器学习、数据挖掘、智能算法四大分支。目前已经在机器人领域、语言识别领域、图像识别领域以及专家系统领域得到深度应用。人工智能正在大力推动全新智能物件(如自动驾驶车辆、机器人与无人机)的进步并为许多既有物件(如与消费者及工业系统相连接的物联网)带来更强功能。可见,人工智能技术正在快速演化,它将是技术提供商的一个重要战场,在今后几年里,几乎任一公司或机构都将采用一定程度的人工智能。其中某些产品或服务将成为真正的智能产品或服务,其他一些则将潜在利用人工智能,在幕后提供智能。人工智能将在人类的世界里搭起一个全新智能中间层,有望改变工作和生活的本质以及工作或生活场所的结构。

1.3.4 沉浸式技术

以增强现实(Augmented Reality,AR)、混合现实(Mixed Reality,MR)、虚拟现实(Virtual Reality,VR)等技术为代表的沉浸式技术可以给用户来带来身临其境的体验,这将改变用户感知世界的方式,改变用户与世界互动方式。Gartner的研究显示,到2022年,70%的企业将尝试使用用于消费者和企业用途的沉浸式技术,25%的企业将部署到生产中。这代表着未来的会话平台,从虚拟个人助理到聊天机器人,将结合扩展的感官渠道,使平台能够根据面部表情检测情绪,并且他们将在交互中变得更加灵活。最终,这种沉浸式技术可以在计算机技术等领域,将人们与数百种边缘设备连接起来。

1.3.5 量子计算

量子计算是通过叠加原理和量子纠缠等次原子粒子的特性来实现对数据的编码和

操纵的。虽然在过去的几十年里，量子计算只存在于理论上，但近些年的研究已经开始出现有意义的结果。量子计算机的出现将会给其他的研究方向，如气候模拟、药物研究以及材料科学带来巨大的进步。

2018年12月，美国发布了《国家量子法案》，全面加速量子技术的发展和应用，并努力确保美国成为量子信息科学的世界领导者。2018年，英国政府拨出2亿多英镑重点支持2019年量子技术的研发，并于11月宣布拨款2 000万英镑，支持微型原子钟原型、量子传感器，高级接收器和低成本集成芯片。2018年，德国的《高科技战略2025》提出将在数字安全领域发展，实施"全新的整体信息技术（IT）安全解决方案"，其中量子通信将发挥重要作用。可以预计，在未来的5—15年里，量子计算及应用将会带来实际的应用效果。

1.3.6　5G网络

第五代移动通信（5G）技术将使移动带宽大幅度增强，提供比4G高近百倍的峰值速率，促进基于4K/8K超高清视频、AR/VR等沉浸式交互模式逐步成熟，连接能力将增强至百亿级，带来海量的机器类通信及连接的深度融合。网络向云化、软件化演进，网络可切片成多个相互独立、平行的虚拟子网络，为不同应用提供虚拟专属网络，加上高可靠、低时延、大容量的网络能力，将使车路协同、工业互联网等领域获得全新的技术赋能。

1.3.7　物联网

物联网（Internet of Things，IoT）是一个基于互联网、传统电信网等信息承载体，让所有能行使独立功能的普通物体实现互联互通的网络。物联网将现实世界数字化，应用范围十分广泛。2018年，物联网已经在各层面逐步落实，各方面应用有显著提升。2025年，最保守地预测将会有超过1 000亿美元的设备连接在物联网上。这些设备包括了移动设备、可穿戴设备、家用电器、医疗设备、工业探测器、监控摄像头、汽车以及服装等。它们所创造并分享的数据将会给我们的工作和生活带来一场新的信息革命。人们将可以利用来自物联网的信息来加深对世界以及自己生活的了解，并且作出更加合适的决定。与此同时，联网设备也将把目前许多工作，如监视、管理以及维修等需要人力的工作自动化。物联网、数据分析以及人工智能这三大技术之间的合作将会在世界上创造出一个巨大的智能机器网络，在不需人力介入的情况下实现巨量的商业交易。

1.3.8 区块链（Blockchain）

区块链是一种去中心化、去信任化和不可篡改的分布式账本技术，是由网络中所有参与者共享的加密签名，不可撤销的交易记录按时间顺序排列的扩展列表。在非常高的层次上，它是一种安全管理整个访问和信息的技术。在各行业数字化的进程中，物联网技术将支撑链下世界和链上数据的可信映射，区块链技术将促进可信数据在流转路径上的重组和优化，从而提高流转和协同的效率。区块链技术与现有的集中式交易和记录机制截然不同，可作为已有企业和初创公司发展颠覆式数字化业务的基础。目前区块链在金融服务中已经得到了较好的应用，在其他一些领域也有潜在的应用前景，如政府部门、医疗保健、制造业、媒体发布、身份识别、所有权登记服务和供应链等。区块链前景可观且无疑会带来颠覆式影响。

1.3.9 自动驾驶

单纯依靠"单车智能"的方式革新汽车，在很长一段时间内无法实现终极的无人驾驶，但并不意味着自动驾驶完全进入寒冬。车路协同技术路线，会加快无人驾驶的到来。在未来 2—3 年内，以物流、运输等限定场景为代表的自动驾驶商业化应用会迎来新的进展，如固定线路公交、无人配送、园区微循环等限定商用场景将快速落地。

1.3.10 医疗科技

2018 年，美国食品药品监督管理局（FDA）继续推动 21 世纪医疗法案的改革，对于数字医疗与次世代基因定序医疗应用的监管更加严格。其中，医疗软件所扮演的角色越来越重要，单纯软件接入疾病治疗、ICT 结合药物等都将成为新形态的治疗模式，数字疗法渐成体系。此外，手术导航系统与手术机器人将会实现新的整合，将各类影像技术与医疗影像、分子医学影像、AR 和 MR 融合起来，从而构建完善的智慧微创手术系统。在基因检测方面，下一代测序技术（Next Generation Sequencing，NGS）向临床应用端发展已经成为不可逆转的趋势，在美国 FDA 监制的标准化基因数据库 ClinVar 与 ClinGen，以及对定序数据算法验证的 PrecisionFDA 平台和 NGS 在后端定序数据实现应用，都可能会充当未来临床应用市场的核心竞争力，并与新疗法共同实现精准医疗。另外，免疫治疗近年来发展迅猛，取得了重大成果。2011 年伊匹单抗获得批准用于治疗黑色素瘤，标志着癌症免疫治疗的革命正式到来，至今已相继有 11 项免疗疗法获得批准（包括 2 项 CAR‑T 疗法、8 项 PD1/PDL1 药物、1 项靶向 CD3 双特异性抗体），随着研究和应用的不断深化，有望攻克人类癌症这一难题，其市场空间广大。

在新冠肺炎疫情期间催热了不少行业，互联网医疗就是其中之一。互联网医疗是互联网在医疗行业的新应用，包括了以互联网为载体和技术手段的健康教育、医疗信息查询、电子健康档案、疾病风险评估、在线疾病咨询、电子处方、远程会诊以及远程治疗和康复等多种形式的健康医疗服务。疫情期间国内主流互联网医疗平台京东健康、平安好医生、丁香医生、阿里健康、健康 160、好大夫在线等纷纷推出各自的在线医疗服务。一时间，具备专业、及时、高效、便捷特点的互联网医疗迅速升温，并逐渐成为人们在特殊时期就医的有效补充方式。互联网医疗，代表了医疗行业新的发展方向，有利于解决中国医疗资源不平衡和人们日益增加的健康医疗需求之间的矛盾，是卫健委积极引导和支持的医疗发展模式。

1.3.11 先进材料

在过去的 10 年里，材料科学技术的突破给我们带来了许多种先进的材料。从可以自我恢复和自我清理的智能材料，到可以恢复原本形状的记忆金属，到可以利用压力发电的压电陶瓷材料，到拥有惊人的结构和电力性能的纳米材料，这些都是材料科学家的研究成果。尤其是纳米材料，它有着广泛的应用价值。

在纳米尺度（0.1—100 纳米）上，普通的材料，比如碳，将会呈现出独特的性能。例如石墨烯，它是一种由碳原子构成的、只有一层原子厚度的二维晶体，强度是钢的 100 倍，能够高效地传导热和电，并且几乎透明。

纳米材料有着无数种应用，如作为引擎或其他机械表面的低摩擦力镀膜、作为高强度合成材料来建造汽车和飞机、轻便的防弹背心，以及高效的光伏材料等。

在工业应用之外，制药企业也正在研究作为靶向分子的医疗纳米粒子用于治疗癌症。在未来的 30 年里，纳米材料以及新型材料，如泡沫金属以及陶瓷复合材料将会被用在服装、建材、车辆、公路以及桥梁中，真可谓无处不在。

1.3.12 新能源汽车

2019 年全球新能源汽车市场增长趋势放缓，全年全球共售出了约 220 万辆新能源汽车，同比增长了 10%。中国汽车工业协会发布的数据显示，2020 年第一季度，受疫情和补贴下降等因素影响，中国新能源汽车的销量为 11.4 万辆，同比下降了 56.4%。

据媒体报道，进入2020年，欧洲电动汽车销量大幅上升。在1月电动车的销量同比上涨121%，2月也保持了上升趋势的情况下，德国、法国、英国、意大利和西班牙这5个欧洲主要国家的纯电动汽车新车注册量达到79 300辆，超过了中国同期77 256辆纯电动汽车的销售成绩。全球新能源汽车渗透率逐步提升，2020年渗透率达到5%。长期来看，全球新能源汽车市场空间有望成长到10万亿元量级，新能源汽车发展空间巨大。

1.3.13 新能源

在未来的30年里，全球能源需求预计会增长35%，我们则正面临着一场能源革命。新的采油技术，如水力压裂以及定向钻为人类添加了大量可开发的油田和气田。而这直接颠覆了世界石油市场，使美国从世界上最大的石油进口国变成了最大的石油生产国。另外随着美国在页岩气开发上的快速发展，世界各国也纷纷开始页岩气开采的研究。据国际能源署估计，页岩气能够从技术上增加50%的全球可开采天然气储量。

与此同时，可再生能源，如太阳能和风能的价格也开始接近于石油。以太阳能为例，在过去的10年里，太阳能发电的价格从8美元每瓦降低至这个数字的1/10。此外，还有核能这个饱受争议但从未停止开发的能源，新一代的核反应堆设计宣称远比之前的更安全，也会产生更少的核废料。

1.3.14 半导体

半导体广泛应用于计算机、消费类电子、网络通信、汽车电子等核心领域。半导体主要分为集成电路、分立器件、光电子器件、微型传感器4部分，其中集成电路占到整个市场的80%以上。半导体产业是一个快速发展的高前景性产业。产业特点是：(1) 属于非资源耗尽型的环保类产业，制造所需原材料是地壳中蕴含丰富的二氧化硅；(2) 集成电路的设计与制造技术中的高新技术含量和技术附加值非常高，产出效益极大；(3) 半导体工业是充满技术驱动与效益驱动的高活性产业，与IT产业、计算机产业等形成良性互动，驱动产业不断发展。

2019年全球半导体应用中，应用最为广泛的领域通信行业、计算机行业应用占比分别为33%和28.5%。AI、量子计算、5G、物联网和智慧城市等新兴应用将是全球半导体未来增长的驱动力。

1.3.15 芯片

芯片,有广义和狭义之分,广义芯片包括了集成电路、传感器、分立器件、光电器件产品,狭义芯片是指封装好的集成电路。集成电路依据功能可分为存储 IC、逻辑 IC、处理器 IC 和模拟 IC。随着全球电子信息产业的快速发展,以及半导体行业垂直分工趋势的进一步细化,IC 设计、制造、封测不断发展。

全球集成电路设计行业一直呈现持续增长的势头,2012—2020 年,集成电路产业市场规模年复合增长率达 16.81%。随着人工智能、新能源汽车、物联网的迅速发展及 5G 时代的到来,全球晶圆制造市场发展迅速,根据 Gartner 预测,2020—2025 年全球半导体市场将呈现 6.8% 的年平均增长率。Gartner 数据显示,OSAT 模式一直呈增长态势,2013 年以后 OSAT 模式的产业规模就超过了 IDM 模式,伴随着半导体行业垂直分工趋势,OSAT 模式将成为封测行业的主导模式。在 5G、人工智能、智能汽车等新兴应用领域的带动下,全球集成电路产业有望迎来新一轮发展,重启新一轮硅周期上行通道。

1.3.16 元宇宙技术

元宇宙(Metaverse)概念起源于科幻小说,或指向互联网的"终极形态"。概念上,Metaverse 一词由 Meta 和 Verse 组成,Meta 表示超越,Verse 代表宇宙,合起来意为"超越宇宙",也即一个平行于现实世界运行的人造空间。技术上,在传统互联网的基础上,元宇宙在沉浸感、参与度、永续性等多方面提出了更高的要求,因此将会有许多独立工具、平台、基础设施、协议等来支持其运行。随着 AR、VR、5G、云计算等技术成熟度提升,元宇宙有望逐步从概念走向现实。

尽管行业内对于元宇宙的最终形态没有细致的描述,但通过细化其特征可梳理出以下四大属性:(1)同步与拟真。虚拟空间与现实社会保持高度同步和互通,交互效果接近真实。(2)开源和创造。开源意味着技术开源和平台开源,元宇宙通过制定"标准"和"协议"将代码进行不同程度的封装和模块化,用户可根据自身需求在元宇宙进行创造,形成原生虚拟世界,不断扩展元宇宙边际。(3)永续。元宇宙平台不会"暂停"或"结束",而是以开源的方式运行,并无限期持续。(4)闭环经济系统。经济系统是驱动元宇宙不断前进和发展的引擎。用户的生产活动将通过被平台认可的统一的货币进行,用户可以使用货币在平台消费内容,也可以通过一定比例置换现实货币。

从产品形态来看，游戏是元宇宙的雏形，游戏作为人们基于现实的模拟、延伸、天马行空的想象而构建的虚拟世界，其产品形态与元宇宙相似。但游戏与元宇宙成熟形态存在较大差距，体现在沉浸感、可进入性、可触达性、可延展性4个方面。游戏可通过技术路径来缩小与元宇宙成熟形态之间的差距，如通过AR、VR等交互技术提升游戏的沉浸感；通过5G、云计算等技术支撑大规模用户同时在线，提升游戏的可进入性；通过算法、算力提升驱动渲染模式升级，提升游戏的可触达性；通过区块链、AI技术降低内容创作门槛，提升游戏的可延展性等。

近年来元宇宙受到资本市场的广泛关注，多个项目斩获大额投资。海外方面，游戏平台Rec Room于2021年3月底完成新一轮融资，总额达1亿美元；4月中旬，Epic Games融资10亿美元用于元宇宙相关业务开发，创下元宇宙赛道最高融资记录。国内方面，2021年3月，移动沙盒平台开发商MetaApp宣布完成1亿美元C轮融资，成为迄今国内元宇宙赛道最大规模的单笔融资。元宇宙已经成为未来新兴高新技术产业赛道中的重要一员。

1.3.17 "碳中和、碳达峰"

世界气象组织最新发布的信息显示，2018年全球平均温度比1981—2010年平均气温高0.38摄氏度，较工业化前水平约高出1摄氏度。全球极端天气、自然灾害明显增多，对自然生态环境产生重大影响，对人类经济社会发展构成重大威胁。20世纪80年代以来，科学界对气候变化问题的认识不断深化，IPCC已先后发布5次评估报告，每次均比上一次更加肯定人为活动是造成全球气候变化的主要原因。

2020年9月22日，习近平总书记在第七十五届联合国大会一般性辩论上向世界宣布了中国的"碳达峰"目标与"碳中和"愿景。习近平总书记指出："中国将提高国家自主贡献力度，采取更加有力的政策和措施，二氧化碳排放力争于2030年前达到峰值，努力争取2060年前实现碳中和。""碳达峰"是指全球、国家、城市、企业等主体的碳排放在由升转降的过程中，碳排放的最高点。"碳中和"是指通过植树造林、节能减排等形式，抵消自身产生的二氧化碳或温室气体排放量，实现正负抵消，达到相对"零排放"。

"碳中和、碳达峰"是我国政府为了我国经济能够长远持续发展而定下的目标，"碳达峰"与"碳中和"的推行将会给我国经济带来新的机遇。"碳达峰"与"碳中和"将会给我国带来可持续的长期发展机会；促进节能减排进程加快，新兴产业受益快速成长；有助于加快我国经济增长新旧动能的转换，为绿色经济带来发展机遇。

1.4 新兴产业领域发展大事件

1.4.1 信息技术产业

以移动互联网、物联网、云计算、大数据等为代表的新一代信息通信技术创新活跃，发展迅猛，正在全球范围内掀起新一轮科技革命和产业变革。

（1）移动互联网

2007年1月9日苹果公司发布第一代苹果手机，从此在全球范围掀起一场移动互联风暴，并拉开了经济和社会生活变革的大序幕。根据 Newzoo 发布的《2019年全球移动市场报告》，2019年全球智能手机用户的数量将达到32亿部，预计到2022年，用户数量将达到39亿部。全球活跃智能手机的数量，到2019年底达到38亿部。从地区分布来看，中国的智能手机用户8.5亿部，占全球用户数的26.6%，继续引领整个移动市场，智能手机普及率已经超过50%。尽管手机普及率较低（25.5%），但是印度也已经成长为全球第二大的移动市场，目前已经有3.5亿部设备处于激活状态。美国智能手机用户数量为2.6亿部，退居全球第三大智能手机市场的地位，智能手机普及率79.1%，这是世界上最先进互联网市场的一个重要表现。中国、印度、美国、俄罗斯和巴西的智能手机用户就占了全球总用户数的一半以上。移动互联网用户规模快速增长，为全球移动互联网高速发展提供了广阔市场空间。根据国际数据公司（IDC）2020年2月4日发布数据，2019年全球智能手机出货量为13.71亿部，同比下降2.3%。从手机厂商来看，2019年出货量排名前5位的厂商分别为三星、华为、苹果、小米、OPPO。2019年，尽管华为在海外市场面临持续挑战，但仍超越了苹果占据智能手机出货量全球第二位。从市场占有份额来看，2019年，三星在全球智能手机出货量市场占有份额为21.6%；华为市场占有份额为17.6%；苹果市场占有份额为13.9%；小米出货量占市场份额为9.2%；OPPO出货量占市场份额为8.3%。前五大手机厂商的市场份额超过全球智能手机市场份额的七成。

2019年，全球应用市场的直接消费支出达到1200亿美元。这些收入中有将近3/4来自手机游戏（72%），28%来自非游戏应用。根据 App Annie 发布的数据，2020年第一季度消费者在应用程序上的支出创造了新的纪录，达到了234亿美元。此外，根据对 Android 设备的分析，该季度全球在应用和游戏上平均每周花费的时间同比增长了20%。

案例 1-1 Facebook

Facebook 是美国的一个社交网络服务网站，也是世界排名领先的照片分享站，于 2004 年 2 月 4 日上线，主要创始人为马克·扎克伯格。公司建立各种工具，使用户能够连接、分享、探索，并与对方在移动设备和电脑上进行通信。它告别了点对点线性交流（书信、邮件）和交互式平面交流（计算机、手机），进而帮助世界各地超过 19 亿人实现空间链接交流，并以照片和视频等形式分享自己的观点。公司业务涵盖面广，面向全球市场，平台支持超过 100 种语言，数据中心遍布 30 余个国家，现拥有 2.5 万名雇员。

Facebook 的成功有四大因素：第一，差异化竞争策略。Facebook 在高校利基市场的社交争夺战中，采取包抄策略形成渠道差异化优势；在与巨头 Friendster 的竞争中，关注用户没有被满足的需求以形成体验差异化优势；在社交网络向移动、视频、平台和生态的进程中，紧随趋势形成内容差异化优势。第二，快速迭代产品，逐步升级，抢占蓝海市场。Facebook 通过由北美向世界各地渗透以及由发达市场向新兴市场下沉，取得了营业收入与用户数的高增长；根据用户需求和痛点不断更新迭代产品，保持了用户的高黏性。Facebook 于 2006 年即上线移动版网页，并与厂家合作在移动设备中预装移动 App；通过挖掘"网红"、购买音乐、直播版权加强原创视频的发展；陆续测试以及上线照片、支付、订购食物等功能，满足用户多维度社交需求，从社交媒体产品向平台化产品转变。第三，巨大社交流量通过广告变现。信息流广告已经成为移动应用市场变现的重要渠道，并依据社交群体属性根据用户喜好进行精准推荐。Facebook 自 2011 年就涉足信息流广告，是信息流广告变现的鼻祖，利用公司的巨大社交流量和信息流的先发优势，信息流广告已成为 Facebook 利用自有流量的最主要变现形式。第四，以技术为本以支持用户社交平台运营。Facebook 研发投入比例一直稳定在 20% 左右，其规模随着营业收入规模的增长也持续增长。公司通过科研投入，积极布局 VR，形成短期以"游戏+影视+社交"为主的产业结构；通过开源 AI 更新现有算法，协助产品迭代，提高用户满意度；通过长期规划区块链建立用户信息数字加密体系，构筑长期技术"护城河"，而这些新技术将引领社交行业发展，成为新社交趋势所在。

（2）物联网

物联网是新一代信息技术的重要组成部分，也是信息化时代的重要发展阶段。面对用户对于物联网应用的强烈需求，如何在其中发现市场机会，帮助用户实现"技术+业务"的数字化转型、物联网产业链的碎片化以及用户需求的个性化，是所有市场参与者需要解决的问题。

从全球看，受各国战略引领和市场推动，物联网产业链上下游企业资源投入力度不断加大,以及在工业物联网、车联网、智能电网、消费智能终端市场等行业领域应用的逐步广泛深入,全球物联网整体上处于加速发展阶段。

国际数据公司(IDC)的全球物联网支出指南2020年6月的更新显示,物联网支出同比增长8.2%,至2020年为7 420亿美元,低于2019年11月发布的预测的14.9%。IDC预测全球物联网支出将在2021年恢复两位数的增长率,在2020—2024年预测期间实现11.3%的复合年增长率。在整个预测中,中国、美国和西欧将占全部物联网支出的约3/4。尽管这三个区域最初的支出总额相似,但中国的支出将以比其他两个区域以更快的速度增长(复合年增长率分别为13.4%、9.0%和11.4%),使其成为物联网支出的主要区域。

IDC认为,2020年,"智能制造""消费升级"和"新型智慧城市"是中国物联网三大行业市场发展的主要驱动力;中国复合增长率最高的5个物联网应用场景分别为车联网、医疗陪护、智慧家庭、智能零售和环境监测。

为此,发达国家出台政策对物联网进行战略布局,抢抓新一轮新兴产业发展先机。例如,美国以物联网应用为核心的"智慧地球计划"、欧盟的"十四点行动计划"、日本的"U-Japan计划"、韩国的"IT839战略"、新加坡的"下一代I-Hub计划"等。根据《2018—2023年中国物联网行业细分市场需求与投资机会分析报告》,2020年全球物联网设备数量达到204亿台。

(3)云计算

云计算是继个人计算机变革和互联网变革之后的第三次IT浪潮,是全球性新兴产业的重要组成部分。

云计算最早可以最追溯到20世纪90年代末出现的软件即服务,但其真正受到整个IT产业的重视则是始于2006年亚马逊公司首先推出了存储类产品Amazon S3(Amazon Simple Storage Service)以及Amazon EC2(Amazon Elastic Compute Cloud),前者是一种简单的存储服务,能以极低的成本为软件开发商提供高度可扩展、可靠、低延迟的数据存储基础架构,后者则是虚拟服务器。产业界认识到亚马逊建立了一种新的IT服务模式。在此之后,谷歌、IBM、微软等互联网和IT企业分别从不同的角度开始提供不同层面的云计算服务,云服务进入了快速发展的阶段。

云计算技术优势明显:第一,软件及服务(Software as a Service,SaaS)可用Web浏览器浏览一些常见的许可软件,因此可以避免冗长的安装和集成,也不需要配置额外的硬件或网络基础架构;第二,SaaS服务可以提供比本地数据中心更好的安全性能;第三,由于SaaS服务是把软件托管在云上,可以通过任何智能终端访问,更有助于提高效率;第四,SaaS通常是按需使用,用户不需要进行大规模的软件、硬件和人员的投资。

近年全球云计算服务市场保持稳定增长态势,据Gartner统计,全球公共云服务市场在 2020 年增长 17%，达到 2 664 亿美元，2019 年收入 2 278 亿美元。从全球来看，公有云收入在 2020 年第一季度已经有明显提升。Synergy 研究数据显示，2020 年第一季度全球云计算（IaaS+PaaS）市场业绩为 290 亿美元，同比增长 37%。中信证券发布研报指出，全球 TOP4 云巨头（亚马逊、微软、谷歌、阿里巴巴）合计份额占比为 62%，同比上年提升 4%，强者抢占更多市场份额已经凸显，预计长尾厂商份额降速更为明显。根据 Gartner 及 Canalys 的数据，2019 年全年，阿里云在亚太市场份额为 28%，接近亚马逊和微软的总和。在国内市场，阿里云市场份额占比为 46.4%，位居第一。

全球云计算有三大主流竞争阵营。第一，互联网阵营。互联网企业之间争夺的云计算市场，主要聚焦在小型企业及初级用户市场，后续可能会通过与政府和大型企业合作，进入虚拟专有云、政务云市场。在 IaaS 领域，互联网企业采取与软件厂商合作，提供软件开发的基础性服务；在平台即服务（Platform as a Service，PaaS）领域，主要提供服务于第三方开发的平台服务，为开发者提供应用中间接口；在 SaaS 领域，则通过与终端客户和渠道商联合，以良好的用户体验提供系统集成服务。第二，IT 阵营。主要以主流的 IT、软件、网络设备和系统服务商为主，包括微软、IBM、惠普（HP）、甲骨文（Oracle）、思科、华为等。在云产业的 IT 阵营中，主要面向的是企业级客户，企业客户既是服务的提供者，也是服务的使用者。仅有部分 IT 厂商转型为公有云服务提供商，与互联网云计算企业展开竞合。第三，运营商阵营。运营商的优势主要在网络、数据中心、大规模可靠性、运营能力、企业信誉、企业客户资源与关系等方面，同时通过对原有业务架构进行优化和云化改造，为中小企业、政府及行业客户提供公有云和私有云托管及定制服务。

（4）半导体和芯片

半导体的历史最早追溯到 19 世纪 30 年代，半导体迅速发展，形成了以集成电路、分立器件、光电子器件、微型传感器为主要部分的半导体产业。20 世纪 40—50 年代晶体管时代及 IC 的诞生，原始计算机的出现和军工的大量需求催生了最初的半导体行业；60 年代基于硅的电路设计逐步发展起来，使得集成电路制造进入量产阶段，IC 进入了商用阶段；70 年代个人计算机的出现，大规模集成电路进入民用领域；80 年代 PC 普及，整个行业基本都在围绕 PC 发展，特别是半导体内存和微处理器，行业进入民用阶段；90 年代 PC 进入成熟阶段，21 世纪前 10 年互联网大范围推广，网络泡沫和移动通信时代来临，消费电子取代 PC 成为半导体产业创新驱动因素；2010 年至今，大数据时代的到来，半导体产业经历了增速逐渐放缓并进入成熟阶段。

全球半导体产业历史上大致从西到东经历了三次产业转移。一是在美国发明起源向日本转移，实现快速发展。1959 年仙童半导体首次将集成电路技术商业化，带来了 TI、Intel、AMD 等巨头产生。20 世纪 70 年代，家电市场兴起，日本集成电路产业迅速赶超，其家电产业与集成电路产业良性互动，并孵化了索尼、东芝等厂商。二是从日本向韩国、中国台湾地区转移，成熟分化。90年代，PC兴起，存储技术换代以及日本金融危机影响，产业开始转向韩国，孕育出三星、海力士等厂商，而晶圆代工环节则转向中国台湾，台积电、联电等厂商崛起。三是向中国大陆转移，中国逐渐承接半导体产业。进入21世纪前10年，智能手机、移动互联网爆发，随之带动物联网、大数据、云计算、人工智能等产业快速成长。人口红利促使中国大陆成为世界最大的集成电路消费区域，需求转移或将带动制造转移，全新的一轮产业转移已然开启，制造强国或将指日可待。

1.4.2 新能源产业

新能源产业的发展主要是依靠新能源的发现和应用。如太阳能、地热能、风能、海洋能、生物质能和核聚变能等。世界发达国家和地区都把发展新能源作为顺应科技潮流、推进产业结构调整的重要举措。

（1）风电

从世界新能源产业发展的实践来看，风电作为成本相对较低、技术相对成熟的产业，一直是世界各国发展新能源的重点，发展速度也最快（见图1-2）。2020年3月25日，全球风能理事会（GWEC）发布《全球风电报告》，2019年全球新增风电装机60.4GW，比2018年增长19%，为历史第二高。截至2019年底，全球风电总装机量为650GW，较上年同期增加10%。

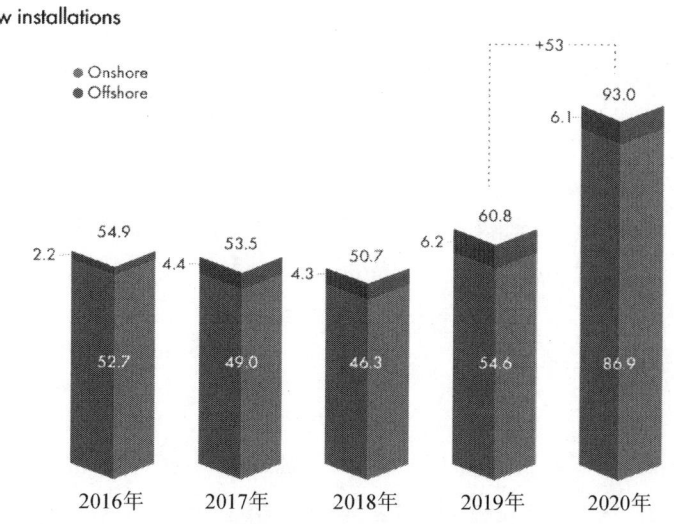

图1-2 全球风力发电新增装机容量

资料来源：GWEC。

从国家来看（见图 1-3），中国和美国仍是全球最大的陆上风电市场，两国合计占 2019 年新增装机容量的近 60%。2019 年，中国新增装机容量占全球新增的比重为 43.3%；美国新增装机容量占比为 15.1%；英国新增装机容量占比为 4%；印度和西班牙新增装机容量占比分别为 3.9%、3.8%；其他国家新增装机容量占比为 29.8%。

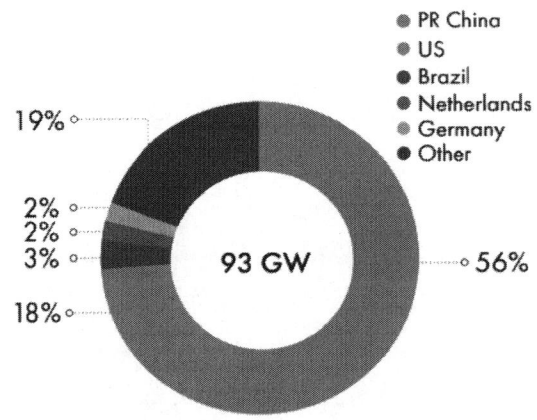

图 1-3　全球新增风力发电装机容量国家分布

资料来源：GWEC。

（2）光伏发电

相比风能等其他再生能源，太阳能的获取更直接简便，且取之不尽、用之不竭，具有较高的易获得性，太阳能光伏发电成为重要的新能源发电途径，各个国家密集推出了一系列支持太阳能光伏发电的计划和政策，光伏产业得到迅速发展，市场逐渐走向成熟化。IHS 曾根据新冠肺炎疫情的影响发布了 2020 年太阳能装机的预测，认为 2020 年全球光伏新增装机达到 105GW，比 2019 年全球安装量同比下降 16%。由新冠肺炎疫情引发的全球经济衰退的严重性将阻碍 2021 年的快速复苏。一些市场可能会受益于可再生能源被纳入刺激计划，以帮助经济复苏，但总体金融环境将严重影响所有类型光伏系统的需求。受灾最严重的地区将是欧洲、印度和亚洲其他地区，因为它们是近年来太阳能部署的最大地区。

（3）核能发电

核电技术是最成熟的新能源技术之一，随着技术的不断完善，核电在安全性、经济性、核燃料利用率、防扩散性等方面都进一步提高。根据 IAEA 发布的报告，截至 2019 年底，全球在运核电机组 443 台、总装机容量 392.1GWe，分布于 30 个国家。核电发电量占世界总发电量的 10.6%。自 2011 年以来，全球通过新机组投运或现有机组升级项目累计新增 23.2GWe 核电装机容量。

但在 2019 年，因日本永久关闭自 2011 年起便未能发电的 5 台机组，全球核电容量相比 2018 年减少了 4.5GWe。截至 2019 年底，全球共计 54 台机组（总装机容量 57.4GWe）在建，分布于 19 个国家，其中 4 个国家为首建项目。亚洲地区共 35 台机组在建，总装机容量为 36.5GWe，因此不论从短期还是长期来看，未来核电装机容量增长中心都在亚洲。

（4）生物质能发电

在生物质能方面，世界各国对生物质能源的利用主要包括生物质发电，生物质液体燃料、沼气利用、生物质成型燃料等方式。生物质发电是目前世界范围内总体技术最成熟，发展规模最大的现代生物质能利用技术，包括生物质燃烧发电和生物质气化发电。美国和巴西在燃料乙醇技术方面领先，欧洲则在生物柴油和沼气技术方面具有优势。

生物质能技术的未来发展方向是纤维素乙醇技术，该技术以农林废弃物中所含的纤维素和木质素为原料，不消耗粮食或糖类。如果纤维素乙醇的生产成本降至可接受水平，可在很大程度上缓解人类的粮食供应和环境保护压力，这将是生物质能技术发展史上最具意义的重大突破。从产业发展角度看，生物质直燃发电在美国、丹麦、瑞典、芬兰、德国等国家应用较为广泛。

1.4.3 生物技术产业

生物技术产业一般指主要包括生物医药、生物农业、生物制造、生物医学工程四个子产业领域的生物产业。在生物技术药物领域，美国、欧洲、日本技术竞争力最强。美国不仅是现代生物技术的发源地，更是世界生物技术的"领头羊"。美国是生物医药产业最发达的集聚区，已形成强大的规模效应。波士顿的"基因城"、旧金山的"生物技术湾"、马里兰的各类生物科技孵化基地等形成了美国高度集聚的生物产业集群。生物制药领域的市场高度分散，全球医疗市场上的前五大公司——辉瑞制药、诺华制药、罗氏制药、赛诺菲制药和强生公司的杨森制药，其市场份额均不超过 5%。

2019 年的全球生物制药并购交易数量为 166 宗，为过去 10 年的最高水平，并购价值为 2 143 亿美元，仅次于 2015 年的 2 564 亿美元，位居第二。2019 年的交易达到了 10 年来的最高水平，跟踪了 1 567 宗交易，预计价值为 1 520 亿美元。2019 年全球生物医药领域强强并购事件不断上演：辉瑞制药（Pfizer）7 月以 114 亿美元收购 Array 生物制药公司，礼来制药（Eli Lilly and Co.）2 月以 80 亿美元收购 Loxo 公司等。

1.4.4 新材料产业

材料工业是一国经济发展的基础,而新材料是材料工业发展的重要领域,是重要的新兴产业。发达国家仍在国际新材料产业中占据领先地位,世界上新材料龙头企业主要集中在美国、欧洲和日本,其中,日本、美国、德国的6家企业的碳纤维产能占全球碳纤维产能的70%以上,日本和美国有5家企业的12英寸晶圆产量占全球12英寸晶圆产量的90%以上,日本有3家企业的液晶背光源发光材料产量占全球产量的90%以上。

新材料产业发展特征及趋势比较明显,第一,高新技术发展促使材料不断更新换代。如微电子芯片集成度及信息处理速度大幅提高,成本不断降低,硅材料发挥了重要作用;新兴产业如氮化镓等化合物半导体材料的发展,催生了半导体照明技术;LED灯的光效给照明工业带来革命性变化;太阳能电池转换效率不断提高,极大地推动了新能源产业发展;镁钛合金等高性能结构材料的加工技术取得突破,成本不断降低。第二,绿色、低碳成为新材料发展的重要趋势。新能源产业崛起,拉动上游产业如风机制造、光伏组件、多晶硅等一系列制造业和资源加工业的发展,促进智能电网、电动汽车等输送与终端产品的开发和生产。第三,跨国集团在新材料产业中仍占据主导地位。世界著名跨国集团凭借其技术研发、资金和人才等优势不断向新材料领域拓展,在高附加值新材料产品中占据主导地位。第四,新材料研发模式变革成为关注的重点,依赖于直觉与试错的传统材料研究方法已跟不上工业快速发展的步伐,亟须革新材料研究方法,加速材料从研发到应用的进程。例如,美国政府"材料基因组计划"(Materials Genome Initiative,MGI),其新材料从发现到应用的速度至少提高一倍,成本至少降低一半。

1.4.5 新能源汽车

为了促进新能源汽车的发展,全球各主要经济体均制定了电动汽车的发展规划或目标。从销售来看,2019年,全球新能源汽车总销量超过了200万辆,累计销售221万辆。2019年新能源乘用车(纯电动和插电式混合动力)销售份额达到全球前三的国家中,中国在全球电动车总销量中占据49.5%的份额,美国占据15.7%的份额,德国占比下降至11.9%。从生产来看,日本在油电混合动力(HEV)方面起步较早,并保持较高水平,其他国家与日本相比竞争力差距较大,日系车企尤其是丰田、本田在油电混合动力汽车生产方面具有明显优势。美国、欧洲主要侧重于插电式混合动力和纯电动汽车方面,因此欧美系车企除福特公司侧重油电混合动力方面外,特斯拉、奔驰、大众、通用、宝马、沃尔沃公司等都主要侧重于插电式混合动力或纯电动汽车生产方面。目前,世界各主要国家的扶持政策也大多集中在插电式混合动力或纯电动领域。

案例 1-2 特斯拉

特斯拉公司主要从事纯电动汽车的设计、制造和销售,也向第三方提供电动汽车动力系统的研究开发和代工生产服务,其产品涵盖跑车以及其他大众型车辆。特斯拉电动汽车在质量、安全和性能方面均达到汽车行业最高标准,并提供最尖端技术的空中升级等服务方式和完备的充电解决方案。2003年马丁·艾伯哈德和马克·塔彭宁创办了硅谷的第一家汽车公司。2004年2月,埃隆·马斯克以750万美元的赌注成为特斯拉最大的股权人。2007年,特斯拉将10%的股份卖给戴姆勒,同时从美国能源部获得4.65亿美元贷款。不管是戴姆勒的投资,还是美国能源部的贷款,马斯克都用于Model S的研发。2009年3月特斯拉正式对外公布了Model S。2010年6月29日,特斯拉成功登陆纳斯达克,虽然筹集的资金只有2.26亿美元,但是首次公开募股(IPO)为特斯拉提供了开放的融资渠道。2011—2015年,特斯拉公开增发三次(见表1-2),合计募集资金11.61亿美元。2008—2019年,特斯拉研发投入逐年提升,从几千万美元提高到14亿美元,累计研发费用近70亿美元。特斯拉的车型从Roadster到Model S、Model X、Model 3。特斯拉的营业收入也从2008年的1 500万美元飙升到2019年的245.78亿美元,年平均增速96%。2019年特斯拉亏损8.62亿美元,市场预期亏损8.1亿美元,上一年同期亏损9.76亿美元。毛利率远远领先传统车企,综合毛利率为25.8%,而宝马、奔驰、丰田的综合毛利率为20%、21%和18%。Model 3单一车型一个季度实现32亿美元销售额,打破了有史以来由丰田的凯美瑞车型创造的最高纪录23亿美元。

表 1-2　　　　　　　　　　　特斯拉公开增发募资情况

公告日期	发行方式	发行价格（元）	募资金额（元）	币种	发行数量（股）	占已发行股本（%）	上市日期
2011/6/3	公开发售	28.76	152 428 000.00	USD	5 300 000.00	5.54	2011/6/2
2013/5/15	公开发售	92.24	313 043 466.30	USD	3 393 793.00	2.94	2013/5/17
2015/8/11	公开发售	238.17	500 157 000	USD	2 100 000.00	1.65	2015/8/13

1.4.6 智能制造产业

智能制造装备是具有感知、决策、执行功能的各类制造装备的统称。作为高端装备制造业的重点发展方向和实现信息化与工业化深度融合，大力培育和发展智能制造装备产业对于加快制造业转型升级，提升生产效率、技术水平和产品质量，降低能源资源消耗，实现制造过程的智能化和绿色化发展具有重要意义。目前全球正掀起一轮新的工业技术革命浪潮，美国、德国、日本、巴西、印度等国已经先后制定了未来工业发展战略，制造业的格局正发生悄然改变。

（1）3D打印

3D打印即增材制造技术（Additive Manufacturing，AM）。该技术是依靠三维CAD设计数据，将离散材料（液体、粉末、丝等）逐层累加制造实体零件的技术。相对于传统的材料去除加工技术，增材制造是一种自下而上材料累加制造工艺。"增材制造"无须原胚和模具，直接根据计算机图形数据，通过材料累积的制造方法生成任何形状的物体。这种技术能够简化产品的制造程序，缩短产品的研制周期，提高效率并降低成本。

传统大规模制造的发展方向是以工业机器人为核心的智能化制造，传统制造在大批量重复性的产品制造上仍然优势突出，而3D打印在小批量个性化产品上具有相对优势。截至2019年，全球3D打印市场规模达到119.56亿美元（见图1-4），预计到2023年将达到353.6亿美元，预测期（2019—2023年）的年复合增长率约为31.1%。

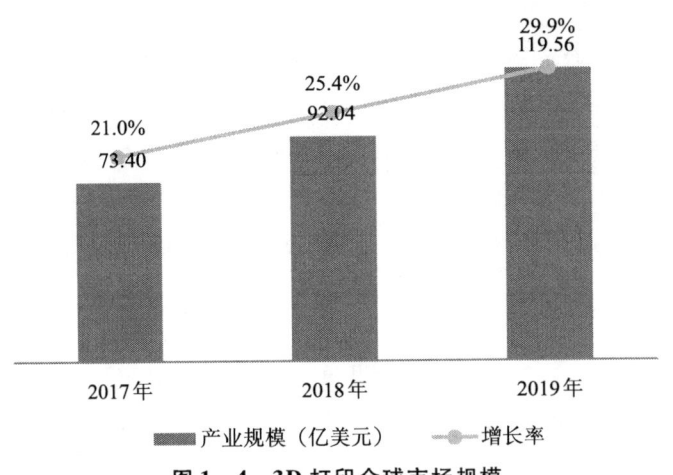

图1-4 3D打印全球市场规模

资料来源：赛迪顾问。

在全球3D打印产业结构中，3D打印设备产业规模52.97亿美元，占比最高，达到44.3%；3D打印服务产业规模37.78亿美元，占比第二，达到31.6%；3D打印材料产业规模28.81亿美元，占比24.1%（见图1-5）。

在全球3D模型制造技术的专利实力榜单上，美国的3D Systems（3DS）公司、Stratasys公司、日本松下公司和德国EOS公司遥遥领先。中国近年才引入3D打印技术，与国外相比差距非常大，主要体现在技术和市场应用方面，研发水平不高，与市场衔接度较低，目前还未产生较大的经济效益。

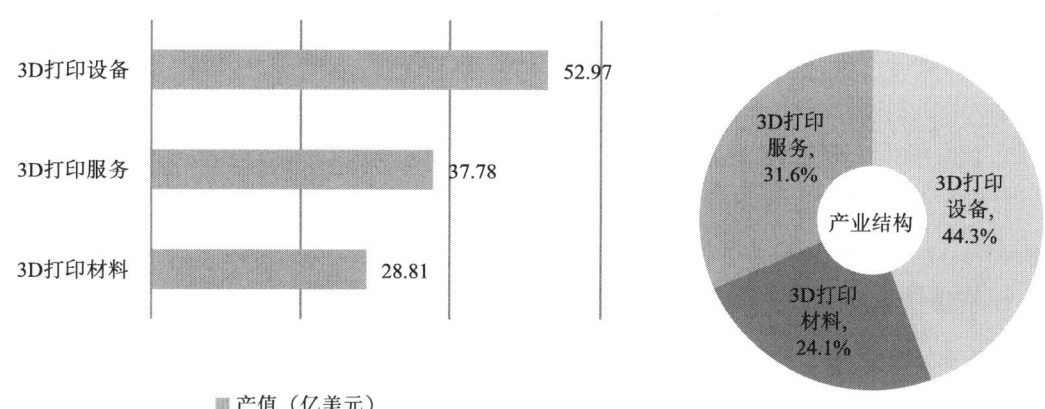

图 1-5　2019 年全球 3D 打印产业结构

资料来源：赛迪顾问。

美国 3DS 公司是全球 3D 打印行业中的 3D 打印和扫描设备、服务、材料提供商和领先者，能够提供包括多种技术在内的各种类型桌面及工业 3D 打印机，同时提供相应的材料及软件服务。

3DS 公司可以提供"从设计到制造"全套解决方案，包括 3D 打印机、打印材料和云计算按需定制部件；其强大的数字化流程真正把创意带入生活，可选材料包括塑料、金属、陶瓷和食品等。3DS 公司领先的医疗解决方案包括全套仿真、培训、互动式个人化的手术和患者特定解决方案以及牙科类设备上的应用等。3DS 公司个性化的三维设计和检测产品提供最前沿的采集和触摸技术，采用成熟的集成式解决方案替代并补充传统方法，通过数据输入直接打印实物件减小设计新产品的时间和成本。

（2）机器人

随着人工智能和计算机技术的迅速发展，机器人正越来越多地进入人类生活的各个方面，不仅在制造业上，而且在军事、服务、娱乐等领域取代人类。推动制造业智能化升级已成为世界工业发达国家的共识，世界制造业分工格局面临新的调整，德国、美国、日本、法国等世界工业发达国家分别提出了"工业 4.0""工业物联网""再兴战略"和"新工业法国"等发展战略作为本国工业发展的大方向。

目前，工业机器人在全球已经拥有庞大的市场规模、完善的产业链和较高的使用密度，并且依然保持着稳定的增长。《全球机器人 2019——工业机器人》报告显示，2018 年全球工业机器人销量达到 42.2 万台，同比增长 11.05%；销售额达 165 亿美元，同比增长 12.24%，创下历史新高。根据 IFR 预测，2019—2022 年销量分别为 42.1（-0.24%）、46.5、52.2、58.4 万台，2020—2022 年平均每年将实现的增速为 12%，短期全球行业景气度有所回落，但随着持续的自动化和技术改进，行业长期的成长趋势依然明确（见图1-6）。2018年我国工业机器人总销量约为15.4万台，虽然同比下降了1.41%，但是占全球销量的36.49%，仍是世界上最大的工业机器人市场。从工业机器人密度来看，2018年新加坡全球最高，密度为831台，其次是韩国（774台）与德国（338台），我国的工业机器人密度为140台，高于全球各地区的平均水平（99台）。

工业机器人主要应用行业分别是汽车、电气与电子、金属制品、橡胶与塑料、食品、制药与化妆品等。汽车行业仍然是全球最大的机器人应用行业，在2018年约占总供应量的30%。在2017年经历了安装量增长21%之后，这一水平得以保持，并在2018年略微增长了2%。增长速度最快的行业是金属行业，增长54%；其次是电气与电子行业，增长27%；食品行业增长19%，排在第四位。

图1-6 全球工业机器人销量及预测

案例1-3 西门子

西门子瞄准物联网、云计算、大数据等技术，集成了目前全球先进的生产管理系统，以及生产过程软件套件和各类硬件。如西门子产品生命周期管理软件PLM、工业设计软件Comos、全集成自动化工程软件TIA、过程控制系统SIMATIC PCS 7和仿真软件Simit。

围绕着智能制造领域，西门子的创新主要包括以下3个方面：第一，首家提供集成化的数字化服务企业。2007年至今，西门子相继收购了UGS、LMS、Mentor Graphic等多家企业，完成了工业数字化革命中包括软件、平台、测试平台和3D模拟技术在内的多项技术突破。第二，PLM发力数字工厂业务。尽管面临充满挑战的市场，西门子数字工厂业务依托PLM软件业务仍实现了订单、收入和净利润逐年增长。第三，推出MindSphere，布局工业运营端市场。在数字化进程中，西门子推出MindSphere工业云平台,所有的工业企业都能通过这个平台开发和提供属于自己的数字化服务。

1.4.7 中美贸易战下的新兴产业发展

从 2001 年中国成功加入世界贸易组织（WTO）以来,中国深化改革开放,更加深入地融入全球经济体系。2001—2019 年,中国进出口总额从 5 000 亿美元上升到 45 761.26 亿美元,年均增速 13.0%（见图 1-7）。同期美国进出口年均增速 5.1%,中美进出口贸易规模差距不断缩小,中国进出口总额与美国进出口总额比值从 21% 提高到 110%。进出口贸易的高速增长,有效地拉动中国经济的增长。2001—2019 年,中国经济年均增速 14.1%,中国 GDP 占全球比重从 2001 年的 4% 上升到 2019 年的 16.3%。同期美国 GDP 年均增速 4.0%,中美经济规模差距在逐步缩小,中国 GDP 与美国 GDP 比值从 12.5% 提高到 66.9%。

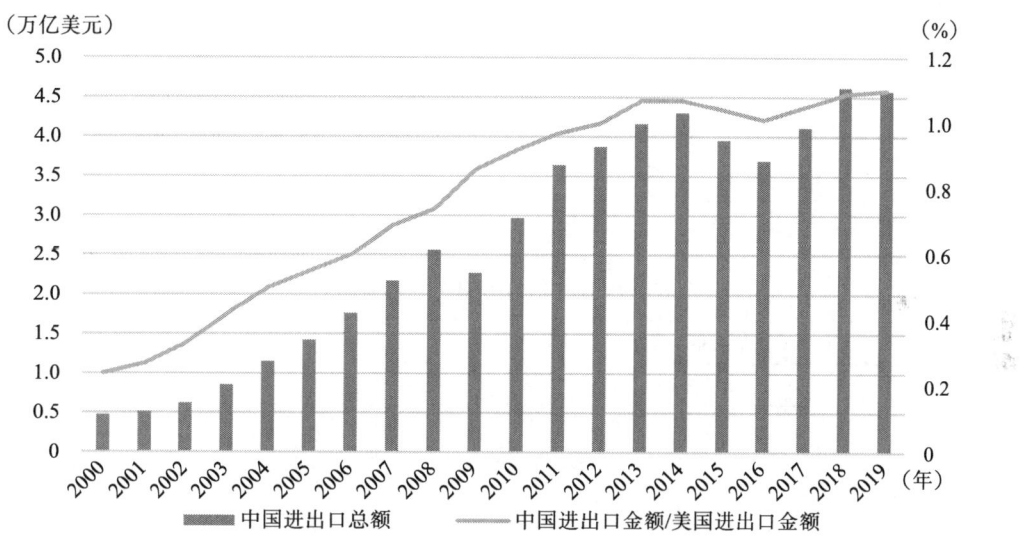

图 1-7 中国进出口金额与美国进出口金额变化

资料来源：世界银行。

美国无论是在经济体量、区域经济影响、贸易影响,还是在政治影响方面都感受到来自中国的冲击。特别是 2013 年以来,中国提出"一带一路"倡议,鼓励资本、技术、产品、服务和文化"走出去",中国对外投资金融全新的发展阶段。2015 年中国对外投资额首次超过利用外资额,2016 年达到 1 961.5 亿美元,跃居世界第二位,占全球比重 13.5%。2016 年对外投资存量攀升至 13 573.9 亿美元,跃居世界第六位,中国经济影响力日益提升[①]。中国、日本与美国 GDP 比值变化如图 1-8 所示。

---

① 国家发展和改革委员会. 中国对外投资报告［R］. 2017.

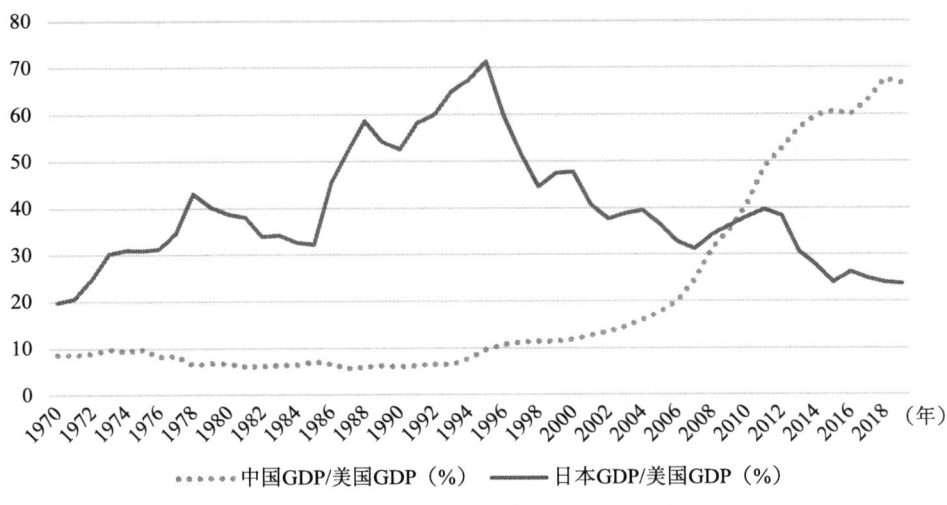

图 1-8　中国、日本与美国 GDP 比值变化

资料来源：世界银行。

2001—2018 年，中美贸易规模迅速增长，中国出口美国金额从 542.8 亿美元增长到 4 784.2 亿美元；中国进口美国金额从 262.0 亿美元增长到 1551 亿美元。由于中国出口美国金额与中国进口美国金额增速的差异，导致中美贸易差额逐年递增，从 2001 年的 280.8 亿美元上升到 2018 年的 3 233.2 亿美元。2018 年美国贸易差额 5 684.4 亿美元，中美贸易逆差占比 48.5%（见表 1-3）。

表 1-3　中美进出口贸易及逆差情况　（单位：亿美元）

年份	中美贸易逆差	出口美国金额	进口美国金额	年份	中美贸易逆差	出口美国金额	进口美国金额
2001	280.8	542.8	262.0	2010	1 812.7	2 833.0	1 020.4
2002	427.2	699.5	272.3	2011	2 023.4	3 244.9	1 221.5
2003	586.1	924.7	338.6	2012	2 189.1	3 518.0	1 328.9
2004	802.7	1 249.5	446.8	2013	2 158.5	3 684.3	1 525.8
2005	1 141.7	1 629.0	487.3	2014	2 370.5	3 960.8	1 590.4
2006	1 442.6	2 034.7	592.1	2015	2 608.0	4 095.4	1 487.4
2007	1 633.3	2 327.0	693.8	2016	2 506.8	3 850.8	1 344.0
2008	1 708.6	2 523.0	814.4	2017	2 758.1	4 297.5	1 539.4
2009	1 433.7	2 208.2	774.4	2018	3 233.2	4 784.2	1 551.0

在 2017 年美国推进税收改革之后，2018 年特朗普政府将贸易战作为重要议题。从 2018 年 1 月开始，特朗普以中美贸易逆差过大为由发起中美贸易摩擦并不断升级，最终在 6 月首次产生实质性摩擦，明确提出对中国进口商品加征关税。此次挑起中美贸易战，直接目的在于以中美贸易严重失衡迫使中国对美进一步开放市场，深层次目的在于试图重演 20 世纪 80 年代美日贸易战以遏制中国复兴。

中美贸易差额导致中美双边贸易不平衡的重要原因在于，美国对中国高新技术出口的限制、全球价值链分工情况及美国国内过度消费的行为习惯。中美贸易战的实质是美国为限制中国高科技产业发展、制造业升级。一直以来，中国处于全球制造业产业链的中低端，美国处于高端，中美经济具有很深的互补性。当前，中国布局高端制造领域有助于打破西方发达国家在相应领域的垄断格局，使得中国从附属者成为他们的竞争者。中国欲打破由西方发达国家建立起的世界制造业供应链格局，必然会遭受各方阻力，美国对中国的"301调查"彰显了其维护现有世界分工格局的意图。美国宣布征税25%的中国产品基本上就是中国七大战略性新兴产业的高科技产品，且并非中美贸易逆差产品，有些甚至是顺差产品，由此可见一斑。事实上，贸易制裁只是一个开头，制造业的核心竞争力不断被打压将会是今后中国经常会面临的重要问题。

美国外国投资委员会（CFIUS）加强对中国企业赴美投资审查，并收紧给中国人的STEM（科学、技术、工程等）方向就业签证。最新修订的《外国投资风险评估现代化法案》提出，强化外国投资委员会对中国在美投资，特别是对高科技初创企业投资的审查，对于超过标的公司股权10%的投资全部纳入审查范围。在美国举行的世界空间科学大会，美国对中国的科学家集体拒签。2018年8月，美国商务部工业与安全局（BIS）将44家中国科研机构和企业列入实体清单加强审查，累计已超过130家，范围涉及集成电路、精密仪器、机械、航空航天等多个领域（见表1-4）。美国企业向实体名单里的中国机构出口技术和产品，必须要申请许可证。

表1-4　近年因美国外国投资委员会（CFIUS）审查被阻止并购的中国投资交易

时间	中国投资方	美国标的方	行业	CFIUS审查
2016.12	福建大芯片投资基金	资产半导体公司Aixtron	芯片	阻止收购
2017.02	国家集成电路产业投资	Xcerra专业半导体测试商	半导体	终止收购
2017.06	TCL集团	MIFI	通信	放弃收购
2017.07	海航集团	全球鹰娱乐有限公司	娱乐	审查撤销
2017.08	重型汽车集团	UQM科技股份有限公司	制造业	审查撤销
2017.09	陕谷桥1号基金投资公司	莱迪思半导体公司	半导体	阻止收购
2017.11	华信集团	纽约精品投行Cowen	金融	审批撤回
2017.11	忠旺集团	爱励铝业	制造业	审查撤销
2018.01	蚂蚁金服	汇款公司MoneyGram	金融	未获批准
2018.02	蓝色光标	大数据营销公司Cogint	互联网	审查撤销
2018.03	大北农科技集团	种猪销售Waldo Genetics	农业	审查撤销
2018.05	海航资本	对冲基金SkyBridge Capital	金融	放弃收购
2018.05	新纶科技	新材料公司Akron	新材料	终止收购

美国总统特朗普在向国会提交的《2018年贸易政策纲要暨2017年度报告》中指

出,要确保美国在研究和技术方面的领先地位,保护美国经济免受不公平获取我们知识产权竞争对手的影响。尽管美国高端制造业的全球领先地位依然不可撼动,汽车、航空、医疗、半导体等产业稳居前列,也长期限制美国的核心技术出口中国,但美国同时也认为中国在高压输电、高铁、煤炭清洁高效利用技术、核能、可替代能源汽车、可再生能源、超级计算等领域已经超越美国。

根据麦肯锡全球研究院2017年底发布的《数字时代的中国:打造具有全球竞争力的新经济》报告,2013年美国数字化程度是中国的4.9倍,但到2016年已缩小到3.7倍。资本市场方面,数据显示在虚拟现实、自动驾驶汽车、3D打印、机器人、无人机和人工智能领域,中国的风投规模位居世界前三名。对于半导体这类在信息通信技术中占据重要地位的产品,中国公司在标普500中的表现明显优于A股中的美国公司。

从中美贸易冲突爆发的主因来看,中美贸易矛盾根深蒂固,早晚都会爆发,背后是大国间的角力和争夺。而且正因为矛盾的根深蒂固,分歧较大,短期内贸易冲突很难达成一致意见。对此,中国必须要有"论持久战"的决心和定力,深化改革,推动中国经济从重速度向重质量、从要素驱动向创新驱动、从投资主导向消费主导实现三大转变,持续提升中国的经济实力与科技实力。

1.5 新冠肺炎疫情对新兴产业的影响

2020年1月,新冠肺炎疫情在武汉暴发并迅速蔓延至全国,短期内给中国社会经济造成巨大冲击。据估计,仅在2020年除夕至正月初六(2020年1月24日至30日)短短7天时间里,电影票房、餐饮零售和旅游业3个行业直接损失就超过1万亿元,而这些行业又以中小企业居多,不少企业经营困难,甚至面临倒闭的风险。在疫情暴发之初,一项关于中小企业的调查数据显示,31.27%的企业预计2020年营业收入下降幅度超过50%,59.39%的企业下降20%以上;同时,35.96%的企业只能维持1个月,能维持6个月及以上的企业只有9.27%;如果疫情持续半年以上,90%的企业则很可能歇业或者破产。在党中央统一领导下,全国各族人民众志成城,各省医疗队紧急奔赴湖北救援,各方资源有效地支援灾区,中国人民打赢了一场漂亮的公共卫生战役,向全世界展示了中国力量、中国速度。在此期间,新兴产业在抗击疫情和稳定经济中扮演着重要作用。

1.5.1 大数据:疫情监控的重要抓手,优势突出,效果显著

工信部于2020年1月26日召开新型冠状病毒感染的肺炎疫情防控大数据支撑服

务工作调度会，提出加强联防联控，运用大数据分析，支撑服务疫情态势研判、疫情防控部署以及对流动人员的疫情监测。

我国已建立起完备的传染病上报和监测预警体系。根据"人人都是产品经理"网站数据，我国在 2008 年 4 月就已经运行了国家传染病自动预警系统（见图 1-9、图 1-10），建立了自动预警与响应机制，已实现 39 种传染病的监测数据自动分析、时空聚集性实时识别、预警信号发送和响应结果实时追踪等功能，目前处于世界先进地位。

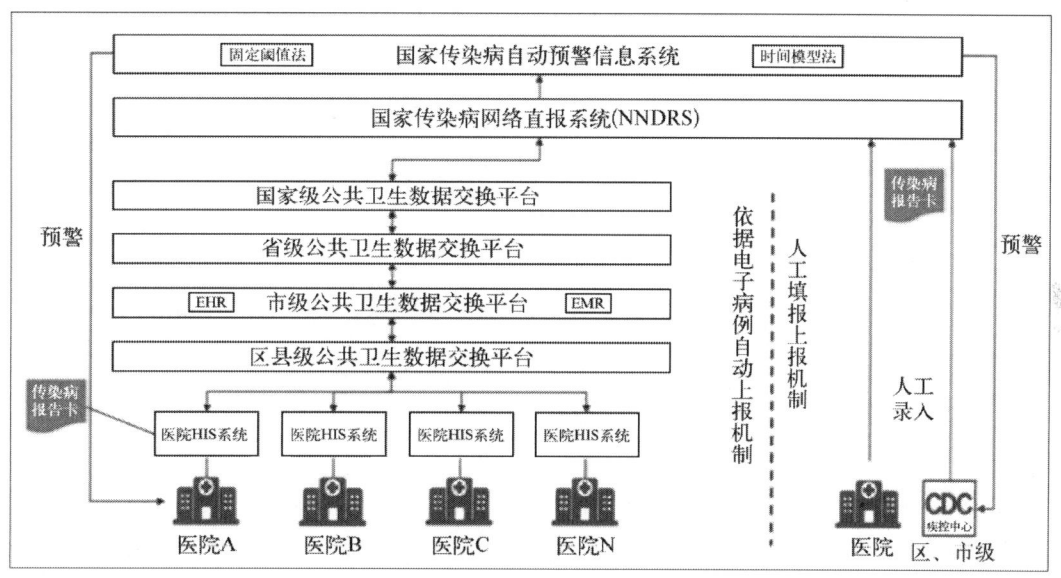

图 1-9　国家传染病自动预警信息系统

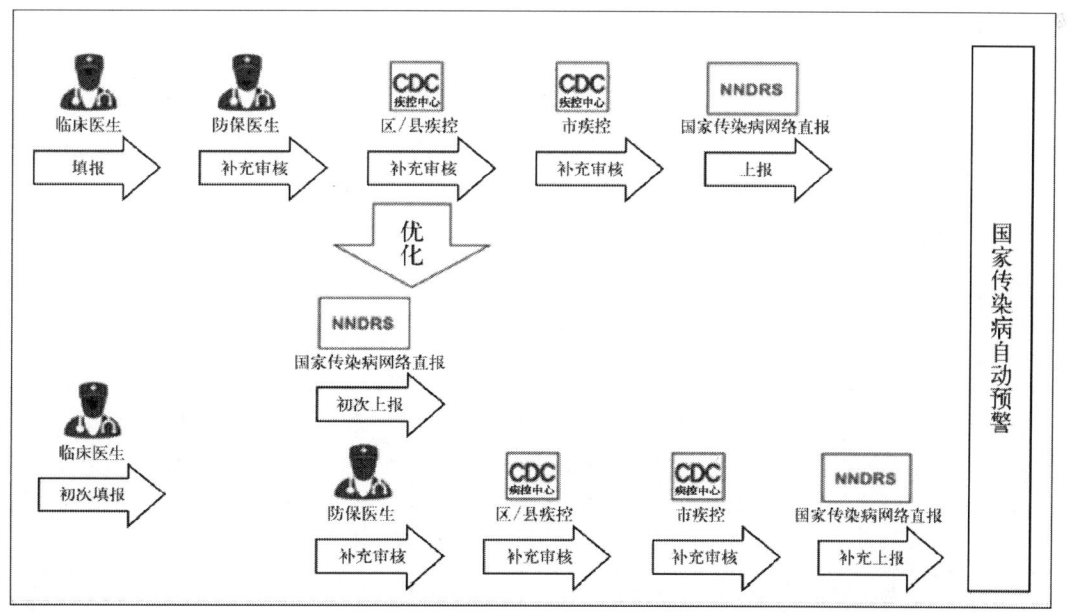

图 1-10　国家传染病自动预警流程

运营商和地图大数据追踪人口流动趋势，定位潜在疫情风险，降低疫情传播。运营商可利用大数据画像帮助卫生部门对潜在疫情风险进行定位，如风险人口漫游从武汉移动到其他省区进行定位；利用漫游数据，结合身份号码实名制等认证信息，理论上可以对疫区人员进行追踪和防控，降低疫情传播的风险。

地图平台可形成宏观出行大数据，有利于对人口迁徙数量与疫情相关性分析。地图平台能够掌握用户迁徙轨迹并形成出行大数据。百度迁徙产品可以基于地图大数据反映出人口流动轨迹，2014年推出时被央视用于报道春运。如今，《用大数据"预判"武汉疫情的高发区》报告中援引百度迁徙数据对武汉流出人口进行了分析，发现其人口主要流向长三角、珠三角以及周边城市等地区，流入人口数量与当地疫情暴发数量呈现出一定的相关性。

互联网平台通过大数据和AI识别机制辨别假消息和错误消息，减少社会恐慌。针对疫情描述不实的假消息和错误消息，互联网平台上线辟谣功能，通过大数据和AI识别机制，对错误的文字和图像进行智能识别和清理，消除错误和虚假消息，减少社会恐慌。

1.5.2 云计算：疫情催化云办公

在居家隔离的状态下，在线办公成为当前普遍的工作方式，大幅刺激了云办公应用的需求。2020年春节后开工第一天，超过1 000万家企业组织使用钉钉在家办公、在线办公，钉钉视频会议成为开工会议的首选。国信证券经济研究所整理了各大云办公产品应用爆发式增长的具体情况，如表1－5所示，钉钉、企业微信、金山在线文档、华为云WeLink等需求均有大幅增长，云办公需求旺盛。云办公产品众多，涉及即时通信、流程管理、协作文档、在线会议等多种服务，疫情期间多家厂商对云办公产品进行了免费开放，直到疫情结束。对于众多云办公厂商来说，日常产品推广较慢，此次在疫情环境下有望快速积累初期用户。

表1－5   各大云办公产品应用爆发式增长情况

公司	应用爆发式增长
钉钉	全国有上千万家企业、近2亿人开启在家办公模式，流量暴涨十几倍
企业微信	疫情开工时期涌入了数百万家企业，是上年同期的3倍，数千万用户使用企业微信远程办公
金山办公	新用户数量上升主要在人员统计表单和在线协作这两个模块，在线文档、远程会议功能的需求量也较大。目前金山文档的协作用户增长超过400%，WPS中用于人员统计表单使用量增长15倍、远程会议产品使用量增长11倍，企业用户入住增长超过300%
华为云WeLink	2020年2月3日，新开户企业数1.7万家，日环比增加13%，基于WeLink日会场次12万次，日环比增长50%

1.5.3 医疗科技：缓解医疗资源紧缺，在线问诊成趋势

疫情发展迅猛，部分地区医院医疗资源紧张，很难满足线下就诊人数对医疗的需求。医疗科技通过线上医疗问诊功能，将线下问诊人数进行导流，有利于减少医院交叉感染的机会。在这次新冠肺炎疫情中，担忧自己是否被传染的大量其他病症患者涌到实体医院，大大增加了交叉感染的可能性。医护人员因怕感染而设置保护措施，导致诊疗效率下降，会进一步降低供给，这加剧了医疗资源的紧张程度。利用互联网的优势，大幅降低调用一线城市优质医疗资源的成本，医生也没有感染病毒的顾虑，同时解决疫区医疗资源不足的问题。

从政策鼓励角度而言，2019 年国家医保局形成了"互联网＋"医疗服务收费和支付政策初稿；2020 年，更多在线医疗、大数据、AI 智能等互联网企业参与进来，在技术和数据层面给出更多的判断、解决方案，在线诊疗、医疗科技迎来加速发展的契机。

2020 年，在疫情发生的大背景下，在线需求爆发性增长，云计算产业链上下游整体都步入了高景气度周期。此外，云计算产业发展的大环境也在发生改善：政府新基建鼓励政策相继出台，阿里、腾讯分别宣布了两年 2 000 亿元和五年 500 亿元的投资计划，同时疫情大大缩减了在线教育、在线办公等在线模式下用户习惯培养所需要的时间成本和营销成本。在这些因素综合作用的影响下，国民经济的转型正在加速，对云计算产业发展的促进作用是具有长期性的。

1.5.4 5G：助力疫情防控

在抗击新冠肺炎疫情中，远程医疗解决方案无论在提高专家异地诊疗效率，还是在减少医疗人员暴露机会降低感染风险方面都起到了至关重要的作用。

目前我国多个运营商及通信设备供应商携手合作，积极为远程诊疗工作提供有力支持，将 5G 网络低时延、高速率等优势赋能诊疗服务信息化、云视频会议等多种重要远程医疗应用场景。截至 2020 年 1 月 26 日，我国三家运营商已完成在武汉火神山医院 5G 基站的开通，并进一步组建了 5G 网络。同时华为、中兴、烽火通信等通信设备提供商也积极配合运营商建设组网工作，为其提供相关设备、技术支撑。2020 年 1 月 26 日，中国电信四川公司携手中兴通讯基于西安高新区的 5G 双千兆网络设备助力华西医院首次实现我国两例新冠肺炎患者的 5G 远程诊疗工作。5G 在此次疫情的控制、诊疗方面起到了重要作用。短期来看，此次疫情的暴发或对 5G 建设进程有一定程度的影响，但从中长期来看，5G 产业与技术水平仍将维持高速稳健的提升与发展。

1.5.5 区块链：助力企业便捷融资，补足社会线上运作短板

2020年2月6日，北京市政府发布《北京市人民政府办公厅关于应对新型冠状病毒感染的肺炎疫情影响促进中小微企业持续健康发展的若干措施》（以下简称《措施》），出台应对疫情影响、促进中小微企业持续健康发展的16条措施，其中包括提高融资便捷性。《措施》强调，加强金融服务快速响应机制和网络建设，开展"网上畅融工程"快速对接服务，充分发挥银企对接系统的作用，提升金融服务可获得性，降低服务成本。同时建设基于区块链的供应链债权债务平台，为参与政府采购和国企采购的中小微企业提供确权融资服务。

区块链有望补足疫情时期暴露的社会运作短板，促进供应链金融场景在线化运作。抗疫阶段企业健康的现金流成为经营的关键点，尤其是许多中小企业纷纷表示，由于延迟复工，资金压力巨大，急需金融信贷支持。疫情时期，在人口线下聚集受到限制、传统的金融信贷业务流程下，金融机构的工作效率和效果恐难保障。而区块链作为可信、可追溯、防篡改的数据账本系统，可有效地为线上化社会运作提供基础。

1.5.6 AI技术助力阻断传播源

深圳人工智能企业云天励飞公司制定了疫情防控方案，利用人脸识别、AI测温、历史轨迹分析、关系图谱分析等AI技术能力，在保护患者和公众隐私的前提下，进行确诊病例跟踪、疑似病例防控、公共场所管理和返深人员管控，做到阻断、预防、管控"三手齐抓、三管齐下"。以火车站为例，云天励飞公司采取了三层防控圈策略：第一层为出入闸机通道，在原有通道闸机上增加人脸测温仪；第二层为出入站口室内，人工安检增加手持测温仪复查；第三层为出入口及周边，部署人脸抓拍机测温仪器，综合分析高危人群及人员出行信息。其中，云天励飞公司基于人脸识别的智能红外体温监测系统采用 AI + 红外测温，可以通过人脸检测快速判断是否为人脸，自动分类后对高温对象报警，自动剔除远距离测温携带物的干扰，去除90%非人脸报警，提升检疫工作效率和精准度。云天励飞自主研发的"深目"和"天图"系统，可以针对目标人员的出行轨迹进行精确筛查，还可智能分析病例关系图谱，筛查病例同行人员、潜在发病人员，对防止疫情扩散将大有帮助。

1.5.7 芯片：疫情影响产能，催化价格上涨

2020年初受疫情影响，行业内对未来市场走向判断偏保守，导致终端厂商备货较

为谨慎，但随后他们发现，疫情影响反而极大地推动了对自动化和数字化的需求，市场对智能手机、笔记本电脑、平板电脑等应用市场需求旺盛，导致芯片厂商纷纷将生产重心转向相关消费电子领域（见图1-11）。当汽车市场需求快速复苏，并且汽车制造商陆续开始恢复生产后，配套芯片在短期内供应不足，从而导致了当前汽车产业因缺乏芯片而减产的困境。

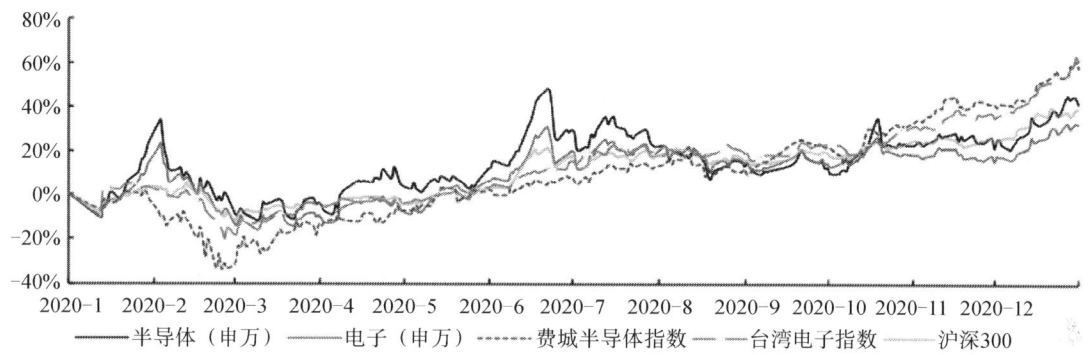

图1-11 半导体指数走势变化

资料来源：Wind，光大证券研究所，东吴证券研究所。

受限于半导体产能的紧缺，汽车芯片供不应求。据日经报道，恩智浦、瑞萨和东芝已陆续上调了汽车芯片价格。受制于MCU等芯片的供应不足，2020年第四季度以来，包括大众、福特、丰田、日产等全球汽车大厂陆续传出减产甚至停产消息。为此，晶圆代工厂商台积电表示将通过调整半导体生产工序，将汽车芯片的交期缩短一半。联电表示公司提高生产率增加的产量或将优先分配给汽车行业。此外，三星也在考虑紧急扩大汽车芯片的产能。汽车芯片短缺，丰田、大众、通用纷纷停产，汽车巨头们这才惊觉，属于自己的时代已过去，在汽车电子化后，供应链安全居然没法保证，制造芯片的把制造汽车的脖子卡住了。

日本地震使得汽车"缺芯"雪上加霜，国产替代或迎来发展机遇。日本气象厅消息，当地时间2021年2月13日23时07分，日本福岛东部海域发生里氏7.3级地震，震源深度为55公里，日本福岛县和宫城县受影响最大。据了解，日本多家半导体企业坐落在这两县，此次地震或影响芯片企业生产。

日前，工业和信息化部装备工业一司、电子信息司与主要汽车芯片供应企业代表进行了座谈交流。汽车芯片供应企业代表均表示已针对当前市场情况，积极采取设立专项工作组、加强与整车零部件企业沟通交流、启动备用产能、加快物流运输等手段，增强市场供给能力。从中长期来看，此次芯片短缺可能反向促进国产汽车芯片自主替代的大趋势。上汽通用五菱等车企已经发布官方消息称，受芯片断供影响，公司决定全面推进整车芯片国产化工作。

1.5.8 生物医药：疫情防控向好，医药需求逐步"回正"

（1）疫情防控需求带来检测行业业绩弹性

自疫情暴发以来，国内多地发生本地散发病例，新冠肺炎疫情呈点状散发成为常态；2021年春运期间人口流动频繁，无疑加重了新冠肺炎疫情的防控压力。2021年1月20日，国务院联防联控机制召开的新闻发布会，交通运输部运输服务司相关人员在会上介绍，结合票务预售的情况以及近期客流的变化情况，预计2021年全国春运期间发送旅客约17亿人次，日均约4 000万人次，比2019年下降四成多，比2020年增加一成多。

筛查是疫情防控中的重要环节，以及时找出传染者、切断传播源。春运是新冠检测的高峰期。参考春运期间发送旅客17亿人次，综合考虑旅途往返数次中转、政策鼓励就地过年、单人多次检测等情况。保守估计春节期间需做新冠核酸检测也为上亿人份的级别；即使考虑部分中高危地区集中筛查合并样本的检测模式，相应的人份数大幅提升，检测例数仍颇为可观。

（2）疫情推动疫苗行业发展

从代表供给端的批签发总数据（中检院，直接叠加口径）看，2020年剔除春节因素后各月疫苗批签发都处于常规或以上水平，全年共批签发疫苗6.50亿支（直接叠加口径），与过往两年5.56、5.70亿支相比有明显增加（见图1-12）。

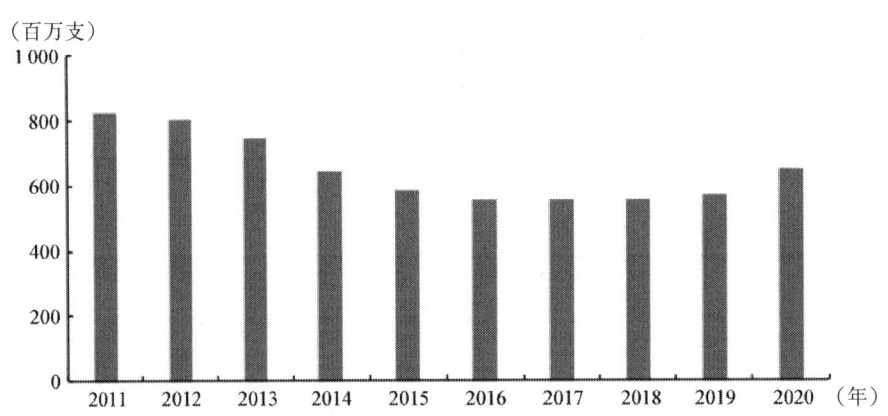

图1-12 疫苗年度批签发数据（批签发数字直接叠加，中检院口径）

资料来源：中检院，平安证券研究所。

截至2020年12月26日，据不完全统计，全球已有11个国家开始面向公众进行新冠疫苗接种，除中国（国药中生，科兴）、俄罗斯（Sputnikv）、巴林（国药中生）外，其余8个国家均接种的是辉瑞/BioNTtch的mRNA新冠疫苗（美国还有Moderna的

mRNA 疫苗)。根据各国官方披露数据,全球累计接种新冠疫苗 47 万剂,其中美国接种量高达 19 万剂,中国(100 万剂)、英国(80 万剂)、俄罗斯(70 万剂)紧随其后(见图 1-13)。

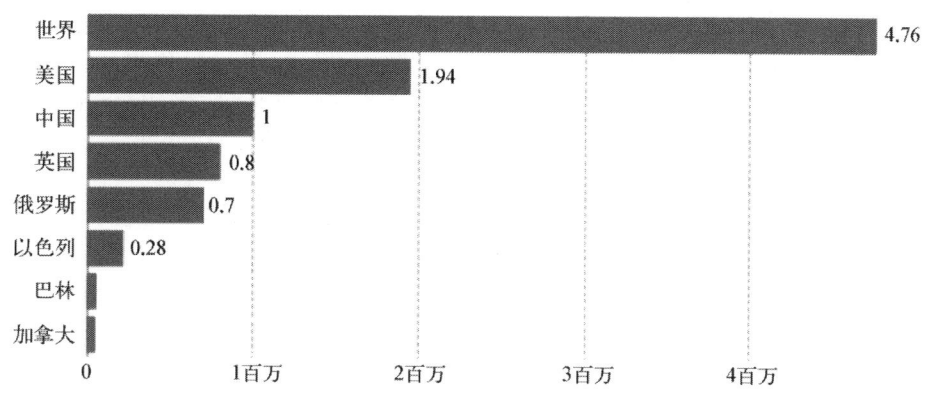

图 1-13 新冠疫苗全球接种进展(截至 2020 年 12 月 26 日)

资料来源:Our World in Data,兴业证券经济与金融研究院整理。

依据此前流行病学计算方法,若新冠病毒的基础传播系数 R0 为 2.5,则免疫人群比例达到约 70%,即可形成有效的群体免疫。参考辉瑞/BioNtech 的新冠 mRNA 疫苗接种程序与保护效果,第一针后 7 天可产生约 55% 的保护率,第二针(至少 2 天后接种)后 7 天可产生约 95% 的保护率,疫苗对于疫情的防控作用或在 1 月中旬得以初步显现。

疫情激发民众疫苗接种积极性的同时,也将很多新兴的疫苗企业推到了幕前,例如主打 mRNA 疫苗平台的艾博生物、斯微生物、深信生物等,或是背靠大型集团的雅立峰等。新技术的探索和应用为这一高门槛行业注入了活力,我国疫苗行业的格局或将在未来产生变化,技术更新快、产品新且丰富的公司有望得到更好发展。

(3) 医药需求逐步"回正"

在全球各国加强疫情防控和推动全民新冠疫苗接种前提下,全球新冠肺炎疫情控制趋势有望继续向好,2021 年医药关键词是"回归",即需求回正:基于新冠肺炎疫情控制的瞬时需求刺激回归正常(新冠检测、个人防护用品、呼吸监护等器械),虽然不排除未来有一定量永久性的需求增加(如口罩、手套等个人和医护防护),但未来总体需求大概率逐渐恢复到正常水平;而因为疫情受损的行业需求将重新恢复,如 IVD(非新冠检测)、专科医疗服务、健高等。

1.5.9 无人机参与抗疫消毒、排查、检疫

(1) 运送小型抗疫物资

顺丰的无人机运输实现快速调动全国物资至疫情严重地区,物流无人机是短距离物资快速投放的最佳选择之一。在大型货运飞机将物资运输到各地区机场后,可以使用小型的货运无人机进行城市间的快速运输,特别是物流无人机可以快速将小批量的医用物资运输到各个医疗点。

(2) 支持医疗设施建设

武汉火神山医院建设期间,6架照明用无人机为建设工地提供了夜间施工照明,在保障施工进度方面做出了贡献。6架无人机到达施工现场后在3分钟内完成部署并升至50米左右的高空,持续照明10小时,每小时用电量仅1度左右,比传统路灯节约80%以上的用电量,同时能抗7级风力,其优越的节能性和很好的稳定性可适应医院工地夜间施工环境。同时,相比一般的照明设备,利用无人机进行夜间照明可自由变换角度和位置,实现立体照明。

(3) 空中喷洒消毒

在疫情防控重点地区的城市社区和农村出现了疑似或确诊病例的人员流动区,以及学校、医院等公共场所,疫情期间使用了无人机执行消毒任务,提高了区域消毒效率。

(4) 宣传抗疫信息

疫情期间,我国广大乡镇村庄通过利用搭载广播设备的无人机,对群众进行疫情防控信息的普及宣传工作,同时实时监控相关区域动态,及时发现外出人员及未戴口罩的人员,在不接触的情况下进行劝退、提醒等工作,最大限度地保障疫情防控有力推进。

(5) 运送生活物资

受防疫交通管制要求,河北省白洋淀地区水上交通停运,该地区是重要的河流交汇区域,区域内岛屿众多,渡轮停航期间,在当地政府的支持下,京东无人机团队通过空中运输航线将原来100多千米的距离缩短为2千米,为岛内居民运送生活物资,搭起了岛屿间空中运输通道。

2.
新兴产业发展国际比较

2.1 海外主要国家与地区新兴产业发展状况

2.1.1 美国新兴产业发展状况

美国政府强调新能源、信息与互联网、生物与医疗、航天航空等领域的技术开发和产业发展，并将包括高效电池、智能电网、碳捕获和碳储存、可再生能源等的新能源列入重点发展产业。

20世纪后半叶，美国的经济增长得益于电子、信息、新材料、生物科技等新兴产业的发展。在国际金融危机之后，美国针对环境恶化、能源危机等情况首选了新能源产业加以扶持和发展，提出"能源新政"，将确保能源安全作为经济发展的重点方向。2009年奥巴马政府签署了《美国复兴与再投资法案》，重点投资基建、科研、教育、可再生能源与节能、生物医药、环境保护等项目。

美国的环保产业在环保设备、固体废弃物管理、有害废弃物管理、环境工程、补救措施、分析领域、信息系统等环保服务业的多数领域有较强的竞争力，是世界上最大的环保技术生产国和消费国。2013年，美国环保产业企业接近15万家，产业总规模约为2 250亿元，占当年国内GDP的1.55%，占全球环保产业产值的1/3。从企业收入比重看，大型公司产业收入为总收入的40%，中小规模企业之间竞争尤为激烈，所占比重为28%，市政当局和其他经济体所占比重为32%。以美国再生资源产业为例，2009年美国再生资源产业规模超过汽车产业，以年2 400亿美元的产业规模成为美国最大的支柱产业，每年回收处理含铁废料7 000万吨，其中出口废铁1 500万吨，占世界的30%。

美国的计算机技术及产业处于世界绝对领先地位。在新一代信息技术方面，美国启动了总投资72亿美元的宽带刺激计划和总投资110亿美元的智能电网项目，以加速构建更加智能、强大、高效和可靠的电网系统。在2011年2月公布的《美国创新战略》中，"虚拟基础设施"包括关键信息、计算机技术以及网络平台等，这些对国家的经济发展将起到越来越重要的作用。此外，美国政府正在不断努力提高高速网接入率，更新现代化电网系统，扩大无线宽带支持商业用户。

美国的生物医药产业在全球处于领先地位。美国政府将生物医药产业作为新的经济增长点，通过实施《生物技术未来投资和扩展法案》《州政府生物技术议案》等产业激励政策，持续增加对生物技术的研发和产业化的投入，使其生物技术及生物产品一直遥遥领先于其他国家。在美国旧金山、波士顿、华盛顿、北卡罗来纳、圣迭戈五大生物科技产业园区中，仅硅谷生物产业园从业人员就占全国生物技术产业人员的一半以上，销售收入和研发投入分别占美国生物产业的57%和59%，销售额每年以近40%的速度增长。

美国高端装备制造业以机械、运输和电气设备为主导，尤其在航空、卫星领域处于世界领先地位。在政府相关政策方面，通过政府采购、军事订货、政府拨款等直接手段促进其发展；通过法律法规鼓励大学与行业合作，加速成果转化率；通过要求一些公共设施建设设备的国产化率等直接或间接的政策措施，鼓励高端装备制造业发展。在研发投入方面，美国高端装备制造业的发展致力于技术起点高、产品附加值大的行业，通过税收优惠、市场支持和对高科技企业实行政策扶持等来推动其技术创新。目前已经形成了一部分具有国际优势的产业集群，例如美国硅谷和128公路的电子工业集群、明尼阿波利斯的医学设备业集群等。

美国最早涉及能源的立法是1978年通过的《公用事业管制政策法》，此后1992年的《能源政策法》促进了美国能源产业的迅速发展，1997年5月，美国宣布太阳能"百万屋顶计划"，支持太阳能光伏产品的应用。2005年对《能源政策法》进行修正，对太阳能、风能、生物质能等新能源产业予以较大的税收优惠。奥巴马政府出台了清洁能源法案，支持新能源的发展。2009年，美国光伏并网装机总量达到429 000MW，比上年同比增长30%；2010年，美国风能业为全美供电达1.5%，吸收就业人员85 000人。此外，美国还是生物质能产业及技术发展最好的国家。

美国将新材料产业列为六大关键技术领域的首位。由于多年来的技术积累及国家战略支持，在新能源、纳米及生物技术方面形成了一定技术优势。通过一系列计划、法案支持新材料产业的发展，例如"美国未来工业材料计划"《21世纪纳米技术研究开发法案》"光电子计划""下一代照明光源计划""化石能材料计划"等。目前，美国将信息材料、生物医药、纳米材料、环境材料及材料技术科学等领域作为重点发展领域。

在新能源汽车领域，奥巴马政府部署实施了总额为48亿美元（其中24亿美元为国家拨款）的电池与电动车研发与产业计划，将可插入式混合动力电动汽车作为发展重点。同时，出台了多项汽车交通领域的能源法案及国家计划，尽快生产出全球最轻便、最廉价和最大功效的汽车电池，使美国的电动汽车、生物燃料和先进燃烧技术等站在世界前沿，并提出到2015年普及100万辆插电式电动汽车的目标。此外，美国还通过税收抵免、财政补贴等政策鼓励对新能源汽车的消费。

2.1.2 德国新兴产业发展状况

德国以高技术含量的环保产品占据全球领先地位，同时也是环保产业出口大国。德国环保产品的世界市场占有率近20%，德国的环保技术贸易额占世界总贸易额的1/5。据德国工商协会数据，德国环保技术领域企业数量超过1.1万家，从业人数超过140万，约占总就业人数的4%。环保设备和用品（包括环保用机动车及其配件、环保机器设备和橡胶塑料制品）销售额比重占总环保销售额的55%。

在新一代信息技术方面，德国在《信息通信技术2020创新研究计划》中投入2.93亿欧元，将电子与微系统、软件系统、通信技术与网络确立为未来10年德国信息技术发展的三大重点领域。在《信息与通信技术战略：2015数字化德国》中指出了面向2015年为实现"数字化德国"目标规划发展重点、主要任务和关键研究项目。

在新能源领域，德国于1991年首先提出"1 000光伏屋顶计划"，开始太阳能的政府支持计划；1998年又提出"10万光伏屋顶计划"，扩大太阳能光伏应用规模；2000年颁布了《可再生能源法》，支持对可再生能源的研究与开发；2004年又对其进行修正用以促进可再生能源产业的发展。风力发电和太阳能光伏是其中受益最为显著的产业，使德国成为世界上风力发电和太阳能光伏技术最成熟，处于领先地位的国家之一。德国的风电制造和风电应用规模均占全球较大比重，例如Enercon公司和Nordex公司是全球影响力最大的风电公司，风机应用方面除了陆地风电场外还有31个海上风电场。预计到2030年，海上风力发电量将占德国电力需求总量的15%，而风力发电量总和将占德国电力需求量的25%。此外，德国的生物质沼气工业较发达，沼气工程数量占欧洲总量的80%，由1995年的350座增加到2014年的5 000多座。

在新能源汽车领域，德国从2010年起启动了一项4.2亿欧元的车用锂离子动力电池开发计划，几乎所有的德国汽车和能源巨头都加入了这一行列。

2.1.3 英国新兴产业发展状况

英国的节能环保产业发展较快，在清洁技术、水处理、空气和土地污染控制、海洋污染控制、噪声和震动控制、环境监测等领域有较强的比较优势。例如，英国的交通与工程顾问公司所开发的零排放电力有轨城市交通系统在世界处于领先地位；英国污水处理工程设计和建造以及过滤器、管道、控制和遥测设备的生产制造，年均海外市场收入超过 30 亿英镑。据英国环境工业协会（EIC）的数据，英国在环境技术领域的各类企业数量达到 1.7 万家，就业人数为 40 万人，年营业额有 250 亿英镑。

在生物医药产业方面，英国政府早在 1981 年就设立了"生物技术协调指导委员会"，采取措施促进各机构加大对生物技术开发研究的投资。为了应对金融危机，抢占战略制高点，在 2009 年 5 月颁布的《构筑英国的未来》中提出将大力发展生物产业、生命科学；在 2010 年初创立 2 亿英镑的创新投资基金用于发展生命科学、数字产业和先进制造。

在新能源汽车领域，英国从 2009 年 4 月 1 日起开始实施新汽车消费税，对纯电动汽车免缴消费税。在 2010 年度预算案中提出"绿色复苏计划"，推行仅适用电动汽车的纯绿色城市试点，普及电动汽车充电网络，通过政府补贴鼓励人们购买和使用新能源汽车。

2.1.4 日本新兴产业发展状况

日本的节能产业较发达，是全球节能产品生产大国，日本政府通过实行"领跑者""节能型产品销售商平价"、能效标识等制度推进节能产品的开发应用，促进节能产业的发展，其节能服务业以年均 3% 的速度增长。在环境产业、绿色清洁消费理念不断盛行的背景下，环境经济政策非常完善，其所包含的范围广泛，有从生产到生活、从局部到全面、从官方到民间的涉及方方面面的环境保护政策。据日本环境省的预测，包括垃圾回收和处理在内的日本环保产业市场总额将在 2050 年达到 50 亿日元。

日本的新一代信息技术产业也有较快发展。日本早在 2009 年就宣布了一项由三大领域和十大计划构成的"未来开拓战略"，旨在建立世界最高效能的云数据中心。在 PC 机、电路系统和网络服务方面，日本具有强大实力，仅次于美国；在数字家电产业中的 DV 和数码相机方面，日本几乎拥有所有的核心技术和知识产权；在移动通信方面，日本是全球移动通信业务开展得最好的国家之一，不仅用户普及率高，而且业务丰富多彩，业务使用的普及率也很高，还创造了一个可以营利的良好运作模式。

在生物医药产业领域，日本在亚太地区居于核心地位，是仅次于美国和欧盟的生物医药技术产品销售国家。2009 年 4 月，日本在第四次经济刺激计划中将医疗护理等产业作为重点扶持产业，其中也包括生物医药产业。日本的花王公司、协和发酵公司等生物技术研发机构在合成生物学等生物医药重点技术方面有突破性进展。

日本的汽车、运输设备等装备制造业主导产业拥有国际优势地位。一直以来，日本非常重视高端装备制造业对工业和经济的推动作用。早在1955—1985年的30年间，政府相继制定和实施了4项有关机械、电子工业的振兴法，对引进设备予以限制，以支持引进技术的消化吸收再创新。近几年日本政府不断加大对高端装备制造业的研发投入，研发投入占其当年销售收入的比例逐年提高；重视用高技术优化提升传统装备制造业，大力发展具有自主知识产权的高端、高附加值技术装备，推进行业整体素质的提高，保持其产业优势。在促进高端装备制造业集群的实现过程中，日本政府作用明显，通常通过法律形式促使产业集群的实现。

此外，日本由于国土面积小，资源匮乏，1974年就已经开始不断出台可再生能源扶持政策。如2003年的《可再生能源配额制》、2005年的《新国家能源战略》、2008年的《构筑低碳社会行动计划》等。在这些可再生能源政策支持下，日本的生物质能等新能源产业正在快速发展。日本在再生材料及纳米技术方面非常发达，尤其在材料的实用性、可回收再生性方面领先于世界。在其21世纪新材料发展规划中，将环境、资源与能源问题作为主要考虑对象，把是否有利于资源与环境的有效利用、是否对环境有污染、是否有利于再生利用等作为主要考核指标。

日本还把发展电动汽车作为"低碳革命"的核心内容，提出"谁控制了电池，谁就控制了电动汽车"，并组织实施国家专项计划。于2009年4月1日开始实施新的"绿色税制"，免除消费者在购买和使用新能源电动汽车的相关税款，此外还对新能源汽车提供一定的补贴，提出到2010年左右，使新型锂离子动力电池规模应用于下一代电动汽车。在2011年，日本投入400多亿日元用于先进动力电池技术研究；计划到2020年普及以电动汽车为主体的"下一代汽车"，基本形成了符合自身特点的车用能源发展战略。

2.1.5 韩国新兴产业发展状况

韩国制定了《新增长动力前景及发展战略》，将绿色技术产业、高科技融合产业、高附加值服务产业等三大领域共17项新兴产业确定为引领未来发展的新增长动力产业。

韩国政府一直重视新一代信息技术产业的发展。早在2009年9月发布了《IT韩国未来战略》，决定未来5年内投资189.3亿韩元发展信息核心战略产业。在无线通信方面，韩国3G也领先于欧美发达国家，截至2014年上半年，韩国3G用户突破3 000万人，占移动通信总数的34.95%，而欧美国家同期平均水平为28%，且用户需求不断增加。韩国政府投入10亿美元，发展其电子政务业务，通过有效的干预手段增加

150 亿美元的经济活动。

韩国将新材料发展作为国家竞争力的六项核心技术之一，其新材料产业的发展也极为显著。在新材料领域制定的相关计划和政策有《韩国科技发展长远规划 2025 年构想》"新产业发展战略""纳米科技推广计划""纳米技术综合发展计划""G7 计划""生物工程科学发展计划""重点国家研究开发计划""原子能开发计划"等。此外将下一代高密度存储、生态、生物、自组装的纳米、未来碳素、高性能高效结构材料、智能卫星传感器、仿生材料作为未来重点发展领域。

2.1.6 丹麦新兴产业发展状况

由于丹麦缺乏石化能源，一直以来重视清洁能源和可再生能源的开发，以求摆脱对石油的依赖。丹麦政府从 1891 年就开始风电研究，是最早研究和利用风力发电的国家之一。丹麦政府于 1970 年建立了能源署，在世界排名前 10 位风机公司中，丹麦占有 4 家，其中的 Vestas 公司居于首位，拥有近 30 年的发展历史。

2.1.7 巴西新兴产业发展状况

与前几个国家不同的是，在重点发展领域最具代表性的国家和地区中，除了美国、欧盟、日本、韩国等发达国家和地区之外，巴西作为发展中国家，充分利用自然资源优势发展新兴产业也值得我们借鉴。巴西拥有丰富的风能和生物质能等自然资源及产业发展基础。依托这一优势，巴西政府因地制宜，重点发展生物质能、风能和核能等新能源产业，鼓励新能源汽车产业的发展，制定生物燃料发展规划。此外，巴西的生物制药产业发展也在逐渐受到政府重视。

巴西是乙醇燃料开发应用技术最先进的国家，是世界上最大的乙醇生产国。此外，在乙醇汽油的应用方面，巴西是世界上最早通过立法手段强制推广乙醇汽油的国家，以法律形式推出"清洁发展机制"等项目，促进了本国生物质能产业的发展。

2.2 中国新兴产业发展状况

2.2.1 经济发展新动能指数高速增长

自新兴产业上升到战略高度以来，在过去的 10 年时间里，中国的新兴产业发展迅速,呈现逐年加速之势。国家统计局数据显示(见表 2-1),以 2015 年为 100,2016—2019 年我国经济发展新动能指数①分别为 124.8、159.1、204.1、269.0 和 332.0,分别比上年增长 24.8%、27.5%、28.3%、31.8%和 23.4%。

表 2-1　　　　2015—2019 年经济发展新动能指数、分类指数及其增速

指标名称	2019 年		2018 年		2017 年		2016 年		2015 年	
	指数值	增速(%)	指数值	增速(%)	指数值	增速(%)	指数值	增速(%)	指数值	增速(%)
经济发展新动能指数	332.0	23.4	269.0	31.8	204.1	28.3	159.1	27.5	124.8	24.8
经济活力	313.6	7.4	292.0	9.6	266.5	18.3	225.2	46.7	153.5	53.5
创新驱动	201.4	15.6	174.2	21.6	143.2	13.5	126.2	11.2	113.5	13.5
网络经济	856.5	42.0	603.0	66.5	362.1	81.1	199.9	46.7	136.3	36.3
转型升级	141.4	1.0	140.0	16.3	120.4	0.9	119.3	10.6	107.9	7.9
知识能力	147.2	8.3	135.9	5.8	128.5	2.7	125.1	11.1	112.6	12.6

国家统计局统计科学研究所数据显示(见图 2-1),具体到分类指数,2019 年均实现了不同程度的提高,其中网络经济指数最大,为 856.5,比上年增长 42.0%,对总指数增长的贡献率为 80.5%。其次是经济活力指数,为 313.6,比上年增长 7.4%,对总指数增长的贡献率为 6.9%。创新驱动指数为 201.4,比上年增长 15.6%,对总指数增长的贡献率为 8.6%。知识能力指数为 147.2,比上年增长 8.3%,对总指数增长的贡献率为 3.6%。转型升级指数为 141.4,比上年增长 1.0%,对总指数增长的贡献率为 0.4%。这显示,我国经济发展新动能加速发展壮大,经济活力进一步释放,新兴经济成为缓解经济下行压力、推动高质量发展的重要动力。

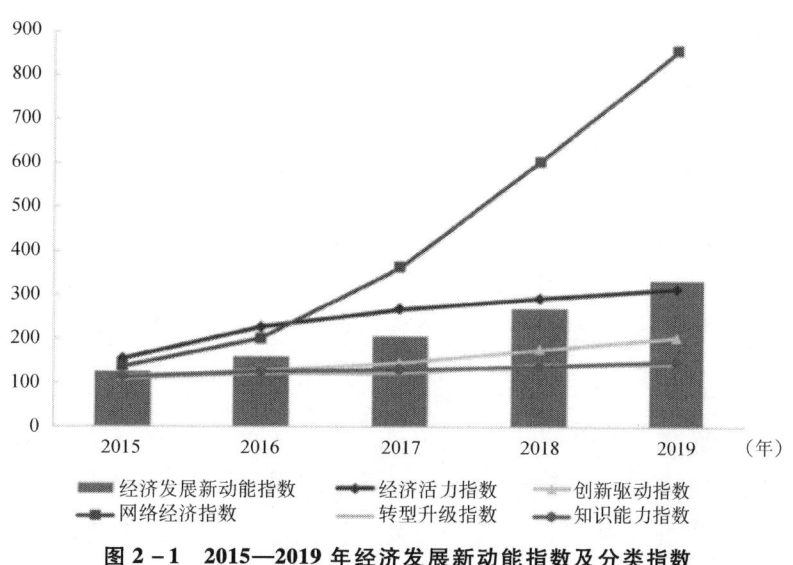

图 2-1　2015—2019 年经济发展新动能指数及分类指数

---

① 经济发展新动能指数是指以新产业、新业态、新商业模式(简称"三新")为主要内容的统计指标体系。

2.2.2 新兴产业规模持续扩大

2019年,国家统计局对"三新"经济(新产业、新业态、新商业模式)的增加值进行了核算,数据显示(见表2-2),2019年全国"三新"经济增加值为161 927亿元,相当于GDP的比重为16.3%,比上年提高0.2个百分点;按现价计算的增速为9.3%,比同期GDP现价增速高1.5个百分点。分三种产业来看,第一产业增加值为6 685亿元,相当于GDP的比重为0.7%;第二产业增加值为70 443亿元,相当于GDP比重为7.1%;第三产业增加值为84 799亿元,相当于GDP比重为8.6%。

表2-2　　　　　　　　　全国"三新"经济增加值核算结果

产业	绝对额(亿元)			相对于GDP比重(%)		
	2019年	2018年	2017年	2019年	2018年	2017年
"三新"经济	161 927	145 369	129 578	16.3	16.1	15.7
第一产业	6 685	6 227	5 998	0.7	0.7	0.7
第二产业	70 443	62 453	54 253	7.1	6.9	6.6
第三产业	84 799	76 689	69 326	8.6	8.5	8.4

2019年,规模以上工业战略性新兴产业增加值增长8.4%,规模以上工业高技术制造业增加值增长8.8%,分别快于全部规模以上工业增加值增速2.7个和3.1个百分点。新兴产业发展势头良好,前11个月,规模以上战略性新兴服务业、高技术服务业和科技服务业营业收入增速分别为12.4%、12.0%和12.0%。新业态新模式发展动能持续增强,2019年全国网上零售额增长16.5%,其中实物商品网上零售额增长19.5%,占社会消费品零售总额比重为20.7%,比上年提高2.3个百分点。

2.2.3 新兴产业投资继续保持较快增长态势

2018年,在全社会投资增速整体下滑和投资增速恢复缓慢的情况下,新兴产业部分行业投资均保持了相对较快的增长速度。其中属于新信息技术产业的计算机、通信和其他电子设备再制造业投资同比增长19.1%。属于高端装备制造的通用和专用设备制造、电气机械和器材制造业投资同比增速分别达到9.5%和16.8%,属于新材料工业范畴的金属制品业投资增长16.8%,均高于同期制造业投资平均增长和全部投资增速。战略性新兴产业投资保持相对于其他产业较快的增长速度,意味着全社会投资正在向新兴产业各领域加速转移。

2.2.4　西方对我国新兴产业卡脖子的技术发展情况

以重大技术突破和重大发展需求为基础，战略性新兴产业引领带动着经济社会长远发展，但目前一些战略性新兴产业技术仍存在被西方卡脖子情况。我国制造业体量规模已经连续 10 年位居全球第一，但在核心基础零部件、重大基础装备、关键基础材料、基础工业软件和基础技术等领域与发达国家仍有较大的差距，部分零部件对外依存度较高，"卡脖子"瓶颈凸显。为更好发挥战略性新兴产业重要引擎作用，加快构建现代化产业体系，推动经济高质量发展，国家发改委、科技部、工业和信息化部、财政部四部门联合发布《关于扩大战略性新兴产业投资 培育壮大新增长点增长极的指导意见》（发改高技〔2020〕1409 号），提出加快基础材料、关键芯片、高端元器件、新型显示器件等关键核心技术攻关，重点支持工业机器人、高档五轴数控机床、航空航天装备等高端装备制造，突破制约产业升级的瓶颈和短板，构筑制造强国根基。

2.3　中国、美国、德国、日本等国家的新兴产业发展比较

根据中国经济信息社于 2016 年发布的全球智能制造发展指数，美国、日本和德国位列全球制造业的第一梯队，属于全球智能制造发展的"引领型"国家；韩国、英国、中国、瑞典、瑞士、芬兰、法国、奥地利和加拿大位列第二梯队，属于全球智能制造发展的"先进型"国家。基于对评价对象的理解和认知，全球智能制造发展指数构建了以智能技术和制造业发展为基础，以智能技术与制造业的融合为核心，以资本、人力、基础设施为支撑，以经济、政策、社会环境为圈层生态环境的智能制造发展评价模型。

结合全球智能制造发展指数评价思路，指数确立了以客观评价指标体系为主的构建方式，包括 4 个一级指标，10 个二级指标，22 个三级指标。其中，一级指标主要围绕着智能制造发展的宏观环境，人力、资本等关键要素的支撑水平，智能技术与制造业的发展基础，以及智能化技术在制造业的应用水平 4 个维度表征各个国家智能制造发展的内在规律；二级指标是基于功能属性对一级指标的具体展开，综合数据的真实性、全面性，以及数据的可获得性，各层次之间通过指标加权后逐级合成。

2.3.1　发展环境层面

发展环境层面是影响智能制造产业发展的外部因素的统称，主要包括一个国家的

经济实力、政策支撑和社会创新氛围。智能制造环境综合排名前10位的国家分别是美国、德国、中国、日本、英国、瑞士、加拿大、法国、韩国和瑞典。从世界各国对于智能制造的重视程度来看，美国、德国、中国、日本、韩国、英国总体表现较好。当前，新科技革命和产业变革正在兴起，全球工业发展模式、技术体系和竞争格局迎来重大变化。美国先后提出了"先进制造伙伴计划"和"先进制造业国家战略计划"，德国政府启动"工业4.0"战略，力图抢占高端市场；同时，以印度、南非、巴西等为代表的新兴市场国家正以更低的生产成本承接国际转移。在此背景下，中国未来制造业发展不得不面临发达国家再工业化和新兴市场国家加速追赶的双重挑战。今后，围绕推动经济发展质量变革、效率变革、动力变革成为中国经济进入新时代的主要特征，发展智能制造不仅是产业转型升级的突破口，还是重塑制造业竞争优势的新引擎。

事实上，在新经济时代，良好的经济基础与经济全球化是智能制造发展的必要支撑。其中，GDP是衡量一国经济发展的最基本指标之一，欧美发达国家较高的人均GDP份额会为智能制造的发展提供助力。

此外，经济全球化为一个国家智能制造的发展提供有利条件。根据联合国贸易和发展组织数据，世界各国国际直接投资（FDI）占比情况如图2-2所示。FDI不仅可以创造新的就业岗位，还可以导入创新技术、管理战略和工人的实践经验。其中，美国、中国在经济全球化方面优势明显。

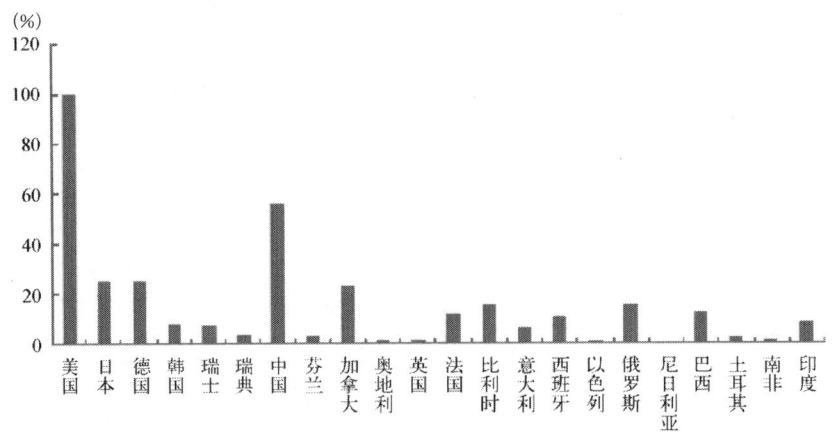

图2-2　世界各国FDI占比情况

智能制造作为科技创新最为直接的产物之一，受创新环境和学术研究氛围影响较大。康奈尔大学约翰逊商学院《2016年全球创新指数》和英国《自然》杂志发表的《2016年全球自然科学技术指数》结果显示（见图2-3），瑞士、瑞典、英国等欧洲国家创新环境较为领先；美国、中国和德国在学术环境方面具有优势。

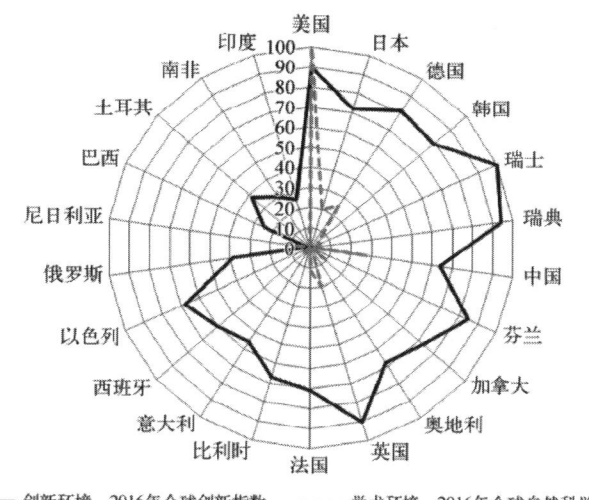

图 2-3　各国创新环境和学术环境

2.3.2　要素支撑层面

要素支撑层面是指影响智能制造产业发展的内部驱动力集合。作为科技创新的最直接成果之一，智能制造的发展离不开充足的资本投入和完善的人才保障。与此同时，良好的网络环境和信息化基础设施也为制造业的智能化提供了肥沃土壤。智能制造要素支撑排名前 10 位的国家分别是美国、日本、英国、芬兰、瑞典、德国、韩国、比利时、瑞士和法国。

第一，人力资源是智能制造发展最为重要的驱动因素之一。根据国际劳工组织（ILO）数据，各国智能制造高等教育相关专业人员占比如图 2-4 所示。从世界各国智能制造从业人员的受教育程度来看，美国、俄罗斯和日本高等人才数量最多。其中，美国以 105 948 人位列第一，远高于其他国家。较高的劳动者素质，为美国智能制造业的发展提供了良好的保障。

第二，充足的资本投入是智能制造发展的重要引擎。从智能制造的资本投入情况来看，全球研发投入占 GDP 的比重得分可划分为 3 个梯队，美国、韩国、以色列、日本以及北欧的芬兰、瑞典等国家属于第一梯队，研发投入占 GDP 的比重较高。奥地利、瑞士、德国、英国、西班牙、比利时、法国、中国属于第二梯队，加拿大、意大利、印度、俄罗斯、巴西、尼日利亚、南非、土耳其属于第三梯队。通过对各国制造企业上市情况和 IPO 融资规模进行分析发现，美国企业 IPO 融资规模占全球融资规模的比重达到 19.34%，中国以 12.8% 的占比排名第二，其他国家占比均在 10% 以下。

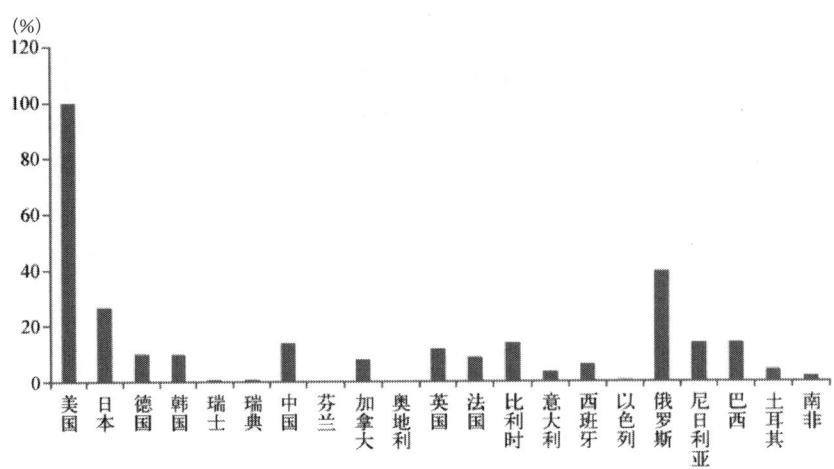

图 2－4　各国智能制造高等教育相关专业人员占比

第三，完善的网络基础设施是智能制造发展的有力保障。智能制造的发展不仅需要硬件的支撑，还需要软件及网络环境的完善。根据世界经济论坛《2016 年全球信息技术报告》和《2015 年国际统计年鉴》数据（见表 2－3），从网络环境和信息基础设施建设情况来看，欧美发达国家普遍高于亚洲、非洲国家。

表 2－3　　　　　　　　　各国基础设施支撑得分

国　　家	网络环境得分（分）	国　　家	信息设施得分（分）
芬　兰	100.00	韩　国	100.00
美　国	92.86	瑞　典	97.23
瑞　士	92.86	英　国	94.62
瑞　典	92.86	芬　兰	91.69
英　国	89.29	日　本	90.31
日　本	85.71	瑞　士	88.62
德　国	85.71	美　国	87.23
韩　国	85.71	德　国	85.38
加拿大	85.71	法　国	84.92
奥地利	78.57	加拿大	81.08
比利时	78.57	奥地利	81.08
以色列	78.57	比利时	80.31
法　国	75.00	西班牙	77.38
西班牙	57.14	以色列	76.00
俄罗斯	46.43	意大利	70.62
意大利	42.86	俄罗斯	66.92
土耳其	42.86	巴　西	48.46
中　国	35.71	土耳其	45.23
南　非	35.71	中　国	35.23

续表

国　　家	网络环境得分（分）	国　　家	信息设施得分（分）
巴　西	28.57	南　非	31.85
印　度	21.43	印　度	2.77
尼日利亚	1.00	尼日利亚	1.00

2.3.3　产业基础层面

基于对智能制造定义的认知，制造业的发展和智能技术的研发是驱动智能制造产业发展的"双轮"。智能制造基础排名前 10 位的国家分别是美国、日本、德国、中国、韩国、尼日利亚、意大利、瑞士、瑞典和奥地利。

从制造业基础层面来看，美国、德国、中国、韩国、芬兰、日本在制造业发展方面具有优势。制造业生产指数最高的国家是尼日利亚，为 186.8，其次是土耳其和俄罗斯。制造业增加值最高的国家是中国，达到 29 225.2 亿元，其次是美国和日本。值得关注的是，在全球工业结构转型调整的过程中，单纯依靠资源的消耗已无法支撑制造业的长期可持续发展，"绿色制造"被提上日程。从制造业能源利用率上来看，以色列、芬兰、瑞典、奥地利等国家能源利用率较高，可持续发展能力较强。

根据德温特专利数据库和《科学引文索引》（SCI）数据，从智能技术研发能力上来看，美国、中国、日本、德国具有绝对优势。这 4 个国家人工智能专利申请数量占全球的 25%；中国智能制造相关论文数量最多，占世界总量的 22.76%，其次是美国和德国等国家。从智能制造专利及论文的涉及领域来看，主要集中在控制系统、传感器、机器人、嵌入式系统、神经网络、语音识别、图像识别等领域。根据世界知识产权组织的数据，2019 年全球经由《专利合作条约》（PCT）途径提交的专利申请量排名前 5 的国家分别是中国（58 990 件）、美国（57 840 件）、日本（52 660 件）、德国（19 353 件）和韩国（19 085 件）。中国 PCT 专利年申请量从 2007 年的 5 455 件增长至 2019 年的 58 990 件，翻了约 10 倍，增长速度在排名前 5 的国家中遥遥领先，体现了中国科技创新的较大潜力。

2.3.4　应用水平层面

智能制造的应用反映智能技术与制造业的融合程度，主要包括两个方面，分别是设计与生产过程的智能化以及产品与服务的智能化。智能制造应用水平排名前 10 位的国家分别是德国、美国、日本、意大利、瑞士、韩国、法国、奥地利、瑞典和中国。

根据 Gardner Intelligence 发布的 2019 年世界机床调查（2019 World Machine Tool Survey）数据，2019 年全球机床产值和消费额均降至 2010 年以来的最低水平，分别为 842 亿美元和 821 亿美元，较上年分别下降了 129 亿美元和 131 亿美元，降幅分别为 13.3% 和 13.8%。虽然 2017 年和 2018 年出现复苏，但 2011 年以来全球机床市场基本处于萎缩状态（见图 2-5）。

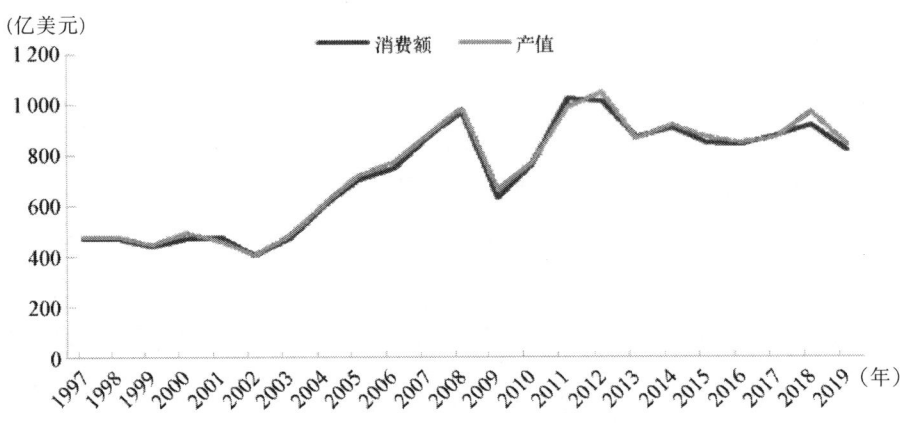

图 2-5　1997—2019 年世界机床产值和消费额情况

但是，调查数据也表明近两年美洲（美国、墨西哥、加拿大和巴西）的机床产值和消费表现良好。墨西哥和巴西是 2019 年为数不多的机床消费增长国，巴西、加拿大也是 2019 年为数不多的机床产值增长国。2019 年美国虽然机床产值和消费均有下降，但是下降幅度较小。因为其他国家/地区的市场表现不好，美国和墨西哥的机床消费占全球市场的份额大幅增加，屡创新高。

全球智能制造的产业发展还处于初级阶段，即便是排名前 3 的引领型国家——美国、日本、德国，其优势也主要集中在智能制造的环境、人力、资本的投入方面，在智能制造的产业基础和制造业的智能化应用水平层面相对较弱（见图 2-6）。美国在智能制造环境的营造和要素支撑方面优势显著，日本与德国的总体发展水平相近，在要素支撑方面具有相对优势，而德国在发展环境方面优于日本。其中，美国智能制造基础理论（专利和论文）、发展环境、研发投入、人才培养等方面具备优势；日本在政策的重视程度和智能产品的出口方面具有优势；德国拥有较好的制造业基础，在人才培养方面也独具优势（见图 2-7）。这些在某种程度上体现了制造业转型升级的基本规律，即以发展环境和要素支撑为前期投入，以智能应用为前进方向，以工业基础为基本支撑。综合来看，目前全球智能制造的发展仍处于初级阶段，前期投入较大，但智能化应用尚未大规模普及，应进一步优化发展环境，壮大发展支撑，夯实发展基础，拓展智能化应用。

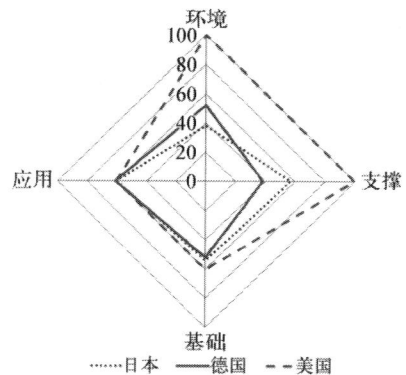

图 2-6 美国、日本、德国在智能制造环境、支撑、基础、应用方面的综合对比

案例 2-1[①]

当前,世界各国都在加快推进氢能产业发展,初步形成了 4 种典型模式,即以德国为代表的"深度减碳重要工具"模式,以日本为代表的"新兴产业制高点"模式,以美国为代表的"中长期战略技术储备"模式和以澳大利亚为代表的"资源出口创汇新增长点"模式。

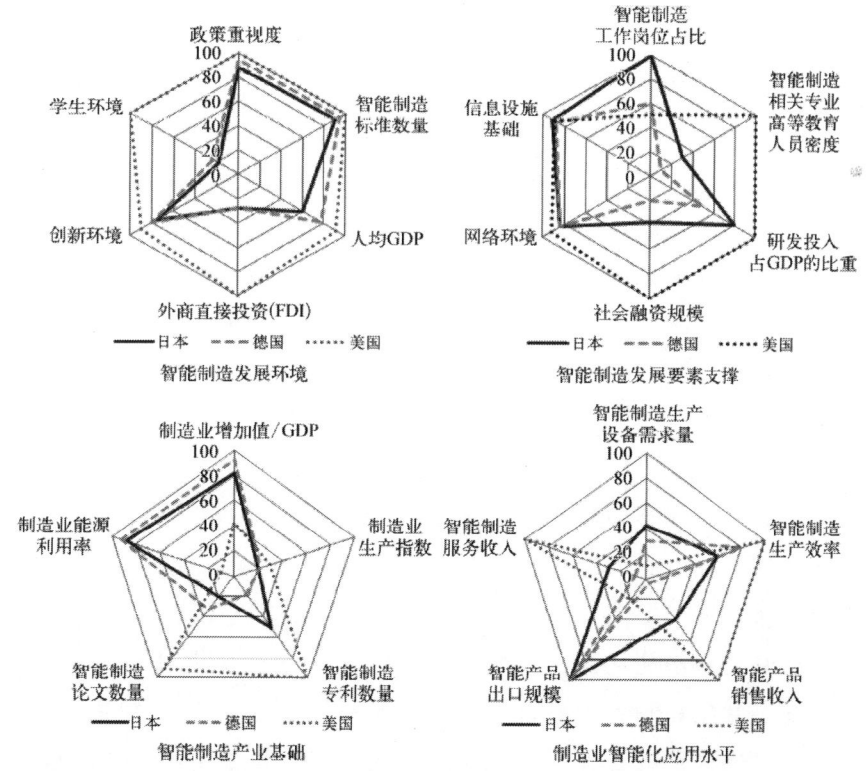

图 2-7 美国、日本、德国智能制造发展水平三级指标对比图

---

① 来源:国际能源网,https://www.in-en.com/article/html/energy-2304441.shtml。

(1) 德国模式：围绕"脱碳"服务

围绕深度脱碳和促进能源转型，德国创新提出了电力多元化转换（Power-to-X）理念，致力于探索氢能的综合应用。具体而言，在氢气生产端，利用可再生电力能源电解水制取低碳氢燃料，从而构建规模化绿色氢气供应体系。在氢气应用端，将绿色氢气用于天然气掺氢、分布式燃料电池发电或供热、氢能炼钢、化工、氢燃料电池汽车等多个领域。

现阶段，德国政府与荷兰等国正在开展深度合作，重点推广天然气管道掺氢，构建氢气天然气混合燃气（HCNG）供应网络。其中，依托西门子等公司在燃气轮机方面的技术优势，已开展了若干天然气掺氢发电、供热等示范项目。截至2019年底，德国已有在建和运行的"PtoG"（可再生能源制氢+天然气管道掺氢）示范项目50个，总装机容量超过55MW。此外，蒂森克虏伯集团已开展氢能炼钢示范项目，预计到2022年进入大规模应用阶段。

(2) 日本模式：只为保障能源安全

日本氢能基本战略聚焦于车用和家用领域的应用，是产业和技术发展的必然延伸。日本在技术、材料、设备等方面拥有非常明显的优势，尤其是已基本打通氢燃料电池产业链。经过多年耕耘，日本已在氢能领域打造出一批"隐形冠军"，如东丽公司的碳纤维、川崎重工的液氢储运技术和装备等。

据统计，日本在氢能和燃料电池领域拥有的优先权专利占全球的50%以上，并在多个关键技术方面处于绝对领先地位。专利技术既是日本的"保护网"，也是其他国家的"天花板"。推广氢燃料电池汽车和家用燃料电池设备，一方面，可将过往的投入在市场上变现、获取现金流，另一方面，还能及时获取信息反馈，完善技术和设备，由此形成了"技术促产业、产业促市场、市场促技术"的良性循环和正向反馈。

(3) 美国模式：浅尝辄止的试探

美国氢能发展经历"两起两落"，但将氢能视为重要战略技术储备的工作思路一直没有改变。早在20世纪70年代，美国政府就将氢能视为实现能源独立的重要技术路线，密集开展了若干行动和项目，但热度随着石油危机影响的消退而降温。2000年前后氢能迎来了第二个发展浪潮。

2002年美国能源部（DOE）发布了《国家氢能路线图》，构建了氢能中长期愿景，启动了一批大型科研和示范项目，但后因页岩气革命和金融危机的冲击，路线图被搁置，不过联邦政府对氢能相关的研发支持延续至今。在过去的10年中，美国能源部每年为氢能和燃料电池提供的支持资金从约1亿美元到2.8亿美元不等，根据2019年底参议院、众议院通过的财政拨款法案，2020年支持资金为1.5亿美元。

总体来看，在近50年的时间里，尽管有起伏，但联邦政府将氢能视为重要战略技术储备的工作思路一直没有改变，持续鼓励科技研发使得美国能够保持在全球氢能技术的第一梯队。

(4) 澳大利亚模式：看中贸易价值

出于经济可持续发展考虑，澳大利亚政府急需找准新兴市场需求，拓宽出口渠道。2019年11月，澳大利亚政府发布了《国家氢能战略》，确定了15个发展目标、57项联合行动，力争到2030年成为全球氢能产业的主要参与者。打造全球氢气供应基地是澳大利亚发展氢能的重要战略目标。

澳大利亚正积极推动与日、韩等国的氢气贸易，签订氢气供应协议，同时与相关企业开展联合技术创新，完善氢能供应链，扩大供应能力、降低成本。如澳大利亚政府与氢能供应链技术研究协会（HySTRA，由川崎、岩谷、电力开发有限公司和壳牌石油日本分公司组成）合作组成联合技术研究组，开展褐煤制氢、氢气长距离输送、液氢储运等一系列试点项目。

2019年底，川崎重工首艘液氢运输船下水，补齐了澳大利亚和日本氢气供应链最后一块拼图。这种"贸易+技术创新"一体化模式调动了各参与方的积极性，澳方可实现本国氢气资源的规模化开发，川崎等企业能够获得成本更低的氢气，技术研发团队获得了宝贵的试验田。

(5) 中国模式：实现"碳中和"的手段

对我国而言，加快发展氢能产业，也有现实而迫切的意义。具体来看，发展氢能产业是优化能源结构、推动能源转型、保障国家能源安全的战略选择，是促进节能减排、应对全球气候变化、实现绿色发展的重要途径，我国发展氢能也是为2060年之前实现"碳中和"目标服务。

2019年是我国氢能发展的创新之年，"理想照进现实"特点明显，战略共识基本成形，探索的步伐正在加快，先进理念、技术、模式层出不穷。超过30个地方政府发布了氢能产业发展规划/实施方案/行动计划，相关的"氢能产业园""氢能小镇""氢谷"项目涉及总投资额多达数千亿元，氢燃料电池汽车规划推广数量超过10万辆，加氢站建设规划超过500座。

2.4 中国、美国、德国、日本等国家的新兴产业政策比较

从国外发展战略性新兴产业的实践来看，发达国家普遍运用了多种政策工具，将不同的政策手段有机结合并发挥了巨大的协同效应。通过对比分析中国、美国、德国、日本等国发展战略性新兴产业的政策实践，为中国战略性新兴产业政策的制定提供规

律性的经验借鉴和启示。

2.4.1 发展战略性新兴产业：发达国家的政策与经验

（1）美国

美国市场机制较为健全，各阶段主导产业的成长主要依靠市场的力量自发完成，但是，这并不意味着政府毫无作为，相反，美国政府在新兴产业发展过程中推行了成效显著的促进政策。2008年爆发的国际金融危机，使美国重新认识到发展实体经济的重要性，并提出"再工业化"战略。此后，美国政府不断提高对某些新兴产业的支持力度，主要有新能源、新一代信息技术、新材料、先进制造业等领域。美国希望通过对这些新兴产业的支持，能够带动整个经济的发展。其具体政策经验如下。

第一，加大科研投入，以新能源为核心推动新兴产业发展。在所有战略性新兴产业中，美国尤其重视新能源领域的发展，计划依靠科学技术开辟能源独立新路径。2009年2月，时任美国总统奥巴马签署了《美国复兴与再投资法案》，推出了总额为7 870亿美元的经济刺激方案。其中科研基建、可再生能源及节能、医疗信息化项目分别投入1 200亿美元、199亿美元、190亿美元；在科研基建计划中，新能源和提升能源利用率项目占468亿美元。美国有关新能源计划提出，美国政府将投入1 500亿美元来资助替代能源的研究，重点发展混合燃料动力汽车、下一代生物燃料等产业。美国能源部计划在未来15—20年为波浪和潮汐能发电项目提供1 720亿美元的资助。美国计划以新能源为主导的跨产业技术革命和"再工业化"战略，着力培育和发展领导未来世界经济发展的新兴产业。在医药和生物科学领域，美国政府终止了对胚胎干细胞研究方面使用政府资金的限制。2011年政府将用于国家健康研究机构的生物医药资助由10亿美元提高到321亿美元。此外，在节能环保、新能源汽车、航空航天业等领域亦加大研发投入，采取税收补贴等方式推动其发展。

第二，从国家层面制定战略计划来引导新兴产业发展。美国是信息技术产业的高地，长期处于行业发展的领头羊地位，拥有谷歌、微软、苹果、亚马逊、IBM、英特尔、思科等国际领先的信息技术企业。在下一代信息技术领域，美国确定了下一代互联网、云计算、物联网等重点研究领域，通过实施"国家宽带计划""联邦云计算战略""星云计划""智慧地球战略"等来继续保持美国在这一领域的全球领导地位。新材料是现代科技发展之本，是提升先进制造业水平的重要基础。美国早在1991年就把新材料列为影响经济繁荣和国家安全的六大关键技术之首。美国发展新材料产业的特点是以国防部和航空航天局的大型研究和发展计划为龙头，主要以国防采购合同形式来推动和确保大学、科研机构和企业的新材料研究和发展工作。奥巴马时期，美国政府实施了一系列计划来推动新材料产业的发展。

第三，重视构建创新型网络、创新型政府和社会环境，着力营造有利于新兴产业发展的生态环境。美国把建设国家制造业创新网络（National Network for Manufacturing Innovation，NNMI）作为培育新兴产业和创新驱动发展的重要内容。2013年1月，美国总统执行办公室、科学技术委员会和先进制造业国家项目办公室发布了《国家制造业创新网络：一个初步设计》方案。根据这个方案，美国计划在2020年之前建立15所制造业创新研究院，以共同组建美国制造业创新网络，推动政府部门、产业界、高校、科研机构形成合力，努力在技术成熟度较高的共性应用技术领域取得突破，拉近科研与商业化之间的距离，打造先进制造业产业集群。2016年2月，美国首份《国家创新网络计划年度报告》重点介绍制造业创新中心建设的详细进展，《国家制造业创新网络战略计划》重点对未来3年的战略目标进行了阐述。2015年10月美国发布的新版《美国创新战略》提出要借助人才、创新思维和技术工具的合理组合，建设创新型政府，为美国民众提供更好的服务。同时，美国政府还将通过建设一流的现代化科研基础设施，建设高质量的科学、技术、工程和数学教育（STEM），加强创新激励、构建鼓励创新的市场环境等良好社会环境来支撑新兴产业的发展。

（2）德国

德国是老牌工业强国，"德国制造"以其高品质、高附加值、高技术含量闻名全球。德国在发展新兴产业方面，特别注重科学战略决策的作用，注重发挥战略计划的牵引作用。德国面向未来经济和科技发展趋势，规划了新能源汽车、高端装备制造、新能源等重点发展领域，并通过多项科技研发和技术创新促进政策来推动新兴产业发展。其主要政策措施如下。

第一，将推动创新作为新兴产业发展的核心，把坚持开放创新作为培养竞争优势的源泉。2010年7月，德国联邦政府正式通过了《德国2020高技术战略》。新战略指出，德国面临着几十年来最严峻的经济与金融政策挑战，解决之道在于依靠研究新技术、扩大创新，目标明确地去激发德国在科学和经济上的巨大潜力。为应对未来挑战，德国新战略重点关注气候和能源、保健和营养、交通、安全和通信等领域，并在这些领域提出各自具体的计划和措施。新战略希望通过这些领域开辟未来新的市场，并推出11项"未来计划"：碳中和、能源高效且适应气候的城市；能源供给的智能化改造；可再生原料作为石油的取代物；通过个性化医疗更好地治疗疾病；至2020年德国的电动车规模达到100万辆；更有效地保护通信网络；更多地使用低能耗的网络；数字化且便利地获取知识；针对性的饮食，更健康；高龄人士也能自主生活；未来的职业生涯和用工制度。与此同时，德国加强与其他欧洲国家的合作，积极参与欧洲新兴产业的框架。2014年，德国加入了"地平线2020计划"，该计划为德国创新引入国际性战略合作伙伴,使得德国可以进一步开展"基础科学""工业技术""社会挑战"三大领域的技术创新,并且与其他欧洲国家共同分享科研创新成果。

第二,注重培育政产学研创新体系。与其他欧美一些发达国家相比,德国通过政府、企业、高校、相关科研机构的紧密结合,将国家的经济发展战略、技术创新和产业现实相结合,从而使德国的政产学研创新体系更具有长期性、实践性和开放性。德国政府要求企业与政府之间就研发建立长期稳定的合作关系,并且通过"研究与创新联合计划",向企业提供额度不等的资金支持。例如,为了实现2020年德国电动车规模达到100万辆的目标,德国政府通过锂电池创新联盟,联合巴斯夫、博世、赢创工业、琳得科、大众五大企业巨头,以及包括高校和研究所在内的共60多家机构,推动锂离子电池技术产业化,以进一步降低新能源汽车成本。除资金以外,德国政府还为相关企业提供一系列的咨询建议,确保企业得到全方位的支持。

第三,重视科技型中小企业的创新发展。战略性新兴产业以科技型企业为主,而科技型企业在其发展初期往往以中小企业为主。因此,科技型中小企业对于推动新兴产业的发展有不可估量的重要作用。德国专门设立了促进中小企业发展的管理机构——中小企业局,负责制定保护中小企业发展的政策和措施,出台了《反限制竞争法》《中小企业促进法》《关于提高中小企业效率的行动计划》等法律法规对中小企业进行保护。为了保障科技型中小企业的研发资金需求,联邦政府的"中小企业重要创新计划"发挥了重要作用。该计划主要为中小企业的技术创新项目和科学研究计划提供资助经费。资助范围涵盖了纳米技术、信息通信技术、光学技术、资源能效技术、生产技术和公共安全等研究领域。2009—2012年,该计划共资助了1 887个企业项目,资助经费达7.7亿欧元。同时,为了向新兴中小企业提供适当、稳定的贷款服务,德国形成了以银行信贷为主的融资模式。目前德国已形成了满足不同层次中小企业融资需求的金融机构,为中小企业提供多种服务以促进其发展。

(3)日本

日本是一个资源极度匮乏的国家,长期以来坚持"科技创新立国"的战略。政府的产业政策在日本的经济体系中居于主导地位。在发展战略性新兴产业方面,日本政府将政策支持重点放在与其传统优势产业关联度较高的行业领域,通过增加投资、税收优惠、促进研发创新等手段支持新兴产业发展。其主要政策经验如下。

第一,制订国家战略计划,规划引导战略性新兴产业发展。在新能源领域,由于长期以来对外部资源的依赖,刺激日本产生了对新能源的巨大需求。日本新能源产业具体发展情况如表2-4所示。自20世纪80年代起日本就开始发展风电、太阳能发电、生物能废物发电等新能源产业,近年更是通过不断研发新技术使市场化程度提高。2009年,日本政府颁布了《新国家能源战略》,提出了八大能源战略重点:节能领先计划、新一代运输能源计划、新能源创新计划、核能立国计划、综合资源确保战略、亚洲能源环境合作战略、强化能源紧急应对和制定能源技术战略。由于受福岛核电站事故的影响,日本政府在2014年宣布放弃之前作出的关于到2030年核能占能源总量50%的规划,转而积极推动可再生能源的发展,计划到2030年实现可再生能源发电量在发电总量中的比例达到30%。目前,日本在新能源领域技术领先,创造1美元GDP所消耗的能源只有美国的37%,是发达国家中最少的。按照日本官方的预测,到2030年,日本对传统能源的依存度将仅有40%。在信息技术领域,2009年,日本出台了为期3年的信息技术发展计划,侧重于促进信息技术在医疗、行政等领域的应用。此外,日本还推出了"新增长战略",将未来产业重点发展方向锁定在新能源汽车、低碳经济、医疗护理、清洁能源发电等方面。

第二,通过财政补贴、税收优惠等财税杠杆,鼓励和支持企业发展战略性新兴产业。日本政府逐年增加对于节能环保产品的研发及应用的财政补贴,加大对于重要节能技术开发、节能设备推广和示范项目的补贴力度。同时,对节能投资企业给予低息优惠贷款,鼓励中小企业进入新兴产业领域。对于具有市场应用前景的燃料电池汽车,日本政府提供每辆最高85万日元的补贴,同时设立燃料电池车补助机制,在推广期间政府至少要给每辆燃料电池汽车补助200万日元。在税政方面,日本政府希望通过减税来提升企业的产业竞争力,在2014年提出要废止振兴特别法人税,下调法人时效税率。在高端装备投资上,使用简化手续办理相关的缴税事项。

表2-4　　　　　　　　　　日本新能源产业发展情况

重点领域	典型项目	项目主体	主要内容和目标
风能太阳能	能源远景计划	日本政府	2020年风能、太阳能等自然能源占发电量比例提升至20%
	太阳能/风力投信	日本政府	利用再生能源所生电力的卖电所得充当配发股利的资金和整套发电设备的费用,促进再生能源的普及
	新阳光计划	日本政府社会资金	每年为该计划拨款570多亿日元,用于新能源开发、每户住宅太阳能电池板补贴等
生物质能源	日本生物质能源综合战略	日本政府	把生物质相关产业作为日本战略性产业来培育,加快生物质能源发电
	微藻新技术	日本DIC集团和筑波大学合作	在室外大规模生产"葡萄藻",大规模燃料基于微藻技术开发
	生物质利用补贴	日本政府	使用在该地区待开发资源,提供财政补贴

第三,以科技创新为支撑,将新兴产业发展与社会需求紧密结合。日本是传统的科技强国,凭借充裕的科研投入、长期的技术积累、高效的科研制度和经验丰富的科研队伍,日本科研机构和企业在基础技术研究、应用技术开发和新产品研发等方面极

具竞争力。2010年6月，为了应对资源短缺、人口老龄化等不利经济条件，日本在其公布的《产业结构展望2010方案》中，提出了日本未来将重点培育的五大战略性新兴产业领域：环保和能源产业、尖端技术产业、文化创意产业、基础设施产业，以及包括生物医疗、护理、健康等在内的社会公共产业。近年来，日本将发展重点锁定在有一定基础和规模，与民众生活息息相关的新兴产业和领域，借助民间消费拉动新兴产业发展。通过发展以信息化社会、老龄化社会、环保型社会为服务对象的信息通信、医疗装备、环保装备、保健食品药品等一大批新兴产业，达到产业发展与社会进步互为促进的目的。

（4）美国、德国、日本三国发展战略性新兴产业的特点与经验总结

第一，明确科技创新的支撑作用。战略性新兴产业是新兴科技和新兴产业的有机融合，其核心在于技术的创新与应用；没有技术作为支撑，新兴产业就难有持续健康的发展。从三国发展的实践来看，无一不把科技创新摆在最重要的位置。美国一方面在多个新兴领域加大科技研发投入，另一方面积极创建创新网络，有效沟通科研与产业化。德国将研究新技术、加大创新力度作为应对未来经济挑战的解决之道。日本一直以来奉行"科技创新立国"的理念，将科学技术的发展视为其赢得产业竞争优势的源泉。

第二，发挥战略规划的引导作用。科学合理的国家战略规划能够为新兴产业的发展指明方向，能够使新兴产业在其发展的早期阶段少走弯路，能够使国家在某些优势领域继续保持领先地位。例如，美国在下一代信息技术、先进制造业、新材料等领域制定了一系列发展规划来确保美国在这些领域的领导地位；德国则出台了《德国2020高技术战略》，明确其发展的五大重点领域，并提出了各自具体的发展措施；日本在新能源、信息技术应用、低碳经济等领域制定国家战略，规划引导新兴产业的发展。

第三，重视财税金融的保障作用。由于战略性新兴产业的培育和发展是一个长期的、持续的过程，初期投入高，社会资金往往不愿意进入这些领域。这时候就需要政府提供财税优惠政策和金融资金支持，来保障新兴产业的长远发展。对于美国和德国这样的市场经济占主导的国家而言，采取的更多的是风险投资、信贷投放等金融手段来满足企业的融资需求，而较少使用消费者补贴和税收优惠等财政措施；而对于日本这样的经常使用产业政策的国家来说，往往将财税杠杆和银行信贷相结合来鼓励和支持企业发展新兴产业。

第四，注重社会需求的牵引作用。产业的发展往往离不开社会需求的拉动，战略性新兴产业是着眼于未来重大发展需求的产业，其发展更应注重与本国具体社会需求相结合。能源是推动经济发展必不可少的动力，是重要的战略资源。由于美国是全球

能源消耗第二大国,而德国和日本长期以来对外部资源的依赖较大,所以三国都将新能源作为其发展战略性新兴产业的重点关注领域。同时,日本针对其人口老龄化的现状,大力发展健康养老、生物医疗等产业以适应社会需求的变化。

2.4.2 我国战略性新兴产业的政策回顾

战略性新兴产业政策是以国家为引导、调解或规制产业发展方向而进行的有计划的活动,以实现战略性新兴产业在不同时期的发展目标。《"十二五"国家战略性新兴产业发展规划》所提出的目标包括"产业创新能力大幅提升""创新创业环境更加完善""国际分工地位稳步提高""引领带动作用显著增强"等。围绕上述目标,将战略性新兴产业相关政策分为加强科技创新、优化产业环境、完善管理机制三大类进行分析(见表2-5)。在出台的这三大类政策中,优化市场环境类政策最多,占比为45.25%;其次是完善管理机制类政策,占比为32.53%;而加强科技创新类政策最少,仅占22.22%。十三届全国人大四次会议审查的"十四五"规划和2035年远景目标纲要草案提出,要发展壮大战略性新兴产业,着眼于抢占未来产业发展先机,培育先导性和支柱性产业,推动战略性新兴产业融合化、集群化、生态化发展,战略性新兴产业增加值占GDP比重超过17%。

表2-5　　　　　　　　　战略性新兴产业政策目标分类

类别	目标导向
科技创新	加强产业关键技术研发;强化企业技术创新能力建设;提升人才与知识产权管理;实施重大产业创新工程;推进产业集聚发展;深化国际合作
产业环境	组织实施重大应用示范工程;支持市场拓展与商业模式创新;完善市场体系和市场准入制度;改善金融服务支持改进税收激励政策
管理机制	加强宏观规划引导;加强组织协调

增强自主创新能力是培育和发展战略性新兴产业的关键环节。为了完善以企业为主体、市场为导向、产学研相结合的技术创新体系,加强科技创新,提升产业核心竞争力,中央政府从加强产业关键技术研发、提升人才与知识管理等方面出台了多种措施,支撑战略性新兴产业的创新发展。培育和发展战略性新兴产业需要充分调动企业积极性,积极培育市场,规范市场秩序,创造良好的发展环境。为此,政府在组织实施重大应用示范工程、改善标准体系等方面出台了多种措施,优化新兴产业发展的市场环境。同时,发展新兴产业必须加强组织领导和统筹协调,中央政府从加强宏观规划引导、加强组织协调管理等方面出台了政策,以完善新兴产业发展的管理机制体系。

2.4.3 我国发展战略性新兴产业的国际经验借鉴与对策

随着战略性新兴产业发展战略和创新驱动发展战略的深入实施，战略性新兴产业对经济社会全局和国家长远发展的引领和带动作用逐步增强。当前，我国七大战略性新兴产业发展总体表现出产业规模增长快、创新较为活跃、产业水平迈向中高端、整体效益好等特点。但是与全球主要发达国家相比，我国新兴产业在产业链的高端部分仍然存在较大差距，不少核心技术受制于人，存在产业链上的"低端锁定"风险。因此，我国应积极从发达国家发展战略性新兴产业的政策中吸取经验和教训，为我国战略性新兴产业的发展提供经验借鉴。

（1）实施创新驱动发展战略，提高战略性新兴产业的创新水平

战略性新兴产业是由技术创新催生、技术应用支撑的新兴产业部门。从美国的国家创新网络建设、德国以创新为核心的新兴产业发展战略以及日本的"科技创新立国"方针中，我们不难看出科学技术创新对于发展战略性新兴产业的关键作用。因此，我国要积极实施促进科技创新的各项措施。

第一，重视基础研究的重要作用。基础研究是原始创新的源泉，新兴产业领域内相关的基础研究实力，将决定着新兴产业发展的空间和潜力。与发达国家相比，我国的基础研究投入在整个科学研究与试验发展（Research and Development，R&D）投入中的比重还非常低，因此必须加大基础研发投入，在当前科学研究的前沿领域取得重大颠覆性技术突破，以提高原始创新能力。

第二，构建政产学研创新体系。学习德国和日本的发展经验，将技术创新与产业现实、社会需求紧密结合，以市场为导向，发挥高校、企业、科研机构的创新主体作用，由政府牵头建立技术创新联盟，对重大科学技术进行联合攻关，突破和掌握新兴产业发展的核心技术。

第三，营造鼓励创新的市场环境，激发企业的自主创新活力。新兴产业的技术研发具有投入高、市场不具备确定性等特征，因此政府应建立合理的激励机制，以增强企业技术创新的内在动力。一方面，政府要通过财政补贴、税收优惠、资金奖励等措施来支持那些科技含量高、创新能力强的企业发展。同时，构建多层次高效完善的投融资担保体系，以满足不同创新型科技企业的资金需求。另一方面，有关部门要提高对知识产权申请的审批效率，加大对知识产权的保护力度，以促进企业公平竞争、优化产业发展的市场环境。

（2）制定新兴产业发展战略规划，优化战略性新兴产业空间布局

美国于2009年、2011年和2015年相继出台了3个版本的《美国创新战略》；德

国政府自 2010 年以来也陆续推出了 3 个版本的《德国新高技术战略》；日本也出台了类似的一系列"新增长战略"。从这些新兴产业发展战略出台的背景和主要内容中不难看出它们的共同特征：一是这些战略非常注重政策的连续性，既一脉相承，又根据国际新兴产业发展的动态而与时俱进；二是这些国家都是根据自身在全球科技和产业革命中的优势条件来确定符合本国定位的新技术、新产业。因此，我国可以参考这些国家的经验，确定符合我国国情和比较优势的新兴产业重点发展领域。同时应根据产业和企业的政策需求，来制定我国的新兴产业发展战略。2016 年 11 月，国务院发布了《"十三五"国家战略性新兴产业发展规划》，在原先确定的七大战略性新兴产业基础上增加了数字创意产业，并以全球视野超前布局天空海洋、信息网络、生物技术、核技术四大领域。新的规划对各个新兴产业领域进行了更详细的划分，并制定了更为具体的发展措施。

案例 2-2：德国、美国、日本光伏发电融资政策对比[①]

近年，随着环保理念深入人心，传统能源供应日趋紧张，发展光伏等新能源成为众多发达国家重要的能源战略之一，光伏发电产业凭借着其清洁性、可持续性、高投入产出比获得世界国家的青睐。德国、日本和美国是全球分布式光伏发电市场的领头羊。截至 2020 年，超过 20 个国家的新增光伏装机容量超过了 1GW，有 14 个国家的累计装机容量超过 10GW，有 5 个国家的累计装机容量超过 40GW。其中，排名第一位的中国累计光伏装机 253.8GW，其次为美国，累计达 73.8GW，日本 67GW，德国 53.8GW 紧跟其后。

（1）德国

德国分布式光伏产业发展的基础是以可再生能源的激励政策为核心，以国家政策性银行与商业银行互补性合作为手段的国家主导优惠性投融资政策。

德国分布式光伏系统的融资模式是以国家政策性银行和商业银行合作互补的模式为基础的多方合作模式。国家政策性银行提供融资平台为商业银行提供优惠低息贷款，商业银行负责发放贷款给投资者并且评估项目风险，发放贷款之后商业银行还可以低息向政策性银行申请再融资。在这种模式下，可再生能源发电项目投资方可获得高达投资额 100% 的融资支持，这种稳定优惠的融资模式吸引了一大批商业投资者前来投资。

目前德国主要的融资模式有两种。一种模式是业主投资，这一模式主要是业主自身作为投资者通过向商业银行贷款成为光伏发电系统的所有者，银行贷款不需要股权

---

① 海南省绿色金融研究院. 德美日三国分布式光伏国际融资经验 [EB/OL]. https://www.yicai.com/news/101077149.html.

抵押，只需对业主进行信用评级之后，以未来的上网收益和光伏资产作为抵押，即可发放贷款。这一模式适用于小规模光伏发电需求的分布式电站。另一种模式是以大型光伏电站为主导的多元融资机制。这一模式适合大规模用电的事业单位和企业。它是以独立运营的电站开发商为核心吸引更为广泛的多元主体（包括机构投资者、基金、银行、社区和个人等）投资。电站运营商以光伏电站资产为抵押，以光伏电站未来上网收益为偿还现金流吸引包括基金公司、产业投资者、保险等在内的投资者。

(2) 美国

美国分布式光伏市场如今已成为一个成熟稳定的用电市场。美国分布式光伏市场融资模式主要是积极的政策引导和创新的商业融资模式。

多层次激励政策。美国的激励政策分两个层次，一种是以联邦政府为核心的国家性政策，另一种是在国家政策的引导下各州政府推出的优惠政策。

其中国家性激励政策主要内容有：①投资税收抵免。美国太阳能投资税减免（Investment Tax Credit，ITC），属于企业税的一种，是由联邦政府提出，鼓励纳税人投资可再生能源发电设备的奖励性措施。2016年底前的光伏发电项目可按照投资额的30%抵扣应纳税额。这一政策是联邦政府出台的鼓励绿色能源的税收政策。②成本加速折旧。在这一政策的支持下，使用寿命在3年左右的资产可以在6年内折旧完毕，减少投资者的所得税支出（折旧完毕其相关收入就不需要再按照所得税相关规定进行纳税了），有效减少投资者的投资成本。

美国各州的独特的政策支持有：①可再生能源配额制。为了促进分布式光伏产业的发展，美国部分州要求各电力公司电力来源中有一定比例的可再生能源。这一政策极大地推动了美国太阳能产业的发展。②净电量计价。与德国相似，美国也有对于上网电价的相关鼓励政策。该政策允许可再生能源系统用户的表倒转，也就是可再生能源系统的发电量可抵扣用户的用电量，多余电量可并入电网，可再生能源电力的价格与用户电价一致。

创新融资机制。在美国的各种优惠激励政策的引导下，美国的商业和投融资机制迅速发展，各种创新性的融资模式层出不穷，其中，最主要的几种如下：①共享太阳能。共享太阳能发电系统可以安装在公共区域、私人住宅或者是工业园区等任何地区，空间上自由性很大，这种共享太阳能可以由个人住户、企业共同租赁或者购买持有。其融资模式主要有共同拥有、第三方共同融资或电力公司直接融资等。②第三方融资模式。第三方融资是基于美国税收优惠政策产生的一种新型融资方式，目的是将美国联邦政府税收额抵扣政策和成本加速折旧优惠政策运用到极致。③太阳能担保贷款。这种融资模式就和今天的房贷、车贷类似，由第三方装置持有商设计推出自己的太阳能担保产品，由居民自行购买。④资产证券化。以分布式光伏未来的上网收益为担保，包装成证券产品进行出售，能够使融资成本和再融资成本大幅下降。⑤YieldCo 模式。YieldCo 模式是固定收益类的股权投资，并通过上市来公开募集资金。

（3）日本

日本是世界上能源消耗大国，日本的能源严重依赖于进口。就资源短缺而言，日本多年来一直积极开发太阳能等清洁能源。日本经济产业省运用各种措施和项目，发展本国的光伏产业和容量，从而成为拥有世界第二大太阳能光伏市场的国家，仅次于中国。

国家政策拉动日本光伏产业可持续发展。日本是最早制定光伏产业发展政策以达到促进光伏产业结构更新和可持续发展的国家。1990 年，日本就修订《电力公司法》来帮助光伏达到并网发电目的。1994 年，日本政府开始鼓励居民安装光伏发电系统，并且给予安装光伏发电系统的居民接近 50% 的成本补贴。2003 年，日本还陆续通过了《先进光伏发电计划》等法案来促进光伏等可再生能源的发展。2011 年，福岛核电站发生泄漏事故后，日本暂时关停了所有的核电站，光伏产业与新兴能源迎来了新一轮的发展。

日本在分布式光伏产业发展中的融资模式主要有以下几种：一是光伏电站资产证券化。日本光伏电站资产证券化优点在于：①融资门槛偏低，市场需求相对广泛；②操作简便，期限灵活；③资金用途不受限制；④有利于促进分布式光伏进一步发展，促进产业结构更新。二是光伏产业基金。2015 年 11 月 30 日，日本亚洲投资宣布设立以百万光伏电站业务为投资对象的基金——RJA 能源投资事业有限责任组合。这是日本亚洲投资首次设立百万光伏电站投资基金。基金总额预定为 32 亿日元，于 2015 年 12 月内设立，其资本金加上从金融机构的项目融资资金，可投资 180 亿日元左右的百万光伏电站业务。

2.5　全球新兴产业分布地图

在中国战略性新兴产业中，5G 设备、云计算、AI、半导体、基因工程、高端医疗器械、新能源汽车等关键领域具有较强的渗透作用，这些领域对信息技术板块、医疗板块和消费板块的跨越式发展至关重要。因此，分析战略性新兴产业的关键领域所在行业的世界竞争格局，是有必要的。

2.5.1　技术硬件和设备行业

技术硬件和设备行业涵盖通信设备、电脑与外围设备、电子设备、仪器和元件、办公电子设备 5 类产品,是 5G 设备和云计算设备的主要生产行业。

2008—2017 年,技术硬件和设备行业从日本、美国两强格局转变为美国、日本、中国台湾三强格局(见表 2-6)。

表 2-6　2008—2017 年技术硬件和设备行业各国(地区)领先公司的营业收入

国家或地区	年营业收入(亿美元)										2017年比2008年增长率(%)
	2008年	2009年	2010年	2011年	2012年	2013年	2014年	2015年	2016年	2017年	
日　本	5 417.10	6 698.39	5 753.00	5 683.00	6 512.00	6 089.00	5 443.00	5 196.00	4 595.00	4 621.00	-14.70
美　国	4 793.90	4 820.80	4 476.10	5 170.00	6 175.00	6 379.00	6 102.00	6 378.00	7 063.00	6 135.00	27.98
中国台湾	1 453.30	1 943.26	1 978.60	2 377.00	3 138.00	3 363.00	3 166.00	3 148.00	3 140.00	3 059.00	110.49
芬　兰	745.40	706.27	587.20	568.00	501.00	398.00	275.00	169.00	145.00	261.00	-64.99
法　国	320.70	318.74	211.40	214.00	199.00	191.00	192.00	175.00	0.00	0.00	-100.00
瑞　典	290.50	266.34	288.30	303.00	329.00	350.00	349.00	332.00	290.00	260.00	-10.50
新加坡	244.60	292.97	292.80	13.00	299.00	247.00	247.00	269.00	246.00	238.00	-2.70
中国大陆	145.30	211.38	214.50	330.00	578.00	699.00	358.00	272.37	1 394.00	1 036.00	613.01
百慕大	140.40	140.85	0.00	0.00	0.00	0.00	0.00	0.00	0.00	0.00	-100.00
加拿大	139.00	199.06	184.30	184.00	198.00	111.00	0.00	0.00	0.00	0.00	-100.00
韩　国	71.80	0.00	0.00	807.00	730.00	835.00	778.00	993.00	935.00	750.00	944.57
中国香港	0.00	0.00	92.80	0.00	111.00	120.00	613.00	690.00	267.00	426.00	—
德　国	0.00	0.00	0.00	0.00	0.00	0.00	69.00	0.00	63.00	0.00	—
爱尔兰	0.00	0.00	0.00	111.00	116.00	163.00	140.00	142.00	122.00	109.00	—
瑞　士	0.00	0.00	104.40	151.00	172.00	159.00	161.00	141.00	119.00	155.00	—

2008 年,日本领先公司以 5 417.10 亿美元的营业收入,成为世界上最具竞争力的技术硬件和设备生产国。美国领先公司以 4 793.90 亿美元的营业收入,紧随其后。此外,中国台湾、芬兰处于第二梯队,其领先公司分别创造了 1 453.30 亿美元和 745.4 亿美元的营业收入。

2017 年,美国领先公司的营业收入增长了 27.98%,以 6 135.00 亿美元的营业收入,成为最具竞争力的技术硬件和设备供应商。日本领先公司的营业收入减少了 14.70%,以 4 621.00 亿美元的营业收入居于第二位。中国台湾领先公司的营业收入增长了 110.49%,以 3 059.00 亿美元的营业收入居于第三位。这就形成了美国、日本和中国台湾鼎足而立的格局。2008—2017 年,中国大陆和韩国领先公司的营业收入增长最快,分别实现了 613.01% 和 944.57% 的增长,跻身第二梯队,其领先公司分别实现了 1 036.00 亿美元和 750.00 亿美元的营业收入。

2.5.2 计算机软件和服务行业

计算机软件和服务行业包含互联网软件和服务、信息技术服务、软件 3 类产品和服务,是 AI 产品集中出现的行业。

2008—2017 年,计算机软件和服务行业美国一家独大的格局没有发生变化。在整个行业中,除了百慕大以外,其他国家或地区领先公司的营业收入都处于增长态势中,显示了该行业正处于高速增长的态势(见表 2-7)。

表 2-7 2008—2017 年计算机软件和服务行业各国(地区)领先公司的营业收入

国家或地区	年营业收入(亿美元)										2017 年比 2008 年增长率(%)
	2008 年	2009 年	2010 年	2011 年	2012 年	2013 年	2014 年	2015 年	2016 年	2017 年	
美 国	2 780.10	2 776.16	2 571.10	2 968.00	3 211.00	3 351.00	3 618.00	3 983.88	4 183.00	4 399.04	58.23
百慕大	223.90	256.82	0.00	0.00	0.00	0.00	0.00	0.00	0.00	0.00	-100.00
法 国	198.30	248.61	137.30	154.00	267.00	321.00	325.00	345.00	331.00	355.00	79.02
德 国	149.60	161.10	152.90	167.00	184.00	209.00	223.00	233.00	232.00	244.00	63.10
印 度	125.00	148.30	167.60	179.00	251.00	273.00	330.00	365.00	398.00	419.00	235.20
英 国	89.90	54.78	58.90	23.00	6.00	22.00	0.00	95.00	91.00	93.00	3.45
韩 国	7.00	10.79	727.60	801.00	19.00	21.00	23.00	101.00	98.00	106.00	1 414.29
中 国	3.60	10.69	25.10	50.00	78.00	118.00	165.00	226.00	304.00	433.00	11 927.78
加拿大	0.00	0.00	35.70	40.00	41.00	63.00	99.00	94.00	82.00	101.00	—
爱尔兰	0.00	0.00	224.50	238.00	285.00	301.00	306.00	328.00	335.00	357.00	—
以色列	0.00	7.56	9.60	12.00	12.00	14.00	14.00	15.00	17.00	17.00	—
日 本	0.00	34.30	35.00	0.00	0.00	0.00	0.00	0.00	0.00	38.00	—
荷 兰	0.00	0.00	0.00	0.00	0.00	0.00	86.00	44.00	0.00	0.00	—
西班牙	0.00	0.00	0.00	0.00	35.00	38.00	41.00	45.00	43.00	49.00	—

2008 年,美国领先公司实现了 2 780.10 亿美元的营业收入,注册在百慕大的领先公司共实现了 223.90 亿美元的营业收入,不到美国领先公司营业收入的 1/10。

2017 年,美国领先公司的营业收入增长了 58.23%,达到 4 399.04 亿美元。中国大陆该行业的领先公司营业收入增长迅猛,增长了 11 927.78%,达到 433.00 亿美元,处于第二位,但仍然不到美国领先公司营业收入的 1/10。

2.5.3 半导体行业

半导体行业包括集成电路、分立器件、半导体材料3类产品,是高性能芯片领域所集中的行业。

2008—2017年,半导体行业全球呈现韩国和美国两强并立的格局,韩国领先公司的营业收入比重仍在提升,诸多国家的领先公司收入下降,行业集中度有所提升(见表2-8)。

表2-8　　　　2008—2017年半导体行业各国(地区)领先公司的营业收入

国家或地区	年营业收入(亿美元)										2017年比2008年增长率(%)
	2008年	2009年	2010年	2011年	2012年	2013年	2014年	2015年	2016年	2017年	
韩国	1 006.10	1 135.80	1 027.50	1 406.00	1 518.00	1 974.00	2 218.00	2 122.00	1 939.00	1 888.00	87.66
美国	967.70	869.39	753.90	1 083.00	1 200.00	1 080.00	1 116.00	1 339.00	1 258.00	1 347.00	39.20
中国台湾	235.70	184.12	114.00	216.00	277.00	274.00	341.00	450.00	432.00	477.00	102.38
日本	174.20	171.75	128.30	74.00	217.00	183.00	138.00	170.00	114.00	123.00	-29.39
德国	160.70	60.77	44.30	45.00	54.00	50.00	53.00	59.00	69.00	73.00	-54.57
瑞士	107.80	92.81	86.90	105.00	90.00	87.00	81.00	74.00	0.00	70.00	-35.06
荷兰	55.60	41.14	22.90	90.00	112.00	62.00	126.00	134.00	131.00	170.00	205.76
比利时	0.00	0.00	28.10	36.00	34.00	0.00	0.00	0.00	0.00	0.00	—
中国香港	0.00	0.00	0.00	0.00	0.00	0.00	0.00	12.00	3.63	0.00	—
新加坡	0.00	0.00	0.00	22.00	23.00	24.00	27.00	52.00	0.00	156.00	—
英国	0.00	0.00	0.00	4.00	8.00	9.00	11.00	13.00	15.00	0.00	—

2008年,韩国领先公司的营业收入为1 006.10亿美元,在所有国家中收入最高,美国领先公司的营业收入为967.70亿美元,位居第二,两者差距甚微。中国台湾、日本、德国、瑞士、荷兰的领先公司分别以235.70亿美元、174.20亿美元、160.70亿美元、107.80亿美元、55.60亿美元的营业收入,位居第三至第七位。

2017年,韩国领先公司的营业收入增长87.66%,达到1 888.00亿美元,保持第一的位置。美国领先公司的营业收入增长了39.20%,达到1 347.00亿美元,保持第二的位置。但韩国领先公司的营业收入明显高于美国,2013年和2014年的差距最大,韩国一度接近美国领先公司一倍的营业收入。中国台湾、荷兰领先企业的营业收入增长最快,2017年其领先公司收入分别增长102.38%、205.76%。

2.5.4 医疗器械和服务行业

医疗器械和服务行业包括医疗检测设备、医疗耗材、家用医疗器械、医疗服务、医药商业5个类别，是高端医疗器械、基因工程的主要相关行业。

2008—2017年，医疗器械和服务行业的领先公司呈现美国一家独大的格局，且格局得到强化，行业集中度提高（见表2-9）。

表2-9　2008—2017年医疗器械和服务行业各国（地区）领先公司的营业收入

国家或地区	年营业收入（亿美元）										2017年比2008年增长率（%）
	2008年	2009年	2010年	2011年	2012年	2013年	2014年	2015年	2016年	2017年	
美国	5 112.60	5 674.85	6 139.40	6 883.00	6 434.00	7 443.00	7 870.00	10 384.00	11 354.00	11 706.00	128.96
日本	557.40	706.03	752.10	354.00	615.00	656.00	569.00	489.00	519.00	574.00	2.98
德国	450.40	506.78	506.90	231.00	526.00	534.00	270.00	328.00	306.00	322.00	-28.51
百慕大	103.60	100.52	0.00	0.00	0.00	0.00	0.00	0.00	0.00	0.00	-100.00
法国	35.50	42.46	46.80	52.00	54.00	66.00	67.00	75.00	74.00	79.00	122.54
英国	33.30	30.12	38.80	40.00	41.00	42.00	43.00	46.00	46.00	47.00	41.14
瑞士	29.00	44.31	46.20	55.00	37.00	0.00	0.00	22.00	21.00	0.00	-100.00
瑞典	0.00	0.00	31.90	0.00	32.00	37.00	0.00	0.00	0.00	0.00	—
澳大利亚	0.00	0.00	0.00	0.00	0.00	0.00	0.00	53.00	61.00	66.00	—
中国大陆	0.00	0.00	0.00	0.00	0.00	0.00	0.00	0.00	382.00	342.00	—
丹麦	0.00	0.00	0.00	0.00	18.00	19.00	21.00	23.00	21.00	22.00	—
爱尔兰	0.00	0.00	108.60	106.00	117.00	120.00	109.00	0.00	0.00	294.00	—
马来西亚	0.00	0.00	0.00	0.00	0.00	0.00	0.00	0.00	22.00	0.00	—
韩国	0.00	0.00	0.00	0.00	0.00	0.00	0.00	44.00	47.00	53.00	—

2008年，美国领先公司的营业收入为5 112.60亿美元，相当于第二位的10倍。日本和德国位于第二梯队，其领先公司的营业收入分别为557.40亿美元、450.40亿美元。法国、英国和瑞士领先公司的营业收入不足100亿美元。

2017年，美国领先公司的营业收入增长了128.96%，达到11 706.00亿美元。日本和德国仍然处在第二梯队，日本领先公司的营业收入基本没有增长，保持于574.00亿美元，德国领先公司的营业收入下降28.51%，至322.00亿美元。中国大陆和爱尔兰的领先公司营业收入增长较快，分别达到342.00亿美元、294.00亿美元，跻身第二梯队，使得第二梯队的成员增加，但与美国的差距越来越大。

2.5.5 制药和生物技术行业

制药和生物技术行业包括化学原料药、化学制剂、中药、生物制品4类产品,是基因工程制药领域主要涉及的行业。

2008—2017年,制药和生物技术行业呈现美国一家独大的格局,虽然行业集中度有所降低,但一家独大的格局基本没有改变(见表2-10)。

表2-10 2008—2017年制药和生物技术行业各国(地区)领先公司的营业收入

国家或地区	年营业收入(亿美元)										2017年比2008年增长率(%)
	2008年	2009年	2010年	2011年	2012年	2013年	2014年	2015年	2016年	2017年	
美 国	3 571.50	3 919.50	3 679.90	4 079.00	4 341.00	4 468.00	4 157.00	4 210.72	4 756.31	4 791.00	34.15
瑞 士	808.70	861.40	933.30	1 035.00	1 039.00	1 064.00	1 103.00	1 075.00	1 055.00	1 023.00	26.50
英 国	761.70	695.46	786.30	779.00	749.00	716.00	671.00	640.00	613.00	717.00	-5.87
法 国	409.50	383.96	419.90	407.00	432.00	461.00	437.00	448.00	405.00	374.00	-8.67
日 本	325.90	458.09	547.60	974.00	1 104.00	1 095.00	1 046.00	876.00	797.00	981.00	201.01
德 国	113.70	105.26	111.00	124.00	133.00	138.00	147.00	153.00	142.00	166.00	46.00
以色列	94.10	103.62	143.60	171.00	172.00	209.00	203.00	203.00	196.00	219.00	132.73
丹 麦	81.90	121.43	114.60	126.00	134.00	158.00	170.00	180.00	181.00	187.00	128.33
比利时	46.50	46.54	43.50	37.00	37.00	40.00	45.00	39.00	43.00	46.00	-1.08
澳大利亚	27.00	34.04	37.30	37.00	45.00	45.00	50.00	55.00	58.00	64.00	137.04
爱尔兰	5.20	0.00	44.50	35.00	53.00	46.00	175.00	291.00	201.00	337.00	6 380.77
加拿大	0.00	0.00	0.00	12.00	25.00	35.00	58.00	83.00	104.00	97.00	—
中国大陆	0.00	0.00	56.10	124.00	105.00	215.00	297.00	379.00	440.19	496.26	—
中国香港	0.00	0.00	0.00	0.00	0.00	0.00	0.00	0.00	0.00	202.00	—
印 度	0.00	8.20	8.10	8.00	19.00	16.00	21.00	73.00	85.00	71.00	—
南 非	0.00	0.00	0.00	0.00	18.00	19.00	23.00	33.00	28.00	0.00	—
西班牙	0.00	0.00	0.00	0.00	35.00	36.00	45.00	44.00	45.00		—

2008年,美国领先公司的营业收入为3 571.50亿美元,处于绝对领先的地位。瑞士、英国、法国、日本和德国的营业收入超过100亿美元,分别为808.70亿美元、761.70亿美元、409.50亿美元、325.90亿美元、113.70亿美元,营业收入差距比较大。

2017年,美国领先公司的营业收入增长34.15%,达到4 791.00亿美元。瑞士领先公司营业收入增长26.50%,超过1 000亿美元。日本领先公司营业收入增长

201.10%，达到 981.00 亿美元。增长最快的是中国大陆和爱尔兰，其领先公司的营业收入分别达到 496.26 亿美元、337.00 亿美元。

2.5.6 耐用消费品行业

耐用消费品包含汽车、白色家电、视听器材 3 类产品，细分领域包括乘用车、汽车零部件、汽车服务、汽车服务、冰箱、空调、洗衣机、小家电、家电零部件、彩电、其他视听器材 11 类产品，内容比较丰富。汽车的能源和其他耐用消费品不同，但却是最大的一类产品，新能源汽车的出现，将能统一耐用消费品行业的能源来源，也是未来这个行业主要的增长点。

2008—2017 年，耐用消费品行业维持着日本、美国、德国三强并立的格局，日本的强势地位得到巩固，第二梯队也得到强化（见表 2-11）。耐用消费品行业是日本和德国最具竞争力的行业，国家支持其在这个行业与美国长期并驾齐驱，甚至逐渐超过美国。

表 2-11　2008—2017 年耐用消费品行业各国（地区）领先公司的营业收入

国家或地区	年营业收入（亿美元）										2017 年比 2008 年增长率（%）
	2008 年	2009 年	2010 年	2011 年	2012 年	2013 年	2014 年	2015 年	2016 年	2017 年	
日　本	6 377.70	8 344.43	6 555.90	6 366.00	7 496.00	7 448.00	7 869.00	7 790.00	7 470.00	8 013.00	25.64
美　国	5 602.00	4 801.44	2 352.50	4 041.00	4 376.00	4 303.00	4 692.00	5 889.00	4 492.00	4 438.00	-20.78
德　国	3 931.00	4 112.60	2 996.40	4 143.00	4 952.00	5 520.00	5 634.00	5 932.00	5 723.00	5 808.01	47.75
法　国	1 642.10	1 632.21	1 474.90	1 641.00	1 737.00	1 709.00	1 691.00	1 684.00	1 505.00	1 579.00	-3.84
意大利	865.00	921.98	782.70	544.00	850.00	78.00	82.00	80.00	0.00	34.00	-96.07
韩　国	803.30	859.76	750.60	933.00	1 390.00	1 459.00	1 610.00	1 702.00	1 629.00	1 648.00	105.15
瑞　典	281.20	134.57	152.40	230.00	229.00	252.00	256.00	255.00	238.00	242.00	-13.94
加拿大	260.70	237.04	173.70	241.00	287.00	308.00	348.00	366.00	327.00	364.00	39.62
中国大陆	145.70	304.99	425.50	668.00	1 294.00	1 346.00	1 810.00	2 198.00	2 289.00	2 521.00	1 630.27
英　国	76.80	0.00	0.00	79.00	249.00	261.00	277.00	285.00	1 489.00	1 514.00	1 871.35
俄罗斯	67.70	138.51	0.00	0.00	0.00	0.00	0.00	0.00	0.00	0.00	-100.00
南　非	48.50	57.63	65.80	63.00	64.00	99.00	130.00	113.00	133.00	0.00	-100.00
土耳其	46.00	0.00	0.00	50.00	0.00	55.00	0.00	0.00	0.00	0.00	-100.00
印　度	40.70	84.90	75.30	131.00	160.00	192.00	202.00	149.00	184.00	246.00	504.42
中国香港	0.00	0.00	1.10	0.00	0.00	0.00	10.00	8.95	0.00	87.71	—
中国台湾	0.00	0.00	0.00	0.00	0.00	0.00	45.00	43.00	0.00	0.00	—
芬　兰	0.00	0.00	0.00	0.00	19.00	21.00	0.00	10.00	0.00	0.00	—
爱尔兰	0.00	0.00	0.00	0.00	0.00	0.00	0.00	0.00	0.00	387.00	—
荷　兰	0.00	0.00	0.00	0.00	0.00	0.00	0.00	0.00	145.00	0.00	—

2008年，日本、美国和德国领先公司的营业收入分别达到6 377.70亿美元、5 602.00亿美元、3 931.00亿美元，远远领先排名第四的法国。法国处于第二梯队，其领先公司的营业收入为1 642.10亿美元。

2017年，日本领先公司的营业收入增长25.64%，达到8 018.00亿美元，远远领先美国和德国。德国领先公司的营业收入增长47.75%，达到5 808.01亿美元，超过美国，位居第二。美国领先公司的营业收入下降20.78%，为4 438.00亿美元。中国大陆、韩国和英国的领先公司营业收入分别达到2 521.00亿美元、1 648.00亿美元、1 514.00亿美元，英国和法国的领先公司基本齐平。

2.5.7 小结

中国战略性新兴产业的关键领域为5G设备、云计算、AI、半导体、基因工程、高端医疗器械、新能源汽车等，分别对应技术硬件和设备行业、计算机软件和服务行业、半导体行业、医疗器械和服务行业、制药和生物技术行业、耐用消费品行业。分析各个行业的竞争格局，对战略性新兴产业的发展有指导作用。

3.

双循环新发展格局下中国新兴产业发展战略选择

3.1 双循环背景下中国新兴产业发展重点领域

双循环新发展格局就是进一步优先做好国内事情的同时,完善和提升对外开放的质量和水平。双循环新发展格局是全方位发力,特别是促进战略性新兴产业高质量快速发展是基础和关键。结合战略性新兴产业中各个子行业的渗透作用,上述产业范围中存在若干关键领域,其突破发展将能起到系统性的作用,加速整个产业体系的技术水平,身处关键领域的公司也能够获得跨越式发展的机会。

3.1.1 信息技术板块

信息技术板块,是高端装备、新型医疗、新能源汽车、数字创意产业创新发展的重要支撑,处于战略性新兴产业的核心地位。国家战略将网络基础设施建设、数据分析和智能产品作为产业发展的抓手,涉及该行业网络基础设施建设、终端产品生产、软件开发等主要方面,也涉及数据资源共享、硬件能力共享等新型业态。

基础设施建设方面,目前,基于4G技术的基础设施建设已经比较完善,支撑4G技术的全面运用。而5G技术对网络覆盖密度的要求是4G技术要求的10倍以上,对基础设施的要求呈几何级数增长,因此,5G设备是未来基础设施进一步完善的焦点。

终端产品生产方面,高性能芯片的短板是制约中国技术硬件和设备产业全面国产化的关键。中国制造业的发展产生了3种技术引进的模式:第一种是外资提供技术,在国内代工生产的原始设备制造商(Original Equipment Manufacture,OEM)模式;第二种是外资提供技术,与国内企业建立合资企业的合资模式;第三种是外资向内资企业提供专利授权或关键零部件供给,内资企业在国内组织生产的专利授权模式。而从技术定价和超额收益分配的角度来看，无论是哪一种，都是廉价劳动力资源和技术结合的方式，技术作为稀缺资源，都可以使其所有者获得对应的超额收益。差别只是在于超额收益是通过自主销售收入扣除代工成本的方式获得，还是通过合资企业股权分红的方式获得，还是通过收取专利授权费，或关键零部件采购费用的方式获得，中兴事件就反映了没能掌握核心技术的弊端。高性能芯片技术的突破，将能打破信息技术板块关键技术的所有权垄断，是技术硬件和设备行业摆脱这种模式的必由之路。

软件开发方面，AI是进一步发展的方向。计算机软件的作用是实现人机交互的功能，软件由"操作界面+指令集+数据库"组成，用户通过操作界面，触发指令集，实现对数据库的操作，产生理想的结果。AI根据智能化程度分为强AI和弱AI。强AI不仅具有对指令参数的修正能力，且可以自主编制指令。弱AI是通过预先的指令集设定，使数据库可以记录最优目标和实际结果之间的差别，反馈并修正指令参数，因而使软件具备自我进化的能力。当前的AI还处于弱AI的阶段。与AI软件配套的芯片研发将进一步降低AI的运行成本，互联网和大数据则能拓展AI的数据规模，进而促使AI在计算机模拟实验（药物临床试验、新材料特性测试、博弈策略推演）、复杂生产过程的控制（智能工业机器人、极端环境探测器）、界面友好互动（降低专业软件的使用门槛）等方面的应用。

新业态方面，云计算将改变运算资源和存储资源私有化的现状，加速互联网的数据共享和资源整合。自从比尔·盖茨提出"让每个人桌上有一台电脑"以来，计算机硬件和软件都采用私有化的方式在运行，本地电脑的硬件配置设定了其运算速度的上限，软件开发商售出软件后，软件将全盘装载于个人电脑中，成为私有财产。事实上，轻度使用者的计算机存在运算资源和存储资源浪费的现象，重度使用者又面临个人电脑运算能力不足的问题。以租借的模式集中统筹运算资源和存储资源的商业模式可以达到资源的最有效利用。这种方式以新一代网络基础设施为条件，催生出专业的运算资源和存储资源供应商。云计算模式下产生了3种硬件和软件结合的方式：第一种是软件安装在私人电脑上，但依托云端服务器运行；第二种是在云端服务器上租用固定的运算资源和存储资源，相当于建立一个容器，软件在容器中运行，满足稳定的资源使用需求；第三种是软件完全安装在云端服务器上，用户通过终端访问特定的接口实现运算。除了在现有基础上实现运算资源和存储资源的优化配置，还会引起软件开发思路的模式转变，更多基于云计算的软件应用得以出现。更为重要的是，云计算通过商业模式的创新，拓展了支撑软件运行的硬件能力的上限。这将使对硬件能力要求波动较大的软件服务商能够加速折旧，降低运营成本，也使复杂的AI软件拥有运行的硬件基础。

总而言之，5G网络、AI软件开发、云计算等互相联系，勾勒出未来信息技术板块的发展前景。高性能芯片技术的国产化，则是信息技术板块产业链国产化的关键，它们是信息技术板块的发展重点。

3.1.2 医药板块

生物产业主要对应医药板块。基因工程将药品研发、实验、评估等环节推进到分子级别，是对传统制药技术、药品评估技术的巨大改进。当前基因工程主要在制药、基因诊断、基因治疗等领域运用，在战略性新兴产业规划中全面体现了生物医药方面的重要作用。此外，在生物农药产业化领域，绿色农药的研发建立在对病虫害基因测序和基因改造的基础上，绿色生物饲料和生物肥料的研发建立在改良食品原料中关于生长品质、加工品质的基因的基础上。

国际行业发展格局中，医药板块发展较快的是制药和医疗器械。制药方面，历史上最赚钱的药物是辉瑞制药的阿托伐他汀（立普妥）和百时美施贵宝公司、赛诺菲公司联合研制的硫酸氢氯吡格雷（波立维），销售额分别排名第一和第二，对应病症分别是高血脂和高血压。这两类药物均集中在心脑血管领域，而相对于心脑血管疾病，恶性肿瘤（癌症）的治疗费用更高，基因工程药物是最有可能达到高收益的药物类别。

医疗器械方面，基因检测设备、医疗影像设备、器官修复过程中的植入耗材是战略性新兴产业关注的重点。其中，与基因工程有关的基因检测设备是基因工程全面改进医药板块的基础。心血管植入耗材是心血管疾病治疗过程中必需的，国外市场巨大，国内处于赶超阶段，国内消费市场空间巨大。医疗影像设备国内也处于赶超阶段，产品不直接面向消费者，市场空间受到限制。作为比较，家用医疗设备是和耗材、检测设备并列的三大类医疗器械，产品直接面向消费者，市场空间较大，但行业进入门槛略低，激烈的竞争会影响公司发展的空间。

3.1.3 消费板块

在消费板块，耐用消费品中的新能源汽车行业入选战略性新兴产业。新能源汽车的渗透力也非常强，新能源汽车的普及首先将统一家用能源和乘用车能源，深刻改变能源结构，配套基础设施的建设也将起到拉动内需的作用。此外，燃油车对车体重量的要求较高，无法完美兼容自动驾驶、物联网等AI产品，新能源汽车则可以利用能源的同源性，更好地解决这个问题。与此同时，电池容量、快速充电、充电基础设施方面的进展是新能源汽车销量落地的影响因素。因此，新能源汽车的发展建立在能源装备发展、新能源开发利用、智慧能源开发利用系统的基础上,也为这些领域的进一步发展提供市场空间。

3.2 双循环背景下中国新兴产业核心发展路径

中国新兴产业发展路径改革开放以来,中国的产业发展整体上处于后发和赶超的状态,而在技术外溢和要素禀赋改进的环境下,产业升级也开始发生。根据国际、国内市场关系的不同,产业发展阶段的不同以及国内国际产业发展水平的不同可以归纳出5种影响投资决策的发展逻辑,作为分析战略性新兴产业重点领域投资机会的依据。

3.2.1 融入国际产业链

在产业发展初期,往往不具备整个产业链国产化的条件,部分企业会谋求加入国际产业链,并在此过程中获得技术进步的收益。

中国信息技术板块的发展历程中,电子产品产业链的升级采用了这种发展逻辑。根据Wind数据,得到融入苹果产业链的部分上市公司的市值变动情况如表3-1所示。2011年苹果的iPhone4开始在国内市场打开局面,此后不断推出的新机型使其在中高端市场占据优势地位。国内的上市公司供应商也获得了技术研发的动力和利润支持,市值不断提升。

表3-1　　　　　　　　A股苹果产业链公司的市值变动

序号	代码	简称	市值/亿元			
			2011年1月-1日	2014年1月-1日	2017年1月-1日	2020年1月-1日
1	002241.SZ	歌尔股份	205	535	405	646
2	002475.SZ	立讯精密	97	183	440	1 952
3	002456.SZ	欧菲科技	66	224	372	423
4	002008.SZ	大族激光	156	142	241	426
5	002681.SZ	奋达科技	—	73	161	113
6	300207.SZ	欣旺达	—	54	180	302
7	002273.SZ	水晶光电	57	60	132	186
8	000049.SZ	德赛电池	36	96	86	84
9	300136.SZ	信维通信	45	26	274	439
10	002709.SZ	天赐材料	—	—	137	113
11	300461.SZ	田中精机			43	23
12	300433.SZ	蓝思科技	—	—	602	587

在这种逻辑下，公司的发展前景主要取决于 3 个因素：第一，最终产品的市场规模能否得到稳定或扩张；第二，在国际产业链中得到的订单是否稳定，上下游之间的存货周期对业绩的影响有多大；第三，自身的技术是否存在被替代的风险，在同等技术的水平上，要考虑竞争者的产能扩张或收缩情况。

这一逻辑多在传统工业部门出现，在战略性新兴产业的各重点方面不适用。融入国际产业链的逻辑会在整体工业水平较低的国家出现，在无法实现整个产业链国产化的背景下，若干技术差距较小的环节率先实现技术赶超，往往是产业链全面提升的第一步。在战略性新兴产业中，这一逻辑的适用性不强。

3.2.2　政府主导或市场自发的本土产业链升级

强有力的政府可以通过复杂项目的集中研发，带动相关配套产业的升级，达到与国际领先水平竞争的实力。产业链存在于整体工业水平之上，如果未能及时融入国际产业链，若干企业的创新就会面临系统性的障碍。缺乏相关配套产业的技术支持，个别企业的技术创新往往无法实现，陷入"技术创新困境"。企业并非不愿意进行技术创新，而是无法实现。政府主导的本土产业链升级能带动关键节点的技术提升，帮助企业突破"技术创新困境"。

中国战略性新兴产业发展过程中，国家通过主导航天器、高铁、大飞机、航母等大型设备的研发投入，带动了相关领域的研发和技术提升，形成了具有国际竞争力的产业链。另外，市场也可以自发地促使产业链升级，如城市化、工业化、基础设施建设推动了中国领先公司在工程建筑领域的高速增长，也带动了工程机械领域的技术提升，形成了以桥梁、隧道、吹沙填海等设备为代表的领先产业链。

在这种逻辑下，公司的发展取决于两个方面：一是参与产业链研发的程度，由此带来的研发投入可以不断促进技术水平的提升；二是市场从国内拓展到国际之后，在国际市场上能够获得的市场份额。在战略性新兴产业中，高端装备和新材料领域大多沿用这一逻辑。

3.2.3　进口替代

在产业链全面升级的中期，部分装备和零部件的技术提升，为最终产品的技术提升提供条件，会发生最终产品进口替代的情形。在最终产品领域涌现出一批有竞争力的本土公司，获得一部分市场份额，与国际上先进的供应商展开竞争。电子产品领域国内供应商的成长，为国产智能手机品牌的成长提供了土壤。2015 年 3 月，格力电器在宣布生产手机不到一年的时间里，随即推出了第一款智能手机，这得益于国内较为成熟的产业链和充足的产能。

在产业链全面升级的后期，本土最终产品供应商对上游零部件产生较大的需求，部分关键且研发投入大的零部件，在商业上获得技术赶超的可能性大。中国台湾技术硬件和设备行业的发展遵循这样的逻辑，首先是笔记本电脑代工，一般零部件生产技术得到提升；其次是台湾地区本土笔记本品牌兴起，为上游产业的发展提供了强大的拉动力；最后是上游半导体行业的崛起。半导体行业属于资金高度密集型行业，只有大量的订单才能支撑巨额的初始投资。A股的典型例子是京东方在面板行业的逆袭。根据Wind数据统计，得到京东方2005—2018年的净利润和收入总额如图3-1所示。从2006年开始，得益于智能手机、平板电脑、笔记本电脑、电视、显示器、可穿戴设备等最终产品在内地的大量制造，作为上游高端零部件的显示模组，具备了本土化的商业可能性。京东方经过长期的融资和大量资金投入，成功实现了显示模组产品的进口替代，并从2011年开始获得持续的营利能力。2015—2016年，京东方经过一系列的市场化价格行为，牢牢掌握市场定价权。2018年实现28.8亿元的净利润。

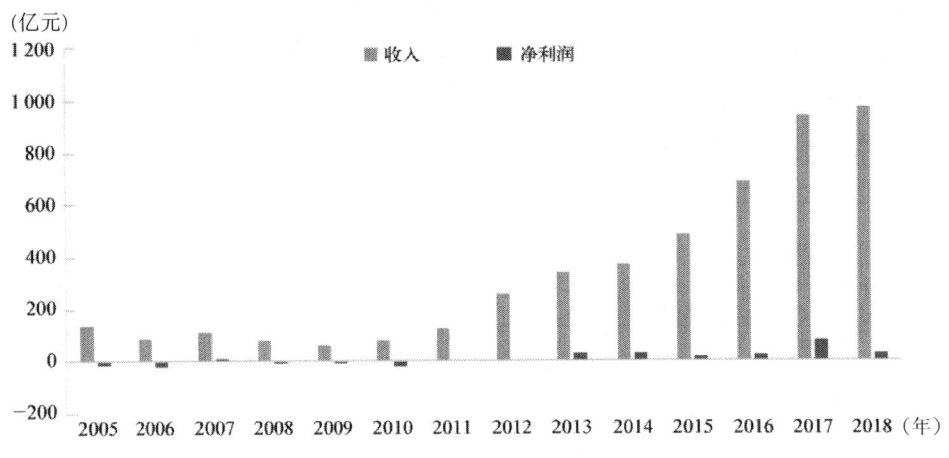

图3-1　京东方2005—2018年的净利润和收入总额

在进口替代的逻辑下，公司的发展取决于3个因素。第一，国内是否具备充足的技术储备，使公司在技术赶超的过程中获得相关产业的支持。第二，国内市场空间是否足够大，使公司逐步获得本土市场份额的同时，能够不断提升公司收入，或者提升从其他途径获得资金支持的能力，在本土市场站稳脚跟后能否在国际市场上获得一定的地位和话语权。第三，行业技术演进的游戏规则是否遇到了改变的契机，能带来加倍赶超的客观机遇。在既定的游戏规则下，处于技术优势的公司会通过部分产品的低价策略，阻止潜在竞争者的发展。而当游戏规则改变的时候，如技术路线的改变、技术进步速度放缓、产业链整体的跨国界转移等，获得打破行业格局的机会。

中国战略性新兴产业的重点领域中，半导体行业、医疗器械行业符合这一逻辑。

3.2.4 新技术研发

新技术研发的逻辑适用于在国际市场上尚未成熟运用的新技术，国内产业发展水平和国际水平处于相同或相近的起点。

这一逻辑下公司的发展取决于：第一，国内外技术路线的比较；第二，国内外公司研发投入规模、研发效率的比较；第三，通过技术路线差异、市场壁垒等手段，为新技术研发提供的市场空间的比较。

中国战略性新兴产业发展的布局具有一定超前性，AI、云计算、5G设备、基因工程制药、新能源汽车符合这一逻辑。

3.2.5 本土移植

国际市场上业已成熟的产品或服务，在国内市场尚没有出现，将这些产品或服务移植到国内市场，并在国内市场占据相当的市场份额，即适用于本土移植的逻辑。这种发展逻辑适用于互联网经济兴起初期，如百度、腾讯、阿里巴巴的发展、当前互联网、数字娱乐等行业的发展仍然适用于这一逻辑。

3.3 双循环背景下中国新兴产业发展重点任务

当前直至未来，新兴产业都是国内外资本市场的主要构成和热点投资方向，但我国新兴产业发展及其投资情况与发达国家仍然存在很大不同。尤其芯片行业最为典型，通过中国芯片行业与国际芯片行业的比较，可以判断我国新兴产业发展现在所处阶段和未来新兴产业的发展高度，从而可以更好地把握我国新兴产业投资机会。

3.3.1 全球芯片行业发展现状比较

芯片是半导体行业的核心，一般是指集成电路的载体，也是集成电路经过设计、制造、封装、测试后的结果，通常是一个可以立即使用的独立的整体。广义上，只要是使用微细加工手段制造出来的半导体片子，都可以叫作芯片。

(1) 全球芯片行业发展现状

目前，全球芯片主要以美国、日本、欧洲企业为主，高端市场几乎被这三大主力地区垄断。在高端芯片领域，由于我国厂商尚未形成规模效应与集群效应，所以其生产仍以"代工"模式为主。

日本在20世纪80年代处于领先地位，但自90年代开始其全球半导体市场份额显著下降，至2015年仅有3家日本芯片制造商位列全球排名前20。而与此同时，东亚其他国家已成为动态随机存储器市场的主要公司，韩国三星电子和海士力目前是世界第二、第三大半导体公司。

美国半导体产业协会（SIA）的最新统计数据显示，2020年，中国和美国的芯片市场规模份额分别为5%和47%，日本和欧洲芯片市场份额均为10%。目前，中国芯片市场是全球最大、增长最快的市场，但对外依存度过高（见图3-2）。

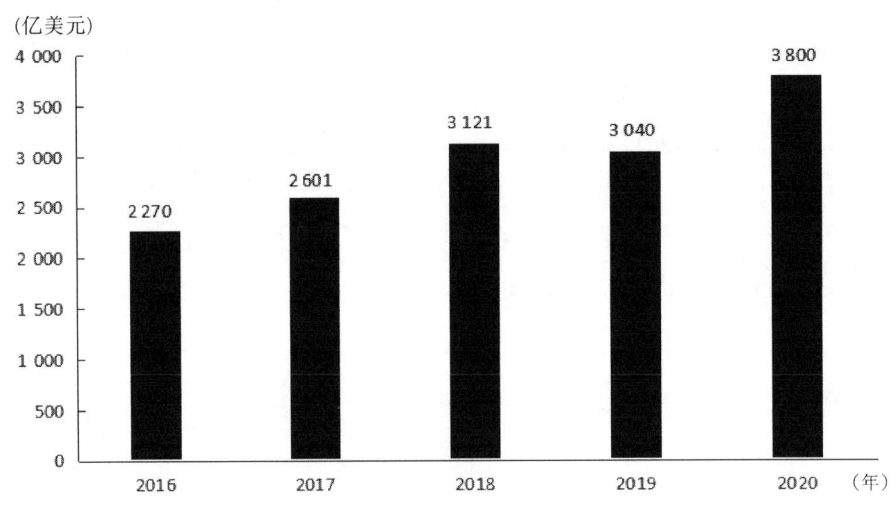

图3-2 中国大陆芯片进口额

(2) 我国芯片行业发展现状

芯片从产业链条划分，可以分为设计工具、指令集体系、芯片设计、制造设备、晶圆代工、封装测试6个主要环节。总体来看，我国凭借劳动力优势，在晶圆代工、封装测试等技术要求相对低的环节中发展迅速，有望在3—5年内赶上世界先进水平；而在指令集体系、芯片设计等技术壁垒较高的环节中，由于基础薄弱与国际领先的芯片企业存在10年以上的差距。

以芯片设计为例，中国半导体行业协会数据显示，2017年中国大陆共有集成电路芯片设计企业约1 380家，但普遍存在规模较小、研发实力较弱的特征。2020年全球排名前10的半导体厂商中（见表3-2），没有一家中国大陆企业。海思、展讯等企业初步实现了处理器市场的突围，但主要偏向于手机终端领域，而个人电脑、服务器等应用领域,依旧被国际巨头垄断,我国大陆的芯片设计企业仍然局限在特种领域、农业发展等小众细分领域。芯片产业面临的三大主要障碍为:一是投资大、周期长、风险高;二是受到国际巨头的"生态链"制约,难以得到市场的认可;三是人才储备不足,相较于技术应用层面的人才,研究算法、芯片等底层系统的人才较少。

表 3-2　　　　　　　　　　2020 年全球半导体厂商前 10 名

2020 年排名	公司名称	总部	2019 年收入（亿美元）	2020 年收入（亿美元）	2020 年增长率（%）
1	英特尔	美国	677.54	702.44	3.7
2	三星电子	韩国	521.91	561.97	7.7
3	海力士	韩国	222.97	252.71	13.3
4	美光科技	美国	202.54	220.98	9.1
5	高通	美国	136.13	179.06	31.5
6	博通	美国	153.22	156.95	2.4
7	德州仪器	美国	133.64	130.74	-2.2
8	联发科	中国台湾	79.59	110.08	38.3
9	KIOXIA	日本	78.27	102.08	30.4
10	英伟达	美国	73.31	100.95	37.7

3.3.2　全球芯片行业公司的经营格局比较

(1) 全球领先公司收入国别分布

半导体行业包括集成电路、分立器件、半导体材料 3 类产品,是高性能芯片领域所集中的行业。

2008—2017 年,半导体行业全球呈现韩国和美国两强并立的格局,韩国领先公司的营业收入比重仍在提升,诸多国家领先公司的收入下降,行业集中度有所提升。

2008 年,韩国领先公司的营业收入为 1 006.10 亿美元,在所有国家中收入最高,美国领先公司的营业收入为 967.70 亿美元,位居第二,两者差距甚微。中国台湾、日本、德国、瑞士、荷兰的领先公司,分别以 235.70 亿美元、174.20 亿美元、160.70 亿美元、107.80 亿美元、55.60 亿美元的营业收入,位居第三至第七位。

2017 年,韩国领先公司的营业收入增长 87.66%,达到 1 888.00 亿美元,保持第一的位置。美国领先公司的营业收入增长了 39.20%,达到 1 347.00 亿美元,保持第二的位置。但韩国领先公司的营业收入明显高于美国,2013 年、2014 年这个差距最大,一度接近美国领先公司一倍的营业收入。中国台湾、荷兰领先企业的营业收入增长最快,2017 年其领先公司收入分别增长 102.38%、205.76%。

（2）全球领先公司收入的细分行业分布

从领先公司行业分布的角度来看（见表3-3），计算机芯片、手机芯片和存储芯片是主要的芯片产品，主要领先公司之间产品的替代性较强，竞争比较激烈，均形成了一超多强的格局。工业芯片和设备公司产品替代性较弱，主要领先公司之间差距并不突出。

表3-3　　　　　　　　　半导体行业领先公司的详细信息　　　　　　　（单位：亿美元）

公司	国家或地区	产品	模式	销售额	利润	资产	市值
台积电（Taiwan Semiconductor）	中国台湾		Foundry	294	104.00	585	1 617
日月光半导体（Advanced Semiconductor）	中国台湾		OSAT	85	6.92	111	100
三星电子（Samsung Electronics）	韩国	存储芯片	IDM	1740	193.00	2 171	2 543
海力士（SK Hynix/SK）	韩国	存储芯片	IDM	148	25.00	267	320
美光科技（Micron Technology）	美国	存储芯片	IDM	147	6.89	324	316
南亚科技（Nanya Technology）	中国台湾	存储芯片	IDM	13	7.36	43	43
微芯公司（Microchip Technology）	美国	工业芯片	IDM	31	0.94	71	160
德州仪器（Texas Instruments）	美国	工业芯片	IDM	134	34.00	164	805
恩智浦半导体（NXP Semiconductors）	荷兰	工业芯片	IDM	95	2.00	249	362
英飞凌科技（Infineon Technologies）	德国	工业芯片	IDM	73	8.32	101	225
意法半导体（ST Microelectronics）	瑞士	工业芯片	IDM	70	1.67	80	137
瑞萨电子（Renesas Electronics）	日本	工业芯片	IDM	58	5.69	71	164
美国模拟器件公司（Analog Devices）	美国	工业芯片	IDM	36	9.14	103	292
塞灵思公司（Xilinx）	美国	工业芯片	Fabless	23	6.14	48	141
美信集成产品（Maxim Integrated Products）	美国	工业芯片	IDM	22	5.00	39	127
英特尔（Intel）	美国	计算机芯片	IDM	594	103.00	1 133	1 704
超威半导体（Advanced Micro Devices）	美国	计算机芯片	Fabless	43	-4.97	33	127
应用材料（Applied Materials）	美国	设备		118	21.00	152	420
阿斯麦控股（ASML Holding）	荷兰	设备		75	17.00	197	568
东京电子（Tokyo Electron）	日本	设备		65	7.97	76	181
拉姆研究（Lam Research）	美国	设备		64	9.99	115	211
KLA-Tencor	美国	设备		33	8.64	51	151
高通（Qualcomm）	美国	手机芯片	Fabless	238	49.00	524	832
联发科（Media Tek）	中国台湾	手机芯片	Fabless	85	7.35	115	111
博通公司（Broadcom）	新加坡	无线通讯芯片	Fabless	156	-19	496	876
思佳讯公司（Skyworks Solutions）	美国	无线通讯芯片	IDM	33	8.98	41	188
英伟达（NVIDIA）	美国	显示芯片	Fabless	69	16.00	98	591

计算机芯片领域，美国公司英特尔（Intel）和超威半导体（AMD）处于绝对领先

的位置。Intel 公司的销售额、利润、资产和市值远远高于 AMD，形成一强一弱的格局。手机芯片领域，高通和联发科处于领先地位，高通几乎垄断了高端手机芯片的市场，联发科则在中低端市场有较高的市场份额，同样形成了一强一弱的格局。在存储芯片领域，韩国公司三星电子和海力士、美国公司美光科技三强并立。三者之中，三星电子拥有绝对优势，海力士和美光科技相差不大，海力士的净利润率高于美光科技。中国台湾公司南亚科技的销售额更小，资产和市值也较存储芯片三巨头有较大的差距，但利润率较高。

美国和韩国两强当中，韩国领先公司集中在存储芯片领域，收入较高，收入增速也较快。2017 年三星电子的收入达到 1 740 亿美元，相当于 Intel 和高通两家收入总和的 2 倍。美国公司的行业分布更加均衡，具有更完整的产品线和更强的市场控制力。美国领先公司不仅在计算机芯片、手机芯片和存储芯片等主要市场中均占据核心位置，在工业芯片、设备、无线通信芯片、显示芯片等领域也占据主导地位。

芯片生产设备供应商和工业芯片供应商主要是美国、欧洲、日本的领先公司。设备供应商主要是美国应用材料公司、拉姆研究公司和 KLA Tencor、荷兰阿斯麦控股和日本东京电子。工业芯片供应商主要是美国微芯公司、德州仪器、模拟器件公司、塞灵思公司和美信集成产品公司，欧洲的恩智浦半导体、英飞凌科技、意法半导体，日本的瑞萨电子。从经营模式的角度来看，垂直整合制造（Integrated Design and Manufacture，IDM）的经营模式是领先公司中的主流，尤其是在存储芯片、计算机芯片和工业芯片领域。手机芯片高速发展的时期较晚，高通和联发科均采用了无生产线（Fabless）模式。

当前行业发展呈现产业链中游分工、中游和下游整合的趋势。

一方面，最新发展起来的芯片应用领域大多采取了 Fabless、代工制造（Foundry）和 OSAT 的专业化分工。2017 年专业化晶圆代工企业台积电的营业收入已经达到 294 亿美元，资产收益率达到 17.78%，远远高于领先公司中 8.89% 的平均水平，仅次于德州仪器（20.73%）和思佳讯公司（21.90%）；息税前利润率达到 35.37%，远远高于领先公司 15.91% 的平均水平，仅次于南亚科技（56.62%）。

另一方面，下游的产品供应商，如 Intel、三星电子、海力士、德州仪器，以及未列入半导体行业领先公司行列的苹果公司、华为技术有限公司等，都将芯片技术和产能私有化，只为自己的最终产品提供支持，产生了中游和下游一体化整合的趋势。

（3）我国公司的经营格局

中国上市公司的产品大多集中在低端（见表 3-4）[①]。国际领先公司的产品占据了

---

① 数据来源于 Wind 资讯、相关公司上市年报，三级行业和行业细分经过整理。

各个主要产品的主要市场份额,如计算机芯片、移动终端芯片、存储芯片等。工业芯片中的品类复杂,包含各种嵌入式芯片,用于工业自动化控制、电源管理、信号处理等各个方面,几乎所有的电子产品都需要这类芯片。工业芯片具有广泛的应用空间,相当一部分产品的需求具有多样性,除了体积和性能以外,低成本也是重要的选择指标,低成本产品仍然有广阔的市场空间。中国芯片上市公司的产品大多数集中在工业芯片市场。

上市公司中也不乏高端产品。如兆易创新的 NorFlash 存储芯片,汇顶科技的生物识别芯片等。

表 3-4　　　　　　　　　中国半导体行业的上市公司　　　　　　　　（单位:亿元）

证券代码	公司	销售额	利润	资产	市值	三级行业	产品细分	模式
002077.SZ	大港股份	13.11	0.60	73.13	31.98	芯片、建筑	芯片测试、房地产、园区服务	OSAT
603501.SH	韦尔股份	24.06	1.45	28.25	171.84	芯片、分立器件	电源管理芯片、分立器件	Fabless
002180.SZ	纳思达	213.24	-29.62	355.28	317.59	芯片	打印机芯片及耗材	Fabless
603160.SH	汇顶科技	36.82	9.61	44.18	339.90	芯片	生物识别芯片	Fabless
600460.SH	士兰微	27.42	1.19	62.54	168.47	芯片	LED 芯片、功率半导体、MCU 电路	IDM
603986.SH	兆易创新	20.30	4.49	25.74	322.20	芯片	Nor Flash 存储芯片	Fabless
300493.SZ	润欣科技	18.30	0.64	10.90	35.05	芯片	无线连接芯片、射频元件、传感器芯片	Fabless
002049.SZ	紫光国微	18.29	3.16	52.07	274.40	芯片	智能安全芯片、存储芯片、特种芯片	Fabless
300458.SZ	全志科技	12.01	0.03	23.55	76.55	芯片	智能终端处理器芯片、智能电源管理芯片	Fabless
300053.SZ	欧比特	7.39	1.41	27.54	80.82	芯片	宇航电子、卫星大数据、安防测绘	Fabless
300077.SZ	国民技术	6.95	-4.84	29.60	47.73	芯片	芯片和信息安全交叉领域	Fabless
300327.SZ	中颖电子	6.86	1.41	9.81	54.54	芯片	系统主控单芯片、新一代显示屏驱动芯片	Fabless
600171.SH	上海贝岭	5.62	1.71	27.48	80.53	芯片	智能计量、电源管理、通用模拟	Fabless
300661.SZ	圣邦股份	5.32	1.04	9.41	87.10	芯片	信号链、电源管理	Fabless
300613.SZ	富瀚微	4.49	1.14	10.78	59.36	芯片	安防视频监控多媒体处理芯片	Fabless
300671.SZ	富满电子	4.40	0.59	6.95	42.13	芯片	高性能模拟及数模混合芯片	Fabless

续表

证券代码	公司	销售额	利润	资产	市值	三级行业	产品细分	模式
300672.SZ	国科微	4.12	0.47	10.86	59.01	芯片	存储芯片、广播电视和智能监控芯片	Fabless
000670.SZ	盈方微	2.41	-3.60	4.55	35.12	芯片	视频产品芯片	Fabless
300223.SZ	北京君正	1.84	0.07	11.57	46.09	芯片	微处理器芯片、智能视频芯片	Fabless
300139.SZ	晓程科技	1.38	-1.63	15.02	25.45	芯片	电力线载波芯片	Fabless
002371.SZ	北方华创	22.23	2.06	81.45	231.15	设备	设备	
600584.SH	长电科技	238.56	0.24	306.99	228.45	封测		OSAT
002185.SZ	华天科技	70.10	6.31	93.66	121.69	封测		OSAT
002156.SZ	通富微电	65.19	1.78	121.46	125.18	封测		OSAT
603005.SH	晶方科技	6.29	1.06	21.15	50.50	封测		OSAT
002079.SZ	苏州固锝	18.55	1.74	19.81	45.21	分立器件	整流器件芯片、功率二极管、整流桥	Fabless
600360.SH	华微电子	16.35	1.04	40.79	53.96	分立器件	功率半导体芯片	IDM
300373.SZ	扬杰科技	14.70	3.10	32.89	132.42	分立器件	功率半导体芯片	IDM
300623.SZ	捷捷微电	4.31	1.68	13.61	61.62	分立器件	功率半导体芯片	IDM
300046.SZ	台基股份	2.79	0.67	10.26	29.09	分立器件	功率半导体器件	Fabless
002119.SZ	康强电子	13.04	0.86	16.67	31.78	材料	引线框架、键合丝	
300346.SZ	南大光电	1.77	0.38	13.45	36.70	材料	MO源产品、高纯特种电子气体、光刻胶	

封测行业收入最高。半导体行业上市公司中收入最高的是长电科技，其次是纳思达、华天科技、通富微电，除了纳思达主营打印机耗材以外，长电科技、华天科技、通富微电都从事封测业务。封测业务的进入壁垒比较低，也是半导体行业中最接近劳动密集型要素的领域。

（4）我国公司与国际领先公司的比较

与国际领先公司相比，中国半导体行业上市公司的营业收入规模、利润规模和资产规模不可同日而语，企业规模小。进入国际领先公司行列的营业收入门槛是13亿美元，也是存储芯片领域南亚科技2017年的营业收入规模。2020年南亚科技的净利润是2.73亿美元。无论是营业收入还是利润，中国上市公司鲜有出其右者。封测领域唯一的国际领先公司是中国台湾的日月光半导体，2020年的营业收入和净利润分别是170.38亿美元和9.86亿美元，远超长电科技264.6亿元的营业收入和13.0亿元的净利润。

近年来，在政策和资金的双重刺激下，中国半导体产业发展驶入快车道。2019年中国芯片相关企业共注册0.77万家；2020年注册量呈井喷式增长，共新注册2.28万家，同比增长195%。中国半导体行业协会统计，2020年中国芯片产业销售额增长17.8%，达到8 911亿元人民币。目前，我国芯片设计有华为海思为首的科技顶尖龙头；芯片封装及封测有长电科技、华天科技等。如果将未上市企业也考虑进来，中国公司在芯片设计、制造、封测等制造环节，以及设备、材料、设计软件等上游领域都有涉及，对产业链实现了全覆盖，产业链齐全。如设备生产商中电科电子装备、浙江晶盛机电、中微半导体设备、上海微电子装备公司等，材料供应商鑫华半导体、新昇半导体、江丰电子、鼎龙股份等，电子设计自动化（EDA）软件开发商华大九天。芯片设计环节的海思半导体、紫光展锐、中兴微电子，制造环节的中芯国际、长江存储、华虹半导体等。

完整的产业链为国内市场推动产业发展奠定了基础，也为芯片行业整体实现进口替代提供了支撑。

3.3.3 我国新兴产业发展阶段与高度判断

新兴产业带着其强大的革新力量，深深地改变着人们的生活方式，改变着社会的经济结构，是现代经济的主要贡献者，也是股市市值的一个重要组成部分。通过前面对芯片行业的对比分析可知，整体来看，我国芯片行业分布结构、公司营利能力都与国际先进水平存在一定差距，我国新兴产业整体还处在发展初期。但与此同时，我国以芯片为代表的新一代信息技术的成长性更好，具有较大市场空间和前景，也具有较多投资机会，未来可望达到新高度。

（1）我国新兴产业发展阶段

20世纪90年代以来，美国大力推进信息、生物、新能源等新兴产业为核心的主导产业变革。美国IT产业占经济总量（GDP）的名义份额从1990年的6.1%增加到1998年的8.1%，IT产业占GDP的份额在逐步提升。在全球产业竞争格局下，美国当前在IT、生物医药、先进制造等领域占据了产业链的高端位置，这解释了2008年金融危机后美国经济能率先复苏的原因，也是美国公司获得高估值的原因所在。中国借助过去30年迅速崛起的优势和对新兴产业的政策扶持，先在石油、通信等领域获得突破，随后，腾讯、华为、阿里巴巴等IT企业崛起，并各自踏准移动互联网和通信行业的黄金增长期，获得估值的突破，在全球新兴产业发展大势中也占据了重要席位。

但是，综合对比新兴产业情况可知，中国新兴技术和产业尽管发展迅猛，但与发达国家还有很大差距，尤其在高端装备、半导体、计算机、光电子、核能、生物等领域，以整体科技水平看，和美国水平差距较大。发展不错的太空、农业技术和美国有一定的差距，发展较好的互联网领域和美国相比也有差距。

近年来，战略性新兴产业发展质量不断提升，已经成为经济增长的重要引擎。2016—2019年，我国战略性新兴产业工业增加值年均增速为10.5%，快于同期规模以上工业4.4个百分点；战略性新兴服务业营业收入年均增速为15.2%，快于同期服务业营业收入3.9个百分点。2019年，我国战略性新兴产业增加值占GDP比重达11.5%，比2014年提高3.9个百分点，已成为推动产业结构转型升级、经济高质量发展的重要动力源。

2020年，国家发展改革委联合科技部、工业和信息化部、财政部印发了《关于扩大战略性新兴产业投资培育壮大新增长点增长极的指导意见》，推动战略性新兴产业高质量发展，聚焦重点补齐短板，助解产业升级掣肘难题，突出优势锻造长板，增强产业发展竞争优势，打造产业集聚发展新高地。《"十四五"规划纲要》提出更为明确的发展目标，要着眼于抢占未来产业发展先机，培育先导性和支柱性产业，推动战略性新兴产业融合化、集群化、生态化发展，战略性新兴产业增加值占GDP比重超过17%。

当前，全球正迎来新一轮科技革命和产业变革。战略性新兴产业呈现出新技术不断涌现、世界各国对新兴产业发展主导权和控制权的争夺将愈发激烈、产业融合趋势增强以及产业融合的广度和深度不断拓展等特点。未来10年内，全球战略性新兴产业将实现高速发展。以AI和5G产业为例，据有关预测，到2025年，全球AI产业总体规模将增加到1 500亿美元，全球5G价值链创造的GDP将达到1.5万亿美元，同时通过乘数效应可以带动全球新增5.3万亿美元的经济产出；到2030年，全球包括AI和5G在内的数字经济总体规模将达到40万亿美元。

（2）我国新兴产业发展高度

从前面的分析可知，我国新兴产业兴起的时间要落后于国际，目前新兴产业发展中还存在很多问题，无论是技术方面、经营方面还是市场方面，与其他发达国家还存在差距，各方面还多数处于旧应用的概念升级上，与真正新兴产业的繁荣还存在很大差距，差距也意味着我国新兴产业未来发展的空间较大。同时，我国新兴产业有优势的一面，受益于国内消费市场，在一些系统集成与应用领域甚至全球领先，比如互联网应用领域的阿里巴巴和腾讯控股；在一些前沿技术领域，与国外整体差距也不大，站在同一条起跑线上，都处于产业发展阶段初期，未来发展空间广阔。

十三届全国人大四次会议审查的"十四五"规划和2035年远景目标纲要草案提出，要发展壮大战略性新兴产业，着眼于抢占未来产业发展先机，培育先导性和支柱性产业，推动战略性新兴产业融合化、集群化、生态化发展，战略性新兴产业增加值占GDP比重超过17%。

规划纲要草案提出，要构筑产业体系新支柱。聚焦新一代信息技术、生物技术、新能源、新材料、高端装备、新能源汽车、绿色环保以及航空航天、海洋装备等战略性新兴产业，加快关键核心技术创新应用，增强要素保障能力，培育壮大产业发展新动能。深入推进国家战略性新兴产业集群发展工程，健全产业集群组织管理和专业化推进机制，建设创新和公共服务综合体，构建一批各具特色、优势互补、结构合理的战略性新兴产业增长引擎。规划纲要草案还提出，要前瞻谋划未来产业。在类脑智能、量子信息、基因技术、未来网络、深海空天开发、氢能与储能等前沿科技和产业变革领域，组织实施未来产业孵化与加速计划，谋划布局一批未来产业。

展望未来，在国内经济形势依然面临下行压力的情况下，随着新兴产业发展环境不断优化，创新驱动明显，未来几年新兴产业及其相关产业链将逐渐形成和完善，新兴产业有望保持较快增长，在国民经济中的比重进一步上升，对我国经济结构调整和新产业周期的形成产生积极效应，推动中国经济进入新一轮经济增长周期。

第二篇
新兴产业发展分布特征与投资评价

4.
中国新兴产业发展空间分布与行业特征

4.1 新兴产业总体发展状况

我国网络经济、高端制造、生物经济、绿色低碳和数字创意五大领域初步形成了以长三角、环渤海、珠三角、西三角为主要集聚区的发展格局。长三角地区的上海、无锡、杭州、宁波等城市在生物产业、新一代技术产业中的物联网、云计算、新材料产业中的石墨烯等领域拥有较强实力。环渤海地区的新一代信息技术、生物、高端智能制造、节能环保等产业发展迅速。珠三角地区在发展新一代信息技术产业中的移动互联网和数字创意、新能源汽车、生物等领域具有特色优势。西部地区形成以新一代信息技术产业和新材料产业为主导的新兴产业格局。此外,西南地区成为我国重要的新材料产业和高端智能制造产业的发展地区,设立了硅材料基地和核电装备制造基地;西北地区是重要的新能源产业发展地区,集聚了我国大部分的风电项目和太阳能光伏发电项目。

深圳战略性新兴产业增加值占 GDP 的比重从 2012 年的 29.9% 增长至 2017 年的 40.9%。江苏省战略性新兴产业占工业产值的比重也达到了全国平均水平的两倍。贵州的大数据、福建泉州的集成电路集群、湖北武汉的集成电路和光电、安徽合肥的新型显示和人工智能、湖南的轨道交通装备和数字创意、江西的航空装备和中药制造等,都已经成为全国具有优势的产业集聚区。

预计随着粤港澳大湾区、长三角、京津冀等区域经济一体化战略的持续推进,2021 年战略性新兴产业集群优势将更加凸显。比如,在推动粤港澳大湾区建设过程中,发挥香港在技术创新方面优势,广州、深圳在产业端研发创新与运营方面的优势,佛山、东莞、惠州、中山、江门、肇庆在制造和配套能力方面的优势,大湾区的智能手机、新型显示、集成电路、工业机器人等战略性新兴产业领域的产业协作配套能力有望大幅提高，国际竞争实力将显著提升。

4.2 新兴产业区域分布特征

4.2.1 节能环保产业

目前我国节能环保产业的区域分布格局与经济发展水平特征相一致，环保产业产值及技术、园区等多数集中在我国东部，即与经济发展的"东高西低"的整体水平相符。此外，从全国布局来看，初步形成了"一带一轴"的总体分布特征，即以环渤海（包括山东、河北、北京、天津、辽宁）、长三角（包括浙江、上海、江苏）、珠三角（主要指广东省沿海各市）三大核心区域聚集发展的"沿海发展带"和东起上海沿长江（包括安徽、湖南、湖北、陕西、重庆）至四川等东部省份的沿江发展轴。

4.2.2 生物医药产业

随着国家对生物医药产业投入的增加，我国生物医药产业规模迅速扩大，自2005年以来，先后建设了22个国家生物产业基地，已经初步形成了长三角、环渤海地区为核心，珠三角、包括东北地区的中东部地区集聚的产业格局。

4.2.3 高端装备制造业

我国环渤海、长三角及西部地区依托地域及人才优势成为我国高端装备制造业研发的中心地区，并将辐射带动效应扩散到东北和中西部地区。以辽宁、吉林为代表的东北地区和以四川和陕西为代表的西部地区呈现出装备制造业快速发展的产业格局，在承接中心城市及国际装备制造产业转移中逐渐发展壮大。

4.2.4 新能源产业

我国新能源产业发展在整体上已经形成了东、中、西部地区特色鲜明、优势明显、协调发展的局面。长三角、环渤海地区主要承担新能源产业研发、高端制造功能；中部地区承担核心材料研发制造功能；西部地区依托资源优势，成为新能源发电项目承载中心,再通过电网,输送到华北、华中、华南等地区[①]。新能源产业中的各细分行业,具有不同的区域集聚特征。

风电产业主要聚集在环渤海地区、西北区域及长三角地区,且有不同的区域分工特色。环渤海地区有较强的技术研发实力和装备制造业基础,是我国风电产业重要的研发和装备制造基地,聚集了30%左右的风电装备制造企业;长三角地区集中了约20%以上的风电装备制造企业,其中江苏省沿海地区风电基地是我国七大风电基地中唯一的海上风电基地;西北区域以内蒙古、新疆、甘肃等省份为主,依托丰富的风能资源,是我国风电场建设的集中区。

全国发电装机容量从2015年底的15亿千瓦增长到2020年底的22亿千瓦,年均增长7.6%,高于"预期2020年全国发电装机容量20亿千瓦,年均增长5.5%"的规划目标。2020年,全国并网风电装机容量达28 153万千瓦,同比增长34.6%,占全部装机容量的12.79%。全国十大风电装机省份分别是:内蒙古3 786万千瓦、新疆2 361万千瓦、河北2 274万千瓦、山西1 974万千瓦、山东1 795万千瓦、江苏1 547万千瓦、河南1 518万千瓦、宁夏1 377万千瓦、甘肃1 373万千瓦、辽宁981万千瓦(见图4-1)。

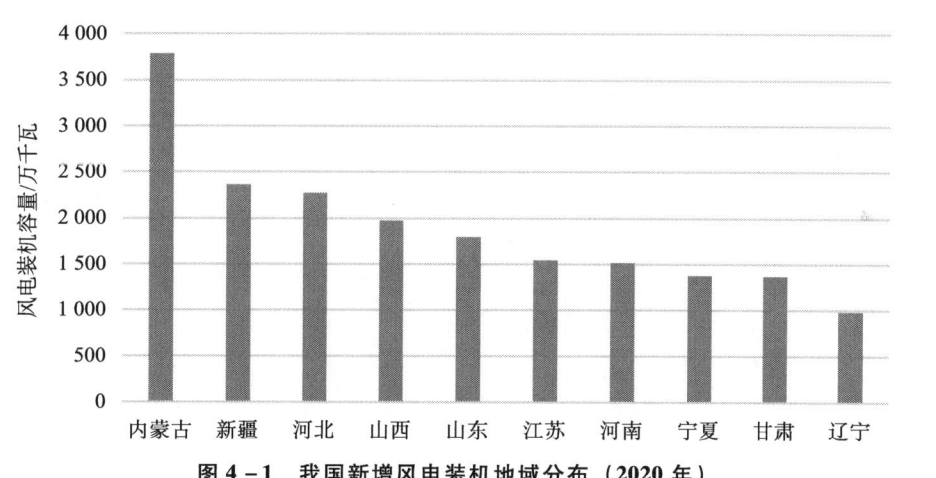

图4-1 我国新增风电装机地域分布(2020年)

资料来源:中国电力知库。

太阳能光伏产业发展方面,我国长三角地区是国内最早的光伏产业基地,集中了我国近50%的光伏产业,形成了原料多晶硅、太阳能电池、组件封装、光伏发电应用和配套产业完整的光伏产业链。随着产业链的延伸,江西、河南、四川等西南地区成为光伏原材料供应基地。四川集中了全国多晶硅产能的30%和产值的20%,是西南地区主要的光伏原料基地,西北地区聚集了我国90%以上的风电项目和太阳能光伏发电项目。

---

① 赛迪顾问. 中国战略性新兴产业发展及应用实践[M]. 北京:机械工业出版社,2012:180.

4.2.5 新一代信息技术产业

我国新一代信息技术产业发展呈现出广东为首,北京、江苏、上海紧随其后的基本格局。总体来看,东部地区整体发达程度高于西部地区,南部地区发达程度高于北部地区。新一代信息技术产业中不同的细分行业有不同的特征。

半导体行业方面,当前半导体行业企业主要集中在长三角、珠三角、京津环渤海等区域,这些地区呈现出明显的集聚和辐射带动效应。西部地区由于投资环境的改善、政策扶持及成本优势的体现,也可能会成为半导体行业企业未来重要的投资区域。

芯片行业方面,产业集群化分布进一步显现,已初步形成以长三角、环渤海,珠三角三大核心区域聚集发展的产业空间格局。IC 设计业主要集中在京津环渤海、长三角以及珠三角地区,芯片制造业主要分布在长三角地区,国内封装测试业集中分布在长三角地区。北京、上海、深圳、无锡、苏州、杭州是产业布局重点城市。

4.3 新兴产业发展行业特征

我国战略性新兴产业总体保持增长趋势,但各细分产业发展速度、水平存在差异。新一代信息技术产业、生物产业与高端设备制造业位居前列,新能源汽车产业、数字创意产业则明显较弱。战略性新兴产业内部发展不协调,长期的结构发展失衡将不利于国民经济全局性发展。目前多数产业尚处于初创或成长阶段,在未来发展过程中应重点扶持正处于起步阶段的战略性新兴产业,补短板,优化产业结构,合理配置各细分产业的资源,促进经济发展早日实现由粗放型向集约型的转变[①]。

新兴技术不断涌现,战略性新兴产业发展潜力巨大。"十四五"和未来一段时期内,随着新一代信息技术、生物技术、新材料技术、新能源技术等新兴技术的不断涌现及与之相契合的产业化、市场化新路径、新渠道的发现,量子信息、合成生物学、基因编辑、脑科学、能源互联网等众多前瞻性、颠覆性技术创新快速扩散,战略性新兴产业将向多个方向快速发展,新的增长点不断涌现(见图 4-2)。信息、生物、能源、材料、先进制造等领域的技术突破和跨领域的交叉融合将创造新的经济增长点,发展潜力巨大。以 AI 和 5G 产业为例,据专家预测,到 2025 年,全球 AI 产业总体规模将增加到 1 500 亿美元,全球 5G 价值链创造的 GDP 将达到 1.5 万亿美元,同时通过

---
① 黄燕秋. 我国战略性新兴产业发展现状分析 [J]. 科技和产业,2019,19 (10):43-48.

乘数效应可以带动全球新增 5.3 万亿美元的经济产出；到 2030 年，全球包括 AI 和 5G 在内的数字经济总体规模将达到 40 万亿美元。

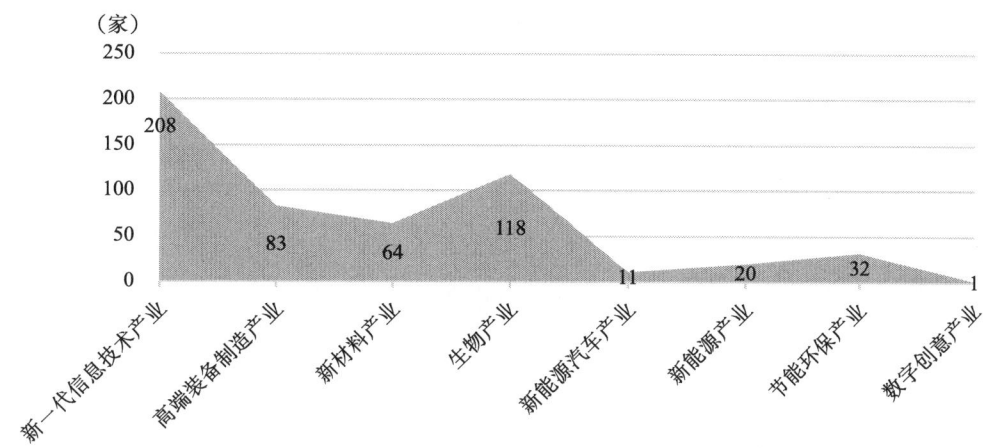

图 4-2　战略新兴产业科创板上市公司

资料来源：Choice 金融数据库。

4.4　新兴产业发展整体水平评估

4.4.1　新兴产业发展规模与潜力

"十三五"以来，在政策等有利因素的推动下，我国战略性新兴产业总体实现持续快速增长，经济增长新动能作用不断增强。在工业方面，2016—2020 年上半年，我国战略性新兴产业规模以上工业增加值增速始终高于全国工业总体增速。2020 年上半年，我国战略性新兴产业规上工业增加值同比增长 2.9%，高出全国总体增速 4.2 个百分点。新兴综指所含成分股统计数据显示①，直至 2021 年 1 月，我国战略性新兴产业上市公司 727 家，融资金额达 7 785.78 亿元，相对于 2011 年增加了 4 985.46 亿元。从发行规模来看，创业板是战略性新兴产业的主要发行市场。2018—2020 年，在创业板中上市的新兴产业公司达到 50 家，融资规模达 360.64 亿元（见表 4-1）。

技术是战略性新兴产业发起和发展的核心。近年来战略性新兴产业取得了较大发展，与此同时，也带来了知识技术的更新和发展，为未来发展潜力奠定了基础。2019

---

① 考虑到分析需要，战略性新兴产业划分方法采取主营业务为判断依据，并适度放宽。所选取的时间范围为 2009 年到 2011 年 11 月 8 日。

表 4-1　　　　　　　　　　战略性新兴产业资本市场融资情况

时间	创业板中的新兴产业上市公司		战略性新兴产业上市公司	
	融资数（家）	融资金额（亿元）	融资数（家）	融资金额（亿元）
2018年	18	200.61	24	275.77
2019年	22	105.31	26	128.74
2020年	10	54.72	18	104.27
合计	50	360.64	68	508.78

资料来源：Wind 数据库。

年，创业板战略性新兴产业上市公司研发投入均值为558.80亿元，研发投入占营业收入比例高达7.96%。与非战略性新兴产业相比，战略性新兴产业上市公司的研发投入金额明显高出157.48%左右，研发投入占比则高出近1.34个百分点（见表4-2）。

表 4-2　　　　　　　　　　战略性新兴产业研发情况

板块	分类	研发投入金额（亿元）			研发投入占营业收入比例（%）		
		2017年	2018年	2019年	2017年	2018年	2019年
创业板	战略性	15.10	455.79	558.80	7.46	7.43	7.96
	非战略性	33.60	188.730	217.03	5.41	6.41	6.62

资料来源：Choice 金融数据库。

专利已成为新兴产业高质量发展极其重要的创新资源和核心竞争力。截至2019年底，全国新兴产业有效发明专利为109.27万件。全球生物医药产业专利申请总体呈现逐年增长的态势，2010—2020年中国专利申请量约为668 329万件，占全球总量的15%。对绿色低碳产业的三大领域——新能源汽车产业、新能源产业、节能环保产业进行的专利分析结果显示，目前，中国申请人全球申请量占全球总申请量的比例超过1/4。2000年至2019年7月31日间，海洋经济产业全球专利申请364 995件，中国专利申请209 623件，占比约为57.43%。

4.4.2　"十四五"新兴产业发展定位

2016年，国务院出台了《"十三五"国家战略性新兴产业发展规划》，推动战略性新兴产业快速发展。"十三五"期间，发展质量不断提升。2016—2019年，战略性新兴产业工业增加值年均增速为10.5%，高于同期规模以上工业4.4%。战略性新兴服务业营业收入年均增速为15.2%，高于同期服务业营业收入3.9%。2019年，我国战略性新兴产业增加值占GDP比重达11.5%，比2014年提高3.9%，已成为推动产业结构转型升级、经济高质量发展的重要动力。预计至2025年底，战略性新兴产业增加值占 GDP 比重将达到 20% 左右，成为"十四五"时期推动经济高质量发展的支柱性产业。

4.4.3 "十四五"新兴产业高质量发展方向

产业技术创新化。产业技术是技术演化到产业层面的存在形态，技术创新是推动产业发展的重要动力，是保持集群持久竞争优势、促进经济高质量发展的关键。战略性新兴产业技术创新是以市场为导向，以企业技术创新为基础，以提高产业竞争力为目标，以技术创新在企业与企业、产业与产业之间的扩散为重点过程的从新产品或新工艺设想的产生，经过技术的开发、生产、商业化到产业化整个过程一系列活动的总和。战略性新兴产业技术创新将对产业发展格局产生重大影响，带动市场需求、产业投资，从而激发技术进步，因此，必须把提升技术创新能力作为战略性新兴产业发展的重中之重。战略性新兴产业技术创新化路径：一是聚焦关键"补短板"。"十四五"期间，针对集成电路、高端功能材料、核心基础零部件等关键领域，突破关键共性技术、前沿引领技术、现代工程技术和颠覆性技术创新。二是突出优势"锻长板"。重点在 5G、人工智能、量子通信、新能源、新能源汽车等优势领域，培育一批"撒手锏"技术，形成技术水平先进、产品性能优良和国际竞争力强的优势产业。三是基础研究"强源头"。基础研究是整个科学体系的源头，基础材料、基础工艺是整个产业发展的源头，战略性新兴产业只有打好基础，才能实现经济高质量发展。

产业基础高级化。产业基础是指提供基本生产资料的产业部门和提供产业底层结构的产业要素，即提供基础零部件、基础材料、基础工艺、基础技术和基础软件等的部门和要素。产业基础高级化主要分为两个方面理解，一是产业基础能力高级化：要求产业在全生产流程中土地、劳动力、资本、技术、数据等生产要素开发利用效率大幅提升；二是产业基础结构合理化：产业内和产业间以及底层结构要素间应呈现关系协调、比例恰当、技术集约、组织顺畅和运转安全的动态优化、适配的状态；三是产业基础质量高附加值化：要求产业发展中要素利用率高且产品附加值高。

产业集群生态化。产业集群是指在特定区域中，具有竞争与合作关系，且在地理上集中，有交互关联性的企业、专业化供应商、服务供应商、金融机构、相关产业的厂商及其他相关机构等组成的群体。战略性新兴产业布局集群生态化是指一定地理范围内，与特定战略性新兴技术或产业相关的企业、科研机构和服务机构，通过互动与交流、共生形成的产业生态圈，代表着一定地区战略性新兴产业发展的最高竞争力，是区域技术创新和成果转化、产业化带动区域经济增长的重要战略支撑。"十四五"期间，以国家区域协调发展战略为主线，在粤港澳大湾区、长江经济带、京津冀协同发展等国家重大战略区域维度，强化重点领域基础研究和源头创新能力。

5.
中国新兴产业发展区域投资地图

5.1 新兴产业区域政策评估

发展战略性新兴产业，是我国构建现代产业新体系，推动经济社会持续健康发展的重要举措。在政策引导方面，"十二五""十三五"皆发布了战略性新兴产业发展规划；2020 年 9 月，发改委等四部门联合印发《关于扩大战略性新兴产业投资培育壮大新增长点增长极的指导意见》，旨在扩大战略性新兴产业投资、培育壮大新的增长点增长极的决策部署，更好地发挥战略性新兴产业重要引擎作用。国家发改委公布第一批 66 个国家级战略性新兴产业集群名单，国家级战略性新兴产业集群分布在 44 个城市（见表 5-1）。战略性新兴产业正加快集聚。

近年来，我国战略性新兴产业形成了长三角、环渤海、珠三角及长江中上游四大战略性新兴产业集聚地。长三角地区以新一代信息技术、高端装备与新材料、新能源等领域为重点，环渤海地区以新一代信息技术、航空航天、节能环保等领域为重点，珠三角地区以移动互联网、新能源汽车、数字创意等产业为重点，快速催生了大量新业态新模式。此外，长江中上游形成了以武汉光谷为代表的信息产业集聚区、以长株潭为代表的轨道交通产业集聚区以及成渝板块战略性新兴产业集聚区。"十四五"时期，我国战略性新兴产业有望再形成若干世界级产业集群。

表 5-1　　　　　　　　　国家级战略新兴产业集群城市分布

城市	产业
北京	集成电路、人工智能、生物医药、生物制药
上海	集成电路、信息服务产业、人工智能、生物医药
武汉	集成电路、新型显示器件、下一代信息网络、生物医药
深圳	新型显示器、人工智能、智能制造

续表1

城市	产业
合肥	集成电路、新型显示器、人工智能
青岛	轨道交通装备、节能环保
烟台	先进结构材料、生物医药
广州	智能制造、生物医药
郑州	信息服务业、下一代信息网络
厦门	新型功能材料、生物医药
杭州	信息技术服务、生物医药
成都	轨道交通、生物医药
天津	网络信息安全和产品服务、生物医药
大连	信息技术服务、智能制造
济南	信息技术服务
淄博	新型功能材料
临沂	生物医药
珠海	生物医药
湘潭	智能制造
长沙	智能制造
娄底	先进结构材料
岳阳	新型功能材料
平顶山	新型功能材料
许昌	节能环保
铜陵	先进材料
福州	新型功能材料
莆田	新型功能材料
宁波	新型功能材料
徐州	智能制造
常州	智能制造
苏州	生物医药
自贡	节能环保
贵阳	信息技术服务
铜仁	新型功能材料
西安	集成电路
宝鸡	先进结构材料
鹰潭	下一代信息网络
赣州	新型功能材料
澄迈县	信息技术服务

续表 2

城市	产业
哈尔滨	生物医药
乌鲁木齐	先进结构材料
石家庄	生物医药
重庆	生物医药
通化	生物医药

5.1.1 新兴产业区域政策现状

绝大多数省市出台的"十三五"战略性新兴产业发展相关规划将新兴产业的七大重点板块涵盖其中（见表5-2）。其中，信息技术产业、新材料产业和生物产业被30个省市列为重点；高端装备制造业和节能环保产业被29个省市列为重点；新能源汽车产业被28个省市列为重点，新能源产业被26个省市列为重点。2016年《"十三五"国家战略性新兴产业发展规划》新提出"数字创意产业"，也已有16个省市列入其战略性新兴产业中的重点发展产业。此外，部分地区的"十三五"战略性新兴产业规划已尝试将具有区域特色与优势的相关产业划为重点发展的战略性新兴产业。

表 5-2　　　　　　　各省战略性新兴产业发展数量

新兴产业	列为重点产业的省市数量（个）
信息技术产业	30
高端装备制造产业	29
新材料产业	30
生物产业	30
新能源汽车产业	28
新能源产业	26
节能环保产业	29
数字创意产业	16

（1）新一代信息技术产业

根据区域不同的产业基础与资源优势，各省市在将信息技术产业列为战略性新兴产业重点发展方向时，分别从基础设施、信息技术核心产业、大数据、人工智能和"互联网+"等几个方面加大政策力度。11个省市提出建设基础设施、25个省市提出发展大数据、27个省市提出发展信息技术核心产业、13个省市提出发展人工智能、21个省市提出发展"互联网+"。其中，各地区都把信息技术核心产业和"互联网+"

作为战略性新兴产业发展重点；此外，东部地区注重人工智能；东部、中部、西部地区注重发展大数据产业；西部地区对基础设施的支持力度更大。

（2）高端装备制造产业

25个省市提出发展航空产业、14个省市提出发展卫星及应用产业、25个省市提出发展轨道交通产业、16个省市提出发展海洋工程装备相关产业。其中各地区都把轨道交通产业作为战略性新兴产业发展重点；东部、中部、西部地区都注重发展航空产业；西部地区着重发展卫星及应用产业；东部地区根据地理优势，对海洋工程装备有较多的涉及。

（3）新材料产业

26个省市提出发展特种金属功能材料、高性能复合材料、前沿新材料，23个省市提出发展高端金属结构材料，27个省市提出发展先进高分子材料，24个省市提出发展新型无机非金属材料。新材料产业中的几个方面各地区均列为重点发展方向。

（4）生物产业

各省市均提出发展生物医药、21个省市提出发展生物医学，20个省市提出发展生物农业，16个省市提出发展生物制造，12个省市提出发展生物服务，15个省市提出发展生物能源。其中，西部地区着重发展生物农业，东部地区重点发展生物医学。

（5）新能源汽车产业

27个省市提出发展整车，25个省市提出发展动力电池产业，13个省市提出发展燃料电池汽车。其中，各地区都把发展整车和动力电池产业作为战略性新兴产业发展重点。

（6）新能源产业

13个省市提出发展核电，24个省市提出发展风电，25个省市提出发展太阳能，12个省市提出发展"互联网+"智能能源。东部地区着重发展"互联网+"智慧能源；西部地区在大力发展太阳能的前提下，同步推进风电产业发展。黑龙江省提出发展高寒地区电力技术；江苏、辽宁、海南、广东等多省提出大力发展海洋能源；山西、黑龙江、吉林、广东等多省提出发展地热能。

（7）节能环保产业

26个省市提出发展高效节能产业和先进环保产业，25个省市提出发展资源循环利用产业。东部地区着力发展高效节能产业，西部地区侧重发展先进环保产业。

（8）数字创意产业

12个省市提出创新数字文化创意技术和装备、丰富数字文化创意内容和形式，11个省市提出提升创新设计水平，5个省市提出推进相关产业融合发展。其中东部地区更注重数字创意产业的发展。

5.1.2 新兴产业区域政策评估

从上文可以看出，在中央颁布七大战略性新兴产业之后，各地区制定的新兴产业发展重点大多涵盖上述七大产业，"数字创意产业"由于提出较晚，尚未成为各地区战略性新兴产业发展的重点方向。并且各地区扶持和优惠政策相互借鉴，高度雷同，地方产业政策高度重叠，这是一些新兴产业在低端环节出现过度竞争和产能过剩的重要原因。

各地区资源禀赋和经济发展水平存在差异，各地政府应根据《"十三五"国家战略性新兴产业发展规划》的部署，充分考虑自身的区位优势、资源优势、科技优势、产业优势，选择在本地区基础较好的新兴产业细分领域实现优先发展，做到有的放矢，切忌盲目发展、贪多求全，以达到错位发展的目的。地方政府之间应加强区域协调、整合区域之间的要素资源，促进要素资源的跨区域合理流动，形成区域战略性新兴产业的集聚发展。同时，以产业链、价值链为纽带，通过上下游配套合作，共建区域性产业集聚区，促进新兴产业在区域间的合理布局，减少新兴产业的盲目投资与重复建设。

5.2 新兴产业发展存在的突出问题

区域发展是国家总体发展的重要组成部分，从目前战略性新兴产业区域发展情况来看，各省区在积极响应中央，抢占发展先机的同时，也出现了一些矛盾和问题。

5.2.1 发展的同质性

各个省市对新兴产业重点产业的选择，决定着其战略性新兴产业未来培育发展的重点和方向，因此因地制宜地选择适合自身发展的战略性新兴产业，对区域发展具有重要作用。全国已有30个省市将信息技术产业、新材料产业和生物产业列为发展重点；29个省市将高端装备制造业和节能环保产业列为发展重点；28个省市将新能源汽车产业列为发展重点，26个省市将新能源产业列为发展重点。总体看来，各省市为争取业绩和利益，以期在区域经济竞争中脱颖而出，在自身新兴产业规划上没有结合自身优势和特色，没有经过严格的研究论证，就大批上马新兴产业项目，导致各省市在战略新兴产业的布局和选择上同质化现象严重。一方面，产能过剩，形成的有效产能会让产业陷入低层次竞争，造成物质资源和经济效益的双重浪费；另一方面，各区域的比较优势无法发挥，正常合理的区域分工被破坏，导致专业化分工协作水平不断降低，从而影响了区域间联系效应的发挥，最终严重削弱各个区域的竞争力。

5.2.2 粗放式增长与技术体系的缺失

新兴产业区域发展受到传统发展方式的限制，没有体现其前瞻性、战略性和发展性的特点，依旧采用"投资驱动"的发展模式，以粗放式增长为主。"十二五"期间，我国加大对战略性新兴产业的扶持力度，设立发展专项资金和产业投资基金，鼓励和引导战略性新兴产业的健康发展，几十个千亿级产业园随即呼之即出。

不断扩大规模的同时，技术进步对新兴产业发展的带动作用还很有限。完善的产业技术体系是建立新兴产业的基础，能够为新兴产业提供持续不断的创新动力，而各省市的新兴产业大部分仍处于技术环节的低端跟随，比如太阳能、风电等新能源产业在许多省发展，但主导设计技术都来源于国外，我国企业发挥的只是装备制造优势和产业快速配套能力。这也反映出各省市在发展新兴产业中过度关注发展新产业和加快产业规模的扩张，而忽略和淡化了产业核心竞争力的培育和建设。

5.2.3 集群效应不足

目前，全国的主要省市都遍布各种形式和大小的新兴产业集群，这些产业集群分布广泛且增长速度快，然而规模经济尚没有形成。地方政府看重短期经济效益，盲目跟风求大，引进一些不具备竞争优势和缺乏关联性的产业，导致产业集群内部缺少具有辐射作用的龙头企业，并且各个企业之间的关联较为松散，上下游产业链也比较短，产业集群最终变成恶性的地理聚拢。

5.3 新兴产业区域投资评价

5.3.1 新兴产业股权投资市场区域结构

从地区分布来看，一线省市在新兴产业股权投资浪潮中起到引领作用，北京、上海、广东、江苏、浙江成为新兴产业股权投资最活跃区域，总占比达78.40%，其中北京以27.59%的占比位列中国新兴产业股权投资市场第一（见表5-3）。由于智能硬件、集成电路、芯片等产业的快速发展，福建、湖北、山东等省市成为新的新兴产业股权投资活跃地区。

表 5-3   2020 年新兴产业股权投资市场区域结构

排名	地区	融资规模（亿元）	占比（%）
1	北京	2 256.17	27.59
2	上海	1 421.07	17.38
3	广东	1 410.25	17.24
4	江苏	694.18	8.49
5	浙江	630.08	7.70
6	福建	251.96	3.08
7	湖南	180.59	2.21
8	天津	145.72	1.78
9	湖北	105.4	1.29
10	山东	103.19	1.26

资料来源：饮鹿网。

5.3.2 新兴产业股权投资行业分布结构

2020 年我国新兴产业股权投资的主要领域集中在医疗健康、汽车交通（新能源汽车与智能交通）、教育培训（在线教育）、电子商务（新消费）、现代物流（物流运输）、房产家装、集成电路与电子元器件、智能硬件、企业服务、人工智能 10 个领域（见表 5-4）。

表 5-4   2020 年新兴产业股权投资行业分布

行业	投资金额（亿元）	占比（%）
医疗健康	1 853.97	29.60
新能源汽车与智能交通	812.34	13.00
在线教育	784.29	12.50
新消费	583.92	9.30
物流运输	583.17	9.30
房产家装	401.18	6.40
集成电路与电子元器件	350.08	5.60
智能硬件	310.79	5.00
企业服务	298.60	4.80
人工智能	256.33	4.50

2020 年，新冠肺炎疫情推动医药研发、医疗服务等领域投资热度延续，我国医疗

健康股权投资金额达 1 853.97 亿元，占比 29.6%。2020 年医疗健康股权投资五大重点方向有生物制药、基因检测、医疗设备制作、医药零售和医疗信息化。

2020 年我国新能源汽车与智能交通股权投资金额达 812.34 亿元，占比 13.0%。2020 年新能源汽车与智能交通股权投资五大重点方向有智能驾驶、新能源汽车充电桩、车载交通信息服务、汽车维修及配件、汽车电商。

2020 年，受新冠肺炎疫情和新一代信息技术快速发展的双重影响，在线教育投资热度延续。我国在线教育股权投资金额达 784.29 亿元，占比 12.5%。2020 年在线教育股权投资五大重点方向有 K12 教育综合、智能学习软件、教育平台、教育信息化。

2020 年，新消费投融资保持活力。2020 年我国新消费股权投资金额达 583.92 亿元，占比 9.3%。2020 年新消费股权投资五大重点方向有社区电商、综合电商、家居建材电商、跨境电商和医药电商。

2020 年，我国现代物流股权投资金额达 583.17 亿元，占比约 9.3%。2020 年，现代物流股权投资五大重点方向有综合性物流、供应链金融、航空运输、仓储服务、垂直类物流，重点投资事件如下表。

2020 年，我国房产家装股权投资金额达 401.18 亿元，占比 6.4%。2020 年，房产家装股权投资五大重点方向有物业服务、房产中介、房屋装修、房产门户、商品房。

2020 年，我国集成电路与电子元器件股权投资金额达 350.08 亿元，占比 5.6%。2020 年，集成电路与电子元器件股权投资五大重点方向有集成电路设计、集成电路制造设备、存储芯片、集成电路材料、IDM 与 IP。

2020 年，我国智能硬件股权投资金额达 310.79 亿元，占比 5.0%。2020 年智能硬件股权投资五大重点方向有智能家电、智能路由、智能摄像头、智能照明、智能家居综合。

2020 年，我国企业服务股权投资金额达 298.6 亿元，占比 4.8%。2020 年，企业服务股权投资五大重点方向有企业大数据服务、IT 服务外包、云主机、企业软件开发、场地租赁。

2020 年，我国人工智能股权投资金额达 256.33 亿元，占比 4.5%。2020 年，人工智能股权投资五大重点方向有视觉识别、智能驾驶、深度学习平台、人工智能芯片和智能服务。

第三篇
新兴产业发展与科创板

6.

科创板设立及其投资含义

6.1 科创板与注册制

6.1.1 科创板推出的官方表态

2018年11月5日上午,国家领导人在首届中国国际进口博览会开幕式上宣布,将在上海证券交易所设立科创板并试点注册制,支持上海国际金融中心和科技创新中心建设,不断完善资本市场基础制度。

11月5日下午,证监会负责人就设立上海证券交易所科创板并试点注册制答记者问表示,科创板旨在补齐资本市场服务科技创新的短板,是资本市场的增量改革,将在盈利状况、股权结构等方面作出更为妥善的差异化安排,增强对创新企业的包容性和适应性。具体内容涉及以下4个方面:一是科创板旨在补齐资本市场服务科技创新的短板,是资本市场的增量改革,将在盈利状况、股权结构等方面作出更为妥善的差异化安排,增强对创新企业的包容性和适应性。二是注册制的试点有严格的标准和程序,在受理、审核、注册、发行、交易等各个环节都会更加注重信息披露的真实全面,更加注重上市公司质量,更加注重激发市场活力,更加注重投资者权益保护。三是证监会将指导上交所针对创新企业的特点,在资产、投资经验、风险承受能力等方面加强科创板投资者适当性管理,引导投资者理性参与。鼓励中小投资者通过公募基金等方式参与科创板投资,分享创新企业发展成果。四是证监会和上交所将依据国家有关法律法规和政策,抓紧完善科创板的相关制度规则安排,特别是借鉴国际成功经验,完善上市公司信息披露,把握好试点的力度和节奏。同时,继续推动长期增量资金入市,严厉打击欺诈发行等违法违规行为,强化中介机构责任,促进资本市场平稳健康发展。

11月5日下午，上交所发布关于在上交所设立科创板并试点注册制相关情况答记者问表示，科创板是独立于现有主板市场的新设板块，并在该板块内进行注册制试点。具体内容涉及以下两个方面：一是中央决定在上交所设立科创板并试点注册制，对于完善多层次资本市场体系，提升资本市场服务实体经济的能力，促进上海国际金融中心、科创中心建设，具有重要意义，为上交所发挥市场功能、弥补制度短板、增强包容性提供了至关重要的突破口和实现路径。二是设立科创板并试点注册制是提升服务科技创新企业能力、增强市场包容性、强化市场功能的一项资本市场重大改革举措。通过发行、交易、退市、投资者适当性、证券公司资本约束等新制度以及引入中长期资金等配套措施，增量试点、循序渐进，新增资金与试点进展同步匹配，力争在科创板实现投融资平衡，一、二级市场平衡，公司的新老股东利益平衡，并促进现有市场形成良好预期。进程见图6-1。

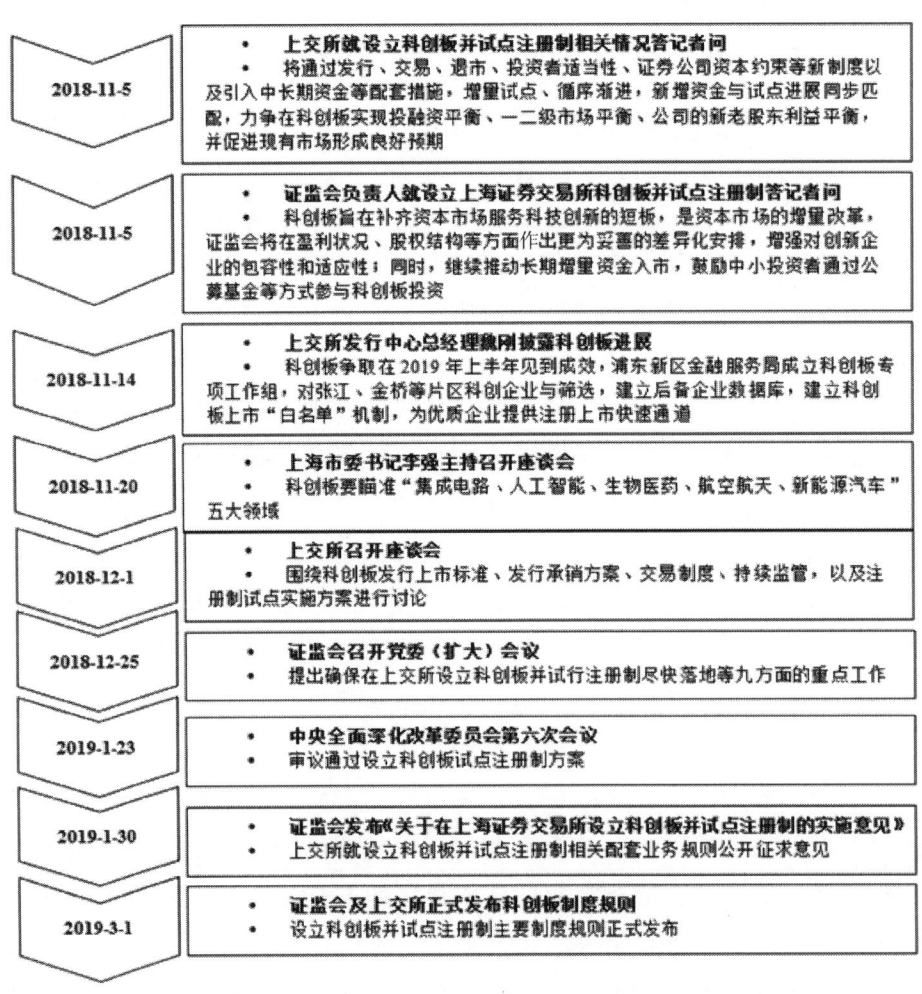

图 6-1 截至 2019 年 3 月初有关科创板的推动进程

从 2018 年 11 月 5 日国家领导人提出科创板与注册制试点至今，推进工作紧锣密鼓地展开。上交所发行上市中心总经理魏刚于 2018 年 11 月 14 日披露科创板进展时，表示将争取科创板在 2019 年上半年见到成效，浦东新区金融服务局已成立科创板专项工作组，对张江、金桥等片区科创企业预筛选，建立后备企业数据库，同时建立科创板上市"白名单"机制，为优质企业提供注册上市快速通道。随后于 11 月 20 日，上海市委书记李强主持召开座谈会时，提出科创板要瞄准"集成电路、人工智能、生物医药、航空航天、新能源汽车"五大领域，框定了科创板重点扶持行业。12 月上交所与证监会为确保科创板并试行注册制尽快落地分别召开会议，布置重点工作，围绕科创板发行上市标准、发行承销方案、交易制度、持续监管，以及注册制试点实施方案进行讨论。

科创板的推出需要以下程序：（1）制定全套规则及配套制度并征求意见；（2）相关审核、发行、交易系统的开发；（3）拟上市公司完成相关审核工作。2019 年 1 月 23 日，中央全面深化改革委员会第六次会议召开，审议通过了《在上海证券交易所设立科创板并试点注册制总体实施方案》《关于在上海证券交易所设立科创板并试点注册制的实施意见》。文件要求增强资本市场对科技企业的包容性，并稳步试点注册制。1 月 30 日晚间，中国证监会发布《关于在上海证券交易所设立科创板并试点注册制的实施意见》。证监会表示，已起草完成《科创板首次公开发行股票注册管理办法（试行）》和《科创板上市公司持续监管办法（试行）》，上交所已起草完成《上海证券交易所科创板股票发行上市审核规则》等配套规则。相关规则正在按程序公开征求意见。根据征求意见稿，相关上市制度、交易制度、投资者门槛等超出市场预期。征求意见时间半个月至一个月时间；后续企业申报及交易所审核时间一个月至两个月。截至 2 月 20 日，上交所 6 项细则已截止征求意见。2 月 28 日，证监会的制度文件结束征求意见。3 月 1 日，市场高度关注的科创板并试点注册制的配套规则正式出炉。3 月 2 日凌晨，证监会、上交所官网正式发布实施设立科创板并试点注册制相关的监管办法、业务规则和配套指引（见表 6-1），包括《上海证券交易所科创板股票上市规则》《上海证券交易所科创板股票发行与承销实施办法》等 14 份文件以及 2 份相关监管问答，这是在 1 月 30 日科创板试点注册制征求意见的系列制度基础上的进一步完善。至此，对科创板并试点注册制系列配套制度正式开始落地。

2020 年 7 月 10 日，证监会发布《关于修改〈科创板首次公开发行股票注册管理办法（试行）〉的决定》（简称《科创板首发办法修改决定》），自公布之日起施行。此次修改，是为了解决现行财务报表有效期规定带来的审核过程中财务报表集中过期，影响发行审核工作连续性的问题。《科创板首发办法修改决定》主要对招股说明书引用的财务报表有效期条款进行修改，将特殊情况下发行人可申请适当延长财务报表有效期但至多不超过 1 个月，修改为至多不超过 3 个月。

表 6-1　　　　　　　　设立科创板并试点注册制的主要制度规则

类别	具体制度规则
部门规章（证监会发布，2 项）	《科创板首次公开发行股票注册管理办法（试行）》 《科创板上市公司持续监管办法（试行）》
配套业务规则（上交所发布，6 项）	《上海证券交易所科创板股票发行上市审核规则》 《上海证券交易所科创板股票发行承销实施办法》 《上海证券交易所科创板股票上市规则》 《上海证券交易所科创板股票交易特别规定》 《上海证券交易所科创板股票上市委员会管理办法》 《上海证券交易所科技创新咨询委员会工作规则》
配套指引（上交所发布，4 项）	《上海证券交易所科创板上市保荐书内容与格式指引》 《上海证券交易所科创板股票发行上市申请文件受理指引》 《上海证券交易所科创板股票盘后固定价格交易指引》 《上海证券交易所科创板股票交易风险揭示书必备条款》

6.1.2　科创板采用注册制的模式

注册制是成熟资本市场普遍使用的证券发行制度，是中国资本市场改革的重要方向之一。2000 年以后，我国资本市场先后实行了非市场化的询价制与核准制，并长期设有严格的利润指标等要求，这在一定程度上保障了上市公司的品质，但同时也带来了核准成本高、效率偏低等问题，甚至在某些时段被迫中止新股发行，造成新股发行"堰塞湖"等，国内发行制度改革背景下的市场表现如图 6-2 所示。注册制的呼声近年来不断提高。国内注册制的发展历程如表 6-2 所示。2013 年 11 月，十八届三中全会审议通过《中共中央关于全面深化改革若干重大问题的决定》，其中明确提出要推进股票发行注册制改革。2015 年，"实施股票发行注册制改革"作为当年工作部署，写入政府工作报告。但之后因 2015 年股市异常波动等内外部条件变化，使监管层和市场各方认识到，注册制改革并不是越快越好，而是需要稳步推进。此后的 2016 年、2017 年政府工作报告中，都没再提及注册制，但这并不意味着注册制改革的停滞。"十三五"规划纲要中就提到"创造条件实施股票发行注册制"。国内注册制的发展历程如表 6-2 所示。

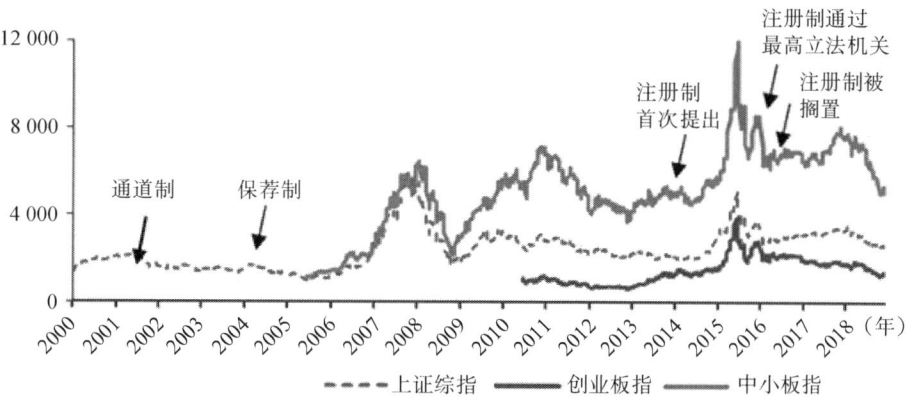

图 6-2　国内发行制度改革背景下市场表现

表 6-2　国内注册制的发展历程

时间	相关文件	主要内容
2013 年 11 月	《中共中央关于全面深化改革若干重大问题的决定》	提出要健全多层次资本市场体系，推进股票发行注册制改革，多渠道推动股权融资，提高直接融资比重
2015 年 12 月	《关于授权国务院在实施股票发行注册制改革中调整适用〈中华人民共和国证券法〉有关规定的决定》	12 届全国人民代表大会常务委员会第 33 次会议表决通过该项决定，将对国务院实行注册制的授权期限延长 2 年至 2020 年 2 月 29 日
2018 年 2 月	《关于延长授权国务院在实施股票发行注册制改革中调整适用〈中华人民共和国证券法〉有关规定的决定》	12 届全国人民代表大会常务委员会第 33 次会议表决通过该项决定，将对国务院实行注册制的授权期限延长 2 年至 2020 年 2 月 29 日
2018 年 11 月	—	习总书记在中国国际进口博览会中表示，将在上交所设立科创板、试点注册制。科创板及注册制试点再次被明确为国家重大任务；11 月 8 日，证监会副主席表示"科创板及注册制一定要搞成"

　　注册制主要有审核效率高、受干预的可能性小、信息透明、事后严格监督、市场化程度高等特点。以中国台湾为例，20 世纪 90 年代末，台湾监管部门放开上柜市场 IPO、台交所修订上柜转上市的审查准则，为台湾电子计算机通信等新兴产业的中小企业融资带来极大便利，台湾科技股占比也开始显著上升（见图 6-3）。

　　目前，监管层坚持推进注册制配套改革，大力完善信息披露制度，严查严打信息造假、股价操纵、内幕交易等违法犯罪活动，并确立了反欺诈上市的"先行赔付"制度、强制回购股本机制，以及重大违法强制退市制度等，尤其是自 2016 年底开启了新股发行常态化机制，首次打破因市场低迷而"暂停 IPO"的惯例，不仅实现了 IPO 节奏的市场化，而且成功化解了 IPO "堰塞湖"。与此同时，IPO 审核方式从对发行人投

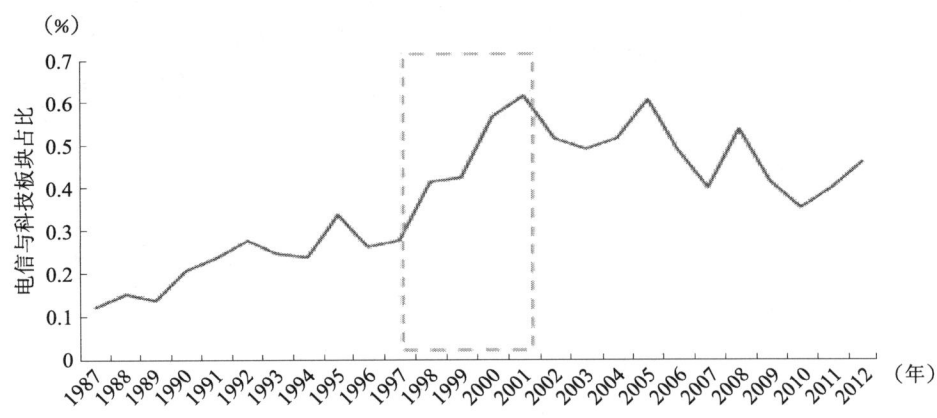

图6-3 中国台湾高科技行业占比在20世纪90年代末大幅增加

资价值的实质性判断逐渐转向对IPO信息合规性、完整性、真实性的审核,而且IPO审核的平均周期也从过去3年缩短为1年。此外,监管层加速推进资本市场双向开放,在引入境外机构投资者的同时,也为国内投资者提供境外投资的多样化选择,从2014年的沪港通到2016年的深港通,再到即将到来的沪伦通,这一系列改革为目前的注册制试点落地奠定了坚实的市场基础和制度准备。科创板有以下"六大亮点",如图6-4所示。

图6-4 科创板的"六大亮点"

根据21世纪经济报道记者统计,2020年12月以及2020年6月,沪深交易所受理企业IPO申请的数量明显增加。2020年12月,创业板、科创板受理企业达到了137家的"峰值"。2020年6月,科创板受理IPO企业数量远超其他月份,达到93家。

6.2 科创板政策解析

6.2.1 发行环节：注册制与定价

（1）科创企业发行上市由交易所主导

根据《上海证券交易所科创板股票发行上市审核规则》，科创板企业发行上市由交易所主导，证监会负责备案并保留提出反馈意见、退回补充审核甚至不予注册的权利。整体审核流程与港股市场的双重审核制接近。上交所按照试点注册制的理念和要求，承担科创板发行上市审核的职责，通过提出审核问询、发行人回答问题的方式开展审核工作，基于科创板定位，判断发行人是否符合发行条件、上市条件和信息披露要求。为此，上交所就发行上市审核中承担相应职责分别成立了上市委员会以及咨询委员会，分别负责发行审核以及科创板定位审核。科创板试点注册制，各个主体间的关系如图6-5所示。

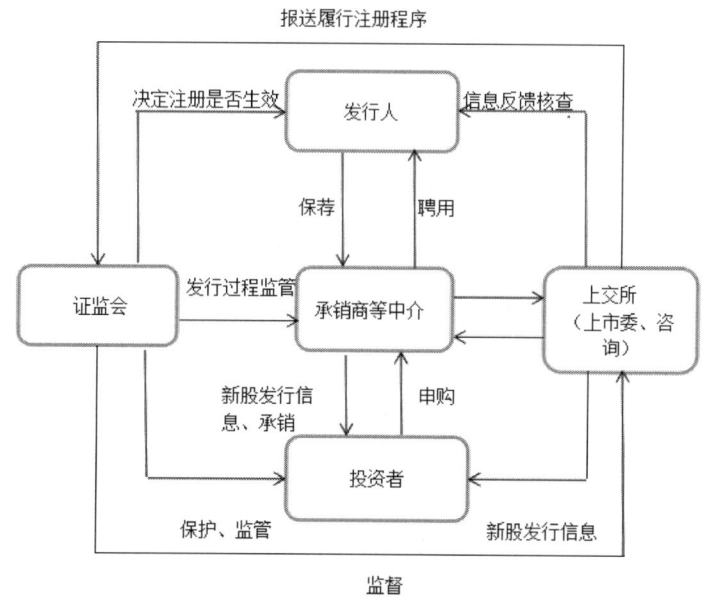

图6-5 科创板试点注册制：各个主体间的关系

①行业问题咨询。上交所发行上市审核机构可以根据需要，就申请文件中与发行人业务与技术相关的问题，向科技创新咨询委员会进行咨询；科技创新咨询委员会所提出的咨询意见，可以供上交所审核问询参考。

②约见问询与调阅资料。上交所在发行上市审核中,可以根据需要,约见问询发行人的董事、监事、高级管理人员、控股股东、实际控制人以及保荐人、证券服务机构及其相关人员,调阅发行人、保荐人、证券服务机构与发行上市申请相关的资料。

③现场检查。上交所根据规定从申请已被受理的发行人中抽取一定比例,对其信息披露质量进行现场检查。

④向证监会报送。中国证监会注册程序中对发行人及其保荐人、证券服务机构提出反馈意见的,上交所将中国证监会反馈意见告知发行人及其保荐人、证券服务机构。发行人及其保荐人、证券服务机构应当及时回复。科创板试点注册制的一般流程如图6-6所示。

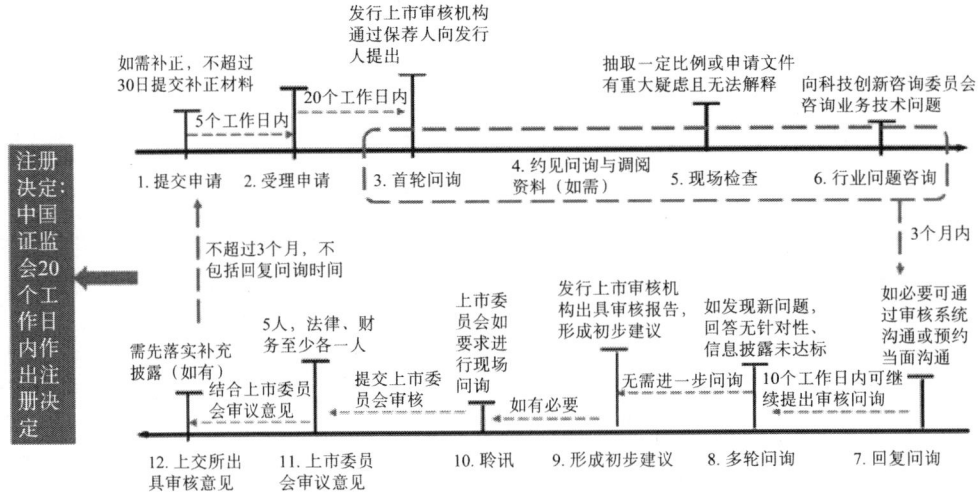

图6-6 科创板试点注册制的一般流程

此外,科创板被终止发行的重新申请时间缩短。交易所作出终止发行上市审核决定,或者中国证监会作出不予注册决定的,自决定作出之日起6个月后,发行人可以再次提出公开发行股票并上市申请。

(2)允许VIE、同股不同权、三类股东、上市公司子公司企业上市

首先,符合规定的红筹企业、拥有同股不同权结构的企业将进入科创板,这一规定大大增强了科创板对于创新型企业的包容性,超出市场预期。其次,上交所允许上市公司分拆子公司在科创板上市,对于有三类股东的企业,上交所仅要求穿透持股比例超过5%的三类股东。上述两项规定大大提高了科创板对于新三板中上市公司子公司以及三类股东人数较多的优质企业的包容性。

①科创板允许红筹企业通过IPO或发行存托凭证等方式登陆。根据《上海证券交易所科创板股票上市规则》,符合《国务院办公厅转发证监会关于开展创新企业境内发行股票或存托凭证试点若干意见的通知》(国办发〔2018〕21号)等规定的红筹企

业,申请首次公开发行股票并在科创板上市,还应当符合科创板相关规定,但公司形式可适用其注册地法律规定;申请发行存托凭证并在科创板上市的,适用科创板的发行上市审核注册程序的规定。红筹企业在科创板发行上市,适用"营业收入快速增长,拥有自主研发、国际领先技术,同行业竞争中处于相对优势地位"的具体标准,"如果预计市值不低于人民币 100 亿元,或者预计市值不低于人民币 50 亿元且最近一年营业收入不低于人民币 5 亿元,可以申请在科创板上市"。

②科创板将引入具有同股不同权结构的企业上市。根据《上海证券交易所科创板股票上市规则》,只要满足预计市值不低于人民币 100 亿元;或预计市值不低于人民币 50 亿元,且最近一年营业收入不低于人民币 5 亿元的"同股不同权"企业,均可申请在科创板上市。

③科创板大大放宽对"三类股东"的信息披露要求与穿透要求。根据《上海证券交易所科创板股票上市规则》,持有上市公司 5% 以上股份的"三类股东"只需要披露公司的控股股东、实际控制人是否存在关联关系。而作为上市公司控股股东、第一大股东或者世纪控制人的,除应当履行前款规定义务外,还应当在权益变动文件中穿透披露至最终投资者。与当前 A 股对"三类股东"的披露要求作对比,科创板对"三类股东"的限制大幅减少。

④大型上市公司可分拆子公司进入科创板。《科创板上市公司持续监管办法(试行)》第三十一条表示,达到一定规模的上市公司,可以依据法律法规、中国证监会和交易所有关规定,分拆业务独立、符合条件的子公司在科创板上市。这一规定意味着在上市审核的过程中,上市公司子公司的身份将不会对审核构成明显的障碍。原本在新三板绽放的上市公司子公司,或将迎来良好的上市机会。

(3)借鉴美股和港股 IPO 定价机制,科创板进行市场化定价

注册制下,优质科创企业上市进程加快,科创板有望借鉴美股和港股 IPO 定价机制,采用累计投标询价制进行市场化定价,承销商将先向特定的机构进行估值与询价,在得到询价后确定发行的价格区间并公开进行询价。在路演交流结束后,发行人和承销商再根据投资者需求、可比公司定价、全球股市表现最终确定发行价格。该机制下,预计未来机构投资者,尤其是公募基金,对科创板首发企业的定价自主性将得到提升,企业定价标准将更为灵活,首发估值起点将更为合理,新股上市连续多个涨停板的现象可能不会在科创板出现。

事实上,2009 年证监会曾实行 IPO 价格市场化询价,结果新股定价持续攀升;2014 年以后 IPO 定价再次受到限制,23 倍市盈率成为标准。而"场外"的科创板早已经由上海股权交易所中心在 2015 年创立,目前也已经有至少三批企业约 100 家公司在里面挂牌交易了,而且挂牌的方式也与注册制相差无几。现在,科创板将挂在上交

所并试点注册制,优质科创企业上市进程加快。未来,科创板企业发行价格采取询价发行,允许未盈利企业上市意味着突破23倍市盈率限制。《科创板首次公开发行股票注册管理办法(试行)》中规定,科创板IPO发行定价方式为询价确定发行价格,参与询价的主体包括经中国证券业协会注册的证券公司、基金管理公司、信托公司、财务公司、保险公司、合格境外机构投资者和私募基金管理人等在内的专业机构投资者,并披露询价机构报价的中位数、平均数。同时,调高网下发行配售数量占比、下调回拨比例,也提高了公募基金、保险资金的配售比例。回拨后网下配售比例从主板的20%—70%提升至60%—80%,公募基金及相关保险资金配售比例从主板的20%—70%提升至60%—80%,公募基金及相关保险资金配售比例从主板的40%提升至50%。因此,作为注册制的重要试点,科创板IPO定价将更为市场化,机构投资者不仅将成为科创新股的定价者,更将成为价值投资的深度参与者。A股历史上不同IPO定价制度下新股首发市盈率如表6-3所示。

表6-3　　　　A股历史上不同IPO定价制度下新股首发市盈率

时间	IPO定价制度	定价主体	IPO公司平均市盈率
1999年7月之前	行政定价阶段	证监会	15.00
1999—2001年6月	放宽发行市盈率限制	承销商和发行人	32.78
2001年7月—2004年	市盈率严格监管阶段	承销商和发行人	19.41
2005—2013年	询价阶段	询价对象	43.97
2014年至今	23倍市盈率控价发行	询价对象	22.86
科创板推出后	询价发行	机构投资者	—

(4)配售制度上,科创板引入红鞋、绿鞋以及战略配售机制

目前,美股和港股都允许承销商自主决定新股的配售对象和配售数量,同时采用战略配售机制和超额配售选择权,充分发挥承销商的价值发现功能,实现新股合理与高效的定价。科创板相关细则正式出台前,市场已对"红鞋""绿鞋"以及战略配售等机制有一定预期。此次科创板股票发行与承销实施办法正式稿中,三大发行配套机制同时推出,符合市场预期。"红鞋"机制即"回拨机制",指网上投资者超额申购幅度较大时,发行人从网下向网上回拨,以满足网上投资者需求的操作。这一制度有利于保证线上投资者的利益。《发行承销实施办法》第十二条指出:首次公开发行股票,网上投资者有效申购倍数超过50倍且不超过100倍的,应当从网下向网上回拨,回拨比例为本次公开发行股票数量的5%;网上投资者有效申购倍数超过100倍的,回拨比例为本次公开发行股票数量的10%;回拨后无限售期的网下发行数量不超过本次公开发行股票数量的80%。

"绿鞋"机制是指"超额配售选择权"。这一安排有利于稳定股票上市后的股价走

势，防止股价大起大落。与港股发行制度相同，在科创板上市的发行人和主承销商可以在发行方案中采用超额配售选择权。主承销商可以采用超额配售选择权，发行不超过首次公开发行股票数量15%的股票。发行人自股票上市之日起30日内，如果市价高于发行价，主承销商可以以发行价行使"绿鞋"期权，从发行人处购得超额的15%股票以冲掉超额发售的空头，并收取超额发售的承销费用，此时实际发行数量为原定的115%；如果股票市场价格低于本次发行价，主承销商有权使用超额配售股票募集的资金，从二级市场购买发行人股票以对冲空头，起到稳定股价的作用。

在战略配售方面，美股和港股会通过战略配售引入基石投资者，战略配售的新股会存在一定的限售期，一般为3—6个月。基石投资者主要是专业的机构投资者、大型企业集团等，战略投资者会长期稳定地大量持有发行的股票，这是美股和港股公司新股成功发行的关键。科创板的战略配售制度与港股的基石投资者相仿，但持有期限为12个月，长于港股。这一制度的引入有利于为未盈利企业的股票发行提供背书，进而获得相对良好的估值以及融资量。根据《上海证券交易所科创板股票发行与承销实施办法》规定，科创板上市企业首次公开发行股票数量在1亿股以上的，可以向战略投资者配售，配售比例不超过30%；股数少于1亿股，战略配售额度≤20%，战略配售股票不包括在网下网上发行比例中。除特定投资目的基金外，战略投资者参与股票配售均需使用自有资金，承诺12个月内不减持。承销商可收取新股配售经纪佣金，而保荐机构也将参与战略配售，并对获配股份设定限售期。同时，允许发行人高管与员工通过专项资产管理计划，参与发行人的股票战略配售。建立发行人高管与核心员工认购机制，有利于向市场投资者传递正面信号。科创板"1+4"配售机制如图6-7所示。

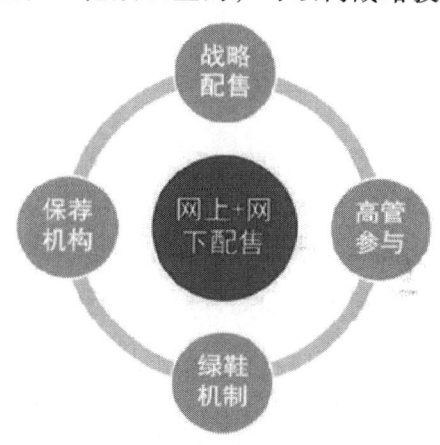

图6-7 科创板"1+4"配售机制

6.2.2 交易环节：涨停板制度放开，或将引入混合做市制度

今后，科创板将对交易机制进行系列创新，如在涨跌幅限制、股价波动调节机制、买一手股票的数量、做市商机制等方面进行市场化的、对标国际市场的创新，以提高市场定价效率。在新股破发机制下，股民打新、炒新将会变得更为理性、更为从容。事实上，纳斯达克市场IPO企业首日/30日/90日的平均破发率分别为25%/49%/59%（见图6-8）。根据Bloomberg的数据，2010年以来纳斯达克市场IPO企业首日/

30 日/90 日的平均破发率分别为 25%/49%/59%，随着时间轴的延长，破发概率进一步提升。历年纳斯达克公司上市首日/30 日/90 日的破发率如图 6-9 所示。

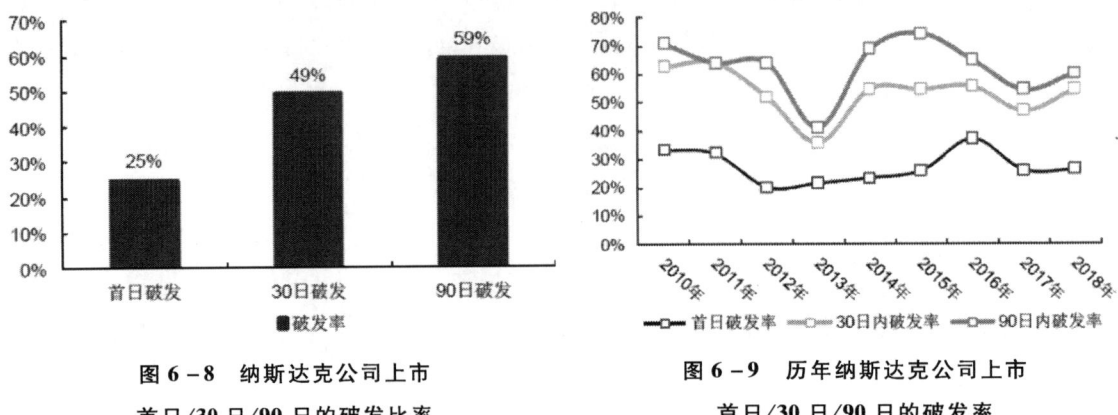

图 6-8　纳斯达克公司上市首日/30 日/90 日的破发比率

图 6-9　历年纳斯达克公司上市首日/30 日/90 日的破发率

（1）适当放宽涨跌幅限制

严格的涨跌幅限制在降低市场波动、抑制投资者过度反应等方面起到重要作用，但存在以下弊端：一是导致价格延迟发现，叠加"T+1"制度，事件影响往往会被递延到之后的交易日释放，股价无法及时反映信息；二是干扰正常交易，涨跌停制度本身会影响价格的连续性，使市场流动性遭受损害；三是放大价格波动，在散户主导、媒体过度报道的情况下，涨跌幅限制往往会拉长信息完全释放的时间，增加事件发酵的风险，进而放大市场的波动。

科创板依然保留涨跌停幅限制，但幅度有所放宽。考虑到科创企业具有投入大、迭代快等固有特点，科创板股票依然有涨跌停幅限制，但幅度被放宽至 20%。其中，为尽快形成合理价格，新股上市后的前 5 个交易日不设涨跌幅限制，5 个交易日过后涨跌幅限制为 ±20%。放宽日常交易涨跌幅至 20%，符合科创企业经营不确定性较大、创新周期长、市场淘汰率高等本身的行业特性，一定程度上缓解了信息反映滞后、价格发现延迟的问题。

（2）仍将采用"T+1"的交易机制

为保持市场的相对稳定，防止过度投机，科创板仍将采用"T+1"的交易机制。尽管海外市场已基本施行"T+0"交易，但不同国家的实际规定并不一致。以美国为例，SEC 将资金量不同的账户作分类管理，最低档的账户只能进行"T+1"交易，而最高档的账户将可以采用"T+0"交易，其目的便是降低投资者的风险暴露。因此，在科创板成立初期，维持"T+1"有利于稳定二级市场。

（3）优化融资融券交易机制

早在 2006 年，证监会发布《融资融券交易试点实施细则》，并于 2010 年正式开启融资融券交易系统,接受交易申报。但从后续的发展情况来看,相较于融资业务,融券业务长期萎靡。制约我国做空业务发展的根源在于机制设计对融券来源进行了严格的限制。A股市场规定,融券投资者只能从证券公司借入股票,而证券公司融券来源仅局限于自营持有的股票,各机构间不得相互融券;2013年启动转融券业务试点,证券公司可以在划定范围内从中证金借入证券,但数量仍然杯水车薪。另外,对可融券标的规定非常严格,因而导致可融证券体量过小,同时存在证券公司动用自营持仓影响股票投资策略执行的风险。

为提高市场化,科创板将优化融券制度。与现有A股的要求不同,科创板股票自上市首个交易日起可作为融资融券标的,且融券标的证券选择标准将与A股有所差别。

(4) 引入盘后固定价格交易

盘后交易属于场外交易的一种形式,投资者基于对盘后信息的判断进行仓位调整。很多公司出于稳定市值的考虑,会在盘后发布讯息,给市场消化的时间;再加上由于时差的原因,国际重要信息的发布可能在盘后,因而引入盘后交易有助于增强市场流动性,提高价格生成的效率。实际上,盘后交易制度参考了纽约交易所等先进市场的经验。一是盘后固定价格交易是盘中连续交易的有效补充,可以满足投资者在竞价撮合时段之外以确定性价格成交的交易需求;二是有利于减少被动跟踪收盘价的大额交易对盘中交易价格的冲击;三是采用当日收盘价交易,固定价格无法消化剩余的信息,不能起到缓释股价波动的作用。

为满足投资者在竞价撮合时段之外以确定性价格成交的交易需求,科创板引入盘后固定价格交易。盘后固定价格交易指在竞价交易结束后,投资者通过收盘定价委托,按照收盘价买卖股票的交易方式。盘后固定价格交易是盘中连续交易的有效补充,有利于减少被动跟踪收盘价的大额交易对盘中交易价格的冲击。考虑到盘后固定价格交易相关内容较多,为保证规则结构明晰性,盘后固定价格交易具体内容另行规定。

(5) 或将引入混合做市制度

从海外经验来看,具备资本实力、定价能力的券商在做市业务上获益颇丰。美国股票做市商巨头骑士资本2013年主营业收入入的60%左右为做市价收入,贡献了当年纽约交易所16%的交易量和纳斯达克17%的交易量;而高盛营业收入76%的"交易和自营投资"中,绝大部分是做市交易的中介收入,占比达到八成以上。在条件成熟时,上交所将会在现有集合竞价的交易制度基础上,引入做市商,形成混合交易制度。科创板企业风险相对较高,企业经营仍未完全稳定。在竞价交易的基础上引入做市商,将有利于做市商发挥其专业的价值发现功能,最终保证市场平稳有效地运行,这一价值同时符合市场化与稳定性的双重要求。2020年6月18日,在第12届陆家嘴论坛上，证监会主席易会满表示，证监会将继续推进科创板建设，加快推出将科创板股票纳入沪股通标的、引入做市商制度、研究允许 IPO 老股转让等创新制度。科创板改革"三箭齐发"，都直指提高市场流动性。

6.2.3 退市环节：丰富交易类退市情形，简化退市环节

预计科创板未来有望实现"进出平衡"的良性循环。回顾 A 股主板退市标准，从 2008 年单纯的净利润要求进而提升为 2012 年对净利润、营业收入、净资产任一的要求；同时 2012 年加入交易类指标、2014 年加入欺诈发行和重大信息披露违法；2018 年加入国家安全、公共安全和公众健康安全等违法行为。相对而言，科创板主要新增了与低流动性、低市值相关的三条退市制度，A 股的退市结构如图 6－10 所示。与美国、中国香港对比，当前科创板的退市制度更接近于美股。美股的退市制度中同样包含了违法违规、交易、财务等多个维度的退市制度。而港股一直未建立起充分的强制退市制度。在上述机制下，美国市场注册制制度和退市制度相得益彰，维持着整个市场进出平衡，市场秩序良好；而港股市场的进多于出，上市率高于退市率。因此，科创板的退市制度逐步向美股看齐，将有利于其"优胜劣汰"功能的进一步发挥。

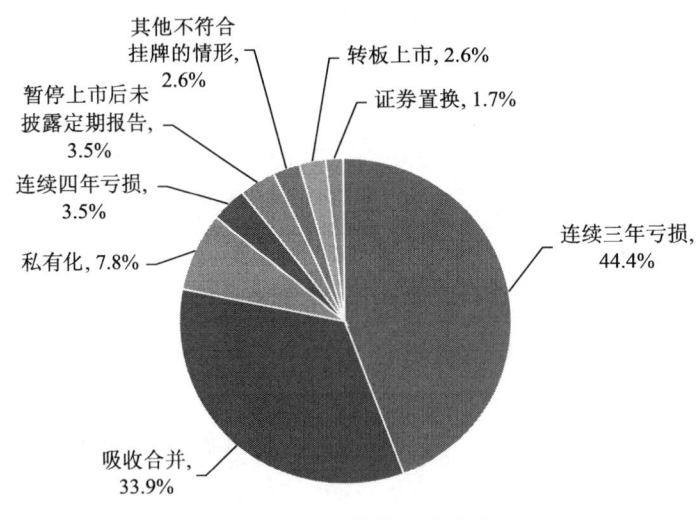

图 6－10 A 股的退市结构

目前，科创板实行严格的退市制度，包括：（1）加速退市进程。在主板现有标准的基础上，取消了暂停上市、恢复上市和重新上市程序，退市程序更加快捷、简明。（2）加大对重大违法行为的惩处。衔接注册制安排，明确因信息披露重大违法和公共安全重大违法等情形被强制退市者，不得重新提出上市申请，永久退出市场。（3）强化财务指标考核。对营业收入和净利润综合考量，充分考虑公司的持续经营和持续营

利能力，上市公司无法再通过出售资产、政府补助和应收账款冲回、转让等方式来继续维持上市。同时，科创板进一步聚焦存在财务欺诈等重大违法行为和丧失持续经营能力且恢复无望的主业"空心化"的两类目标公司。退市指标体系更为丰富和优化（见表6-4）：一是重大违法情形方面，吸收最新退市改革成果，列明了信息披露重大违法和公共安全重大违法两类重大违法退市情形；二是市场指标方面，构建成交量、股票价格、股东人数和市值4个类型；三是财务指标方面，设置4类主业"空心化"定性标准和扣除非经常性损益前后净利润为负且主营业收入未达到一定规模、净资产为负等定量标准，准确反映丧失持续经营能力企业的经营和财务特征，不再采用单一的连续亏损退市指标；四是其他合规性指标方面，在现有未按期披露财务报告、被出具无法表示意见或否定意见审计报告等退市指标的基础上，增加信息披露或者规范运作存在重大缺陷等合规性退市指标。科创板从严执行退市标准，通过量化和非量化退市指标，能够及时有效地筛选劣质企业，实现市场优胜劣汰和资源有效配置。

表6-4 科创板退市情形

退市情形类别	主要情形	具体内容
重大违法强制退市	情形一	上市公司存在欺诈发行、重大信息披露违法或者其他严重损害证券市场秩序的重大违法行为，且严重影响上市地位，其股票应当被终止上市的情形
	情形二	上市公司存在涉及国家安全、公共安全、生态安全、生产安全和公众健康安全等领域的违法行为，情节恶劣，严重损害国家利益、社会公共利益，或者严重影响上市地位，其股票应当被终止上市的情形
交易类强制退市	情形一	通过上交所交易系统连续120个交易日实现的累计股票成交量低于200万股
	情形二	连续20个交易日股票收盘价低于股票面值
	情形三	连续20个交易日股票市值低于3亿元
	情形四	连续20个交易日股东数量低于400人
	情形五	上交所认定的其他情形
财务类强制退市	情形一	主营业务大部分停滞或者规模极低
	情形二	经营资产大幅减少导致无法维持日常经营
	情形三	营业收入或者利润主要来源于不具备商业实质的关联交易
	情形四	营业收入或者利润主要来源于与主营业务无关的贸易业务
	情形五	其他明显丧失持续经营能力的情形
	情形六	最近一个会计年度经审计的扣除非经营性损益之前或者之后的净利润（含被追溯重述）为负值，且最近一个会计年度经审计的营业收入（含被追溯重述）低于1亿元
	情形七	最近一个会计年度经审计的净资产（含被追溯重述）为负值
	情形八	上交所认定的其他情形
	情形九	研发型企业研发失败退市。研发型上市公司主要业务、产品或者所依赖的基础技术研发失败或者被禁止使用，且公司无其他业务或者产品符合第五项上市要求的

续表

退市情形类别	主要情形	具体内容
规范类强制退市	情形一	因财务会计报告存在重大会计差错或者虚假记载,被中国证监会责令改正但公司未在规定期限内改正,此后公司在股票停牌2个月内仍未改正
	情形二	未在法定期限内披露年度报告或者半年度报告,此后公司在股票停牌2个月内仍未披露
	情形三	公司在信息披露或者规范运作方面存在重大缺陷,被上交所责令改正但未在规定期限内改正,此后公司在股票停牌2个月内仍未改正
	情形四	因公司股本总额或股权分布发生变化,导致连续20个交易日不再具备上市条件,此后公司在股票停牌1个月内仍未解决
	情形五	最近一个会计年度的财务会计报告被会计师事务所出具无法表示意见或者否定意见的审计报告
	情形六	公司可能被依法强制解散
	情形七	法院依法受理公司重整、和解和破产清算申请
	情形八	上交所认定的其他情形

6.2.4 投资者保护:平衡保护与公平,强化市场化的准入

(1) 投资者准入门槛

证监会将指导上交所针对创新企业的特点,在资产、投资经验、风险承受能力等方面加强科创板投资者适当性管理,引导投资者理性参与。鼓励中小投资者通过公募基金等方式参与科创板投资,分享创新企业发展成果。此前开通战略新兴板的个人投资者要求具备两年或以上股票交易经验,同时要对新兴产业和创新企业投资风险具备一定认识。《上海证券交易所科创板股票交易特别规定》要求参与科创板交易的个人在申请权限开通前20个交易日证券账户及资金账户内的资产日均不低于人民币50万元,且有两年以上的投资经验。这一门槛与当前的沪港通、深港通开户门槛以及创业板推出之初的开户门槛相当,既将投资经验与风险承受能力较低的个人暂时排除在外,亦避免了新三板500万元金融资产门槛而带来的流动性困局。从数据测算来看,50万元资产门槛和2年证券交易经验的适当性要求是比较合适的。现有A股市场符合条件的个人投资者约300万人,加上机构投资者,交易占比超过70%,总体上,科创板投资者门槛的设置兼顾了投资者风险承受能力和科创板市场的流动性。各类板块投资者门槛如图6-11所示。

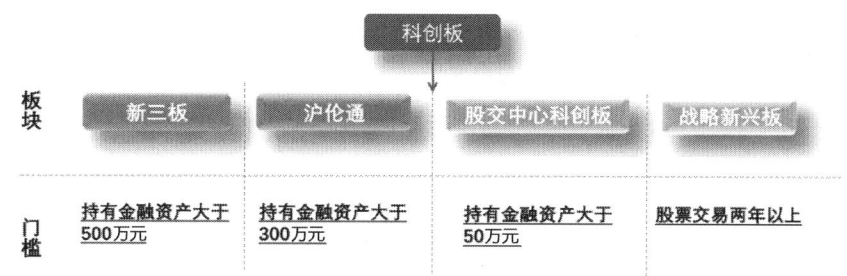

图 6-11 各类板块投资者门槛

(2) 股东减持与转让限制

参照独角兽公司对股东减持的限制，科创板制定了"宽严结合"的股份减持制度，包括适当延长上市时未盈利企业有关股东的股份锁定期，适当延长核心技术团队的股份锁定期；授权上交所对股东减持的方式、程序、价格、比例及后续转让等事项予以细化。股份锁定期届满后，科创公司控股股东、实际控制人、董监高、核心技术人员及其他股东减持首次公开发行前已发行的股份以及通过非公开发行方式取得的股份，应当遵守交易所有关减持方式、程序、价格、比例以及后续转让等事项规定。

①要求控股股东、实际控制人自公司股票上市之日起 36 个月内，不得转让或者委托他人管理其直接和间接持有的首发前股份，首发前股份可以集中托管于保荐机构处。

②公司上市时未盈利的，在公司实现盈利前，控股股东、实际控制人自公司股票上市之日起 3 个完整会计年底内，不得减持首发前股份；在上市后第四和第五个会计年度减持首发前股份的比例不超过 2%。

③公司上市时未盈利的，在公司实现盈利前，董事、监事、高级管理人员及核心技术人员自公司股票上市之日起 3 个完整会计年度内，不得减持首发前股份；如公司实现盈利，则可以自当年年度报告披露后次日起减持首发前股份。

④上市公司核心技术人员自公司股票上市之日起 12 个月内和离职后 6 个月内不得转让公司首发前股份；自所持首发前股份限售期满之日起 4 年内，每年转让的首发前股份不得超过上市时所持公司首发前股份总数的 25%，减持比例可以累积使用。

⑤明确科创板股份减持的其他安排仍按照现行减持制度执行，同时，为建立更加合理的股份减持制度，明确特定股东可以通过非公开转让、配售方式转让首发前股份，具体事项将由交易所另行规定，报证监会批准后实施。

(3) 信息披露义务

充分的信息披露是施行注册制的核心因素之一，信息披露质量的高低直接关系到投资者的切身利益，信息的不对称性将削弱市场的有效性。因此，信息充分且如实的披露在充分市场化的注册制中显得至关重要。通过强化前期的信息披露制度以及加大后期的监管惩处力度，在一定程度上可以增加发行人的违规成本，使得发行人在信息披露过程中能够尽量保证所披露信息的真实性、准确性、完整性。只有这样，投资者才能充分了解发行企业的内部信息，减少信息不对称，从而作出正确的投资决策。

与传统企业相比，科创企业研发和经营失败的可能性更高，普通投资者把握企业价值的难度更大，更加强调行业信息和经营风险的披露。根据科创板上市要求，交易所将从充分性、一致性和可理解性的角度，对发行上市申请文件进行信息披露审核，以督促发行人及其保荐人、证券服务机构真实、准确、完整地披露信息，提高信息披露质量。而在注册制试点下，发行人应当保证信息披露的真实性、准确性和完整性，保荐人、证券服务机构对发行人的信息披露承担把关责任。信息披露的具体做法如下：

一是发行前需信息披露。在以信息披露为核心的审核模式基础上，通过多种措施保障上市流程公开透明和可预期，如采取网上公示材料审核进程，公众可以实时看到申报材料及审核进度；材料审核以形式核查为主，检查资料的齐备性，对于其中披露不充分的地方将问询并要求补充披露；对特定的行业以及没有收入的申报企业，设立更为详尽的披露指引以及更高的披露要求。具体来看，科创公司要结合行业特点，充分披露行业经营信息，尤其是科研水平、科研人员、科研投入等能够反映行业竞争力的信息以及核心技术人员任职及持股情况，便于投资者合理决策。科创公司应该披露可能对公司核心竞争力、经营活动和未来发展产生重大不利影响的风险因素。科创公司尚未盈利的，应当披露尚未盈利的原因，以及对公司现金流、业务拓展、人才吸引、团队稳定性、研发投入、战略性投入、生产经营可持续性等方面的影响。

二是发行过程中需定期报告。借鉴美国市场的双重信息审查质询，以及应询的反馈机制，通过上市企业充分及时的信息披露，及其对监管机构和交易所的应询过程，使得投资者有机会充分了解详细真实的企业信息，从而自主识别、把握风险，期间如有发现损害投资者权益或影响金融稳定的情况，投资者有权随时终止。另外，科创公司筹划的重大事项存在较大不确定性，立即披露可能会损害公司利益或者误导投资者，且有关内幕信息知情人已书面承诺保密的，公司可以暂不披露，但最迟应该在该重大事项形成最终决议、签署最终协议、交易确定能够达到时对外披露。已经泄密或缺失难以保密的，科创公司应该立即披露该信息。科创板与其他板重大交易披露事项比较如表6-5所示。

表6-5　　　　　　　　科创板与其他板重大交易披露事项比较

参照标准	主板/中小板	创业板	科创板
交易涉及的资产总额	最近一期经审计总资产的10%/50%	最近一期经审计总资产的10%/50%	最近一期经审计总资产的10%/50%

续表

参照标准	主板/中小板	创业板	科创板
交易的成交金额	最近一期经审计净资产的10%/50%且绝对金额超过1 000万元/5 000万元	最近一期经审计净资产的10%/50%且绝对金额超过500万元/3 000万元	上市公司市值的10%/50%
交易标的的资产净额	—	—	上市公司市值的10%/50%
交易标的的最近一个会计年度营业收入	最近一个会计年度经审计营业收入的10%/50%且绝对金额超过1 000万元/5 000万元	最近一个会计年度经审计营业收入的10%/50%且绝对金额超过500万元/3 000万元	最近一个会计年度经审计营业收入的10%/50%且绝对金额超过1 000万元/5 000万元
交易产生的利润	最近一个会计年度经审计净利润的10%/50%且绝对金额超过100万元/500万元	最近一个会计年度经审计净利润的10%/50%且绝对金额超过100万元/300万元	最近一个会计年度经审计净利润的10%/50%且绝对金额超过100万元/500万元
交易标的最近一个会计年度相关的净利润	最近一个会计年度经审计净利润的10%/50%且绝对金额超过100万元/500万元	最近一个会计年度经审计净利润的10%/50%且绝对金额超过100万元/300万元	最近一个会计年度经审计净利润的10%/50%且绝对金额超过100万元/500万元

(4) 事后追责制度

完善的事后追责制度同样在资本市场中扮演着重要的角色。无论是针对发行主体还是中介机构抑或是监管部门自身,一旦发现内幕交易、虚假陈述、操纵市场等证券欺诈行为发生,都应当存在准确的相关规定对相关责任方进行严惩并承担法律责任。目前,我国证券业相关法律一方面面临着针对违规行为没有明确的量化指标而导致实际操作过程中主观性较强的问题,另一方面,法律针对不法行为的威慑力度不足。例如,中国《刑法》规定,内幕交易、泄露内幕信息罪最高刑期只有10年,惩罚力度远远低于美国。然而只有在较大的违规成本之下,相关责任人将认真、严格地对待并执行披露、监管等规定。因此,我国针对证券行为的事后追责机制需要进一步完善。建议将补足投资者保护短板当作首要任务,初期让中证中小投资者保护中心承担集体诉讼职责,推广金融法院等专业司法审判机构,畅通民事赔偿机制。中美证券欺诈惩处力度比较如表6-6所示。

表6-6 中美证券欺诈惩处力度比较

	中国	美国
最高刑期	【违规披露、不披露重要信息罪】3年 【内幕交易、泄露内幕信息罪】10年 【利用未公开信息交易罪】10年 【操纵证券、期货市场罪】10年	【证券欺诈罪】25年

续表

	中国	美国
刑法罚金最高限额	【违规披露、不披露重要信息罪】20万元 【内幕交易、泄露内幕信息罪】1—5倍 【利用未公开信息交易罪】1—5倍	【证券欺诈罪】个人500万美元；公司2 500万美元
行政罚款最高限额	信息披露违法违规：单位60万、个人30万元 内幕交易：1—5倍 操纵市场：1—5倍	共分3档，其中最高一档 个人：16万美元 其他：77.5万美元

(5) 中介机构责任鉴定

以海外来看，以美国、英国为代表的发达市场监管认为以承销商为主导的中介机构是发行人与投资者之间的桥梁。投资人依赖中介机构信誉、重要信息掌握，因此中介机构在发行和持续督导中承担谨慎核查义务。监管从保护投资者、确保市场公平交易、促进符合商业道德交易的目的出发制定健全法律，核心围绕中介机构尽职调查义务（"due diligence"），要求机构承担高责任风险和付出巨大努力。对于失职、违法行为跟踪密切、惩罚力强，倒逼中介机构履行自身职责。主要市场的中介机构问责机制对比如表6-7所示。

表6-7 中介机构问责机制对比

主要市场	处罚措施
美国纳斯达克	行政和解；谴责；冻结资产或没收、返还非法所得；罚款；永久或临时禁令；构成犯罪的，处有期徒刑或拘役
英国AIM	申诫；严重申诫；警示通知；冻结或没收资产；返回违法得利；罚款；吊销资质；构成犯罪，处有期徒刑或拘役
香港创业板	监察、调查及纪律处分；谴责；交回利润；赔偿；罚金；施行禁令；取消资格；情节严重者，处以监禁
主板市场	通报批评、公开谴责、暂不受理出具的文件
创业板	责令改正、警告、通报批评、公开谴责、没收业务收入、罚款；吊销资质、行政处分、3个月—3年暂不受理其出具的文件等
科创板	口头警示、书面警示、监管谈话、要求限期改正等相应监管措施或者实施通报批评、公开谴责等纪律处分，3个月—3年不接受申请或信息披露

未来，科创板将实施更加市场化的准入方式，对企业持续经营能力、营利能力作出实质判断的主体变为中介机构，如何更好地落实中介机构责任，是科创板在制度设

计中必须考虑的问题。监管部门要合理界定和划分参与股票发行活动的保荐机构、承销机构、会计师、律师事务所以及资产评估机构的职责范围和责任边界。在科创板企业储备、选拔、规范到完成发行的过程中，中介机构是对企业质量进行实质判断的最重要主体。《科创板首次公开发行股票注册管理办法（试行）》明确规定，保荐人未勤勉尽责，致使发行人信息披露资料存在虚假记载、误导性陈述或者重大遗漏的，中国证监会将视情节轻重，自确认之日起采取暂停保荐人业务资格 1—3 年，责令保荐人更换相关负责人的监管措施；情节严重的，撤销保荐人业务资格，对相关责任人员采取证券市场禁入的措施。保荐代表人未勤勉尽责，致使发行人信息披露资料存在虚假记载、误导性陈述或者重大遗漏的，按规定撤销保荐代表人资格。证券服务机构未勤勉尽责，致使发行人信息披露资料中与其职责有关的内容及其所出具的文件存在虚假记载、误导性陈述或者重大遗漏的，中国证监会可以视情节轻重，自确认之日起采取 3 个月至 3 年不接受相关单位及其责任人员出具的发行证券专项文件的监管措施；情节严重的，对证券服务机构相关责任人员采取证券市场禁入的措施。

此外，科创板试行保荐人相关子公司的"跟投"制度，明确发行人的保荐机构依法设立的相关子公司或者实际控制该保荐机构的证券公司依法设立的其他相关子公司，参与本次发行战略配售，并对获配股份设定限售期。当前，海外资产市场只有韩国引入了这一机制。通过中介机构资本约束的方式，可以有效消除发行人和主承销商之间的利益捆绑，杜绝发行价格虚高的情况，促进市场价格稳定。

6.3 科创板发展方向及趋势

6.3.1 科创板是对我国多层次资本市场体系的完善与补充

此前，我国资本市场主要分为主板、中小板、创业板及新三板和区域性股权交易市场（见图 6-12）。主板市场是大型成熟企业上市融资的主要场所，中小板主要针对稳定发展的企业，创业板主要针对科技成长型中小企业，其构成了我国资本市场中的场内市场；新三板及区域性股权交易市场构成了我国资本市场的场外市场。随着市场的发展及 IPO 核准制的同质化，也造成了场内市场各板块的同质化，创业板帮助科技成长型中小企业对接资本市场发展的功能并不显著。为了帮助科技创新型企业对接资本发展，我国的场内市场需要在制度上有所差异化的板块出现，科创板将试点的注册制度正是区别于其他板块的差异化制度安排。科创板的推出将弥补我国科技创新型企业无法对接资本市场发展的空白,将有助于实现资本市场和科技创新深度融合,补齐资本市场服务科技创新的短板,对丰富投资标的、满足不同投资者风险偏好、拓展社会资本使用范围空间、提高资源配置效率具有重要推动作用。此外,科创板作为资本市场制度改革创新的"试验田"长期发展下有望达到帕累托最优。在2019年2月27日的发布会上,证监会主席易会满表示,"科创板不是一个简单的一个板块的增加,核心在于制度创新。证监会将认真综合评估改革创新的效果,统筹推进创业板和新三板改革",进一步强调了科创板作为"试验田"的重要地位。根据证监会主席的表述以及建设多层次资本市场的目标,待科创板改革经市场充分验证后,创业板或将同样推进注册制改革,而新三板或将最终迎来市场期盼的精细化分层、发行制度和交易制度改革。

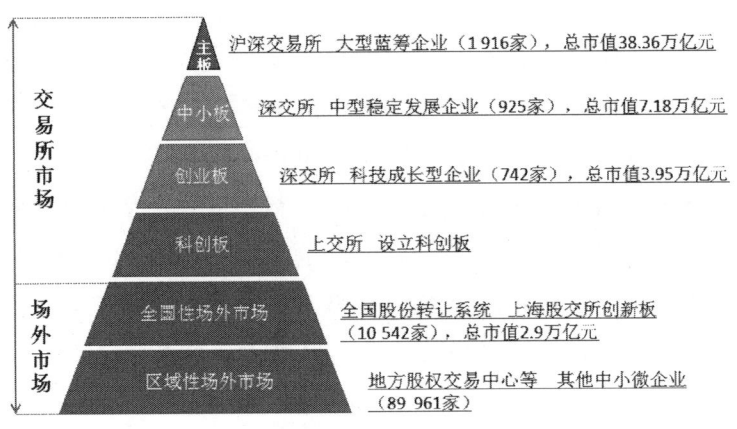

图 6-12 我国多层次资本市场体系

6.3.2 科创板是争夺科技创新型企业的利器

2018年,全球资本市场开启了科技创新型新经济企业的争夺战。港交所出台了"港股新政"、美股拥有纳斯达克,而我国的资本市场当时并不具有科技创新型企业的竞争优势。受A股市场监管趋严的影响,2018年前三个季度,A股市场新股发行数量87只,同比大幅下降75.14%,募资规模1 154.24亿元人民币,同比下降34.36%。同时,2018年中国科技创新型企业港股及美股IPO呈现出了"井喷"的态势。2018年前三个季度港股共有158只新股发行(其中内地企业60只,占比38%),同比增长49%,募资规模2 434亿港元(内地企业2 314亿港元,占比95%),同比增长184%。同样,2018年中企美股IPO也迎来了阿里巴巴2014年赴美上市后的最高水平。2018年前三季度,新股数量28只,同比增长1.33倍,募资规模487.73亿元,同比增长5.29倍。科技创新型企业具有科研能力强、市场扩展发展迅速、爆发性强,但前期利润规模较小的特点。而我国 A 股市场在 2000 年以前，一直是审批制，当时的资本市场主要是为大型的国有企业提供融资服务。在 2000 年以后，IPO 先后实行了非市场化的询价制与核准制，并长期设有严格的利润指标等要求，通过非市场化的核准制审核企业上市，其造成了阿里巴巴、腾讯、百度、京东等一系列科技创新型企业在快速成长期纷纷赴海外上市。对于中国资本市场而言，唯有推进如注册制改革等差异化的制度安排才可帮助科技创新型企业实现上市融资发展。科创板将成为我国资本市场争夺科技创新型企业的利器。

科创板的推出，旨在补齐我国资本市场服务科技创新型公司的短板，是资本市场的增量改革，将在盈利状况、股权结构等方面作出更为妥善的差异化安排，增强对创新企业的包容性和适应性。参考战略新兴板，科创板的定位是服务规模稍大相对成熟的战略性新兴企业，也是计划最早试行注册制的板块。与现有的主板、创业板和新三板比较，科创板在板块定位、发行机制、投资者准入门槛、上市门槛等方面都有所区别，四者的比较情况如表 6 - 8 所示。

表 6 - 8　　　　　　　科创板与主板、创业板、新三板的制度比较

项目	科创板	主板	创业板	新三板
推出时间	2019 年 6 月 13 日	1990 年 11 月 26 日	2009 年 10 月 23 日	2013 年 1 月 16 日
经营主体	上交所	上交所	深交所	全国中小企业股份转让系统
板块定位	规模稍大相对成熟的战略新兴企业	资本市场最重要的组成部分	侧重中小规模的创业型企业	服务中小微型企业
发行机制	注册制	核准制	核准制	核准制
上市/挂板条件	低，预计初期有产业等特殊限制	高	较低	极低
交易机制	集中交易或引入做市商	T + 1 集中交易	T + 1 集中交易	T + 1 集合竞价 + 做市转让
涨跌幅限制	前 5 日不限制，之后 ± 20%	新股 - 36% —44%，ST 板块 5%，其他 10%	新股 - 36% —44%，其他 10%	不限
增减持	宽严结合	减持的规模、类型受限	减持的规模、类型受限	宽于 A 股，限制少
退市机制	加大退市力度，与国际接轨	主动加被动	主动加被动	摘牌相对自由
投资门槛	外资、机构和符合条件的个人投资者	较低	中，无资金限制但有交易经验要求	高，个人投资者持有 500 万元以上金融资产

6.3.3 科创板是未来中国版的纳斯达克

中国版的纳斯达克这一概念并不新鲜，在创业板成立之初，创业板即被定位为中国版的纳斯达克，但是由于创业板仍然实行政府监管机构核准制与事前控制，坚持严格的盈利条件作为上市审核标准，新股发行经历较长的审核周期，同时缺乏完善的信息披露制度以及退市制度等资本市场基础制度，这些因素都成为阻碍创业板加速发展的桎梏。创业板成立近10年来，无论从上市公司数量还是总市值方面，创业板在A股的占比都远远低于纳斯达克在美股市场的占比水平。近10年来，创业板在A股中的上市公司数量占比与市值占比平均分别为14.27%与6.21%，而纳斯达克在美股中的上市公司数量与市值占比分别高达55.28%与24.20%。

截至2020年底，创业板公司从28家增加至871家，占A股上市公司总数的21.42%，总市值10.40万亿元。之所以将科创板定位为真正意义上的中国版纳斯达克，是因为科创板在设计之初，无论从发行审核制度方面还是其他资本市场基础制度方面都更加接近美国纳斯达克市场：（1）新股发行制度采用注册制，并且根据市场预期来看上市标准条件中的盈利标准大概率将降低；（2）我国将加快资本市场基础制度的改革，包括退市制度、信息披露制度以及加大违规处罚力度，使之更适合科创板与注册制的发展需求。

科创50指数有希望成为中国版纳斯达克指数，该指数于2020年7月23日发布，以2019年12月31日为基日，基点为1000点。其样本股选择的池子标准为：（1）上市时间超过6个月，待科创板上市满12个月的证券数量达100—150只后，上市时间调整为超过12个月；（2）上市以来日均总市值排名在科创板市场前5位的，定期调整数据考察截止日后第10个交易日时，上市时间超过3个月；（3）上市以来日均总市值排名在科创板市场前3位，不满足条件（2），但上市时间超过1个月并获专家委员会讨论通过。具体的样本股选择：（1）对满足上述标准的证券按过去一年的日均成交金额由高到低排名，剔除排名后10%的证券作为待选样本；（2）对待选样本按照过去一年的日均总市值由高到低排名，选取排名前50的证券作为指数样本。同时，单个样本权重不超过10%，前五大样本权重合计不超过40%。根据规则，科创50样本股每季度调整一次，样本调整实施时间为每年3月、6月、9月和12月的第二个星期五的下一交易日。每次调整数量比例原则上不超过10%。当标的股被退市时，将临时调整，予以剔除。

6.4 科创板对中国股票市场的影响

6.4.1 短期影响:充分的流动性保障,提升市场活跃度

(1) 对市场本身而言,提振市场信心及市场活跃度

科创板推行注册制、放宽交易限制,对提振市场信心、提升市场活跃度具有积极意义。流动性对于科创板至关重要,也是决定科创板将会成为中国版"纳斯达克"还是"新三板"的关键指标。对于资本市场而言,有流动性、有交易才能形成市场,市场是以交易为基本出发点而诞生的。除了市场制度的配套建设之外,合理的投资者门槛是保证市场活跃度和流动性的重要条件。根据中国证券登记结算公司的统计,截至 2020 年 11 月末,新增投资者 152.71 万人,同比增加 84.76%;中国股票投资者总数达 1.76 亿人,较上年同期增长 10.83%,其中自然人投资者占比 99.77%,符合科创板开户条件的个人投资者约为 300 万人。

科创板在市场机制设计上,通过设定适当的个人投资者门槛(申请权限开通前 20 个交易日证券账户及资金账户内的资产日均不低于人民币 50 万元),既能满足避免散户化的监管初衷,又能释放和扩大流动性,进而通过鼓励散户通过公募基金等机构投资者间接投资科创板上市公司,以引导市场从散户为主向机构为主转变。A 股市场与美国股市市值情况及变化如表 6-9 所示。

表 6-9　　A 股市场与美国股市市值情况及变化

	2019 年 12 月			2008 年 11 月		
	总市值(亿元)	成分股个数	平均市值(亿元)	总市值(亿元)	成分股个数	平均市值(亿元)
全部 A 股	643 024	3 760	171.0	130 698	1 602	81.6
上证 A 股	403 202	1 565	257.6	110 442	854	129.3
深证主板 A 股	78 839	461	171.0	14 929	448	33.3
中小企业板	99 570	943	105.6	4 503	266	16.9
创业板	61 413	791	77.6			
美国股市	3 303 512	5 021	657.9	796 517	4 863	163.8
NYSE 全部股票	2 207 261	2 022	1 091.6	653 333	1 970	331.6
NASDAQ 全部股票	1 088 916	2 791	390.2	143 054	2 629	54.4
AMEX 全部股票	7 335	208	35.3	129	264	0.5

（2）对上市公司而言，资金筹集规模显著提高

东方财富Choice的数据显示，2020年总共有396家企业在A股上市，其中一季度为51家，二季度为68家，三季度达到峰值，为176家，四季度稍有回落，为101家。2021年一季度与上年第四季度基本持平。从融资额来看，2021年一季度IPO累计融资额为761亿元，比上年同期一季度的786亿元稍有下降。2021年一季度上市企业数量几乎是上年同期两倍的情况下，累计融资额还稍有下降。或许这也说明随着注册制的推行，有很多的中小企业成功上市，即使在审核严格、多家企业主动申请终止IPO的背景下，还有100家企业上市，侧面也印证了国内资本市场在趋向繁荣。2021年一季度共有36家实现科创板上市，占一季度A股上市企业的比重为36%；中小板为10家，占比10%；创业板为33家，占比为33%，上交所主板为21家，占比为21%。从募集资金总额来看，科创板一季度IPO共募集资金334亿元，占一季度募集资金总额的44%；中小板募集资金47亿元，占比6%；创业板募集资金总额为190亿元，占比25%；上交所主板募集资金190亿元，占比25%。

（3）对二级市场投资者而言，可分享科技创新型企业成长的红利

众多科技创新型企业因种种原因远赴海外上市，使得中国的投资者错失了分享科技创新发展红利的机会。科创板的成功推出，一方面吸引大批优质海外上市公司回归A股；另一方面有助于更多优质的科创企业完成上市融资。与2018年上半年提出的CDR试点不同，科创板及注册制试点的推出，将使A股投资者直接投资通过注册制实现IPO，并处于快速成长阶段的科技创新型企业，更为直接地分享科技创新型企业快速成长的红利。目前，京东、小米、美团、蔚来、拼多多等中国的互联网科技巨头由于按现行的创业板财务审核标准难以上市转而赴美股上市，使得中国资本市场与本土大量中国的优质创新企业失之交臂，中国投资者只能在符合审核制下财务标准的上市公司中，在封闭的估值系统中做次优选择。目前，国内仍然有大量诸如商汤科技、陆金所、蚂蚁金服、今日头条等独角兽企业尚未上市，注册制下的科创板将可能使上述这些企业在国内上市，让中国的投资者共享新时代发展的市场红利。同时，科创板股票竞价交易实行价格涨跌幅限制，涨跌幅比例为20%，且首次公开发行上市的股票，上市后的前5个交易日不设价格涨跌幅限制。在这种交易制度下，二级市场价格回归可能会更加迅速，加上科创板投资者应当符合以下条件：一是申请权限开通前20个交易日证券账户及资金账户内的资产日均不低于人民币50万元（不包括该投资者通过融资融券融入的资金和证券）；二是参与证券交易24个月以上；三是上交所规定的其他条件。投资者整体的投资水平将显著提升，进而带来整个科创企业的蓬勃发展，带来资本市场的更加活跃与高效。

6.4.2 中期影响：提升市场价值发现功能

（1）市场资金从产能扩张转向科技创新，促进上市企业良性竞争

现行的 A 股 IPO 标准是比照传统工业板，无论是主板、中小板，抑或是深交所创业板，其 IPO 标准均将企业的盈利水平、净资产规模作为重要的评判依据。但对于企业在营业收入及估值上的未来成长性，一定程度上加以弱化。因此，在目前 A 股存量市场中，价值发现功能被弱化，导致了市场上存在众多长期高估或长期低估的个股，个股基本面与股价脱钩，不利于资本市场的资源配置功能的发挥，也助长了投资者的投机心理。

事实上，受 A 股上市条件的限制，A 股市场上募集资金主要用于产能扩张。目前，我国 A 股市场仅允许已盈利企业上市，企业上市时往往已具有一定的成熟度，研发投入趋于减少。因此，在 A 股市场上募集资金的企业往往将所募集资金主要投向已有产业线的扩建和产能的扩张。以 2018—2019 年 A 股 Wind 医疗保健行业企业的增发目的为例，在 56 个案例中，只有 7 起增发募资用于研发投入，仅占比 12.5%，剩余项目所募资金主要用于产能扩张。总体而言，A 股市场上的价值逻辑主要是依托于产能扩张所带来的企业价值提升。基于此，科创板推出的意义在于支持关键科技创新，形成资本市场支持实体创新的良好生态闭环。在如今世界局势愈发复杂的情况下，科创板标志着中国有效的创新驱动动力机制开始形成，也表明了我国资本市场改革创新将会步入一个新的时代，主要涉及：一是打破常规市值衡量标准。一定程度上打破盈利是衡量企业好坏唯一标准，很多中小型高科技企业都是轻资产的企业，财务报表上并不体现其核心资产——技术资产的价值。二是支持核心技术领域。从创业板和中小板市场来看，支持科技类企业数量多且难以聚焦，而科创板中的企业含金量较高，并且企业来源是新一代信息技术、高端装备制造和新材料、新能源及节能环保、生物医药、技术服务这些未来高度景气的行业领域。三是鼓励企业研发。从科创板的创立条件可以看出，其对企业的研发投入有了专门的要求，科创板的推出也是对与中小研发企业的一种鼓励和资金上的支持，缓解前沿技术或者新兴技术的早期应用研发阶段企业常常面临的资金不足的尴尬境地。

目前，科创板实行注册制，与审核制相比，在硬性条件如盈利水平上有所放宽，不要求企业已发展至相对成熟的阶段。因此，科创板一方面实行更加市场化的发行审核方式将提升投资者的专业能力与价值判断能力，另一方面可以帮助企业募集资金用于科技创新和研发方面，将市场资金从产能扩张更多地转向科技创新，进而逐步提升市场的价值发现功能，促进上市企业的良性竞争。

（2）成为新三板优质企业的转板方向

近年来，新三板的趋冷与劣币驱逐良币的现象愈加明显，优质的公司往往会选择转板，存量的挂牌公司又相对较差，导致市场参与者的动力明显不足。市场整体陷入优质资源稀缺、交易活跃性差，优质资源更加难以留下，市场吸引力进一步下降的恶性循环之中。2021年2月26日，沪深两大交易所公布关于挂牌公司向创业板/科创板转板上市试行办法。这标志着新三板挂牌公司向科创板、创业板转板上市即将步入实操阶段。该办法明确转板上市条件、优化审核程序、做好制度衔接等内容，其中提及转板公司申请转板上市，应当在全国股转系统精选层连续挂牌一年以上，且最近一年内不存在全国股转公司规定的应当调出精选层的情形。同时转板上市审核时限由首次公开发行的3个月压缩为2个月，提高审核效率；明确转板公司控股股东、实际控制人、董监高所持股份限售期为12个月；控股股东、实际控制人限售期满后6个月内减持的，不得导致公司控制权发生变更；核心技术人员、未盈利企业的限售及减持安排与首发上市公司保持一致。转板公司应当在新三板精选层连续挂牌一年以上，并满足股东人数不低于1 000人、董事会审议转板上市相关事宜决议公告日前60个交易日内累计成交量不低于1 000万股等条件。同时，分别满足科创板和创业板的上市标准。据券商中国记者统计，符合"双1000"门槛的精选层公司共有17家，分别是颖泰生物、球冠电缆、凯添燃气、润农节水、新安洁、流金岁月、恒拓开源、观典防务、森萱医药、贝特瑞等。

6.4.3 长期影响：打造更加完善的多层次资本市场

（1）健全我国多层次资本市场结构，优化资本市场投资效率

从全球来看，美国、英国、日本、中国香港等成熟资本市场体系完善，均设有定位服务于高科技企业的市场层次。并且，经过市场检验和改良后市场结构和功能成熟，资源配置功能有效发挥。以美国为例，目前美国已形成"正金字塔形"的三层资本市场体系，包括以纽约交易所和纳斯达克为代表的全国性市场、由芝加哥股票交易所和太平洋股票交易所等地方性股票交易所构成的区域性交易所市场、由OTCBB板块和粉单市场等市场构成的场外市场。美国多层次资本市场建设遵循由低级到高级的演进及分层顺序，低层次市场为高层次市场的孵化器和蓄水池。其中，成立于1971年的纳斯达克市场以服务高科技公司为主，给予众多具有高成长性的高科技企业土壤及养料，催化美国高科技产业快速发展。纳斯达克上市公司数量从成立以来的50家到2021年超过5 400家，已超越纽交所成为全球最大的股票市场。纳斯达克市场可作为科创板对标对象。

多样化的投融资需要完善的多层次资本市场体系。一方面，企业发展阶段、行业特征、营利能力等因素个体分化，依赖多样化市场满足融资需求。同时多层次市场构筑逐层筛选体系，通过企业优胜劣汰实现资源最优配置。另一方面，投资者资金实力、风险偏好和投资能力殊异，需要在多层次市场各显身手。当前我国已初步形成以主板、中小板、创业板为场内核心圈，以新三板市场、股权交易所市场、券商柜台市场为场外核心圈，以债券市场、期货市场、衍生品市场为延伸的资本市场体系。科创板的设立将进一步完善中国多层次市场体系建设，不同于深交所创业板适用于中小型创新企业 IPO 的需要，上交所科创板的推出将更加侧重于大型创新企业，并同时包容中概股、红筹股回归 A 股，通过差异化的制度安排，吸引优质科技创新型企业上市，更好地发挥资本市场乃至整个金融行业服务实体经济的作用，进而形成与深交所创业板互补、与美国纳斯达克竞争的全新市场格局。

此外，科创板注册制的成功落地，将为深交所创业板的注册制改革提供参考借鉴，注册制在科创板的试点在合适的时机下将逐步推广到创业板甚至 A 股市场。现有的主板、中小板与创业板市场，在监管制度、市场运行机制、投资者分类和准入制度等方面基本相同，未充分体现不同市场板块之间的特点与差异，少数已上市的新兴产业企业散落在上述三个市场，板块特征不明显，融资能力受限制，资本市场支持发展新兴产业这一国家战略的功能定位不突出。通过资本市场存量改革的方式支持新兴产业发展，面临着成本高、阻力大等实际困难。通过注册制，以企业为主题，以市场为导向，动员和吸引更多的社会资本进入科创板，形成产业集聚和市场集聚，打造新型产业企业的倍增器，为中国经济实现创新驱动的转变提供强大动力（见图 6-13）。

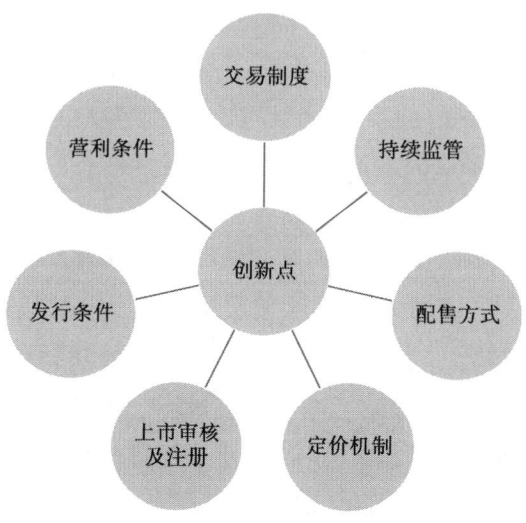

图 6-13　科创板制度创新点概要

（2）注册制起航，有效弥补服务新经济企业缺位

新股发行是重中之重。我国新股发行制度经历了从审批制到核准制转变，在发行审批、门槛、定价、规模、承销、锁定期和信息披露等关键要素上均有所变化。项目节奏与监管基调息息相关，市场对新股发行整体预期能力相对较弱。审批制和核准制的发行制度并未完全按照市场化方式开展，存在无法恰当匹配股市供需、实现合理定价和应对业绩变脸等风险。相比之下，国外成熟市场和科创板发行制度均采用注册制，监管机构履行对发行要素的全面、准确、真实和及时性作形式审查，而对发行人资质的实质性价值判断则交由市场判断。注册制充分按照市场化原则进行项目筛选和资源配置，发行效率加快，推动直接融资占比显著提升。

从美国纳斯达克市场到其踊跃的产业创新来看，强大顺畅的资本市场对科技创新型企业的支持作用显著。行业结构上，中国资本市场长期处于传统行业为主的状态。以申万二级行业分类来看，2021年上半年，电力行业一枝独秀，总共募集资金总额达到了247.5亿元，值得注意的是电力行业总共才4家企业上市，募集资金能排在第一得益于最大的募集项目三峡能源（600905.SH）募集资金达到了227.1亿元。其次是医疗器械行业，共募集138.8亿元。排在第三位的是专用设备，共计募集110.3亿元。随着中国的经济结构转型，将会涌现出更多的优质科技创新型企业，而此前部分科技创新型企业因无法满足A股市场核准制的利润指标要求无法实现A股IPO融资发展，只好赴海外上市。而科创板明确了市场化的股票注册管理制度改革，实现股票发行上市受理和审核全流程电子化，重要节点对社会公开，提高审核效率，将会助力更多的科技创新企业对接资本发展。从美国资本市场的历史来看，科技产业的崛起和资本市场的强大密不可分。科创板的设立将通过辅助科技企业融资、带动全民科技认知、密切关注企业经营等方面极大地推进中国科技创新型企业的发展，从而改善国内的经济结构，利好实体经济整体发展。由于科创板设立了完善的信息披露管理办法，投资者可以及时了解国内新科技企业的发展状况，并且调整对相应公司股票价格的预期，因此科创板有望真正成为中国经济的晴雨表。

（3）加大直接融资占比，促进资本市场和中国经济深层次改革

科创板的推出，有利于改变我国传统上以银行系统为主导的间接融资格局，加大直接融资占比，是推动宏观经济去杠杆、经济结构转型升级的重要保证，是顺应金融供给侧改革的应有之意。长期以来，我国经济发展主要依靠投资驱动，相应的金融体系以间接融资为主。统计显示，2020年新增社会融资规模中，债券和股票融资占比已经达到37%左右。市场主导型的美国直接融资存量占比高达86%；银行主导型的日本、德国，直接融资存量占比也分别高达69%和74%；新兴市场国家如印度和巴西这一存量指标也分别达到70%和69%。我国直接融资还可以有更大的发展空间，特别是

债券市场还有很大潜力。妨碍债券市场健康成长的一个主要短板是，债券市场法制还不够健全。迫切需要让各级政府、企业、中介机构和投资者都认识到逃废债不仅是不道德的行为，而且是违法违规甚至是犯罪的行为。根本性举措是加快以信息披露为核心的注册制改革，真正加强投资者适当性管理，确保发行方、中介机构、投资者严格依法履行各自义务，承担各自责任。这种以间接融资为主的金融模式在特定时期对于促进经济发展起到了十分重要的作用，但其弊端也显而易见，一是会提高经济整体杠杆率，二是会导致资金风险偏好的错配，信贷创造出来的流动性无法通过直接融资在实体经济内部顺畅地进行二次分配，这种情况下数量已经不是主要矛盾，其结构才是关键，即资本市场供给侧改革势在必行。

科技创新、产业升级等新兴经济的发展需要融资模式的创新，创新伴随着高风险，这是以银行贷款为主导的间接融资体系难以接受的，资本市场本身风险偏好的特性也决定了直接融资将成为经济新时代下建设制造强国和发展现代服务业的重要支撑。科创板的推出，正符合中国经济转型的融资要求，一方面通过加大直接融资比重，能更好地实现风险偏好的适配，使高风险资金能够匹配高风险项目，提高资金使用效率，促进经济结构转型升级以及新经济发展；另一方面，能够在不增加实体经济债务的情况下，促进经济发展，进而降低宏观经济杠杆率。未来，科创板的设立带来的长期投资机会主要在于新兴产业。科创板将定位鼓励优质的新兴产业领域的企业上市，如集成电路、人工智能、生物医药、新能源汽车、高端装备制造等领域。事实上，新经济产业发展对于落实创新驱动和科技强国战略、推动高质量发展等深化改革举措具有重要意义，新经济产业公司未来价值不可估量。上市标准转变将弥补资本市场服务新经济企业缺位，有效支持新经济企业做大做强，推动创新驱动发展战略。同时，新经济企业上市数量增加也将优化我国股市结构，改变周期性、传统型产业主导股市的现状，优化股市经济晴雨表功能。上市标准转变要求市场和中介机构转变固有标准，站在产业发展前景等前瞻视角考察企业价值。同时，新经济企业要求市场和中介机构跟随日新月异的技术革新，持续打磨研究能力。今后，科创板上市标准增强营利能力包容性，设置多组指标综合考量，灵活把控上市标准，综合考量发行人价值，将有效提升资本市场服务科技创新企业水平。

6.5 科创板整体分析与评价

截至 2021 年 9 月 17 日，科创板有 339 家上市公司，IPO 融资额为 4 195 亿元，股票总市值 5 万亿元。当前科创板市场发展呈现出五大趋势：

一是更强调"硬科技"。在定位上,科创板突出"硬科技"特色,主要服务符合国家战略、突破关键核心技术、市场认可度高的科技创新企业,重点支持新一代信息技术、高端装备、新材料、新能源、节能环保以及生物医药等高新技术产业和战略性新兴产业。其中,新一代信息技术公司数量占比为40%,生物医药占比为20%—25%,高端设备占比超10%,三个行业上市公司数量占比就达到了80%。2021年上半年科创板公司研发支出与营业收入比例中位数为8.6%,高于创业板(4.9%)、沪市主板(2.8%)、深市主板(3.1%)等板块。

二是更能体现资产配置特征。科创板汇聚一大批创新性、有技术优势、代表经济发展方向的上市公司,给境内外投资者提供分享中国技术创新和新经济发展成果的机会,为全球资产配置提供新机遇。数据显示,科创板股票上市至今平均涨幅194.4%,科创50指数2020年以来累计涨幅42.7%,在境内外主要股指中领先。

三是更能体现大国竞争态势,当前一批高端设备制造、军工类的企业在科创板上市。

四是更有利于一、二级市场循环。340家科创板上市公司中95%的企业都获得了PE/VC投资,平均获得的资金额是8亿元。注册制下,企业在科创板上市相对比较顺畅,PE/VC顺利退出后又可以进一步投资科技创新企业,由此在一、二级市场之间形成良性循环的生态。

五是更接近成熟资本市场。2015年股市异常波动充分反映了我国股市不成熟,包括不成熟的交易者、不完备的交易制度、不完善的市场体系、不适应的监管制度等。

成熟资本市场有两大特征:从功能本质看,拥有伟大的企业,投资者有获得感,企业与投资者均"愿意来,留得住";从市场表象看,业绩与估值匹配,市值与交易量匹配,交易量稳。科创板已初步具备上述特征。上市两年以来,科创板主要指标运行平稳,市场流动性水平与其板块定位、投资者适当性、交易制度安排等基本适配。从定价效率看,科创板放宽了涨跌幅限制,优化了融资融券安排,市场博弈更为充分,有利于加快均衡价格形成,与此同时"炒新"现象明显减少。科创板公司上市后在公司治理和持续信息披露等方面也初步经受住了市场的检验。

6.6 北交所、科创板与新兴产业

6.6.1 北交所成立背景

2021年9月2日晚,国家主席习近平在2021年中国国际服务贸易交易会全球服贸易峰会上发表视频致辞："我们将继续支持中小企业创新发展，深化新三板改革，设立北京证券交易所，打造服务创新型中小企业主阵地。"北京证券交易所（以下简称"北交所"）是由新三板市场深化改革而来，是先存量市场改革，后增量改革的逻辑。存量市场改革的重点在于解决存量市场发展中长期存在的关键问题。自 2013 年新三板市场正式运营至今，长期存在以下两大核心问题：第一，在资金端，市场整体流动性较差，使得挂牌企业定价难、融资难；第二，在资产端，挂牌企业质量参差不齐，市场企业整体"鱼龙混杂"。这也使得市场在投资端与融资端的核心功能长期存在一定的缺失，即投资者无法实现资产配置效率与效益的最大化，以及大量优秀挂牌企业难以实现融资发展。而本次深化新三板市场改革，设立北交所的核心目的便是为创新型中小企业打通直接融资渠道，让广大的投资者拥有投资参与分享创新型中小企业快速成长的红利。截至 2021 年 9 月 2 日，基础层、创新层、精选层的挂牌公司分别有 5 988 家、1 250 家、66 家。北交所设立后，现有新三板精选层公司将全部转为北交所上市公司，新增上市公司则从挂牌满 12 个月的创新层公司中产生。由此形成新三板基础层、创新层与北交所"层层递进"的市场结构。

6.6.2 北交所、科创板在新兴产业发展中差异互补

北交所将与沪深交易所、区域性股权市场实现错位发展。上交所主要是主板和科创板：主板实行核准制，偏向大盘蓝筹与行业龙头；科创板实行注册制，偏向独角兽企业与战略性新兴产业。深交所主要是主板和创业板，其中创业板也是注册制，主要面向创新型中小企业。北交所则以新三板精选层为基础，更加专注于服务中小企业，有望成为"专精特新""小巨人""隐形冠军"集中上市的中国版纳斯达克。交易制度上，北交所将实施连续竞价，新股上市首日不设涨跌幅限制，次日起涨跌幅限制 30%。相较而言，主板股票首日涨跌幅限制分别为 44%、36%，之后涨跌幅限制为 10%；科创板、创业板股票上市后的前 5 个交易日不设涨跌幅限制，之后涨跌幅限制为 20%。此外，在公司治理标准、信息披露、停复牌管理、主体责任、退市程序、股东减持等方面，北交所也作出更加契合中小企业的制度安排。

科创板的行业定位是面向世界科技前沿、经济主战场、国家重大需求，主要服务符合国家战略、突破关键核心技术、市场认可度高的科技创新企业，简单来讲就是硬科技型企业；而创业板行业定位于创新、创造、创意，主要服务成长型创新创业企业，支持传统产业与新技术、新产业、新业态、新模式深度融合。在此基础上北交所行业定位将重点放在了创新型中小企业。北交所计划在精选层的基础上运营，对于还不满足科创板、创业板上市条件的企业，给予更大力度的融资支持。

"十四五"规划纲要和中央政治局会议中提出要发展"专精特新"中小企业。"专精特新"中小企业具体是指具有"专业化、精细化、特色化、新颖化"特征的中小企业。中小企业一直是中国经济发展中极其重要的微观主体,贡献了全国50%以上的税收、60%以上的GDP、70%以上的技术创新成果和80%以上的劳动力就业,是中国经济的基本盘,创新型中小企业是重中之重。北交所成立后,精选层的各项基础制度仍保留,并同步试点证券发行注册制。原精选层挂牌公司转为北交所上市公司,仍然可以选择转板到沪深交易所。同时带动创新层企业积极申报成为北交所精选层企业,并进一步带动基础层企业,提升新三板融资功能,着力解决中小企业融资贵、融资难问题。根据证监会的说法,北交所未来将培育一批"专精特新"中小企业,打造创业热情高涨、合格投资者踊跃参与、中介机构尽责的良性市场生态,重要的是,打通北交所与沪深交易所,发挥好转板上市功能。由此可以看出,北交所的定位与沪深交易所有明显的差别。上交所主要承接大中型企业,深交所服务中小企业,北交所则为更小型的创新企业提供股权融资的平台,为将来将形成主板、科创板、创业板、精选层、创新层、基础层的多层次市场体系打下基础(见表6-10)。

表6-10　　　　　　　　北交所、科创板、创业板差异互补

北交所	科创板	创业板
北交所的核心是为"专精特新"的中小企业服务,"专精特新"中小企业是指具有专业化、精细化、特色化、新颖化四大特征的中小企业,即专注于产业链上某个环节的中小企业	坚持面向世界科技前沿、面向经济主战场、面向国家重大需求,主要服务符合国家战略、突破关键核心技术、市场认可度高的科技创新企业。重点支持新一代信息技术、高端装备、新材料、新能源、节能环保以及生物医药等高新技术产业和战略性新兴产业,推动互联网、大数据、云计算、人工智能和制造业深度融合,引领中高端消费,推动质量变革、效率变革、动力变革	服务成长型创新创业企业;支持传统产业与新技术、新产业、新业态、新模式深度融合

7.

新兴产业的科创板投资地图

7.1 科创板挂板条件分析

7.1.1 纳斯达克市场的上市标准

从海外市场看,在准入标准上纳斯达克高端市场对于财务和流动性指标要求很高,而纳斯达克低端市场更看重流动性,为难盈利的高新技术企业提供多种选择。纳斯达克根据上市要求的高低共分为3层,依次为纳斯达克全球精选市场、纳斯达克全球市场、纳斯达克资本市场。全球精选市场对拟上市标的财务、流动性指标都有很高的要求,而纳斯达克资本市场仅对流动性有较大的要求(见表7-1至表7-3)。不难看出,对于短期不能盈利的企业来说,只要流动性较好,可以从权益、市值、利润方面中满足任一要求即可。

表7-1　　　　　　　纳斯达克全球精选市场——财务标准

财务标准	标准1:利润	标准2:市值和现金流	标准3:市值和营业收入	标准4:资产和权益
税前利润	连续3个会计年度累计税前利润≥1 100万美元,且每年≥0,且最近2个会计年度每年≥220万美元			
现金流量		前连续3个会计年度累计≥2 750万美元,且每年≥0		
市值		前12个月平均≥5.5亿美元	前12个月平均≥8.5亿美元	1.6亿美元

续表

财务标准	标准1：利润	标准2：市值和现金流	标准3：市值和营业收入	标准4：资产和权益
营业收入		上一个会计年度≥1.1亿美元	上一个会计年度≥9 000万美元	
总资产				8 000万美元
股东权益				5 500万美元
股价	4美元	4美元	4美元	4美元

表7-2　纳斯达克全球精选市场流动性标准

流动性标准	IPO和剥离公司	成熟公司：目前存在普通股或类似交易的	附属公司
（1）持有100股以上股份的股东数量或股东总数；或者 （2）股东总数和过去12个月里平均每月的交易量	持有100股以上股份的股东数量为450以上或股东总数在2 200以上	（1）持有100股以上股份的股东数量为450以上或股东总数在2 200以上；或者 （2）股东总数550以上，且过去12个月里平均每月交易量110万以上	（1）持有100股以上股份的股东数量为450以上或股东总数在2 200以上；或者 （2）股东总数550以上，且过去12个月里平均每月交易量110万以上
公众持股股份数（份）	1 250 000	1 250 000	1 250 000
1）公众持股市值；或者 （2）公众持股市值与股东权益	4 500万美元	（1）1亿1 000万美元；或者 （2）公众持股市值1亿美元以上同时股东权益1亿1 000万美元以上	4 500万美元

表7-3　纳斯达克资本市场上市标准

标准	权益标准	上市证券市值标准	净利润标准
股东权益	500万美元	400万美元	400万美元
公众持股市值	1 500万美元	1 500万美元	500万美元
经营历史	2年		
上市证券市值		5 000万美元	
经营净利润（最近一个会计年度或最近3个会计年度中的2个会计年度）			75万美元
公众持股数量	100万股	100万股	100万股
股东数量（持股100股以上的股东）	300	300	300
做市商数量	3	3	3
股价或收盘价	4美元或3美元	4美元或3美元	4美元或3美元

7.1.2 战略新兴板、新三板创新层、CDR 的上市标准

从国内经验看，在战略新兴板、新三板创新层、CDR 推行上针对高新技术企业的上市标准已有探索和实践。第一，自 2015 年对战略新兴板的设想上已淡化上市企业的盈利要求，更注重不同指标的组合搭配，让企业有更多选择。2015 年 5 月 19 日，上海证券交易所副总经理刘世安在"上证 2015 中国股权投资论坛"上提出，战略新兴板首先淡化盈利要求，主要关注企业的持续营利能力；在传统的"净利润+收入"的标准之外，引入以市值为核心的财务指标组合，增加"市值+收入""市值+收入+现金流""市值+权益"等多种多套财务标准，形成多元化上市标准体系，允许暂时达不到要求的新兴产业企业、创新型企业上市融资。第二，2017 年 12 月实施的《全国中小企业股份转让系统挂牌公司分层管理办法》，完善分层制度，调整净利润标准、营业收入标准，共同准入增加合格投资人标准不少于 50 人标准，首次增加流动性标准。第三，2018 年 3 月的 CDR 意在为境外优质企业回归 A 股提供便利，也鼓励独角兽企业推行，因此其推出标准较高（见表 7-4）。

表 7-4　　　　　　　　　　　新三板创新层挂牌标准

标准	指标	具体要求
标准 1	净利润+净资产收益率+股本总额	（1）最近两年的净利润均不少于 1 000 万元（以扣除非经常性损益前后孰低者为计算依据） （2）最近两年加权平均净资产收益率平均不低于 8%（以扣除非经常性损益前后孰低者为计算依据） （3）股本总额不少于 2 000 万元
标准 2	营业收入复合增速+营业收入+股本总额	（1）最近两年营业收入连续增长，且年均复合增长率不低于 50% （2）最近两年营业收入平均不低于 6 000 万元 （3）股本总额不少于 2 000 万元
标准 3	市值+股本总额+做市商家数	（1）最近有成交的 60 个做市或者竞价转让日的平均市值不少于 6 亿元 （2）股本总额不少于 5 000 万元 （3）采取做市转让方式的，做市商家数不少于 6 家

7.1.3 科创板以市值为核心的差异化上市标准

科创板主要面向符合国家战略、突破关键核心技术、市场认可度高的科技创新企业，重点支持新一代信息技术、高端装备、新材料、新能源、节能环保以及生物医药

等高新技术产业和战略性新兴产业,推动互联网、大数据、云计算、人工智能和制造业深度融合,引领中高端消费,推动质量、效率和动力变革。相比传统行业的企业,科技型企业拥有"三高一大"的特点:(1)高成长:产品由于技术水平、工艺水平高,具有较强的市场垄断力,一旦为市场所接受,就会表现出较强的扩张力;(2)高投入:技术研发、产品开发需要大量的资金投入;(3)高风险:企业面临的技术风险、市场风险、财务风险都较高;(4)无形资产占比大:科技型企业的盈利主要依靠的是其无形资产和不断的创新活动来实现。

事实上,科创板是在多层次资本市场体系内的新设板块,其定位为科技创新型公司,核心在于为优质的科创企业提供资本市场服务,增强对创新企业的包容性和适应性。科创板及注册制不是简单地放宽上市门槛,而是应针对科技创新企业的特点,制定相应标准。既要体现对企业技术含量的要求,如行业范围、技术指标、研发成果及应用等,又要体现对创新企业的支持。针对这类企业,应设定一系列的准入"资格标准",构建起与特征相适应的多元化企业选择标准,去伪存真。

根据《上海证券交易所科创板股票上市规则》,科创板上市条件体现"包容性"。科创板上市的条件包括:一是符合中国证监会规定的发行条件;二是发行后股本总额不低于人民币3 000万元;三是公开发行的股份达到公司股份总数的25%以上,公司股本总额超过人民币4亿元的,公开发行股份的比例为10%以上;四是市值及财务指标符合本规则规定的标准;五是上交所规定的其他上市条件。在市场和财务条件方面,引入"市值"指标,与收入、现金流、净利润和研发投入等财务指标进行组合,设置了5套差异化的上市指标。以满足在关键领域通过持续研发投入已突破核心技术或取得阶段性成果、拥有良好发展前景,但财务表现不一的各类科创企业上市需求,具体标准如表7-5所示。

上交所规定,上述科技创新型公司必须是依法设立且持续经营3年以上的股份有限公司,具备健全且运行良好的组织机构,相关机构和人员能够依法履行职责。有限责任公司按原账面净资产值折股整体变更为股份有限公司的,持续经营时间可以从有限责任公司成立之日起计算。同时要求,发行人会计基础工作规范,财务报表的编制和披露符合企业会计准则和相关信息披露规则的规定,在所有重大方面公允地反映了发行人的财务状况、经营成果和现金流量,并由注册会计师出具标准无保留意见的审计报告。发行人内部控制制度健全且被有效执行,能够合理保证公司运行效率、合法合规和财务报告的可靠性,并由注册会计师出具无保留结论的内部控制鉴证报告。

在发行门槛方面,发行人需要业务完整,具有直接面向市场独立持续经营的能力,包括:(1)资产完整,业务及人员、财务、机构独立,与控股股东、实际控制人及其控制的其他企业间不存在对发行人构成重大不利影响的同业竞争,不存在严重影响独立性或者显失公平的关联交易。(2)发行人主营业务、控制权、管理团队和核心技术人员稳定,最近两年内主营业务和董事、高级管理人员及核心技术人员均没有发生重大不利变化;控股股东和受控股股东、实际控制人支配的股东所持发行人的股份权属清晰,最近两年实际控制人没有发生变更,不存在导致控制权可能变更的重大权属纠纷。(3)发行人不存在主要资产、核心技术、商标等的重大权属纠纷,重大偿债风险,重大担保、诉讼、仲裁等或有事项,经营环境已经或者将要发生重大变化等对持续经营有重大不利影响的事项。

表 7-5　　　　　　　　科创板的上市条件:"突出重点、兼顾一般"

企业类型	标准	指标	上市条件
一般企业	标准 1	市值 + 净利润,或市值 + 净利润 + 营业收入	预计市值不低于人民币 10 亿元,最近两年净利润均为正且累计净利润不低于人民币 5 000 万元
			预计市值不低于人民币 10 亿元,最近一年净利润为正且营业收入不低于人民币 1 亿元
	标准 2	市值 + 营业收入 + 研发投入	预计市值不低于人民币 15 亿元
			最近一年营业收入不低于人民币 2 亿元
			最近三年研发投入合计占最近三年营业收入的比例不低于 15%
	标准 3	市值 + 营业收入 + 经营活动现金流	预计市值不低于人民币 20 亿元
			最近一年营业收入不低于人民币 3 亿元
			最近三年经营活动产生的现金流量净额累计不低于人民币 1 亿元
	标准 4	市值 + 营业收入	预计市值不低于人民币 30 亿元
			最近一年营业收入不低于人民币 3 亿元
	标准 5	市值 + 技术优势	预计市值不低于人民币 40 亿元
			主要业务或产品需经国家有关部门批准,市场空间大,目前已取得阶段性成果
			医药行业企业需至少有一项核心产品获准开展二期临床
			其他符合科创板定位的企业需具备明显的技术优势并满足相应条件
红筹企业	标准 1	市值	预计市值不低于人民币 100 亿元
	标准 2	市值 + 营业收入	预计市值不低于人民币 50 亿元,且最近一年营业收入不低于人民币 5 亿元
存在表决权差异企业	标准 1	市值	预计市值不低于人民币 100 亿元
	标准 2	市值 + 营业收入	预计市值不低于人民币 50 亿元,且最近一年营业收入不低于人民币 5 亿元

注:(1)预计市值指股票公开发行后按照总股本乘以发行价格计算出来的发行人股票名义总价值。(2)红筹企业应符合《国务院办公厅转发证监会关于开展创新企业境内发行股票或存托凭证试点若干意见的通知》(国办发〔2018〕21号)相关规定。(3)存在表决权差异企业的表决权安排等应当符合《上海证券交易所科创板股票上市规则》等规则的规定。

同时，发行人生产经营符合法律、行政法规的规定，符合国家产业政策。最近三年内，发行人及其控股股东、实际控制人不存在贪污、贿赂、侵占财产、挪用财产或者破坏社会主义市场经济秩序的刑事犯罪，不存在欺诈发行、重大信息披露违法或者其他涉及国家安全、公共安全、生态安全、生产安全、公众健康安全等领域的重大违法行为。董事、监事和高级管理人员不存在最近三年内受到中国证监会行政处罚，或者因涉嫌犯罪被司法机关立案侦查或者涉嫌违法违规被中国证监会立案调查，尚未有明确结论意见等情形。

上交所特别补充，符合《国务院办公厅转发证监会关于开展创新企业境内发行股票或存托凭证试点若干意见的通知》（国办发〔2018〕21号）相关规定的红筹企业，可以申请发行股票或存托凭证并在科创板上市。营业收入快速增长，拥有自主研发、国际领先技术，同行业竞争中处于相对优势地位的尚未在境外上市的红筹企业，申请发行股票或存托凭证并在科创板上市的，市值及财务指标应当至少符合下列上市标准中的一项，发行人的招股说明书和保荐人的上市保荐书应当明确说明所选择的具体上市标准：（1）预计市值不低于人民币100亿元；（2）预计市值不低于人民币50亿元，且最近一年营业收入不低于人民币5亿元。

存在表决权差异安排的发行人申请股票或者存托凭证首次公开发行并在科创板上市的，其表决权安排等应当符合《上海证券交易所科创板股票上市规则》等规则的规定；发行人应当至少符合下列上市标准中的一项，发行人的招股说明书和保荐人的上市保荐书应当明确说明所选择的具体上市标准：（1）预计市值不低于人民币100亿元；（2）预计市值不低于人民币50亿元，且最近一年营业收入不低于人民币5亿元。

7.2 科创板上市公司结构分析

科创板的设立成为中国资本市场改革、注册制先行的试验田。科创板坚持面向世界科技前沿、面向经济主战场、面向国家重大需求，主要服务于符合国家战略、突破关键核心技术、市场认可度高的科技创新企业。重点支持新一代信息技术、高端装备、新材料、新能源、节能环保以及生物医药等高新技术产业和战略性新兴产业，推动互联网、大数据、云计算、人工智能和制造业深度融合，引领中高端消费，推动质量变革、效率变革、动力变革。设立科创板并试点注册制对于完善多层次资本市场体系，提升资本市场服务实体经济的能力，促进上海国际金融中心、有效补充我国成长型科技创新企业融资短板等具有重要意义，同时也为上交所发挥市场功能、弥补制度短板、增强包容性提供了至关重要的突破口和实现路径。截至2020年12月末，科创板共有

215家上市公司，总市值超过3.4万亿元。从科创板上市公司区域分布来看，主要分布在北京、江苏、上海、浙江和广东等地区；从行业分布来看，科创板上市公司数量较多的行业依次为新一代信息技术产业、高端装备制造产业、生物产业、新材料产业、节能环保产业、新能源汽车产业以及相关服务业。

7.2.1 新一代信息技术产业上市公司

作为国家七大战略性新兴产业之一和"卡脖子"技术核心领域，新一代信息技术产业是数字技术创新的重要产业载体和数字经济体系建设的关键支撑产业。截至2020年12月31日，科创板新一代信息技术产业上市公司数量为79家（见表7-6），在科创板主题板块中占比最大。其中，流通市值排名前十的公司分别为金山办公（746.86亿元）、中芯国际（600.73亿元）、中微公司（386.73亿元）、澜起科技（348.26亿元）、传音控股（259.34亿元）、睿创微纳（243.51亿元）、华润微（155.63亿元）、虹软科技（141.50亿元）、晶晨股份（134.76亿元）、容百科技（117.01亿元）。

表7-6 科创板新一代信息技术产业上市公司（截至2020年12月末）

	证券代码	证券简称	流通市值（亿元）	市盈率（PE）	收盘价（元）	申万行业名称
1	688111.SH	金山办公	746.86	239.39	411.00	计算机应用
2	688981.SH	中芯国际	600.73	119.36	57.75	半导体
3	688012.SH	中微公司	386.73	254.97	157.59	专用设备
4	688008.SH	澜起科技	348.26	87.75	82.88	半导体
5	688036.SH	传音控股	259.34	49.75	152.14	电子制造
6	688002.SH	睿创微纳	243.51	87.32	111.00	半导体
7	688396.SH	华润微	155.63	92.92	62.49	半导体
8	688088.SH	虹软科技	141.50	101.94	69.92	计算机应用
9	688099.SH	晶晨股份	134.76	2 584.25	78.73	半导体
10	688005.SH	容百科技	117.01	547.13	51.54	化学制品
11	688009.SH	中国通号	116.06	16.98	5.86	运输设备Ⅱ
12	688023.SH	安恒信息	103.81	192.51	260.10	计算机应用
13	688561.SH	奇安信-U	87.31	-162.90	126.10	计算机应用
14	688536.SH	思瑞浦	78.12	180.44	432.00	半导体
15	688608.SH	恒玄科技	76.07	283.12	331.00	半导体
16	688019.SH	安集科技	70.70	118.76	297.80	半导体
17	688006.SH	杭可科技	69.67	106.20	83.03	专用设备
18	688188.SH	柏楚电子	67.75	79.46	263.62	计算机应用
19	688018.SH	乐鑫科技	52.56	82.74	148.63	半导体

续表1

	证券代码	证券简称	流通市值（亿元）	市盈率（PE）	收盘价（元）	申万行业名称
20	688200.SH	华峰测控	52.05	145.23	373.53	专用设备
21	688256.SH	寒武纪-U	45.66	-65.06	146.78	半导体
22	688369.SH	致远互联	40.97	48.80	76.80	计算机应用
23	688777.SH	中控技术	39.11	126.41	100.20	电气自动化设备
24	688027.SH	国盾量子	38.38	319.41	235.68	通信设备
25	688521.SH	芯原股份-U	34.44	-376.04	80.58	半导体
26	688318.SH	财富趋势	34.28	65.84	212.75	计算机应用
27	688037.SH	芯源微	33.77	118.51	103.05	专用设备
28	688007.SH	光峰科技	30.96	78.89	18.55	光学光电子
29	688095.SH	福昕软件	26.37	90.63	242.00	计算机应用
30	688368.SH	晶丰明源	26.06	199.89	172.09	半导体
31	688123.SH	聚辰股份	25.85	52.55	60.15	半导体
32	688039.SH	当虹科技	24.74	53.25	58.90	计算机应用
33	688030.SH	山石网科	24.44	298.62	37.80	计算机应用
34	688508.SH	芯朋微	24.25	130.26	94.50	半导体
35	688055.SH	龙腾光电	22.57	95.40	8.38	光学光电子
36	688788.SH	科思科技	22.17	41.47	133.30	地面兵装Ⅱ
37	688568.SH	中科星图	21.03	85.27	44.49	计算机应用
38	688258.SH	卓易信息	20.89	73.92	55.60	计算机应用
39	688011.SH	新光光电	20.88	91.45	51.20	航空装备Ⅱ
40	688158.SH	优刻得-W	19.48	-104.18	41.62	计算机应用
41	688025.SH	杰普特	18.81	80.86	43.71	其他电子Ⅱ
42	688086.SH	紫晶存储	17.89	42.71	39.15	计算机设备Ⅱ
43	688138.SH	清溢光电	17.08	79.45	23.08	半导体
44	688233.SH	神工股份	16.68	117.41	43.72	半导体
45	688168.SH	安博通	16.03	51.05	59.86	计算机应用
46	688001.SH	华兴源创	15.15	78.54	39.40	专用设备
47	688286.SH	敏芯股份	15.11	137.90	124.49	半导体
48	688051.SH	佳华科技	15.06	38.13	81.18	计算机应用
49	688550.SH	瑞联新材	14.02	40.27	86.11	化学制品
50	688118.SH	普元信息	13.77	67.72	26.29	计算机应用
51	688058.SH	宝兰德	13.57	85.64	88.14	计算机应用
52	688127.SH	蓝特光学	13.30	88.54	36.02	光学光电子
53	688595.SH	芯海科技	13.20	76.93	64.87	半导体
54	688135.SH	利扬芯片	11.89	95.08	42.91	半导体

续表2

	证券代码	证券简称	流通市值（亿元）	市盈率（PE）	收盘价（元）	申万行业名称
55	688181.SH	八亿时空	11.41	33.45	53.67	光学光电子
56	688060.SH	云涌科技	11.23	64.92	82.79	计算机设备Ⅱ
57	688229.SH	博睿数据	10.70	94.53	105.90	计算机应用
58	688010.SH	福光股份	10.52	58.43	28.27	光学光电子
59	688418.SH	震有科技	10.28	81.92	26.08	通信设备
60	688313.SH	仕佳光子	9.79	274.45	23.58	通信设备
61	688100.SH	威胜信息	9.40	41.90	22.11	通信设备
62	688078.SH	龙软科技	9.37	52.95	27.48	计算机应用
63	688699.SH	明微电子	9.33	50.15	55.17	半导体
64	688588.SH	凌志软件	9.15	60.10	24.07	计算机应用
65	688365.SH	光云科技	8.96	113.05	26.16	计算机应用
66	688589.SH	力合微	8.87	93.25	36.12	半导体
67	688378.SH	奥来德	8.25	48.96	55.17	专用设备
68	688678.SH	福立旺	7.69	31.25	21.80	电子制造
69	688228.SH	开普云	7.32	40.50	48.22	计算机应用
70	688590.SH	新致软件	7.29	45.66	19.70	计算机应用
71	688555.SH	泽达易盛	7.05	35.37	35.70	计算机应用
72	688080.SH	映翰通	6.81	62.90	54.70	通信设备
73	688500.SH	慧辰资讯	6.62	52.65	39.22	计算机应用
74	688004.SH	博汇科技	6.30	48.00	46.69	计算机应用
75	688668.SH	鼎通科技	5.80	47.35	30.00	通信设备
76	688618.SH	三旺通信	5.77	40.35	53.66	通信设备
77	688159.SH	有方科技	5.37	−160.65	27.58	通信设备
78	688081.SH	兴图新科	5.29	40.81	30.29	地面兵装Ⅱ
79	688579.SH	山大地纬	5.26	73.47	14.59	计算机应用

资料来源：Wind。

7.2.2 生物医药产业上市公司

生物医药业是新经济的重要环节，就目前医药行业的整体发展趋势来说，医药行业是处于一个持续发展的行业，技术和资金是生物医药可持续发展的支撑。尤其是在新冠肺炎疫情的背景下，掌握疫苗的关键技术成为稳定经济的基础。截至2020年12月31日，科创板新一代信息技术产业上市公司数量为46家（见表7-7），在科创板主题板块中占比排名第二。其中，流通市值排名前十的公司分别为华熙生物（88.45

亿元）、康希诺-U（84.73亿元）博瑞医药（78.86亿元）、海尔生物（76.81亿元）、微芯生物（75.65亿元）、南微医学（71.92亿元）、心脉医疗（69.83亿元）、硕世生物（58.55亿元）、东方生物（57.86亿元）、君实生物-U（55.43亿元）。

表7-7　　　科创板生物医药产业上市公司（截至2020年12月末）

	证券代码	证券简称	流通市值（亿元）	市盈率（PE）	收盘价（元）	申万行业名称
1	688363.SH	华熙生物	88.45	115.81	146.43	生物制品Ⅱ
2	688185.SH	康希诺-U	84.73	-387.01	374.11	生物制品Ⅱ
3	688166.SH	博瑞医药	78.86	111.08	45.80	化学制药
4	688139.SH	海尔生物	76.81	64.46	65.29	医疗器械Ⅱ
5	688321.SH	微芯生物	75.65	409.91	37.01	化学制药
6	688029.SH	南微医学	71.92	86.09	184.01	医疗器械Ⅱ
7	688016.SH	心脉医疗	69.83	94.36	251.20	医疗器械Ⅱ
8	688399.SH	硕世生物	58.55	18.31	192.34	医疗器械Ⅱ
9	688298.SH	东方生物	57.86	35.40	203.00	医疗器械Ⅱ
10	688180.SH	君实生物-U	55.43	-49.92	81.10	生物制品Ⅱ
11	688202.SH	美迪西	40.89	103.01	157.23	医疗服务Ⅱ
12	688289.SH	圣湘生物	37.87	22.41	113.95	医疗器械Ⅱ
13	688266.SH	泽璟制药-U	37.65	-53.20	64.69	化学制药
14	688050.SH	爱博医疗	37.19	210.73	172.98	医疗器械Ⅱ
15	688526.SH	科前生物	33.18	52.07	41.60	动物保健Ⅱ
16	688389.SH	普门科技	32.73	69.61	21.00	医疗器械Ⅱ
17	688366.SH	昊海生科	27.01	68.75	90.15	医疗器械Ⅱ
18	688301.SH	奕瑞科技	26.79	57.19	171.69	医疗器械Ⅱ
19	688098.SH	申联生物	24.14	47.68	16.09	动物保健Ⅱ
20	688520.SH	神州细胞-U	21.86	-27.97	45.55	生物制品Ⅱ
21	688658.SH	悦康药业	20.21	30.63	24.37	化学制药
22	688578.SH	艾力斯-U	19.50	-36.20	28.48	化学制药
23	688177.SH	百奥泰-U	18.50	-26.31	31.80	生物制品Ⅱ
24	688198.SH	佰仁医疗	17.71	103.71	77.66	医疗器械Ⅱ
25	688196.SH	卓越新能	17.45	30.88	60.58	化学制品
26	688136.SH	科兴制药	16.71	51.36	40.84	生物制品Ⅱ
27	688505.SH	复旦张江	16.64	94.55	17.29	化学制药

续表

	证券代码	证券简称	流通市值（亿元）	市盈率（PE）	收盘价（元）	申万行业名称
28	688085.SH	三友医疗	16.47	76.14	38.76	医疗器械Ⅱ
29	688108.SH	赛诺医疗	16.46	75.33	13.47	医疗器械Ⅱ
30	688189.SH	南新制药	16.43	59.27	48.89	化学制药
31	688580.SH	伟思医疗	15.93	60.16	101.61	医疗器械Ⅱ
32	688221.SH	前沿生物-U	15.91	-31.04	19.25	化学制药
33	688356.SH	键凯科技	14.98	86.01	109.82	化学制药
34	688089.SH	嘉必优	14.14	35.92	39.60	食品加工
35	688336.SH	三生国健	13.86	129.80	24.65	生物制品Ⅱ
36	688278.SH	特宝生物	13.70	140.87	34.10	生物制品Ⅱ
37	688277.SH	天智航-U	13.34	95 409.82	38.13	医疗器械Ⅱ
38	688488.SH	艾迪药业	12.77	203.07	24.80	生物制品Ⅱ
39	688513.SH	苑东生物	11.78	41.25	47.59	化学制药
40	688222.SH	成都先导	11.07	199.26	30.12	医疗服务Ⅱ
41	688026.SH	洁特生物	10.83	31.51	47.78	塑料
42	688068.SH	热景生物	10.64	94.27	38.99	医疗器械Ⅱ
43	688566.SH	吉贝尔	10.48	41.45	26.08	化学制药
44	688358.SH	祥生医疗	9.71	36.84	50.59	医疗器械Ⅱ
45	688393.SH	安必平	7.84	43.08	36.98	医疗器械Ⅱ
46	688013.SH	天臣医疗	4.92	72.21	30.21	医疗器械Ⅱ

资料来源：Wind。

7.2.3 高端制造装备产业上市公司

高端制造装备产业是强国之基，是我国从制造大国到制造强国转型的战略要地。高端制造装备业所包含的航空航天、轨道交通、深海钻采等领域，无一不是系统性工程，高端制造装备业是一个国家的综合工业实力和科技能力的重要标志。截至2020年12月31日，科创板高端制造装备产业上市公司数量为36家（见表7-8），在科创板主题板块中占比排名第三。其中，流通市值排名前十的公司分别为石头科技（168.85亿元）、九号公司-WD（49.49亿元）、绿的谐波（40.35亿元）、天宜上佳（39.84亿元）、奥普特（36.96亿元）、航天宏图（36.19亿元）、道通科技（32.88亿元）、盟升电子（31.57亿元）、交控科技（29.08亿元）、江航装备（27.37亿元）。

表7-8　科创板高端制造装备产业上市公司（截至2020年12月末）

	证券代码	证券简称	流通市值（亿元）	市盈率（PE）	收盘价（元）	申万行业名称
1	688169.SH	石头科技	168.85	62.78	1 036.00	通用机械
2	689009.SH	九号公司-WD	49.49	-725.28	85.82	其他交运设备Ⅱ
3	688017.SH	绿的谐波	40.35	210.85	146.50	通用机械
4	688033.SH	天宜上佳	39.84	52.33	14.33	运输设备Ⅱ
5	688686.SH	奥普特	36.96	85.11	216.80	仪器仪表Ⅱ
6	688066.SH	航天宏图	36.19	60.93	42.25	计算机应用
7	688208.SH	道通科技	32.88	75.46	68.51	计算机设备Ⅱ
8	688311.SH	盟升电子	31.57	159.78	119.90	地面兵装Ⅱ
9	688015.SH	交控科技	29.08	28.85	37.54	运输设备Ⅱ
10	688586.SH	江航装备	27.37	70.28	31.05	航空装备Ⅱ
11	688003.SH	天准科技	21.52	68.26	30.16	通用机械
12	688510.SH	航亚科技	17.52	194.06	35.43	航空装备Ⅱ
13	688022.SH	瀚川智能	17.13	59.86	33.20	专用设备
14	688516.SH	奥特维	16.79	58.63	79.50	电源设备
15	688165.SH	埃夫特-U	15.76	-75.61	13.35	通用机械
16	688559.SH	海目星	15.01	64.08	32.99	专用设备
17	688155.SH	先惠技术	12.04	42.47	70.00	专用设备
18	688218.SH	江苏北人	11.36	64.27	18.50	通用机械
19	688288.SH	鸿泉物联	10.88	50.78	38.33	计算机设备Ⅱ
20	688518.SH	联赢激光	10.84	136.11	15.25	专用设备
21	688529.SH	豪森股份	10.74	50.41	36.86	专用设备
22	688569.SH	铁科轨道	9.94	32.53	20.54	运输设备Ⅱ
23	688312.SH	燕麦科技	8.85	46.37	27.10	专用设备
24	688558.SH	国盛智科	8.37	33.67	26.69	通用机械
25	688377.SH	迪威尔	8.35	40.43	18.86	专用设备
26	688160.SH	步科股份	7.71	54.59	40.42	通用机械
27	688557.SH	兰剑智能	6.69	20.82	40.47	通用机械
28	688310.SH	迈得医疗	6.63	29.77	29.38	专用设备
29	688698.SH	伟创电气	6.55	40.46	17.89	电气自动化设备
30	688360.SH	德马科技	6.40	36.91	31.46	通用机械
31	688090.SH	瑞松科技	6.38	44.11	39.86	专用设备
32	688528.SH	秦川物联	6.22	52.12	16.34	仪器仪表Ⅱ
33	688577.SH	浙海德曼	5.33	41.17	43.41	通用机械
34	688056.SH	莱伯泰科	4.93	36.70	31.89	仪器仪表Ⅱ
35	688215.SH	瑞晟智能	4.29	66.29	47.27	专用设备
36	688600.SH	皖仪科技	3.24	51.92	17.14	专用设备

资料来源：Wind。

7.2.4 新材料产业上市公司

新材料产业是制造业的物质基础和先导产业,是拉动中国制造业转型升级和促进经济增长方式转变的新引擎。截至 2020 年 12 月 31 日,科创板新材料产业上市公司数量为 30 家(见表 7-9),在科创板主题板块中占比排名第四。其中,流通市值排名前 10 的公司分别为沪硅产业-U(158.19 亿元)、西部超导(153.28 亿元)、嘉元科技(121.29 亿元)、天奈科技(88.48 亿元)、铂力特(58.58 亿元)、长阳科技(43.52 亿元)、金博股份(41.42 亿元)、久日新材(34.61 亿元)、金宏气体(32.70 亿元)、凯赛生物(32.17 亿元)。

表 7-9   科创板新材料产业上市公司(截至 2020 年 12 月末)

	证券代码	证券简称	流通市值(亿元)	市盈率(PE)	收盘价(元)	申万行业名称
1	688126.SH	沪硅产业-U	158.19	-1819.68	33.12	半导体
2	688122.SH	西部超导	153.28	110.24	79.51	金属非金属新材料
3	688388.SH	嘉元科技	121.29	114.36	88.14	工业金属
4	688116.SH	天奈科技	88.48	149.93	62.00	化学制品
5	688333.SH	铂力特	58.58	347.54	151.98	通用机械
6	688299.SH	长阳科技	43.52	39.08	24.98	光学光电子
7	688598.SH	金博股份	41.42	142.63	216.28	金属非金属新材料
8	688199.SH	久日新材	34.61	37.34	44.10	化学制品
9	688106.SH	金宏气体	32.70	80.57	30.40	化学制品
10	688065.SH	凯赛生物	32.17	82.88	85.05	化学制品
11	688020.SH	方邦股份	28.32	63.98	95.21	其他电子Ⅱ
12	688268.SH	华特气体	20.54	89.50	61.41	化学制品
13	688101.SH	三达膜	15.93	26.13	16.97	环保工程及服务Ⅱ
14	688157.SH	松井股份	15.69	71.54	83.00	化学制品
15	688519.SH	南亚新材	15.32	55.63	31.48	元件Ⅱ
16	688300.SH	联瑞新材	15.09	43.68	46.83	金属非金属新材料
17	688186.SH	广大特材	14.41	31.85	36.28	钢铁Ⅱ
18	688028.SH	沃尔德	14.20	52.41	37.20	通用机械
19	688357.SH	建龙微纳	13.29	33.35	64.04	金属非金属新材料
20	688596.SH	正帆科技	10.91	44.28	20.09	专用设备
21	688338.SH	赛科希德	10.47	72.11	55.96	医疗器械Ⅱ
22	688093.SH	世华科技	9.70	37.57	24.81	其他电子Ⅱ
23	688386.SH	泛亚微透	8.77	81.52	61.54	汽车零部件Ⅱ

续表

	证券代码	证券简称	流通市值（亿元）	市盈率（PE）	收盘价（元）	申万行业名称
24	688219.SH	会通股份	7.92	50.87	19.08	塑料
25	688571.SH	杭华股份	7.34	34.60	10.10	化学制品
26	688077.SH	大地熊	7.02	73.06	38.54	金属非金属新材料
27	688308.SH	欧科亿	6.20	26.39	27.24	金属制品Ⅱ
28	688129.SH	东来技术	5.49	31.26	20.11	化学制品
29	688585.SH	上纬新材	5.14	46.17	13.16	化学制品
30	688379.SH	华光新材	4.85	33.77	24.22	金属制品Ⅱ

资料来源：Wind。

7.2.5 节能环保产业上市公司

目前，国内节能环保产业增加值基本上以年均15%左右的速度增长，远高于GDP增长速度，节能环保产业正逐渐成为经济新常态下的新亮点、新支柱，壮大和培育节能环保产业是生态文明建设的内涵和途径之一，对生态文明建设、推进绿色发展具有重要意义。截至2020年12月31日，科创板节能环保产业上市公司数量为12家（见表7-10），在科创板主题板块中占比排名第五。其中，流通市值排名前10的公司分别为沪天合光能（69.66亿元）、奥福环保（27.83亿元）、金达莱（21.03亿元）、赛特新材（10.49亿元）、德林海（8.70亿元）、万德斯（6.31亿元）、复洁环保（6.21亿元）、金科环境（6.06亿元）、恒誉环（5.97亿元）、京源环保（4.83亿元）。

表7-10 科创板节能环保产业上市公司（截至2020年12月末）

	证券代码	证券简称	流通市值（亿元）	市盈率（PE）	收盘价（元）	申万行业名称
1	688599.SH	天合光能	69.66	43.83	23.15	电源设备
2	688021.SH	奥福环保	27.83	62.40	61.33	化学制品
3	688057.SH	金达莱	21.03	24.29	32.98	专用设备
4	688398.SH	赛特新材	10.49	46.97	55.20	化学制品
5	688069.SH	德林海	8.70	37.76	63.78	环保工程及服务Ⅱ
6	688178.SH	万德斯	6.31	19.49	31.26	环保工程及服务Ⅱ
7	688335.SH	复洁环保	6.21	45.88	37.40	环保工程及服务Ⅱ
8	688466.SH	金科环境	6.06	33.49	24.83	环保工程及服务Ⅱ
9	688309.SH	恒誉环保	5.97	52.19	32.83	专用设备
10	688096.SH	京源环保	4.83	31.94	18.94	环保工程及服务Ⅱ
11	688679.SH	通源环境	4.57	22.80	15.25	环保工程及服务Ⅱ
12	688156.SH	路德环境	4.29	78.82	20.54	环保工程及服务Ⅱ

资料来源：Wind。

7.2.6 新能源产业上市公司

近些年以来，粗放式发展模式引发的环境问题日益严重，发展新能源产业既是传统能源产品价格高昂压力所致，也是我国经济可持续发展的客观需要。新能源开发有可能成为未来最重要的经济增长引擎，成为最有创造就业和财富能力的新经济支柱。截至 2020 年 12 月 31 日，科创板新能源产业上市公司数量为 5 家（见表 7－11），在科创板主题板块中占比排名第六位，分别为中信博（51.68 亿元）、固德威（47.67 亿元）、宏力达（18.78 亿元）、高测股份（10.28 亿元）、明冠新材（9.17 亿元）。

表 7－11　科创板新能源产业上市公司（截至 2020 年 12 月末）

	证券代码	证券简称	流通市值（亿元）	市盈率（PE）	收盘价（元）	申万行业名称
1	688408.SH	中信博	51.68	92.68	170.76	电源设备
2	688390.SH	固德威	47.67	93.64	237.90	电源设备
3	688330.SH	宏力达	18.78	25.77	80.95	电气自动化设备
4	688556.SH	高测股份	10.28	52.38	27.92	专用设备
5	688560.SH	明冠新材	9.17	41.29	27.46	电源设备

资料来源：Wind。

7.2.7 新能源汽车产业上市公司

目前来看，新能源汽车产业已上升至国家发展战略的高度，成为不可逆的发展方向。2020 年，国家出台多项政策鼓励新能源汽车发展，降低了新能源企业的进入门槛，提高了产品要求，完善了强制性标准，延长了新能源汽车财政补贴，给予了新能源汽车行业发展极大的支持。截至 2020 年 12 月 31 日，科创板新能源汽车产业上市公司数量为 4 家（见表 7－12），在科创板主题板块中占比排名第七位，分别为派能科技（92.97 亿元）、孚能科技（66.72 亿元）、亿华通－U（41.66 亿元）、科威尔（6.33 亿元）。

表 7－12　科创板新能源汽车产业上市公司（截至 2020 年 12 月末）

	证券代码	证券简称	流通市值（亿元）	市盈率（PE）	收盘价（元）	申万行业名称
1	688063.SH	派能科技	92.97	148.21	258.62	电源设备
2	688567.SH	孚能科技	66.72	－199.74	45.75	电源设备
3	688339.SH	亿华通－U	41.66	－2220.86	272.33	电源设备
4	688551.SH	科威尔	6.33	55.74	34.79	专用设备

资料来源：Wind。

7.2.8 相关服务产业上市公司

除了上述科创板七大主体产业外,最后一类为相关服务产业,包括3家公司,分别为泰坦科技(20.82亿元)、阿拉丁(18.30亿元)、中国电研(9.70亿元),涉及的行业主要有化学制药和专用设备(见表7-13)。

表7-13　科创板相关服务产业上市公司(截至2020年12月末)

	证券代码	证券简称	流通市值(亿元)	市盈率(PE)	收盘价(元)	申万行业名称
1	688133.SH	泰坦科技	20.82	126.66	133.73	化学制品
2	688179.SH	阿拉丁	18.30	121.88	79.80	化学制品
3	688128.SH	中国电研	9.70	25.15	17.28	专用设备

资料来源:Wind。

7.3　科创板潜在企业名录

科创板关注新技术与新兴产业。与传统产业相比,战略性新兴产业的发展空间巨大,同时伴随着较大的不确定性,这些不确定性导致新兴产业的企业价值评估较传统产业更加困难。传统的市盈率(PE)估值法对于许多发展成熟、盈利稳定的高科技公司而言是最好的估值方法(例如苹果公司)。对于一些业务模式特殊、业务扩张迅速但仍然亏损、处于转型期或刚进行了并购、投资巨大导致巨额折旧影响利润等特殊情况的高科技公司而言,传统的估值方法已经不再适用,需要灵活应用合适的估值方法(见表7-14)。

表7-14　各类估值指标描述及适用范围

估值方法	估值描述	适用范围
PE	市值/净利润	传统估值方法
PEG	PE/企业年盈利增长率×100	增速很快,估值较高的企业
PS	市值/销售收入	销售收入快速增长,暂时还没有利润的企业
EV/EBITDA	(股权市值+债券市值-现金)/息税折旧摊销前利润	借款较多,折旧摊销比较大的企业
P/FCF	市值/自由现金流	折旧摊销比较大的企业
Pipeline	医药公司研发图谱估值法	创新药企业

衡量新兴产业的估值水平在数据获取方面存在困难。目前,美国是新兴产业最为发达的国家,对亚洲市场,新兴产业整体的估值水平比较难观测。综合来看,新兴产

业发展的特点决定了其估值水平相对于主板存在以下 3 个特点：(1) 由于成长空间广阔而享有长期的估值溢价；(2) 在企业不同的生命周期内风险和估值水平差距较大；(3) 受宏观经济波动等因素影响，估值水平波动较为剧烈。影响科技创新企业评估的宏观因素如表 7-15 所示，微观因素如图 7-1 所示。

表 7-15　影响科技创新企业评估的宏观因素

宏观影响因素	评价项目
进入壁垒	规模经济程度、进入成本、资本需求程度、业内企业已有分销渠道的作用、业内企业已有进货渠道的作用、业内企业的品牌效应、企业依赖自主开发的专有技术或垄断资源、政府的产业政策、下游的转换成本、预期的反击强度
供方的势力	供方的集中程度、重要原材料的供应周期、重要原材料的替代品种类、供方向下游产业延伸的动力、供方产品对下游产业的重要性
产业内部竞争	竞争者产品差异性、行业内竞争对新产品或者独特的资源依赖、行业产能增加的困难程度、产业集中度、行业销售对广告和价格的依赖、产能增长能力、产业内部竞争对价格的依赖程度、收款方式、本企业产品非常独特、本企业处于行业领先者地位、退出壁垒
买方的势力	买方的集中程度、买方的数量、行业的产品需求弹性、买方向上游延伸的动力、买方的转换成本、质量差异对买方的影响、顾客主要来自本国、顾客产品的利润率很高、本企业产品对顾客产品贡献很大
替代品	替代品的种类、替代品生产者在其他市场利润不高、替代品的质量和价格、转换替代品的成本、客户的使用倾向
国际环境	产业正处于向本国转移的时期、产业的国际竞争中本国具有很强的比较优势、国际经济处于上升或繁荣阶段
宏观环境	经济周期有利于企业发展、利率水平、货币政策、税收政策、财政政策、币值的中长期变动趋势
其他因素	产业总体需求、本国产业配套能力、产业间竞争、产业周期、环境治理成本

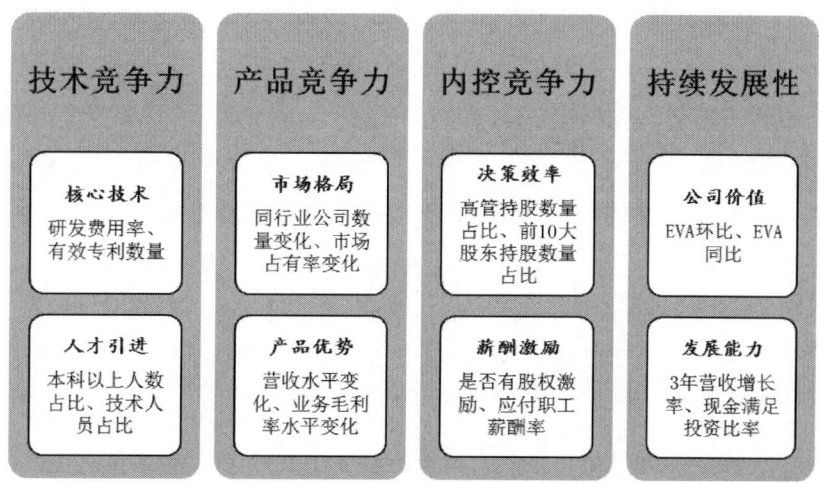

图 7-1　影响科技创新企业评估的微观因素

近年来全球资本市场之间正展开一场关于争夺优秀标的的较量,科创板的推出恰逢其时,在上市标准上充分考虑了成长性科技企业的特点,同时升级新股定价机制,解放市场价格发现功能,为成长性科技企业打造出了更加适宜的资本摇篮。2019年1月30日,中国证监会发布了《关于在上海证券交易所设立科创板并试点注册制的实施意见》,科创板在上市发行制度、交易制度、持续监管、退市制度等基础制度方面都有创新,重点支持新一代信息技术、高端装备、新材料、新能源、节能环保以及生物医药等高新技术产业和战略性新兴产业,推动互联网、大数据、云计算、人工智能和制造业深度融合。经过2019年1月30日至2月28日向社会公开征求意见后,中国证监会于3月1日晚间正式发布《科创板首次公开发行股票注册管理办法(试行)》和《科创板上市公司持续监管办法(试行)》,经证监会批准,上交所、中国结算相关业务规则随之发布。在2019年3月2日的监管问答中,上交所对科创板的定位作出了如下补充表述:科创板既要优先支持新技术、新产业企业发展,也要兼顾市场认可度高的新模式、新业态优质企业发展。换言之,试点期间,科创板企业既可以是硬科技的技术创新类企业,也可以是模式和业态创新的优质企业,这是管理层在综合考虑如何处理好现实与目标、当前与长远的关系之后对科创板定位所作出更贴近国情的把握,充分体现了科创板定位的包容性。

战略性新兴产业是科创板的主要聚焦对象,根据证监会在其发布的《关于在上海证券交易所设立科创板并试点注册制的实施意见》中强调,"在上交所新设科创板,坚持面向世界科技前沿、面向经济主战场、面向国家重大需求,主要服务于符合国家战略、突破关键核心技术、市场认可度高的科技创新企业。重点支持新一代信息技术、高端装备、新材料、新能源、节能环保以及生物医药等高新技术产业和战略新兴新产业,推动互联网、大数据、云计算、人工智能和制造业深度融合,引领中高端消费,推动质量变革、效率变革、动力变革"。因此可以看到,设立科创板的目的是落实创新驱动和科技强国战略、推动高质量发展。综合科技部公布的"2017年独角兽榜单"、《快公司》"2018年中国最具创新力企业排行榜"、福布斯发布的"2018年中国50家最具创新力企业榜单"、由中国人民大学中国经济改革与发展研究院和经济学院联合发布的"2018年中国企业创新能力百强排行榜"等权威榜单筛选出其中重合度较高的14家科技创新型公司如表7-16所示,行业主要集中在互联网、云服务、人工智能等领域。

表 7-16　　国内知名科技创新型未上市公司一览

企业名称	估值（亿美元）	行业	成立时间	所在地	排行榜
蚂蚁金服	750	互联网金融	2014	杭州	科技部2017年独角兽榜单、福布斯2018年中国50家最具创新力企业榜单
阿里云	670	云服务	2009	杭州	科技部2017年独角兽榜单、福布斯2018年中国50家最具创新力企业榜单
滴滴出行	560	交通出行	2012	北京	科技部2017年独角兽榜单、《快公司》2018年中国最具创新力企业排行榜
大疆创新	240	消费机器人	2006	深圳	福布斯2018年中国50家最具创新力企业榜单、《快公司》2018年中国最具创新力企业排行榜、2018年中国企业创新能力百强排行榜
今日头条	200	新媒体	2012	北京	科技部2017年独角兽榜单、《快公司》2018年中国最具创新力企业排行榜
菜鸟网络	200	物流	2013	深圳	科技部2017年独角兽榜单、福布斯2018年中国50家最具创新力企业榜单
京东金融	76.9	互联网金融	2013	北京	科技部2017年独角兽榜单、福布斯2018年中国50家最具创新力企业榜单
联影医疗	50	大健康	2011	上海	科技部2017年独角兽榜单、2018年中国企业创新能力百强排行榜
腾讯云	33	云服务	2010	深圳	科技部2017年独角兽榜单、福布斯2018年中国50家最具创新力企业榜单
商汤科技	25	人工智能	2014	北京	科技部2017年独角兽榜单、福布斯2018年中国50家最具创新力企业榜单
VIPKID大米科技	15	互联网教育	2013	北京	科技部2017年独角兽榜单、《快公司》2018年中国最具创新力企业排行榜
网易云音乐	12.3	文化娱乐	2014	杭州	科技部2017年独角兽榜单、福布斯2018年中国50家最具创新力企业榜单
小红书	10	电子商务	2013	上海	科技部2017年独角兽榜单、福布斯2018年中国50家最具创新力企业榜单
寒武纪科技	10	人工智能	2016	北京	科技部2017年独角兽榜单、福布斯2018年中国50家最具创新力企业榜单

除上述较为知名的未上市企业外，还可以筛选互联网金融、新能源汽车、人工智能、云服务、大健康、大数据等市值10亿美元以上的科技创新行业的部分公司如表7-17所示，这类公司或将成为上交所科创板的标的。

表 7-17　　市值 10 亿美元以上的未上市科技创新型企业一览

企业名称	估值（亿美元）	行业	成立时间	所在地
陆金所	185	互联网金融	2011	上海
借贷宝	107.7	互联网金融	2014	北京
微众银行	92.3	互联网金融	2015	深圳
平安医保科技	88	互联网金融	2016	上海
金融壹账通	80	互联网金融	2015	上海
成马汽车	50	新能源汽车	2011	上海
北汽新能源	43	新能源汽车	2009	北京
优必选科技	40	人工智能	2012	深圳
聚宝匯	40	互联网金融	2014	深圳
柔宇科技	30	智能硬件	2012	深圳
奇点汽车	30	新能源汽车	2014	上海
Fac+++（旷视科技）	25	人工智能	2011	北京
金山云	21.2	云服务	2011	北京
科信美德	20	大健康	2014	北京
银隆新能源	19.5	新能源汽车	2009	珠海
三胞国际医疗	19.3	大健康	2014	上海
微医集团	15	大健康	2010	杭州
UCloud 优刻得云计算	15	云服务	2011	上海
橙行智能（小鹏汽车）	15	新能源汽车	2014	广州
知豆汽车	12.6	新能源汽车	2015	宁波
药明康码	12	大健康	2015	上海
百望云	11.2	云服务	2015	北京
数梦工场	11	大数据	2015	杭州
蓝卡健康	10.9	大健康	2012	沈阳
安翰	10	大健康	2009	武汉
七牛云	10	云服务	2011	上海
诺禾致源	10	大健康	2011	北京
腾云天下	10	大数据	2011	北京
依图科技	10	人工智能	2012	上海
Geo 集奥聚合	10	大数据	2012	北京
WiFi 万能钥匙	10	软件应用	2012	上海
青云 QingCloud	10	云服务	2012	北京
同盾科技	10	大数据	2012	抗州

续表

企业名称	估值（亿美元）	行业	成立时间	所在地
出门问问	10	人工智能	2012	北京
奥比中光	10	智能硬件	2013	深圳
华云数据	10	云服务	2013	无锡
时空电动	10	新能源汽车	2013	杭州
智米科技	10	智能硬件	2014	北京
碳云智能	10	大健康	2015	深圳
360健康	10	大健康	2015	广州

预计科创板潜在企业，第一批将来自国内原有的新一代信息技术、高端装备、新材料、新能源、节能环保以及生物医药等战略性新兴产业以及互联网、大数据、云计算、5G通信、芯片、人工智能和制造业深度融合等关键重点领域的公司。这些公司有部分与已在A股上市公司有关联或者为其子公司、子板块，这也将带来相应的投资机会。

7.3.1 人工智能领域

从2015年开始，国务院、国家发改委等国家机关连续发布多个政策文件，逐步将人工智能提升到国家战略层面，为人工智能技术发展和商业落地提供大量的资金、人才、创新政策支持。人工智能是《"十三五"国家战略性新兴产业发展规划》中的重点方向，作为中国经济转型的先导，将成为拉动经济增长的新动力。国家战略规划中，人工智能已超越技术概念，上升为国内产业转型升级、国际竞争力提升的发展立足点和新机遇。2017年7月，国务院发布《新一代人工智能发展规划》，提出"到2020年人工智能总体技术和应用与世界先进水平同步，人工智能产业成为新的重要经济增长点；到2030年，人工智能理论、技术与应用总体达到世界领先水平，成为世界主要人工智能创新中心，人工智能核心产业规模超过1万亿元，带动相关产业规模超过10万亿元"。伴随着算法、算力的不断演进和提升，人工智能在各行业的应用更为广泛，目前已在金融、汽车、大健康、安防、互联网服务、零售、企业服务等多个垂直领域得到应用。人工智能领域潜在标的企业如表7-18所示。根据《2021人工智能发展白皮书》数据统计，2020年，中国人工智能核心产业规模达到3251亿元，同比增长16.7%；人工智能领域融资金额为896.2亿元，融资数量有467笔，人工智能领域单笔融资额达到1.9亿元，同比增长56.3%。截至2020年底，中国人工智能相关企业数量达到6425家；其中，22.3%的企业分布在人工智能产业链基础层，18.6%的企业分布在技术层，59.1%的企业分布在应用层。

表7-18　人工智能领域潜在标的企业

企业名称	估值（亿美元）	主营业务	已授权发明专利数（个）	最近一次融资轮次及金额	投资机构
字节跳动	750	个性化新闻推荐	633	C轮 78亿元人民币	海纳亚洲、数字天空技术、红杉资本、微梦创科创投、顺为资本、建银国际金禾股权投资
商汤科技	58	智能视觉解决方案提供商	372	D轮 10亿美元	软银、阿里巴巴、中银投资、招商证券等
依图科技	57	计算机视觉解决方案提供商	32	战略融资 1亿美元	红杉资本中国、真格基金、高榕资本等
优必选	51	智能机器人	397	C轮 8.2亿美元	腾讯、科大讯飞、工商银行、海尔等
柔宇科技	50	智能硬件	758	E轮 52.38亿元人民币	深创投、松禾资本、IDG资本、中信产业基金、源政投资、基石资本等
深兰科技	30	人工智能基础研究和应用开发	43	战略融资 3亿元人民币	蚂蚁金服、松禾资本、仁智资本等
云从科技	30	计算机视觉技术研发与服务	21	B+轮 10亿元人民币	顺为资本、中国国新、普华资本、广州基金等
旷视科技	20+	基于AI的行业物联解决方案提供商	520	D轮 6亿美元	阿里巴巴、蚂蚁金服、富士康、创新工场等
特斯联科技	20	智能软件输出及自主硬件设计和制造	383	B轮 12亿元人民币	商汤科技、IDG资本、光大控股等
松鼠AI	11	AI+教育	5	A轮 10亿元人民币	国科嘉和、好未来、新东方等
奥比中光	10	AI 3D传感技术方案提供商	350	D+轮 2亿美元+	蚂蚁金服、松禾资本、天狼星资本等
出门问问	10	语音交互和软硬结合产品	203	D轮 1.8亿美元	大众汽车、Google、红杉资本中国、真格基金等
合合信息	10	人工智能商业大数据提供商	227	D轮 未披露	经纬中国、京东数科、东方富海等
极链科技	10	视频人工智能商业应用	22	C+轮 未透露	阿里巴巴、云锋基金、旷视科技等
明略数据	10	行业人工智能解决方案提供商	27	C轮 10亿元人民币	红杉资本中国、腾讯、华兴资本等
云知声	10	基于语音识别的物联网人工智能服务	208	C+轮 6亿元人民币	启明创投、360、中国互联网投资基金等

续表

企业名称	估值（亿美元）	主营业务	已授权发明专利数（个）	最近一次融资轮次及金额	投资机构
思必驰	8	语音技术解决方案提供商	146	D轮 5亿元人民币	阿里巴巴、深创投、联想之星等
眼神科技	1.5	多模态生物识别技术方案提供商	291	A轮 1亿元人民币+	先锋投资
ROOBO	—	智能教育机器人	194	战略融资 未披露	阿里巴巴、蚂蚁金服、富士康、创新工场等
第四范式	—	人工智能技术与服务提供商	52	B+轮 未披露	红杉资本中国、创新工场、国新基金等
码隆科技	—	计算机视觉技术服务公司	67	战略融资 未披露	软银中国、达晨创投、将门创投等
品友互动	—	基于人工智能和大数据的企业决策AI平台	19	Pre-IPO 5亿元人民币	中国移动、深创投、盘古创富等
图麟科技	—	计算机图像识别技术服务提供商	2	A轮 2.5亿元人民币	同创伟业、鸿为尚城等
小i机器人	—	人工智能技术和产业化平台供应商	265	定向增发 2.63亿元人民币	华泰证券、蓝色光标、天堂硅谷等

7.3.2 云计算领域

经过近几年的实践，随着云计算技术、物联网技术、高性能仿真技术、智能科学技术等技术的不断完善，特别是大数据技术与信息化制造技术的新发展，"云制造"正拓展为"智慧云制造"。智慧云制造是基于泛在网络（包括互联网、移动互联网、物联网、电信网、广电网、卫星网等）及其组合的、深度融合新信息化制造技术、新兴信息技术、智能科学技术及制造应用领域有关技术的、面向服务的一种智慧制造新模式和新手段。IDC估计未来5年全球云IT基础设施开支将持续增长，年复合增速达15.1%，其占比则由2015年的7.9%上升到2019年的45.9%，达531亿美元。2018年，中国云计算产业规模达到962.8亿元，较2017年增长39.2%。据预测，到2020年云计算产业规模预计超过1 600亿元；到2021年，产业规模将突破2 000亿元，突破一批核心关键技术，云计算服务能力达到国际先进水平，对新一代信息产业发展的带动效应显著增强。在政策牵引下，中国的云计算产业规模迅速扩大，并诞生了阿里云、腾讯云、金山云等产业巨头（见表7-19）。

表 7-19　　云计算领域潜在标的企业

企业名称	估值（亿美元）	主营业务	已授权发明专利数（个）	最近一次融资轮次及金额	投资机构
阿里云	670	云计算及人工智能科技服务	6	战略投资 60 亿元人民币	阿里巴巴
星环科技	40	企业级容器云计算、大数据和人工智能平台研发和服务	28	C 轮 2.35 亿元人民币	腾讯、恒生电子、深创投等
腾讯云	33	企业级公有云服务商	239	A 轮 未披露	腾讯产业共赢资金
金山云	23.73	云服务器、海量云存储、负载均衡等核心业务	279	D 轮 7.2 亿美元	IDG 资本、金山软件、顺为资本等
Ucloud	15	基础云计算服务提供方	10	E 轮 亿元及以上	中国移动、君联资本、DCM 中国等
百望云	11.2	发票云生态服务	11	—	—
华云数据	10	综合性云计算服务提供商	58	Pre-IPO 轮 10 亿元人民币	东风证券、广发证券、盈科资本等
七牛云	10	以视觉智能和数据智能为核心的企业级云计算服务商	29	E 轮 10 亿元人民币	阿里巴巴、云锋基金、经纬中国等
青云 QingCloud	10	企业级云服务和云计算整体解决方案	10	D 轮 10.8 亿元人民币	经纬中国、招商证券国际等
数梦工场	10	云计算和大数据解决方案提供商	68	A 轮 7.5 亿元人民币	阿里巴巴、银杏谷投资等
白山云	—	云链服务提供商	157	C+轮 2.4 亿元人民币	德威资本、贵州省大数据产业基金等
易捷行云 EasyStack	—	OpenStack 云解决方案和服务提供商	—	战略投资 未披露	京东、国科嘉和、蓝驰创投等

7.3.3　5G 通信领域

30 年来，中国移动通信经历了 1G 空白、2G 跟随、3G 突破的发展过程。通信网络建设历来是兼具经济托底与产业结构升级的最重要方向，从电信业固定投资规模增速来看，3G 时代投资增速为 25%，4G 主要是覆盖网络的延伸及基础建设的升级，而 5G 带来的是高速传输及大众化场景应用的技术变革，其投资增速将远超 3G、4G。工信部数据显示，2020年我国新建5G基站超60万个，全部已开通5G基站超过71.8万个；4G基站总数达到575万个，城镇地区实现深度覆盖。根据中国运营商最新规划，预计2019年包括中国移动在内的国内运营商将聚焦增强移动宽带（eMBB）业务实现规模试商用，2020年后将陆续商用低时延通信（uRLLC）、海量机器类通信（mMTC）等业务。今后，5G应用核心要发挥"高速移动通信网络"的特点，中前期受技术及标准成熟度影响，5G最快落地应用主要是2C场景，如超高清流媒体（云VR/AR、视频、云游戏等）；后期重要应用场景将是车联网、网联无人机等（见表7-20）。

表7-20　　　　　　　　　　5G通信领域潜在标的企业

企业名称	估值（亿美元）	主营业务	已授权发明专利数（个）	最近一次融资轮次及金额	投资机构
升哲科技	6	低功耗物联网	31	C轮 1.49亿元人民币	百度风投、北极光创投领投，德国罗伯特·博世创投、混沌资本等
银河航天	4.5	微纳卫星研发商	4	A轮 未披露	晨兴资本、顺为创投、IDG资本、高榕资本、源码资本
佰才邦	2.2	5G通讯解决方案提供商	292	B轮 1.4亿元人民币	和聚百川、盛世远洋基金、亦庄国投、六合基金
弗兰德科技	1.7	通讯、汽车等各类高精度的器材和零部件	30	D轮 1.1亿元人民币	远致富海、东方富海
普莱信智能	—	高端芯片设备研发商	—	A轮 0.8亿元人民币	鼎晖投资、云启资本
飞昂创新	—	高速光通讯芯片	9	A轮 未披露	北京芯动能投资基金、中移创新产业基金、上海聚源聚芯集成电路产业基金、邦盛资本
国博电子	—	集成电路、射频微波模块及子系统研发、生产和销售	58	—	—
中科微电子	—	集成电路数字、模拟芯片和算法设计	97	—	—
鼎桥通信	—	无线通信技术与产品解决方案	1246	—	—
博纬通信	—	无线通信天线设备专业厂家	192	—	—

7.3.4 集成电路领域

集成电路是信息产业的基础,被誉为"工业粮食",每1美元的产值能够带动100美元的GDP,推动集成电路发展已上升为国家重中之重。2014年6月24日,国务院发布《国家集成电路产业发展推进纲要》,推进设计、制造、先进封测、IC关键材料装备等任务,指出到2020年,集成电路产业与国际先进水平的差距逐步缩小;到2030年,集成电路产业链主要环节达到国际先进水平,一批企业进入国际第一梯队。根据工信部数据统计,2020年我国集成电路产业规模达到8 848亿元,"十三五"期间年均增速近20%,为全球同期增速的4倍。同时,我国集成电路产业在技术创新与市场化上取得了显著突破,设计工具、制造工艺、封装技术、核心设备、关键材料等方面都有显著提升。除此之外,国家也于2014年9月成立"国家集成电路产业投资基金",旨在吸引大型企业、金融机构以及社会资金,重点支持集成电路等产业发展,促进工业转型升级;同时支持设立地方性集成电路产业投资基金,鼓励社会各类风险投资和股权投资基金进入集成电路领域。目前,国家集成电路产业投资基金一期已经基本投资完毕,一期的投资分布为:集成电路制造67%,设计17%,封测10%,装备材料类6%。制造是一期投资的重点,而在即将募集并发行的大基金二期中,预计IC设计的比重将相较一期而言有所提高,预计内存、SiC/GaN等化合物半导体、围绕IoT/5G/AI/智能汽车等的IC设计可能会是二期基金投资的三大方向(见表7-21)。

表7-21　　　　　　　　　集成电路领域潜在标的企业

企业名称	估值（亿美元）	主营业务	已授权发明专利数（个）	最近一次融资轮次及金额	投资机构
地平线机器人	40	基于AI算法的芯片、系统和软硬件产品	54	B轮 10亿美元	红杉资本中国、真格基金等
寒武纪科技	25	智能芯片	81	B轮 数亿美元	阿里巴巴、国风投、中信证券等
澜起科技	6.93	模拟与混合信号芯片供应商	134	C轮 数亿元人民币	英特尔投资、聚源资本等
华夏芯	1	定制化芯片及人工智能应用解决方案	2	A轮 未披露	亦庄国投、国民技术等
大唐微电子	—	芯片设计、COS开发等	518	—	—
华为海思	—	数字家庭、通信和无线终端领域的芯片解决方案	89	—	—

续表

企业名称	估值（亿美元）	主营业务	已授权发明专利数（个）	最近一次融资轮次及金额	投资机构
积塔半导体	—	研究及制造特殊应用的半导体	117	—	—
聚辰半导体	—	模拟和数字集成电路产品	86	A轮 未披露	华登国际、万容资本等
龙芯中科	—	通用处理器研发商	524	B轮 未披露	鼎晖投资
安集微电子	—	集成电路材料	696	A轮 未披露	聚源资本
瑞芯微电子	—	数字音视频、移动多媒体芯片设计	1 009	战略融资 数亿元人民币	达晨创投、成都高投、科创集团等
盛科网络	—	SDN芯片和白牌（White-box）设备	638	战略融资 3.1亿元人民币	中电鑫安、华芯投资、元禾控股等
晶晨半导体	—	无晶圆半导体系统设计	214	A轮 未披露	IDG资本、华登国际
晶丰明源	—	集成电路设计	269	—	—
新昇半导体	—	300mm半导体硅片	269	—	—
云天励飞	—	视觉智能芯片及解决方案	235	战略融资 未披露	真格基金、松禾资本、真成投资等
乐鑫信息	—	无晶圆厂半导体公司	131	B轮 0.8亿元人民币	海尔投资、赛富投资基金、复星、英特尔投资
智芯原动	—	智能视频分析技术与产品研发平台	45	B轮 未披露	Intel Capital、松禾资本、峰瑞资本等
中微半导体	—	微观加工设备研发商	1 061	战略融资 未披露	国投创业、中金公司等
中星微	—	数字多媒体芯片研发商	3 238	官方披露 未披露	DCM中国、天津科投、高捷资本等

7.3.5 生物医药领域

从世界生物医药产业发展趋势来看，生物医药技术正处于大规模产业化的开始阶段，预计2020年将进入快速发展期，并逐步成为世界经济的主导产业。许多国家都把生物技术产业作为21世纪优先发展的战略性产业，中国也不例外。2015年以来，国务院、卫计委等多个国家级部门密集发布医药研发相关政策，加强临床试验数据核查，建立药品上市许可持有人制度，加快创新药审评审批，鼓励优质创新药品与国际接轨，发布配套政策提质量、促创新。2016年10月，国务院发布《"健康中国2030"规划纲要》，加强医药技术创新，促进医药产业升级，提出到2030年，药品、医疗器械质量标准全面与国际接轨。"十三五"规划中也特别强调生物医药的重要性，到2020年，我国生物技术产业GDP比重将超4%，打造10—20个产值超过100亿元的生物医药专业园区。医药研发是生物医药产业的重要部分，国家出台多项政策推动药企向"创新药战略"转型。未来，随着生物技术产业平台与配套产业设施的逐渐发展和政策支持力度的不断加大，生物医药产业企业大幅增加研发投入，在利用生物技术的基础上，开始尝试采用人工智能、基因测序等技术，推动创新药研发、高端医疗器械生产等（见表7-22）。

表7-22 生物医药领域潜在标的企业

企业名称	估值（亿美元）	主营业务	已授权发明专利数（个）	最近一次融资轮次及金额	投资机构
联影医疗	51.28	医疗设备和医疗信息化解决方案	2 490	B轮 未披露	中信证券、上海联合投资等
复宏汉霖	30	抗体药物研发商	9	战略融资 1.57亿美元	华盖资本、复星医药、高特佳、正心谷等
药明明码	12	提供医疗健康服务	333	IPO上市 79.20亿港元	红杉资本、云锋基金、淡马锡等
安翰	10	胶囊内镜机器人系统	173	A轮 7.92亿元人民币	软银中国资本、虔盛投资、大中投资、盛虔投资、同晟投资、优势资本
信达生物制药	10	用于治疗肿瘤等重大疾病的创新药物	46	E轮 34.91亿元人民币	淡马锡投资、高瓴资本、同创伟业资管、君联资本、国投创新、理能资产等
碳云智能	10	健康大数据平台	27	B轮 10.49亿元人民币	分享投资、腾讯投资、中源协和、德同资本、松禾资本
360健康	10	健康在线平台	—	A轮 1.1亿元人民币	礼来亚洲基金、软银中国资本
诺禾致源	10.77	基因组学解决方案提供商	57	B轮 5亿元人民币	招银国际、国投创新、方和资本等
科信美德	5.23	胰岛素的升级替代药	—	A+轮 2亿元人民币	纳兰德投资、九芝堂等
康希诺	4.2	高质量人用疫苗的研发和生产	39	C轮 4.5亿元人民币	国投创新、达晨创投、启明创投等

续表

企业名称	估值（亿美元）	主营业务	已授权发明专利数（个）	最近一次融资轮次及金额	投资机构
晶泰科技	1+	物晶型预测和晶型专利保护	14	B+轮 4 600万美元	红杉资本中国、谷歌、真格基金等
爱博泰克生物	—	抗体与蛋白技术研究	12	B轮 未披露	华工创投、方和资本等
高诚生物医药	—	全球创新药研发	—	B轮 3 750万美元	红杉中国、联想之星、弘励创投等
合全药业	—	化学创新药研发和生产	74	被收购 未透露	红杉资本中国、药明康德等
美迪西生物	—	医药研发外包服务提供商	29	B轮 0.4亿元人民币	达晨财信创投等
禾元生物	—	从事分子医药的技术研究与产品开发	—	新三板定增 3 500万元人民币	光谷人才基金、倚锋创投等
科济生物	—	CAR-T细胞免疫疗法研发商	22	C轮 6 000万美元	KTB Ventures、Kaitai Capital等
诺辉健康	—	提供结直肠癌症早期发现服务	9	B轮 2 000万美元	软银中国、启明创投、君联资本等
天境生物	—	专注于创新生物医药领域	2	C轮 2.2亿美元	高瓴资本、弘毅投资、前海母基金等
奕安济世	—	开拓单抗生物药治疗领域	—	B+轮 3 500万美元	高瓴资本、淡马锡、礼来亚洲基金等
奕真生物	—	全基因组检测和其他全组学的检测	—	B轮 2亿元人民币	礼来亚洲基金、挚信资本等
祐和医药	—	创新抗体药物研发	—	B轮 1.2亿元人民币	招银国际、国投创业、本草资本等

7.3.6 生态环保领域

在当前面临的经济新时代下,"美丽中国""生态文明建设"被赋予前所未有的新高度。借鉴海外的发展经验,预期中国生态文明建设发展趋势为:确立市场化机制,明确生态治理中各主体间的关系与职责;强化法律保障,构建科学的生态文明评价体系、考核体系;进一步加大区域联防联治,加强区域(国际)合作;拓宽公众参与渠道,鼓励支持企业履行生态责任等方面。与建设"美丽中国"直接相关的行业包括:节能环保、清洁生产、清洁能源、循环利用、节水、生产生活系统循环、大气污染防治、水污染防治、土壤污染管控和修复、固废垃圾处置等。预计未来,"美丽中国"的政策红利将持续释放。可重点关注污水处理、太阳能发电、风力发电、水电水利建设、美丽中国概念或其他环保概念(见表7-23)。

表7-23　　　　　　　　　　环保领域潜在标的企业

企业名称	估值（亿元）	主营业务	已授权发明专利数（个）	最近一次融资轮次及金额	投资机构
重科环境	21.6	生产专用车辆、环境保护专用设备、建筑垃圾处置设备等	161	A轮 116亿元人民币	盈峰控股、深圳弘毅投资、绿联君和并购基金、粤民投资
中油优艺环保	1.9	危险废物处置定点单位	53	B轮 9 000万元人民币	江苏铭旺投资
灰度环保	—	绿色循环包材研发与生产	50	A轮 数亿元人民币	博将资本、深圳展博创投、毅道资本、道生资本、般若投资
天地人环保科技	—	垃圾渗滤液处理	93	A轮 6.5亿元人民币	东熙资本
星河环境	—	危险废物资源化服务商	17	天使轮 未披露	永兴环保投资、三川智慧、中合信诺投资、星河动力投资
中科利丰	—	可再生清洁能源及节能环保领域相关技术及服务	2	A轮 未披露	理光投资、理光软件
诺客环境	—	工业危废处置平台	—	A轮 2.5亿元人民币	中美绿色基金、中航信托
熠森能环保	—	公共环保事业解决方案提供商	19	A轮 未披露	粤科金融
朗逸环保	—	光能净化等环保设备	94	A轮 未披露	深港产学研
恒通环境	—	下水道机器人清淤、快速污水处理、污泥处理工艺	23	A轮 3 000万元人民币	南京钢铁
盈和瑞环保	—	有机废弃物资源化利用、环境污染治理和清洁能源	31	B轮 2 000万元人民币	金茂资本
巨正环保	—	环境数据服务	35	B轮 未披露	光谷人才创新基金
龙焱能源科技	—	碲化镉薄膜太阳能电池、组件、光伏系统工程、光伏应用产品的研究与生产	28	D轮 未披露	远致投资、浙江国信创投
神雾环境	—	化石燃料消耗市场节能和低碳技术解决方案	1 774	D轮 3.5亿元人民币	上海图世投资

续表

企业名称	估值（亿元）	主营业务	已授权发明专利数（个）	最近一次融资轮次及金额	投资机构
航天长城	—	工业节能、分布式能源、环境保护	31	C轮 1.7亿元人民币	晶凯资本、建发集团、苏州工业园
巴斯巴	—	生产节能环保的低碳高效产品	418	B轮 2亿元人民币	星河控股

7.3.7 智能制造领域

经济新时代下发展经济的着力点在于实体经济，特别是鼓励互联网、大数据、人工智能和实体经济深度融合。智能制造产业代表着先进制造业的未来方向，也是中国实现信息技术与制造技术融合发展的核心先导产业。在当前中国经济转型升级、创新驱动发展的背景下，智能制造是实现供给侧结构性改革的重要举措。为此，国家先后颁布了《增强制造业核心竞争力三年行动计划（2018—2020年）》《关于发挥民间投资作用推进实施制造强国战略的指导意见》《关于深化"互联网+先进制造业"发展工业互联网的指导意见》。智能制造领域潜在标的企业如表7-24所示。

表7-24　　　　　　　智能制造领域潜在标的企业

企业名称	估值（亿美元）	主营业务	已授权发明专利数（个）	最近一次融资轮次及金额	投资机构
菜鸟网络	200	工业互联网	21	战略投资 52亿元人民币	阿里巴巴
Microduino/美科科技	1.91	工业软件	114	Pre-A轮 未公开	高通 Qualcomm Ventures
橙子自动化	1.54	工业自动化系统集成服务商	15	B轮 9375万元人民币	经纬中国、明势资本、GGV等
库柏特	1.54	机器人制造系统研究、开发与应用	34	B轮 1.02亿元人民币	经纬中国、纪源资本、合力投资等
李群自动化	1.54	工业机器人技术公司	81	C轮 1亿元人民币	C轮，1亿人民币 红杉中国、明势资本等
珞石科技	1.54	工业机器人控制系统与六轴工业机器人供应商	32	B轮 1.6亿元人民币	顺为资本、金沙江资本、梅花创投等
禾川科技	—	工业自动化控制产品的研发、生产和销售	56	—	—

续表

企业名称	估值（亿美元）	主营业务	已授权发明专利数（个）	最近一次融资轮次及金额	投资机构
精智实业	—	高端制造服务	97	—	—
酷特智能	—	个性化智能定制	66	—	—
绿的谐波	—	精密谐波传动装置研发、设计和生产	70	B轮 未透露	国投创新、谱润投资等
同毅自动化	—	工业控制器、驱动系统研发	4	B轮 未透露	明势资本、长石资本、创业接力等
拓野机器人	—	工业机器人系统集成商	51	战略融资 未披露	中兴创投
智能一点	—	工业软件	1	Pre-A轮 1 000万元人民币	创新谷、青松资本、洪泰基金、洪泰智造工场
翼石科技	—	工业软件	9	Pre-A轮 未公开	领势投资、索道投资、青云创投、励石投资
炼石网络	—	工业互联网	5	Pre-A轮 3 000万元人民币	国科嘉和、安云资本
耐能Kneron	—	工业互联网	57	A轮 数千万美元	阿里巴巴、中华开发、创业邦天使基金、红杉资本中国、中科创达、高通、奇景光电

7.4 新兴产业的科创板投资地图

从地域分布来看，北、上、广、深是科技类企业扎堆等待上市的集结地。截至2019年2月，已有17个省市公开发布过相关信息，或成立科创板专项小组、建立后备企业数据库，或集中培育后备企业，或直接出台奖励科创板上市企业政策，明确表示给予上交所科创板上市企业鼓励的地方有5个，奖励金额从百万元到千万元不等。其中，云南省发布推进企业上市倍增3年行动方案，科创板上市成功最高奖1 600万元。同时，上海、湖北、浙江、安徽、江苏、陕西、河南、福建等地也开始在本地新技术、新产业、新业态、新模式领域的企业进行首轮排查，通过对行业、行业排名、收入、净利润、研发投入占收入比例、已授权发明专利等相关的指标考核，筛选潜力标的企业（见表7-25）。目前，北京市、浙江省及陕西省已经完成科创板企业名单的遴选工作，有的甚至已经有明确的备战科创板企业名单。

表 7-25　众多省份加快对科创板潜力企业首轮排查

地区	机构	关注领域	核心筛选指标
河南	河南省科技厅	高端装备制造、新一代新信息技术、新材料、生物医药、新能源、节能环保等产业领域	行业、行业排名、收入、净利润、研发投入占收入比例、已授权发明专利
浙江	创业投资协会	新能源、新材料、信息工程、生物制药、节能环保、移动互联、人工智能、先进装备制造、现代服务、航空航天、海洋和其他	行业、行业排名、收入、净利润、研发/技术人员占比、员工数量、发明专利数量、历次融资、上轮估值
陕西	西安高新技术产业开发区金融办	互联网、大数据、云计算、人工智能、集成电路、航空航天、生物医药、高端装备制造等高新技术产业和战略性新兴领域	主营业务、注册资本、主要营业收入、净利润、引进投资机构及股权比例、估值、实用新型专利数、发明专利数、研发投入占比、创新优势
湖北	湖北省科技厅	创新能力强、掌握核心技术、在细分领域行业领先且上市积极性高的科技型企业	行业、行业排名、收入、净利润、研发投入占比、总资产、净资产
福建	福建省科技厅	省级创新型企业核准名单	近两年营业收入平均在 1 亿元以上的科技型企业
上海	上海市经信办	高新技术领域和生物医药、新一代信息技术等上海市战略性新兴产业领域以及具有较强技术创新能力、较好市场前景的科技企业,纳入科技企业库培育	纳入培育的企业应满足主营业务收入符合国家支持高新技术领域范围、拥有自主知识产权且研发投入不低于3%、科技人员占企业职工总数的比例不低于5%、高新技术产品服务收入占总收入的比例不低于40%等标准的科技型中小企业
江苏	昆山市政府	筛选出自光电、半导体、生物医药、计算机、新材料和新能源等领域	—

以 Wind 公布的近 3 年发生的科技型创新企业投融资行为及事件作为线索,绘制中国科创板投资地图,不难发现:北京、上海、广州、深圳、杭州、武汉、成都等一线及准一线城市集中了我国大部分的科技创新企业。其中,北京积聚了一批以云计算、大数据、人工智能、信息安全、垂直电商、在线教育为代表的新兴企业,上海主要集中在互联网金融、体外诊断、医疗服务和虚拟现实领域,广州以互联网广告、垂直电商、移动支付、干细胞、医疗信息化等行业领域为代表,深圳集中了很大一部分以机器人、无人机、新能源汽车、3D 打印、体外诊断为代表的新科技力量,而电商巨头阿里巴巴所在地的杭州,除了依靠发达的电商经济发展迅速的 O2O 外,3D 打印、人工智能、生物识别和医疗器械等领域也有大批的企业聚集,武汉、成都则分别以体外诊断、无人机,以及医疗服务、机器人领域为代表。

从科创板投资地图的分布来看,第一梯队是以北京、上海、广东、浙江、江苏为代表的技术密集型地区,这些地区经济增长稳健,而且动力充足。其中,北京的科创板投资潜在标的企业数量最多,占比 35.6%;上海、广东分列第二、第三,占比分别为 19% 和 17%;浙江、江苏次之,潜在标的企业数量占比分别为 9% 和 5.6%。第二梯队包括四川、福建、湖北、天津、山东在内的地区,科创板投资潜在标的企业数量总体占比都超过1%。第三梯队以河北、陕西、辽宁、吉林、山西以及西北大部分省份为代表的地区,对重工业和资源密集型产业依赖度比较大,新经济发展速度相对较慢,相应的科创板投资潜在标的企业数量也相应较少。

案例 7-1　中国 5G 通信产业主设备投资地图

以中国 5G 主设备产业链区域分布为例,北京由于有许多高校及科研院所,以及 5G 相关的产业和运营商总部,产学研共同发展,形成了京津冀协同发展的局面。珠三角区域是 5G 终端产品制造的主要区域,5G 的商用,给当地的制造业以及相关的设备商提供了良好的发展契机,其中代表企业包括华为、大疆、京信通信等。设立在成都和重庆的很多芯片制造企业,例如亨通光电、中天科技等,是 5G 产业链的基础细分环节,也会在早期进行发展。以武汉为代表的华中腹地,作为我国中部地区的经济中心,在产业政策上得到了国家的大力支持,5G 相关产业得到了长足的发展进步,代表企业有烽火通信、武汉凡谷等。

案例 7-2　中国机器人产业投资地图

赛迪智库的数据显示,截至 2018 年 11 月,我国机器人相关企业共有 7 057 家。东部地区企业 5 037 家,占比 71.4%,区域内上海、昆山、无锡、南京等地产业创新能力全国领先,平均研发投入占收入比居全国首位;广东、福建培育了一批具有自主知识产权的本土机器人企业,集聚了众多高校实验室及研究机构等,具备较强的科研及市场应用能力;北京及周边地区企业数量并不占优势,但由于大量创新研发资源的集聚,资本活跃度较高,使得机器人新模式、新业态不断涌现,相关产品收入居全国首位。东北地区企业 435 家,占比 6.2%,东北地区企业数量同样未占优势,但单体企业规模较大且创新能力强,集聚众多科研机构,侧重于工业及特种机器人的成果转化。中西部地区企业之和为 1 585 家,占比 22.4%,中西部积极引进国外先进技术团队,培育区域内创新型企业,有效激活部分产业要素,开辟新业务增长点。就区域市场来看,东部地区基于智能化、集约化的产业升级和企业精细化生产与多种庞大的场景服务的需求,机器人市场需求最为旺盛,市场规模总和占比全国 60.6%,东北地区区域市场规模占比为 15.4%,中西部两区域市场规模占比总和为 24.0%。

7.5　北交所投资分析

自 2013 年新三板市场正式运营至今,长期存在以下两大核心问题:第一,在资金端,市场整体流动性较差,使得挂牌企业定价难、融资难;第二,在资产端,挂牌企业质量参差不齐,市场企业整体"鱼龙混杂"。这也使得市场在投资端与融资端的核心功能长期存在一定的缺失,即投资者无法实现资产配置效率与效益的最大化,以及大量优秀挂牌企业难以实现融资发展。2021年9月,习近平总书记在中国国际服务贸易交易会全球服务贸易峰会指出:"将继续支持中小企业创新发展,深化新三板改革,设立北京证券交易所,打造服务创新型中小企业主阵地。"此次深化新三板市场改革,设立北京证券交易所的核心目的便是为创新型中小企业打通直接融资渠道,让广大的投资者拥有投资参与分享创新型中小企业快速成长的红利。

7.5.1 北交所 IPO 规则

北交所定位为充分发挥对全国股转系统的示范引领作用,深入贯彻创新驱动发展战略,聚焦实体经济,主要服务创新型中小企业,重点支持先进制造业和现代服务业等领域,促进经济高质量。发展潜在标的除了已经在新三板创新层挂牌的优质企业外,北交所也欢迎"专精特新"企业上市,并正在与工信部进行系统性对接。根据《北京证券交易所向不特定合格投资者公开发行股票注册管理办法(试行)》(征求意见稿)、《北京证券交易所股票上市规则(试行)》(征求意见稿),北交所发行基本条件如表7-26所示。

表 7-26　　　　　　　　　　北交所上市基本条件

创新层挂牌公司	发行人应当为在全国股转系统连续挂牌满12个月的创新层挂牌公司
业务及组织	1. 具备健全且运行良好的组织机构 2. 具有持续经营能力,财务状况良好 3. 最近3年财务会计报告无虚假记载,被出具无保留意见审计报告 4. 依法规范经营
合法合规	1. 发行人及其控股股东、实际控制人:近3年内不存在贪污、贿赂、侵占财产、挪用财产或者破坏社会主义市场经济秩序的刑事犯罪,不存在欺诈发行、重大信息披露违法或者其他涉及5类安全领域的重大违法行为;近一年内未受到中国证监会行政处罚;不存在被证监会行政处罚或被立案侦查、立案调查尚未有明确结论等情形;不存在被列入失信被执行人名单且情形尚未消除 2. 不存在未按照《证券法》规定在每个会计年度结束之日起4个月内编制并披露年度报告,或者未在每个会计年度的上半年结束之日起2个月内编制并披露中期报告的行为 3. 不存在中国证监会和本所规定的,对发行人经营稳定性、直接面向市场独立持续经营的能力具有重大不利影响,或者存在发行人利益受到损害等其他情形

根据《北京证券交易所股票上市规则(试行)》(征求意见稿)(以下简称《上市规则》),发行人申请在北交所公开发行并上市,市值和财务指标应当至少符合下列标

准中的一项（见表7-27）。

表7-27　北交所上市规则

标准一：市值+净利润+ROE	标准二：市值+营业收入+经营活动现金流	标准三：市值+营业收入+研发投入	标准四：市值+研发投入
1. 市值不低于2亿元 2. 最近两年净利润均不低于1 500万元且加权平均净资产收益率平均不低于8% 3. 或者最近一年净利润不低于2 500万元且加权平均净资产收益率不低于8%	1. 市值不低于4亿元 2. 最近两年营业收入平均不低于1亿元且最近一年增长率不低于30% 3. 最近一年经营活动产生的现金流量净额为正	1. 市值不低于8亿元 2. 最近一年营业收入不低于2亿元 3. 最近两年研发投入合计占最近两年营业收入合计比例不低于8%	1. 市值不低于15亿元 2. 最近两年研发投入合计不低于5 000万元

补充条件：

1. 最近一年期末净资产不低于5 000万元
2. 公开发行的股份不少于100万股，发行对象不少于100人
3. 公开发行后，公司股本总额不少于3 000万元
4. 公开发行后，公司股东人数不少于200人，公众股东持股比例不低于公司股本总额的25%；公司股本总额超过4亿元的，公众股东持股比例不低于公司股本总额的10%
5. 中国证监会和全国股转公司规定的其他条件

7.5.2　上市途径（见图7-2）

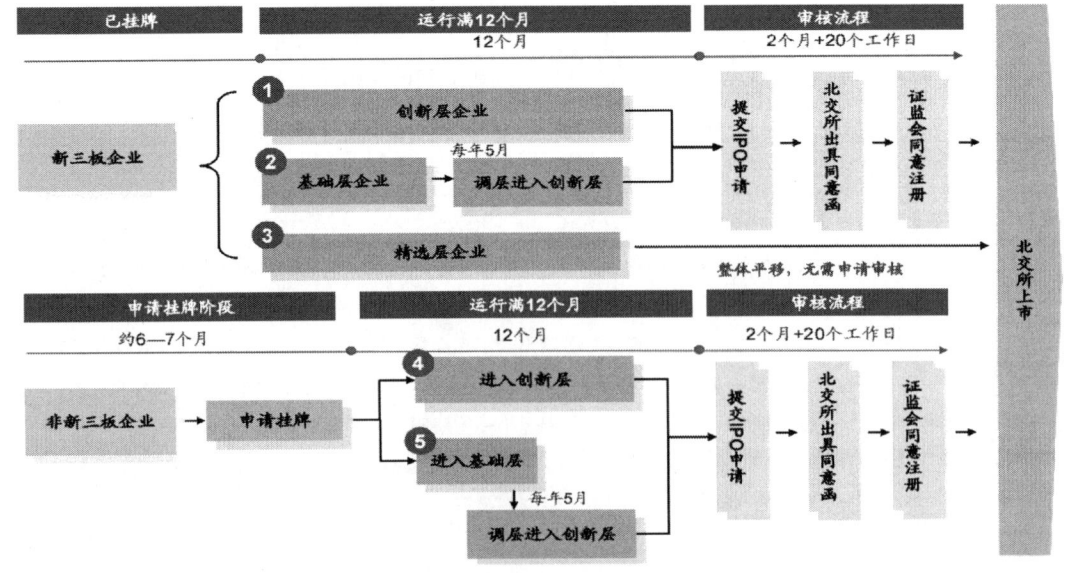

图7-2　北交所上市途径

(1) 三板企业

北交所总体平移精选层各项基础制度，坚持上市公司由创新层公司产生。精选层企业可以整体平移至北交所直接上市，而其他企业可以在创新层运行满 12 个月申请进入北交所实现上市。

(2) 非三板企业

非三板企业可以选择在三板的基础层或创新层挂牌，再申请进入北交所实现上市。

7.5.3 新三板基础层和创新层进入标准（见表 7-28）

表 7-28　　　　　　　　　新三板基础层和创新层进入标准

	进入标准
挂牌进入基础层条件	1. 依法设立且存续满两年 2. 业务明确，具有持续经营能力；公司治理机制健全，合法规范经营；股权明晰，股票发行和转让行为合法合规 3. 主办券商推荐并持续督导
基础层进入创新层条件	1. 基础层进入创新层前提条件 (1) 公司挂牌以来完成过定向发行股票（含优先股），且发行融资金额累计不低于 1 000 万元 (2) 符合全国股转系统基础层投资者适当性条件的合格投资者人数不少于 50 人 (3) 最近一年期末净资产不为负值 2. 基础层进入创新层 3 套标准（3 选 1） (1) 最近两年净利润均不低于 1 000 万元，最近两年加权平均净资产收益率平均不低于 8%，股本总额不少于 2 000 万元 (2) 最近两年营业收入平均不低于 6 000 万元，且持续增长，年均复合增长率不低于 50%，股本总额不少于 2 000 万元 (3) 最近有成交的 60 个做市或者集合竞价交易日的平均市值不低于 6 亿元，股本总额不少于 5 000 万元；采取做市交易方式的，做市商家数不少于 6 家
挂牌直接进入创新层条件	1. 符合基础层进入创新层 3 套标准的标准 1 或标准 2；或在挂牌时即采取做市交易方式，完成挂牌同时定向发行股票后，公司股票市值不低于 6 亿元，股本总额不少于 5 000 万元，做市商家数不少于 6 家，且做市商做市库存股均通过本次定向发行取得 2. 完成挂牌同时定向发行股票，且融资金额不低于 1 000 万元 3. 完成挂牌同时定向发行股票后，符合全国股转系统基础层投资者适当性条件的合格投资者人数不少于 50 人 4. 最近一年期末净资产不为负值

7.5.4 审核与注册程序（见图7-3）

（1）北交所企业发行上市由北交所审核，并在证监会进行注册。北交所可以设立行业咨询委员会，负责为发行上市审核提供专业咨询和政策建议。

（2）上市委员会：北交所设立独立的审核部门，负责审核发行人公开发行并上市申请；设立上市委员会，负责对审核部门出具的审核报告和发行人的申请文件提出审议意见。

（3）问询：北交所主要通过向发行人提出审核问询、发行人回答问题方式开展审核工作，判断发行人是否符合发行条件、上市条件和信息披露要求。

（4）现场检查：北交所通过对发行人实施现场检查，要求保荐人和证券服务机构对有关事项进行专项核查等方式要求发行人补充。

（5）证监会注册：证监会收到北交所报送的相关审核资料后，履行发行注册程序。

（6）重新提交申请：北交所认为发行人不符合发行条件或者信息披露要求，作出终止发行上市审核决定，或者证监会作出不予注册决定的，自决定作出之日起6个月后，发行人可以再次提出公开发行股票并上市申请。

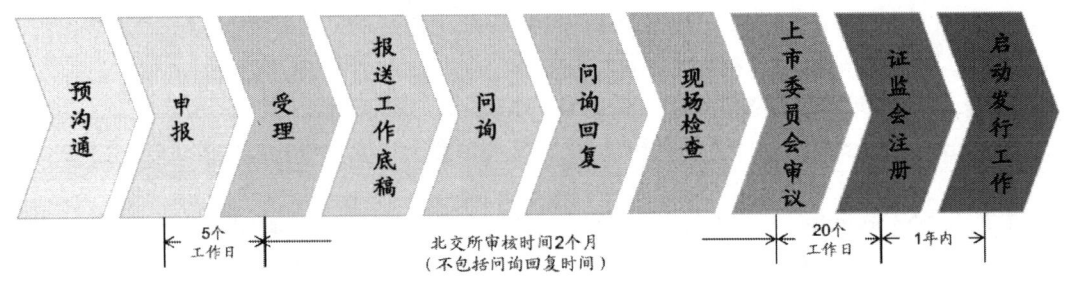

图7-3　北交所审核与注册程序

7.5.5 北交所交易规则（见表7-29）

表7-29　北交所交易规则

成交	竞价交易按价格优先、时间优先的原则撮合成交
大宗交易	股票交易单笔申报数量不低于10万股，或者交易金额不低于100万元人民币 投资者可以采用成交确认委托方式委托会员进行大宗交易 有价格涨跌幅限制的股票，成交价格由双方在当日价格涨跌幅限制范围内确定；无价格涨跌幅限制的股票，成交价格应当不高于前收盘价的130%或当日已成交的最高价格中的较高者，且不低于前收盘价的70%或当日已成交的最低价格中的较低者

续表

成交	竞价交易按价格优先、时间优先的原则撮合成交
开盘价与收盘价	开盘价通过开盘集合竞价方式产生。不能通过开盘集合竞价产生的，以当日第一笔成交价为开盘价 收盘价通过收盘集合竞价方式产生。收盘集合竞价不能产生收盘价或未进行收盘集合竞价的，以该交易日最后一笔成交价为收盘价
挂牌、摘牌、停牌与复牌	以下情况可以对其实施盘中临时停牌： 盘中交易价格较当日开盘价首次上涨或下跌达到或超过30% 盘中交易价格较当日开盘价首次上涨或下跌达到或超过60% 单次临时停牌的持续时间为10分钟，股票停牌时间跨越14：57的，于14：57复牌并对已接受的申报进行复牌集合竞价，再进行收盘集合竞价
除权与除息	上市证券发生权益分派、公积金转增股本、配股等情况，本所在权益登记日的次一交易日对该证券作除权除息处理
转托管	投资者买入的证券可以通过原买入证券的交易单元委托卖出，也可以向原买入证券的交易单元发出转托管指令，转托管完成后，在转入的交易单元委托卖出

7.5.6 北交所投资企业名录（见表7-30）

表7-30　　　　　　　　　北交所优秀企业名录　　　　　　　　　（单位：万元）

代码	企业名称	行业	总市值	总资产	净资产	总收入	净利润
834793.NQ	华强方特	电影与娱乐	1 383 147	2 370 654	1 147 704	402 191	52 760
833575.NQ	康乐卫士	生物科技	796 657	79 215	67 150	9	-4 162
832982.NQ	锦波生物	生物科技	567 258	47 244	31 028	16 127	3 227
430005.NQ	原子高科	西药	557 993	298 158	212 032	118 798	24 259
832800.NQ	赛特斯	信息科技咨询与其他服务	503 789	249 024	172 320	77 171	8 164
830993.NQ	壹玖壹玖	白酒与葡萄酒	467 145	471 480	95 146	401 976	-28 063
837821.NQ	则成电子	电子设备和仪器	429 760	44 462	27 332	24 278	3 976
830978.NQ	先临三维	工业机械	372 886	79 440	38 828	42 954	3 555
430335.NQ	华韩整形	保健护理服务	336 656	52 803	32 410	88 792	11 977
834082.NQ	中建信息	信息科技咨询与其他服务	296 629	1 343 010	189 550	2 053 376	33 192
833896.NQ	海诺尔	环境与设施服务	254 150	217 460	71 305	37 913	13 321
872808.NQ	曙光数创	电气部件与设备	225 920	30 246	15 350	33 535	6 816
837567.NQ	中兵通信	通信设备	218 667	147 749	105 280	59 176	20 367
430276.NQ	晟矽微电	半导体产品	209 103	21 020	12 568	24 377	2 086
430139.NQ	华岭股份	调查和咨询服务	205 254	49 131	36 702	19 169	5 581
836213.NQ	金麒麟	建筑与工程	203 090	62 341	27 137	71 906	10 211
832586.NQ	圣兆药物	西药	195 580	42 149	33 954	1 884	-13 007

续表

代码	企业名称	行业	总市值	总资产	净资产	总收入	净利润
873425.NQ	隆基电磁	工业机械	166 675	77 493	49 474	40 749	7 413
834534.NQ	曼恒数字	信息科技咨询与其他服务	148 633	44 840	32 108	16 938	1 450
830933.NQ	纳晶科技	特种化工	135 978	41 976	34 605	18 578	-1 442
833179.NQ	南京试剂	特种化工	133 600	34 528	31 586	33 804	7 752
833414.NQ	凡拓创意	互联网软件与服务	125 486	77 441	41 098	64 703	6 310
430075.NQ	中讯四方	电子元件	121 865	160 462	127 458	44 802	1 963
833205.NQ	博采网络	互联网软件与服务	101 534	41 260	23 086	81 786	7 159
831142.NQ	易讯通	互联网软件与服务	91 190	52 069	36 250	21 228	5 212
430223.NQ	亿童文教	出版	87 300	82 448	73 075	40 287	3 016
831566.NQ	盛大在线	互联网软件与服务	76 472	136 686	81 999	171 094	11 128
834429.NQ	钢宝股份	互联网软件与服务	68 180	134 271	41 191	660 942	8 133
830938.NQ	可恩口腔	管理型保健护理	64 893	34 829	12 529	24 253	-3 539
830879.NQ	基康仪器	电子设备和仪器	62 400	48 408	43 238	21 234	4 060
430222.NQ	璟泓科技	生物科技	61 448	107 628	73 677	30 687	7 024
871981.NQ	晶赛科技	电子元件	61 399	44 074	19 635	32 216	3 113
833189.NQ	达诺尔	特种化工	59 231	10 632	9 816	7 018	1 759
831129.NQ	领信股份	互联网软件与服务	57 522	63 329	48 907	27 664	6 130
831698.NQ	工大软件	互联网软件与服务	52 038	81 960	34 167	61 057	5 765
833713.NQ	立德电子	医疗保健设备	51 938	8 946	6 052	9 479	1 992
832522.NQ	纳科诺尔	工业机械	38 772	61 469	18 587	10 102	-2 632
430356.NQ	雷腾软件	互联网软件与服务	37 745	37 945	26 686	20 790	6 834

资料来源：Wind、中金公司。

表 7-31　　　　　　　　　　　工信部专精特新企业名单　　　　　　　　　（单位：万元）

证券代码	证券简称	所属行业	总市值	总资产	净资产	总收入	净利润
836239.NQ	长虹能源	电气部件与设备	806 003	224 752	86 899	195 198	23 531
832982.NQ	锦波生物	生物科技	567 258	47 244	31 028	16 127	3 227
832317.NQ	观典防务	信息科技咨询与其他服务	523 947	91 125	88 326	17 977	5 346
871329.NQ	丰润生物	食品加工与肉类	495 743	26 8421	92 542	154 985	10 327
835640.NQ	富士达	通信设备	485 277	101 027	57 989	54 138	7 538
833394.NQ	民士达	纸制品	400 000	32 480	27 288	15 902	2 793
834469.NQ	东管电力	工业机械	357 614	85 084	48 409	22 238	-1 302
830809.NQ	安达科技	基础化工	343 593	114 417	92 726	9 261	-18 256
831394.NQ	南麟电子	电子设备和仪器	335 205	53 074	32 997	23 410	1 910
834261.NQ	一诺威	基础化工	324 672	178 744	99 004	510 310	21 112

续表

证券代码	证券简称	所属行业	总市值	总资产	净资产	总收入	净利润
831187.NQ	创尔生物	生物科技	279 468	31 349	26 561	30 335	9 183
835305.NQ	云创数据	数据处理与外包服务	268 198	83 796	49 455	36 333	7 174
831598.NQ	热像科技	电子设备和仪器	267 156	20 032	14 726	22 113	8 187
830852.NQ	中科仪	工业机械	236 794	96 598	50 120	42 647	-5 209
430428.NQ	陕西瑞科	基础化工	221 130	64 611	54 700	93 883	7 700
833972.NQ	司南导航	航天航空与国防	218 182	39 620	24 195	28 730	2 849
832620.NQ	中安股份	应用软件	211 061	39 416	13 597	10 586	-1 733
430276.NQ	晟矽微电	半导体产品	209 103	21 020	12 568	24 377	2 086
832885.NQ	星辰科技	电子设备和仪器	203 914	26 015	18 970	13 710	3 910
836957.NQ	汉维科技	特种化工	186 944	46 627	24 706	47 497	4 276
833711.NQ	卓易科技	信息科技咨询与其他服务	182 600	46 151	42 036	31 909	6 479
835017.NQ	中研股份	特种化工	182 520	27 697	25 227	15 589	2 412
833874.NQ	泰祥股份	汽车制造	180 419	57 006	53 112	15 490	7 039
430755.NQ	华曦达	电子制造服务	177 782	56 667	22 397	70 109	5 956
837781.NQ	重交再生	建材	170 876	99 865	36 814	159 993	7 196
834166.NQ	杰事杰	特种化工	162 656	103 466	70 399	110 739	7 659
430394.NQ	ST伯朗特	工业机械	154 350	67 372	47 003	59 195	11 899
834475.NQ	三友科技	工业机械	153 582	43 458	31 656	26 640	3 819
833523.NQ	德瑞锂电	消费电子产品	149 770	24 971	20 337	17 437	3 442
834534.NQ	曼恒数字	信息科技咨询与其他服务	148 633	44 840	32 108	16 938	1 450
838460.NQ	汇博医疗	医疗保健用品	132 986	26 205	12 952	42 111	6 112
832834.NQ	吉泰新材	基础化工	132 521	55 845	45 086	40 577	10 790
872731.NQ	德石股份	石油天然气设备与服务	125 634	88 484	60 596	42 195	6 022
835174.NQ	五新隧装	工业机械	122 987	57 305	35 233	45 052	6 939
430075.NQ	中讯四方	电子元件	121 865	160 462	127 458	44 802	1 963
839792.NQ	东和新材	金属非金属	120 944	92 962	62 111	51 582	6 984
830964.NQ	润农节水	建筑产品	120 417	96 085	78 735	51 399	5 528
830818.NQ	巨峰股份	电气部件与设备	118 763	93 017	51 171	60 653	7 082
830839.NQ	万通液压	工业机械	117 464	47 488	39 729	31 789	6 041
872925.NQ	锦好医疗	医疗保健设备	114 365	16 694	12 013	21 148	4 064

第四篇
新兴产业上市公司市场表现

8.

新兴产业上市公司价值创造

8.1 总体市场指标表现

截至 2020 年 12 月 31 日,A 股战略性新兴行业上市公司已经达到 1598 家,总市值 27.87 万亿元,在全部 A 股上市公司中家数占比超过 1/3,达到 38.49%,市值占比超过 1/3,达到 34.49%(见表 8-1)。战略性新兴产业上市公司已经成为 A 股市场的重要力量,为资本市场更好地服务经济转型升级而注入强大的正能量。

表 8-1 全部 A 股与战略性新兴产业上市公司变化情况

		2015 年	2016 年	2017 年	2018 年	2019 年	2020 年
战略性新兴产业上市公司	总数（家）	1 015	1 078	1 199	1 221	1 558	1 598
	总市值（万亿元）	17.45	15.80	17.36	12.46	16.38	27.87
全部 A 股上市公司	总数（家）	2 808	3 034	3 467	3 576	3 777	4 154
	总市值（万亿元）	58.15	55.48	63.02	48.68	59.29	79.72
家数占比（%）		36.15	35.53	34.58	34.17	41.12	38.49
市值占比（%）		30.00	28.56	27.54	25.60	27.63	34.49

资料来源：Wind。

从战略性新兴产业上市公司家数变化来看,2015 年以来,战略性新兴产业上市公司家数从 1 015 家增加到 2020 年的 1 598 家,年平均增加近 97 家,同期 A 股上市公司从 2 808 家增加到 4 154 家,年平均增加 224 家,新增 A 股上市公司中战略性新兴产业上市公司占比约为 43.4%。家数占比方面,战略性新兴产业上市公司家数占比呈现先上升后下降的态势,从 2015 年的 36.15% 下降到 2018 年的 34.17%,占比下降近两个百分点,但从 2019 年开始,战略性新兴产业数量又逐渐上升。其中主要原因在于当前中国经济正处于结构转换的初期,传统产业特别是非战略性新兴产业仍表现出较快的发展惯性，因此新上市的公司中战略性新兴产业公司还不占主体。随着中国经济结构转换的持续推进以及资本市场的不断发展，非战略性新兴产业的发展速度也将放缓，战略性新兴产业发展速度持续加快，新增上市公司中战略性新兴产业将逐步成为主角，战略性新兴产业上市公司的家数占比也随之持续提升，尤其是2019年战略性新兴产业上市公司家数上升至1 558家，较2018年增长超过27.6%，2020年较2019年也增长了41家。

战略性新兴产业上市公司市值变化也呈现先下降后上升的态势，2015年战略性新兴产业上市公司总市值从17.45万亿元下降到2018年的12.46万亿元，市值降幅度达到28.6%。同期A股上市公司总市值从58.15万亿元下降到2018年的48.68万亿元，降幅仅为16.3%。但从2019年开始，战略性新兴产业的市值有所上升，2019年市值较2018年市值增长了31.4%，2020年市值较2019年市值增长了70.1%，市值占比方面，战略性新兴产业上市公司市值占比从2015年的30.0%下降到2018年的25.6%，2019年开始占比逐步提高。这其中主要原因在如下：一方面中国经济结构正面临关键的转型升级期，叠加2018年中美贸易战等不利因素，导致2018年以前战略性新兴产业的发展受到一定影响。随着中国经济转型升级的加快以及资本市场的不断发展，如科创板的设立以及创业板逐步推进注册制，我国战略性新兴产业的发展迎来了爆发期。

8.2 总体估值分析

8.2.1 新兴产业估值的再定义与特征

(1) 判断新兴产业企业成长阶段和拐点的主要指标

成长型的公司，一方面意味着巨大的增长潜力和令人期待的发展前景；另一方面，高增长可能性的背后也包含着更大的复杂性和不确定性。如何对成长股进行科学合理的估值，成为摆在投资者面前的重要难题。在《The Dark Side of Valuation（估值——难点、解决方案及相关案例）》一书中，学者达莫达兰总结了成长型公司共享的一些特征，并分析了这些特征可能带来的估值困难（见表8-2）。

考虑到高成长公司在其生命周期不同阶段中收入、利润率、盈利、市场空间等各个方面特征的巨大差异，其股价、估值表现以及适用的估值方式也有明显的差异。因此，如何判断成长股投资价值的核心在于准确判断其所处的阶段（见图8-1）。

表 8-2　　　　　　　　　当前成长型公司的主要特征与估值难点

成长型公司特征	估值难点	
激烈波动的财务数据 公募和私募股权的混杂 市值和经营数据的脱节 依赖股权融资 市场经营记录短且不确定	现金流贴现估值	• 常以当期财报数据为基准，但这些数据可能偏小且变动大，经营支出与资本支出界限模糊 • 增长率将以多大的幅度递减，常用十年或更长的增长期、25%或更高的增长率 • 评估再投资和超额回报，而它们与所支撑的特定增长率往往是联动的 • 评估风险，风险应随增长率降低而降低，但实际估值中资本成本往往保持不变 • 由于挂牌时间短、挂牌期内公司表现变化大，使用历史贝塔值作为风险参数往往产生偏差 • 处理可转债和投票股时仅进行简单的处理，市场价格具有磁性，引导分析师向市场价格靠拢
	相对估值	• 在增长特性多样化的行业中可能存在成熟公司，行业平均倍数估值失效 • 用行业专属倍数估值时，难以确定其核心要素和合理尺度 • 增长与价值间不现实的关系 • 采用远期倍数进行比较时，基本面要素已变化

资料来源：*The Dark Side of Valuation*。

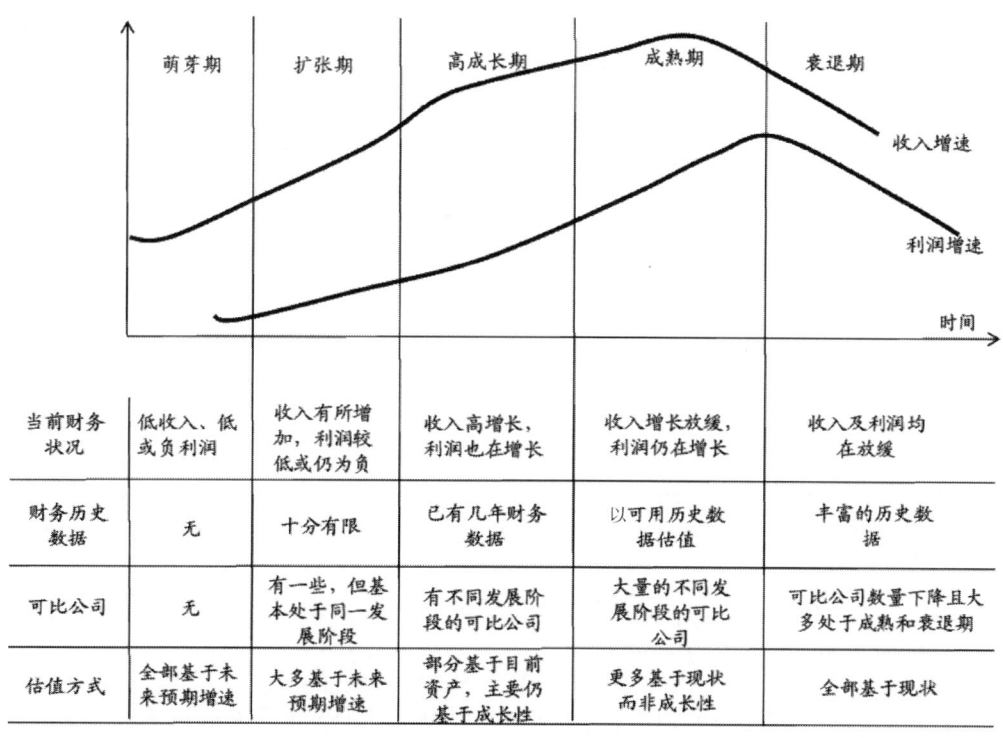

图 8-1　成长企业生命周期的阶段划分

资料来源：*The Dark Side of Valuation*。

目前,可以用于划定或判断成长股所处阶段的指标有很多,如市值、市场占有率、行业集中度等指标,但从公司基本面和财务数据角度,对处于高速成长期的智能制造企业来说,最直接、最为明确的指标是其收入增速和毛利率,主要的逻辑涉及以下几点:

第一,实现收入的高速增长是成长股的最主要特征,也是需要具备的必要条件。由于初期利润增长的极大不确定性,收入的高速增长便成为辨识成长股最为直接和明确的指标,因此用收入增长来筛选和辨别真正意义上的成长股准确性最高。而另一方面,如果因为种种原因(如公司经营失败,或步入相对低速增长的稳定成熟期)使得收入增速放缓,那么也便失去了作为成长股可以享受的较高的估值溢价。从较长的历史周期来看,那些高成长公司转向成熟公司的过程中,均伴随着收入增速的大幅放缓,并在此过程中经历了估值切换和股价大幅上涨的停滞。因此,收入增速也是判断成长股投资价值和阶段划分的重要前瞻性指标。

第二,除了收入增速外,毛利率水平也是衡量和划分成长股的重要指标。具体来看,当企业处于高速成长的扩张阶段,由于其产品独特和稀缺性带来的高议价能力、抑或是市场空间广阔带来的高需求都会使得其具有较高的毛利率,而在这期间公司的收入增速较高、市值上升速度最快、并享有较高的估值水平。一旦公司面临更为激烈的竞争或者市场占有率接近饱和时,业绩增长的压力会明显攀升,特别体现在收入增速上,因为收入的变化更直接反映了市场需求的波动,而较少受到管理层意志的左右。但是,即便如此,管理层仍可以通过压低销售价格(毛利率)、削减其他费用或提升效率等内部方式消化销售的压力,然而这样往往都会以损害毛利率为代价。因此,从历史经验来看,毛利率的拐点通常与收入增速下台阶、市值扩张放缓甚至下降、估值切换并下滑的时点相契合。

(2)美国高成长股常用的估值方法

通过梳理目前市场上主流分析师对美国成长股的估值方法,不难发现,在对成长股估值过程中所看重和使用的主要指标,往往因其所处的行业以及所处的成长阶段不同而各有差异(见表8-3)。

表8-3　　　　成长企业的估值方法因所处的行业和发展阶段有所不同

影响因素	成长驱动力	代表行业	常见估值方法	代表公司
行业特质	技术创新驱动型	信息科技	DCF、EV/EBITDA、PS等	亚马逊、谷歌
	需求升级消费型	可选消费品、医疗保健	PE	强生
成长阶段	萌芽和扩张时期	信息技术	DCF	奈飞、eBay
	高速发展时期		PEG	

从行业的角度来看，目前美国的成长性公司分布最为集中的三大板块分别为信息科技、可选消费品及医疗保健。其中，信息科技是典型的技术创新驱动型行业，而可选消费品和医疗保健行业的成长驱动力则主要依赖于社会财富增长或人口结构变化所带来的需求升级；对于技术创新驱动的成长股的估值方式往往不一而足，通常根据公司的具体特征选用如 DCF、EV/EBITDA、P/S 等不同的方法。例如，花旗在 2004 年对亚马逊进行估值时，以 EV/EBITDA 为主，同时以 P/FCF 和 PEG 为辅，主要是考虑到亚马逊正处于销售扩张的初期阶段，具有极不稳定的营业收入增速、盈利水平以及极高的投资回报率。而对于需求升级驱动的成长股，可以采用对比整体市场的相对估值法。

从公司所处的成长阶段来看，估值方法也会随之进行调整。由技术创新驱动的成长股，在其萌芽和扩张期时，无法保证每年的盈利，"新技术"的独特性也意味着相对估值法的失效。此时，包含情境假设的 DCF 估值法成为首选，因其考虑了公司在此阶段对收入增长的高度敏感性，最能反映估值者对公司未来前景的预测。但是，当技术创新型成长股进入高速发展阶段后，PEG 指标则显得更为理想。此时公司已有了一定净利润，又具有较高的增长速度，PEG 指标结合考虑了市盈率水平和未来盈利的成长性。并且，此时行业内很可能已经诞生了其他成长性类似的公司，为 PEG 的同行业比较提供了可能。此外，PE 指标此时也可作为参考。例如，美银美林 1998 年选用 DCF 法对 eBay 进行估值，现在则采用 PE 法。花旗对奈飞公司的估值也前后经历了 DCF 结合 PEG、PS、PE、EV/EBITDA 结合 DCF 等不同的阶段。

（3）中国新兴产业成长性企业采用的估值方法

经济转型趋势下，中国新兴产业成长企业的发展空间巨大，投资逻辑也应突破传统。未来中国的经济增长既需供给角度的全要素生产率提升，也要需求角度的消费贡献增加，这是驱动国内智能制造成长股投资的两个重要因素。根据驱动因素不同，可将国内智能制造成长性企业分为两类，即技术创新型企业和需求升级型企业。技术创新型企业在成长初期可能并无稳定的盈利，价值全部体现在对未来发展的预期，因此传统估值体系失效，需要找寻新的估值方法；需求升级型企业通常具有相对稳定的盈利能力和有效的估值指标，相对估值可以作为衡量标准，需要探寻相对估值的合理区间。

第一，技术创新型企业创造差异化，从供给端创造新的需求，提升公司的定价能力和利润率。历史表明，任何一个国家的经济加速增长动力均来自供给端的革命性突破，而绝非现有经济结构下的总需求管理。200 年前人们对一匹更快的马的需求或许是有限的，殊不知汽车的诞生又能够创造多少交通运输的新需求。在乔布斯创造了风靡全球的苹果手机之前，这个世界对此类电子产品的需求原本是不存在的。技术创新可以帮助企业在激烈的市场竞争中获得产品差异化的竞争优势。主要的应用包括：①引领产业的未来发展，从而获得不可动摇的先发市场优势与技术创新壁垒（如苹果）；②创新商业模式，即通过产品技术创新为商业模式创新提供支撑（如乐视网、QQ、淘宝）；③打造完整产业链，全产业链布局需要技术创新的支持（如动车产业链）；④突破核心技术（如格力）。

估值方面，由于技术创新型企业没有利润、没有可测度的资产、没有财务历史数据、缺乏可比较的公司，所以这些公司处于生命周期的初级阶段，距离它们形成市场、通过产品有效贡献利润还有较长的一段时间。这些企业往往具有一个有趣的并且似乎能够商业化的发展道路，但尚未经过时间的验证，很多只是概念上的描述，价值在于未来的成长性。因此，在企业生命周期的萌芽和扩张阶段，投资的主要参考目标是营业收入增长以及以美国为主的全球创新型技术发展趋势和技术尖端公司的股价表现。在企业生命周期的高速发展阶段，业绩增速将逐渐稳定，这时主要参考的估值指标是PEG。

第二，需求升级型企业从需求端创造增量需求，拉动公司收入快速增长。在中国，劳动者收入偏低、占比下降一直是遏制消费的重要因素。人口结构拐点正在发生，随着劳动力供应的逐渐紧张，劳动者报酬也有望改善，有助于需求的转型升级。需求转型升级使得增长点由投资转向消费，由低端转向高端，由产品转向服务，医疗保健、消费服务、文化教育娱乐板块则有望受益，需求转型升级将从收入端拉动这些行业内的优质公司快速成长。

估值方面，由于需求升级型公司的业务顺应了消费者需求转型升级的趋势，随着需求的释放，收入快速增长。由于其相对稳定的营利能力，具有可比的公司和有效的财务指标，对于这种类型的成长股，可直接使用相对于大盘估值的溢价来作为衡量其估值是否合理的评判标准。因此，需求升级型企业通常具有相对稳定的营利能力和有效的估值指标，可以使用相对大盘估值的溢价作为衡量其估值是否合理的评判标准。从海外经验来看，美国需求升级型行业估值溢价上限在2倍左右，日本为2—3倍，韩国达3—6倍。

8.2.2 智能制造领域涵盖的重点行业领域及估值分析

根据智能制造产业各行业的未来增速，可绘制出各行业、各概念板块所处的生命周期曲线，如图8-2所示。这其中，一些概念处于概念期或导入期，不少主题处于导入期或早期成长期，多数板块处于早期成长期或加速成长期。

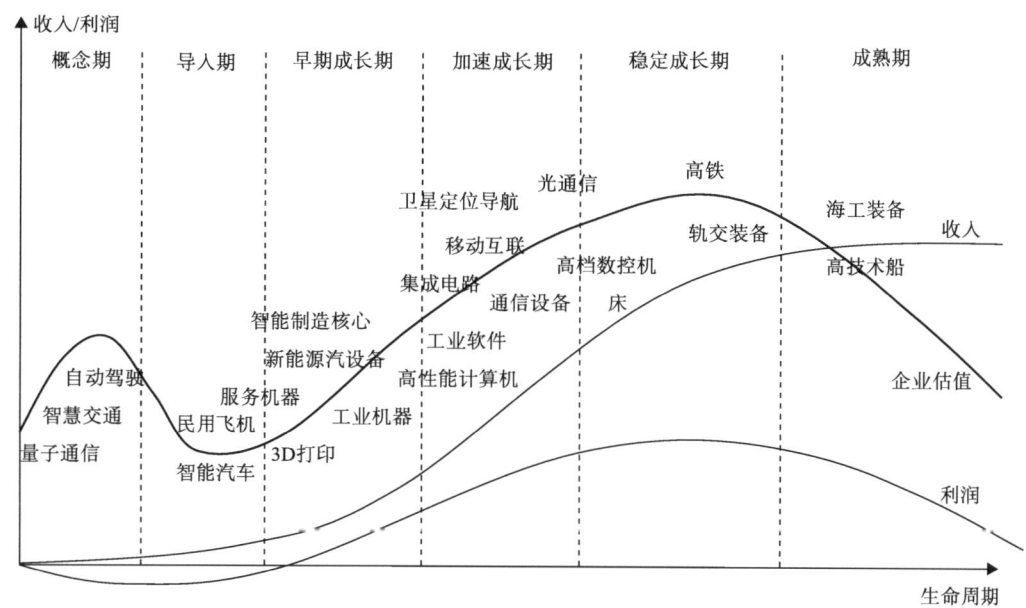

图 8-2 "智能制造"各主题板块所处的生命周期阶段

目前主要公司的估值水平已有明显下修。按照细分行业及其对应的主要上市公司的估值情况看，不难发现机器人及零部件等自动化装备类企业的估值从 2015 年牛市高点平均估值超过 100 倍的水平，目前已回落到 60—70 倍，从相对估值水平的角度看，机器人行业龙头新松机器人的估值历史百分位水平已低至 3% 以下，其他个股如慈星股份、博实股份也分别只有 50%、22%，估值水平相对于牛市高点已下修了 50% 以上。通信行业的估值也呈现单边下行的趋势，截至 2020 年底已回落到 26 倍左右，对应牛市高点估值回调的幅度超过 50%。工业软件、传感技术方面的企业的估值水平也有比较明显的调整，优质公司的投资价值已经开始逐步凸显。

8.3 总体成长性分析

8.3.1 高成长性与新兴产业投资

（1）新兴产业生命周期与高成长性

新兴产业的生命周期与一般产业有所不同，主要表现为以下两点：首先，一般产业通常将产业形成期看成是产业生命周期的第一个阶段，但新兴产业生命周期的第一个阶段是新兴产业的萌芽期，之所以在分析的过程中增加萌芽期，主要是因为新兴产业是以新技术为基础的产业，新技术对新兴产业的意义非常重大，新技术的发明、产生、扩散及商业化过程是新兴产业生命周期中很重要的阶段；其次，一般产业在产业形成期之后，通常经历成长期、成熟期、衰退期三个阶段，但新兴产业不再具有成熟期和衰退期，按照特定产业来分析，任何一个产业势必要经过"形成—成长—成熟—衰退"的过程，但按照新兴产业来分析，则不再关注其成熟期和衰退期，因为当一个产业发展到成熟期和衰退期时，不应再将其称为新兴产业；而通常应该将其分别称为传统产业和衰退产业。因此，如图8-3所示，新兴产业的生命周期一般分为新兴产业萌芽期（a-b段）、新兴产业形成期（b-c段）、新兴产业成长期（c-d段）三个阶段，与一般产业的生命周期具有较明显的差异。

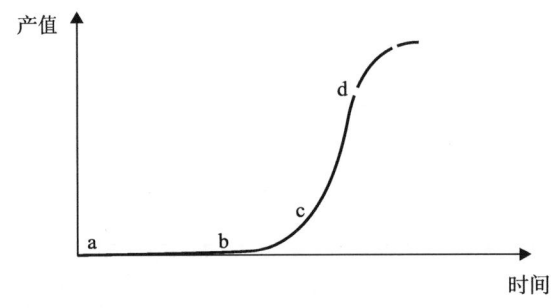

图8-3 新兴产业生命周期

①新兴产业萌芽期。新兴产业萌芽期主要是指新兴产业具体形态出现之前的一段时期，是科学发明与发现集聚并且孵化为新技术的阶段。对于一个产业而言，科学知识转化为可以应用于产业的技术往往还需经过一段混沌的不可预知的阶段，这一阶段通常是一个关键而漫长的时期。虽然科学上的重大发现转化为现实生产力的时间越来越短，但这一阶段却不容忽视，也就是说从长期和大范围来看，技术和产业的发展是一个自然演化的规律，虽然可以对其进行激励和引导，但是却不能跨越和省略大的发展阶段。

新兴产业萌芽期最重要的特征是不确定性和风险，这个时期是不确定性最强的时期，技术发展的方向和在现实产业领域的应用都还处于未知状态，科学发现能不能转化为可以利用的新技术，形成的新技术能不能进一步形成新兴产业等都还处于不确定的状态，个人、企业和政府等投向该科学技术领域的投资和努力都面临巨大的风险。

该阶段可以看作知识创新的阶段，该阶段的行为主体主要是大学、科研机构、具有科学爱好的个人等，但随着科学发现转化为新技术的速度加快，具有重大科研能力的企业也成为该阶段的行为主体之一。此时的企业不能称为新兴产业中的企业，只能是相对意义上的传统产业，但如果科学发现能够成功孵化出新技术进而又能成功转化成新产品，那么在后几个阶段该企业有可能通过采用新技术或技术改造而转化为新兴产业中的主导企业。

②新兴产业形成期。新兴产业形成期是指从新兴产业出现到形成主导设计的时期，这一时期是实验和多样化发展的时期，关键性的技术突破已经出现，但进一步的技术应用还处于多个方向相互竞争的状态，产业内频繁地有新企业进入和退出。但该阶段的产业增长率比较缓慢。新兴产业形成期始于新兴产业具体形态出现，止于主导设计确立，该阶段的技术创新多属于突破性创新和产品创新，从整个产业的增长率来看，产业的增长较为缓慢。新兴产业的产生有两种方式，一是企业家采用新技术成立新企业，二是传统企业经过技术改造形成新企业。在新兴产业形成期，产业内的主导技术还未确立，技术和产品呈现多样化发展的状态，不确定性较大，进一步技术创新和生产的风险也较大，前期未参与新技术研发的大型传统企业一般不会贸然采用某种新技术进行技术改造，因此该阶段的企业主要是新成立的企业和前期已经大量投入技术研发的科研型企业。无论是新成立的小企业，还是科研型大型企业，该阶段的企业进入退出较为频繁，因为在主导技术未确立之前，每个竞争性的技术方案都只能占有一个较小的市场份额[1]，直至形成一个"主导设计"。但正是不同技术的相互竞争和企业不断地进入退出推动了新兴产业的发展过程，在该阶段之后存活下来的企业竞争力较强，其所确立的生产和工艺标准将成为整个行业的主导设计，占领价值链的高端，成为新兴产业中真正的主导企业。

新兴产业形成期的主要特征如下：

第一，技术和产品特征。新兴产业形成期的技术基础已经形成，但尚未出现主导设计，技术基础可在多个方向上演化，产品生产可采用多种不同的技术，因此技术和产品均呈现多样化发展的态势，且各技术方向之间和产品之间存在较大的竞争可能性。进入产业的创业企业对于市场所能接受的新产品的特征与形态具有很少的知识，对于用户可接受的技术不具有任何经验，所生产的产品有时可能只是作为在位企业的副产品出现[2]。此阶段的技术创新和产品创新仍存在较大的发展空间，技术基础从实验室走向工厂还需要进一步的突破性改进方可实现，初创企业也会根据用户的需要或技术工具所提供的信息引入重大的产品创新。因此该阶段企业的创新以突破性技术创新与重大的产品创新为主，工艺创新处于从属地位，产品性能尚未成熟、功能需要完善，产品竞争的主要形式是提供优越的性能，而并非降低成本。

第二，产业结构特征。新兴产业形成期的企业规模较小，均为初创企业，市场空

---

[1] Richard Nelson. The Co-evolution of Technology, Industrial Structure, and Supporting Institutions. Industrial and Corporate Change, 1994, Vol.3 (1): 47-63.

[2] Steven Klepper, Elizabeth Graddy. The Evolution of New Industries and the Determinants of Market Structure. The RAND Journal of Economics, 1990, 21 (1): 27-44.

间远未饱和，尚未出现占主导地位的大型企业。产业内企业的进入退出活动特别频繁，但进入产业的企业数量总是大于退出产业的企业数量，产业中企业数目呈现快速增长状态，主要原因在于主导技术的最终方案尚未形成，产品的潜在需求较大，企业采用新技术推出新产品的盈利空间较大。虽然从整个产业来看，企业的数目一直在增加，但并不表示产业中所有的企业都在增长，现实的情况是，成功的创新者不断取代效率低下的竞争者，导致市场份额的变化非常迅速，且这一点已被汽车、飞机引擎、机身制造业的产业历史所证实①。这个过程要一直持续，直至出现主导设计和占主导地位的企业。因新兴产业形成期企业规模较小，企业组织形态尚不成熟，所以企业的有形资产较少，相对而言无形资产是新兴产业形成期企业的主要资产形式。产业内每个在位企业都只占有很小的市场份额，企业的利润率较高，但因新兴产业形成期企业需要进行大量的突破性技术创新和产品创新，因此企业的融资需求特别强烈。

第三，不确定性。所谓新兴产业的不确定性主要指新兴产业形成期的不确定性，由于核心技术和主导设计都未成熟，因此存在着四个方面的不确定性：核心技术的不确定性、产业化的不确定性、市场需求的不确定性、创新获利的不确定性，且不确定性的程度很大。核心技术的不确定性是新兴产业形成期初创企业直接面临的技术不确定性，这种不确定性决定初创企业投资一项新技术的风险，进而决定企业所面临的融资约束；产业化的不确定性指技术不能顺利转化为产品的不确定性，通常是针对一个国家或地区而言的，当然这种不确定性会影响投资者对技术项目的评价，进而也会转化为企业融资的障碍；市场需求的不确定性来源于不能准确定位市场用途，难以辨别新产品的早期采用者，新产品往往受到用户转换成本、消费习惯、市场规模或其他偶然因素的影响②；创新获利的不确定性是指创新企业受制于互补性资产、专利制度对创新成果的保护程度等③。市场需求的不确定性和创新获利的不确定性是新兴产业形成期初创企业直接面临的不确定性，直接构成新兴产业形成期初创企业的融资约束。

③新兴产业成长期。新兴产业成长期始于主导设计形成之后，产业中的主导技术已经确立，创新主要转向以工艺改进为主，产业内的新进入者逐渐减少，市场尚未饱和，产品处于供不应求的状态，每个在位企业的市场份额逐渐增多，利润率较高，因此有实力的大企业不断地追加投资，促使整个产业的规模迅速膨胀，在量上呈现加速增长的趋势，表现为"S"曲线的上升阶段。总体来讲，通过追加投资或并购所实现的规模扩张行为是新兴产业成长阶段企业的基本行为。金融资本则通过影响企业的规模扩张行为进而影响新兴产业成长期的发展。新兴产业成长阶段不确定性较少，外部

---

① Klein, B. H. Dynamic Economics. Cambridge, Mass.: Harvard University Press, 1977.
② 李晓华，吕铁. 战略性新兴产业的特征与政策导向研究. 宏观经济研究，2010 (9): 20 - 26.
③ Teece D. J. Reflections on Profiting from Innovation. Research Policy, 2006, 35 (3): 1131 - 1146.

性也较少，企业靠利润最大化的原则就能使得新兴产业蓬勃发展，因此政府应该遵循最少干预的原则，维护市场秩序，依靠市场来指导产业发展。新兴产业成长期的特征如下：

第一，成长期的技术和产品特征。新兴产业成长期始于主导设计出现之时，根据 Abemathy 和 Utterback（1978）的定义，将主导设计看成是引领一个产业从定制化生产到标准化大规模生产的转折点，而 Anderson 和 Tushman（1990）的定义则认为主导设计的出现是技术从混乱期过渡到增量变化期的信号。因此在新兴产业成长期，众多相互竞争的技术可能性之间已经决出胜负，出现了占主导地位的技术，进一步的技术创新已演变成渐进性的工艺创新。产品则逐渐形成标准化产品，主导设计本身成为新兴产业成长期的产品特征。主导设计是具有广泛吸引力的产品设计，是由以前独立的技术变异所引发的多项技术创新整合而成的新产品，可以满足大量使用者的需求，竞争者将被迫仿效主导设计，否则就会从产品市场上退出[①]，因此可以看出新兴产业成长期至少有一种产品设计很稳定，能够实现规模化生产。

第二，成长期的产业结构特征。在主导设计形成之后，有能力形成主导设计的企业最终得到成长与繁荣，但那些不能适应主导设计的企业则开始大量退出该产业，被 Klepper 称为 Shake - out 的过程[②]。产业中企业数目开始大量减少，企业所占有的市场份额不再如形成期平均分布在各个初创小企业之中，而是呈现一种逐渐向主导企业集中的稳定态势。主导设计不仅决定着技术的成败及选择该技术的企业的生存状况，而且还决定着围绕每项新技术的一系列互补性产品、专用装备制造产品、专用材料及相关生产性服务业的兴衰[③]。因此具有主导设计的企业成为新兴产业成长期的核心主导企业，获得近乎垄断的巨大利益，甚至能够影响产业未来的发展趋势，占据产业绝大多数的市场份额，越来越多的中小企业围绕主导大企业进行生产与加工，或者提供原材料或零部件的生产，或者提供配套产品的生产，或者为主导企业提供服务，但这些中小企业必须服从主导企业的主导设计，按照主导企业所建立的产业标准进行生产与服务，任何一家中小企业都只能占据很小的市场份额，无法与核心主导企业相竞争。但这些中小企业可以聚集在大企业周围形成以大企业为主，中小企业集聚的产业结构态势。

第三，成长期的不确定性。新兴产业成长期的不确定性比新兴产业形成期要小很多，但并不意味着凡是企业进入就一定能存活下去。也就是说，新兴产业成长期的不

---

① Abemathy W. Utterback J M. Patterns of Innovation in Technology, Technology Review, 1978, 80 (7): 1 - 47.
② Klepper S. Entry, Exit, Growth, and Innovation over the Product Life Cycle. The American Economic Review, 1996, (86): 562 - 583.
③ 朱瑞博，刘芸. 战略性新兴产业的培育及其自主创新 [J]. 重庆社会科学, 2011 (2): 45 - 53.

确定性仍然是客观现实，只不过其不确定性的强度有所下降。这主要体现在以下几方面：首先，技术已经成型，主导设计已经确立，企业只需要围绕主导设计进行小幅度的工艺改进或产品外观、性能等的创新，因此技术创新的强度下降，其性质多属于渐进性创新或工艺创新；其次，产品差异化程度较小，因为主导设计决定了产品的技术标准，因此各企业所生产的产品具有极大的相似性，尤其是目前信息技术时代，产品之间通常要求具有技术兼容性，一旦技术标准确立，企业所能够生产的产品基本已经定型，由产品差异所引起的不确定性和风险有所降低；最后，可能是技术先进程度决定了用户在使用产品过程中，经常会受到消费惯性（或惰性）的影响，产品的偏好一旦确立，就很容易预知产品的市场需求，进而就降低了来自产品市场需求方面的不确定性程度。

处于新兴产业成长期的企业通常面临的不确定性来自企业成长和发展的不确定性。新兴产业成长期的市场空间没有完全饱和，企业通常还拥有进一步扩张、占领市场份额的机会，同时企业也可以进行一些商业模式方面的创新、营销创新、管理创新等来扩展自己的市场份额。在这个过程中，市场和经济环境的复杂性，来自政府政策、国际态势等的影响都会对企业的成长带来不确定性。此外，在该阶段，产业内的企业进入退出仍然非常频繁，只有那些能经得住市场考验的企业才能存活下去，而那些所采用的技术不适合当前主导设计的企业，或者本身技术创新能力较弱、成长性较低的企业最终只能退出该产业。这也是新兴产业成长期企业所面临的不确定性来源之一。

(2) 高成长性与高估值溢价

根据前述新兴产业生命周期理论，处于萌芽期和形成期是新兴产业投资比较好的介入时机，而形成期的中后期和成长期的初期是投资收益最好的阶段。这是因为，公司的价值核心是由投入资本回报率和收入增长率两大要素驱动[1]，如果一家公司的投资资本回报率不变或者增长较慢，那么推动公司价值快速增长的核心要素就是销售收入的不断增长。要维持销售收入的不断增长，通常有 4 种方式：市场份额的增长、产品销售价格的增长、潜在市场的增长以及兼并收购。而这 4 种类型的增长中，潜在产品市场的高增长往往会创造出最大的价值。正因为这样的原因，资本市场通常都给予新兴行业较高的预期。这一预期从理论上是可以理解的，因为新兴行业通常意味着较大的增长空间和较快的增长速度，容易产生快速创造价值的成长性公司。

美国资本市场最近几十年的发展也印证了这一预期，在不同的历史时期，新兴行业中都产生过一批优秀的公司，如 Microsoft、Google、Apple、Amazon 等，这些公司的股价都曾经或者正在大幅上涨，给很多的投资人带来了丰厚的收益。如表 8-4 所示，

---

[1] 蒂姆·科勒（Koller. T.），理查德·多布斯（Dobbs. R.），比尔·休耶特（Huyett. B.）. 价值：公司金融的四大基石 [M]. 电子工业出版社，2012.

扎克伯克从 2004 年 2 月在哈佛校园里推出 The facebook——Facebook 的前身开始，这个破天荒的社交网络模式横扫全球。2012 年 5 月 18 日，Facebook 以 160 亿美元的规模上市，扎克伯克在短短 8 年时间，成为全球第四大首富。原本一个老迈的传统行业要积累几十年的财富，新兴产业可能只需要几年时间。

表 8-4 美股总市值排名前十成分股

	证券简称	收盘价（美元）	总市值（亿美元）	市盈率	Wind 行业名称	首发价格（元）	首发日期
1	苹果公司	132.69	22 322.79	38.88	电脑与外围设备	22.00	1980-12-12
2	微软公司	222.42	16 783.81	37.90	软件	21.00	1986-03-13
3	亚马逊	3 256.93	16 382.36	76.80	互联网与售货目录零售	18.00	1997-05-14
4	谷歌（Alphabet）-A	1 752.64	11 834.21	29.39	互联网软件与服务Ⅲ	85.00	2004-08-19
5	谷歌（Alphabet）-C	1 751.88	11 829.08	29.38	互联网软件与服务Ⅲ	566.53	2014-03-27
6	Facebook	273.16	7 782.33	26.70	互联网软件与服务Ⅲ	38.00	2012-05-18
7	特斯拉	705.67	6 774.43	939.59	汽车	17.00	2010-06-29
8	阿里巴巴	232.73	6 309.59	27.54	互联网与售货目录零售	68.00	2014-09-19
9	台积电	109.04	5 654.90	31.10	半导体产品与半导体设备	24.78	1997-10-08
10	VISA	218.73	4 269.61	39.29	信息技术服务	44.00	2008-03-19

资料来源：根据彭博公开数据统计。

也正是在这些新兴产业牛股不断产生的大背景下和放大的财富效应之下，长期以来，资本市场对 TMT 等新兴行业的投资热情总是很高，市场给予这些行业和个股的市盈率也总是高于其他行业。

8.3.2　我国新兴产业成长性现状

近年来，我国新兴产业获得了快速成长。以平安战略新兴产业 500 只样本股为例，我们对其成长性也进行了梳理，数据显示，正增长年数占财报年数 80% 以上的有 324 只，占比 65%，其中，143 只所有财报年数都获得正增长，占比 29%，有 56 只获得正增长的个股增长在 20% 以上，46 只 80% 以上财报年份是连续 20% 以上增速。

表 8-5 我国新兴产业高成长股 TOP30

证券代码	证券简称	所属申万行业	财报年数（年）	正增长年数（年）	正增长比例（%）	增长 20% 以上年数（年）	连续增长 20% 以上年数（年）
600089.SH	特变电工	电气设备	19	19	100	16	14
600582.SH	天地科技	机械设备	14	13	93	13	13

续表

证券代码	证券简称	所属申万行业	财报年数（年）	正增长年数（年）	正增长比例（%）	增长20%以上年数（年）	连续增长20%以上年数（年）
600458.SH	时代新材	化工	14	14	100	12	12
600298.SH	安琪酵母	农林牧渔	16	16	100	12	11
000826.SZ	桑德环境	公用事业	19	14	74	12	10
000930.SZ	中粮生化	农林牧渔	17	15	88	11	10
002065.SZ	东华软件	计算机	10	10	100	10	10
000939.SZ	凯迪电力	公用事业	17	12	71	10	9
002063.SZ	远光软件	计算机	10	10	100	9	9
600169.SH	太原重工	机械设备	18	15	83	10	9
000957.SZ	中通客车	汽车	17	15	88	11	8
002123.SZ	荣信股份	电气设备	10	9	90	8	8
600309.SH	万华化学	化工	16	14	88	12	8
600718.SH	东软集团	计算机	20	20	100	9	8
000410.SZ	沈阳机床	机械设备	20	13	65	8	7
002028.SZ	思源电气	电气设备	12	11	92	8	7
002038.SZ	双鹭药业	医药生物	12	12	100	9	7
002192.SZ	路翔股份	化工	9	8	89	7	7
002340.SZ	格林美	有色金属	7	7	100	7	7
002353.SZ	杰瑞股份	机械设备	7	7	100	7	7
002410.SZ	广联达	计算机	7	7	100	7	7
002415.SZ	海康威视	计算机	7	7	100	7	7
300017.SZ	网宿科技	通信	7	7	100	7	7
300020.SZ	银江股份	计算机	7	7	100	7	7
300026.SZ	红日药业	医药生物	7	7	100	7	7
600066.SH	宇通客车	汽车	19	18	95	12	7
600100.SH	同方股份	计算机	19	17	89	10	7
600320.SH	振华重工	机械设备	19	17	89	13	7
600366.SH	宁波韵升	有色金属	16	11	69	10	7
600596.SH	新安股份	化工	16	15	94	9	7

(1) 行业特征

从行业分布特征来看，我国新兴产业高成长股主要分布在TMT、生物医药和环保3个领域。在80%以上财报年份连续增长20%以上的46只个股中，25只个股属于TMT行业，占比54%；9只个股属于生物医药行业，占比20%；还有6只个股属于节能环保行业，占比13%。各个行业成长又有自己的规律，下面我们以TMT行业为例，来进一步说明各个细分行业高成长股的特征。

中国的科技股也自 2000 年互联网泡沫破灭后悄然萌芽并发展。目前,信息技术产业已成为我国新经济增长的重要引擎。根据 A 股周期规律,我们将科技股自 2000 年至今划分为三个时间段,来研究每个时间段涨幅最高的 10 只股票的特点(见表 8－6)。我们会发现中国科技股走势的三个特点:

第一,科技股的涨幅由最初的计算机应用逐步向互联网、传媒变迁。

第二,这三个时期涨幅前 10 名的科技类公司的重复率极其低,30 只股票中只有两对重合,意味着中国科技股的涨幅往往只能维持在一个时间段内,而无法持续上涨。

第三,科技股一段时间内的涨幅就奠定了其较长时间内的涨幅程度,表明在过了成长期后公司股价没有继续出现大幅上升。

表 8－6　　　　　2000 年至今科技股不同时期涨幅 TOP10 个股

2000—2005 年涨幅		2006—2010 年涨幅		2011 年至今涨幅	
证券简称	所属行业	证券简称	所属行业	证券简称	所属行业
宝信 B	计算机应用	恒生电子	计算机应用	旋极信息	计算机应用
海虹控股	互联网传媒	鹏博士	互联网传媒	上海钢联	互联网传媒
浪潮软件	计算机应用	国电南瑞	电气自动化设备	金证股份	计算机应用
广电网络	文化传媒	用友软件	计算机应用	网宿科技	通信设备
宝信软件	计算机应用	华东电脑	计算机设备	朗玛信息	计算机应用
中电广通	计算机设备	佳都科技	计算机应用	银之杰	计算机应用
浙大网新	计算机应用	电广传媒	文化传媒	万达信息	计算机应用
中信国安	综合	宝信 B	计算机应用	飞利信	计算机应用
华东电脑	计算机设备	东软集团	计算机应用	卫宁软件	计算机应用
星美联合	综合	综艺股份	综合	东方财富	互联网传媒

(2) 成长期特征

从成长期特征来看,第一,我国新兴产业与美国新兴产业类似,每只成长股也只有一个成长期,经过成长期后,营业收入很难再连续保持大于 20% 的增长速度,尤其是成长期 9 年以上的个股成长期后最多只有 1 次增速大于 20% 以上的情形;即使成长期在 7—9 年的个股之后增速大于 20% 的情况最多也只保持 2 年。不过振华重工是个例外,在一个长达 7 年的成长期后时隔一年再次延续了 5 年的 20% 以上高速增长的成长期,这可以说其 2002 年的调整并不是成长期的结束,只是暂时受外部环境的影响,该案例也说明成长期持续时间一般在 7 年以上,连续 2 年低于 20% 才算是成长期结束。第二,我国新兴产业上市公司大部分在上市前就已经进入成长期,除了沈阳机床和桑德环境在上市 4 年以后才开始进入成长期之外,其余 28 只成长股有 24 只在上市日期之前的 1—3 年之内已经开始高速成长，还有 4 只在上市之后第 1 年或第 2 年也进入成长期。

（3）市场特征

在市值方面，除了海康威视，其他个股成长爆发前市值都较小，63%的个股市值在 30 亿元以内，剩余的除了海康威视外市值都在 100 亿元以内。与美股一样，中国高成长股财务数据的变化大致与股价走势一致，因此财务数据只是支持股价上升的催化剂。不过，不同于美国，我国高成长股财务数据与股价走势也有自己的特征：第一，中国新兴产业科技公司业绩变动趋势过于剧烈；第二，中国新兴产业科技类公司往往会出现股价先于业绩增长的特点；第三，中国新兴产业科技类公司财务增速也出现高位回落的趋势；第四，部分股价涨幅较高的公司业绩并不可观。

9. 市值管理百强榜分析

9.1 市值管理排行榜

截至2020年8月,标普500指数中前五大科技股的市值占比超过23%,前10大成分股公司市值之和在该指数总市值中占比更接近30%,这是至少40年来的最高占比,高于2019年底的22.7%。全球60个交易所近5 000家上市科技公司的市值最高的100家科技巨头总市值达11.18万亿美元,其中排名前10家科技巨头总市值达5.59万亿美元,占比达51%。中国有13家公司上榜,其中TOP10里,腾讯、阿里纷纷上榜,成为中国最靠前的科技公司(见表9-1)。

表9-1　　　　　　　2019年全球科技公司市值百强榜前10名

排名	公司简称	最新市值(亿美元)	2018年以来市值增长(%)	所属国家
1	微软	9 050	28.73	美国
2	苹果	8 960	5.28	美国
3	亚马逊	8 750	24.82	美国
4	Alphabet	8 170	13.63	美国
5	FACEBOOK	4 760	2.59	美国
6	阿里巴巴	4 720	0.42	中国
7	腾讯控股	4 380	-11.69	中国
8	英特尔	2 410	-0.82	美国
9	思科	2 380	14.98	美国
10	三星电子	2 340	-21.48	韩国

资料来源:根据公开资料整理。

9.2 市值管理的区域表现

科技进步是提升生产力和效率的最重要因素，生物科技和"TMT+先进制造"是当前科技创新的重要方向。伴随着全球科技竞争加剧，优秀科技公司成为全球交易所竞争的稀缺资源。2020年，五大科技股在美股总市值占比超过23%。全球科技股市值30强中，美国占据了18席，中国占6席（见表9-2）。

表9-2　　　　　　　　　全球科技公司市值30强的区域分布

所属区域	数量（家）	所属区域	数量（家）
美国	18	爱尔兰	1
中国	6	韩国	1
德国	1	日本	1
荷兰	1	印度	1

资料来源：根据公开资料整理。

2020年，在全球货币流动性充裕的背景下，资本市场一片火热，全球的独角兽数量和估值较2019年大幅上升，截至2020年末，全球独角兽公司数量达到16 430家，总估值达到515亿美元（见图9-1）。与此同时，也有多家独角兽成功上市，比较知名的有中国的陆金所、美国的民宿平台爱彼迎（Airbnb）、外卖平台Doordash、大数据分析公司Palantir和数据管理公司Snowflake等。

图9-1　2016—2020年全球独角兽的公司数量和总估值

资料来源：TechCrunch，CB Insights。

根据2021年1月初CB Insights网站上的统计，估值超过100亿美元的大型独角兽目前共有28家，较2019年增加了11家。估值最高的独角兽依然是中国的互联网企业字节跳动，其次是中国的共享出行公司滴滴出行，以及美国的商业航天航空公司SpaceX（见表9-3）。

表9-3　　　　　　　　　　2020年全球超级独角兽分布

排名	公司	估值（亿美元）	国家	行业
1	字节跳动	1 400	中国	互联网传媒、人工智能
2	滴滴出行	620	中国	交通运输—共享出行
3	SpaceX	460	美国	航空航天
4	Stripe	360	美国	金融科技
5	Roblox	295	美国	游戏
6	快手	180	中国	移动互联网、娱乐
7	Instacart	177	美国	供应链、物流运输
8	Epic游戏	173	美国	游戏
9	One97 Communications	160	印度	金融科技
10	猿辅导	155	中国	在线教育

资料来源：恒大研究院。

在独角兽企业的地域分布上，全球超过七成的独角兽公司在中美两国。美国拥有251家独角兽企业，占据了全球独角兽企业的近半数。中国大陆有122家独角兽，位列第二，其他拥有10家以上独角兽的国家包括印度（26家）、英国（25家）、德国（13家）和韩国（11家）。而若以独角兽估值为标准，美国和中国仍位列全球前两位，且由于中国平均每只独角兽的估值更高，在独角兽总估值上与美国的差距要小于在数量上的差距（见图9-2）。

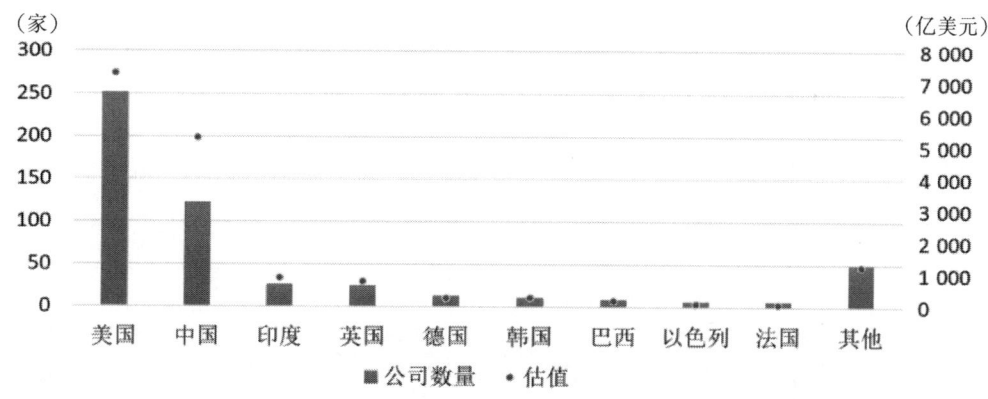

图9-2　2020年全球独角兽新生数

资料来源：恒大研究院。

独角兽分布在 15 个细分行业中。金融科技为最热门的领域，涌现了 75 家独角兽，互联网软件服务有 70 家公司上榜，电商直销有 65 家公司上榜（见图 9 – 3）。

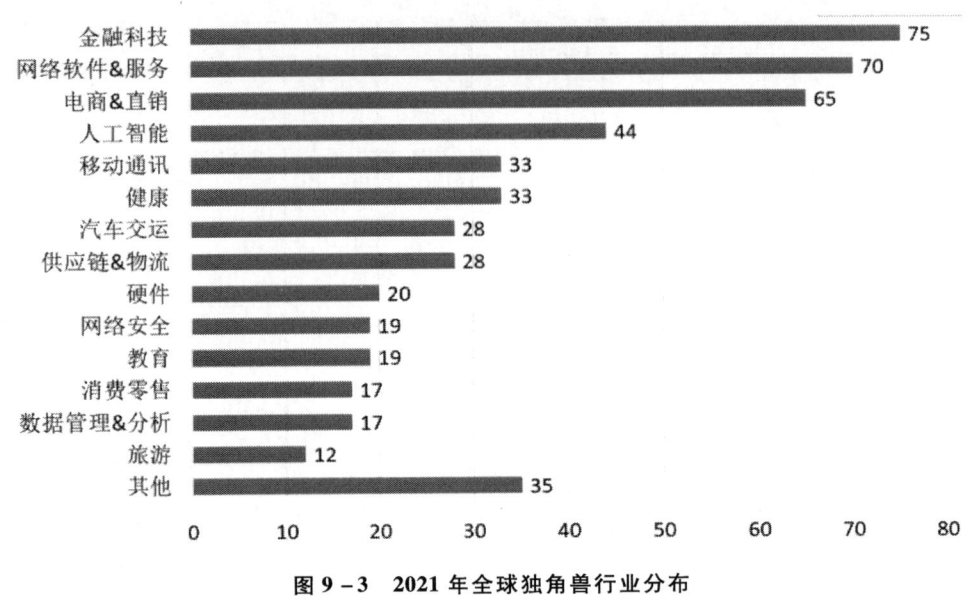

图 9 – 3　2021 年全球独角兽行业分布

从 2020 年中国独角兽企业区域分布来看，华北地区上榜 42 家，其中北京 39 家，天津 3 家；华东地区上榜 30 家，其中杭州 8 家，上海 20 家，南京 1 家，无锡 1 家；华南地区上榜 21 家，其中深圳 15 家，广州 5 家，珠海 1 家；西南地区上榜 6 家，成都 3 家，重庆 2 家，贵阳 1 家；西北地区上榜 1 家，为西安企业（见表 9 – 4）。

表 9 – 4　　　　　　　　2020 年中国独角兽企业市值排名前 100

排名	企业	成立时间	领域	地区	估值（亿元）
1	蚂蚁金服	2000.01	金融科技	杭州	13 860
2	字节跳动	2012.03	传媒娱乐	北京	5 200
3	小桔科技	2012.07	汽车出行	北京	4 000
4	陆金所	2011.09	金融科技	上海	2 700
5	菜鸟网络	2013.05	物流服务	深圳	2 000
6	快手科技	2015.03	传媒娱乐	北京	1 980
7	大疆创新	2006.11	硬件设备	深圳	1 660
8	微众银行	2014.12	金融科技	深圳	1 500
9	比特大陆	2013.01	区块链	北京	970
10	小屋信息	2017.11	房产服务	天津	690
11	车好多	2015.07	电商零售	北京	620
12	京东数科	2012.09	金融科技	北京	608

续表1

排名	企业	成立时间	领域	地区	估值（亿元）
13	苏宁金融	2006.12	金融科技	上海	560
14	商汤科技	2014.11	人工智能	北京	520
15	云杉世界	2014.12	电商零售	北京	480
16	满帮集团	2017.12	物流服务	贵阳	450
17	威马汽车	2016.12	汽车出行	上海	410
18	微医云	2016.03	医疗健康	杭州	380
19	优必选	2012.03	人工智能	深圳	350
20	柔宇科技	2012.05	硬件设备	深圳	350
21	联影医疗	2011.03	医疗健康	上海	330
22	自如	2015.01	房产服务	北京	310
23	橙行智动	2015.01	汽车出行	广州	280
24	知乎	2011.06	传媒娱乐	北京	240
25	喜马拉雅	2012.08	传媒娱乐	上海	240
26	奇安信	2014.06	信息技术	北京	230
27	云从科技	2015.03	人工智能	广州	230
28	银联商务	2002.01	金融科技	上海	220
29	小船出海	2015.06	教育服务	北京	200
30	猿力教育	2012.03	教育服务	北京	200
31	小红书	2013.08	电商零售	上海	200
32	优客工场	2015.04	企业服务	北京	180
33	奇点汽车	2014.01	汽车出行	上海	200
34	每日优鲜	2014.01	电商零售	北京	200
35	度小满	2016.04	金融科技	西安	200
36	地平线	2015.07	人工智能	深圳	200
37	搜车网	2012.11	汽车出行	北京	200
38	深兰科技	2012.08	人工智能	上海	200
39	车和家	2015.04	汽车出行	北京	200
40	爱回收	2010.05	电商零售	上海	170
41	寒武纪元	2014.09	人工智能	北京	170
42	拜腾汽车	2017.12	汽车出行	南京	170
43	准时达	2010.01	物流服务	成都	170
44	依图科技	2012.09	人工智能	上海	150
45	葆扬投资	2013.04	电商零售	广州	150
46	呼哧智能	2015.06	金融科技	杭州	150
47	麒麟合盛	2014.09	软件服务	北京	120

续表2

排名	企业	成立时间	领域	地区	估值（亿元）
48	马蜂窝	2007.11	旅游服务	北京	140
49	新潮传媒	2007.04	传媒娱乐	成都	140
50	同盾科技	2012.01	企业服务	杭州	140
51	八戒网络	2006.01	企业服务	重庆	120
52	小马智行	2016.12	人工智能	北京	117
53	魅族	2003.03	硬件设备	珠海	100
54	影谱科技	2009.12	人工智能	北京	100
55	小猪短租	2012.07	房产服务	北京	100
56	土巴兔	2008.07	房产服务	深圳	100
57	涂鸦科技	2014.06	人工智能	杭州	100
58	途家网	2011.07	旅游服务	天津	100
59	纳恩博	2013.06	硬件设备	天津	100
60	曹操专车	2015.05	汽车出行	杭州	100
61	一点资讯	2013.08	传媒娱乐	北京	100
62	数梦工场	2015.03	信息技术	杭州	100
63	便利蜂	2016.11	电商零售	北京	100
64	博鳌纵横	2013.07	企业服务	广州	100
65	氪空间	2013.01	企业服务	北京	90
66	丰巢科技	2015.04	物流服务	深圳	90
67	钱大妈	2014.05	电商零售	广州	90
68	奥比中光	2013.01	人工智能	深圳	90
69	花椒直播	2014.12	传媒娱乐	北京	85
70	悦畅科技	2012.01	汽车出行	北京	84
71	第四范式	2014.09	人工智能	深圳	83
72	云知声	2012.06	人工智能	北京	80
73	松鼠AI 1对1	2015.06	人工智能	上海	80
74	联易融	2016.02	金融科技	深圳	70
75	找钢网	2012.03	电商零售	上海	70
76	越海全球	2012.03	物流服务	深圳	70
77	医联	2014.06	医疗健康	成都	70
78	一起作业	2013.04	教育服务	上海	70
79	洋码头	2009.08	电商零售	上海	70
80	图森未来	2016.12	人工智能	北京	70
81	特斯联	2015.12	人工智能	重庆	70
82	碳云智能	2015.01	医疗健康	深圳	70

续表3

排名	企业	成立时间	领域	地区	估值（亿元）
83	随手科技	2011.07	金融科技	深圳	70
84	首约科技	2015.01	汽车出行	北京	70
85	诺禾致源	2011.03	医疗健康	北京	70
86	圆心科技	2015.03	医疗健康	北京	70
87	花旺在线	2011.08	电商零售	北京	70
88	淘友天下	2012.01	企业服务	北京	70
89	华云数据	2013.01	信息技术	无锡	70
90	沪江教育	2009.03	教育服务	上海	70
91	酒仙网	2014.08	电商零售	北京	70
92	易动纷享	2013.06	软件服务	北京	70
93	羽扇智	2012.08	人工智能	上海	70
94	适赫物流	2010.08	物流服务	上海	70
95	辣妈帮	2012.01	电商零售	深圳	70
96	贝贝集团	2017.06	电商零售	杭州	70
97	斑马网络	2015.11	人工智能	上海	70
98	初速度	2016.07	人工智能	北京	70
99	汇通天下	2011.02	人工智能	北京	70
100	连尚网络	2013.01	软件服务	上海	70

资料来源：根据公开资料整理。

9.3 重点行业、企业表现

大批优质独角兽企业上市，改善A股市场行业结构。截至2020年12月31日，A股市场共有上市公司4 154家，代表新经济的高质量上市公司数量占比较少（信息技术行业上市公司354家）。在行业市值分布中，仍以金融、工业和原材料等占比较高，而新经济板块的市值占比相对较低（见图9-4）。独角兽企业广泛分布于18个领域，其中电子商务、互联网金融、大健康、文化娱乐和物流成为独角兽集中爆发领域，数量占比达到56%。独角兽企业代表了新技术、新产业、新业态、新模式的发展方向，充分体现了新经济的特征。因此，大批优质独角兽企业上市，有助于改善A股市场的行业结构分布，提升市场质量。

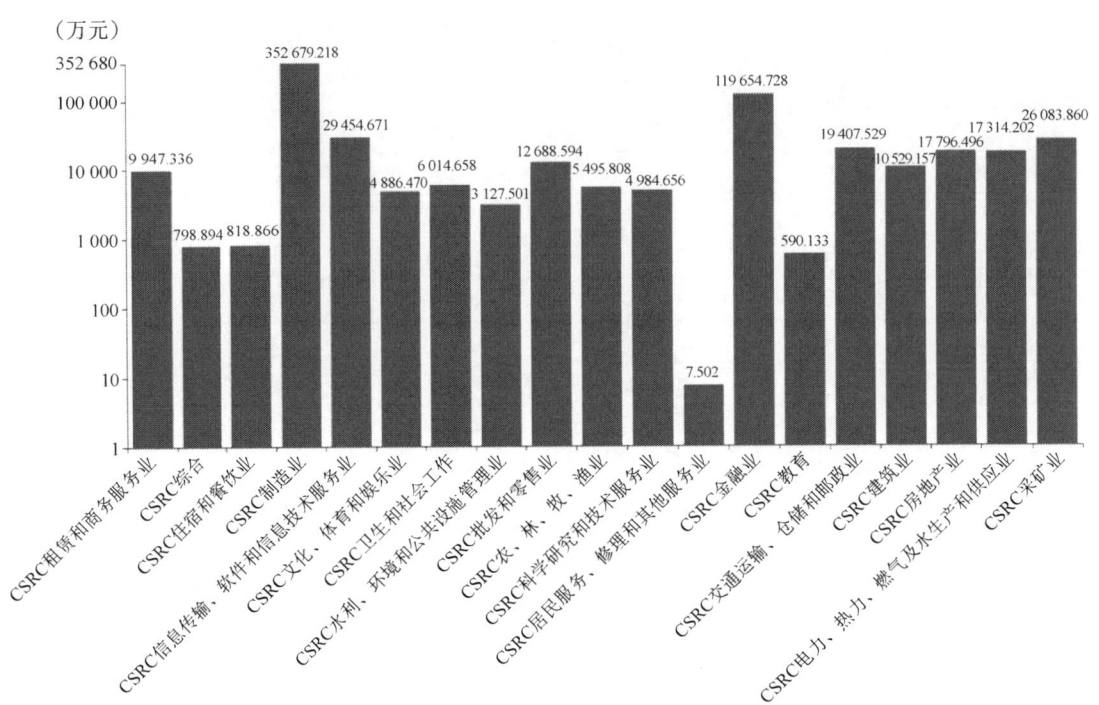

图9-4　2020年A股行业市值分布

资料来源：Wind，截至2020年12月31日。

从独角兽所在行业分布来看，截至2020年12月31日，我国共有264家独角兽，其中超61.9%独角兽估值在10亿—20亿美元之间（见图9-5）。2020年中国新增46家独角兽企业，同比上涨了21.66%，这背后是2012—2015年一些创业公司的快速成长，也是资本市场马太效应的结果。在2017年之后，整个资本市场的特点越来越显现出。其中2017年、2018年是独角兽公司增速最大的两年，人工智能、新能源造车这两个赛道频繁获得超大额融资，快速催生了大量独角兽，目前这264家中国独角兽企业总估值达到了1.25万亿美元，并且资金持续向头部集中，出现所谓的超级独角兽。超级独角兽的门槛是100亿美元估值，目前中国有14家企业估值超过100亿美元，这些企业的估值总额占所有独角兽总估值的56%。

电商行业方面，代表性独角兽有估值150亿美元的SheIn领添科技。此外，2020年受到疫情影响，以社区团购为代表的赛道成为风口，这使得整个生鲜电商领域进入快车道，除了美菜网、每日优鲜这些原本的电商独角兽外，谊品生鲜、兴盛优选、同程生活、十荟团等纷纷进入独角兽俱乐部；工业品电商赛道中，震坤行工业品超市和京东工业品狭路相逢，两家估值都在20亿美金左右。

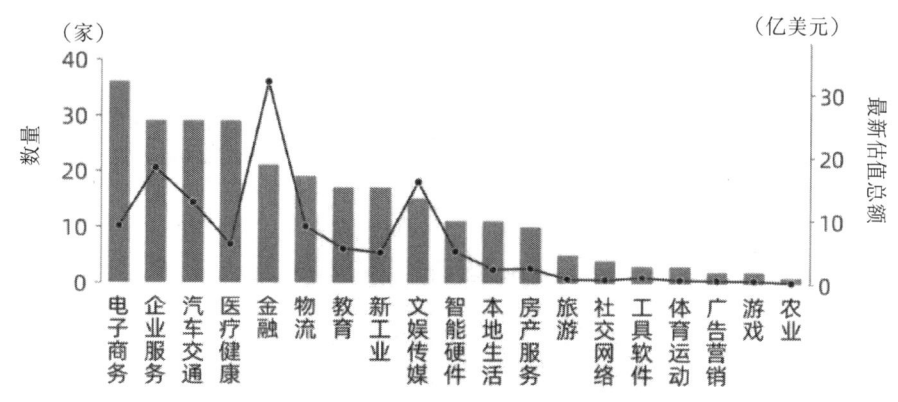

图 9-5 2020 年中国独角兽行业分布

资料来源：公开资料整理。

企业服务方面，独角兽数量排名第二，其中包含的子领域有人工智能、云服务、大数据、物联网、SaaS 等热门赛道等。AI 领域知名的独角兽有商汤科技、旷视科技、云从科技、明略科技、第四范式、依图、云天励飞等；云服务领域有阿里云、七牛云、浪潮云等独角兽；大数据企业有九次方大数据、华云数据等。

汽车交通方面，细分领域包括电动汽车整车、自动驾驶、车载操作系统、二手车交易、汽车后市场等。在汽车交通领域的独角兽中，目前估值最高的是滴滴出行，估值 580 亿美元。其次是车好多、小马智行、威马汽车、哈啰出行、大搜车、零跑汽车、滴滴自动驾驶等。

生物制药与技术方面，在疫情发生之前，生物制药与技术这个领域已经持续获得资本市场的关注。2020 年初的新冠肺炎疫情暴发，更是进一步刺激了这个领域的创投热潮的爆发。再加上科创板对于生物医药企业的开放与友好。2020 年中国新增的 10 亿美金独角兽中就有至少 10 家为生物医药企业，如和铂医药、云顶新耀、晶泰科技等。

芯片半导体方面，在全球去中心化、贸易摩擦与国产替代化的大背景下，芯片半导体产业成为资本市场的焦点。尤其是 2020 上半年国家提出新基建概念后，芯片半导体项目猛增，各地方政府、大型公司和风险投资人闻风而动，纷纷入场布局。2020 年内，紫光展锐、比亚迪半导体、ESWIN 奕斯伟、SmartSens 思特威、艾派克微电子等公司估值超过了 10 亿美元。

10. 行业分析

10.1 节能环保产业

10.1.1 高效节能产业

(1) 高效节能通用设备制造

2020年全国口径发电量7.62万亿千瓦时,比上年增长4%,约合93.6亿吨燃煤,全年排放二氧化碳103亿吨,无论是对经济增长还是对环境保护都造成极大压力。21世纪以来,我国能耗平均年增长率为3%,但由于基数巨大,每年二氧化碳排放量已超美欧总和。在未来全面建成小康社会的攻坚阶段,资源的开发利用难以支撑如此高的能耗增长,高效节能设施的开发已成为重大研究方向。

电机广泛应用于工业、商业、农业、家用等各个领域。根据发改委调查结果,我国电机用电量占国内总用电量60%以上,主要用电设备为风机、泵类、压缩机、空调制冷机等。电机耗能占工业用电比例非常之大,因此提高电机系统的能效水平对节能减排有着重要意义。一般认为,电机效率每提高6%,可节能3%,我国提高电动机能效标准和推广高效电机每年可节电超过1 000亿千瓦时,相当于重庆市2018年全年电能消耗量,同时减少二氧化碳排放量1亿吨。目前我国电动机电能效率与美国高效电动机相比低3%左右,部分性能较好产品虽与国外先进产品能效相当,但只占市场10%左右。风机、泵机、压缩机等产品效能也普遍比发达国家低2%—4%。此外我国节能系统运行效率低、变频调速电机系统占比少,高效节能电机开发还有巨大空间。结合我国实际生产建设需要和国际经验,空气压缩机的节能潜力在10%—40%,泵系统节能潜力在20%—30%,风机系统节能潜力在20%—50%,此三项占据全国耗电量半壁江山，若能进一步推广落实电机节能，"十四五"期间我国单位GDP能耗能够再下降20%。

中国内燃机产量约占全世界1/3，约7600万台。国内有超过4700家企业生产各型号内燃机，主要产品是乘用车、发电机、船舶、铁路机车及国防工业等。2012年乘用车保有量约8200万辆，2018年已超过2.4亿辆，消耗商品燃油从2.81亿吨/年，提高到7亿吨/年。内燃机排气中二氧化碳排放量占全国总量的10%，氮氧化物占全国排放总量的30%，而全国颗粒物排放量中大约20%来自内燃机，若能有效控制石油中的硫含量，即能够有效降低污染物排放。对此内燃机的高效节能升级正在从多个方面进行。首要问题是解决核心动力，我国的中低速柴油机已经达到世界先进水平，但燃气轮机领域与世界前沿还存在较大差距，目前国家每年投资200亿元，正在逐渐缩小与通用、罗斯罗伊斯、普惠等传统发动机制造巨头的差距。针对现有3亿台保有内燃机的更新问题，工信部已经列出了淘汰名录，减少重污染低技术产品的继续开发。同时以重点专项工程为牵引，掌握核心制造和关键工艺技术，近年来顺利突破了多项关键零部件制造瓶颈，建立了先进的制造体系，打造了中航发、广西玉柴、沪东重机等一批优势企业，实现内燃机产业升级转型。为进一步促进供给侧结构性改革，淘汰落后产能，2017年中国机械工业联合会出台了绿色设计产品技术规范，同时还对内燃机制造设置了注册资金、产量规模、研发队伍、装备水平、销售服务等五大门槛，进一步规范了内燃机制造的节能转型。

（2）节能研发与技术服务

高效节能不仅在设备源头，还在传输使用中需要广泛应用。我国广阔的农村地区，电网系统长期存在分散、发展不平衡、季节波动较大等特点，电能输送单位损耗率远高于城市电网。因此农村电网的节能改造有着巨大潜力。优化使用节能设备、节能技术和节能管理手段，是农村电网节能降损的主要手段。技术上主要围绕经济运行、节能设备应用、需求侧管理等方面展开。优化网络结构，缩短供电半径是降低电损耗的基本手段，除现有常规供电模式外，目前还可以在局部地区采用20千伏供电网络、单线单变、线路环网供电模式和单向配点等方式实现供电网络的进一步优化。结合节能型配电变压器的使用，线损管理技术和需求侧管理技术能够进一步降低农村电网的供电损耗，从而达到整体的高效节能农村供电。

10.1.2 资源循环利用产业

（1）循环再利用综合体系建设

在中国经济摒弃粗暴高增长模式后，随着结构调整和信息技术革命，经济增长新常态的模式孕育出更多新兴增长点，尤其是以互联网产业化和工业智能化为动力的领域，新的工业革命已经渗透到全产业链的每个角落。企业在产业革命中不断追求效率提高，资源再利用，进而推动了原有不同产业的相互融合。资源循环利用产业的发展，正是产业融合的风向标。

新技术和新服务不断涌现，催生了一批全新的消费需求，从而推动市场上的企业不断调整自身的产品和服务结构，生产要素的跨领域融合，必然对以往的资源利用模式进行大规模的改造。这种改造不再以单一追求超额利润为导向，而是为了更高效紧凑的使用有限资源，使得产业链条更加延伸，从根本上解决污染与生产的矛盾、成本和效益的矛盾，也为企业在不断变革的产业升级中保驾护航。

新的产业体系建设需要资源循环再利用，完善回收体系、物流体系、仓储空间、销售渠道等一系列环节，原本大量不相关或产业链条不相交的行业将会迅速走到一起，创造出新的生产体系。逆向生产的过程也是对资源循环利用的有力促进。例如汽车拆解行业在钢铁、冶金、橡胶、石化多项资源整合利用下，才能物尽其用，变废为宝。当资源循环再利用充分渗透到各行各业，新兴产业融合发挥应有功效，原本单一来源的资源回收就能够实现规模化，突破小规模回收的成本难题，真正实现市场化运作，健康有序发展。

（2）电子废弃物循环再利用

电子废弃物中的砷、铬、铅、镉等物质能够长期以稳定化合态存在，进入土壤或水循环后对农作物、地下水、动物和人类健康造成极大危害。现有回收利用体系也仅是拆解部分零部件，并将其余部分焚烧处理，残余有害物质和燃烧产生的废气日积月累，同样对环境造成非常大的损害。

目前我国电子废弃物回收体系不健全，总体投入不足。相比发达国家政府拨款占相关研究经费的50%—80%，我国在电子废弃物回收利用方面投入明显偏少，导致低技术水平的回收项目无法产生相应的经济价值，进一步制约了长远科研经费的投入。同时配套政策和宣传力度也不够，回收网点不能满足实际需求。为此我国正在逐步建立健全一套电子废弃物循环再利用体系。

首先在源头上建立企业内部消化模式，尽量减少有毒有害物质排放和产生，最大限度地提高可再生资源利用程度。其次建立区域生态工业园模式，按照工业生态学原理，形成产业间的代谢和共生耦合关系，让一家企业的废气废水成为园区内其他企业的原料和能源。随着法律法规不断完善，地方政府逐步建立起逐级配套分拣站，电子废弃物的循环再利用将创造出更多新型的生产方式和经济增长点。

（3）生物质能源循环再利用

生物质能是仅次于化石能源的消耗能源，但同时也有大量生物质能因为回收不当而流失，并造成环境负担。秸秆是我国农村种植农作物产生的大量廉价生物质，因为其生产存在较大周期性，如果能和其他能源形成削峰填谷，对于山区生产生活将大有裨益。在我国西部一些地区推出了生物质能源协同水力发电的多产业融合方法，较好地将水利、发电、生物质能源和农业4个产业相融合，保证两种可再生能源的常年稳定供应，形成一种以不间断发电为主，可再生资源和能源充分发挥作用的协同作业，以当地水资源的季节性变化为生产节奏，调节植物厌氧发酵为沼气的时间，使得枯水期的电能输出缺口由生物质能填补，确保当地电力供应持续稳定，有力地推动了当地农村的发展和建设。

10.2 新一代信息技术产业

新一代信息技术产业包括集成电路及专用装备、信息通信设备、操作系统及工业软件三个子行业。对于集成电路及专用装备，着力提升集成电路设计水平，不断丰富知识产权（IP）核和设计工具，突破关系国家信息与网络安全及电子整机产业发展的核心通用芯片，提升国产芯片的应用适配能力；掌握高密度封装及三维（3D）微组装技术，提升封装产业和测试的自主发展能力；形成关键制造装备供货能力。对于信息通信设备，掌握新型计算、高速互联、先进存储、体系化安全保障等核心技术，全面突破5G技术、核心路由交换技术、超高速大容量智能光传输技术、"未来网络"核心技术和体系架构，积极推动量子计算、神经网络等发展。研发高端服务器、大容量存储、新型路由交换、新型智能终端、新一代基站、网络安全等设备，推动核心信息通信设备体系化发展与规模化应用。对于操作系统及工业软件，开发安全领域操作系统等工业基础软件。突破智能设计与仿真及其工具、制造物联与服务、工业大数据处理等高端工业软件核心技术，开发自主可控的高端工业平台软件和重点领域应用软件，建立完善工业软件集成标准与安全测评体系。推进自主工业软件体系化发展和产业化应用。目前，信息技术对中国GDP增长的贡献率达到40%，而美国已超过70%，国内新一代信息技术产业的市场空间巨大。《中共中央关于制定国民经济和社会发展第十四个五年规划和二〇三五年远景目标的建议》明确提出加快壮大发展战略性新兴产业，未来5年，战略性新兴产业增加值占GDP比重将达到20%左右，成为"十四五"时期推动经济高质量发展的支柱性产业。

据中国半导体协会统计，新一代信息技术产业3个子行业的产值增速如表10-1所示。从表中2018—2020年复合增速数据可以看出，新一代信息技术产业总体上处于稳定成长期，集成电路及其专用设备行业处于加速成长期，信息通信设备和操作系统及工业软件行业处于稳定成长期。其中，集成电路及专用装备领域，到2020年集成电路产业与国际先进水平的差距逐步缩小，全行业销售收入年均增速超过20%，移动智能终端、网络通信、云计算、物联网、大数据等重点领域集成电路设计技术达到国际领先水平，16nm/14nm制造工艺实现规模量产，封装测试技术达到国际领先水平；到2030年，集成电路产业链主要环节达到国际先进水平，一批企业进入国际第一梯队，实现跨越式发展。信息通信设备领域，到2020年通信设备产业技术和产业能力进入世界强国行列，形成较为完整的产业体系和创新体系。其中，无线移动通信成为5G国际标准、技术和产业的主导者之一；到2025年通信设备产业体系更加完整，创新能力和整体实力大为增强，产业综合实力位列世界强国前列。特别是移动通信系统设备、移动终端芯片产业均进入国际第一阵营，移动通信测试仪表实现国内领先和国际市场突破。本土国产光通信设备具有满足国际市场60%的供给能力，光通信设备关键元器件实现国产化突破。本土国产路由器与交换机产业进入国际第一阵营，具备满足国际市场25%的供给能力。操作系统及工业软件领域，到2020年，突破部分关键核心技术，基本形成中国工业软件技术标准与生态体系，中低端市场占有率超过30%。聚焦生产效率提升与服务型制造，自主"云端"+"终端"工业大数据系统在重点行业的应用普及率超过40%。到2025年，绝大部分核心技术取得突破，形成安全可靠的操作系统与工业软件及其标准体系，自主工业软件市场占有率超过50%，形成3—5个达到国际水准的工业互联网平台以及基于智能化互联产品和自主工业软件的工业互联网。

表10-1　　　　　　　　新一代信息技术产业及其子行业产值增速　　　　　　　（单位：%）

行业类别	2018—2020年产值复合增速	2020年	2019年	2018年
信息通信设备	20	7	13	19
操作系统及工业软件	21	10	15	16
集成电路及专用装备	28	17	16	21
合计	22	11	15	19

资料来源：Wind，中国半导体协会。

上述3个子行业又包含多个板块，各板块代表性公司所处的生命周期能够从侧面验证各板块的生命周期。根据主营业务收入增长率法和现金流组合法，判断各公司的生命周期如表10-2所示。对于根据增长率法和现金流法判断结果不一致的公司，以增长率法的判断结果为主，并考虑现金流入流出的显著性和最近一年的营业收入增速，给出综合判断结果。成长行业中的成长板块下的成长型公司是优秀的投资标的。

表 10-2　　各板块代表性公司所处生命周期

子行业	板块	代表公司	2018—2020年营业收入复合增速（%）	2018—2020年合计经营、投资、筹资现金流组合	生命周期
集成电路及专用装备	设计	纳思达	-2.80	+ - -	早期成长期
	材料	上海新阳	13.69	+ - +	稳定成长期
	封测	华天科技	6.14	+ - +	早期成长期
	IDM	紫光国微	21.37	+ - +	加速成长期
	装备	北方华创	39.67	+ - +	加速成长期
信息通信设备	无线设备	盛路通信	6.13	+ - +	早期成长期
	专网通信	海能达	4.51	+ - -	成熟期
	北斗导航	北斗星通	18.03	+ - +	稳定成长期
	光通信	紫光股份	15.18	+ - -	成熟期
	广电设备	数码视讯	-9.93	+ - +	早期成长期
	主设备	中兴通讯	-2.31	+ - +	早期成长期
	网络优化	国脉科技	-34.01	+ + -	淘汰期
操作系统及工业软件	数据监控类	国电南瑞	16.74	+ - -	成熟期
	产品研发类	中国软件	14.44	+ - -	成熟期
	生产控制类	浪潮软件	0.68	+ - -	成熟期
	生产管理类	用友网络	10.35	+ - -	成熟期
	操作系统	中国软件	14.44	+ - -	成熟期

资料来源：Wind，中国半导体协会。

10.3　生物医药产业

生物医药及高性能医疗设备产业包括化学原料药、化学制剂、中药饮片、中成药、兽用药品、生物制药、医疗器械等子行业。对于生物医药及高性能医疗器械产业，发展针对重大疾病的化学药、中药、生物技术药物新产品，重点包括新机制和新靶点化学药、抗体药物、抗体偶联药物、全新结构蛋白及多肽药物、新型疫苗、临床优势突出的创新中药及个性化治疗药物。提高医疗器械的创新能力和产业化水平，重点发展影像设备、医用机器人等高性能诊疗设备，全降解血管支架等高值医用耗材，可穿戴、远程诊疗等移动医疗产品。实现生物3D打印、诱导多能干细胞等新技术的突破和应用。

生物医药制造产业各子行业产值增速如表10-3所示。从表10-3中可以看出，除了中药饮片处于衰退期外，其他子行业都处于稳定成长期和加速成长期。当前中国已经进入老龄化社会，65 岁及以上的人口超过 1.2 亿，卫生健康是中国面临的重大挑战，医疗技术的进步和人民群众对健康需求的迅速增长，也对中国新药创制提出新的需求。近几年医保和医改的不断推进促使生物医药行业快速发展。进入后医改时代，医保全覆盖后，医保控费、反商业贿赂、经济增速放缓等因素叠加，医药行业增速放缓不可避免。但是医药行业的持续创新带来的行业扩张、人口老龄化和居民生活水平提高带来的需求提升，都使医药行业能保持较快的发展速度。根据国家和有关部门对生物医药行业的发展规划，目标是到 2025 年基本实现药品质量标准和体系与国际接轨；发展针对十种重大疾病的化学药、中药、生物技术药物新产品，实现 30—35 个创新药物产业化；10—15 个中国自主产权新药通过 FDA 或欧盟认证，进入国际市场；建设完善和支持对外服务的国家药物创新体系，形成国际视野的高水平创新团队，推动中国医药国际化发展战略。高性能医疗器械方面年工业产值达到 1.2 万亿元，医疗器械常规产品功能与技术性能步入国际先进水平，核心部件国产化率达到 85%，形成 6 个产值超千亿元的产业集群，在前沿技术、质量方面与国际先进水平之间的差距缩小到 5 年左右。从生物医药、高性能医疗设备及化学制剂产业代表公司来看（见表 10 - 4），大多数公司营业收入保持稳定增速，除了处于成熟期的普洛药业和处于淘汰期的云南白药外，其余公司均处于成长期。

表 10 - 3　　　　　　　　生物医药及高性能医疗设备产业产值增速　　　　　　　　（单位:%）

子行业	中药饮片	化学制剂	中成药	医疗器械	生物制药	兽用药品	化学原料药
2018 年	11	23	21	15	33	8	18
2019 年	-28	11	10	11	21	-9	9
2020 年	-43	-1	-5	54	37	27	5
复合增速	-33	15	12	40	48	12	16

资料来源：Wind。

表 10 - 4　　　　生物医药及高性能医疗设备各子行业代表型公司生命周期

子行业	代表公司	2018—2020 年营业收入复合增速（%）	2018—2020 年合计经营、投资，筹资现金流组合	生命周期
化学原料药	普洛药业	13.38	+ - -	成熟期
中药饮片	新天药业	3.28	+ - +	早期成长期
中成药	云南白药	10.43	+ + -	淘汰期
生物制药	中源协和	14.84	+ - +	稳定成长期
医疗器械	复星医药	17.81	+ - +	稳定成长期
化学制剂	恒瑞医药	26.09	+ - -	稳定成长期

资料来源：Wind。

"新基建"这一词在疫情期间广泛曝光于社会媒体,它是中国超前的基础建设的受益者,既拉动投资又推动消费。根据清科资本合伙人预测,医疗基础设施建设的升级将带来接近万亿元的市场投资空间,在诊断、治疗领域以医院为主要载体的产业升级,市场空间超过 5 万亿元;关于国民健康水平的升级,市场空间约为 16 万亿元。在新基建的七大领域中,有 3 个领域与医疗相关,分别是人工智能、工业互联网和大数据中心,分别对应的投入规模达 2 216 亿元、1 056 亿元和 600 亿元,预计新基建在医疗健康方面的投入约占 1/3。2018 年,国家对医疗卫生基础建设的投入为 3 000 亿元,以 20% 的速度增长至 2019 年近 4 000 亿元,未来医疗领域的持续增长效应将叠加新基建对医疗周边行业的带动效应(见图 10 – 1)。

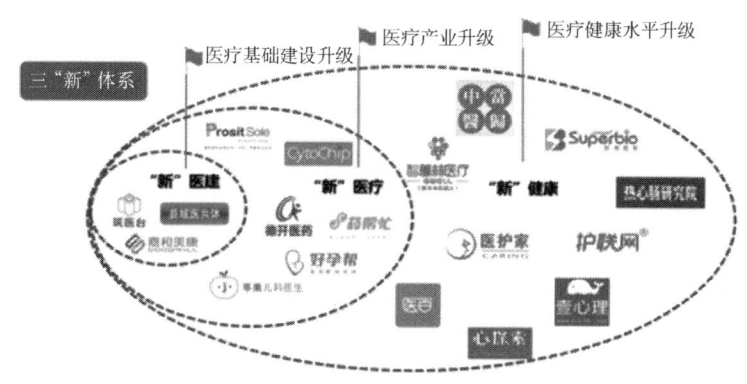

图 10 – 1 "新基建"关于医疗行业的投资预测

资料来源:清科医疗观点。

10.4 高端装备制造产业

智能制造装备是具有感知、决策、执行功能的各类制造装备的统称。作为高端装备制造业的重点发展方向和信息化与工业化深度融合的重要体现,大力培育和发展智能制造装备产业对于加快制造业转型升级,提升生产效率、技术水平和产品质量,降低能源资源消耗,实现制造过程的智能化和绿色化发展具有重要意义。

10.4.1 高档数控机床

根据国家和有关部门对高端制造产业的发展规划,针对高档数控机床,目标是开发一批精密、高速、高效、柔性数控机床与基础制造装备及集成制造系统。加快高档数控机床、增材制造等前沿技术和装备的研发。以提升可靠性、精度保持性为重点,开发高档数控系统、伺服电机、轴承、光栅等主要功能部件及关键应用软件,加快实现产业化。加强用户工艺验证能力建设。2020年,高档数控机床与基础制造装备具有满足国内市场超过70%的供给能力,数控系统标准型、智能型分别具有满足国内市场超过60%、10%的供给能力,主轴、丝杠、导轨等中高档功能部件具有满足国内市场超过50%的供给能力。到2025年,高档数控机床与基础制造装备具有满足国内市场超过80%的供给能力,机床装备平均无故障时间超过2 000小时,机床装备设备能力指数CMK超过1.67,精度保持性达到10年;数控系统标准型、智能型分别具有满足国内市场超过80%、30%的供给能力;主轴、丝杠、导轨、光栅尺、伺服电机等中高档功能部件具有满足国内市场80%的供给能力;高档数控机床与基础制造装备总体进入世界强国行列。

10.4.2 机器人

对于机器人,围绕汽车、机械、电子、危险品制造、国防军工、化工、轻工等工业机器人、特种机器人,以及医疗健康、家庭服务、教育娱乐等服务机器人应用需求,积极研发新产品,促进机器人标准化、模块化发展,扩大市场应用。突破机器人本体、减速器、伺服电机、控制器、传感器与驱动器等关键零部件及系统集成设计制造等技术瓶颈。预计到2025年,形成完善的机器人产业体系,机器人研发、制造及系统集成能力力争达到世界先进水平。拥有自主知识产权的国产工业机器人及关键零部件具有满足国内市场70%以上的供给能力,产品综合技术指标达到国际先进水平,服务机器人实现大批量规模生产,部分产品实现出口;新一代机器人样机研制成功,并实现一定规模的示范应用,有1—2家企业进入世界前5名行列。根据主营业务收入增长率法和现金流组合法,判断各公司的生命周期如表10-5所示。

表10-5　　　　　各板块代表性公司所处生命周期

行业	板块	代表公司	2018—2020年营业收入复合增速(%)	2018—2020年合计经营、投资、筹资现金流组合	生命周期
3D打印	3D打印	光韵达	20.00	+ - +	稳定成长期
机床	数控系统	华中数控	10.31	+ - +	稳定成长期
机床	伺服系统	埃斯顿	32.61	+ - +	加速成长期
机床	数控机床	亚威股份	4.42	+ - +	早期成长期
机器人	控制系统	汇川技术	34.06	+ - +	加速成长期
机器人	系统集成	卧龙电驱	7.60	+ - -	成熟期
机器人	工业机器人	新时达	5.15	+ - -	成熟期
机器人	工业机器人	埃斯顿	32.61	+ - +	加速成长期

资料来源:Wind。

10.4.3 航空航天装备

航空航天装备产业包括航空装备和航天装备行业。对于航空装备,加快大型飞机研制,适时启动宽体客机研制,鼓励国际合作研制重型直升机;推进干支线飞机、直升机、无人机和通用飞机产业化。突破高推重比、先进涡桨(轴)发动机及大涵道比涡扇发动机技术,建立发动机自主发展工业体系。开发先进机载设备及系统,形成自主完整的航空产业链。对于航天装备,发展新一代运载火箭、重型运载器,提升进入空间能力。加快推进国家民用空间基础设施建设,发展新型卫星等空间平台与有效载荷、空天地宽带互联网系统,形成长期持续稳定的卫星遥感、通信、导航等空间信息服务能力。推动载人航天、月球探测工程,适度发展深空探测。推进航天技术转化与空间技术应用。预计到2025年,建成高效、安全、适应性强的航天运输体系,布局合理、全球覆盖、高效运行的国家空间基础设施,形成长期稳定高效的空间应用服务体系。具备行星际探测能力,近地载人空间站稳定运行,广泛开展空间科学与应用研究。空间信息应用供给保障能力达到80%,产业发展达到国际先进水平。

航空航天装备产业的产值增速如表10-6所示,从2018—2020年复合增速数据可以看出,航空航天装备产业总体上处于稳定成长期,其中航空装备行业处于稳定成长期,航天装备行业处于成熟期。未来中国军费支出保持稳定增长为行业发展奠定了基础,对军用和商用飞机的巨大需求赋予行业巨大的发展空间,对发动机和飞机自主制造的支持政策为行业发展增添助力,所以航空行业将保持快速发展。同时,中国将继续实施已有四个重大工程(载人航天、探月工程、北斗导航、高分辨率对地观测),启动新的重大工程(深空探测、下一代重型运载火箭、天地一体化信息网络、空间飞行器在轨服务与维护),强调从"空间技术带动科学研究与应用"到"空间科学与空间应用牵引推动技术创新"的发展思路转变。

表10-6　　　　　　航空航天装备产业及其子行业产值增速　　　　　　(单位:%)

行业类别	2018—2020年产值复合增速	2020年	2019年	2018年
航空	12	7	10	7
航天	5	4	-3	10
合计	10	6	4	9

资料来源:Wind。

航空和航天装备行业包含了多个板块,各板块的代表性公司的营业收入增速如表10-7所示,航空装备行业的各家代表公司的成长性与行业成长性相近,航天装备行业的各家代表公司相较行业水平略低。

表 10 – 7　　　　　　　　　　各板块代表性公司所处生命周期

行业	板块	代表公司	2018—2020年营业收入复合增速（%）	2018—2020年合计经营、投资、筹资现金流组合	生命周期
航空	飞机制造	中航沈飞	11.97	+ - -	稳定成长期
	直升机制造	中直股份	17.72	+ - -	稳定成长期
	发动机制造	航发动力	8.28	+ - -	成熟期
航天	通信导航	华力创通	4.15	+ - +	早期成长期
	卫星制造	中国卫星	-1.74	+ - +	早期成长期

资料来源：Wind。

10.4.4　海洋工程装备及高技术船舶

海洋工程装备及高技术船舶产业包括海洋工程装备行业和高技术船舶行业。对于海洋工程装备及高技术船舶产业，大力发展深海探测、资源开发利用、海上作业保障装备及其关键系统和专用设备。推动深海空间站、大型浮式结构物的开发和工程化。形成海洋工程装备综合试验、检测与鉴定能力，提高海洋开发利用水平。突破豪华邮轮设计建造技术，全面提升液化天然气船等高技术船舶国际竞争力，掌握重点配套设备集成化、智能化、模块化设计制造核心技术。预计到2025年，成为海洋工程装备及高技术船舶制造强国，形成完善的海洋工程装备及高技术船舶设计、总装建造、设备供应、技术服务产业体系和标准规范体系，拥有5家以上国际知名制造企业，部分领域设计制造技术和建造效率、质量水平国际领先，自主研发设计、建造的主要海洋工程装备、高技术船舶分别具有满足国际市场40%和50%的供给能力，具有知识产权的国产关键系统和设备配套分别具有满足市场50%和80%的供给能力；全面实现海洋装备自主配套水面上核心设备、1 500米级水下生产系统与专用系统能力，突破3 000米水深水下生产系统设计、制造、测试和安装等关键技术，具备海洋矿产资源、天然气水合物等开采装备、波浪能/潮汐能等海洋可再生资源开发装备、海水淡化等新型海洋资源开发装备研制能力，并开展部分装置的试点应用，全面建成数字化、网络化、智能化、绿色化设计制造体系。

自2014年年中国际原油价格大幅下滑以来，全球海洋工程装备市场已持续两年低迷，当前在建装备大量积压，新订单几近消失，建造企业危机重重，严重困扰全球海洋工程装备产业的发展。由于海洋工程装备和船舶都是按订单制造，所以新承接订单量是造船完工量的领先指标，能够提前反映行业产值变化。根据中国船舶工业协会的统计，2015—2020年中国海洋工程装备和造船的订单量和完工量等数据如表10-8所示。2015—2020 年中国海洋工程装备订单量急剧减少，说明海洋工程装备制造行业增速将会整体回落，从成熟期进入衰退期；中国船舶新订单量也持续下降并低于近几年的造船完工量，说明未来造船完工量将锐减。在海洋工程装备市场总体低迷的大格局下，各型装备表现将会出现较大差异，预计钻井装备一蹶不振，生产装备呈现低迷，海洋工程船表现平平。同时，随着清洁能源得到重视和海洋开发提速，一些天然气利用装备和新兴能源开发装备将会得到较快发展。海洋工程装备及船舶制造行业代表型公司相关业务的营业收入增速如表 10-9 所示，半数公司营业收入复合增速为正，生命周期也各不相同。

表 10-8　　　　2015—2018 年中国海洋工程装备和造船的订单量和完工量

年度	全球海工装备新订单（亿美元）	中国海工装备新订单（亿美元）	中国造船完工量（万载重吨）	中国船舶新订单量（万载重吨）
2015	142.0	59.0	3 922	2 916
2016	52.3	24.8	3 594	1 617
2017	94.5	20.8	3 804	3 223
2018	84.4	38.0	3 458	3 667
2019	420.0	148.0	3 672	2 907
2020	600.0	180.0	3 853	2 893

资料来源：中国船舶工业协会。

表 10-9　　　　　　　各板块代表性公司所处生命周期

行业	代表公司	2018—2020 年营业收入复合增速（%）	2018—2020 年合计经营、投资、筹资现金流组合	生命周期
海工装备	中集集团	7.26	+ - +	早期成长期
	中国重工	-3.44	+ + -	衰退期
	中国船舶	49.03	+ - -	成熟期
船舶制造	天海防务	-29.34	- - +	淘汰期
	国瑞科技	11.14	- - +	转型期
	中船防务	-19.57	+ - +	淘汰期

资料来源：Wind。

10.4.5　先进轨道交通装备

轨道交通装备是国家公共交通和大宗运输的主要载体，属高端装备制造业，也是中国高端装备"走出去"的重要代表。轨道交通行业具体可分为铁路和城市轨道交通两个领域。前者主要包含客/货运火车、动车、城际铁路等；后者则主要包括有轨电车、地铁、轻轨、磁浮列车以及新交通系统等多种类型。对于轨道交通装备制造产业，加快新材料、新技术和新工艺的应用，重点突破体系化安全保障、节能环保、数字化智能化网络化技术，研制先进可靠适用的产品和轻量化、模块化、谱系化产品。研发新一代绿色智能、高速重载轨道交通装备系统，围绕系统全寿命周期，向用户提供整体解决方案，建立世界领先的现代轨道交通产业体系。

受益于中国基础设施建设的全面提速和城市化率的快速提升，轨道交通建设经历了为期超过10年的高速发展，铁路固定资产投资从不足1 000亿元发展到如今的8 015亿元，近14年的复合增速高达18.73%。铁路运营里程由2000年的6.87万千米提高到2020年的14.14万千米，铁路运输密度由71.56千米/万平方千米提高到152.3千米/万平方千米，其中的高铁爆发式发展是贡献了主要的增长动力。"十四五"期间，我国铁路建设任务仍十分繁重，在建、已批项目规模达3.19万亿元，将坚持补短板强弱项防风险，分类分层推进建设。截至2020年底，我国城市轨道交通在建线路达202条，分布在全国44座城市，建成后的总里程达7 715.31千米，比2019年新增1 000千米。截至2020年，中国内地累计有45个城市建成投运城轨线路7 978.2千米，同比增长18.54%，行业增速明显回升。先进轨道交通装备制造行业产值增速如表10-10所示。此外，中国政府提出了"一带一路"倡议，沿线国家及辐射区域的互联互通工程建设将为国内轨道交通装备制造业带来可观的市场需求。2020年，中国轨道交通装备研发能力和主导产品达到全球先进水平，行业销售产值超过7766亿元，境外业务比重超过30%，服务业比重超过15%，重点产品进入欧美发达国家市场。到2025年，中国轨道交通装备制造业形成完善且具有持续创新能力的创新体系，在主要领域推行智能制造模式，主要产品达到国际领先水平，境外业务占比达到40%，服务业占比超过20%，实现主导国际标准修订，建成全球领先的现代化轨道交通装备产业体系，占据全球轨道交通产业链的高端位置。

表10-10　　　　　先进轨道交通装备制造行业产值增速　　　　（单位：%）

行业	2018—2020年产值复合增速	2020年	2019年	2018年
铁路运输设备制造	4	-1	5	4
轨道交通设备制造	28	35	30	20
合计	22	24	21	20

资料来源：Wind。

先进轨道交通装备制造包括整车制造、供电系统、信号系统、门禁系统、检测系统等板块。各版块代表型公司相关业务的所处生命周期如表10-11所示，大部分公司保持正增速，其中世纪瑞尔和康尼机电处于稳定成长期，其余公司处于成熟期。目前，国内从事铁路与轨道交通设备制造的上市公司几乎覆盖了上下游的所有系统和门类，国产化率高；从企业营利能力来看，上游拥有较高科技含量的企业营利能力较强，比如，门系统、电气系统、制动系统和刹车片系统的公司都具有较高的营利和议价能力。

表 10-11　　　　　先进轨道交通装备制造各版块代表型公司生命周期

板块	代表公司	2018—2020 年营业收入复合增速（％）	2018—2020 年合计经营、投资、筹资现金流组合	生命周期
电源系统	鼎汉技术	-0.46	+ - -	成熟期
信号系统	世纪瑞尔	14.13	+ - -	稳定成长期
轨道连接器	永贵电器	-6.00	+ - -	成熟期
整车制造	中国中车	2.56	+ - -	成熟期
轨交门	康尼机电	11.21	+ - +	稳定成长期
车用减震器材	时代新材	9.78	+ - -	成熟期

资料来源：Wind。

10.5　新能源产业

10.5.1　核电产业

我国民用核电项目起源于"09 国防工程"，是核潜艇动力设备的技术延伸。后续经过第一代原型堆、第二代商用压水反应堆、第三代新型核电堆的积累和发展，逐步形成了现有的核电格局。截至 2020 年第三季度，我国共有 48 台商业运行的核电机组，总装机容量达到 4 987.7 万千瓦，在建核电机组 14 台，总装机容量 1 553 万千瓦。其中，公司投入商业运行的核电机组共 22 台，控股总装机容量达到 2 023 万千瓦，装机容量占比为 40.55%。公司控股的在建核电机组装机容量为 586.4 万千瓦，占全国的比例为 37.75%。中国在建核电机组清单如表 10-12 所示。

表 10-12　　　　　　　中国在建核电机组清单

核电厂名称	机组号	堆型	额定功率（兆瓦）	开工日期	累计工期（以月为单位）
红沿河核电厂	5 号机组	ACPR1000	2×1118	2015 年 3 月 29 日	45
	6 号机组	ACPR1000		2015 年 7 月 24 日	41

续表

核电厂名称	机组号	堆型	额定功率（兆瓦）	开工日期	累计工期（以月为单位）
福清核电厂	5号机组	华龙一号	2×1150	2015年5月7日	43
	6号机组			2015年12月22日	37
阳江核电厂	6号机组	ACPR1000	1086	2013年12月23日	60
台山核电厂	2号机组	EPR	1750	2010年4月15日	104
海阳核电厂	2号机组	AP1000	1250	2010年6月20日	102
防城港核电厂	3号机组	华龙一号	2×1150	2015年12月24日	37
	4号机组			2016年12月24日	25
石岛湾核电厂	高温气冷堆核电站示范工程	模块式球床型高温气冷堆	200	2012年12月21日	72
霞浦核电厂	霞浦示范快堆	示范快堆工程	600	2017年12月29日	12
田湾核电厂	5号机组	M310+改	2×1118	2015年12月27日	37
	6号机组			2016年9月7日	36
合计	13台		13958		

与此同时中国核电建设仍然面临诸多挑战。在日本"311"地震后，中国的核电项目发展经历了一些曲折，随着论证的深入和技术的完善，已提交的43个核电项目都将在可预见的未来完成选址设计。但以目前的核电技术发展，对第四代的投产预期已经推迟到2030年以后，在此之前都是以压水堆为主要技术路线的第三代堆。为在2030年我国实现1.5亿—2.0亿千瓦的设计装机容量，需要从2019年起每年投产8套三代百万千瓦级核电机组，这符合我国每年8—10台机组的生产能力。我国在近40年的核电发展内，经历了多次引进和研发，未来技术路线是"热中子堆—快中子增殖堆—聚变堆"，但目投产的第三代堆处于AP1000、华龙一号、EPR三种热中子堆并行的阶段，虽然中国核电已经走向海外，但仍有许多问题需要解决，尤其是我国自主研发的华龙一号，会面临诸多技术难题和市场壁垒，而在突破聚变堆的道路上还有很长的路要走。

10.5.2 风电产业

我国地处欧亚大陆东南，同时具备世界屋脊的青藏高原和太平洋西岸的沿海地带，地势落差大，风能储量可观，具备大力发展风能的自然条件。现有的100多种国产风能设备覆盖多种装机容量、不同发电类型，我国的风电产业已经初具规模。例如，海上风电在2017年就新增了1吉瓦吊装容量，同比增长100%。风电项目建设周期较短，3兆瓦—5兆瓦级别的风机已经技术成熟，可以大批量生产，一些项目甚至能够当年开工，当年并网。

光伏和风电都是投资较少的清洁能源，随着 2018 年发改委 823 号文对光伏产业的调整，风电产业的问题也同样暴露出来。风电因间歇性问题，在当下对能源供应稳定性要求越来越高的市场面前很难独立站稳脚跟。储能技术不足，产生的电能难以并网消纳，造成电能浪费，从而提高了企业生产成本。由于建设成本普遍偏高，和光伏产业一样严重依赖于补贴，对政策依赖性较大，也容易造成一窝蜂式集中建设，而相关的补贴、财政税收等配套政策还不完善，对企业的持续性激励不足。

为此行业专家正在研究相关政策，借鉴国外先进经验，尝试将政府出钱补贴转变为税收减免，从而促进真正有技术有经验的风电企业做长期投资和研发，扭转风电产能过剩哄抢补贴项目的局面，提高风电企业技术和管理效率，从而真正实现风电产业做大做强。

10.5.3 光伏产业

太阳能光伏产业是我国重要的新型战略产业之一，为扶持国产光伏设备制造和光伏电站建设，我国政府制定了一系列政策。自 2015 年起我国光伏发电量位列全球第一，2016 年光伏发电量 662 亿千瓦时，占我国全年总发电量的 1%。到了 2019 年时，全国光伏发电量首次突破 2 000 亿千瓦时，2020 年光伏发电量 2 605 亿千瓦时，同比增长 16.1%，预计到 2035 年时，光伏总装机规模有望达到 30 亿千瓦，全年发电量为 3.5 万亿千瓦时。光伏产业的发展，带动了我国单晶硅片产业的迅速扩张。单晶产品对多晶产品的替代趋势明显加速，我国单晶硅市场份额从 2017 年的 27% 升至 2020 年的 90.2%。随着我国单晶硅市场份额的增长及单晶硅制造企业新建产能的投产，单晶硅行业的持续向好，前瞻预计未来几年单晶硅产量增速较快。结合我国单晶硅片产量及产能增速，预计中国单晶硅片产量有望达到 391 吉瓦。

同时我国的光伏设备已经走出去，在"一带一路"沿线 50 多个国家和地区进行投资建设，区域性的全球能源互联已经初步形成。在英国、德国等欧洲发达国家，可再生能源的占比已经逐渐超过化石燃料能源，其中德国的光伏发电已经占到全国发电总量的 22.2%，光伏产业在全球范围内还是有非常广阔的市场。

光伏发电虽然在发电侧成本难以和火电等传统能源直接比较，但是通过金融支持和政策补贴，能够有效地完善产业上下游环节。为避免对银行信贷和财政补贴的过度依赖，光伏企业应该更加注重技术创新和金融创新，政府应当以市场为主导机制健全补贴政策，尽快淘汰过剩产能，提高产能利用率。

10.5.4 智能电网产业

智能电网是建立在集成的、高速双向通信网络的基础上,通过先进的传感和测量技术、先进的设备技术、先进的控制方法以及先进的决策支持系统技术的应用,实现电网的可靠、安全、经济、高效、环境友好和使用安全的目标。智能电网所覆盖的方面较多,诸如发电、电力调度以及配电等,它需要协调好各服务对象的用电需求,为电网系统创设稳定的运行环境,并进一步降低运营所需成本。人类发展需要充足的能源保障,但化石能源的枯竭和新兴能源的不确定性使得智能电网的建设工作发放在重要位置。能源转换技术主要以并网技术为主,同时加入光伏发电、风力发电、生物质能发电等多种技术,不同技术相互促进,可以适用于更大范围的电能输送。能源转换技术在智能电网中的应用不仅减少了能源消耗,而且降低了能源污染排放量,保护了环境。

在配电领域,施耐德电气是毋庸置疑的领导者。2017 年,施耐德电气智能配电解决方案已部署于全国不同行业的 50 多个项目中,并在 2018 年增长到将近 200 个项目,截至 2019 年 5 月已经超过 200 个,可以看到,项目数量正以 3 倍速度增长。

10.6 新材料产业

对于新材料产业,以特种金属功能材料、高性能结构材料、功能性高分子材料、特种无机非金属材料和先进复合材料为发展重点,加快研发先进熔炼、凝固成型、气相沉积、型材加工、高效合成等新材料制备关键技术和装备,加强基础研究和体系建设,突破产业化制备瓶颈。积极发展军民共用特种新材料,加快技术双向转移转化,促进新材料产业军民融合发展。高度关注颠覆性新材料对传统材料的影响,做好超导材料、纳米材料、石墨烯、生物基材料等战略前沿材料提前布局和研制,加快基础材料升级换代。

表 10 - 13 为各板块代表性公司所处生命周期,大部分公司除康得新的营业收入复合增速为负以外,其余公司均保持两位数的增长,其中爱博医疗更是保持着超过 50% 的复合增速。

表 10-13　　　　　　　　　各板块代表性公司所处生命周期

行业	代表公司	2018—2020年营业收入复合增速（%）	2018—2020年合计经营、投资、筹资现金流组合	生命周期
新型半导体材料	京运通	28.37	+ - -	稳定成长期
硅材料	隆基股份	49.42	+ - +	加速成长期
树脂材料	金发科技	14.86	+ - +	稳定成长期
高性能膜材料	康得新	-24.37	- + -	衰退期
人工晶体	爱博医疗	53.96	+ - +	加速成长期
先进陶瓷	中瓷电子	33.47	+ - +	加速成长期
耐火材料	北京利尔	23.70	+ + -	淘汰期

资料来源：Wind。

10.7　新能源汽车产业

新能源汽车分为纯电动汽车和插电混动汽车。对于节能与新能源汽车产业，继续支持电动汽车、燃料电池汽车发展，掌握汽车低碳化、信息化、智能化核心技术，提升动力电池、驱动电机、高效内燃机、先进变速器、轻量化材料、智能控制等核心技术的工程化和产业化能力，形成从关键零部件到整车的完整工业体系和创新体系，推动自主品牌节能与新能源汽车同国际先进水平接轨。

根据中国汽车工业协会的统计数据，2016—2020年中国新能源汽车的销量及其增速如表10-14所示。传统汽车在未来30年内仍将在消费中占绝对主体地位，因此节能与新能源汽车的大量普及对缓解中国能源与环境压力起着至关重要的作用。传统动力汽车技术的持续优化也是中国汽车工业缩短差距并有利于新能源汽车发展和市场导入的重要举措。从2016—2020年复合增速看，新能源汽车行业均处于加速成长期，纯电动汽车和插电混动汽车都处于加速成长期。预计未来电动汽车行业还将保持高速增长。值得关注的是，伴随信息化与智能化发展，加速实施智慧城市和智能交通建设的需求已经显现，智能网联汽车将是其中的一个重点发展方向。伴随着"智能网联汽车发展技术路线图"的发布以及LTE-V技术标准化的加快发展，未来3年国内智能网联汽车将迎来最大的投资风口。表10-15为新能源汽车各子行业代表型公司生命周期，除赣锋锂业处于早期成长期，均胜电子处于加速成长期外，其余公司均处于稳定成长期。

表 10-14　　　　　　　　　中国新能源汽车销量及其增速

年度	新能源汽车		纯电动汽车		插电混动汽车	
	销量（辆）	增速（%）	销量（辆）	增速（%）	销量（辆）	增速（%）
2016	507 000	52.54	380 545	294.10	85 163	75.95
2017	777 000	53.03	647 809	70.23	121 950	43.20
2018	1 248 349	62.46	979 528	51.21	266 430	118.47
2019	1 206 000	-3.30	966 528	-1.34	237 006	-11.04
2020	1 322 946	9.69	1 072 825	11.01	248 994	5.06
复合增速	—	21.15	—	23.03	—	23.93

资料来源：中国汽车工业协会。

表 10-15　　　　　　　新能源汽车各子行业代表型公司生命周期

板块	代表公司	2018—2020 年营业收入复合增速（%）	2018—2020 年合计经营、投资、筹资现金流组合	生命周期
新能源整车	比亚迪	13.92	+ - -	稳定成长期
锂电池	德赛电池	15.82	+ - -	稳定成长期
充电设备	特锐德	13.28	+ - +	稳定成长期
锂资源	赣锋锂业	8.01	+ - +	早期成长期
电机电控	均胜电子	21.64	+ - +	加速成长期

资料来源：Wind。

10.8　"碳中和"产业

"碳"即二氧化碳，"中和"即正负相抵。排出的二氧化碳或温室气体被植树造林、节能减排等形式抵消，这就是所谓的"碳中和"。随着人类的活动，全球变暖也在改变（影响）着人们的生活方式，带来越来越多的问题。人们的环保意识愈发提高，"碳中和"产业应运而生。2021 年 1 月，全国首个碳中和垃圾分类站落地四川成都，居民可以投放自己日常产生的可回收物，通过回收抵消碳排放量，还能获得收益。3 月 5 日，国务院总理李克强在 2021 年国务院政府工作报告中指出，扎实做好"碳达峰""碳中和"各项工作，制定 2030 年前碳排放达峰行动方案，优化产业结构和能源结构。对碳中和指数成分公司的各个专利申请人的专利申请量进行统计，排名前十的公司依次为：中国电建、海油发展、昊华科技、国网英大、蓝科高新、川仪股份、英威腾、聚光科技、华光环能、双良节能。从"碳中和"指数成分公司主要专利数量统计数量可以看出（见表 10-16），我国"碳中和"产业发展处于迅速飞跃期。

表 10-16 "碳中和"指数（885919.TI）成分公司主要专利数量统计

排名	股票代码	股票简称	专利数量合计	实用新型	外观设计	发明专利	发明授权
1	601669.SH	中国电建	9 058	6 112	37	2 106	794
2	600968.SH	海油发展	3 230	1 133	6	1 044	1 001
3	600378.SH	昊华科技	1 289	313	8	525	443
4	600517.SH	国网英大	1 212	673	15	343	181
5	601798.SH	蓝科高新	1 055	619	18	140	89
6	603100.SH	川仪股份	1 048	525	92	204	227
7	002334.SZ	英威腾	962	412	161	173	216
8	300203.SZ	聚光科技	712	335	13	197	167
9	600475.SH	华光环能	665	367		174	124
10	600481.SH	双良节能	661	381	2	149	129

在我们提出的 2060 年碳中和目标下，中国光伏在未来 5 年年均新增装机预计在 85—113 吉瓦，为 2019 年的 3—4 倍。目前，我国发电能源结构中，非化石能源占比仅为 35%，而根据清华大学气候变化与可持续发展研究院的研究，为实现 2060 年碳中和目标，2050 年，非化石能源发电占比需提升至 90% 以上，提升空间巨大。对于我国而言，随着光伏和风电平价上网的实现，清洁能源发电已攻克了大部分技术难关，占比的持续提升是必然趋势。按照我国 2030 年自主行动目标政策路径，安信电新组团队预测，在现有的风电和光伏装机的基础上，预计 2020—2025 年光伏和风电年均新增装机量在 85 吉瓦—113 吉瓦和 15 吉瓦—31 吉瓦的范围内，2025—2030 年光伏和风电年均新增装机量在 162 吉瓦—217 吉瓦和 30 吉瓦—59 吉瓦的范围内，即相比原先政策路径，新增装机量将在 2020—2025 年提升约 20%，在 2025—2030 年提升约 40%。

10.9 线上互联网产业

2020 年，在网络强国战略的指引下，互联网行业牢牢把握信息化发展的历史机遇，稳步推进网络基础设施建设，通过社交网络构建服务新生态，电子商务、网络游戏、在线教育等行业均实现显著增长，创下了一项项新的历史成绩。面对新冠肺炎疫情的重大冲击，互联网行业充分运用云计算、大数据、人工智能等新一代信息技术与平台服务优势，开发非接触式经济模式助力我国经济社会线上化进程提速，培育经济发展新动能，推动高质量发展。受新冠肺炎疫情影响，社会大众的沟通交流活动越来越多的从线下转移至线上，社交网络服务用户规模保持平稳增长，用户活跃度进一步提升。截至 2020 年 6 月，我国社交网络服务用户规模达 9.31 亿人，较 2019 年同期增加 1.06 亿人，同比增长达 12.9%。社交网络服务用户在总体网民中占比达 99%，用户使用率位居各类网络应用首位（见图 10-2）。

图 10-2 2017—2020 年中国社交网络用户规模及使用率

同时，在新冠肺炎疫情的影响下，电子商务行业在第一、第二季度的发展增速明显下滑，于第三季度呈现显著反弹趋势，在我国经济社会持续复苏的推动下，电子商务交易额有望于 2020 年底恢复至历史同期水平。截至 2020 年第三季度，我国电子商务交易额达 25.91 万亿元。其中，第三季度电子商务交易额达到 9.72 万亿元，同比增长 16.3%。

11.
行业关联与区域表现分析

11.1 新兴产业与其他国际行业关联分析

对于处于工业化进程的国家而言，60%的城镇化率是其进入后工业化时代的标志，中国2020年城镇化率为63.89%，刚好达到后工业化时代的标准。通过对比日、韩出口贸易结构的变化可以看到，在产业结构升级的过程中，以机械和运输设备出口占比的提升最具代表性。日本和韩国机械和运输设备出口占比分别在1990年和2000年达到72%和63%，随后开始进入小幅缓降，截至目前两国的机械运输设备出口占比基本稳定在60%左右。相对而言中国在工业化起飞过程中，贸易结构的升级并未达到日本和韩国的历史高度，说明国内产业结构的改善升级依然有很大的提升空间。

根据发达国家产业结构演变的经验，产业的高级化表现为生产型服务业进一步向专业化、产业化方向迈进，制造业企业在"价值链"上移的过程中也产生了制造业"服务化"的现象。如果说旧的中游产业主要以传统的地产产业链为主，那么新中游则主要包括生产型服务业和高端装备制造业两个层面。对于中游生产型服务业而言，随着下游不断受到信息产业的塑造，势必同样塑造出以大数据和云计算为代表的新型生产性服务业。2015年，中国云计算上下游产业总体规模达到3 500亿元，2016年国内主要云计算企业均实现翻倍增长，同时2016年大数据对于经济的增量贡献达到GDP的0.64%—1.14%，并加速向各个行业和领域渗透。根据Canalys数据库跟踪，2020年中国云服务市场规模与2019年第四季度相比增加了22亿美元，比上一季度环比增加7.4亿美元，整体增长62%，达到58亿美元规模，排名前四的云服务提供商合计占据市场份额的80%以上。对于中游制造业而言，从日、韩的经验来看，在要素驱动到技术和创新驱动的过程中，以汽车、电气机械和精密仪器为代表的中游制造业大幅膨胀，而中国在转型期工业化的基础设施和信息化基础设施进行全面建设的过程中，轨道交通、通信和计算机设备、电机电气等中国的中游装备制造业也维持超越整体投资平均水平的增速。

当前来看，国内企业在中低端制造领域生产企业众多，但部分高端制造领域已经开始或完成进口替代。据工发组织统计，中国高端制造业进口量自2013年开始下降，中高、中低和低端制造业进口量自2014年下降。在新一代信息技术领域，新型显示方面，成套设备及关键材料仍大量依赖进口、产品附加值低；5G方面，已具备核心技术实力；集成电路全球市场占有率仅6%；云计算方面，正在逐步渗透。在航空航天装备方面，国际竞争能力初步具备，但核心技术数量储备不足。在先进轨道交通装备方面，国内企业具有一定优势。从图11-1所示可知，国内外主要制造业公司具有一定的差距。

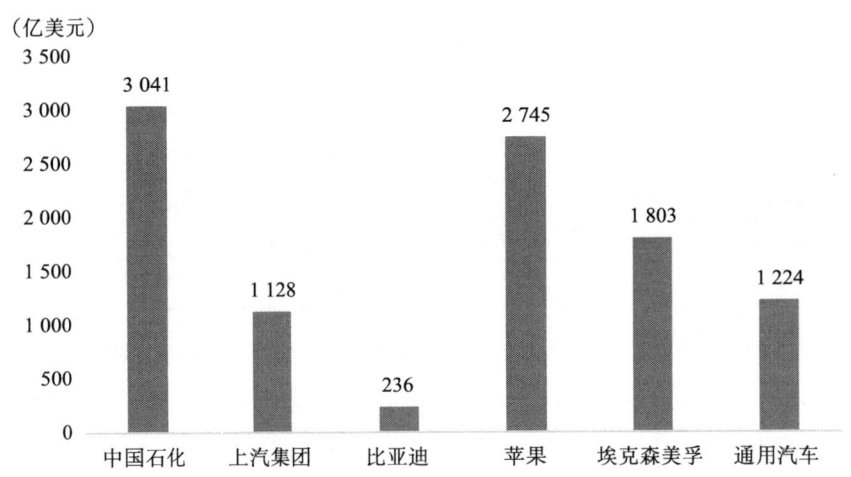

图11-1 国内外主要制造业公司2020年营业收入对比

资料来源：Wind。

在节能和新能源汽车方面，与国际企业站在同一起跑线，有望弯道超车。在电力装备方面，产业规模位于全球前列，已具备一定的竞争力。在新材料方面，已初具规模，高端产品及核心技术亟待突破，在少数领域有较强的国际竞争力。在生物医药及高性能器械方面，中低端器械生产企业众多，但部分高端器械已开始或完成进口替代；生物医药方面，中国全球市场占有率还不足6%。在高档数控机床和机器人、海洋工程装备及高技术船舶、农机装备方面，关键部件和高端制造依赖进口比例较强。

中国通信、轨道交通、电力领域瞄准世界第一。就国际技术竞争情况来看，中国具备弯道超车机会的产业分别为：5G、节能与新能源汽车、先进轨道交通装备。其他产业方面，电力装备已具备一定的竞争力。新材料、生物医药及高性能器械方面，高端产品及核心技术亟待突破，仅在少数领域竞争力较强。

11.2 新兴产业与其他相关行业关联分析

未来中国工业化发展仍处于上升趋势。中国目前处在工业化中期,以制造业为主的第二产业仍然是主导产业;未来10年工业化进程仍将加快。"十三五"期间,随着城镇化进程的深入、产业结构的升级、世界产业转移及中国区域产业转移,中国固定资产投资仍将保持较高的增速。未来10年,基础设施建设将进一步完善,工业及房地产投资保持平稳增长,预计固定资产投资平均增速仍将保持在18%—20%。

房地产业未来保持15%增速。中国的房地产行业在过去的15年中,施工房屋建筑面积年均增速基本维持在15%—20%水平(见图11-2)。未来随着城市化的进一步加速,住宅需求及商业地产需求将维持在较高水平。随着城市化进程的逐步推进,房地产行业仍会保持较高增速,预计保持在15%左右的水平。未来市场对于基建相关企业的盈利预期上修,进一步催生基建板块领域的投资,重点涉及铁路城轨、交通路桥、水利水电、设计咨询、地下综合管廊等子板块。

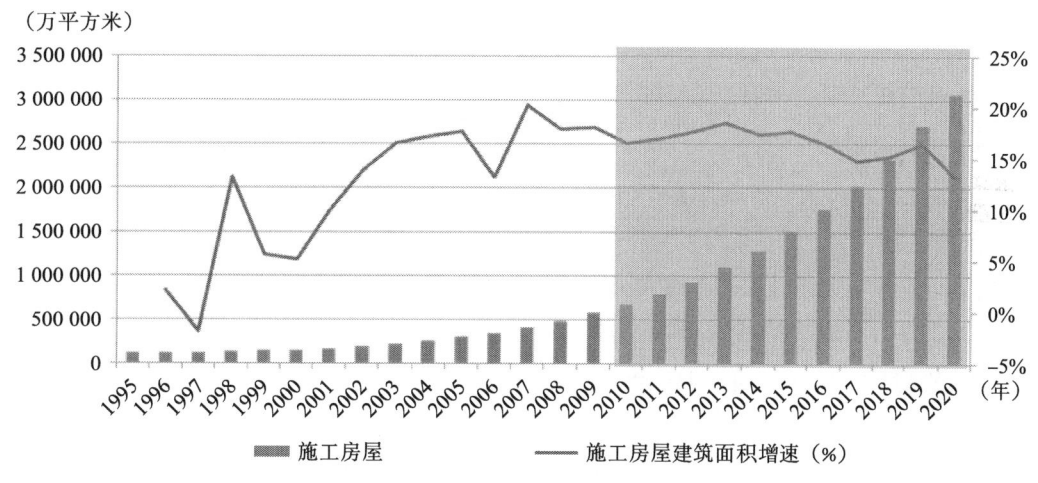

图11-2 中国历年施工房屋面积及增速

资料来源:Wind。

能源:风电、核电未来投资增速保持30%以上(见图11-3、图11-4)。中国的风能潜力巨大,截至2020年底,我国风电累计装机容量已达2.81亿千瓦,占全国发电总装机12.8%,成为可再生能源装机中仅次于水电第二大能源,规模居世界首位。根据《核电中长期发展规划》调整阶段,将原定到2020年核电装机容量4 000万千瓦调高为7 000万千瓦或以上,这将会给核电产业带来巨大的投资机会。

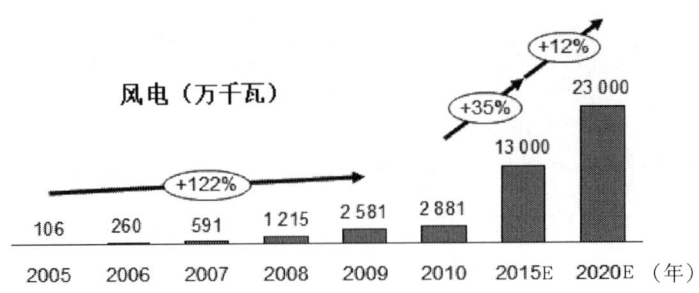

图 11-3　中国风电装机容量

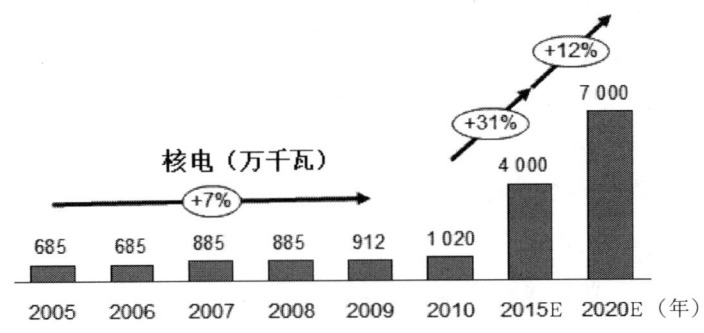

图 11-4　中国核电装机容量

交通：加快交通基础设施互联互通。2015年底至今，决策层召开的重要会议始终强调要扩大有效投资，新能源汽车、高端装备制造、城市轨道交通、通用航空、养老、生态环保等十一大工程领域是有效投资流向的核心领域。此外，《长江经济带发展规划纲要》明确提出，加快交通基础设施互联互通，是推动长江经济带发展的先手棋。统筹铁路、公路、航空、管道建设，率先建成网络化、标准化、智能化的综合立体交通走廊，增强对长江经济带发展的战略支撑力，这些都是今后交通运输板块的主要发力点。如图11-5所示，在2016年上半年的政策中将航空业上升为战略性新型产业。

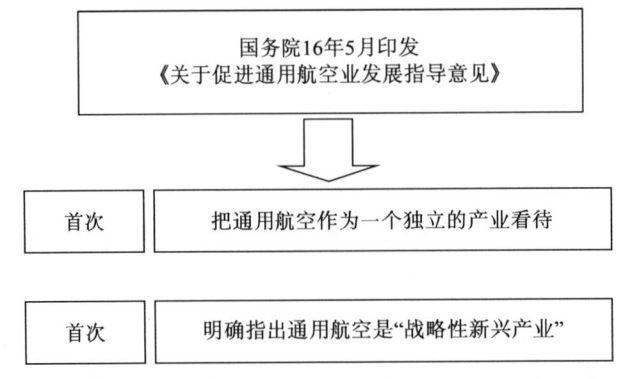

图 11-5　通用航空在2016年上半年的政策中上升为战略性新型产业

汽车：目前最具代表性的方向当属新能源汽车产业链的发展。国内市场上，如图 11-6 所示，可以看出新能源汽车产量增长迅速。美国插入式电动汽车的销量由 2012 年的 53 172 辆增长到 2018 年的 32.3 万辆，平均增长率达到了 35.1%。随着国外新能源车畅销车型的放量供给，全球新能源汽车市场扩容有望进一步提升。作为新能源汽车龙头公司，特斯拉从上市开始即在分歧和质疑中一路上行，市值从 39 亿美元涨至最高 630 亿美元。其电动轿车 Model S 4 年间在同类产品销量占有率由 4% 提高到 18%，高速的增长不仅来自消费者观念的转变，还来自特斯拉对于汽车产业的全面布局，特斯拉带来的不仅仅是汽车整车制造的变革，还带来了更轻量化的铝合金材料、更高能的电池组、更人性化的智能服务与更高效的销售模式。尽管特斯拉存在客观的风险和挑战，但其对技术、产品和商业模式的前瞻布局对国内的相关产业公司无疑起到了示范作用。公司股价的高歌猛进充分体现了市场对于特斯拉重新定义汽车产品和汽车产业链的认可。

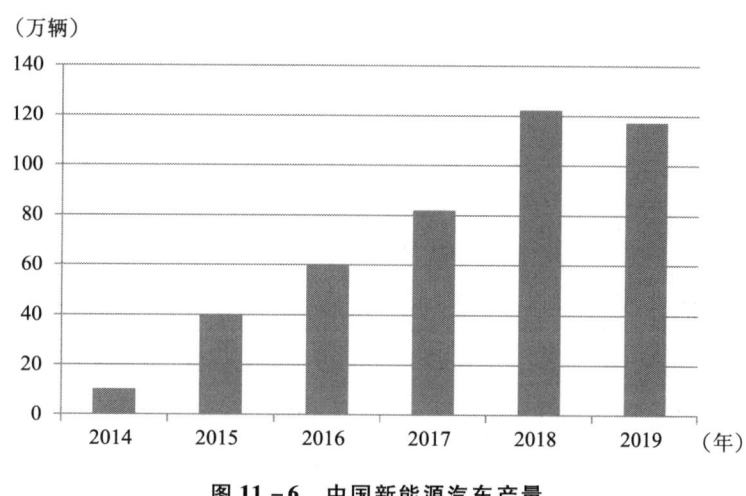

图 11-6　中国新能源汽车产量

资料来源：Wind。

11.3　新兴产业企业的区域表现

上市公司家数方面，广东、浙江、江苏占据前三的位置，高度的市场化水平与发达的民营经济，则是广东、浙江、江苏三地经济发展和上市公司数量处于领先的关键。上市公司总市值方面，拥有数量众多、规模庞大的上市央企是北京市值遥遥领先的关键，在 A 股总市值占比超过 20%。广东以 16.18 万亿元位居第二，不愧第一经济强省，在 A 股总市值占比 18.17%。

A股战略性新兴行业上市公司1598家、总市值27.87万亿元，在全部A股上市公司中家数占比达到38.60%，市值占比达到34.96%。战略性新兴产业上市公司已经成为A股市场的重要力量，为资本市场更好地服务经济转型升级注入强大的正能量。

战略性新兴产业上市公司家数变化方面，2015年以来，战略性新兴产业上市公司家数年平均增加近97家，家数占比与市值占比均呈现下降趋势。主要原因在于，一方面当前中国经济正处于结构转换的初期，传统产业特别是非战略性新兴产业仍表现出较快的发展惯性，因此新上市的公司中战略性新兴产业公司还不是占主体。另一方面，相对于战略性新兴产业上市公司，传统产业新增上市公司的规模相对会更大一些。同时，近几年市场行情低迷，战略性新兴产业上市公司的估值下行比非战略性新兴产业上市公司估值下行的更明显，因此其市值缩水得就更加厉害。

如图11-7所示，战略性新兴产业上市公司区域分布方面，广东战略性新兴产业上市公司数量最多，在全部A股战略性新兴产业上市公司家数占比超过18.8%。如图11-8所示，广东战略性新兴产业上市公司市值占比接近1/5（20.13%），广东已经成为全国战略性新兴产业发展的重要策源地和集聚地。北京位列第二位，家数占比13.82%，市值占比13.84%。浙江与江苏不相上下，家数分别为167家和172家，市值占比均在10%左右。上海排名第五，山东、福建紧随其后。从区域集中度来看，排名前5地区战略性新兴产业上市公司总家数占比62.90%，比整体A股上市公司集中度高6.33%，战略性新兴产业上市公司更加集中。排名前5的地区战略性新兴产业上市公司总市值占比62.53%，市值高度集中。

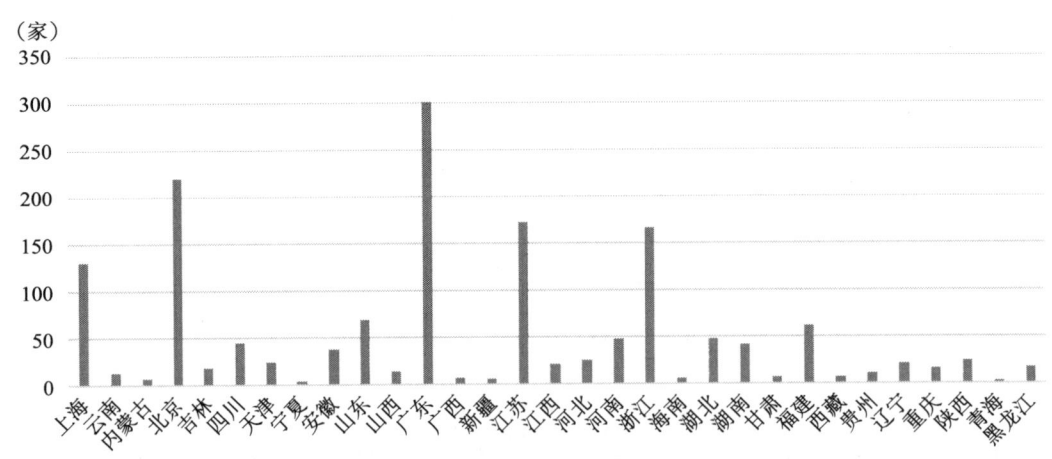

图11-7 A股战略性新兴行业上市公司全国分布图

从城市分布来看，战略性新兴产业上市公司总家数十强城市分别为北京（221家）、深圳（159家）、上海（131家）、杭州（72家）、广州（53家）、苏州（37家）、成都（36家）、南京（34家）、长沙（25家）、武汉（32家）。除了苏州与佛山两市，上榜的十强城市都是直辖市、省会城市或经济特区。深圳战略性新兴产业上市公司家数排名第二，市值排名第二，不愧改革开放先锋，是真正的创新之都，中国新兴产业重要的集聚城市。北京家数排名第一，市值排名第一，北京的首都优势对于集聚资源特别是创新、创业资源发挥重要作用。上海是国际经济、金融、贸易、科技创新中心，其家数和市值排名均分列第三。杭州作为浙江省省会，其家数和市值排名均分列第四。

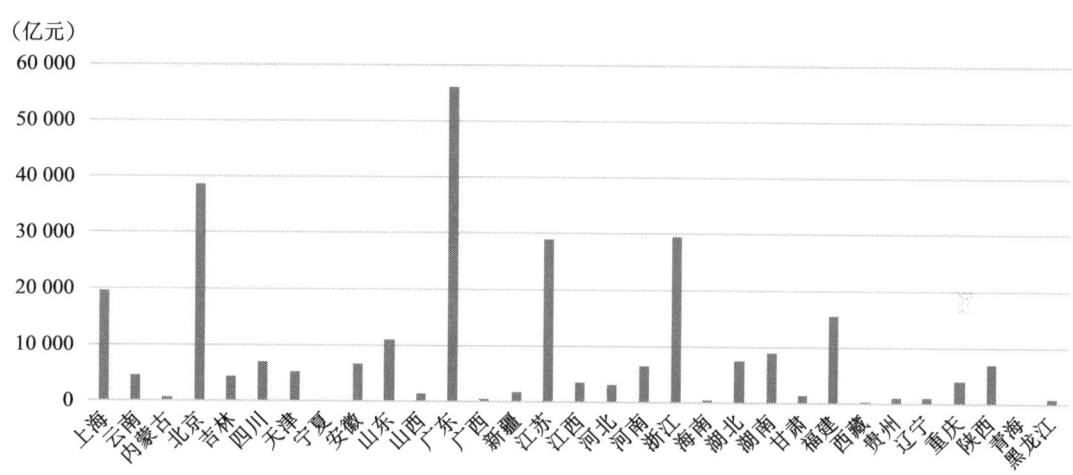

图 11-8　A 股战略性新兴行业上市公司市值全国分布图

11.4　中东西部区域的比较

2020 年新冠肺炎疫情突如其来，对战略性新兴产业也产生了很大的影响，2020 年第一季度增速更是出现了负增长，行业景气指数仅为 69.1，环比下降 50.2%；企业家信心指数为 71.7，环比回落 47.5%。在第二季度大力复工复产后，战略性新兴产业行业景气指数环比回升 50.0%，而企业家信心指数则环比回升 47.6%。第四季度行业景气指数更是以强劲的势头进一步回升，达到 146.5。图 11-9 为战略性新兴产业企业家信心及行业景气指数走势图。

分区域来看，中部和东部引领了四季度战略性新兴产业的进一步加速。由于中国是唯一能够维持正常生产节奏的工业生产国，因此产品竞争力得到了提升，而东部区又是带动出口的主力军，四季度东部地区行业景气指数为 148.6，环比增长 23.1%。中部地区是受疫情影响最严重的地区，但后续政策扶持使中部地区的行业景气指数迅速回升，湖北省回升最为明显。此外，东北和西部地区的行业景气指数同样在持续迅速度回升,2020年四季度东北地区行业景气指数为130,西部地区为122.1,已经回到了2019年同期的行业景气指数水平。图11-10为2019年末至2020年四季度分区域景气指数图。

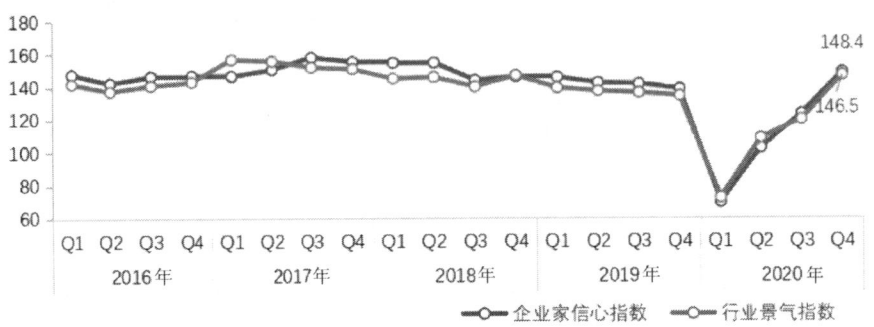

图11-9　战略性新兴产业企业家信心及行业景气指数走势图(季调后)

资料来源:国家信息中心。

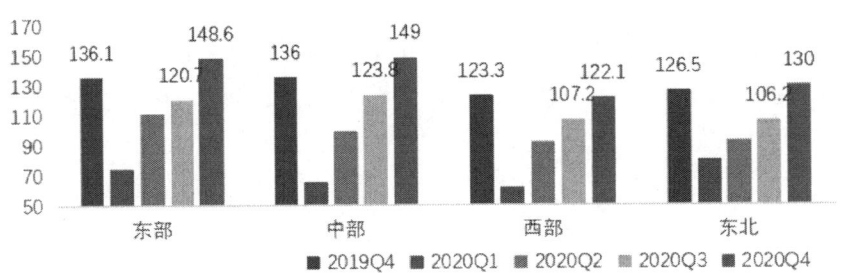

图11-10　2019年末至2020年四季度分区域景气指数图(季调后)

资料来源:国家信息中心。

11.5　不同板块的区域表现比较

11.5.1　节能环保板块

近年来,节能环保产业一直受到国家相关部门的密切关注,全国各地都制定了相应的发展规划目标,26个省域提出发展高效节能产业和先进环保产业、25个省域提出发展资源循环利用产业。从区域分布来看,节能环保产业在沿海地区发展态势较好,呈现不断增长的趋势,并在长三角、珠三角、环渤海形成节能环保产业的三大主要产业聚集地,并已初具规模。

以北京、江苏、广东为代表的节能环保产业"第一梯队",该区域的节能环保产业基础较为雄厚,发展规划的政策制定也表现出高起点、高定位的特点。北京颁布的《北京市节能环保产业发展规划(2013—2015 年)》提出"要将北京打造成全国节能环保产业的技术创新策源地和产品标准引领者",并明确节能环保产业增加值占地区生产值的比重要达到 4%。江苏、广东等省份在地区规划中明确提出将环保节能培育成区域内新的支柱产业之一,并将产业的高技术附加值和加大研发力度等内容作为重点强调。

以河南、湖北、安徽、四川为代表的中西部省区作为节能环保产业的"第二梯队",在产业的发展规划政策制定上呈现出速度快,强化聚集度,探索区域特色等特点。中西部各省着重发展节能环保装备制造领域,致力于打造特色装备生产基地和节能环保服务业。并结合地区特色和经济结构,探索工业废弃物再生利用等特色产业聚集区。

11.5.2 信息技术板块

信息技术产业在全国呈现百花齐放的发展态势,中国电子信息产业集中分布在沿海、沿江和中西部一些产业基础比较好的地区,区域化特征十分明显。以深圳为首的珠三角、以上海为首的长三角、以北京为首的环渤海地区,以及以重庆、西安、成都、武汉、长沙为重点城市的中西部地区,构成四大电子信息产业基地。

华东地区经济较为发达,人口密度大,聚集着超过 1/3 的 IT 人才。以上海为中心,包括江苏、浙江两省的长三角地区,工业空间集中度较高,外资的大量涌进和现代工业的云集,也促进了信息技术产业的集中。长江三角洲的人文优势也成为人才支持,当地居民的受教育程度普遍较高,高校和科研院所云集,遍布长江三角洲的高素质人才和应届毕业生成为信息技术企业人力资本的重要来源。

以北京为中心的华北地区拥有 18% 的 IT 人才。北京有着号称"中国硅谷"的中关村,以及围绕高等院校集群的 IT 校企产业圈。

以深圳为首的华南地区,集聚着 14.4% 的 IT 人力资本。深圳市是中国电子信息产业重镇,其电子信息产业占据全国近 1/6 的产值,从经营面积、交易量和集中度来看,已成为全球最大的电子市场之一,引领中国电子信息产业快速发展。深圳已发展成为国内外电子元器件、家电、数码产品等 IT 产品的重要聚集地,同样也因此吸引到了大量的人力资本。

11.5.3 生物医药板块

全国生物医药产业发展可以分为5个梯队。江苏和山东属于第一梯队，生物医药产业发展水平高，2015年两省生物医药产业主营业收入合计7 641.2亿元，占同年全国生物医药产业主营业收入总值的29.7%。浙江和广东属于第二梯队，2015年两省生物医药产业主营业收入合计2 566亿元，占同年全国生物医药产业主营业收入总值的9.97%。吉林、河北、河南、湖北、湖南、四川以及安徽为第三梯队，这些省份的生物医药产业发展水平一般，但有一定的规模和科技创新能力，有较大发展潜力。江西、辽宁、广西、黑龙江、福建、陕西、云南以及山西属于产业发展水平较低的第三梯队，在某些相关发展指标上具有一定竞争力，但并未将生物医药产业生物医药产业放在战略发展地位。甘肃、贵州、内蒙古、海南、宁夏、新疆、西藏、青海属于生物医药产业发展水平低的第五梯队，都为西部省份，生物医药产业发展落后于全国平均水平。

11.5.4 高端装备制造板块

进入21世纪以后，我国制造业迅猛发展，高端装备制造业呈现出以区域为中心集中发展的模式，已初步形成以环渤海、珠三角、长三角地区为核心，湖北湖南江西等中部产业区，以及重庆四川等西部地区快速发展的产业空间格局。

环渤海地区是国内重要的高端装备研发、设计和制造基地，其中，北京是全国航空、卫星、数控机床等行业的研发中心，辽宁、山东和河北依托海洋优势，在原有装备工业基础上已逐步发展成为海洋工程装备、数控机床以及轨道交通装备的产业聚集区。

长三角地区是国内重要的高端装备制造业开发和生产基地，在国内高端装备制造产业中占有重要地位，其中，上海为国内民用航空装备科研和制造重点基地，江苏海洋装备工业发达。

在中西部地区，湖南和山西分别以株洲和太原为中心成为我国轨道交通装备的重要制造基地，而湖南和江西作为国家重点航空产业基地所在地区也有快速发展，四川、重庆、陕西、贵州和云南5个省份也逐渐形成了航空、卫星、轨道交通装备和机床等产业的集聚区。

从全球各国高端装备产业的布局特点可以看出，高端装备产业的核心区域均集聚在各国科研机构密集、经济高度发达的地区。未来中国加快高端装备制造业发展必须要实现三大集聚：向园区集聚、向经济发达地区集聚、向专业智力密集区集聚。

11.5.5 新能源板块

风能资源在我国分布广泛，较为丰富的地区主要集中在东南沿海及附近岛屿，以及东北、华北、西北地区，内陆也有个别风能丰富点。此外，近海风能资源也非常丰富。根据国家能源局的不完全统计，截至 2020 年 6 月底，全国风电累计装机 2.17 亿千瓦，其中陆上风电累计装机 2.1 亿千瓦，海上风电累计装机 699 万千瓦，海上发电的比重正在逐年增加。我国光伏发电应用逐渐从以西部集中式大型地面电站为主，发展到东中西部共同发展、分布式光伏与集中式光伏共同发展的产业布局。甘肃、青海、宁夏、新疆等西部地区因地理面积广阔，集中式大型地面电站建设较多，总装机容量上总体保持领先，但新增装机容量比例呈现下降趋势。截至 2020 年底，全国光伏发电累计装机达到 253 吉瓦，同比增长 23.5%，增速较 2019 年的 17% 有所回升。尽管受到疫情的影响，全国光伏发电累计装机规模仍然连续 6 年位居全球首位。

我国核电项目主要集中在东部沿海地区，其中，辽宁、江苏、浙江、福建、广东等都有核电项目投运，其中，浙江和广东已经形成核电产业基地，山东、广西、海南的核电项目正在建设中。随着核电项目的重启，在内陆建设核电成为发展新趋势，国内目前十余省已经计划部署内陆核电，如广东内陆地区、福建内陆地区以及四川、贵州、重庆、安徽、河南、吉林和黑龙江等省份，而湖北、湖南、江西的核电项目正在开展前期工作。

11.5.6 新材料板块

新材料产业目前发展形成环渤海、长三角和珠三角的全国三大综合性新材料产业聚集区，这三大地区新材料种类多，承担着新材料的研发、高端制造等功能；中部地区依托雄厚的原材料工业基础，新材料产业快速发展；西部地区依托丰富的资源基础，新材料产业呈特色化发展，形成多个特色新材料产业基地；东北地区作为老工业基地，具有较强的工业优势，新材料产业发展潜力日益凸显。

环渤海地区拥有多家大型企业总部和重点科研院校，在纳米材料、生物医用材料、新能源材料、电子信息材料等领域具有较强的竞争优势。其中，作为人才与科技资源集中地的北京地区，新材料产业科技研发实力处于全国领先地位，是全国新材料产业的创新中心。

长三角地区有着雄厚的经济基础，齐全的产业配套和便利的交通物流，让长三角地区成为中国最主要的新材料产业基地。长三角地区在高性能金属材料和先进高分子材料等领域具有比较优势,其中,上海是全国重要的基础原材料工业基地和新材料研发制造基地,以高性能精品钢为主的新型金属材料和以高性能塑料及合金、特种橡胶、差别化纤维为主的新型有机材料,是上海新材料经济增长的两大引擎。

珠三角地区的新材料产业集中度较高,已形成较为完整的产业链,在电子信息材料、改性工程塑料、陶瓷材料等领域具有较强的优势,新材料产业主要以外向出口型为主,下游产业拉动明显。

中部地区是我国重要的能源和原材料生产基地,依托其黑色金属冶炼及压延加工业、非金属矿物制造业和化学原料制造业等领域的强大优势推动了新材料高科技成果的产业化。西部地区依托丰富的矿产与能源,通过对"三线"建设企业的改造,以及军转民、技术创新等途径,在稀土功能材料、稀有金属材料等领域形成了一批特色鲜明的新型功能材料产业基地,但技术装备和生产水平相对落后,整体竞争力不强。东北地区钢铁、石化等基础工业优势突出,新材料产业发展潜力较大,在高端金属结构材料、先进高分子材料和高性能复合材料等领域初步形成了产业集群。

11.5.7 新能源汽车板块

从新能源汽车的相关技术专利分布来看,截至2017年底,中国除西藏外的31个省份均拥有新能源汽车技术发明专利,但是各省份的专利总量差异较大。青海、宁夏、新疆、海南、甘肃、内蒙古、贵州、山西、云南、江西这10地的专利总和不足50项,占专利总量的2%;而北京、江苏、广东、安徽、浙江的专利总量均超500项,北京高达1 237项。

北京、山东、河南、江苏、浙江、安徽、重庆7个地区,拥有较高的专利数量并保持着较快的专利增长速度,其中北京具有最强主导优势,重庆具有最高成长速度。广东和上海地区进入新能源汽车领域较早,专利数量较多但增数减缓。天津、四川、广西、山西等内陆地区技术创新起步晚,或处于从属地位,专利数量占比较少但增速较快。青海、甘肃、宁夏、贵州、新疆、海南以及内蒙古等西部地区的专利数量和增长都比较慢,新能源汽车技术处于起步阶段,这是由这些地区的经济发展水平和地理特点所决定的,但这些地区开始利用独有的新能源资源优势助力新能源汽车技术创新,如新疆地区开始研发风能、太阳能电池等。

从电动汽车充电基础设施的数量来看,截至2020年12月,全国省级行政区域内所拥有的公共类充电桩保有量排名前十的分别为:北京8.76万台、上海8.55万台、广东8.59万台、江苏7.71万台、浙江6.15万台、山东4.89万台、安徽3.9万台、湖北3.34万台、河南3.28万台、河北3.18万台。珠三角、长三角以及中西部三个区域是全国充电电流的主要集中地区。全国充电电量主要集中在珠三角、长三角以及中西部三个区域，其中北京主要以私人乘用车为主；广东、江苏、陕西、湖北、山东、福建、四川、河南的电量流向主要以公交车等专用车辆为主，乘用小客车为辅；山西的电量流向主要以出租车为主，乘用小客车为辅。电动公交、出租等专用车辆的电量带动效果明显。

11.6 不同区域的价值创造前景分析

如图11-11所示，从战略性新兴产业上市公司区域分布来看，华东地区战略性新兴产业上市公司数量最多，高达605家，总市值达到10.47万亿元，在全部A股战略性新兴产业上市公司家数占比接近38%，市值占比接近37.6%，华东地区汇聚了浙江、江苏、上海、山东、福建等经济较为发达重地，是战略性新兴产业发展的重要集聚地。以广东为龙头的华南地区战略性新兴产业上市公司315家，总市值5.72万亿元，区域排名第二，在全部A股战略性新兴产业上市公司家数占比19.7%，市值占比20.5%。以北京为龙头的华北地区战略性新兴产业上市公司294家，总市值4.93万亿元。华中地区和西南地区新兴产业上市公司分别为139家和92家，各自总市值在2万亿元左右，排名分列第四和第五。东北地区和西北地区排名倒数第一和第二，新兴产业上市公司都不超过70家，总市值占比都小于3.8%。西南、西北及东北三大经济发展相对落后地区，其战略性新兴产业的发展更加滞后。

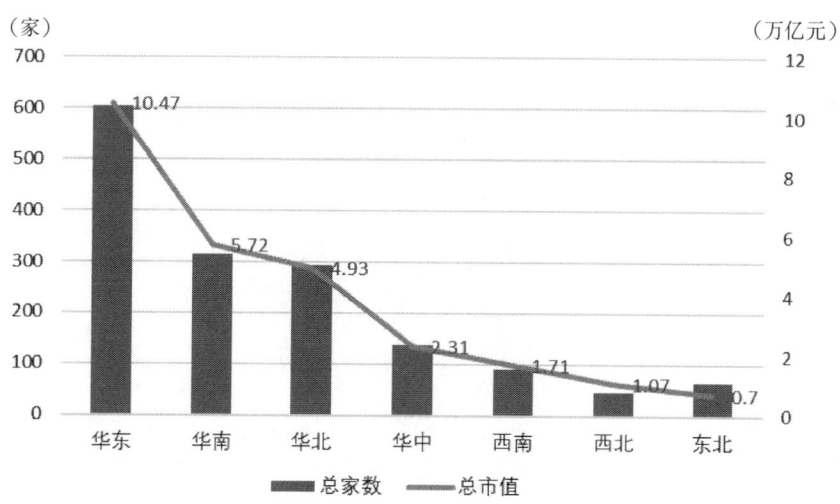

图11-11 A股战略性新兴产业上市公司区域分布情况

资料来源：Wind。

如图 11-12、图 11-13 所示，从战略性新兴产业上市公司区域分布来看，广东战略性新兴产业上市公司数量最多，高达 301 家，总市值达到 5.61 万亿元，在全部 A 股战略性新兴产业上市公司家数占比超过 18.8%，市值占比接近 1/5（20.13%），广东已经成为全国战略性新兴产业发展的重要策源地和集聚地。北京位列第二位，总家数 221 家，总市值 3.86 万亿元，家数占比 13.82%，市值占比 13.84%。浙江与江苏在战略性新兴产业上市公司数量和总市值方面均不相上下，家数分别为 167 家和 172 家，总市值都在 2.89 万亿元以上，市值占比均在 10.39% 左右。上海以 131 家和总市值 1.95 万亿元的规模排名第五，市值占比 7.01%。山东、福建紧随其后，总市值分别为

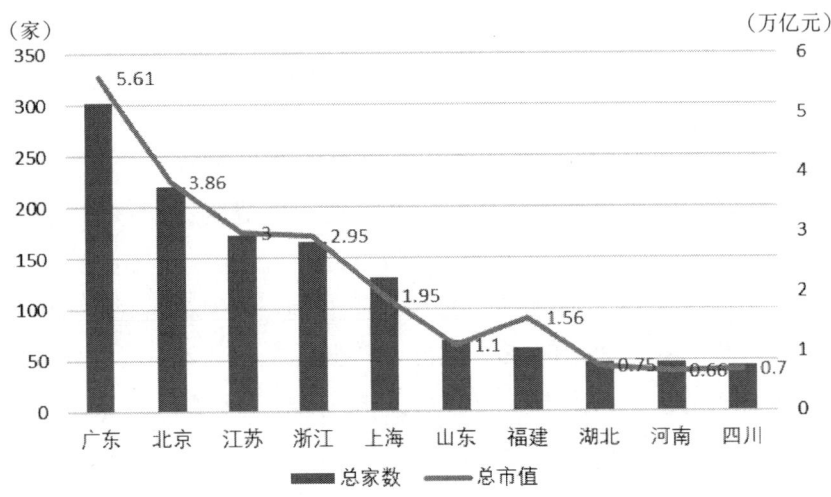

图 11-12　A 股战略性新兴产业上市公司区域分布情况（排名前十地区）

资料来源：Wind。

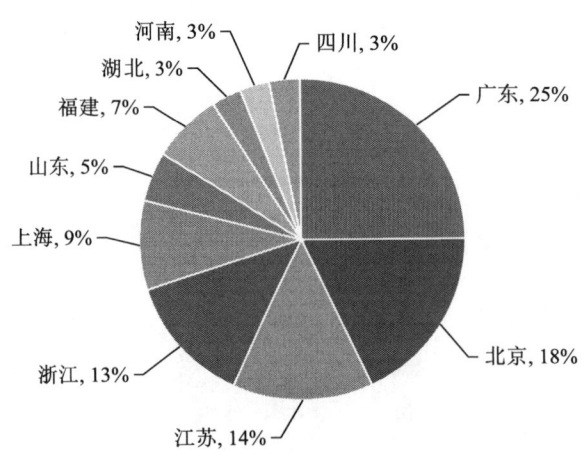

图 11-13　A 股战略性新兴产业上市公司区域市值占比情况（排名前十地区）

资料来源：Wind。

11 039 亿元和 15 623 亿元。排名第八至第十位的湖北、河南、四川三地属于同一量级，总市值均在 6 300 亿元上下。

从区域集中度来看，排名前 5 的地区战略性新兴产业上市公司总家数 991 家，在全部 A 股战略性新兴产业上市公司中家数占比 61.97%，比整体 A 股上市公司集中度高 6.33%，战略性新兴产业上市公司更加集中。排名前 5 的地区战略性新兴产业上市公司总市值 17.37 万亿元，在全部 A 股战略性新兴产业上市公司中市值占比 62.53%，市值高度集中。

从城市分布来看，如图 11-14 所示，战略性新兴产业上市公司总家数十强城市分别为北京（221 家）、深圳（159 家）、上海（131 家）、杭州（72 家）、广州（53 家）、苏州（37 家）、成都（36 家）、南京（34 家）、武汉（32 家）、长沙（25 家）。如图 11-15 所示，战略性新兴产业上市公司总市值十强城市分别为北京（3.86 万亿元）、深圳（3.40 万亿元）、上海（1.95 万亿元）、杭州（1.53 万亿元）、宁德、长沙、无锡、广州、成都、西安。北京战略性新兴产业上市公司家数排名第一，市值排名第一，不仅作为中国的首都，还是中国新兴产业重要的集聚城市，北京的首都优势对于集聚资源特别是创新、创业资源发挥重要作用。上海是国际经济、金融、贸易、科技创新中心，其战略性新兴产业上市公司家数和市值排名均分列第三。杭州作为浙江省省会，其战略性新兴产业上市公司家数和市值排名均分列第四。

从战略性新兴产业总家数和总市值十强城市的情况来看，除了苏州与佛山两市，上榜的十强城市都是直辖市、省会城市或经济特区。

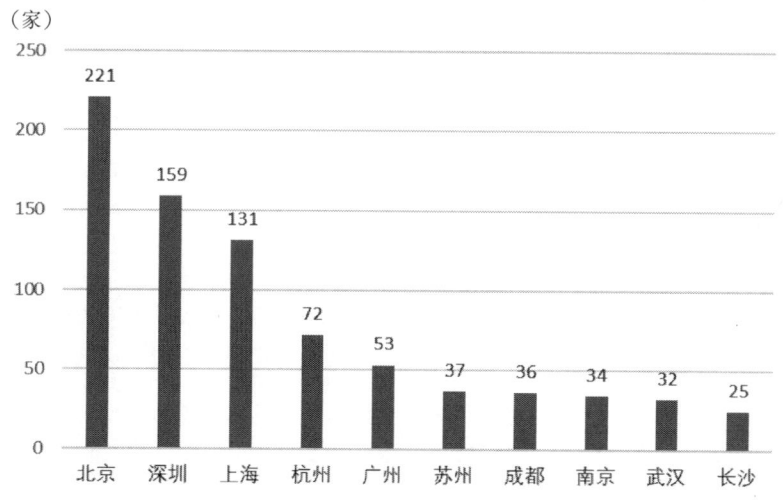

图 11-14 A 股战略性新兴产业上市公司家数十强城市

资料来源：Wind。

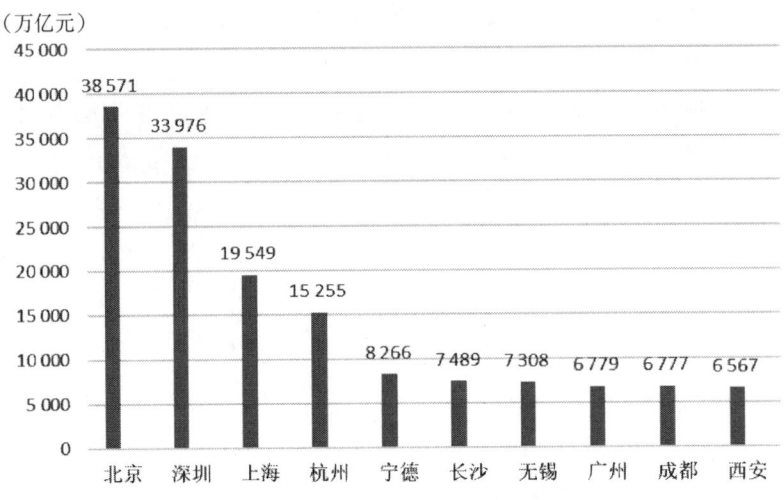

图 11-15 A 股战略性新兴产业上市公司市值十强城市

资料来源：Wind。

12. 不同股本新兴产业公司表现分析

12.1 小股本公司表现分析

战略性新兴产业加快发展的同时表现出诸多特征，对于不同股本的公司，也表现出不同的特点。本研究按照自由流通股进行股本大小的划分，小于1亿股的为小股本公司，大于10亿股的为大股本公司。所选企业如表12-1所示。

表 12-1　　　　　　　　战略性新兴产业小股本公司　　　　　　　　（单位：万股）

代码	名称	自由流通股	代码	名称	自由流通股	代码	名称	自由流通股
688080.SH	映翰通	1 245	300813.SZ	泰林生物	1 300	688200.SH	华峰测控	1 394
300811.SZ	铂科新材	1 440	300841.SZ	康华生物	1 500	688368.SH	晶丰明源	1 514
688228.SH	开普云	1 518	688058.SH	宝兰德	1 540	688090.SH	瑞松科技	1 600
688318.SH	财富趋势	1 611	688169.SH	石头科技	1 630	688081.SH	兴图新科	1 746
002977.SZ	天箭科技	1 790	688051.SH	佳华科技	1 855	688398.SH	赛特新材	1 900
300927.SZ	江天化学	1 902	688358.SH	祥生医疗	1 920	300812.SZ	易天股份	1 938
688159.SH	有方科技	1 948	300826.SZ	测绘股份	2 000	003025.SZ	思进智能	2 010
688178.SH	万德斯	2 019	688357.SH	建龙微纳	2 075	688181.SH	八亿时空	2 126
688310.SH	迈得医疗	2 256	688026.SH	洁特生物	2 268	688198.SH	佰仁医疗	2 280
300751.SZ	迈为股份	2 290	003020.SZ	立方制药	2 316	300920.SZ	润阳科技	2 371
688019.SH	安集科技	2 374	003026.SZ	中晶科技	2 495	300842.SZ	帝科股份	2 500
688096.SH	京源环保	2 549	688188.SH	柏楚电子	2 570	688202.SH	美迪西	2 601
002932.SZ	明德生物	2 633	003031.SZ	中瓷电子	2 667	003021.SZ	兆威机电	2 667
300822.SZ	贝仕达克	2 667	300508.SZ	维宏股份	2 671	688168.SH	安博通	2 678
603895.SH	天永智能	2 702	688068.SH	热景生物	2 729	688016.SH	心脉医疗	2 780
688288.SH	鸿泉物联	2 839	688298.SH	东方生物	2 850	688196.SH	卓越新能	2 880

续表1

代码	名称	自由流通股	代码	名称	自由流通股	代码	名称	自由流通股
300913.SZ	兆龙互连	2 905	300807.SZ	天迈科技	2 957	300681.SZ	英搏尔	2 959
688020.SH	方邦股份	2 975	688366.SH	昊海生科	2 996	603629.SH	利通电子	3 000
688399.SH	硕世生物	3 044	300644.SZ	南京聚隆	3 103	002990.SZ	盛视科技	3 156
003019.SZ	宸展光电	3 200	688300.SH	联瑞新材	3 222	688037.SH	芯源微	3 278
300752.SZ	隆利科技	3 306	002980.SZ	华盛昌	3 333	688268.SH	华特气体	3 344
300613.SZ	富瀚微	3 347	688189.SH	南新制药	3 360	300557.SZ	理工光科	3 364
688078.SH	龙软科技	3 410	688365.SH	光云科技	3 424	002896.SZ	中大力德	3 425
300815.SZ	玉禾田	3 460	002975.SZ	博杰股份	3 473	688018.SH	乐鑫科技	3 536
002813.SZ	路畅科技	3 561	603991.SH	至正股份	3 570	688089.SH	嘉必优	3 570
300810.SZ	中科海讯	3 589	300583.SZ	赛托生物	3 655	688222.SH	成都先导	3 675
300776.SZ	帝尔激光	3 696	688010.SH	福光股份	3 721	300518.SZ	盛讯达	3 727
002985.SZ	北摩高科	3 754	688258.SH	卓易信息	3 757	688233.SH	神工股份	3 815
688028.SH	沃尔德	3 817	688001.SH	华兴源创	3 845	300742.SZ	越博动力	3 848
688333.SH	铂力特	3 854	688029.SH	南微医学	3 908	603666.SH	亿嘉和	3 954
688186.SH	广大特材	3 971	688023.SH	安恒信息	3 991	603290.SH	斯达半导	4 000
603212.SH	赛伍技术	4 001	300701.SZ	森霸传感	4 003	688278.SH	特宝生物	4 018
300763.SZ	锦浪科技	4 049	603279.SH	景津环保	4 050	002978.SZ	安宁股份	4 060
603439.SH	贵州三力	4 074	688011.SH	新光光电	4 078	002973.SZ	侨银股份	4 089
002913.SZ	奥士康	4 109	300619.SZ	金银河	4 131	300620.SZ	光库科技	4 164
603444.SH	吉比特	4 200	688039.SH	当虹科技	4 200	603893.SH	瑞芯微	4 200
603685.SH	晨丰科技	4 225	688085.SH	三友医疗	4 248	688100.SH	威胜信息	4 250
300721.SZ	怡达股份	4 274	300919.SZ	中伟股份	4 284	688123.SH	聚辰股份	4 298
688025.SH	杰普特	4 304	603392.SH	万泰生物	4 360	603722.SH	阿科力	4 366
300713.SZ	英可瑞	4 402	300757.SZ	罗博特科	4 416	603396.SH	金辰股份	4 420
002880.SZ	卫光生物	4 455	300617.SZ	安靠智电	4 484	003029.SZ	吉大正元	4 510
002881.SZ	美格智能	4 534	688021.SH	奥福环保	4 537	300809.SZ	华辰装备	4 550
688086.SH	紫晶存储	4 569	002864.SZ	盘龙药业	4 582	688158.SH	优刻得-W	4 680
300786.SZ	国林科技	4 711	688208.SH	道通科技	4 800	300846.SZ	首都在线	5 000
300642.SZ	透景生命	5 032	688022.SH	瀚川智能	5 160	002979.SZ	雷赛智能	5 200
688118.SH	普元信息	5 237	002943.SZ	宇晶股份	5 275	300872.SZ	天阳科技	5 330
688369.SH	致远互联	5 334	002873.SZ	新天药业	5 373	002886.SZ	沃特股份	5 376
603203.SH	快克股份	5 384	603416.SH	信捷电气	5 386	300802.SZ	矩子科技	5 396
300690.SZ	双一科技	5 466	688128.SH	中国电研	5 613	603087.SH	甘李药业	5 628
002907.SZ	华森制药	5 682	300779.SZ	惠城环保	5 697	002970.SZ	锐明技术	5 726
300653.SZ	正海生物	5 738	300806.SZ	斯迪克	5 814	688177.SH	百奥泰-U	5 817

续表2

代码	名称	自由流通股	代码	名称	自由流通股	代码	名称	自由流通股
688266.SH	泽璟制药-U	5 820	603963.SH	大理药业	5 822	300745.SZ	欣锐科技	5 849
002972.SZ	科安达	5 853	300354.SZ	东华测试	5 899	300800.SZ	力合科技	5 963
603283.SH	赛腾股份	5 975	300710.SZ	万隆光电	5 978	000004.SZ	国华网安	6 004
688363.SH	华熙生物	6 040	300598.SZ	诚迈科技	6 047	300648.SZ	星云股份	6 139
688218.SH	江苏北人	6 139	603507.SH	振江股份	6 188	300706.SZ	阿石创	6 196
002923.SZ	润都股份	6 197	300550.SZ	和仁科技	6 272	300571.SZ	平治信息	6 294
300491.SZ	通合科技	6 307	603663.SH	三祥新材	6 343	603656.SH	泰禾智能	6 423
603917.SH	合力科技	6 443	603721.SH	中广天择	6 451	688030.SH	山石网科	6 465
300581.SZ	晨曦航空	6 481	603330.SH	上海天洋	6 489	300731.SZ	科创新源	6 504
300417.SZ	南华仪器	6 508	002922.SZ	伊戈尔	6 532	603236.SH	移远通信	6 535
603177.SH	德创环保	6 573	300380.SZ	安硕信息	6 597	002903.SZ	宇环数控	6 643
300631.SZ	久吾高科	6 662	300069.SZ	金利华电	6 676	300609.SZ	汇纳科技	6 711
300733.SZ	西菱动力	6 759	300739.SZ	明阳电路	6 930	002897.SZ	意华股份	6 936
603185.SH	上机数控	6 950	300220.SZ	金运激光	7 033	002929.SZ	润建股份	7 061
603322.SH	超讯通信	7 113	688003.SH	天准科技	7 137	002915.SZ	中欣氟材	7 245
603739.SH	蔚蓝生物	7 272	300672.SZ	国科微	7 276	300436.SZ	广生堂	7 285
300624.SZ	万兴科技	7 296	300548.SZ	博创科技	7 298	300399.SZ	天利科技	7 330
688138.SH	清溢光电	7 401	300626.SZ	华瑞股份	7 403	603383.SH	顶点软件	7 413
300709.SZ	精研科技	7 462	002849.SZ	威星智能	7 471	002829.SZ	星网宇达	7 500
300566.SZ	激智科技	7 527	300645.SZ	正元智慧	7 565	300579.SZ	数字认证	7 573
300605.SZ	恒锋信息	7 603	603859.SH	能科股份	7 635	300797.SZ	钢研纳克	7 637
300825.SZ	阿尔特	7 642	603068.SH	博通集成	7 705	300730.SZ	科创信息	7 725
688015.SH	交控科技	7 747	688199.SH	久日新材	7 849	300615.SZ	欣天科技	7 852
300489.SZ	中飞股份	7 908	300556.SZ	丝路视觉	7 915	300578.SZ	会畅通讯	7 956
603508.SH	思维列控	7 960	300693.SZ	盛弘股份	7 995	002623.SZ	亚玛顿	8 174
300712.SZ	永福股份	8 214	300394.SZ	天孚通信	8 307	300632.SZ	光莆股份	8 314
300533.SZ	冰川网络	8 334	603590.SH	康辰药业	8 337	300671.SZ	富满电子	8 361
600980.SH	北矿科技	8 372	002957.SZ	科瑞技术	8 379	688006.SH	杭可科技	8 391
600990.SH	四创电子	8 406	300678.SZ	中科信息	8 538	688066.SH	航天宏图	8 565
002227.SZ	奥特迅	8 579	300768.SZ	迪普科技	8 621	300588.SZ	熙菱信息	8 623
300661.SZ	圣邦股份	8 658	002845.SZ	同兴达	8 697	603628.SH	清源股份	8 720
603258.SH	电魂网络	8 788	300560.SZ	中富通	8 802	002912.SZ	中新赛克	8 863
603680.SH	今创集团	8 962	603881.SH	数据港	8 979	300625.SZ	三雄极光	9 119
002728.SZ	特一药业	9 242	300246.SZ	宝莱特	9 302	300634.SZ	彩讯股份	9 333
300782.SZ	卓胜微	9 376	688101.SH	三达膜	9 387	300286.SZ	安科瑞	9 410

续表3

代码	名称	自由流通股	代码	名称	自由流通股	代码	名称	自由流通股
300590.SZ	移为通信	9 430	300610.SZ	晨化股份	9 474	300462.SZ	华铭智能	9 482
300667.SZ	必创科技	9 508	300396.SZ	迪瑞医疗	9 530	002850.SZ	科达利	9 548
002877.SZ	智能自控	9 591	300314.SZ	戴维医疗	9 618	300562.SZ	乐心医疗	9 659
600476.SH	湘邮科技	9 771	300235.SZ	方直科技	9 806	002848.SZ	高斯贝尔	9 838
300687.SZ	赛意信息	9 849	300608.SZ	思特奇	9 876	300127.SZ	银河磁体	9 888
603039.SH	泛微网络	9 956	002869.SZ	金溢科技	9 981			

资料来源：Wind。

2018—2020年战略性新兴产业小股本企业表现如表12-2所示。

表12-2　　　　　战略性新兴产业小股本企业表现

代码	名称	涨跌幅（%）			资产负债率（%）			流动比率			应收账款周转率		
		2018年	2019年	2020年	2018年	2019年	2020年	2018年	2019年	2020年	2018年	2019年	2020年
688080.SH	映翰通			-58.9	20.6	18.3	12.4	4.4	4.8	7.4	2.8	2.6	2.7
300813.SZ	泰林生物			87.5	23.7	14.2	17.7	2.3	4.0	4.5	6.2	5.7	7.9
688200.SH	华峰测控			10.1	17.6	13.3	6.0	4.8	6.4	15.9	5.5	4.2	4.5
300811.SZ	铂科新材		10.0	77.5	28.3	16.3	19.8	2.1	4.5	4.5	2.8	3.0	2.8
300841.SZ	康华生物			362.1	24.4	16.6	8.1	3.4	5.1	10.4	3.1	2.1	3.3
688368.SH	晶丰明源		-15.2	95.7	35.6	17.5	21.6	2.9	6.0	3.9	6.3	5.3	4.6
688228.SH	开普云			-46.2	35.6	38.6	10.3	2.4	2.3	7.9	9.1	5.1	4.2
688058.SH	宝兰德		-1.0	-10.8	12.1	2.3	3.6	7.6	43.4	28.6	1.6	1.2	1.2
688090.SH	瑞松科技			-60.0	61.3	58.3	40.9	1.7	1.7	2.0	4.1	3.9	4.3
688318.SH	财富趋势			6.0	10.1	10.1	4.7	9.4	9.4	17.3	81.7	51.4	21.5
688169.SH	石头科技			108.1	45.2	24.4	9.4	2.1	3.8	8.4	8.0	14.5	27.1
688081.SH	兴图新科			-42.2	28.2	15.4	9.3	3.4	6.4	9.5	1.3	1.1	0.8
002977.SZ	天箭科技			223.2	39.2	34.1	17.8	2.6	2.8	5.4	1.5	1.0	0.7
688051.SH	佳华科技			-30.5	76.0	46.7	25.1	1.0	1.6	3.1	1.4	1.8	2.3
688398.SH	赛特新材			-34.7	41.1	37.8	22.8	1.6	1.9	3.7	4.2	4.2	4.1
300927.SZ	江天化学				44.1	48.2	29.4	1.2	1.1	2.4	11.0	9.9	8.6
688358.SH	祥生医疗		-0.5	-0.1	35.3	9.3	11.6	3.2	13.7	9.8	6.9	4.7	2.9
300812.SZ	易天股份			25.0	57.2	34.7	40.5	1.6	2.8	2.2	4.4	3.3	2.5
688159.SH	有方科技			-51.2	42.8	48.1	35.1	2.2	1.9	2.3	2.3	2.3	1.7
300826.SZ	测绘股份			-7.3	53.9	52.8	43.8	1.4	1.5	2.0	2.2	2.2	2.2
003025.SZ	思进智能			14.8	29.8	23.1	15.6	2.5	3.3	5.5	8.4	9.0	8.5
688178.SH	万德斯			-38.2	51.1	43.8	36.8	1.7	2.1	2.5	2.6	2.7	2.7

续表1

代码	名称	涨跌幅（%）			资产负债率（%）			流动比率			应收账款周转率		
		2018年	2019年	2020年	2018年	2019年	2020年	2018年	2019年	2020年	2018年	2019年	2020年
688357.SH	建龙微纳		12.1	36.4	64.4	24.7	17.6	0.8	3.3	3.7	12.1	13.2	11.0
688181.SH	八亿时空			-12.0	20.7	10.4	12.9	3.1	9.3	7.2	3.9	3.6	4.1
688310.SH	迈得医疗		-6.6	2.4	22.9	12.1	9.8	4.0	8.2	9.7	3.2	2.4	2.7
688026.SH	洁特生物			-10.0	14.1	12.4	17.8	4.9	5.2	4.4	3.6	3.6	6.6
688198.SH	佰仁医疗		19.1	84.5	6.7	3.0	4.1	12.6	34.3	26.3	253.1	307.0	12.8
300751.SZ	迈为股份	46.7	18.7	380.6	58.0	66.2	62.7	1.7	1.4	1.5	7.5	9.0	6.0
003020.SZ	立方制药			3.2	34.4	33.7	23.6	2.4	2.5	3.8	8.0	7.5	8.1
300920.SZ	润阳科技			-13.3	19.5	20.1	13.2	3.6	3.1	6.6	6.2	4.7	4.6
688019.SH	安集科技		-32.6	125.7	20.0	10.5	18.6	5.1	11.0	4.9	5.1	5.4	7.2
003026.SZ	中晶科技			135.8	30.9	18.8	11.5	2.6	4.0	8.2	3.3	2.8	3.1
300842.SZ	帝科股份			201.1	54.8	54.5	48.4	1.7	1.7	1.9	5.2	5.6	4.1
688096.SH	京源环保			-33.8	37.5	35.7	26.2	2.5	3.0	3.0	1.2	1.1	1.0
688188.SH	柏楚电子		-35.5	68.5	20.7	3.2	4.5	5.1	37.9	20.5	21.3	20.9	18.6
688202.SH	美迪西		-17.8	169.5	26.0	11.3	16.8	2.5	7.0	3.6	4.6	4.5	4.9
002932.SZ	明德生物	50.8	-17.3	74.5	4.0	3.6	21.9	23.3	23.2	3.9	7.7	6.0	9.0
003031.SZ	中瓷电子				28.4	31.2	27.8	2.8	2.1	3.0	4.7	5.6	6.9
003021.SZ	兆威机电			-34.3	52.2	42.5	11.0	1.3	1.9	8.8	4.9	7.7	3.7
300822.SZ	贝仕达克			32.4	32.2	26.3	24.5	2.3	2.8	3.4	6.2	6.7	5.8
300508.SZ	维宏股份	-45.6	16.9	-17.6	13.0	11.6	13.0	6.6	6.4	4.6	6.2	5.7	9.2
688168.SH	安博通		-42.8	-41.6	17.5	6.0	10.7	5.0	16.0	8.9	1.7	1.5	1.2
603895.SH	天永智能	38.6	-10.9	-26.6	42.9	53.7	52.8	2.2	1.7	1.7	2.0	1.7	2.2
688068.SH	热景生物		-33.8	-16.5	21.2	10.5	17.3	2.3	12.1	4.1	8.7	6.5	15.9
688016.SH	心脉医疗		-7.2	71.3	19.6	7.8	10.3	9.0	14.1	10.4	9.8	11.1	11.3
688288.SH	鸿泉物联		2.8	20.4	18.2	12.1	19.2	5.3	7.8	4.4	2.3	2.6	2.9
688298.SH	东方生物			39.3	38.4	29.7	31.4	2.0	2.8	3.0	5.4	5.2	9.2
688196.SH	卓越新能		-19.8	51.5	20.4	2.7	2.7	3.1	40.1	23.0	18.6	68.4	27.6
300913.SZ	兆龙互连			-25.4	48.6	40.9	23.6	1.5	1.8	3.2	5.3	4.6	4.6
300807.SZ	天迈科技		114.4	-32.2	40.9	27.1	16.9	2.4	3.5	4.2	2.1	2.3	1.0
300681.SZ	英搏尔	-34.2	-0.9	-1.8	47.0	40.4	47.0	1.9	2.4	1.7	2.9	1.8	3.3
688020.SH	方邦股份		-10.3	5.5	4.9	2.0	8.6	16.2	45.9	11.4	2.5	2.5	2.4
688366.SH	昊海生科		-31.2	0.8	13.5	8.1	9.0	5.1	11.0	8.8	4.4	4.2	3.7
603629.SH	利通电子	39.3	-27.9	22.7	50.8	50.8	53.8	1.6	1.5	1.4	3.4	3.7	3.7
688399.SH	硕世生物		5.5	236.5	18.1	11.6	26.9	4.6	9.4	3.4	16.3	10.7	18.0
300644.SZ	南京聚隆	37.2	-15.8	21.1	30.9	32.3	46.4	2.6	2.3	1.6	4.0	3.8	4.0

续表2

代码	名称	涨跌幅（%）			资产负债率（%）			流动比率			应收账款周转率		
		2018年	2019年	2020年	2018年	2019年	2020年	2018年	2019年	2020年	2018年	2019年	2020年
002990.SZ	盛视科技			62.6	52.1	50.1	23.6	1.8	1.9	4.3	3.4	3.4	2.4
003019.SZ	宸展光电			-11.4	42.3	39.4	18.5	2.0	2.2	4.8	5.6	5.1	4.9
688300.SH	联瑞新材		3.3	3.8	22.8	12.5	11.8	5.2	8.9	8.8	4.2	3.8	3.7
688037.SH	芯源微		13.6	40.7	42.1	18.9	34.8	2.4	5.8	2.6	5.4	3.9	4.7
300752.SZ	隆利科技	89.7	-18.2	28.8	47.3	57.3	64.3	1.9	1.4	1.5	4.8	3.6	3.2
002980.SZ	华盛昌			113.9	20.9	16.9	11.2	4.7	5.9	8.9	6.2	6.4	11.4
688268.SH	华特气体			-15.7	40.5	26.4	15.8	14.1	2.5	5.2	5.4	4.5	4.4	5.1
300613.SZ	富瀚微	-57.1	80.5	33.9	13.0	11.2	8.2	6.3	8.1	11.3	3.4	3.7	4.1
688189.SH	南新制药			-24.9	62.0	56.4	22.7	1.0	1.3	4.4	10.6	5.9	2.3
300557.SZ	理工光科	-41.5	26.5	-3.6	23.1	40.3	50.0	3.9	2.1	1.6	1.0	1.1	1.6
688078.SH	龙软科技		4.5	-46.0	28.9	9.2	10.2	3.3	10.9	9.7	0.9	1.0	1.4
688365.SH	光云科技			-31.0	13.9	12.9	12.8	7.3	7.4	6.0	18.6	15.3	13.5
002896.SZ	中大力德	-26.6	-29.0	25.7	37.0	38.0	36.0	1.4	1.4	1.6	7.7	6.5	6.9
300815.SZ	玉禾田			118.7	65.0	59.3	40.5	1.1	1.2	1.9	5.4	5.2	4.9
002975.SZ	博杰股份			347.7	33.9	26.8	19.1	2.4	3.1	4.5	3.7	3.4	4.6
688018.SH	乐鑫科技		29.9	-11.0	17.5	6.7	10.3	7.5	21.8	12.9	10.6	9.7	5.7
002813.SZ	路畅科技	-25.5	-6.4	-10.1	59.0	72.4	29.3	1.3	1.0	1.9	2.5	2.9	3.3
603991.SH	至正股份	-35.2	-4.9	129.5	39.8	39.2	35.1	1.7	1.6	1.6	2.5	1.8	1.4
688089.SH	嘉必优		-19.4	7.4	9.5	3.7	4.3	7.4	26.4	21.5	3.4	2.9	2.7
300810.SZ	中科海讯		106.1	-48.5	18.4	9.1	10.6	5.3	11.3	10.2	1.4	0.8	0.3
300583.SZ	赛托生物	-19	4.0	-31.2	28.2	36.8	40.5	2.4	1.6	1.2	6.5	5.4	6.4
688222.SH	成都先导			-35.9	23.9	19.5	22.5	3.5	6.7	5.2	10.7	9.1	5.1
300776.SZ	帝尔激光		79.6	62.2	63.8	34.0	32.9	1.6	2.9	3.1	7.3	5.2	5.6
688010.SH	福光股份		-14.2	-32.0	17.8	12.2	22.8	3.1	8.1	2.7	3.6	3.0	2.5
300518.SZ	盛讯达	-55.5	17.7	33.0	33.3	46.0	34.1	1.5	1.3	1.6	3.3	2.0	3.4
002985.SZ	北摩高科			501.8	16.1	14.6	16.7	7.1	7.1	5.3	1.0	1.0	0.9
688258.SH	卓易信息		56.1	-35.4	17.9	9.3	10.4	4.6	10.8	10.3	1.5	1.4	1.2
688233.SH	神工股份			-43.8	7.4	6.2	10.1	10.5	15.3	8.3	10.8	8.3	9.9
688028.SH	沃尔德		13.6	-40.4	9.3	5.0	6.0	4.7	14.7	11.4	5.1	4.8	4.6
688001.SH	华兴源创		-20.2	-10.7	26.7	11.2	13.1	2.7	7.4	5.2	3.3	2.8	2.3
300742.SZ	越博动力	16.9	-43.7	8.7	54.9	82.4	75.4	1.5	0.8	0.8	0.5	0.4	0.8
688333.SH	铂力特		-14.2	175.7	52.1	27.3	30.8	1.9	6.0	4.1	2.1	1.6	1.6
688029.SH	南微医学		45.3	15.2	36.0	12.1	14.2	2.0	7.6	5.9	8.1	8.6	7.1
603666.SH	亿嘉和	29.5	55.9	90.1	13.1	22.7	22.6	7.9	4.1	3.7	4.5	4.7	4.0

续表3

代码	名称	涨跌幅（%）			资产负债率（%）			流动比率			应收账款周转率		
		2018年	2019年	2020年	2018年	2019年	2020年	2018年	2019年	2020年	2018年	2019年	2020年
688186.SH	广大特材			-30.8	64.2	58.6	57.9	1.1	1.1	1.4	5.6	6.9	5.7
688023.SH	安恒信息		77.1	86.1	43.1	28.6	32.1	2.2	3.7	2.8	4.5	5.1	5.5
603290.SH	斯达半导			1 215.0	40.6	35.3	18.8	2.3	2.8	6.2	4.8	4.5	4.1
603212.SH	赛伍技术			158.6	48.1	41.6	42.9	1.8	2.0	2.1	2.9	2.7	2.3
300701.SZ	森霸传感	-17.2	56.9	-9.5	5.1	7.0	8.2	18.2	12.6	11.2	11.5	12.8	18.8
688278.SH	特宝生物			-3.4	29.5	28.6	16.1	2.9	3.0	6.7	3.4	6.2	5.5
300763.SZ	锦浪科技		11.1	515.8	46.1	32.3	38.4	1.9	2.6	1.9	3.7	4.7	7.5
603279.SH	景津环保		12.1	-11.5	43.7	42.9	43.4	1.6	1.8	1.8	5.3	5.7	6.5
002978.SZ	安宁股份			16.7	30.3	22.9	15.3	1.1	2.0	4.2	25.2	54.9	320.3
603439.SH	贵州三力			91.5	10.2	10.9	22.0	8.5	8.3	3.7	3.8	4.2	2.8
688011.SH	新光光电		-40.2	22.5	32.9	6.0	7.3	2.2	17.8	14.0	1.5	1.2	0.8
002973.SZ	侨银股份			142.1	56.0	61.6	61.9	1.5	1.0	1.3	4.4	3.7	4.5
002913.SZ	奥士康	-16.1	49.7	2.6	30.3	31.6	38.1	2.3	2.1	1.4	3.5	3.4	3.8
300619.SZ	金银河	-40.7	-15.3	-1.6	55.5	55.7	64.2	1.5	1.5	1.3	2.8	2.0	1.9
300620.SZ	光库科技	10.0	-10.0	5.7	32.3	25.6	13.5	2.5	3.3	6.7	4.4	4.0	4.0
603444.SH	吉比特	-18.2	111.1	44.4	21.9	21.4	21.2	3.1	3.1	3.4	6.8	8.5	13.5
688039.SH	当虹科技		6.7	-28.7	14.0	7.7	9.2	6.9	12.6	10.0	1.9	1.6	1.6
603893.SH	瑞芯微			421.7	13.2	16.9	16.8	7.8	5.8	6.2	12.7	15.7	14.5
603685.SH	晨丰科技	-46.4	22.0	-14.7	27.0	29.9	37.4	3.1	2.5	1.7	4.5	4.4	3.8
688085.SH	三友医疗			7.7	12.4	20.6	8.2	6.6	3.2	11.7	3.0	2.6	2.1
688100.SH	威胜信息			-44.8	29.7	36.0	28.3	2.7	2.3	3.1	1.7	1.9	2.2
300721.SZ	怡达股份	-47.2	-5.2	55.1	33.3	48.3	60.3	1.5	0.8	0.5	12.7	12	10.5
300919.SZ	中伟股份			-3.9	88.0	65.7	61.1	0.9	1.2	1.7	8.8	8.5	7.3
688123.SH	聚辰股份		-9.9	-15.8	17.3	6.2	6.1	5.9	18.0	19.9	10.0	10.8	8.8
688025.SH	杰普特		-28.1	4.1	29.0	13.9	25.3	3.2	7.0	3.4	6.1	3.0	3.6
603392.SH	万泰生物			1 499.4	24.5	27.0	26.4	2.5	1.8	2.4	5.2	5.4	5.0
603722.SH	阿科力	-45.3	47.6	-11.9	23.2	21.2	22.6	2.1	2.3	2.4	11.5	10.7	10.4
300713.SZ	英可瑞	-54.2	-4.2	57.3	23.4	26.2	22.2	3.6	2.8	3.4	1.0	1.1	1.4
300757.SZ	罗博特科		37.1	16.1	63.9	47.7	59.9	1.4	1.3	1.3	3.9	3.1	1.3
603396.SH	金辰股份	-34.9	14.2	113.3	47.1	45.4	52.4	1.8	1.9	1.7	3.1	2.5	2.3
002880.SZ	卫光生物	-25.6	30.9	38.5	10.5	8.6	11.6	8.0	9.8	6.1	11.8	8.2	7.5
300617.SZ	安靠智电	-34.8	16.8	161.5	19.2	21.1	21.3	4.6	4.1	4.0	1.3	1.4	2.2
003029.SZ	吉大正元			61.1	36.9	34.2	25.6	2.8	2.1	2.1	2.1	2.9	2.3
002881.SZ	美格智能	-0.1	49.9	-25.6	41.0	30.0	40.5	2.2	3.0	2.1	4.5	4.0	5.0

续表4

代码	名称	涨跌幅（%）			资产负债率（%）			流动比率			应收账款周转率		
		2018年	2019年	2020年	2018年	2019年	2020年	2018年	2019年	2020年	2018年	2019年	2020年
688021.SH	奥福环保		9.3	69.3	44.1	22.2	24.7	1.7	3.7	3.2	2.8	2.5	2.7
300809.SZ	华辰装备		0.2	-34.3	36.4	17.1	25.8	2.0	5.3	3.9	4.5	3.6	2.1
688086.SH	紫晶存储			-49.8	32.5	40.5	33.5	3.4	2.3	2.9	1.4	1.0	0.9
002864.SZ	盘龙药业	11.6	-13.6	-8.1	25.2	27.4	36.7	3.2	2.9	2.5	3.1	3.3	2.6
688158.SH	优刻得-W			-42.9	20.2	20.9	24.2	3.0	2.9	2.8	8.0	7.0	6.5
300786.SZ	国林科技		42.4	-30.6	34.4	21.1	26.2	2.2	3.9	2.9	2.6	2.3	2.3
688208.SH	道通科技			-6.7	22.1	22.7	20.2	5.4	6.0	4.6	4.8	5.0	5.5
300846.SZ	首都在线			358.3	13.6	19.6	28.4	5.3	2.9	1.8	6.7	6.3	6.2
300642.SZ	透景生命	-37.9	9.6	40.4	7.1	6.2	7.7	11.6	12.8	9.8	5.0	4.9	4.1
688022.SH	瀚川智能		-12.4	-24	61.6	23.4	45.0	1.3	3.8	1.8	5.7	3.9	3.0
002979.SZ	雷赛智能			220.0	23.3	20.8	18.9	3.3	3.8	4.6	5.1	4.3	4.8
688118.SH	普元信息		-7.1	-34.3	29.3	11.5	10.2	3.3	8.6	9.6	2.4	2.2	1.8
002943.SZ	宇晶股份	37.6	-30.2	-25.5	24.1	26.6	28.3	4.1	3.2	2.6	2.6	1.8	2.3
300872.SZ	天阳科技			-48.7	22.7	29.2	18.7	3.4	2.8	4.9	1.5	1.6	1.6
688369.SH	致远互联		-23.6	31.5	58.9	27.0	28.1	1.6	3.6	3.4	7.5	7.9	7.0
002873.SZ	新天药业	-34.6	4.1	-3.1	32.9	34.6	46.1	2.1	1.8	1.6	4.3	4.2	4.0
002886.SZ	沃特股份	-28.1	38.1	-1.9	38.7	44.7	29.5	1.9	1.5	2.5	3.2	3.6	4.2
603203.SH	快克股份	-36.5	43.2	1.2	16.2	14.2	18.7	5.7	6.7	5.2	7.4	5.9	5.4
603416.SH	信捷电气	-35.2	39.5	225.6	12.1	17.8	31.8	7.5	4.7	2.4	12.7	13.9	31.4
300802.SZ	矩子科技		58.8	-0.2	24.0	11.9	11.6	2.9	7.2	7.3	3.9	3.0	2.7
300690.SZ	双一科技	-48.7	41.6	138.6	14.7	20.3	23.4	5.4	3.8	3.3	2.4	3.4	4.5
688128.SH	中国电研		-27.5	-10.1	60.7	39.1	42.0	1.3	2.3	2.1	5.3	5.0	4.6
603087.SH	甘李药业			103.5	9.0	9.2	6.0	6.9	6.8	14.5	4.1	3.6	4.0
002907.SZ	华森制药	0.3	-11.4	-19.3	24.2	34.6	31.3	2.3	2.9	3.5	3.9	4.2	4.9
300779.SZ	惠城环保		61.6	-43.6	49.9	29.6	30.8	0.8	2.3	1.4	3.3	3.1	3.7
002970.SZ	锐明技术		124.0	-12.9	48.8	31.9	30.9	1.9	3.2	2.8	4.7	4.5	4.0
300653.SZ	正海生物	34.0	54.1	21.5	9.4	18.3	19.7	12.3	4.6	3.6	5.0	5.9	5.7
300806.SZ	斯迪克			147.0	30.1	63.3	48.3	60.7	1.1	1.3	1.0	3.3	2.9	2.9
688177.SH	百奥泰-U			-47.2	21.5	37.8	16.2	1.0	0.5	3.8			3.3
688266.SH	泽璟制药-U			-13.3	38.1	77.0	14.1	3.0	0.7	11.9			
603963.SH	大理药业	-46.3	25.7	-10.3	21.9	16.7	18.6	3.3	4.2	4.2	15.7	11.3	15.8
300745.SZ	欣锐科技	116.1	-36.9	-12.4	38.1	28.5	42.6	2.5	3.0	1.8	2.2	1.5	1.2
002972.SZ	科安达		21.0	-11.8	24.2	14.9	12.3	3.9	6.2	7.5	1.3	1.3	1.3
300354.SZ	东华测试	-35.8	51.9	17.1	8.1	9.6	12.2	10.6	9.0	6.4	2.1	2.9	2.7

续表 5

代码	名称	涨跌幅（%）			资产负债率（%）			流动比率			应收账款周转率		
		2018年	2019年	2020年	2018年	2019年	2020年	2018年	2019年	2020年	2018年	2019年	2020年
300800.SZ	力合科技		4.2	-27.0	40.8	18.5	19.0	2.2	5.4	5.4	3.2	2.9	2.9
603283.SH	赛腾股份	22.6	79.0	28.3	45.3	50.7	61.8	1.5	1.3	1.2	4.1	3.2	2.3
300710.SZ	万隆光电	-46.7	26.5	-3.0	24.1	27.5	34.2	3.3	2.7	2.3	1.4	1.3	1.7
000004.SZ	国华网安	-28.4	40.9	-8.4	47.8	6.0	6.8	1.8	5.6	5.2	20.0	0.7	1.0
688363.SH	华熙生物		-2.0	76.0	17.1	8.5	12.2	4.5	10.3	6.6	7.1	6.6	7.1
300598.SZ	诚迈科技	-25.0	477.7	24.0	22.6	24.3	27.4	4.1	2.4	2.2	2.2	2.1	2.6
300648.SZ	星云股份	-51.4	-3.2	179.4	24.4	41.8	51.0	3.0	1.7	1.5	2.0	2.0	2.3
688218.SH	江苏北人		-14.7	-32.0	56.7	32.7	33.5	1.6	2.9	2.6	4.8	3.2	2.3
603507.SH	振江股份	-44.9	3.2	5.6	50.1	56.9	59.0	1.3	1.0	0.9	3.1	4.0	4.8
300706.SZ	阿石创	-50.3	13.3	-7.5	30.1	37.9	49.5	1.8	1.3	1.1	2.5	3.0	3.0
002923.SZ	润都股份	17.5	13.4	-5.2	23.5	29.1	31.4	5.1	2.7	2.2	15.8	14.6	11.7
300550.SZ	和仁科技	67.5	-25.2	-9.9	40.9	33.9	28.0	1.9	2.3	3.0	1.5	1.4	1.7
300571.SZ	平治信息	41.3	25.4	-30.0	37.5	57.9	73.0	2.7	1.5	1.2	5.7	3.2	2.1
300491.SZ	通合科技	-12.4	-16.5	21.8	19.8	21.3	25.2	4.0	2.8	2.6	1.3	1.6	1.2
603663.SH	三祥新材	-15.5	11.2	12.9	31.7	45.0	43.7	1.6	1.3	1.6	8.3	7.5	6.3
603656.SH	泰禾智能	-38.0	7.9	-1.3	11.8	11.2	19.3	8.0	8.0	4.2	4.5	4.0	4.6
603917.SH	合力科技	-40.1	-12.2	-6.0	26.4	25.8	23.6	3.1	2.6	3.2	2.4	2.0	2.0
603721.SH	中广天择	-48.1	141.0	-52.2	13.5	18.7	14.9	6.3	4.6	4.7	2.2	1.8	2.2
688030.SH	山石网科		-7.8	-8.3	44.2	15.1	20.5	2.2	7.0	4.2	2.1	2.1	2.3
300581.SZ	晨曦航空	-24.6	27.7	193.5	18.2	18.3	19.7	4.9	4.6	4.1	1.0	1.1	0.9
603330.SH	上海天洋	-26.0	6.4	181.0	34.6	42.6	49.4	1.9	1.4	1.3	3.7	4.2	3.8
300731.SZ	科创新源	-30.7	60.6	-26.2	14.2	20.9	32.1	5.5	3.3	1.8	5.7	5.6	3.8
300417.SZ	南华仪器	-34.5	185.2	-45.4	14.0	24.1	17.2	4.3	3.4	4.6	5.0	15.5	5.6
002922.SZ	伊戈尔	-2.3	-12.6	-8.8	33.2	34.5	36.9	1.9	1.6	1.9	5.1	4.8	3.6
603236.SH	移远通信		130.6	54.1	49.3	41.5	59.4	1.9	2.1	1.4	17.3	11.9	9.0
603177.SH	德创环保	-55.5	10.3	-11.7	60.9	60.6	67.4	1.4	1.4	1.1	1.5	1.8	1.2
300380.SZ	安硕信息	-26.4	27.8	1.1	30.4	25.6	40.7	2.7	3.6	2.2	5.3	7.4	8.6
002903.SZ	宇环数控	-34.8	-14.8	-12.0	14.4	9.6	30.3	6.6	9.3	2.6	2	0.7	4.7
300631.SZ	久吾高科	-36.3	13.2	3.9	32.6	45.9	39.6	2.6	2.1	3.5	2.2	1.9	1.9
300069.SZ	金利华电	-71.8	67.1	-3.9	38.6	35.1	40.6	1.2	1.5	1.3	1.5	2.0	1.6
300609.SZ	汇纳科技	-24.2	37.6	-52.7	13.6	17.6	9.2	5.5	3.2	6.9	1.7	1.7	1.1
300733.SZ	西菱动力	-13.7	-26.4	69.4	21.0	25.6	34.4	2.6	1.7	1.1	3.9	3.4	2.7
300739.SZ	明阳电路	-0.8	37.4	3.4	28.5	26.6	44.7	2.6	2.7	3.4	5.7	5.4	5.4
002897.SZ	意华股份	-14.8	31.8	0.1	35.2	61.6	61.5	1.8	1.1	1.2	3.8	3.5	6.0

续表 6

代码	名称	涨跌幅（%）			资产负债率（%）			流动比率			应收账款周转率		
		2018年	2019年	2020年	2018年	2019年	2020年	2018年	2019年	2020年	2018年	2019年	2020年
603185.SH	上机数控	0.0	-27.9	619.7	11.7	38.2	45.7	7.7	1.5	1.2	3.1	2.3	10.9
300220.SZ	金运激光	-51.6	300.9	-43.1	27.5	28.7	51.1	2.2	2.1	1.2	8.6	6.9	5.4
002929.SZ	润建股份	-5.0	-14.8	-13.2	32.8	40.9	52.3	2.9	2.1	2.0	2.3	2.3	2.7
603322.SH	超讯通信	3.2	-14.2	-17.7	69.5	72.2	70.9	1.4	1.3	1.1	1.4	1.0	1.4
688003.SH	天准科技		-38.1	3.5	34.0	13.9	27.1	2.5	6.7	3.3	8.3	5.9	5.5
002915.SZ	中欣氟材	-37.4	22.7	-9.4	33.2	43.3	36.9	1.6	1.9	1.4	4.9	6.5	7.7
603739.SH	蔚蓝生物		75.4	-11.4	33.2	19.4	23.2	1.8	3.8	2.7	5.8	5.4	5.4
300672.SZ	国科微	-43.9	78.8	7.9	38.2	40.5	58.0	1.5	1.9	1.2	2.2	2.3	3.6
300436.SZ	广生堂	-17.2	37.4	16.0	34.2	35.7	42.1	0.9	0.9	0.9	8.5	7.3	7.6
300624.SZ	万兴科技	127.2	17.3	41.0	15.9	22.4	22.2	3.8	4.4	3.2	34.8	40.2	48.6
300548.SZ	博创科技	-25.8	89.3	-10.3	15.4	19.0	28.6	5.1	3.7	2.5	3.2	4.4	5.0
300399.SZ	天利科技	-43.3	57.7	20.6	14.7	10.1	7.4	8.3	17.2	11.2	7.1	11.7	13.5
688138.SH	清溢光电		-13.2	36.4	22.7	15.4	17.3	2.4	3.1	2.7	3.7	3.6	4.0
300626.SZ	华瑞股份	-43.6	-4.4	7.1	50.2	45.6	44.5	1.3	1.3	1.4	4.0	3.7	3.7
603383.SH	顶点软件	-6.6	147.0	-39.1	16.0	14.9	20.0	5.7	6.1	4.5	15.0	14.6	14.9
300709.SZ	精研科技	-63.2	270.9	-29.5	23.5	34.7	47.7	2.4	1.9	1.9	2.9	3.4	2.7
002849.SZ	威星智能	-25.7	0.7	-14.5	50.3	52.3	54.9	1.7	1.7	1.6	2.5	2.1	1.8
002829.SZ	星网宇达	-33.7	20.8	98.5	40.3	34.7	33.5	1.9	2.3	2.3	1.2	1.1	2.1
300566.SZ	激智科技	-53.7	87.0	31.0	66.6	65.1	63.1	0.9	1.0	1.1	2.1	2.2	2.6
300645.SZ	正元智慧	-20.6	-10.9	14.2	37.6	47.2	49.4	2.2	1.6	1.8	1.9	2.0	2.0
300579.SZ	数字认证	-23.8	157.8	2.0	45.6	48.2	49.1	2.1	1.9	1.8	4.2	3.5	3.1
300605.SZ	恒锋信息	-28.1	28.0	2.9	40.2	37.2	52	2.2	2.5	1.7	4.7	4.2	2.5
603859.SH	能科股份	-21.0	57.2	28.3	18.9	23.5	26.3	4.1	3.1	2.4	1.0	1.5	1.6
300797.SZ	钢研纳克		229.2	-24.7	40.7	27.9	28.8	2.6	4.0	3.5	3.6	3.5	3.7
300825.SZ	阿尔特			212.2	33.3	29.1	19.2	2.7	3.1	4.1	6.3	5.2	4.3
603068.SH	博通集成		236.4	-4.9	19.1	21.0	8.7	4.9	4.6	11.0	3.9	5.3	3.4
300730.SZ	科创信息	-26.8	-19.7	8.3	32.8	32.3	34.8	2.6	2.7	2.6	2.5	2.2	2.2
688015.SH	交控科技		-12.7	14.0	80.7	69.2	69.7	1.2	1.4	1.3	1.8	1.9	2.3
688199.SH	久日新材		-12.8	-27.5	36.2	10.3	20.8	1.6	7.8	3.4	6.3	7.7	5.2
300615.SZ	欣天科技	-1.7	50.8	-33.6	14.4	12.4	14.3	5.2	6.0	5.5	2.5	2.3	2.2
300489.SZ	中飞股份	-42.3	71.7	149.2	29.9	28.1	82.4	1.5	1.4	2.0	2.6	3.1	4.4
300556.SZ	丝路视觉	-25.8	5.3	17.5	40.9	49.8	50.2	2.2	1.8	1.6	2.6	2.2	2.3
300578.SZ	会畅通讯	-14.3	50.2	57.5	15.7	20.0	24.4	4.9	1.8	2.3	3.3	3.5	3.6
603508.SH	思维列控	3.9	49.5	-41.9	6.0	11.2	9.9	7.8	3.8	5.6	2.1	3.1	2.5

续表7

代码	名称	涨跌幅（%）			资产负债率（%）			流动比率			应收账款周转率		
		2018年	2019年	2020年	2018年	2019年	2020年	2018年	2019年	2020年	2018年	2019年	2020年
300693.SZ	盛弘股份	-34.9	-2.9	93.6	31.3	38.5	39.2	3.0	2.3	2.0	2.0	2.1	2.2
002623.SZ	亚玛顿	-32.0	45.6	97.3	47.4	43.2	41.8	1.4	1.3	1.5	3.1	2.0	3.4
300712.SZ	永福股份	-40.7	4.0	120.1	34.5	57.7	52.5	2.3	1.5	1.6	2.0	2.4	1.3
300394.SZ	天孚通信	9.9	60.6	40.6	10.3	12.9	14.2	8.1	5.8	4.7	3.9	3.5	4.1
300632.SZ	光莆股份	-16.6	103.2	-22.9	48.0	37.1	20.7	1.6	2.1	4.3	3.5	3.4	3.7
300533.SZ	冰川网络	-37.0	43.5	-16.4	13.3	12.0	13.6	7.3	8.1	7.0	26.9	12.5	7.6
603590.SH	康辰药业	-8.4	10.2	7.4	15.0	14.0	18.5	6.0	6.4	3.0	7.2	4.9	4.1
300671.SZ	富满电子	-40.6	29.2	96.2	36.7	42.9	37.1	2.0	1.9	2.4	2.4	2.2	2.2
600980.SH	北矿科技	-37.0	43.9	-2.2	24.5	25.2	25.6	3.2	3.0	3.0	3.2	3.7	4.1
002957.SZ	科瑞技术		50.7	-37.2	27.6	20.7	22.5	3.6	4.8	3.7	2.8	2.4	2.4
688006.SH	杭可科技		-27.3	110.0	60.5	41.9	33.8	1.4	2.1	2.5	8.2	4.9	4.2
600990.SH	四创电子	-40.8	30.5	4.4	67.6	65.0	67.2	1.1	1.1	1.3	3.3	2.3	2.3
300678.SZ	中科信息	-41.1	14.8	2.5	22.6	31.0	28.9	3.8	2.7	2.9	1.9	1.6	1.7
688066.SH	航天宏图		-19.5	10.4	38.5	21.0	29.1	2.7	5.0	3.7	1.2	1.3	1.4
002227.SZ	奥特迅	-44.1	9.1	36.8	27.7	35.8	38.8	2.7	2.6	2.3	1.3	1.4	1.5
300768.SZ	迪普科技		125.5	0.1	23.7	20.6	20.4	4.2	4.9	4.6	8.6	11.0	12.6
300588.SZ	熙菱信息	-40.0	-7.7	-3.4	63.6	55.3	69.2	1.3	1.5	1.3	1.4	0.6	0.5
300661.SZ	圣邦股份	-5.0	380.0	56.9	17.5	19.6	19.7	6.4	5.0	5.1	16.7	13.8	16.5
002845.SZ	同兴达	-38.9	14.3	37.6	74.7	76.6	71.9	1.1	1.1	1.2	4.3	3.7	4.1
603628.SH	清源股份	-48.5	10.1	33.5	63.5	61.6	51.7	1.2	1.2	1.4	1.8	2.7	2.4
603258.SH	电魂网络	-47.2	39.3	35.6	11.3	23.1	25.1	6.2	2.8	2.8	67.2	15.9	9.9
300560.SZ	中富通	-11.3	-7.3	2.1	45.0	47.1	46.1	1.5	1.7	1.8	1.3	1.3	1.1
002912.SZ	中新赛克	16.0	56.6	-26.1	39.4	28.3	23.5	2.2	1.9	2.2	2.8	2.9	3.5
603680.SH	今创集团	-52.6	-13.2	40.0	49.7	54.7	50.3	2.0	1.5	1.9	1.8	2.0	1.8
603881.SH	数据港	-45.7	53.7	58.5	62.3	70.5	62.3	0.7	0.3	0.6	4.3	3.2	7.9
300625.SZ	三雄极光	-40.9	17.0	-1.4	24.3	26.8	26.0	3.3	3.1	3.2	7.3	5.7	4.6
002728.SZ	特一药业	-25.4	35.4	-26.9	46.3	48.9	52.1	1.5	1.2	1.1	11.6	10.0	7.7
300246.SZ	宝莱特	-46.6	41.8	69.5	32.2	39.1	35.7	2.3	1.9	2.2	4.5	4.5	7.6
300634.SZ	彩讯股份	131.3	-24.1	2.8	23.7	18.1	15.7	3.4	4.6	4.8	2.6	2.9	3.5
300782.SZ	卓胜微		709.6	150.6	12.7	11.7	14.2	7.6	8.5	6.6	11.5	7.1	7.8
688101.SH	三达膜		-26.6	-14.1	39.6	24.5	26.3	1.4	3.8	3.3	1.6	2.0	2.1
300286.SZ	安科瑞	-28.2	40.2	36.4	21.6	32.3	29.2	3.2	2.3	2.4	5.6	7.0	7.3
300590.SZ	移为通信	-11.2	47.1	27.5	18.6	15.3	14.8	4.3	4.9	4.9	6.9	5.8	4.3
300610.SZ	晨化股份	-23.9	-2.3	33.0	14.5	14.2	16.0	6.2	6.0	5.2	14.2	15.9	18.8

续表8

代码	名称	涨跌幅（%）			资产负债率（%）			流动比率			应收账款周转率		
		2018年	2019年	2020年	2018年	2019年	2020年	2018年	2019年	2020年	2018年	2019年	2020年
300462.SZ	华铭智能	-36.0	69.3	-21.5	29.1	49.9	34.8	3.2	2.1	3.9	1.3	2.4	1.4
300667.SZ	必创科技	0.9	13.4	27.7	21.0	40.0	26.3	3.8	1.5	2.5	1.6	1.9	3.3
300396.SZ	迪瑞医疗	-50.7	44.9	41.6	21.4	15.9	18.2	2.4	3.6	3.5	5.6	5.9	6.7
002850.SZ	科达利	-56.4	149.2	107.4	32.9	32.0	25.6	1.6	1.4	2.4	3.7	3.4	2.8
002877.SZ	智能自控	4.4	-5.4	-15.9	35.7	43.9	46.6	2.0	1.9	1.6	1.8	2.4	2.8
300314.SZ	戴维医疗	-36.7	13.2	76.4	10.5	14.1	15.0	6.5	5.1	4.8	25.1	27.9	27.9
300562.SZ	乐心医疗	-56.7	54.0	44.7	39.4	42.1	52.6	1.7	1.6	1.3	5.1	4.8	5.5
600476.SH	湘邮科技	-26.7	23.1	-28.5	56.7	59.2	61.8	1.5	1.5	1.5	1.9	2.0	3.3
300235.SZ	方直科技	-30.3	68.3	-6.8	4.7	4.5	4.3	16.3	15.9	16.2	3.0	3.7	4.4
002848.SZ	高斯贝尔	-24.5	9.1	-14.0	48.3	36.6	55.9	1.4	1.9	1.2	1.5	1.3	1.1
300687.SZ	赛意信息	-23.6	16.7	48.9	21.3	25.8	38.1	4.0	3.0	3.3	2.3	2.3	2.8
300608.SZ	思特奇	-30.3	48.7	-18.7	39.9	51.6	51.0	2.2	1.6	2.1	1.9	2.0	1.9
300127.SZ	银河磁体	-36.0	80.9	-7.0	5.6	5.7	4.5	15.2	14.3	17.5	3.8	3.6	3.6
603039.SH	泛微网络	68.2	19.9	142.0	53.5	51.8	50.4	1.4	1.5	1.9	16.3	13.5	13.7
002869.SZ	金溢科技	-49.6	313.8	-20.5	27.7	52.0	18.2	2.8	1.7	5.0	2.3	5.4	2.6

资料来源：Wind。

从2020年涨跌幅来看，小股本公司的表现多为负面。其中跌幅居前的五只为瑞松科技（-60.030 3%）、映翰通（-58.938 6%）、汇纳科技（-52.713 7%）、中广天择（-52.202 0%）、有方科技（-51.208 7%）；涨幅居前的五只为万泰生物（1 499.444 4%）、斯达半导（1 215.027 8%）、上机数控（619.706 5%）、锦浪科技（515.832 4%）、北摩高科（501.798 2%）。

小股本公司涨跌幅表现的另外一个特点是波动较大。信捷股份2020年涨幅达到224.5%，然而2019年为38.7%，2018年为-35.6%；和仁科技2016年涨幅达到67.2%，然而2019年为-46.7%，2020年为-35.8%。与此类似的公司包括思维列控、天孚通信、光库科技等。

从资产负债率的角度来看，战略性新兴产业的小股本公司资产负债率普遍较高。多数企业集中在50%左右，中飞股份2018—2020年的资产负债率分别为29.9%、28.1%和82.4%，同兴达2018—2020年的资产负债率分别为74.7%、76.6%、71.9%，侨银股份2018—2020年的资产负债率分别为56.0%、61.4%、61.9%，泛微网络2018—2020年的资产负债率分别为53.5%、51.8%、50.3%。

从运营能力来看，战略性新兴产业的小股本公司的流动比率在2020年保持平稳或稳步提升。康华生物的流动比率从2018年的3.3提升至2020年的10.4，兆威机电从

1.3 提升至 8.8。

从应收账款的周转率来看，战略性新兴产业的小股本公司的运营能力有待提升，在 2018—2020 年期间，表现出平稳或下降的趋势，钢研纳克保持在 3.6 左右，测绘股份保持在 2.2 左右，映翰通都保持在 2.6 左右，电魂网络从 67.2 下降至 9.9，国华网安从 19.9 下降至 0.9。

从平均的角度来看，战略性新兴产业的小股本公司的涨跌幅 2018—2020 年分别为 -19.15%、34.83%、43.42%，资产负债率 2018—2020 年分别为 32.16%、29.44%、29.43%，流动比率 2018—2020 年分别为 3.56、5.02、4.51，应收账款周转率 2018—2020 年分别为 6.64%、6.52%、6.34%。

12.2 大股本公司表现分析

本研究按照自由流通股进行股本大小的划分，把大于 10 亿股的公司确定为大股本公司。所选企业如表 12-3 所示。

表 12-3　　　　战略性新兴产业大股本公司　　　　（单位：万股）

代码	名称	自由流通股	代码	名称	自由流通股	代码	名称	自由流通股
300133.SZ	华策影视	100 927	601877.SH	正泰电器	101 048	300408.SZ	三环集团	101 311
600410.SH	华胜天成	102 167	600875.SH	东方电气	102 288	600517.SH	国网英大	102 995
002413.SZ	雷科防务	103 123	300324.SZ	旋极信息	103 626	600893.SH	航发动力	103 838
300383.SZ	光环新网	103 916	600110.SH	诺德股份	104 620	600528.SH	中铁工业	105 060
600584.SH	长电科技	105 194	002373.SZ	千方科技	105 197	300251.SZ	光线传媒	105 241
600380.SH	健康元	105 713	600507.SH	方大特钢	105 947	600196.SH	复星医药	107 286
300750.SZ	宁德时代	107 674	300287.SZ	飞利信	107 745	300124.SZ	汇川技术	107 911
002611.SZ	东方精工	109 881	300003.SZ	乐普医疗	110 317	002467.SZ	二六三	111 092
600183.SH	生益科技	111 391	300083.SZ	创世纪	111 805	002384.SZ	东山精密	112 203
300024.SZ	机器人	112 286	002463.SZ	沪电股份	112 818	002436.SZ	兴森科技	113 067
300072.SZ	三聚环保	113 389	300352.SZ	北信源	113 492	300014.SZ	亿纬锂能	113 594
600478.SH	科力远	114 722	002624.SZ	完美世界	115 614	002145.SZ	中核钛白	116 053
300168.SZ	万达信息	118 630	600392.SH	盛和资源	118 806	300159.SZ	新研股份	119 408
000547.SZ	航天发展	119 824	002601.SZ	龙佰集团	119 997	600500.SH	中化国际	120 903
000938.SZ	紫光股份	122 398	600187.SH	国中水务	122 831	600804.SH	鹏博士	123 691
000768.SZ	中航西飞	124 923	600867.SH	通化东宝	125 224	002517.SZ	恺英网络	125 977
300079.SZ	数码视讯	126 664	603259.SH	药明康德	126 808	000155.SZ	川能动力	127 000
300145.SZ	中金环境	127 386	300433.SZ	蓝思科技	127 725	002437.SZ	誉衡药业	129 878

续表

代码	名称	自由流通股	代码	名称	自由流通股	代码	名称	自由流通股
600418.SH	江淮汽车	130 104	600066.SH	宇通客车	130 320	600667.SH	太极实业	130 676
600063.SH	皖维高新	133 393	600487.SH	亨通光电	134 153	600728.SH	佳都科技	139 198
002249.SZ	大洋电机	139 472	600673.SH	东阳光	139 692	000012.SZ	南玻A	140 498
300142.SZ	沃森生物	140 752	000598.SZ	兴蓉环境	141 180	601608.SH	中信重工	142 010
600309.SH	万华化学	142 376	002421.SZ	达实智能	142 852	002266.SZ	浙富控股	153 155
000875.SZ	吉电股份	154 200	600406.SH	国电南瑞	155 697	002271.SZ	东方雨虹	156 580
000035.SZ	中国天楹	157 377	002405.SZ	四维图新	158 680	601360.SH	三六零	158 828
000008.SZ	神州高铁	160 280	002236.SZ	大华股份	160 743	300002.SZ	神州泰岳	161 279
300253.SZ	卫宁健康	161 889	002230.SZ	科大讯飞	162 522	600588.SH	用友网络	162 671
002031.SZ	巨轮智能	163 661	002465.SZ	海格通信	165 351	300015.SZ	爱尔眼科	166 387
000066.SZ	中国长城	169 282	002129.SZ	中环股份	170 007	600169.SH	太原重工	170 289
000690.SZ	宝新能源	173 598	601179.SH	中国西电	174 567	300459.SZ	金科文化	174 633
600572.SH	康恩贝	177 725	002065.SZ	东华软件	178 775	600025.SH	华能水电	180 042
600143.SH	金发科技	180 200	600320.SH	振华重工	180 323	300296.SZ	利亚德	181 270
002665.SZ	首航高科	181 806	002217.SZ	合力泰	184 903	002456.SZ	欧菲光	188 177
002600.SZ	领益智造	188 517	002013.SZ	中航机电	191 490	300070.SZ	碧水源	191 521
300182.SZ	捷成股份	194 098	300088.SZ	长信科技	194 607	600879.SH	航天电子	194 654
300017.SZ	网宿科技	195 357	000591.SZ	太阳能	196 375	000625.SZ	长安汽车	197 152
688009.SH	中国通号	198 059	600583.SH	海油工程	198 881	601016.SH	节能风电	200 985
600176.SH	中国巨石	201 152	002185.SZ	华天科技	204 272	000825.SZ	太钢不锈	210 710
600100.SH	同方股份	213 095	600703.SH	三安光电	224 162	600008.SH	首创环保	228 129
600516.SH	方大炭素	228 156	600111.SH	北方稀土	228 617	600438.SH	通威股份	228 943
600522.SH	中天科技	229 814	002252.SZ	上海莱士	231 794	601777.SH	力帆科技	233 529
002202.SZ	金风科技	236 923	300315.SZ	掌趣科技	239 799	000063.SZ	中兴通讯	244 077
600252.SH	中恒集团	251 151	601012.SH	隆基股份	272 500	002241.SZ	歌尔股份	278 887
300185.SZ	通裕重工	283 912	600089.SH	特变电工	301 316	002506.SZ	协鑫集成	311 185
600276.SH	恒瑞医药	321 996	600104.SH	上汽集团	336 043	002602.SZ	世纪华通	344 184
002415.SZ	海康威视	352 755	601727.SH	上海电气	366 338	002610.SZ	爱康科技	385 535
000413.SZ	东旭光电	404 943	002475.SZ	立讯精密	413 658	002340.SZ	格林美	425 428
000157.SZ	中联重科	457 970	601985.SH	中国核电	474 711	002195.SZ	二三四五	477 028
600031.SH	三一重工	568 521	300059.SZ	东方财富	634 679	603993.SH	洛阳钼业	700 277
601600.SH	中国铝业	778 995	600050.SH	中国联通	820 042	600019.SH	宝钢股份	836 041
601989.SH	中国重工	848 332	601766.SH	中国中车	976 941	002027.SZ	分众传媒	996 889
000100.SZ	TCL科技	1 136 840	000725.SZ	京东方A	2 725 067			

资料来源：Wind。

2018—2020年战略性新兴产业大股本企业表现如表12-4所示。

表 12-4　　　　　　　　　战略性新兴产业大股本企业表现

代码	名称	涨跌幅（%）			资产负债率（%）			流动比率			应收账款周转率		
		2018年	2019年	2020年	2018年	2019年	2020年	2018年	2019年	2020年	2018年	2019年	2020年
300133.SZ	华策影视	-17.1	-17.3	-16.4	45.6	46.3	32.6	1.7	1.9	2.5	1.4	0.8	2.0
601877.SH	正泰电器	-3.6	13.4	49.0	53.2	54.9	55.0	1.4	1.4	1.3	4.0	3.8	3.6
300408.SZ	三环集团	-15.4	33.4	68.9	17.3	12.4	12.4	5.0	11.1	10.9	3.9	3.7	4.3
600410.SH	华胜天成	-43.9	75.9	-13.9	48.1	44.8	40.2	1.1	1.3	1.4	2.1	2.4	2.8
600875.SH	东方电气	-29.7	17.8	10.7	66.4	64.5	65.6	1.4	1.4	1.3	3.0	5.0	5.3
600517.SH	国网英大	-49.5	159.1	-26.2	59.8	59.1	49.5	1.4	1.4	1.5	1.4	1.3	1.2
002413.SZ	雷科防务	-46.2	1.7	30.0	12.2	19.5	29.6	4.3	2.5	2.0	1.5	1.5	1.4
300324.SZ	旋极信息	-42.0	-0.2	-24.0	39.1	32.8	38.0	1.7	1.8	1.8	3.9	3.2	2.9
600893.SH	航发动力	-18.8	0.4	174.9	42.9	42.1	41.7	1.1	1.4	1.4	3.1	2.9	3.3
300383.SZ	光环新网	-3.8	58.6	-14.4	34.1	31.8	31.7	1.9	1.8	1.7	4.6	4.0	3.9
600110.SH	诺德股份	-56.7	15.3	97.6	66.3	66.5	57.4	1.0	1.1	1.3	3.8	3.3	2.3
600528.SH	中铁工业	-11.9	10.7	-23.0	52.2	51.4	50.5	1.4	1.5	1.5	2.7	3.3	3.5
600584.SH	长电科技	-61.3	166.7	93.7	64.3	62.4	58.5	0.6	0.6	0.7	8.5	7.7	7.4
002373.SZ	千方科技	-23.9	62.7	6.3	37.5	42.6	36.3	1.7	1.5	1.8	4.0	3.0	2.8
300251.SZ	光线传媒	-26.0	56.4	2.8	20.3	18.3	7.9	4.0	2.5	5.8	4.8	7.9	2.2
600380.SH	健康元	-33.1	58.4	35.8	34.8	31.7	31.7	2.2	2.2	2.4	6.0	6.2	6.1
600507.SH	方大特钢	-12.8	14.7	2.7	30.0	47.0	31.1	1.8	1.8	1.8	66.0	57.4	59.6
600196.SH	复星医药	-47.1	15.7	104.4	52.4	48.5	45.1	1.0	1.2	1.0	7.3	7.2	6.8
300750.SZ	宁德时代	103.9	44.5	230.5	52.4	58.4	55.8	1.7	1.6	2.1	4.5	6.3	5.1
300287.SZ	飞利信	-48.5	1.6	9.1	33.9	23.5	32.7	2.0	2.2	1.9	0.8	0.9	0.7
300124.SZ	汇川技术	-30.0	53.4	205.6	36.7	40.0	40.9	2.2	1.8	1.8	3.5	3.4	4.2
002611.SZ	东方精工	-54.1	13.3	10.4	55.1	29.8	33.1	1.8	3.3	2.6	4.8	9.5	5.5
300003.SZ	乐普医疗	-13.5	60.1	-17.4	56.4	49.7	42.0	1.1	1.4	1.4	3.5	3.5	3.8
002467.SZ	二六三	-33.9	82.6	11.0	22.0	20.7	16.6	1.7	1.9	2.5	9.6	7.5	9.1
600183.SH	生益科技	-12.7	113.2	36.6	46.3	39.8	42.0	2.0	1.7	1.4	3.1	3.1	3.1
300083.SZ	创世纪	-68.9	69.1	195.2	67.2	62.2	72.7	1.0	1.1	1.0	3.4	3.7	2.8
002384.SZ	东山精密	-40.4	105.6	12.5	72.9	72.5	64.9	0.9	0.9	1.1	3.3	4.0	4.5
300024.SZ	机器人	-29.6	5.9	-12.1	33.7	33.9	54.8	2.8	2.5	1.5	2.9	2.4	2.7
002463.SZ	沪电股份	36.0	212.7	-14.8	39.2	37.7	34.2	1.8	1.8	1.8	3.9	4.1	4.1
002436.SZ	兴森科技	-22.8	82.0	17.0	43.9	43.0	41.9	1.5	1.7	1.6	3.7	3.8	3.6
300072.SZ	三聚环保	-63.4	-35.5	-9.6	56.4	46.9	48.3	1.9	2.0	1.6	1.5	0.9	1.1
300352.SZ	北信源	-17.1	121.9	-23.6	12.1	19.6	23.9	6.1	3.6	3.0	0.7	0.7	0.6
300014.SZ	亿纬锂能	-19.4	219.1	209.6	63.1	52.7	35.1	1.1	1.4	1.4	2.8	3.3	3.2
600478.SH	科力远	-47.2	12.8	11.4	45.6	52.9	50.4	1.5	1.0	1.0	4.1	4.0	6.4

续表1

代码	名称	涨跌幅（%）			资产负债率（%）			流动比率			应收账款周转率		
		2018年	2019年	2020年	2018年	2019年	2020年	2018年	2019年	2020年	2018年	2019年	2020年
002624.SZ	完美世界	-16.4	59.7	0.6	41.7	39.1	27.9	2.7	2.1	1.9	4.5	3.8	5.7
002145.SZ	中核钛白	-46.0	36.4	27.6	41.3	42.8	28.7	0.9	1.0	2.2	8.1	8.2	8.8
300168.SZ	万达信息	-10.9	28.9	40.6	53.3	61.8	78.7	1.2	1.1	0.7	1.6	1.5	3.0
600392.SH	盛和资源	-41.0	5.6	-2.0	38.8	42.0	33.8	2.1	1.9	1.9	7.5	9.7	6.3
300159.SZ	新研股份	-55.5	-14.6	17.3	33.1	42.1	64.2	1.7	1.2	0.9	1.0	0.6	0.7
000547.SZ	航天发展	-30.2	35.2	170.9	22.5	24.6	24.9	2.4	2.2	2.3	2.9	2.5	2.3
002601.SZ	龙佰集团	-16.8	32.2	111.7	39.6	45.8	54.5	0.9	0.9	0.8	9.1	8.4	7.8
600500.SH	中化国际	-17.9	2.9	2.6	52.3	52.0	49.9	1.7	1.6	1.1	12.8	12.2	12.9
000938.SZ	紫光股份	-39.0	42.1	-9.1	37.2	40.9	41.9	1.6	1.5	1.5	7.6	7.0	6.8
600187.SH	国中水务	-47.2	3.6	-2.3	31.1	27.8	26.6	1.8	2.5	2.5	1.6	2.1	1.7
600804.SH	鹏博士	-58.1	-12.9	9.8	69.5	94.8	91.7	0.4	0.2	0.4	20.7	15.9	12.1
000768.SZ	中航西飞	-21.2	24.5	125.5	59.7	66.0	73.8	1.4	1.3	1.1	3.3	2.8	4.0
600867.SH	通化东宝	-26.7	-7.7	7.2	13.3	6.4	4.2	3.3	6.3	9.2	4.9	5.0	5.4
002517.SZ	恺英网络	-74.7	-30.5	82.2	15.6	24.5	15.1	2.7	3.0	4.0	2.3	2.4	2.9
300079.SZ	数码视讯	-21.6	80.3	-21.0	20.1	12.9	13.4	3.3	4.9	4.9	2.0	1.5	2.2
603259.SH	药明康德	140.7	73.4	105.3	19.9	40.5	29.3	3.1	1.9	2.9	5.4	5.2	5.0
000155.SZ	川能动力	-40.3	20.3	91.7	47.6	41.7	50.7	2.8	3.1	2.6	3.5	1.7	1.7
300145.SZ	中金环境	-56.2	6.8	-10.7	50.3	52.1	66.2	0.9	1.1	1.1	4.0	3.0	3.0
300433.SZ	蓝思科技	-66.9	112.9	123.5	60.4	52.3	46.8	0.7	0.9	1.3	4.6	4.7	5.0
002437.SZ	誉衡药业	-59.3	8.5	5.6	53.6	75.2	57.2	0.7	0.7	0.7	9.3	8.0	7.3
600418.SH	江淮汽车	-48.6	4.4	144.1	71.1	68.8	67.0	0.9	0.9	1.0	13.8	12.9	14.9
600066.SH	宇通客车	-49.3	24.8	28.1	54.5	51.8	53.6	1.6	1.7	1.5	1.8	2.0	1.9
600667.SH	太极实业	-42.2	61.9	18.0	60.0	62.2	62.0	1.2	1.2	1.1	6.4	5.3	4.6
600063.SH	皖维高新	-37.5	69.5	-4.9	49.6	44.8	46.9	0.9	1.0	1.1	13.4	18.7	32.7
600487.SH	亨通光电	-40.6	-3.7	-13.5	62.9	60.1	51.9	1.2	1.3	1.5	5.0	3.5	3.2
600728.SH	佳都科技	-16.2	36.9	-18.7	51.5	49.9	47.4	2.0	1.7	1.6	3.1	2.4	1.8
002249.SZ	大洋电机	-51.6	17.0	16.6	54.1	47.3	37.8	1.5	1.5	2.0	3.4	3.4	3.8
600673.SH	东阳光	7.9	41.9	-50.9	52.9	63.0	64.4	1.0	1.2	0.9	6.7	5.6	4.0
000012.SZ	南玻A	-45.3	39.6	49.4	50.4	45.8	40.6	0.7	0.7	1.2	17.2	16.9	16.0
300142.SZ	沃森生物	4.7	70.0	18.9	27.4	19.3	18.6	2.7	3.2	3.4	2.4	2.4	2.3
000598.SZ	兴蓉环境	-24.2	16.7	5.7	46.7	52.7	57.4	0.7	0.8	0.7	5.4	5.1	4.6
601608.SH	中信重工	-36.7	43.1	6.7	62.6	63.9	62.2	1.2	1.1	1.1	2.2	2.1	2.4
600309.SH	万华化学	-23.2	111.2	66.8	49.0	54.6	61.4	0.9	0.5	0.6	22.6	19.5	13.7
002421.SZ	达实智能	-34.8	-7.9	-0.1	50.8	55.2	60.2	1.8	1.9	1.7	1.3	1.1	2.0

续表2

代码	名称	涨跌幅（%）			资产负债率（%）			流动比率			应收账款周转率		
		2018年	2019年	2020年	2018年	2019年	2020年	2018年	2019年	2020年	2018年	2019年	2020年
002266.SZ	浙富控股	-5.8	1.4	9.5	47.1	39.9	52.4	0.8	0.8	1.0	4.2	4.6	30.2
000875.SZ	吉电股份	-37.0	28.2	36.0	74.0	74.7	79.9	0.4	0.6	0.5	2.7	2.1	1.8
600406.SH	国电南瑞	3.7	16.7	27.1	43.9	43.1	44.8	1.8	1.8	1.7	1.8	1.8	2.0
002271.SZ	东方雨虹	-44.7	106.3	122.8	58.8	55.6	46.7	1.4	1.5	1.6	3.2	3.6	3.7
000035.SZ	中国天楹	-22.6	18.7	-33.4	62.6	75.3	75.2	0.4	0.9	0.8	4.7	6.0	3.7
002405.SZ	四维图新	-46.4	71.3	-11.3	19.7	11.8	14.3	2.0	2.6	2.1	4.0	4.0	3.1
601360.SH	三六零	-55.7	15.7	-33.0	17.3	15.0	17.0	3.8	4.7	4.2	5.5	5.6	5.5
000008.SZ	神州高铁	-55.1	-6.4	-29.8	29.3	37.1	48.0	2.0	1.6	1.3	0.9	1.0	0.6
002236.SZ	大华股份	-50.0	74.5	0.9	51.0	46.0	44.8	1.7	1.8	2.0	2.7	2.2	2.0
300002.SZ	神州泰岳	-45.9	-1.2	56.7	21.2	29.1	23.8	1.8	1.3	1.6	1.8	1.9	5.2
300253.SZ	卫宁健康	85.8	20.4	52.0	22.7	23.7	22.2	2.3	2.4	1.5	1.3	1.4	2.2
002230.SZ	科大讯飞	-37.4	40.3	18.9	46.3	41.6	47.8	1.3	1.7	1.4	2.7	2.4	2.5
600588.SH	用友网络	31.5	74.9	101.9	49.7	52.7	49.6	1.1	1.1	1.1	5.3	6.5	7.5
002031.SZ	巨轮智能	-30.1	5.3	0.0	50.7	37.2	43.4	1.2	1.6	1.7	3.7	5.0	6.1
002465.SZ	海格通信	-18.1	40.6	1.0	23.2	23.2	25.3	3.6	3.5	3.1	1.7	1.9	2.0
300015.SZ	爱尔眼科	28.9	96.6	146.9	38.0	41.0	31.5	1.6	1.4	1.7	11.5	9.7	9.2
000066.SZ	中国长城	-34.4	230.0	22.8	58.4	60.1	66.0	1.3	1.5	1.6	3.9	3.6	4.3
002129.SZ	中环股份	-36.9	63.8	116.2	63.2	58.2	52.2	0.8	1.0	0.9	6.8	6.5	8.4
600169.SH	太原重工	-35.5	4.5	-7.3	86.7	90.0	85.6	1.0	1.0	1.0	0.9	1.1	1.8
000690.SZ	宝新能源	-15.5	-14.8	34.4	59.0	50.0	43.5	1.2	1.4	2.0	8.6	8.7	9.9
601179.SH	中国西电	-22.1	9.2	27.9	40.1	41.2	42.4	2.1	2.1	2.0	1.6	1.6	1.8
300459.SZ	金科文化	-33.8	-21.1	0.0	47.3	54.1	58.6	1.2	1.6	0.4	3.2	2.5	6.3
600572.SH	康恩贝	-14.3	5.9	-23.4	45.9	49.9	42.3	1.2	1.2	1.2	6.1	5.4	4.4
002065.SZ	东华软件	-14.3	50.7	-19.3	42.1	43.0	46.9	2.1	2.1	1.9	1.6	1.5	1.6
600025.SH	华能水电	-39.6	38.8	10.2	72.8	66.1	61.4	0.2	0.3	0.3	7.1	9.4	11.2
600143.SH	金发科技	-23.2	50.1	137.2	53.9	63.3	53.7	1.3	1.0	1.5	5.5	6.8	8.7
600320.SH	振华重工	-37.0	16.0	-0.4	75.1	75.0	78.5	1.0	1.0	1.0	4.8	4.9	3.7
300296.SZ	利亚德	-40.5	0.7	-16.2	46.7	45.3	46.8	1.7	1.8	2.0	3.4	3.2	2.4
002665.SZ	首航高科	-57.7	19.5	-36.6	20.1	24.3	28.4	2.5	1.0	1.0	0.6	1.1	0.7
002217.SZ	合力泰	-53.0	19.5	-25.8	59.3	60.5	65.6	1.2	1.2	1.2	2.8	2.3	2.3
002456.SZ	欧菲光	-55.2	69.9	-15.4	77.1	72.9	73.7	0.9	0.9	1.3	5.6	5.8	4.5
002600.SZ	领益智造	-70.1	334.0	12.5	55.2	57.3	50.7	1.1	1.3	1.5	4.9	3.6	3.9
002013.SZ	中航机电	-9.3	7.1	65.8	55.8	55.4	47.1	1.4	1.5	1.7	2.1	1.8	1.7
300070.SZ	碧水源	-54.7	-2.0	1.5	61.5	65.7	65.6	0.9	0.8	1.0	2.2	1.9	1.3

续表3

代码	名称	涨跌幅（%）			资产负债率（%）			流动比率			应收账款周转率		
		2018年	2019年	2020年	2018年	2019年	2020年	2018年	2019年	2020年	2018年	2019年	2020年
300182.SZ	捷成股份	-49.9	-18.6	-7.4	38.6	41.6	40.3	1.6	1.2	1.0	1.8	1.2	1.5
300088.SZ	长信科技	-46.1	154.1	-12.5	47.4	29.4	27.7	1.1	1.5	1.7	6.6	4.4	5.6
600879.SH	航天电子	-31.0	10.5	26.1	51.8	55.6	57.2	1.5	1.5	1.4	2.2	2.2	2.3
300017.SZ	网宿科技	-26.2	22.0	-27.4	27.3	16.4	14.4	2.4	4.3	4.1	4.1	3.5	3.4
000591.SZ	太阳能	-47.9	27.5	105.1	62.4	64.0	63.8	1.1	1.2	1.9	1.0	0.8	0.7
000625.SZ	长安汽车	-44.9	52.6	118.1	50.6	55.0	55.8	1.0	1.0	1.2	41.2	62.8	56.8
688009.SH	中国通号	—	-43.6	-12.6	62.0	56.2	57.9	1.4	1.6	1.5	3.3	2.7	2.3
600583.SH	海油工程	-19.6	51.9	-38.4	24.0	28.8	31.9	2.1	1.9	1.8	3.2	3.3	2.9
601016.SH	节能风电	-28.6	5.8	45.6	64.2	65.6	68.1	1.7	1.4	1.4	1.5	1.1	0.9
600176.SH	中国巨石	-27.6	15.4	86.8	52.0	52.1	50.1	0.6	0.8	1.0	8.1	8.0	9.4
002185.SZ	华天科技	-52.2	106.1	82.5	48.8	38.2	39.8	1.3	1.2	1.2	7.5	6.9	6.2
000825.SZ	太钢不锈	-13.1	1.2	-9.1	57.1	53.6	51.0	0.8	0.8	0.8	52.7	61.3	67.9
600100.SH	同方股份	-0.6	-9.9	-29.1	68.7	66.7	67.0	1.1	1.2	1.2	3.2	3.1	4.0
600703.SH	三安光电	-54.9	65.3	47.7	31.0	26.7	23.9	2.4	2.2	3.4	3.4	3.1	3.6
600008.SH	首创环保	-32.2	-1.9	-5.9	65.5	64.7	64.8	0.8	0.7	0.7	4.8	4.5	4.5
600516.SH	方大炭素	-38.3	8.4	-18.6	16.0	14.1	14.0	5.8	6.6	7.3	15.2	12.1	9.3
600111.SH	北方稀土	-39.7	24.1	20.8	47.4	44.3	46.0	2.8	2.9	4.5	10.2	11.2	8.6
600438.SH	通威股份	-30.7	60.3	197	60.4	61.4	50.9	0.5	0.8	1.1	28.1	26.5	32.2
600522.SH	中天科技	-40.9	3.0	31.6	39.1	46.5	48.6	1.8	2.1	1.9	5.6	6.1	5.6
002252.SZ	上海莱士	-59.6	-7.4	-0.2	4.3	3.1	1.4	9.2	14.6	15.2	2.0	3.4	5.1
601777.SH	力帆科技	-47.5	-19.2	53.6	72.9	85.4	37.5	0.7	0.4	3.1	4.0	3.7	3.5
002202.SZ	金风科技	-46.2	34.2	20.9	67.5	68.7	68.0	1.0	1.0	0.9	1.9	2.5	3.1
300315.SZ	掌趣科技	-36.3	74.8	-17.2	12.4	7.4	11.1	2.3	5.1	4.5	8.6	12.3	10.4
000063.SZ	中兴通讯	-46.1	80.7	-4.4	74.5	73.1	69.4	1.0	1.2	1.4	3.7	4.4	5.7
600252.SH	中恒集团	-40.5	29.4	-4.1	18.1	18.3	31.3	3.5	2.9	1.8	22.2	18.2	8.0
601012.SH	隆基股份	-32.7	76.8	274.7	57.6	52.3	59.4	1.5	1.5	1.3	5.3	8.0	9.8
002241.SZ	歌尔股份	-60	193.1	88.3	48.9	53.5	59.8	1.0	1.0	1.2	3.5	4.6	6.4
300185.SZ	通裕重工	-27.4	12.3	120.5	48.6	55.3	53.5	1.3	1.2	1.2	2.8	2.7	3.7
600089.SH	特变电工	-29.3	0.4	56.1	57.7	57.9	57.4	1.3	1.5	1.3	3.5	3.2	3.6
002506.SZ	协鑫集成	17.1	18.2	-28.1	77.2	72.3	68.7	0.9	0.8	0.9	2.0	3.2	3.1
600276.SH	恒瑞医药	-0.5	99.7	53.2	11.5	9.5	11.4	7.2	9.0	7.4	5.0	5.4	5.6
600104.SH	上汽集团	-12.2	-5.9	7.7	63.6	64.6	66.3	1.1	1.1	1.1	23.7	20.3	17.0
002602.SZ	世纪华通	-2.5	-11.7	-25.5	17.1	23.1	29.9	3.4	1.4	1.3	8.2	6.4	4.3
002415.SZ	海康威视	-33.2	30.3	51.9	40.2	39.7	38.6	2.2	2.7	2.4	3.2	3.0	2.9

续表4

代码	名称	涨跌幅（%）			资产负债率（%）			流动比率			应收账款周转率		
		2018年	2019年	2020年	2018年	2019年	2020年	2018年	2019年	2020年	2018年	2019年	2020年
601727.SH	上海电气	-24.8	2.1	8.4	66.3	67.4	66.1	1.3	1.2	1.2	4.3	5.3	4.4
002610.SZ	爱康科技	-33.8	2.5	104.3	57.7	64.7	57.3	1.2	1.1	1.0	2.6	2.9	2.5
000413.SZ	东旭光电	-51.4	-24.3	-23.8	53.9	53.5	55.9	1.7	1.4	1.1	2.5	1.4	0.7
002475.SZ	立讯精密	-21.9	238.2	100.3	54.2	56.0	55.9	1.3	1.2	1.3	3.9	5.1	6.8
002340.SZ	格林美	-46.4	27.7	44.5	59.0	58.8	52.6	1.2	1.1	1.1	6.7	6.6	4.9
000157.SZ	中联重科	-16.3	95.2	52.2	58.5	57.1	58.8	1.8	1.8	1.7	1.3	1.8	2.2
601985.SH	中国核电	-26.9	-3.0	1.1	74.2	74.0	69.5	0.9	0.9	1.0	10.1	8.8	6.6
002195.SZ	二三四五	-17.4	14.5	-29.8	20.8	10.5	7.7	4.2	6.1	10.1	6.9	4.6	2.1
600031.SH	三一重工	-6.4	108.5	109.0	55.9	49.7	53.9	1.5	1.6	1.5	2.9	3.6	4.6
300059.SZ	东方财富	12.3	56.6	136.3	60.6	65.7	69.9	1.8	1.4	1.4	4.5	5.3	6.3
603993.SH	洛阳钼业	-44.6	19.2	44.9	51.0	57.6	61.3	2.5	1.6	1.4	13.7	43.7	102.1
601600.SH	中国铝业	-56.1	-0.3	2.5	66.3	65.2	63.5	0.8	0.7	0.7	37.9	38.9	40.0
600050.SH	中国联通	-18.0	14.9	-23.4	41.5	42.7	43.1	0.4	0.4	0.4	16.0	15.3	15.2
600019.SH	宝钢股份	-20.9	-4.8	9.9	43.5	43.7	43.9	0.9	1.0	1.1	24.6	24.7	27.7
601989.SH	中国重工	-29.3	23.5	-20.0	54.8	52.7	50.0	1.9	1.7	1.6	4.5	4.2	4.4
601766.SH	中国中车	-24.0	-19.2	-23.7	58.1	58.6	56.9	1.2	1.3	1.3	3.1	3.7	3.5
002027.SZ	分众传媒	-54.9	21.8	59.5	24.3	25.0	20.2	3.4	3.1	2.7	3.7	2.2	3.1
000100.SZ	TCL科技	-35.1	87.2	62.1	68.4	61.2	65.1	1.0	1.1	0.9	8.0	6.8	7.3
000725.SZ	京东方A	-53.9	74.1	32.7	60.4	58.6	59.1	1.3	1.2	1.2	5.5	6.1	6.6

资料来源：Wind。

从2020年的涨跌幅来看，2020年大股本公司的表现多为正面。其中2020年跌幅居前的五只为东阳光（-50.9%）、海油工程（-38.3%）、首航高科（-36.6%）、中国天楹（-33.4%）、三六零（-33.0%）；涨幅居前的五只为隆基股份（274.6%）、宁德时代（230.5%）、亿纬锂能（209.6%）、汇川技术（205.6%）、通威股份（197.0%）。从2019年的数据来看，跌幅居前的五只为中国通号（-43.6%）、三聚环保（35.5%）、恺英网络（-30.5%）、东旭光电（-24.3%）、金科文化（-21.1%）；涨幅居前的五只为领益智造（334.0%）、立讯精密（238.2%）、中国长城（230.0%）、亿纬锂能（219.1%）、沪电股份（212.3%）。

大股本公司涨跌幅比小股本企业的整体波动较小，但也存在波动较大的企业。领益智造2018—2020年的涨跌幅分别为-70.1%、334.0%、10.5%，国网英大2018—2020年的涨跌幅分别为-50.9%、159.1%、-26.2%，三恺英网络2018—2020年的涨跌幅分别为-80.3%、-30.5%、82.2%，江淮汽车2018—2020年的涨跌幅分别为

-49.1%、4.4%、143.6%,复星医药2018—2020年的涨跌幅分别为-47.8%、14.3%、103.0%。

从资产负债率的角度来看,战略性新兴产业的大股本公司资产负债率普遍较高。资产负债率较高的企业为鹏博士(2018年69.5%,2019年94.8%,2020年91.7%)、太原重工(2018年86.7%,2019年90.0%,2020年91.7%)、吉电股份(2018年74.0%,2019年74.7%,2020年79.9%)、振华重工(2018年75.1%,2019年75.0%,2020年78.5%)、万达信息(2018年53.3%,2019年61.8%,2020年78.7%)。资产负债率较低的企业为上海莱士(2018年4.3%,2019年3.1%,2020年1.4%)、通化东宝(2018年13.3%,2019年6.4%,2020年4.2%)、二三四五(2018年20.8%,2019年10.5%,2020年7.7%)、掌趣科技(2018年12.4%,2019年7.4%,2020年11.1%)、恒瑞医药(2018年11.5%,2019年9.5%,2020年11.4%)。

从运营能力来看,战略性新兴产业的小股本公司的流动比率多集中在0.1—3之间。流动比率较高的公司为上海莱士(2018年9.2,2019年14.6,2020年15.2)、三环集团(2018年5.03,2019年11.1,2020年10.7)、二三四五(2018年4.2,2019年6.1,2020年10.1)、通化东宝(2018年3.3,2019年6.3,2020年9.2)、恒瑞医药(2018年7.2,2019年9.0,2020年7.4)。流动比率较低的公司为华能水电(2018年0.2,2019年0.3,2020年0.3)、鹏博士(2018年0.4,2019年0.2,2020年0.4)、中国联通(2018年0.4,2019年0.4,2020年0.5)、吉电股份(2018年0.4,2019年0.6,2020年0.5)、长电科技(2018年0.6,2019年0.5,2020年0.7)。

从应收账款周转率来看,战略性新兴产业的大股本公司的运营能力差别较大,在2018—2020年期间表现出波动的趋势。应收账款的周转率较低的公司为:北信源(2018年0.7%,2019年0.7%,2020年0.6%)、飞利信(2018年0.8%,2019年0.9%,2020年0.7%)、太阳能(2018年0.9%,2019年0.8%,2020年0.7%)、神州高铁(2018年0.9%,2019年1.0%,2020年0.6%)、新研股份(2018年1.1%,2019年0.7%,2020年0.7%)。应收账款的周转率较高的公司为:洛阳钼业(2018年13.7%,2019年43.7%,2020年102.1%)、太钢不锈(2018年52.7%,2019年61.3%,2020年67.9%)、方大特钢(2018年66.0%,2019年57.4%,2020年59.6%)、长安汽车(2018年41.2%,2019年62.8%,2020年56.8%)、中国铝业(2018年37.9%,2019年38.9%,2020年40.0%)。

从平均的角度来看,战略性新兴产业的大股本公司的涨跌幅2018—2020年分别为-29.52%、40.63%、33.67%,资产负债率2018—2020年分别为47.43%、47.43%、46.70%,流动比率2018—2020年分别为1.75、1.86、1.95,应收账款周转率2018—

2020 年分别为 6.48%、6.72%、7.31%。

与战略性新兴产业的小股本公司相比，大股本公司的涨跌幅更为平稳，2018 年跌幅更多；大股本公司的资产负债率更高，说明偿债能力更弱；大股本公司的流动比率更小，说明流动资产相对于流动负债更小；应收账款周转率更高，说明运营能力更强。

12.3 股本规模与价值创造的比较

从价值创造的角度来看，战略性新兴产业的股本规模的不同也产生了不同的影响。从估值的角度来看，战略性新兴产业小股本公司在 2018—2019 年有大幅度的波动，主要的原因是国科微的 PE 为 -20099，蓝英装备的 PE 为 -2480.69，九鼎新材的 PE 为 -1847.49，造成了很大的负面影响。而大股本公司的 PE 均值呈现出下降的趋势（2018—2020 年）。相比之下，小股本企业的 PE 值更高，2018—2020 年分别为 -87、83、57，而大股本企业的 PE 值更低，2018—2020 年分别为 50、23、26（见图 12-1、图 12-2）。

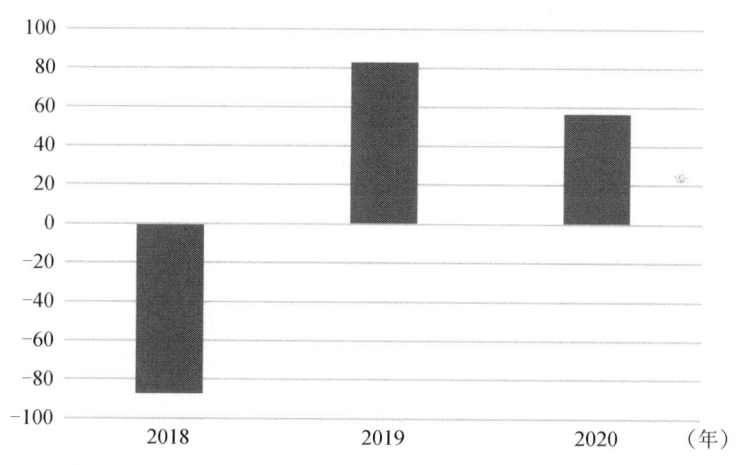

图 12-1　战略性新兴产业小股本公司 PE 均值

资料来源：Wind。

从 PB 和 PS 的角度来看，小股本企业的估值也明显高于大股本企业。小股本企业 2018—2020 年 PB 的均值为 4、5、6，小股本企业 2018—2020 年 PS 的均值为 6、10、55，大股本企业 2018—2020 年 PB 的均值为 1.9、3.1、3.7，大股本企业 2018—2020 年 PS 的均值为 4.5、5.9、2.4。

从盈利的角度来看，小股本企业的 ROA 和 ROE 显著高于大股本企业，表明小股本企业的盈利能力平均而言较高。小股本企业 2018—2020 年 ROE 分别为 15.6、10.4、

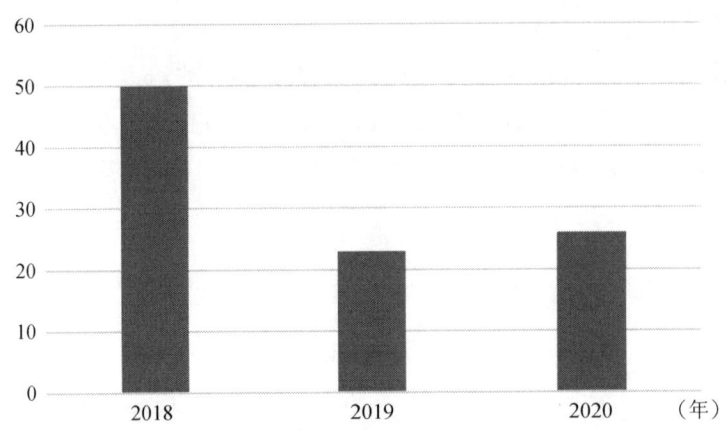

图 12-2 战略性新兴产业大股本公司 PE 均值

资料来源：Wind。

10.6，大股本企业 2018—2020 年 ROE 分别为 4.2、5.9、3.5，小股本企业 2018—2020 年 ROA 分别为 12.1、9.7、8.7，大股本企业 2018—2020 年 ROA 分别为 4.5、5.0、7.3。

2018—2020 年战略性新兴产业小股本公司与大股本公司估值和营利能力如图 12-3、图 12-4 所示。

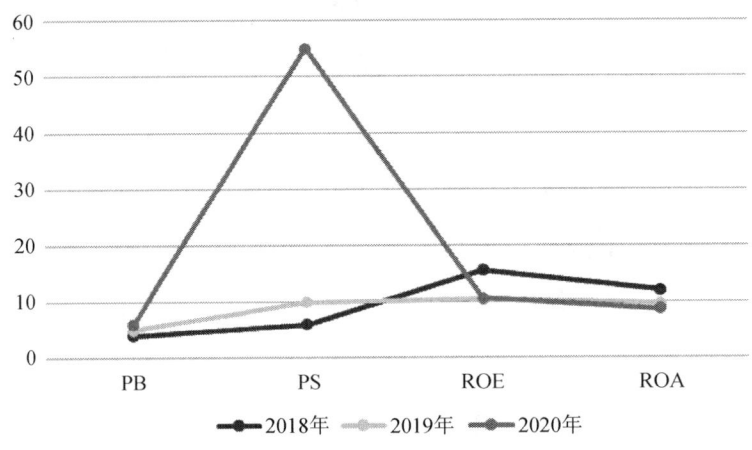

图 12-3 战略性新兴产业小股本公司估值与营利能力

资料来源：Wind。

12.4 股本规模与公司的成长性分析

不同股本规模对公司成长性也产生了不同的影响。总体而言，小股本企业的成长

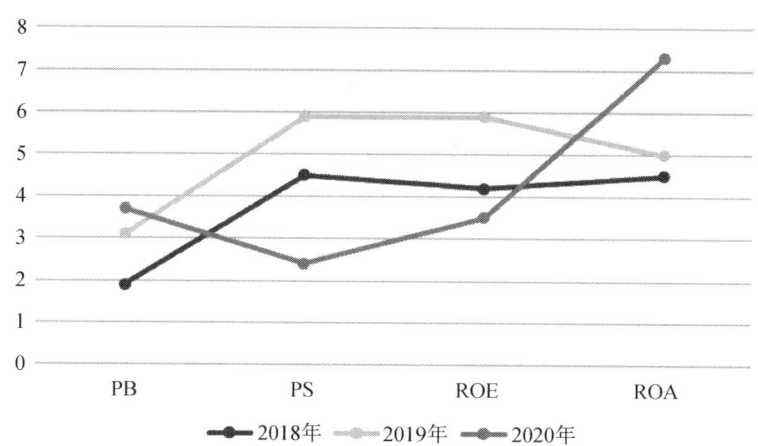

图 12-4 战略性新兴产业大股本公司估值与营利能力

资料来源：Wind。

性要好于大股本企业。

从每股收益增长的角度来看（见图 12-5），大股本企业波动较大，2017 年的涨幅较多（86%），2019 年和 2020 年出现下降较快，分别为 -94.6% 和 -240%。小股本企业较为平稳，2015—2020 年分别增长 43.9%、62.7%、75.1%、24.2% 和 -55.5%、15.3%。整体来看战略性新兴行业的小股本公司的每股收益高于大股本企业。

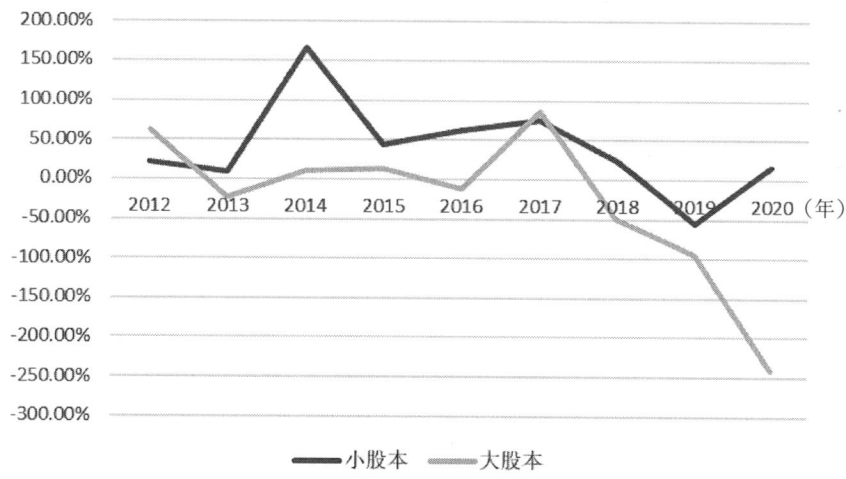

图 12-5 不同股本规模公司的每股收益增长率（%）

资料来源：Wind。

从营业收入增长率的角度来看（见图 12-6），大股本和小股本企业的波动都较大，大股本企业 2015—2020 年分别增长 76.4%、32.1%、29.0%、17.1%、14.4% 和 10%，小股本企业 2015—2020 年分别增长 29.4%、35.8%、35.8%、25%、20% 和 127.4%。整体来看战略性新兴行业的小股本公司的营业收入增长率高于大股本企业。

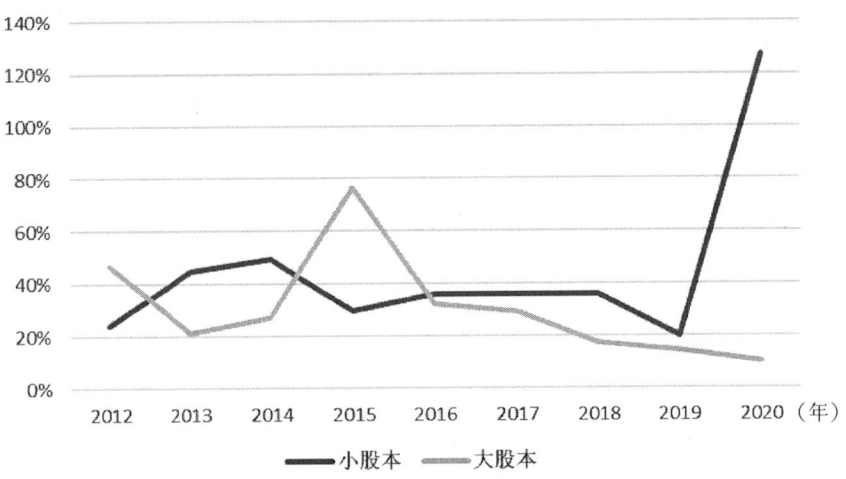

图 12-6　不同股本规模公司的营业收入增长率（%）

资料来源：Wind。

从净利润增长率的角度来看（见图 12-7），大股本和小股本企业都较为平稳，大股本企业 2015—2020 年分别增长 45.9%、12.5%、136.1%、-384%、-124.8% 和 -588.3%，小股本企业 2015—2020 年分别增长 157.7%、69.4%、414%、37.2%、-41.6% 和 20.3%。整体来看战略性新兴行业的小股本公司的净利润增长率高于大股本企业。

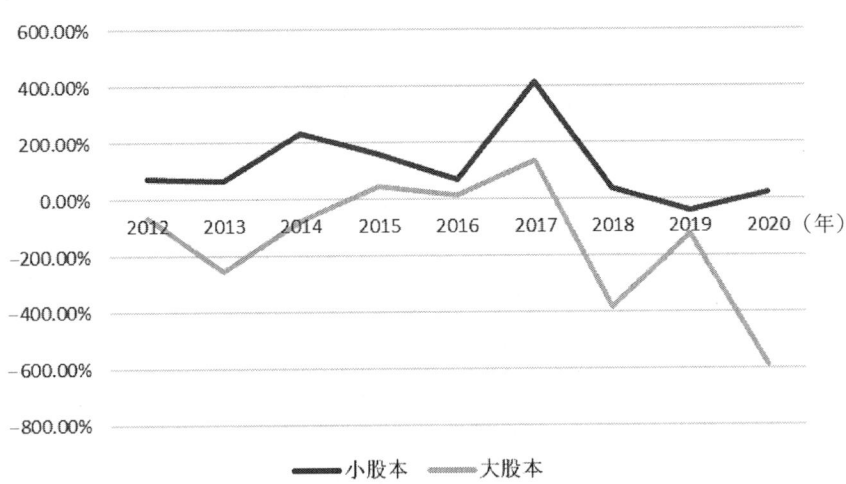

图 12-7　不同股本规模公司的净利润增长率（%）

资料来源：Wind。

第五篇
新兴产业上市公司价值创造

13.
新兴产业上市公司股权结构分析

13.1 自然人持股分析

13.1.1 股权结构的界定

股权结构指不同属性的股份在公司总股本中所占的比重及彼此的关系，又可以称为"所有权结构"，包括各持股股东的性质和各股东的持股比例。一般来讲，股权结构有以下含义：

在公司各股东持股比例不同的情况下，股权结构体现的状态也是有所差异的，可以反映差异形态的数量化指标，侧重于从总量上来反映股权的分布情况，排名越靠前的股东持股比例越大，股权就越集中；当每位股东持股比例都很小时，股权就比较分散。当第一大股东所持股数占总股本的比重在50%以上时，表现为高度集中，此时，第一大股东对公司的控制权最大，对于公司的长期经营来说是有帮助的，有助于公司的稳定，但是第一大股东由于其拥有最大的控制权，可能会做出一些对公司发展不利的决策，从而满足自己的个人利益；而当其持股数所占比重在大于20%小于50%时，表现为相对集中；当其持股数所占比重在20%以下时，表现为股权分散，此时，公司的每个股东都可以参与制订公司的经营决策，都可以对公司发展过程中存在的问题提出自己的意见，对于公司的管理和经营是有利的，但当各个股东的意见不同而且得不到合理的调解时，就会很难及时做出公司治理方面的决策，从而不利于公司的发展。

股权制衡度指股东之间相互的制衡作用大小，公司的各个股东所持股份占比之间的差值越大，表示股东之间的制衡作用越小；反之，表明公司的股权制衡度就越高。股权制衡度会对公司经营和管理产生很大的作用。在股权制衡度较低的公司，第一大股东占有公司大部分股份，公司里其他中小股东无法对第一大股东起到有效的制衡作用，这种情况下大股东侵犯中小股东及管理者的利益就变得很容易；当公司的股权制衡度较高时，公司的每个股东对于公司的发展献言献策，然后经过综合考量，最后做出令大部分股东满意的决策，可以有效避免公司一些大股东和某些管理者为了谋取个人利益，彼此勾结做出损害公司的行为，从而使公司管理层更好地为公司服务。

股权属性就是公司所有者的性质以及所持股数在总股本中所占的比重，能够反映公司股票的来源。我国公司的股份组成包含法人股、流通股、国有股、管理层持股等。其中，国有股是用国有资本向公司投资所获得的股份；流通股是在2005年股权分置后出现的，指在上市公司中，可以在沪、深证券交易所流通的股份数量；法人股指拥有法人资格的公司或者社会机构用法人财产投资所获得的股票份额。

保证公司决策的科学性和提供良好的效益是公司治理的核心问题，公司能够得到有效治理是以具备合理完善的股权结构为基础的，而股权结构的设置是否恰当是通过公司治理具体表现出来的。因此，要想使公司能够稳定健康地发展，确保具备完善的股权结构是关键。

13.1.2　自然人持股对新兴产业上市公司的影响

（1）股权激励制度

股权激励是指以公司股票为标的，对公司董事、监事、高级管理人员、骨干员工及其他人员进行的长期性激励机制，其产生源于现代企业制度中所有权和经营权的分离。

目前，国际上常用的股权激励模式主要有股票期权、限制性股票、业绩股票、股票增值权、虚拟股票、员工持股计划、管理层持股等，而我国股权分置改革后上市公司实施的股权激励模式主要是股票期权、限制性股票、股票增值权等模式。实际上，我国上市公司实施股权激励的方式主要是限制性股票和股票期权，这是因为中国证监会颁布的文件中推荐采用这两种股权激励模式。当然，我国上市公司也可以采用其他国外的股权激励模式，我国法律上并未规定只允许采用上述两种激励模式。

限制性股票是指公司为了实现某一特定目标，将一定数量的股票无偿赠予或者以较低的价格出售给激励对象，股票抛售受到限制，当激励对象完成预定目标后，如股票价格达到一定水平，激励对象才可以将股票抛售从中获利；否则，公司有权把无偿赠予的股票收回或以激励对象购买价格回购。股票期权是指公司授予其员工在一定期限内按照固定的期权价格购买公司一定数量股票的权利。行使期权时，享有期权的员工只需支付期权价格，而无须关注当前股票的交易价格。

(2) 新兴产业上市公司与传统产业上市公司股权激励对比

首先,新兴产业上市公司经营的成败取决于管理人员、核心技术人员及市场开拓人员,同时其具有团队化作业的特点。股权激励作为一种长期激励机制,一方面能够吸引优秀的人力资本加入;另一方面,又有利于激发这些人才的潜力,使团队成员的目标趋于一致。其次,作为资本密集型的新产业公司往往面临货币资金短缺的问题,而使用传统的货币激励手段常常会捉襟见肘,而股权激励对公司的资金要求较低,很好地解决了新兴产业上市公司因资金短缺而带来的激励难问题。最后,新兴产业公司具有高风险性和高收益性特点,如何分配增值的部分直接影响公司未来的成长和发展。而股权激励机制通过将公司部分剩余索取权给予激励对象,有效地实现公司增值部分公平合理的分配,有利于公司的持续发展。

同时,与传统产业上市公司相比,新兴产业上市公司实施股权激励还具备特殊性。首先,新兴产业上市公司具备较高的成长性,股权激励机制对高成长性企业的激励效果更为明显;其次,与传统产业上市公司相比,新兴产业上市公司的组织结构具有扁平化特点,技术人员与销售人员的贡献突出,因此新兴产业上市公司股权激励的激励对象广泛;最后,新兴产业上市公司产品特有的生命周期,决定了公司处于不同的阶段其重点激励对象会有所不同。

综上所述,新兴产业公司的特点决定了其实施股权激励的必要性和特殊性,而现实生活中也的确如此。据资料显示,《财富》杂志在 2002 年评出的世界全球 500 强公司中,股票期权激励制度的公司占到 89%;而在高技术企业中,美国上市公司几乎全部采用这种激励制度。从某种意义上讲,股权激励制度已经成为新兴产业上市公司一种通用的激励模式。

13.2 机构投资者持股分析

13.2.1 机构投资者的界定

目前理论界尚未对机构投资者的范围和种类有一个共同的认识,主要是因为各个国家的机构投资者种类、相关政策存在差异。

西方发达国家对机构投资者的定义主要有两种说法。第一种是美国《Black 法律词典》中将机构投资者界定为投资规模较大的机构,包括养老基金、保险公司、共同基金等。《新帕尔格雷夫货币与金融词典》给出了第二种定义,机构投资者承担着管理长期资金的职能，可以看作一个大"金库"，并进行资金的专业化运作。这些金融机构面向的对象主要是养老基金、人寿保险基金和单位信托基金等。因此，第二种定义中，仅把机构投资者定义为从事证券投资及资金管理的金融机构，排除了风险投资、产业基金和国家银行等机构，相对第一种概念来说，范围要更窄。

在我国，机构投资者主要指根据相关法律法规和金融法规，在资本市场上具有专业技术和业务资格，进行证券、期货、金融衍生品等专业化投资的法人机构。我国资本市场上投资活跃的证券投资基金、保险公司、券商等均属于机构投资者。同时，随着我国资本市场的准入机制放宽，合格境外机构投资者也在资本市场上占有一席之地。

13.2.2 机构投资者的种类

学术界主要根据本国国情对机构投资者合理分类，不同分类标准的作用机理也不同，对研究结果有较大影响。现阶段，有根据持股周期长短、持股比例高低、持股偏好、独立性等特性为依据进行分类。目前，我国证券市场上持股比例较高的机构投资者有证券投资基金、券商、保险公司、社保基金、境外机构投资者（QFII）和信托公司等。因此，为了保证本书研究数据的充足有效性，选取机构投资者中的这几类进行分类研究。下面简单介绍一下这些机构投资者的投资风格。

自我国第一只基金在上海证券交易所公开上市，证券投资基金在证券市场经过30多年的发展越来越成熟，现已成为我国资本市场的中坚力量。证券投资基金在投资过程中，受到上市公司的严格监管，且其内部管理机制较为完善和严格，并且受到业绩压力，与被投资公司很少有其他潜在商业关系，独立性较高。

2002年合格境外机构投资者（QFII）允许投资中国市场。QFII独立性较高，投资策略较为稳健，一般会投资于流动性好、企业资产规模较大、资产质量良好、行业地位明显的股票。大量研究表明合格境外机构投资者持股会改善公司绩效。这是因为境外机构投资者与当地企业业务往来少、独立性更强，且其专业化程度较高，因此会更积极地参与公司治理，提升公司业绩。

全国社会保障基金是国家战略储备基金，主要责任是应付养老金危机，因此其投资主要以安全稳定性为首要原则，国家对其投资范围有严格的限制。社保基金的负债期限较长，中短期支付压力较小，因此社保基金持股时间较长，且肩负着社会责任，会选择履行自己的职责，会定期不定期地披露有关信息，投资管理策略较为独立。所以，独立性较强、持股时间长的社保基金会选择价值投资，积极参与上市公司的公司治理，改善公司绩效。

保险投资是指保险公司将各种集聚的保险资金进行投资，以实现资产的保值增值。保险公司在进行投资时需要考虑以下几个因素：第一，被投资企业的经营风险。由于需要对被保险人进行负责，因此在选择投资公司时优先考虑风险较低、规模较大、收益较稳定的企业。第二，保险公司的政治背景。现阶段我国保险公司基本都拥有一定程度的政府背景，因此需要扮演一定的政治角色，不能以追求利益最大化为唯一目标。第三，当保险公司持有公司股份时，除了与被投资公司有投资关系外，可能还存在业务往来，包括提供一些资产保值的业务。因此，在公司治理中并不会发挥积极股东的角色作用，提高公司绩效。

同社保基金和保险资金相比，由于证券公司投资风险承受能力大、交易的边际成本低，因此，营利性成为其首要考虑因素。同时，证券公司一般规模较大，业务种类较多，工作团队专业化程度高，能够迅速吸收和处理资本市场各种信息，所以证券公司在投资方面盲目性较低。但是证券公司不仅仅持有上市公司股票，其主要盈利来源是为目标公司提供其他增值服务，如理财规划、证券经纪业务等，为了经济利益有可能与管理层同谋，损害公司利益。

信托公司与证券公司一样也以盈利为主要目的，并且在市场上承担着多重角色，除投资者外还与上市公司有业务往来。因此，综合考量信托公司会与管理者合谋或者不作为来稳固利益关系的可能性，对目标公司绩效并不会产生正向影响。

13.2.3 机构投资者持股影响新兴产业上市公司的机理分析

驱动机构投资者发挥公司治理职能的原因主要包括两方面：一方面是其自身相较于个人投资者具有资金、信息和专业优势；另一方面，是我国外部市场环境的不断完善优化。这两方面的原因促使机构投资者积极行使股东权利，维护自身利益。

（1）自身特性驱动

机构投资者能有效参与公司治理的一个重要原因是我国证券市场"去散户化"进程加快，越来越多的专业机构投资者遍布证券市场，对公司持股规模也在逐年提高。机构投资者持股规模扩大后能够有效发挥"积极股东"的作用主要有两方面考量。一方面，作为公司大股东，如果公司营利能力较强，那么其分得的股东红利就多，为了获得超额收益，会运用专业化视角对公司投资、管理等进行有效干预，有益于公司向着快速稳健的方向成长。另一方面，随着持股比例提升，"用脚投票"的成本越来越高，大量抛售股票不仅会有导致股价大规模下降的风险，而且也会增加机构投资者的成本；并且投资规模越大，其退出壁垒越高。此外，机构投资者持股比例提高，在公司经营管理决策上占有一席之地，有利于管理层进行自我约束。

由于机构投资者自身以及对投资对象选择上的限制，特别是一些投资策略偏向于稳健以及承担较多社会责任的机构投资者，会积极监督企业运行。比如社保基金主要用于人民生活，因此在参与投资时，会选择一些效益比较稳健的企业进行投资，由于自身特征独立性较高，不会受目标公司管理层影响，会积极参与公司治理，从而改善公司业绩，提高收益。但像保险公司这样主要为了获得长期稳定的客源，虽然其投资稳健，但由于除投资外还提供保险业务，因此，为了不损失客户，会参考管理层意见，并不能很好地发挥"股东积极主义"。实证研究也表明，独立性越高的机构投资者为了获得长期稳定收益，会持续地参与公司治理，有益于自身获得长期回报。

为了获得高收益，机构投资者也会不遗余力地加入公司治理的大部队。当公司治理水平提高后，公司不仅能改善财务绩效、治理绩效以及市场绩效，而且能够带来一些隐性收益，比如声誉威望提高、品牌影响力提升等。因此，为了获得更高的收益，高持股的机构投资者也会对管理层进行监督，对公司经营决策产生影响，为努力提高公司业绩而参与公司治理。

(2) 外部环境优化

随着我国证券市场的逐步发展和完善，特别是2001年我国提出大力发展机构投资者和近年来"去散户化"进程加快，都彰显着我国证券市场向着包容创新的方向发展。这种发展趋势不仅能使市场更有效，也会驱使机构投资者更好地发挥自己的优势，有能力也有意愿持有上市公司股票。当然，随着机构投资者在证券市场的快速发展，上市公司为了获得更多资金和声誉也更注重与机构投资者的关系，让机构投资者不仅能为其提供资金信息支持，也能缓解自身因信息不对称而带来的损失。投资者与被投资者这样的一种良性互动，反过来也会促进证券市场发展。

外部法律制度支持也为机构投资者发展提供了更规范更有效的依据。我国出台了证券、投资等许多相关法律法规，逐步形成多层次、多元化的证券市场法律体系，如《保险机构投资者股票投资管理暂行办法》《证券公司直接投资业务监管指引》等，这些法律法规的出台不仅有利于规范机构投资者投资行为，也能够缓解机构投资者之间的矛盾，营造良性循环的投资环境。当前我国资本市场正处于改革"关键期"，机构投资者的健康发展有助于我国证券市场的有效运行。

13.2.4 机构投资者持股影响新兴产业上市公司的路径分析

(1) 股东大会

首先，我国中小股东持股份额较小，在股东大会上的话语权较小，对公司治理的影响小。而机构投资者持股比例高，在股东大会上具有较大话语权，可以通过自身影响力来干预管理层的经营决策，特别是在公司产权较为分散的情况下，机构投资者持股比例高，更有意愿和能力对公司决策进行表决，从而保障公司健康发展。其次，我国《公司法》规定，当机构投资者持股比例大于或等于10%时，可以通过召开临时股东大会，通过提出议案对公司经营决策以及人员安排做出异议，当提案获得大多数赞成票时，会加大管理层压力，从而使其能有效改善公司绩效。特别是当机构投资者对现任的管理层或董事会成员不满时，也可以通过提案方式进行表决，这就会直接对管理层施压。最后，为了避免公司大股东操纵公司各项经营决策，机构投资者可以争取那些无法参与股东大会的股东的投票权，在提升自身在股东大会上的发言权、话语权的同时，也能有效保护自身利益和中小股东利益。

（2）董事会

机构投资者参与公司治理的另一途径是推荐董事进入董事会，对公司重大经营决策进行直接参与。当机构投资者中有董事进入董事会后，可以获知公司重大决策信息，能够很好地避免信息不对称问题，也可以对管理层实施更为严格的监督，减少因合谋而导致各方利益受损。

（3）监事会

机构投资者还可以加入监事会，通过监督大股东、高管和其他利益相关者的行为，间接影响公司各方面决策，使公司依法有序运行。

（4）与管理层私下协商和沟通

机构股东除了采取间接的方式约束管理层，还可以直接与管理层进行约谈，了解公司发展情况、未来的发展方向，以及通过私下协商来改善公司现状。机构投资者在证券市场角色以及地位的转变，特别是机构投资者在资本市场的一连串大动作，如资本运作、并购重组、高管人员变动等，都影响着管理层的态度转变。为了稳定市场信心，管理层开始与机构股东积极主动沟通。

（5）资本市场股价机制

机构投资者在资本市场上进行投资对公司股价有很大的影响力。一方面，机构投资者由于具有规模、资金以及信息方面的优势，通过分析公司股价走势来选择是否进行投资；另一方面，当机构股东进行投资后，也会持续关注公司股价变化以及时调整自己的行为，当公司股价持续下跌时，机构投资者会通过更换管理层、改变原有经营方案或者直接采取出售股票等方式来维护自身利益。当机构股东采取上述行为时，特别是抛售股票，会对公司控制权造成威胁，那么公司大股东为了维持其主体地位，也会督促管理层提高工作效率，提高绩效来维持股价。

（6）公司控制权的市场机制

市场上的竞争者主要通过收购公司股票或者争夺委托代理权的方式来抢夺公司控制权。公司绩效一旦下降，股票价格下跌，机构投资者很可能会采取"用脚投票"的方式出售股票，其他投资者也会跟风，从而导致公司股价一再下跌，市场上的潜在收购者就会以较低的价格收购大量的股票，如果收购者收购的股票份额占总股本的比例超过原有控股股东，那么公司将"改名换姓"。因此，为了使机构投资者能够持续持有公司股票，经营者也会更用心工作，以良好的经营绩效换取公司股价的平稳上升。

（7）集体诉讼

中小股东数目较多，很难维护自身利益，而机构投资者作为中小股东代表，在公司中不仅有较大话语权，而且由于社会影响力较大，当管理层依旧我行我素，甚至进行"暗箱操作"而导致公司利益受损时，还可以采取联合行动进行集体诉讼，通过法律的方式来维护股东权利。但是，一般的法律审议时间过长，时间成本和资金成本较高，只有当上述所有途径都无法解决时，机构投资者才会采取最后一项措施。

14.
新兴产业上市公司市值及影响分析

14.1 上市公司市值的界定

市值（Market Capitalization）是指股票的市场价值，也就是以股票的市场价格计算的总价值，是上市公司的股票价格与总股本的乘积。通俗意义上来说，市值就是上市公司的"市价""身价"，是公司股东的"市价""身价"，反映了上市公司的实时市场价值。市值是通过市场的折现率将银行未来各期利润折现后的现值，它是将现在和未来结合起来，并用一个数值反映所有未来现金流量信息的综合方法。市值代表了公司在市场上值多少钱，市值是衡量资本价值的最好方法，市值的长期稳定是对股东的最好回报，是资本追求的目标。

市值是投资者选择投资对象的一个重要指标，也是衡量上市公司实力大小的重要标杆。市场上的股票根据市值规模分为大盘、中盘、小盘等。股票的市值是由市场决定的，取决于预期股息、银行利息率以及股票市场的供求关系。股票市值与面值常常不一致，股票价格既可以高于面值，也可以低于面值，但是股票首次发行的价格一般不低于面值。在不断波动的股票市场中，股票的市场价值也是不断波动的。在成熟的资本市场中，信息相对充分，市场机制相对有效，公司市值与企业价值具有趋同性。但是，由于股票的市场价格通常是少数股份的交易价格，企业价值并不一定等于股票价格与总股本的乘积。此外，市值在上市公司融资活动中的标杆作用也十分突出。在直接融资方面，市值的标杆意义同样也很明显。就规模而言，大市值公司与小市值公司相比较，前者的融资基数大，每次获得的在融资规模就可能较大，单位融资效率就较高；就股票市值的估值水平而言，高估值公司与低估值公司相比，前者享受的市场溢价大，它的股权融资效率就相对较高。

因此，市值管理是维护上市公司市值与价值动态平衡，提升上市公司主要股东市值效用的有效手段；市值管理有利于促进资本市场健康发展，健全多层次资本市场体系。国家鼓励上市公司建立市值管理制度。市值管理的意义：其一，公司的股价高低直接关系到公司的控制权；其二，良好的市值表现有利于降低公司的融资成本；其三，市值体现了企业家的价值和企业经营的成果；其四，市值直接反映上市公司对社会资本的吸纳能力，影响和决定着公司的未来发展。

14.2 新兴产业的市值表现

党的十九大报告提出，要建设现代化经济体系，必须把发展经济的着力点放在实体经济上，把提高供给体系质量作为主攻方向。要显著增强我国经济质量优势，加强建设制造强国，加快发展先进制造业，在中高端消费等领域培育新增长点，形成新动能。在此背景下，我国新兴产业政策已经进入快速落地期，从产业政策、资本市场到区域经济建设，正在全方面进行加码落实。第一，产业政策方面，国务院颁布税收新政向新兴产业倾斜，工业和信息化部也在加码智能制造试点示范项目。第二，资本市场方面，科创板正式开板，中国存托凭证（CDR）进程加速细化，北京证券交易所正式设立，聚焦"专精特新"，进一步推进了创新企业的回归。第三，区域经济建设方面，在海南自贸区、雄安新区以及粤港澳大湾区的规划中，基础建设智能化以及加大新兴产业建设力度均放在重要位置。

14.2.1 整体市场表现

战略性新兴产业包括新一代信息技术、节能环保、生物、高端装备、新材料、新能源、新能源汽车这七大产业，涵盖主板、科创板和创业板的公司。自从2012年制定《战略性新兴产业"十二五"规划》以来，战略性新兴产业发展十分迅猛。2016年，国务院印发《"十三五"国家战略性新兴产业发展规划》，对"十三五"期间战略性新兴产业发展目标、重点任务、政策措施等做出全面部署安排。2021年，十三届全国人大四次会议通过了《中华人民共和国国民经济和社会发展第十四个五年规划和二〇三五年远景目标纲要》。该纲要提出，要着眼于抢占未来产业发展先机，培育先导性和支柱性产业，推动战略性新兴产业融合化、集群化、生态化发展，战略性新兴产业增加值占GDP比重超过17%。聚焦新一代信息技术、生物技术、新能源、新材料、高端装备、新能源汽车、绿色环保以及航空航天、海洋装备等战略性新兴产业，加快关键核心技术创新应用，增强要素保障能力，培育壮大产业发展新动能。深入推进国家战略性新兴产业集群发展工程，健全产业集群组织管理和专业化推进机制，建设创新和公共服务综合体，构建一批各具特色、优势互补、结构合理的战略性新兴产业增长引擎。

战略性新兴产业涵盖七大产业，各大产业的上市公司分布在上海主板、深圳主板、科创板和创业板，各板块的战略性新兴产业上市公司数量分布和总市值分布如图14-1、图14-2所示。从数量上看，主板公司占63%，科创板和创业板占37%；上海证券交易所上市公司占41%，深圳证券交易所上市公司占59%。从市值看，主板公司占72%，科创板和创业板占28%；上海证券交易所上市公司总市值占48%，深圳证券交易所占52%。2021年9月3日，北京证券交易所注册成立。北京证券交易所上市公司有新三板的创新层和精选层两个来源，将打造服务创新型中小企业主阵地，有利于拓宽"专精特新"中小企业的融资渠道，为中国股市孵化出更多的高新技术企业。

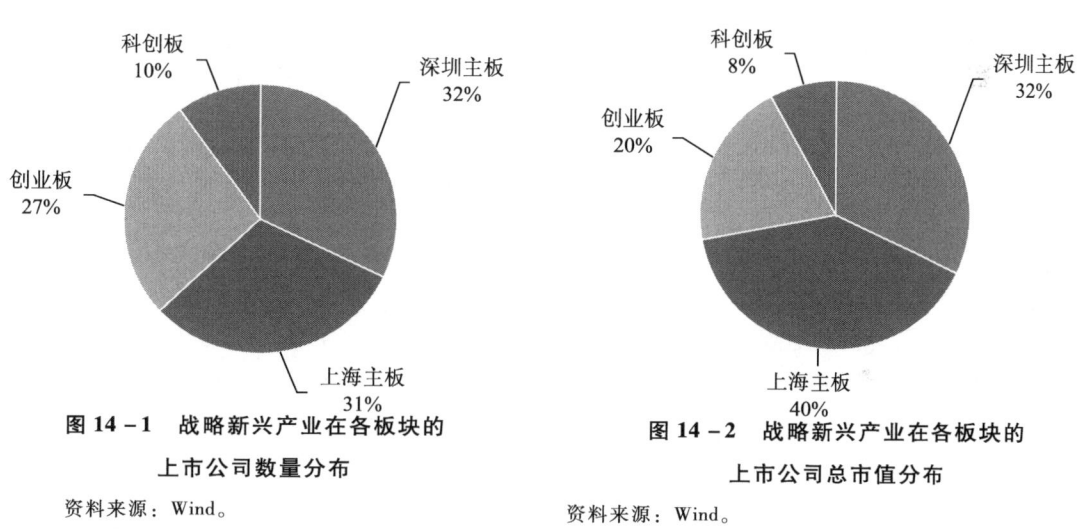

图14-1 战略新兴产业在各板块的上市公司数量分布

资料来源：Wind。

图14-2 战略新兴产业在各板块的上市公司总市值分布

资料来源：Wind。

战略性新兴产业七大产业的上市公司数量和总市值分布如图14-3、图14-4所示。从数量和市值占比看，新一代信息技术产业占比均超过1/3，其次是生物产业均占20%以上。

14.2.2 各产业细分市场情况

从产业细分市场角度来比较，根据Wind行业分类标准，分别从信息技术、医疗保健、日常消费、可选消费、公用事业、工业、房地产、电信服务、新能源、新材料等板块中遴选出的3002家新兴产业领域上市公司作为样本，结合这些上市公司2018年、2019年、2020年披露的年报数据，得到如图14-5所示的2018—2020年各板块总市值情况，不难发现：由于行业性质的差异，工业、信息技术、医疗保健板块的行

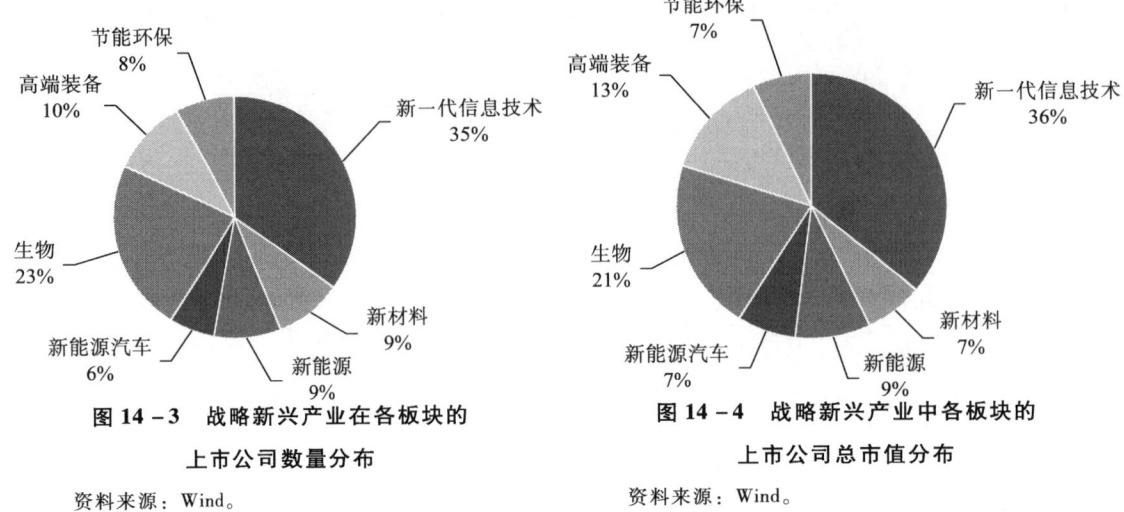

图 14-3 战略新兴产业在各板块的上市公司数量分布

资料来源：Wind。

图 14-4 战略新兴产业中各板块的上市公司总市值分布

资料来源：Wind。

业总市值占比较高。

2020 年战略性新兴产业企业营业收入情况数据如图 14-6 所示。2020 年新冠疫情对经济产生了较大的影响，但随着经济逐渐恢复，战略性新兴产业景气指数已经回到了疫情前的水平。绝大部分战略性新兴产业企业的营业收入水平高于 2019 年，有 37.8% 的企业在 2020 年营业收入明显增加，一半的企业营业收入与 2019 年基本持平。从景气指数来看，高端装备和新材料行业增长较快，同时，生物行业也同属于"较强景气"的行业。2020 年四季度分行业景气指数及环比增速情况如图 14-7 所示。

目前，中国的通信设备、轨道交通装备、电力装备三大产业将整体步入世界领先行列，而且创新模式将由跟随进入并行，进而跨入引领阶段。这三大产业的崛起将是中国成为制造强国的重要表征。在此过程中，中国的 5G、绿色智能轨道交通技术、特高压输变电技术、高性能大型关键金属构件增材制造技术等一批重大技术将实现突破，处于世界领先水平。

通信设备、轨道交通装备、电力装备三大产业将整体步入世界领先行列，成为世界第一，而且创新模式将由跟随到并行，进而跨入引领。这三大重要的产业能步入世界领先，成为世界引领者，是中国成为制造强国的一个重要表征，意义重大。

大部分领域和优先发展方向如高档数控机床、机器人、航天装备、海洋工程装备和高技术船舶、节能汽车、新能源汽车、农业装备、先进基础材料、关键战略材料、战略新材料等将整体步入世界先进行列，处于世界第二、第三。

集成电路及专用设备、民用航空装备这两个产业与世界强国仍有一定的差距。

操作系统与工业软件、高性能医疗器械两个产业的发展前景存在较大的变数，如能采取有效、正确路径和政策，有望进入或接近世界先进行列。

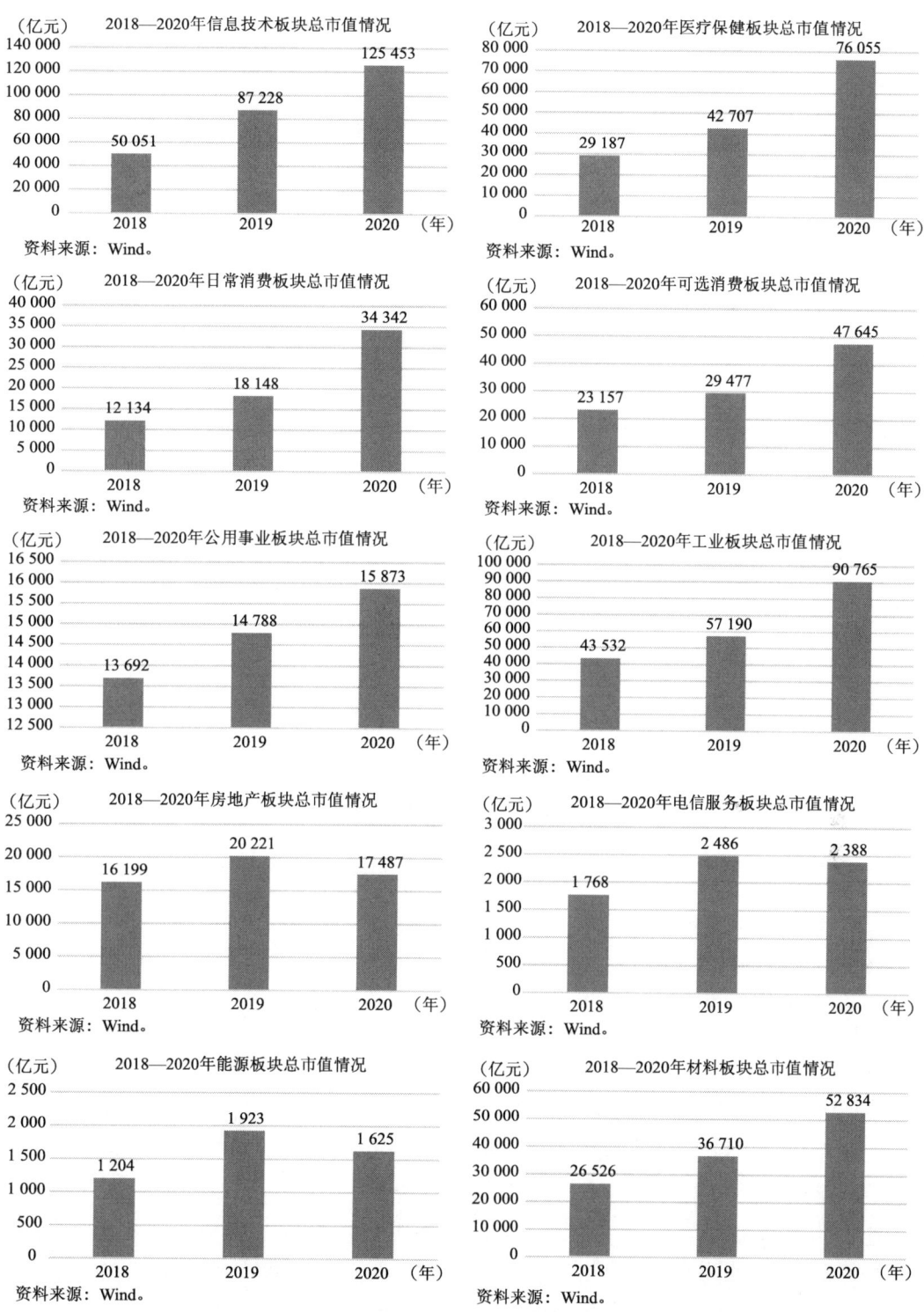

图 14-5 2018—2020 年各板块总市值情况

资料来源：Wind。

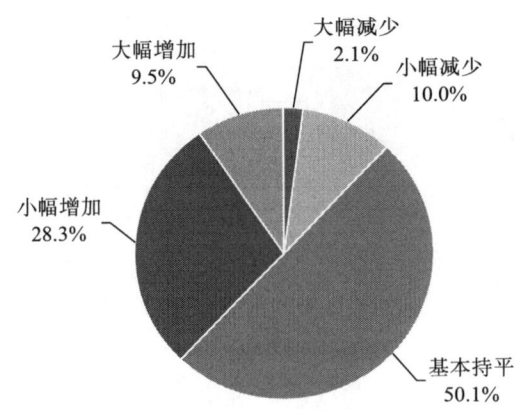

图 14-6 2020 年战略性新兴产业企业营业收入情况

资料来源：国家信息中心。

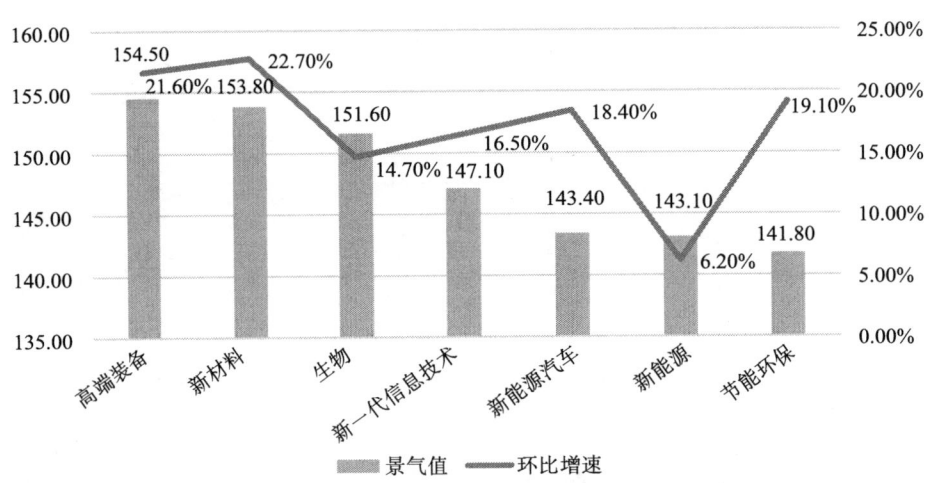

图 14-7 2020 年四季度分行业景气指数及环比增速

资料来源：国家信息中心。

但是也应看到，中国新兴产业关键的元部件主要依赖进口，如工业机器人领域的高性能交流伺服电机和高精密减速器、数控机床领域的功能性部件和 3D 打印机的核心部件激光器，创新能力不足，关键技术难以突破，导致国产智能制造企业成本居高不下。如在数控领域，中国数控机床行业经历了 50 年的漫长发展历程，在国外的长期封锁中艰难前行。根据前瞻产业研究院数据（见图 14-8），到 2024 年，我国数控机床行业的市场规模将突破 5 700 亿元，但国内中高档数控机床 70%—80% 依赖进口，高档数控系统 90% 以上依赖进口，其中核心零部件如电主轴、数控系统以及检测装置是最大的制约。特别是伺服驱动电机和运动控制器，以及检测装置中使用的数显量具量仪更是在很大程度上需要依赖国外进口，这也是国内高端数控机床实现整机国产化的最大障碍。事实上，中国高端数控系统市场被发那科、西门子等国外巨头占据，国内只有南京埃斯顿、广州数控、华中数控等少数企业具备生产能力。由于核心元件具有高技术和高附加值的行业特性，国外企业往往借此抬高产品的价格，中国数控机床整机的发展也因此受到严重制约。

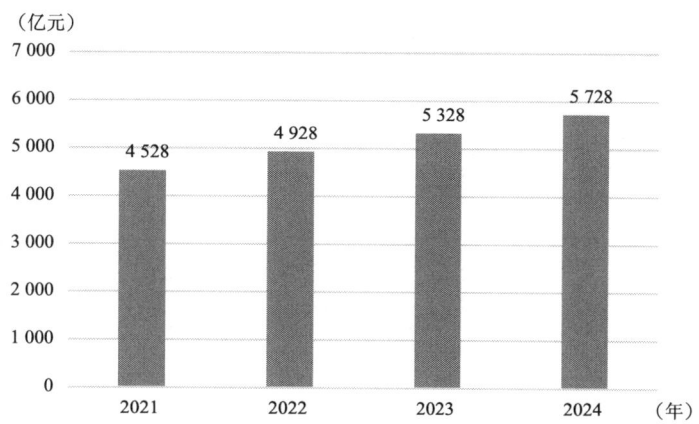

图14-8　2021—2024年中国数控机床行业市场规模预测

资料来源：弗若斯特沙利文。

又如工业机器人领域，其核心部件精密减速器75%的市场被日本的纳博特斯克和哈默纳科垄断，其中纳博生产的RV减速器约占60%的份额，哈默纳科生产的谐波减速器约占15%的份额。目前，减速器在国产机器人的成本结构中占比最大，同样吨位级别的工业机器人，一台165kg的焊接机器人在国外生产的总成本约为16.86万元，在国内的生产成本高达29.9万元。实际上机器人本体方面制造成本差异不大，主要差异来源于核心零部件，其中以减速器成本差异最大（见表14-1）。一台减速器在国外的成本为2万—5万元，而国内进口这类产品的成本在7万—12万元，国内的进口价格是国外价格的2—3倍多，进口成本高昂。作为一种小体积、大传动比、零背隙、超高传动/体积比的减速器，里面完全是由高精度的元件，齿轮相互啮合，对材料科学、精密加工装备、加工精度、装配技术、高精度检测技术等提出了极高的要求，而国产的减速器其噪声和发热量明显高于进口品牌纳博的减速器。

表14-1　　　　　　165公斤级六轴关节机器人国内外成本对比

	国外（元）	成本占比（%）	国产（元）	成本占比（%）
机械本体（元）	47 040	28	65 269	22
减速器（元）	20 840	12	91 813	31
伺服电机（元）	25 475	15	42 816	14
伺服驱动（元）	19 000	11	37 053	12
运动控制器（元）	5 000	3	13 000	4

续表

	国外（元）	成本占比（%）	国产（元）	成本占比（%）
其他电气部分（元）	26 050	15	26 050	9
装配与调试（元）	25 200	15	23 000	8
钕铁硼材料成本（元）	5 095		8 563	
总成本	16.86 万元		29.90 万元	
N35SH 售价（元/公斤）	220		220	
单体用量（公斤）	23		39	

资料来源：公司调研。

14.3 上市公司市值及影响分析

整体来看，中国新兴产业上市公司的整体规模和市值较大。目前，以 Wind 统计遴选出的中国新兴产业上市公司 3 002 家，其中市值在百亿元以上的企业共 846 家，营业收入过千亿元的企业 34 家，行业集中度较高。根据 Wind 数据，2020 年中国新兴产业重点企业总市值、营业收入前 10 名如表 14 - 2 所示，市值最高的三家公司为宁德时代（8 179 亿元）、美的集团（6 920 亿元）、海天味业（6 498 亿元）；营业收入最高的三家公司为上汽集团（7 230 亿元）、绿地控股（4 558 亿元）、工业富联（4 138 亿元），与国际制造业龙头苹果（2 745 亿美元）、埃克森美孚（1 803 亿美元）、通用汽车公司（1 225 亿美元）有一定差距。目前，中国石化市值为 7 935 亿元，与苹果（已超 22 000 亿美元）、埃克森美孚（已超 1 700 亿美元）相比，仍有一定差距。

表 14 - 2　　　　中国新兴产业重点企业总市值、营业收入 Top10

证券代码	证券简称	总市值（亿元）	证券代码	证券简称	营业收入（亿元）
300750.SZ	宁德时代	8 179.02	600104.SH	上汽集团	7 230.43
000333.SZ	美的集团	6 920.31	600606.SH	绿地控股	4 557.53
603288.SH	海天味业	6 498.38	601138.SH	工业富联	4 317.86
600276.SH	恒瑞医药	5 942.73	000002.SZ	万科 A	4 191.12
300999.SZ	金龙鱼	5 872.67	600751.SH	海航科技	3 366.94
300760.SZ	迈瑞医疗	5 178.84	600050.SH	中国联通	3 038.38
002594.SZ	比亚迪	5 087.78	000333.SZ	美的集团	2 842.21
002415.SZ	海康威视	4 532.49	600019.SH	宝钢股份	2 836.74
600900.SH	长江电力	4 357.34	600048.SH	保利地产	2 430.95
002475.SZ	立讯精密	3 938.41	601766.SH	中国中车	2 276.56

资料来源：Wind，数据截止到 2020 年 12 月 31 日。

分行业板块来看，根据 Wind 数据统计，如表 14-3 所示为截至 2020 年 12 月 31 日各行业板块重点企业市值前 5 名。其中，医疗保健板块市值排名前 5 的新兴产业上市公司有恒瑞医药、迈瑞医疗、药明康德、爱尔眼科、智飞生物；信息技术板块市值排名前 5 的新兴产业上市公司有海康威视、立讯精密、隆基股份、工业富联、中芯国际；日常消费板块市值排名前 5 的新兴产业上市公司有海天味业、金龙鱼、牧原股份、伊利股份、双汇发展；可选消费板块市值排名前 5 的新兴产业上市公司有美的集团、比亚迪、格力电器、长城汽车、上汽集团；公用事业板块市值排名前 5 的新兴产业上市公司有长江电力、中国核电、华能水电、华能国际、国投电力；工业板块市值排名前 5 的新兴产业上市公司有宁德时代、三一重工、汇川技术、航发动力、亿纬锂能；房地产板块市值排名前 5 的新兴产业上市公司有万科 A、保利地产、招商蛇口、新城控股、绿地控股；电信服务板块市值排名靠前的新兴产业上市公司有中国联通、中国卫通、鹏博士、二六三、会畅通讯；新能源板块市值排名靠前的新兴产业上市公司有杰瑞股份、石化油服、海油发展、海油工程、中油工程；新材料板块市值排名靠前的新兴产业上市公司有万华化学、海螺水泥、紫金矿业、宝钢股份、恩捷股份等。

表 14-3　　　　　　　　　　　各板块重点企业市值 TOP5

证券代码	证券简称	总市值（亿元）	营业收入（亿元）	市盈率/PE（倍）
医疗保健板块				
600276.SH	恒瑞医药	5 942.73	277.35	101.56
300760.SZ	迈瑞医疗	5 178.84	210.26	81.27
603259.SH	药明康德	3 268.08	165.35	133.84
300015.SZ	爱尔眼科	3 086.60	119.12	182.20
300122.SZ	智飞生物	2 366.56	151.90	76.78
信息技术板块				
002415.SZ	海康威视	4 532.49	635.03	35.34
002475.SZ	立讯精密	3 938.41	925.01	60.39
601012.SH	隆基股份	3 477.57	545.83	42.66
601138.SH	工业富联	2 720.29	4 317.86	15.79
688981.SH	中芯国际	2 191.77	274.71	119.36
日常消费板块				
603288.SH	海天味业	6 498.39	227.92	106.72
300999.SZ	金龙鱼	5 872.67	1 949.22	83.79
002714.SZ	牧原股份	2 889.58	562.77	11.24
600887.SH	伊利股份	2 698.86	965.24	36.83
000895.SZ	双汇发展	1 626.31	738.63	25.28

续表 1

可选消费板块

证券代码	证券简称	总市值（亿元）	营业收入（亿元）	市盈率/PE（倍）
000333.SZ	美的集团	6 920.31	2 842.21	27.75
002594.SZ	比亚迪	5 087.78	1 565.98	153.48
000651.SZ	格力电器	3 726.14	1 681.99	22.89
601633.SH	长城汽车	2 991.41	1 033.08	83.27
600104.SH	上汽集团	2 855.44	7 230.43	13.31

公用事业板块

证券代码	证券简称	总市值（亿元）	营业收入（亿元）	市盈率/PE（倍）
600900.SH	长江电力	4 357.34	577.83	18.18
601985.SH	中国核电	858.84	522.76	13.12
600025.SH	华能水电	802.80	192.53	15.97
600011.SH	华能国际	604.65	1 694.39	12.95
600886.SH	国投电力	601.85	393.20	10.68

工业板块

证券代码	证券简称	总市值（亿元）	营业收入（亿元）	市盈率/PE（倍）
300750.SZ	宁德时代	8 179.02	503.19	183.68
600031.SH	三一重工	2 965.78	993.42	20.45
300124.SZ	汇川技术	1 604.50	115.11	88.93
600893.SH	航发动力	1 582.03	286.33	121.91
300014.SZ	亿纬锂能	1 539.43	81.62	117.57

房地产板块

证券代码	证券简称	总市值（亿元）	营业收入（亿元）	市盈率/PE（倍）
000002.SZ	万科 A	3 217.15	4 191.12	8.23
600048.SH	保利地产	1 893.28	2 430.95	6.68
001979.SZ	招商蛇口	1 053.00	1 296.21	8.02
601155.SH	新城控股	785.67	1 454.75	5.75
600606.SH	绿地控股	4 557.53	4.74	709.40

电信服务板块

证券代码	证券简称	总市值（亿元）	营业收入（亿元）	市盈率/PE（倍）
600050.SH	中国联通	1 383.30	3 038.38	25.38
601698.SH	中国卫通	725.60	27.10	152.42

续表2

600804.SH	鹏博士	96.26	52.40	-2.36
002467.SZ	二六三	80.95	9.70	16.86
300578.SZ	会畅通讯	69.75	7.88	51.85

能源板块

证券代码	证券简称	总市值（亿元）	营业收入（亿元）	市盈率/PE（倍）
002353.SZ	杰瑞股份	335.25	829.50	21.35
600871.SH	石化油服	293.76	6 807.34	88.02
600968.SH	海油发展	242.95	3 320.83	17.06
600583.SH	海油工程	198.52	1 786.26	26.73
600339.SH	中油工程	171.96	7 069.85	16.88

材料板块

证券代码	证券简称	总市值（亿元）	营业收入（亿元）	市盈率/PE（倍）
600309.SH	万华化学	2 858.43	734.33	37.71
600585.SH	海螺水泥	2 595.68	1 762.43	7.93
601899.SH	紫金矿业	2 248.52	1 715.01	40.30
600019.SH	宝钢股份	1 325.03	2 836.74	11.62
002812.SZ	恩捷股份	1 256.97	42.83	144.36

资料来源：Wind，数据截止到2020年12月31日。

在分析新兴产业及上市公司的发展情况之后，对我国新兴产业的整体发展及影响进行总结。当前来看，我国新兴产业发展的优势在于新兴产业行业规模化、集中化程度的提高；营利能力增强，成本摊薄；研发投入加大。新兴产业的劣势主要体现在劳动力成本日益上升；人才及国家创新政策、能源政策、物质基础设施及法律法规优势不明显等方面。目前，我国新兴产业面临市场缺口较大，新兴产业机会主要体现在国内外新兴产业产品需求较大；新兴产业威胁表现在发达工业经济体人才优势、创新政策和基础设施、能源政策、物质基础设施及法律监管环境优势明显；其他发展中国家劳动力成本较低等方面。

在此基础上，新兴产业的发展矩阵归纳为：SO组合趋势1，兼并收购趋势增多，产业投资力度增大，企业营利能力增强，市场份额增加；WO组合趋势2，满足市场对新兴产业的市场需求；人才投入力度增大，设备及核心部件升级增强；ST组合趋势3，提高技术开发，提高劳动者技能，提高劳动力效率。WT组合趋势4，避免劳动力成本威胁，加大技术投入，提高国际竞争力及影响力。

结合中国国情及《"十三五"先进制造技术领域科技创新专项规划》，新兴产业公司将实现高速增长。"十四五"规划进一步提高了战略性新兴产业增加值占GDP的比重，从"十三五"规划的15%上升至17%。相较"十三五"规划聚焦的信息技术、高端装备与材料、新能源领域，"十四五"规划新添了航空航天、海洋装备等战略性新兴产业，并且着重强调了深入智能制造和绿色制造工程，就具体行业发展进行布局。"十四五"规划提出培育先进制造业集群，推动集成电路、航空航天、船舶与海洋工程装备、机器人、先进轨道交通装备、先进电力装备、工程机械、高端数控机床、医药及医疗设备等产业创新发展。同时，改造提升传统产业，推动石化、钢铁、有色、建材等原材料产业布局优化和结构调整，扩大轻工、纺织等优质产品供给，加快化工、造纸等重点行业企业改造升级，完善绿色制造体系。

15.
新兴产业上市公司价值分析

15.1 品牌价值分析

15.1.1 品牌价值的意义及影响因素

随着我国由高速增长转入高质量发展的新阶段,社会经济已步入品牌红利的时代。广义的"品牌"是具有经济价值的无形资产,它用抽象化的、特有的、能识别的心智概念来表现其差异性,从而在人们的意识当中占据一定位置的综合反映,质量标准、科技创新、创意设计、注册商标、知识产权、专利技术等要素,构成品牌的内在价值。狭义的"品牌"是一种拥有对内对外两面性的标准或规则,是通过对理念、行为、视觉、听觉等四个方面进行标准化、规则化,使之具备特有性、价值性、长期性、认知性的一种识别系统的总称。品牌作为一种无形资产,能给拥有者带来溢价、产生增值。它的载体是用于和其他竞争者的产品或劳务相区分的名称、术语、象征、记号或者设计及其组合,增值的源泉来自消费者心智中形成的关于其载体的印象。目前,企业品牌经济的发展已经不是靠一个或几个元素,单枪匹马或闭门造车所能成就,必须综合所有这些元素,并将其作为引领新兴产业发展的有力杠杆。

实践经验表明,品牌是有经济价值的。20世纪90年代以来,人们逐渐认识到,智力资本才是现代企业创造财富的真正来源,即企业的无形资产创造了财富。在众多的无形资产中,品牌是其中最重要的精华。一方面,品牌价值在市场营销中已成为一个重要的参考指标;另一方面,在企业兼并、收购和投融资项目中,品牌估值的高低已经成为交易双方谈判的焦点。品牌价值除了能在并购活动中体现意义外,价值高的品牌还有利于企业在资本市场上提高筹集资金的能力,有利于扩大企业的市场占有率,开拓同一产业链上的相关行业和相关产品,并以良好的口碑降低促销成本。品牌价值越高,越有利于企业应对主要竞争对手采取的市场手段,特别是低价进攻行为。随着品牌兼并、收购和合资等活动的日益增多,迫切需要对品牌价值进行评估。

事实上,品牌是一种识别标志、一种精神象征、一种价值理念,是品质优异的核心。一个品牌究竟有多大的价值,要看它有没有市场竞争力,品牌的市场竞争力表现为开拓市场、占领市场的能力。将品牌在市场上表现出来的相对的竞争力用同一种单位来衡量,就有了品牌的价值。决定品牌价值大小的因素比较复杂,包括商品的质量、知名度、顾客的信任度、稳定性、成长性、国际化能力、创新能力、专利技术等。但是,有很多因素具有不可测性。所以,考察品牌价值必须看品牌价值的实现因素。因此,品牌的市场占有率和营利能力就成为特别受关注的两大因素。一个企业品牌只有同时具有较高的市场占有率和超强的营利能力,才真正具有竞争力。品牌价值的大小就是对这种竞争力的货币化测评。

15.1.2 新兴产业的品牌价值

企业从事品牌建设就是要坚持提升产品质量、提高服务水平、从事技术创新,这是一个需要持之以恒的过程,其实质也就是企业提升技术创新能力、实现资产增值的过程,新兴产业更不例外。新兴产业上市公司品牌价值的测算由品牌预期收益和品牌发展潜力两部分构成。其中,品牌预期收益是基于现有条件和经营状况下品牌能够给企业带来的经济收益所计算的价值;品牌发展潜力是品牌的文化底蕴、品质的坚守等因素对发展潜力的影响,在未来市场条件发生变化时,企业可能对品牌加大或减少投资,品牌给企业带来的经济利益因此将发生变化,即品牌价值增值或贬值的部分。

事实上,装备制造业是国之重器,是制造业的基石。随着智能制造领域政策的持续出台,中国制造业逐渐向智能制造方向转型,并开始大量应用云计算、大数据、机器人等相关技术。目前,以智能制造为核心的新一代信息技术与制造业正加速融合,对产业发展和分工格局带来深刻影响。根据中商产业研究院数据库显示,2017年中国智能制造行业市场规模为15 150亿元,伴随着技术的逐渐完善,应用产业的不断拓展,市场规模将持续增长。前瞻预计:到2024年,我国智能制造行业市场规模将超过50 000亿元。基于此,结合公司实力、品牌价值、区位优势等因素,得到2020年最具创新与潜力的智能制造企业排名如表15-1所示,其中浙江鼎力、振华重工、海尔智家、海油工程、太钢不锈、振华科技、佛吉亚、海亮集团、东方电气、长飞光纤位于前十位。

表 15-1　　2020 最具创新与潜力的智能制造企业前 50 名

排名	企业名称	备注
1	浙江鼎力	通过工序技术创新、机器换人实现智能制造
2	振华重工	首创智能导引车运输
3	海尔智家	家电行业智能制造
4	海油工程	国内首个海洋油气生产装备智能制造基地
5	太钢不锈	力争让智能制造进入钢铁行业第一方阵
6	振华科技	投建固态铝电容器智能生产线项目
7	佛吉亚	打造领先的未来智能座舱解决方案
8	海亮集团	在有色材料智造领域成为全球铜加工巨匠
9	东方电气	大型清洁高效发电装备智能制造数字化车间建设项目
10	长飞光纤	聚焦智能制造，打造工业互联新模式
11	雅戈尔	5G 制衣智能制造示范平台项目
12	中国一拖	智慧农业样板工程、综合信息管理平台等
13	仪征化纤	打造水刺无纺布短纤"升级版"
14	徐工集团	全球起重机首条转台智能生产线
15	爱仕达	钱江机器人 C2M 生产线
16	恒力集团	形成了"一滴油到一匹布"的完整产业链
17	华峰超纤	企业智能制造 sap/erp 系统，超纤业风向标
18	沈鼓集团	沈鼓云服务实现远程智能服务和预知性维修
19	恒力化纤	实现"自动清板"，推动化纤的智能化发展
20	外高桥	"智能船舶 1.0 专项"
21	红狮集团	聚焦智能制造和数字红狮为主的技术创新
22	哈电动装公司	智能仓库自动化理货
23	宗申动力	发动机装配智能质检
24	通鼎互联	工信部智能制造试点示范"光缆智能制造试点示范"
25	康尼机电	全工序自动化与柔性化自动化生产
26	鲁抗医药	在生物技术、智能绿色制造等方面持续提升
27	埃斯顿	打造 MES 系统整体解决方案
28	海螺集团	从"灰色制造"迈向"绿色智能"的水泥智能工厂
29	中天钢铁	钢铁行业"5G+工业互联网"集成创新应用试点示范
30	国机智能研究院	面向轨道交通关键部件梁枕智能制造自动化生产线
31	苏盐井神	大力推进食用盐生产智能工厂建设
32	盛虹集团	打造工业化、智能化、信息化融合的样板企业
33	金浦集团	已驶入中国智能制造产业发展快车道
34	金惠科技	基于机器视觉的多光谱工业在线检测平台
35	森麒麟轮胎	形成绿色智能化工厂整体解决方案

续表

排名	企业名称	备注
36	卫华股份	轻量化起重装备系统集成智能制造车间
37	共享集团	世界首个万吨级铸造3D打印智能工厂
38	曲美家居	专业化、柔性化、智能化和信息化的制造体系
39	长荣	创新引领,智造未来
40	达利丝绸	车间智能化管理,一名女工控制30台机器
41	小康动力	国内首例使用机器人的冷试设备
42	三联虹普	纤制造机器智能、化纤智能体方案V1.0
43	大洋集团	服装智能化柔性制造工厂
44	南山智尚	精纺毛料生产线智能升级项目
45	大全集团	智能制造服务智能配电网
46	德赛电池	电池物联网电源智造,锂离子封装电池等
47	山东金英利	万吨级新溶剂法纤维素纤维智能制造数字化车间项目
48	瑞泰马钢	打造"透明工厂"实现智慧制造
49	华中数控	数控系统产业的标杆,系列化华中8型高档数控系统
50	烟台冰轮	3DP+数字化+智能化全流程智能铸造系统平台

资料来源:2021《互联网周刊》&eNet研究院。

15.2 生命周期与成长性分析

15.2.1 新兴产业生命周期与高成长性

最早提出"生命周期"概念的是马森·海尔瑞(MasonHaire),他提出可以用生物学中的生命周期观点来看待企业,认为企业的发展也符合生物学中的成长曲线。哥德纳(Gardner)认为,产业/企业具有生命周期,一般都会经历创业、成长、成熟、衰退等不同阶段。在生命周期的不同阶段,行业/企业在消费者数量、产品产量、市场增长率、利润、竞争状况、企业规模、技术创新和行业壁垒等方面具有不同的特征。但是,由于指标难以量化、数据不可得以及缺乏划分标准等问题,这些特征不能直接用于指导行业/企业生命周期的划分,目前也没有统一的生命周期划分方法和标准。一般来说,学术界关于生命周期划分与度量方法的研究成果较丰富,目前主要集中于定量方法,包括单变量分析法、综合指标分析法和现金流组合法等。单变量分析法常用的指标有股利/收入、留存收益/净资产、企业规模、销售增长率等,根据生命周期特征与指标的表现确定所处的生命周期。综合指标分析法的关键在于综合考虑各指标之间的关系,即赋予各指标的权重。其中,较多采用资产规模、主营业务收入增长率和现金流量组合法这三个指标,因为这三个指标在生命周期的各个阶段具有良好的区分度。现金流组合法是根据企业在生命周期不同阶段的经营现金流、投资现金流和融资现金流的变化规律确定企业所处的生命周期。

(1) 主营业务收入增长率法

早期成长期:由于企业产品市场未能打开,产品规模成本尚未体现,成熟的营销网络没有形成,这些都使得企业的财务状况承受着很大的压力,部分企业处于亏损状态,只有部分经营较好的企业能获得净利,主营业务收入增长率普遍不高甚至为负。企业主营业务收入增长率多数集中于 -20%—35%。由于企业处于起步阶段,资产规模较小,划入这一时期的企业没有企业规模限制。此时部分经营较好的企业经营现金流为正,经营欠佳的企业则经营现金流为负;由于企业刚起步,常需要从外部融入资金,故筹资现金流为正;但此时投资活动仍未获得有效收益,故投资现金流为负。

加速成长期:企业开始步入正轨,进入发展期,销售量大幅度增加,市场份额迅速扩张,有较多的利润,财务压力较小。随着产品市场规模的扩大,规模经济的效应开始体现,企业营利能力迅速增长,企业真正进入了一个高速发展期,主营业务收入增长率提高。如果一家公司能保持50%以上的主营业务收入增长率,则公司具有较高的成长性。相比早期成长期,其主营业务收入增长率有了较大幅度的增长,其增长区间为50%—85%。企业步入成长期的同时,也达到了一定的规模。为了与早期成长期企业相区分,可将资产规模达到2 000万元的企业划入这一时期。企业盈利状况改善,经营现金流为正;但企业自身积累资金有限,依然需要外部融资,故筹资现金流为正。企业成长机会多,投资行为也大为增加,故投资现金流为负。

稳定成长期:此阶段是企业的财务状况最好的时期,企业稳定的利润及现金流是其平稳发展的有力保障,企业规模进一步扩大,相比加速成长期,资产规模通常能达到3 000万元以上。但是,随着能生产该类产品的企业增多,原来具有的技术创新优势逐渐失去,企业的成长空间受到挤压,相比加速成长期主营业务收入增长率呈现出下降趋势,主要集中于25%—50%。此外,企业盈利能力强,经营现金流为正;部分经营较好的企业开始转向内部融资,因此筹资现金流为负;但是大部分仍处于扩张时期,企业筹资现金流仍为正;而为了进一步开发新产品,企业投资现金流为负。

成熟期:企业规模进一步扩大,大多数企业的资产规模都能达到5 000万元以上,虽然企业的市场占有率大但增长缓慢,企业的研发能力逐渐减弱,加上市场新产品的竞争,所以主营业务收入增长率放缓,集中于 -20%—25%。成熟期企业市场占有率大,企业经营能力强,销售收入增长稳定,故经营现金流为正;此时企业有能力从内部融资和增加各种投资。

衰退期：企业产品衰退，发展能力减退，销售业绩大幅下滑，市场占有率骤降，主营业务收入处于负增长。处于这一时期的企业仍和成熟期一样具有较大的资产规模。但是，其经营现金流从可预见的角度上看是负的。基于经营活动的内部筹资或债务的清偿，企业通常必须出售资产，同时，企业较难从外部筹集资金。而且此时企业多已重组、退市或被风险警示，有些企业已不再被列为先进制造企业。

（2）现金流组合法

Dickson 运用现金流组合方法，对现金流（包括经营现金流、投资现金流和融资现金流）与企业生命周期之间的关系做了详尽的解释，并结合 Gort 和 Klepper 的五阶段划分法，将企业生命周期划分为导入期、增长期、成熟期、淘汰期和衰退期，并对不同生命周期阶段的不同现金流量特征组合进行了详细说明（见表15-2）。在企业生命周期的早期，企业需支付大量的现金用于推出产品，后随着成长阶段的进展，经营活动的盈利状况不断改善，开始产生正的现金流。然而，此时公司预期未来会有更多的销售收入，从而需要更多的现金来支持其应收账款和存货的增加。因此，净收益通常比经营现金流更早地由负变正。在导入期，经营现金流是负的，在成长期和成熟期是正的，在衰退期是负的，在淘汰期是不确定的。

筹资现金流提供了公司资产产生现金流偿还现有债务和公司获得资金的能力。在导入期和增长期，筹资现金流是正的，因为企业内部通过盈余提供的融资在这个阶段是非常有限的，必须借助外部融资来维持发展；成熟期是负的，体现公司可以从内部融资维持企业的发展，成熟期富裕的经营现金流也提供了企业归还借贷的能力。在衰退期可能是正的（体现清算的活动），可能是负的（体现借贷的继续）。投资现金流反映了与公司未来投资机会相关的信息，投资现金流在导入期和增长期为负值，在成熟期也为负值，反映企业具有潜在的有前景的投资机会，在衰退期为正值，反映企业投资不足，增长机会少。

表15-2　　　　　　　　企业不同生命周期阶段的现金流组合

现金流类型	导入期	成长期	成熟期	淘汰期			衰退期
经营现金流	-	+	+	-	+	+	-
投资现金流	-	-	-	-	+	+	+
筹资现金流	+	+	-	-	-	+	-

注：当融资现金流为 0 时，根据经营现金流、投资现金流的特征，分别计入成熟期、淘汰期和衰退期。当投资现金流为 0 时，根据经营现金流、融资现金流的特征，分别计入成熟期、淘汰期和衰退期。

因此，引入期的企业具有负的经营现金流、负的投资现金流和正的融资现金流；成长期的企业具有正的经营现金流、负的投资现金流和正的融资现金流；成熟期的企业具有正的经营现金流、负的投资现金流和负的融资现金流；衰退期的企业具有负的经营现金流、正的投资现金流和负的融资现金流或正的融资现金流；淘汰期企业的现金流具有可变性，其他现金流的组合类型均可以作为淘汰期的企业的现金流状态。

(3) 综合划分标准

成长期的企业开始投资量产，有小批量的产品和一定的收入；衰退期由于增长率的下降引起的价格下降，导致经营现金流的下降；转型期的企业传统业务逐渐萎缩，新业务收入占比提升。在实际分析中，综合运用两种方法进行企业生命周期划分，以体现直观增速的主营业务收入增长率法为主，以体现生命周期各阶段现金流特点的现金流组合法为辅，并相互验证。如果两种方法的结果不同，则以主营业务收入增长率法的结果为准，并进行特别分析。

需要注意的是，基于现金流法的企业生命周期划分标准并非绝对，而是大概率事件。比如处于加速成长期的企业，可能为占领市场而补贴客户，导致经营现金流为负。对于研究时间段内存在收购兼并的公司，可剔除收购兼并对营业收入和利润的影响，采用可比口径同比增速作为判断公司生命周期的依据。当公司出现亏损时，净利润复合增速计算结果会出现一定偏差，不足以作为判断生命周期的依据。此外，如果现金流量较小，或者出现正负交替，那么需要重新考虑企业究竟处于生命周期哪个阶段。

15.2.2 国内新兴产业大多处于成长期

需要指出的是，这十大产业生命周期的划分结果需要进一步调整。一方面，由于统计口径和数据的可得性问题，部分产业的统计数据包含了传统制造业和产品。例如，高档数控机床数据实际上包含了普通机床，高技术船舶数据包含了普通船舶，剔除了传统产品后，这两大产业可能处于稳定成长期，甚至加速成长期。另一方面，部分产业的产值数据采用上市公司的营业收入加总数据作为替代，其增速与整个行业的增速存在偏差，而且上市公司的并购重组行为也会对增速产生影响。比如航空航天装备产业采用相关上市公司加总数据，该产业近几年存在大量的并购重组，所以实际增速可能偏低。此外，各大产业的子行业增速并不一致，存在分化现象；子行业下的上市公司增速也不相同，需要深入分析。

各行业、各概念板块所处的生命周期曲线如图 15-1 所示。这其中，一些概念处于概念期或导入期，不少主题处于导入期或早期成长期，多数板块处于早期成长期或加速成长期。

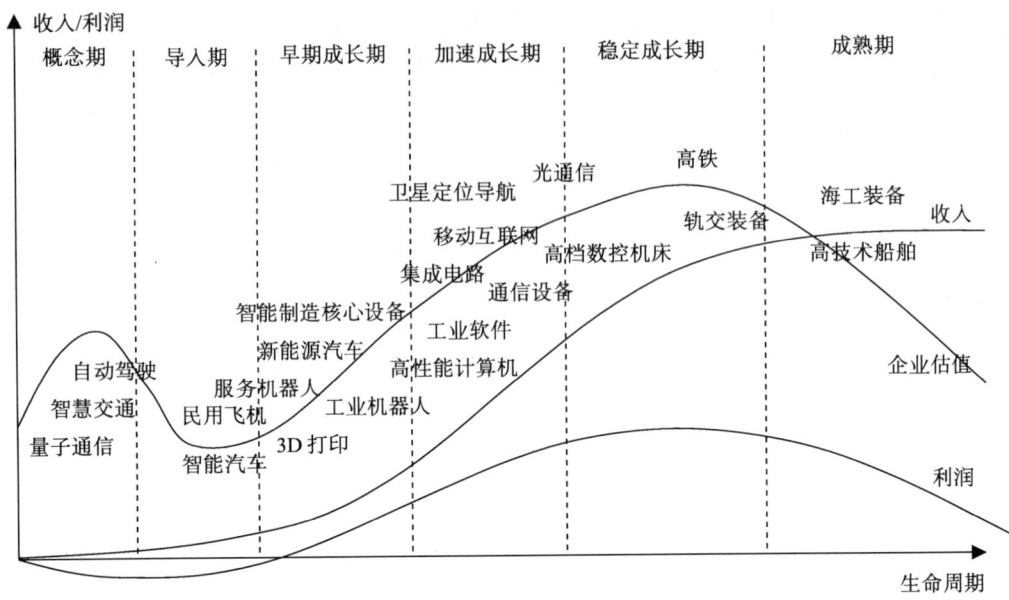

图 15-1 新兴产业各主题板块所处的生命周期阶段

15.3 市场估值分析

随着互联网特别是移动互联网的高速发展,互联网经济时代到来并彻底颠覆了原有的产业发展形态。在此背景下,"好行业""好企业"的内涵与外延都发生了明显的、甚至是根本性的变化,与之相对应的是企业估值方法的变化,传统估值方法不再适用于新兴产业领域的企业。不同估值模型的比较如表 15-3 所示。

表 15-3 不同估值模型的比较

模型	定义	优点	缺点	适用范围
DCF	依据财务数据进行复杂计算的估值模型	比其他常用的建议评价模型涵盖更完整的评价模型,框架最严谨但相对较复杂的评价模型	需要耗费较长的时间,须对公司的营运情形与产业特性有深入了解	适用周期性较强行业(拥有大量固定资产并且账面价值相对较为稳定);银行;重组型公司 折现法的演进过程根本对提高预测的准确性和可靠性毫无帮助,只是折现模型自身的完善和发展。实际应用中并不普遍

续表

模型	定义	优点	缺点	适用范围
折现股息模型DDM	是研究股票内在价值的重要模型，是一种绝对估值方法	基于公司给股东的分红进行计算，能够让投资者们更清楚地了解到该公司股票的实际价值	由于股息扣税，目前很多公司都不采用派股息的方式回馈股东	不适用分红很少或者不稳定公司，周期性行业
PE	Price/EPS	简单实用	无法反映高成长股票的内在价值	对于高科技股、创业板块股票失效
PEG	PE/Growth Ratio，市盈率/增长率	将市盈率和公司业绩成长性对比起来看	要对公司的业绩做出准确的预期	衡量成长性的估值指标
市净率P/B	股价/每股净资产	净资产账面价值比净利稳定，不像利润那样被人操纵	有些企业的净资产是负值，市净率没有意义，无法于比较	净资产为正的周期性行业比较有效
市销率P/S	市值/营业额	市销率可以用来衡量一家经营亏损企业的价值	无法反映公司的成本控制能力，即使成本上升、利润下降，不影响销售收入，市销率依然不变	ST股票的重组兼并。市销率估值法可以和市盈率估值法形成良好的补充
P/CF	股价/经营现金流	用来衡量非现金支出较高的公司的价值	P/CF则无法衡量企业的价值	如果公司有较大的折旧、摊销以及其他一些会计政策下的非现金支出，公司的实际盈利能力会被低估

15.3.1 传统估值方法及在新兴产业应用中的缺失

（1）绝对估值法

绝对估值法是通过对上市公司历史、当前的基本面分析和对未来反映公司经营状况的财务数据的预测获得上市公司股票的内在价值。主要是现金流折现定价模型和B-S期权定价模型（主要应用于期权定价、权证定价等）。现金流折现定价模型目前使用最多的是股利贴现模型（DDM）和DCF，而DCF估值模型中，应用最广泛的就是股权自由现金流模型（FCFE）。

绝对估值法考虑资金的时间价值，但新兴产业大都处在成长阶段，其未来发展存在不确定性，如果项目经营失败，运用现金流量折现法就要选择放弃，这会带来很大的损失。现金流量折现法从项目开始时就预测未来各年的现金流，并根据事先确定好的折现率对未来各年的现金流进行折现。新兴产业的新颖性决定了其难以对未来的现金流进行准确预测。最后，新兴产业无形资产比重大，而这些无形资产多半在账面上体现不出来，具有隐形性，按照折现现金流量法无法准确评估新兴产业无形资产的价值,这样就很容易造成项目价值被低估,将可能导致投资者错过投资机会。

(2) 相对估值法

相对估值法是将目标公司与具有相同或相似行业特征和财务特征的上市公司比较,通过上市公司的市场价值对目标公司市场价值进行估值的方法。在我国新兴产业投资实践中,投资者通常选用的乘数指标有 PE、PB、PS、PEG、市现率(PCF)、EV/企业价值倍数(EBITDA)等。通常的做法是横向纵向对比,首先是与该公司历史数据进行对比;其次是与国内历史时期大盘的估值指标对比,确定它的位置;再次与国内同行业企业的数据进行对比;最后是与国际上的(特别是中国香港和美国)同行业重点企业数据进行对比。得出一个比较合理的估值指标数值,以研究和判断当前的估值水平是处于低估还是高估。

相对估值法具有简单且易于使用的优点,是目前在国内外证券市场上应用最为广泛的一种公司估值法,然而对于新兴产业公司来说,它却具有很大的局限性,这是因为一方面新兴产业公司多为具有高成长性的自主创新型公司,在经营模式、业绩增长、毛利率变化方面与传统公司都有很大不同,所以很难找到行业、技术、规模、环境及市场都相当类似的可比公司;另一方面,新兴产业公司往往处于高速增长阶段,历史财务数据不稳定,未来发展弹性很大,无论是历史数据的可比性还是未来数据的预测的准确性都大打折扣。

15.3.2 生命周期划分及其在新兴产业企业估值中的应用

近年来,新兴产业的发展日新月异,营利模式纷繁复杂,特别是对云联网企业来说,其营利模式和发展方向一直是反复探索与创新的过程。新兴产业公司往往具备三个重要特征,以区别于传统行业:第一,行业竞争格局方面,行业发展周期短多变性强,企业更迭速度快,市场淘汰率较高,往往成为前期大量企业蜂拥而上而中后期寡头垄断的行业格局;第二,营利方面,初创期间产生亏损是新兴产业的基本阶段性特征,短期盈利并非是企业的重心,更多在于对流量、用户、市场份额以及技术的争夺,往往伴随着初期大量投入亏损,中期营业收入快速攀升形成自身壁垒,后期净利润拉升且稳定的盈利阶段特征;第三,估值方面,前期盈利亏损期估值往往用 PS,盈亏平衡点时期往往伴随着高 PE,然而随着业绩增长 PE 将回落并维持稳健。因此,新兴产业的发展特征使得财务报表往往很难反映企业资产的真实情况,在烧钱抢占市场份额到剩者为王的赢家通吃格局中,更多的竞争一方面来自对用户的锁定以及商业营利模式的探索,另一方面来自资本的角逐。综合来看,新兴产业估值溢价主要体现在对于未来营利扩张性的预测,即公司的高估值源于对未来盈利的高期望。因此,技术壁垒、市场份额快速提升、新产品的成长性、业务多元化形成生态闭环等优势均可给予公司合理的估值溢价。

结合生命周期理论，目前我国新兴产业多数处于概念期和成长早中期，未来发展空间较大，具备较大投资价值（见表15-4）。处于概念期的产业适合根据未来的市场空间进行估值，该阶段股价大幅上涨，出现投资泡沫。在概念期阶段，产业内的公司数量较少，市场上只有少量的概念性/实验室产品，研发投入高而收入几乎为零，企业大幅亏损。此时适合根据产品/技术的未来市场空间推算产业的收入和利润规模并折现成当前的产业估值。但是对产业的市场空间、利润水平、企业的市场占有率等参数的估算极具主观性，而且大众情绪高涨后往往对未来的估计过于乐观，所以估值会偏高甚至达到非理性的程度，表现在股票价格上就是概念的过度炒作并形成泡沫。

表15-4　　　　　　新兴产业主要行业板块及其所处的生命周期阶段

行业板块	概念期和导入期	成长早期和中期	成长晚期和成熟期
信息技术	人工智能、物联网、虚拟现实、全息投影、商业智能、操作系统、生物识别、量子通信、量子计算机、5G	大数据、云计算、高端芯片、信息安全、智慧城市、行业信息化、集成电路、工业软件、穿戴设备	通信设备、广电设备、专网通信、电子元器件
智能与新能源汽车	无人驾驶、氢燃料汽车、智能交通、车联网	电动汽车、锂电池、充电桩、超级电容、地图导航、半自动驾驶	节能汽车、辅助驾驶
高端制造	服务机器人、特种机器人、大飞机、航空发动机、3D打印	工业机器人、智能生产线、无人机	卫星火箭、海工装备、高技术船舶、高铁地铁、数控机床、输配电装备、农机装备
医疗健康	基因测序、细胞治疗、精准医疗、远程治疗、免疫治疗	医疗服务、生物疫苗、高端医疗器械、体外诊断、生物药	化学药、中药、生物育种、生物发酵
新材料	纳米材料、石墨烯、超导材料、生物基材料、智能材料	半导体材料、高性能膜材料、有机硅材料、能源材料、碳纤维	稀土材料，稀有金属材料，高品质特殊钢、新型轻合金、有机硅、树脂、特种橡胶、工程塑料、先进陶瓷、耐火材料、人工晶体、特种玻璃
节能环保	土壤治理	污水处理、大气治理、减震降噪、环保监测、环保服务	固废处理、资源回收利用
新能源	生物质能、氢能	储能、光热能	核电、风电、光伏

从概念期进入导入期往往会经历一次泡沫破灭过程。导入期新产品和创业企业数量大幅增加，领头企业开始投资进行规模化生产。但是从实验室产品到批量化生产过

程中会遇到各种各样的问题，产品量产和应用不达预期，企业一直处于亏损状态。同时，大众热情消退，各种质疑和负面信息涌现，市场预期从过度乐观转为过度悲观；资本市场的投资缩减，部分创业企业倒闭，存活的企业股价暴跌。投资泡沫破裂后，产业发展进入低潮期。

企业处于生命周期不同阶段应该采用不同的估值方法（见图15-2）。处于早期成长期的新兴产业适合采用PS法进行估值，股价随收入上涨。在经历低潮期后，部分企业产品获得认可，销量开始稳定快速增长，产品的市场渗透率逐渐提高，企业大幅减亏甚至小幅盈利。此时营销和管理费用的占比较高，盈利波动性较大，利润还不足以作为估值的依据。而收入比较稳定，可以借鉴业务相似的成熟行业的销售利润率，对企业未来的盈利进行估算。如果假设销售利润率为常数，那么可以直接计算企业市值与销售收入的比值来比较企业的估值。不同行业由于销售利润率不同，所以合理的PS估值水平也不同。对于采用补贴用户模式推广产品的企业（滴滴打车等互联网企业）和政府补贴的产业（光伏、风电、新能源汽车等），估值时需要对销售增长率打折扣，因为一旦补贴取消销售增速可能大幅降低。

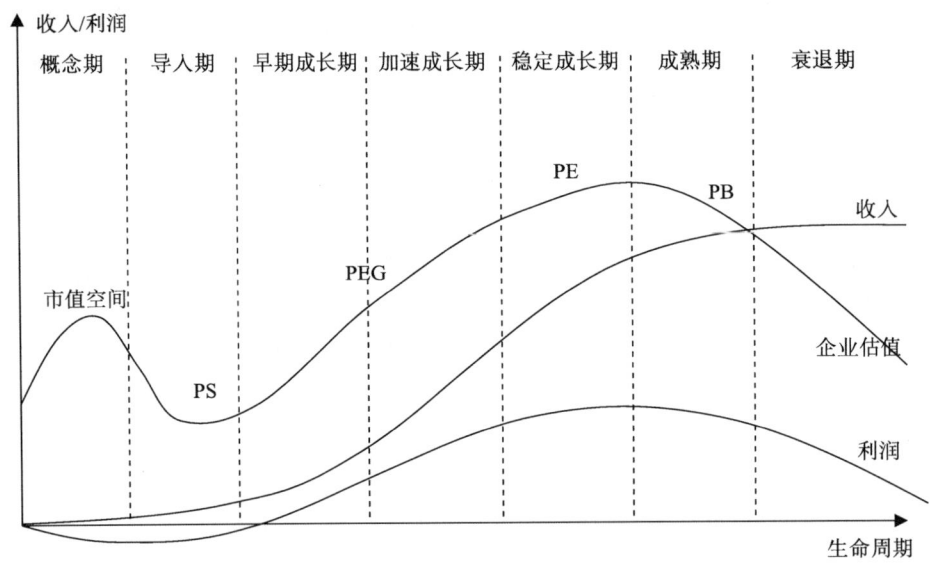

图15-2　企业处于生命周期不同阶段应该采用不同的估值方法

处于加速成长期的新兴产业适合采用PEG法进行估值，股价随利润上涨。处于成长中期的企业进入稳定经营状态，产销两旺、产能利用率高，此时收入和利润都稳定快速增长，盈利成为最直接有效的估值指标；但是在盈利折现过程中需要考虑其高增长性和持续性，所以往往采用静态PE除以未来3年的盈利复合增速。根据经验值，PEG处于1—2之间比较合理，具体需要综合考虑无风险利率、净利润增长率、风险溢价、企业竞争力等因素。在成熟的市场，往往企业越大、流动性越好，PEG 越高，即流动性溢价小；商业前景越透明，未来收益或收入透明度越高，PEG 越高，即风险溢价低；增长率越高，PEG 越低，因为高增长率难以持续；利率越高，PEG 越低，因为利率是长期投资的重要成本；市场行情越好，PEG 越高。

处于稳定成长期、成熟期和衰退期的新兴产业适合分别采用 PE、PB 和清算价值法进行估值。处于成长晚期的产业发展速度、竞争格局、企业营利能力等都比较确定，盈利处于低速增长状态。此时可以不考虑盈利增长而采用静态的 PE 法对企业进行估值，这也是最常用的估值方法。处于成熟期的产业盈利增长停滞并出现周期性波动，PE 波动较大，但企业的净资产非常稳定，所以适合用 PB 对企业估值。处于成熟后期的企业，其资产所能带来的利润出现趋势性下降，企业的追加投资几乎为零，此时适合用净现金流法对企业进行估值，即评估企业未来净现金流入的现值。处于衰退期的产业收入和利润都出现下滑，资产已经不能带来利润，净现金流入大幅减少，此时适合用清算价值评估企业。A 股处于衰退期的企业价值最大的资产是"壳资源"。

从我国技术创新和产业发展来看，新兴产业处于不同的生命周期。很多新材料业务处于概念期和导入期，但从事新材料业务的公司同时经营传统材料业务；智能和新能源汽车产业处于导入期和早期成长期；新一代信息技术和节能环保产业处于早期成长期和加速成长期；高端装备产业部分处于稳定成长期和成熟期，部分还处于早期成长期；医药生物产业处于加速成长期；传媒产业处于加速成长期；新能源产业处于稳定成长期。具体到行业看，各行业的生命周期较为确定。根据我国新兴产业各行业的未来增速，各行业所处的生命周期及其企业估值如图 15-3 所示。

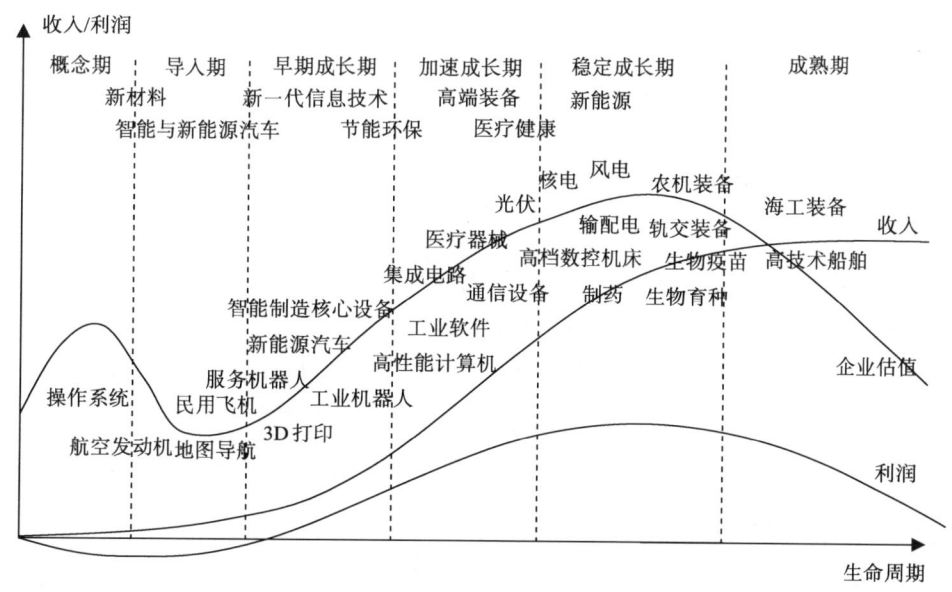

图 15-3　主要的新兴产业板块及其对应的企业估值情况

新兴产业还有很多概念、主题和板块，它们所处的生命周期阶段及其企业估值如图 15-4 所示。多数概念处于概念期或导入期，多数主题处于导入期或早期成长期，多数板块处于早期成长期或加速成长期。

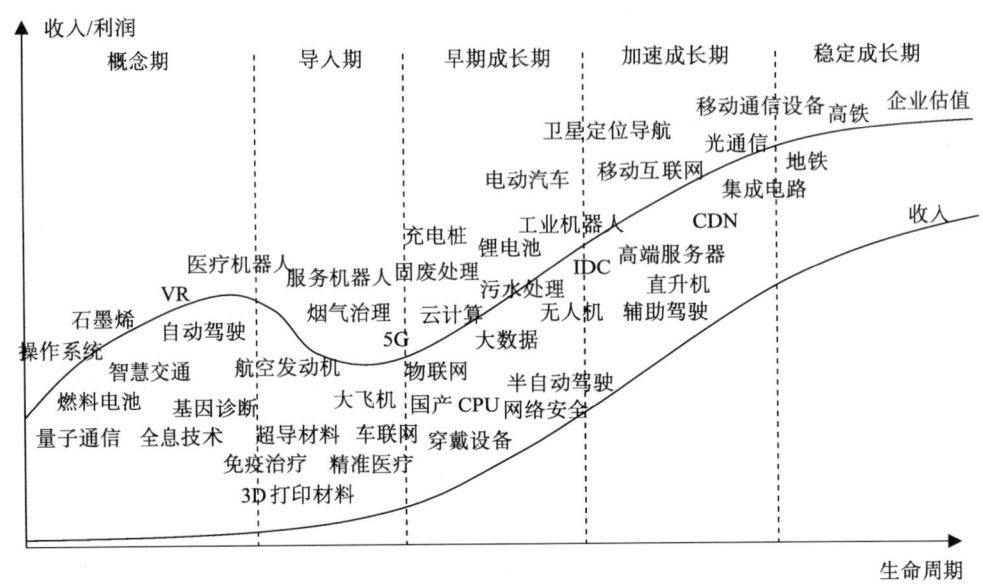

图 15-4　新兴产业相关的主题板块多数处于概念期、导入期、成长早期和成长中期

15.3.3　新兴产业上市公司的整体估值预判

为评估新兴产业的行情是否可以延续，采用 PE 来衡量新兴产业的估值水平。由 2020 年的 PE（见图 15-5）可以看到，新兴产业各板块平均 PE 为 87.38，远高于沪深 300 工业指数的等权 PE 为 16.10。其中，专业服务、医疗设备与服务、家庭与个人用品、半导体的 PE 高达 100 以上，其他子行业市盈率多在 30 以上，新兴产业板块被明显高估。

从营利能力来看（见图 15-6），ROE 排名前三的细分新兴产业板块分别为家庭与个人用品、医疗设备与服务及建材，ROE 分别为 18%、17%、13%。其中，汽车与设备制造、房地产开发和能源与设备的 ROE 水平最低，均小于 0。其他子行业的 ROE 水平维持在 4%—8% 水平。而沪深 300 指数的平均 ROE 水平为 10.79%，仅家庭与个人用品、医疗设备与服务等七个子行业的盈利水平高于沪深 300 指数的平均 ROE。可见，新兴产业上市公司的平均营利能力不强。

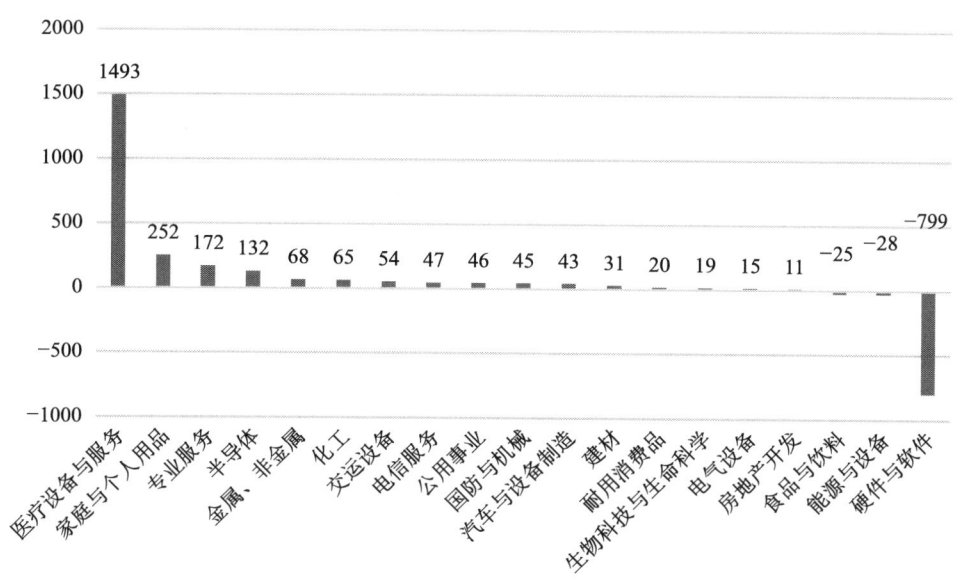

图 15-5 2020 年新兴产业细分行业板块的 PE 情况

资料来源：Wind。

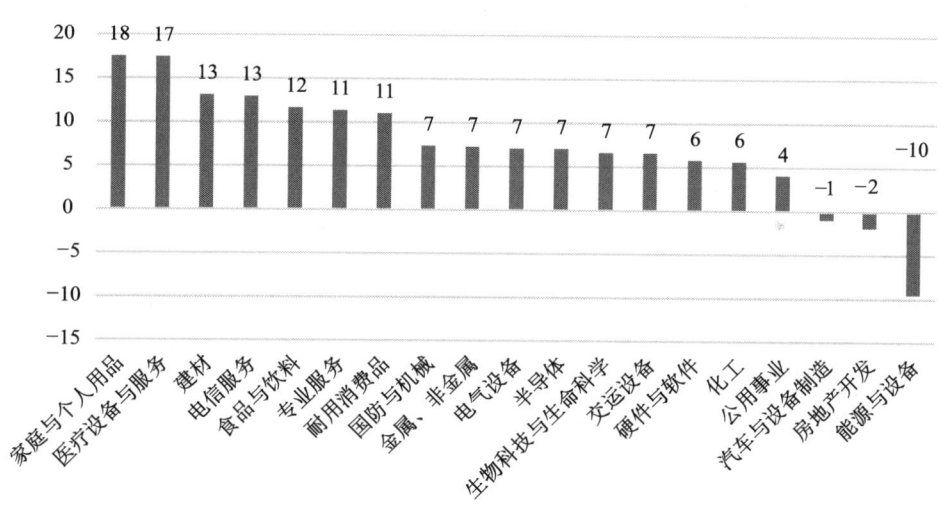

图 15-6 2020 年新兴产业子行业的 ROE 情况

资料来源：Wind。

由于新兴产业多为高科技企业，PE 估值不足以代表新兴产业上市公司的成长能力。考虑到新兴产业的公司多数处于成长期，营利能力不强，采用 PS 可以评判上市公司的核心价值和竞争力。PS 是国际市场用于评价创业板的企业或者高科技企业投资价值的常用指标。Wind 数据显示（见图 15-7），2020 年沪深 300 的 PS 为 1.59，所有子行业的市销率都高达 3 以上。总体而言，新兴产业的估值水平偏高。考虑到新兴产业的成长性，投资价值较强的子行业分别为汽车与设备制造、金属、非金属及能源与设备。

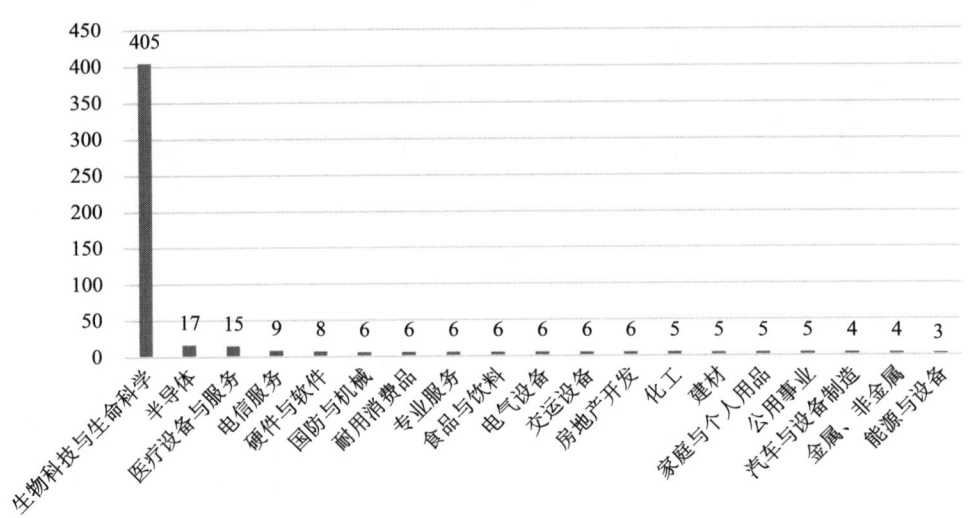

图 15-7　2020 年新兴产业细分行业板块的 PS 情况

资料来源：Wind。

考虑到新兴产业的先进性和成长性，结合沪深 300 平均 PE 及 2021 年市场数据，将新兴产业行业板块 PE 进行调整（见图 15-8）。预测数据行业平均 PE 为 36。取上下波动 5 作为合理的 PE 波动区间，可以发现，公用事业、建材、房地产开发主题板块有一定的投资空间。考虑到新兴产业的技术壁垒和规模优势，基于 PE 对上市公司估值时，还应考虑单个公司主营业务的成长性及营利能力，选择低估值的公司标的，在估值相对偏高的环境中找出低估值、高成长性的新兴产业代表性公司。

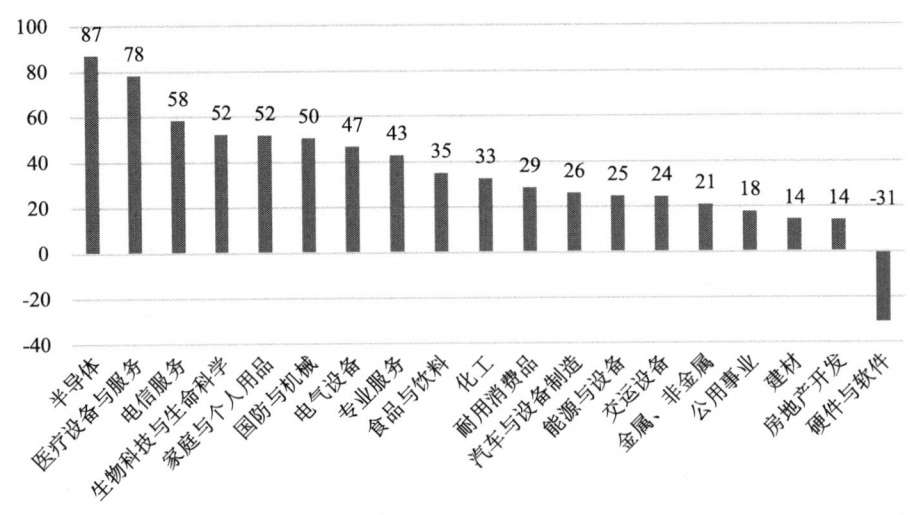

图 15-8　2020 年新兴产业子行业的 PE 预估

资料来源：Wind。

15.4 新兴产业上市公司投资价值

当前来看，中国新兴产业有两大投资价值主线。主线一——制造：芯片＋高精度机床＋新能源汽车；主线二——美好生活：大生态＋大健康＋大消费。

15.4.1 制造强国：芯片＋高精度机床＋新能源汽车

中国是制造业的大国，在一些高端制造环节，中国制造的竞争力还稍显不足。在关键设备领域，中国严重缺乏竞争力，如前面提到的国内集成电路高度依赖进口，主要原因还是国内缺乏集成电路制造的相关设备，在集成电路（或者芯片）生产的过程中，每一环节都非常精细，涉及的配套设备技术壁垒非常高，而美国、日本这样掌握核心技术和设备的国家往往实施技术封锁。除此之外，被称为"工业之母"的机床在国内中高端领域（高精度机床）也严重缺失，这直接导致很多核心高精度零部件无法自主生产。

近年美国制裁中兴等事件凸显了我国实现核心科技自主可控的迫切性。其中，芯片、高端装备等领域的技术和产品国产化是当务之急。预计包括芯片、高端装备在内的一系列自主可控领域在不久的将来会有持续的内外部政策、事件催化，尽管当前静态估值都不便宜，但不妨碍在外部催化中板块持续出现波段行情，个股逐步走向分化，龙头股走势螺旋式向上。2015—2020年中国高新技术进口金额如图15-9所示。

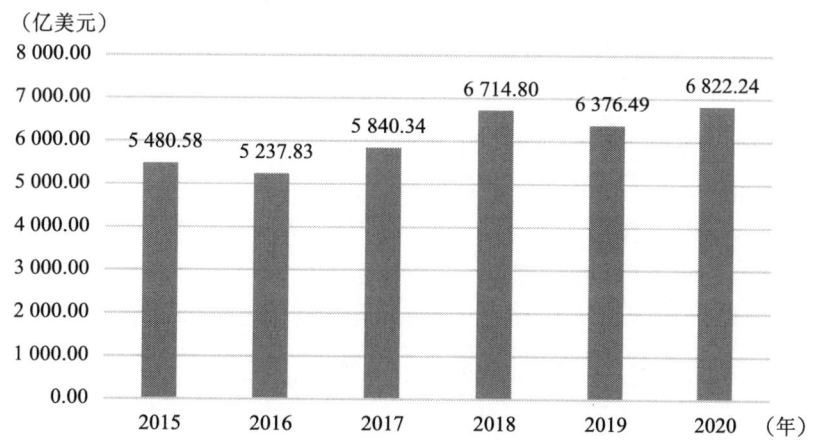

图15-9　2015—2020年中国高新技术进口金额

资料来源：中国海关，华经产业研究院。

(1) 芯片（集成电路）

芯片（集成电路）的应用范围覆盖了军工、民用几乎所有的电子设备，可以说芯片是信息时代的基石。当前中国的集成电路产业最大的实际问题是需求体量庞大，而自给率又严重不足。从产业链环节来看，芯片的构成高度精密和复杂，产业链庞大。依托于中国市场的需求潜力，近年来国内芯片产业也快速发展，总体呈现出设计、制造、封装测试各自相对独立发展的产业链格局。

国内的芯片产业一方面是具备比较优势的中游制造环节已经有比较强的发展态势；另一方面是上游的设备环节依然没有取得实质性突破，芯片设备产品较低端，市场份额和竞争力都明显不足。中国集成电路产业进口情况如图15-10所示。

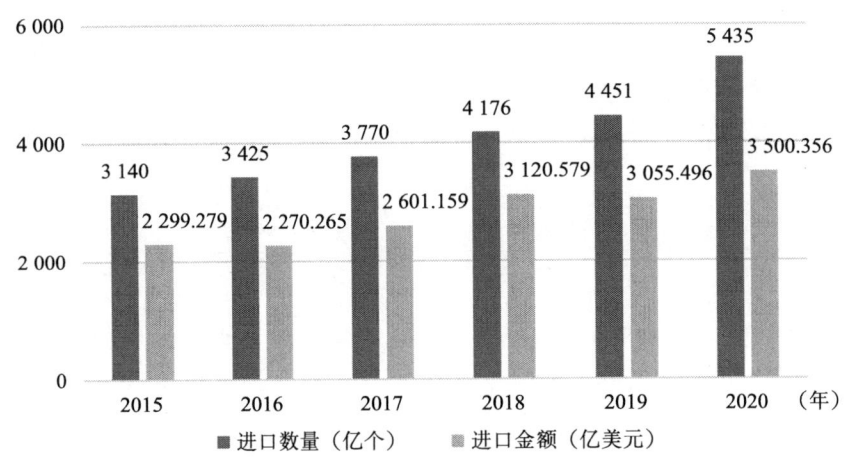

图15-10　2015—2020年中国集成电路产业进口情况

资料来源：中商产业研究院数据库。

一直以来我国都高度重视与支持芯片产业的发展。一方面，对芯片发展寄予厚望。根据国务院发展规划，2025年中国芯片自给率要达到50%，这意味着2025年中国集成电路产业规模占到全球35%。而根据工信部的规划，2025年要达到70%芯片自主化，相当于中国集成电路产业规模要占到全球49%。另一方面，国家给予实实在在的资金支持。在大基金引导作用下，多个地方政府也设立了地方版的集成电路产业投资基金。长期来看，在政策以及产业基金长期扶持下，看好国产芯片行业的崛起。

根据Wind数据，芯片国产化板块个股情况如表15-5所示。结合市值、估值、盈利及主营情况来看，建议关注芯片国产化板块的北方华创、晶盛机电、长川科技等个股。

表 15-5　　芯片国产化板块个股情况

证券代码	证券简称	流通市值（百万元）	市盈率 PE（TTM）	净利润（同比增长率）（%）	销售毛利率（%）	年初至今涨跌幅（%）
000063.SZ	中兴通讯	142 218.72	41.60	-18.26	31.61	-3.57
603986.SH	兆易创新	93 146.27	112.20	45.47	37.38	0.27
002180.SZ	纳思达	28 722.45	63.01	-117.38	32.42	-1.80
002405.SZ	四维图新	27 985.35	232.33	-216.48	65.54	-2.10
603019.SH	中科曙光	49 658.45	74.34	39.02	22.13	-17.24
300316.SZ	晶盛机电	38 673.54	56.11	36.50	36.60	45.61
002371.SZ	北方华创	89 730.64	215.57	70.73	36.69	21.21
002151.SZ	北斗星通	25 848.53	-47.17	116.99	28.34	-17.32
002185.SZ	华天科技	37 318.85	65.87	180.01	21.68	-7.56
300053.SZ	欧比特	6 347.51	-24.40	146.31	39.00	-4.98
002402.SZ	和而泰	15 785.07	46.47	31.21	22.93	32.95
002245.SZ	蔚蓝锂芯	12 966.16	64.51	91.30	16.14	19.26
300236.SZ	上海新阳	14 326.09	146.73	31.24	34.15	-14.89
603005.SH	晶方科技	20 695.04	63.77	252.35	49.68	-5.80
300327.SZ	中颖电子	9 104.17	43.42	10.33	40.55	87.20
600360.SH	华微电子	7 980.05	278.64	-45.16	19.05	-9.03
300604.SZ	长川科技	9 454.51	205.28	611.88	50.11	69.17
002077.SZ	大港股份	3 841.91	-46.47	126.64	40.85	12.84

资料来源：Wind。

(2) 高精度机床（高端装备制造的典型代表）

机床被称为工业之母。机床行业市场按照产品质量与目标客户可分为高端、中高端、低端市场三层次。高端市场被日本发那科株式会社（FANUC）、德国西门子集团（SIEMENS）为代表的技术实力雄厚、工艺水平较高的国外数控机床制造商所垄断，这些企业依托其世界一流品牌影响力，受到高端客户苹果公司、三星公司等的青睐。国产品牌在高端机床领域依旧供给严重不足。国内低端数控系统市场基本被国内企业占据，而中高端数控系统市场中国外品牌的市场占有率高达70%，高端数控系统国外品牌占有率则在90%以上，即我国在低端数控系统已经占有较大的市场地位，但是高端市场差距还很大。

根据 Wind 数据，高端装备制造板块个股情况如表 15-6 所示。结合市值、估值、盈利及主营情况来看，建议关注高端装备制造板块中更有潜力开发高精度机床的沈阳机床、华中数控等个股。

表 15-6 高端装备制造板块个股情况

证券代码	证券简称	流通市值（百万元）	市盈率PE（TTM）	净利润（同比增长率）（%）	销售毛利率（%）	年初至今涨跌幅（%）
601727.SH	上海电气	72 045.14	22.45	-9.40	16.55	-19.07
600031.SH	三一重工	296 578.17	20.45	36.49	29.82	-19.13
000338.SZ	潍柴动力	120 041.16	13.69	-5.31	19.31	8.93
600482.SH	中国动力	38 719.41	44.34	-44.47	12.63	-2.51
300024.SZ	机器人	19 190.95	136.78	-234.40	19.24	-20.24
000425.SZ	徐工机械	42 066.80	13.86	2.75	17.07	16.57
000157.SZ	中联重科	75 705.73	11.92	72.05	28.59	-2.22
600118.SH	中国卫星	38 052.50	122.96	11.30	13.80	-8.79
600038.SH	中直股份	36 966.08	54.84	28.83	11.47	-17.83
600879.SH	航天电子	20 340.15	45.15	5.65	18.99	-1.87
000039.SZ	中集集团	42 602.14	33.61	139.50	14.28	7.67
600320.SH	振华重工	15 102.85	40.44	-16.29	14.31	-9.27
601369.SH	陕鼓动力	12 047.75	17.77	10.70	21.90	19.13
000410.SZ	沈阳机床	6 214.09	-6.40	76.44	-8.64	19.51
600169.SH	太原重工	5 538.14	-4.86	103.91	18.99	18.06
300397.SZ	天和防务	8 385.12	72.43	37.76	38.28	2.01
002535.SZ	林州重机	1 226.58	-0.62	101.96	20.27	17.65
300161.SZ	华中数控	2 976.75	31.77	114.85	39.31	18.80
000880.SZ	潍柴重机	2 540.12	23.64	31.08	16.34	4.54

资料来源：Wind。

(3) 新能源汽车

新能源汽车分为纯电动汽车和插电混合动力汽车。对于节能与新能源汽车产业，继续支持电动汽车、燃料电池汽车发展，掌握汽车低碳化、信息化、智能化核心技术，提升动力电池、驱动电机、高效内燃机、先进变速器、轻量化材料、智能控制等核心技术的工程化和产业化能力，形成从关键零部件到整车的完整工业体系和创新体系，推动自主品牌节能与新能源汽车同国际先进水平接轨。

在2018年的政府工作报告中三次提到新能源汽车：①加快制造强国建设，推动新能源汽车、新材料等产业发展；②将新能源汽车车辆购置税优惠政策再延长三年；③全面开放一般制造业，扩大新能源汽车等领域开放。在2021年的政府工作报告中，提到支持新能源汽车使用端的内容，"增加停车场、充电桩、换电站等设施，加快建设动力电池回收利用体系"，其中，换电站已经是第二年被政府工作报告提及。近年来我国新能源汽车产量如图15-11所示。

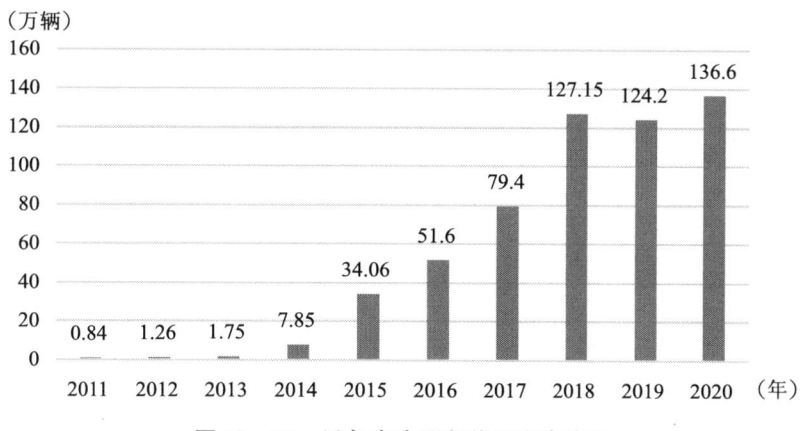

图 15-11 近年来我国新能源汽车产量

资料来源：Wind。

新能源汽车作为我国实现弯道超车的重要产业，不仅连续6年产销量全球第一，同时其技术也有很大提高，尤其是动力电池，如宁德时代2020动力电池出货量全球第一，并击败包括LG、松下、三星及力神等多家企业，进入国际品牌汽车大众集团的供应链体系，中国新能源产业国际化再迈出坚实一步。

根据Wind数据，新能源汽车板块个股情况如表15-7所示。结合新能源汽车板块个股的市值、估值以及盈利情况，建议关注上汽集团、宇通客车、汇川技术、杉杉股份等。

表15-7 新能源汽车板块个股情况

证券代码	证券简称	流通市值（百万元）	市盈率/PE（TTM）	净利润（同比增长率）（%）	销售毛利率（%）	年初至今涨跌幅（%）
600104.SH	上汽集团	285 543.80	13.31	-17.29	10.76	-18.54
002594.SZ	比亚迪	508 778.10	153.48	183.83	19.38	16.84
601633.SH	长城汽车	299 140.52	83.27	18.36	17.21	18.32
300124.SZ	汇川技术	160 450.20	88.93	115.98	38.96	-1.55
600066.SH	宇通客车	37 459.85	48.53	-73.63	17.48	-19.64
000413.SZ	东旭光电	14 305.08	-3.79	-122.87	7.73	-18.75
000625.SZ	长安汽车	103 658.47	33.52	224.13	14.30	6.44
600884.SH	杉杉股份	29 353.01	113.04	-45.32	18.42	13.31
000559.SZ	万向钱潮	17 675.28	42.48	-18.74	16.24	-6.92
000980.SZ	众泰汽车	2 737.36	-0.23	3.46	-4.08	338.52
601127.SH	小康股份	21 835.75	-91.49	-2716.51	4.56	294.15
002176.SZ	江特电机	6 364.59	-3.17	100.65	14.25	115.82
600418.SH	江淮汽车	23 155.21	866.26	45.23	9.30	-25.10

续表

证券代码	证券简称	流通市值（百万元）	市盈率/PE（TTM）	净利润（同比增长率）（%）	销售毛利率（%）	年初至今涨跌幅（%）
300176.SZ	派生科技	2 954.95	-17.29	103.63	22.39	-13.37
002249.SZ	大洋电机	10 644.89	-818.37	152.28	22.24	16.67
603766.SH	隆鑫通用	7 187.40	14.33	-16.14	16.64	1.43
600563.SH	法拉电子	24 198.75	46.63	20.98	44.08	23.25
002407.SZ	多氟多	13 920.86	-27.82	110.64	13.39	69.75
002239.SZ	奥特佳	15 281.03	486.59	-393.21	13.85	-22.34
002664.SZ	长鹰信质	5 972.30	23.77	-11.50	18.59	-2.34

资料来源：Wind。

15.4.2 美好生活：大生态+大健康+大消费

（1）大生态——节能环保

在当前面临的经济新时代下，"美丽中国"和"生态文明建设"被赋予前所未有的新高度。"十四五"规划的2035年远景目标中提到："广泛形成绿色生产生活方式，碳排放达峰后稳中有降，生态环境根本好转，美丽中国建设目标基本实现。"与建设"美丽中国"直接相关的行业包括节能环保、清洁生产、清洁能源、循环利用、节水、生产生活系统循环、大气污染防治、水污染防治、土壤污染管控和修复、固废垃圾处置等。预计未来，"美丽中国"的政策红利将持续释放。可重点关注污水处理、太阳能发电、风力发电、水电水利建设、美丽中国概念或其他环保概念。

根据Wind数据，环保板块个股情况如表15-8所示。结合市值、估值、盈利及主营情况来看，建议关注环保板块的碧水源、博世科、龙净环保等个股。

表15-8　环保板块个股情况

证券代码	证券简称	流通市值（百万元）	市盈率/PE（TTM）	净利润（同比增长率）（%）	销售毛利率（%）	年初至今涨跌幅（%）
300070.SZ	碧水源	24 209.16	20.38	-16.61	29.83	-6.41
000826.SZ	启迪环境	9 670.71	64.82	-431.39	20.77	-18.34
600008.SH	首创股份	20 773.87	15.73	46.76	29.94	9.60
300266.SZ	兴源环境	5 240.84	-140.16	-1 644.25	5.83	20.30
603568.SH	伟明环保	23 786.65	20.93	29.22	54.11	18.07
600388.SH	龙净环保	9 493.25	10.96	-17.43	21.62	-2.03
300055.SZ	万邦达	5 234.37	147.13	-629.94	25.76	39.01

续表

证券代码	证券简称	流通市值（百万元）	市盈率/PE（TTM）	净利润（同比增长率）（%）	销售毛利率（%）	年初至今涨跌幅（%）
600874.SH	创业环保	8 465.10	17.37	14.59	35.04	-8.12
601200.SH	上海环境	12 228.26	17.17	4.33	28.43	6.70
000685.SZ	中山公用	12 243.42	8.98	25.99	32.09	1.08
300145.SZ	中金环境	5 924.19	-32.31	-5 059.41	34.79	0.32
600323.SH	瀚蓝环境	19 021.82	20.12	17.05	29.58	-7.66
603603.SH	博天环境	2 113.99	-3.81	40.04	10.82	20.36
300203.SZ	聚光科技	5 280.88	-22.67	379.66	40.73	0.43
000544.SZ	中原环保	6 832.54	10.45	8.25	37.86	-9.15
600217.SH	中再资环	7 970.91	19.63	1.16	32.46	-11.67
603588.SH	高能环境	11 351.63	22.11	31.60	23.16	41.35
603686.SH	龙马环卫	6 683.74	16.63	83.26	27.10	-0.31
002479.SZ	富春环保	4 965.10	17.91	6.66	16.39	22.98
300137.SZ	先河环保	3 631.30	18.05	-47.67	45.88	25.41
002658.SZ	雪迪龙	3 714.09	35.53	8.14	41.85	62.78
300422.SZ	博世科	4 868.56	22.18	-30.96	27.34	-28.83
600461.SH	洪城环境	6 408.74	9.72	35.05	24.86	13.91
600168.SH	武汉控股	4 881.84	17.29	1.57	28.64	-0.29
300190.SZ	维尔利	5 916.59	15.27	13.25	29.91	-9.12

资料来源：Wind。

（2）大健康——医疗保健

从我国当前的消费结构（见图15-12）来看，与美国相比，中国居民在食品、居住、交通与通信、衣着、生活用品及服务等基本生活需求方面的支出占比接近80%，明显偏高；而教育、文化和娱乐、医疗保健等高级需求方面占比相对偏低，教育、文化和娱乐占比接近10%，医疗保健占比为8.7%。未来，随着居民收入的提升，居民消费将逐步升级，基本生活需求方面的支出将不断下降，而高级需求、享受型需求方面的支出将显著提升，医疗卫生等服务性消费作为新的消费热点。

另外，随着老龄化社会的进程正在持续深入，根据2020年第七次全国人口普查结果，在全国人口中，60岁及以上人口占比18.70%，与2010年的第六次全国人口普查相比比重上升了5.44%；65岁及以上人口占比13.50%，与2010年相比比重上升了4.63个百分点。而老年人口比重的增加，带来的健康需求也不断增加。中国居民在医疗保健方面的消费支出增速明显加大，是消费升级最确定的风口。Wind数据显示，2021年一季度全国居民在医疗保健方面的支出同比增长16.07%，增速持续回升，处于中速增长的区间（见图 15-13）。

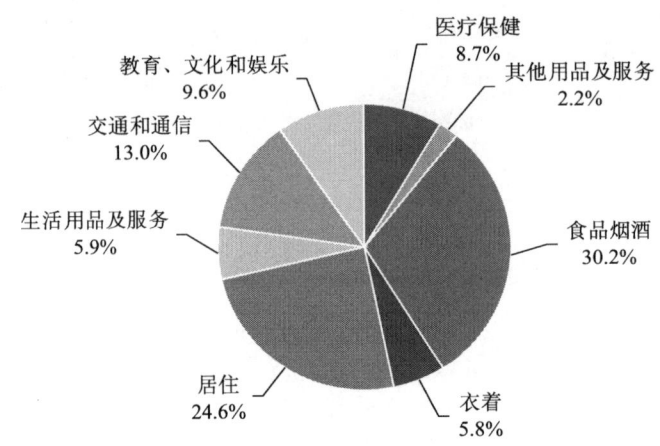

图 15-12 居民消费结构

资料来源：Wind。

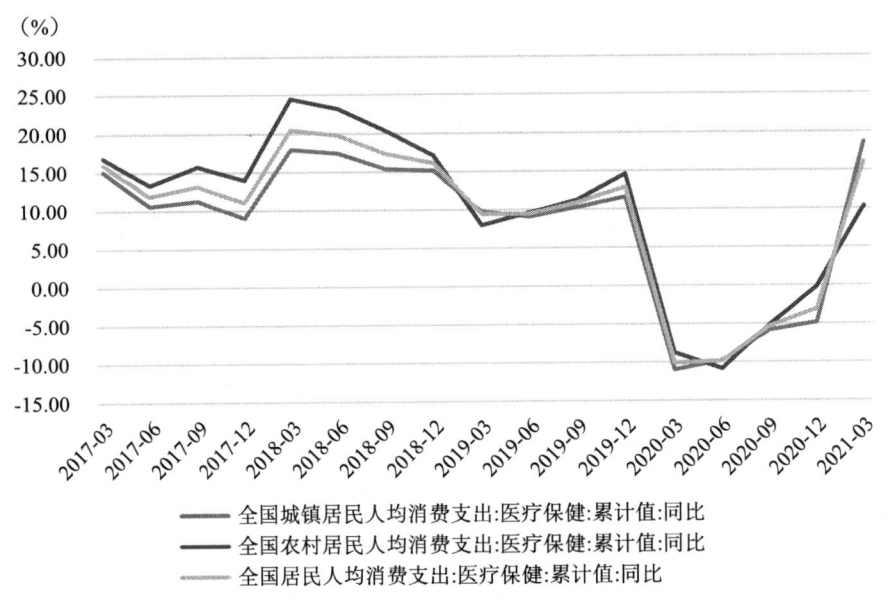

图 15-13 全国居民医疗保健消费支出增速

资料来源：Wind。

对此，党的十九大报告中明确重申了"实施健康中国战略，发展健康产业"的号召，不仅将"健康"这一概念提升到新的战略高度，更是为未来我国大健康产业的兴起提供了难得的政策利好与发展环境。"十四五"规划提出要全面推进健康中国建设，把保障人民健康放在优先发展的战略位置，因此我国健康产业规模将进一步增长，健康与其他产业融合发展也将迎来新机遇。随着消费升级的不断加快，人们对生活质量与身体健康的日益重视,预计大健康产业将迎来极为广阔的发展前景。

根据 Wind 数据,健康中国板块个股情况如表 15-9 所示。结合市值、估值、盈利及主营情况来看,建议关注健康中国板块的乐普医疗、爱尔眼科、美年健康等个股。

表 15-9　　健康中国板块个股情况

证券代码	证券简称	流通市值（百万元）	市盈率 PE（TTM）	净利润（同比增长率）（%）	销售毛利率（%）	年初至今涨跌幅（%）
300015.SZ	爱尔眼科	308 660.49	182.20	31.16	51.03	14.69
002044.SZ	美年健康	44 348.50	-24.99	190.33	37.05	-6.88
300003.SZ	乐普医疗	49 048.51	23.51	8.89	66.99	13.80
600682.SH	南京新百	15 157.45	16.26	-51.52	57.01	-7.99
603233.SH	大参林	51 602.97	50.91	55.49	38.47	-16.97
300146.SZ	汤臣倍健	38 181.65	-477.21	472.03	62.82	45.25
000813.SZ	德展健康	9 929.76	41.71	-18.49	69.63	4.56
002223.SZ	鱼跃医疗	28 279.87	18.25	130.65	52.68	20.08
600380.SH	健康元	27 163.18	26.03	39.38	63.95	0.86
600763.SH	通策医疗	88 663.37	193.10	6.38	45.17	39.78
002390.SZ	信邦制药	14 138.10	88.72	-16.36	21.42	24.41
002614.SZ	奥佳华	8 321.19	20.30	50.85	35.98	46.41
600797.SH	浙大网新	7 151.59	92.02	11.55	28.41	6.47
601567.SH	三星医疗	9 220.68	9.56	-5.35	28.74	138.04
300244.SZ	迪安诊断	21 269.31	23.77	85.89	38.22	11.17
300298.SZ	三诺生物	20 238.27	70.53	-25.45	65.25	-13.87
002382.SZ	蓝帆医疗	20 688.17	10.15	239.40	64.40	-6.12
603579.SH	荣泰健康	4 223.80	17.15	-37.20	28.70	16.18
601886.SH	江河集团	6 705.03	23.67	108.95	18.30	31.74
600055.SH	万东医疗	5 473.06	24.24	32.27	50.37	51.88

资料来源：Wind。

(3) 大消费——新零售

新零售受益于消费升级长期趋势。消费升级步入快车道,成为长期大趋势。新零售深度融合线上线下,更能满足消费者对品质与体验的消费需求,显著受益消费升级趋势。三四线城市成为新零售增量市场。一二线城市的高房价对消费存在较大挤出效应,而三四线城市人均收入不断增长,消费升级更显著,将成为新零售主要增量市场。另外,随着 CDR 的实施,阿里、京东等新零售行业独角兽回归,对新零售板块有一定的催化作用。

根据 Wind 数据,新零售板块个股情况如表 15-10 所示。结合估值与收益情况,建议关注新零售中与阿里或京东 CDR 相关的受益标的包括永辉超市、苏宁易购、天虹股份等。

表 15-10　新零售板块个股情况

证券代码	证券简称	流通市值（百万元）	市盈率/PE（TTM）	净利润（同比增长率）（%）	销售毛利率（%）	年初至今涨跌幅（%）
002024.SZ	苏宁易购	71 780.41	-47.43	-157.49	10.99	-19.46
601933.SH	永辉超市	68 326.93	33.27	13.79	21.37	-25.91
000997.SZ	新大陆	16 050.75	31.33	-30.52	26.17	6.68
600827.SH	百联股份	24 375.98	38.46	-12.40	25.30	47.53
002419.SZ	天虹股份	9 170.29	27.40	-70.18	42.88	-11.10
300413.SZ	芒果超媒	129 077.37	71.97	71.00	34.10	-3.54
002251.SZ	步步高	7 299.99	68.47	-34.18	30.14	-10.65
300078.SZ	思创医惠	7 868.17	76.13	-26.86	41.53	-21.88
601366.SH	利群股份	5 989.17	57.29	-46.62	27.73	-10.78
000882.SZ	华联股份	5 118.85	-43.49	-63.99	35.85	-2.67
601116.SH	三江购物	5 723.24	43.77	-23.77	24.34	-7.20
002697.SZ	红旗连锁	8 989.60	17.52	-2.19	29.45	-11.11
002264.SZ	新华都	2 943.62	-7.28	124.85	23.97	4.65
000759.SZ	中百集团	4 208.71	105.41	404.70	23.90	-11.95
600814.SH	杭州解百	3 997.00	13.87	0.61	78.77	28.80
300663.SZ	科蓝软件	7 081.29	78.30	34.89	42.71	58.98
002336.SZ	人人乐	1 724.80	-11.70	-5.77	25.59	20.41
002161.SZ	远望谷	4 150.04	-23.21	-159.65	37.70	-1.96
300248.SZ	新开普	4 267.29	24.75	16.95	58.33	14.32
300609.SZ	汇纳科技	2 121.45	699.60	-112.99	60.94	-6.61
600361.SH	华联综超	2 649.92	19.08	23.32	27.91	-7.04
002187.SZ	广百股份	2 811.29	-85.58	-41.21	39.57	1.71
300479.SZ	神思电子	2 399.21	259.83	-68.90	36.24	-6.71
300656.SZ	民德电子	3 100.38	75.84	39.82	27.62	2.24
000530.SZ	冰山冷热	3 286.12	-376.26	-73.47	17.06	-15.84

资料来源：Wind。

第六篇
新兴产业投融资分析

16.
新兴产业一级市场投融资分析

16.1 2015—2020年新兴产业一级市场融资规模

受国内经济增速下降,全球局势更复杂多变影响,近年来股权投资市场也面临较大挑战。2014—2018年,中国私募股权投资、创业投资进入迅猛发展的鼎盛时期,机构发现新价值,开拓新兴产业,扶持新业态,投资活跃度居高不下;2019年随着监管日渐趋严,VC/PE市场结束非理性繁荣,进入全面回调;2020年受疫情影响,创业项目和投资机构开始减缓投资节奏。根据清科研究中心数据①显示(见图16-1、图16-2),2020年,中国股权投资市场总募资11 972.14亿元,同比下降3.8%。随着股权投资市场整体的调整、募资端的收紧,新兴产业股权市场投资也略有放缓。中国股权投资市场共发生投资案例数7 559起,同比下降8.2%;投资金额共8 871.49亿元,同比上升16.3%。

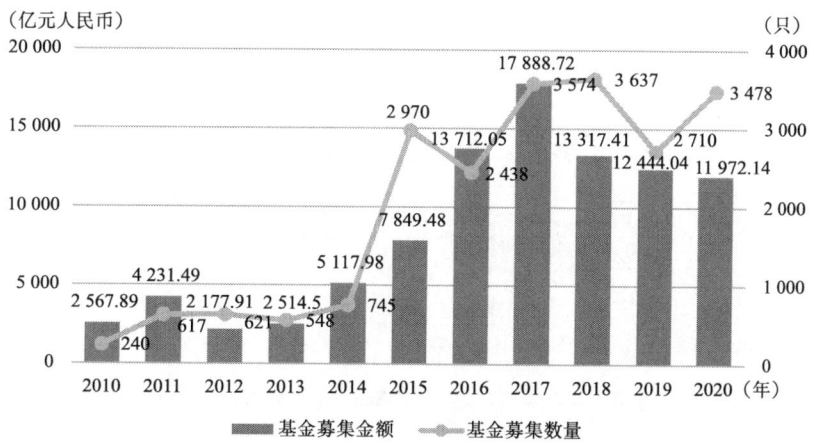

图16-1 2010—2020年中国股权投资基金募资情况

---

① 2020年中国股权投资市场回顾与展望[R].清科研究中心,2021。

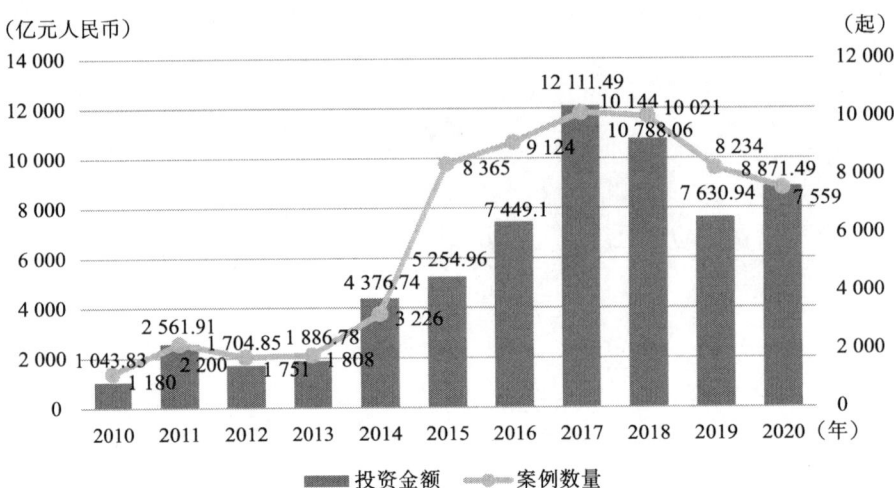

图 16-2　2010—2020 年中国股权投资基金投资情况

不过，即使在资本的寒冬，新兴产业的好项目不断涌现，技术水平不断提高，吸引大量的投资者进入到这个领域。清科研究中心数据显示（见图 16-3、图 16-4），2012 年以来，代表新兴产业的科技创新领域的股权投资备受资本市场关注，投资案例数占据半壁江山，投资金额也得到了相对上涨。2020 年，中国股权市场共有 4 998 起创新领域投资，占所有投资案例数的 66.1%；投资金额 5 393.5 亿元，占总投资额的 60.8%。

图 16-3　2012—2020 年科技创新领域股权投资情况（按投资案例数）

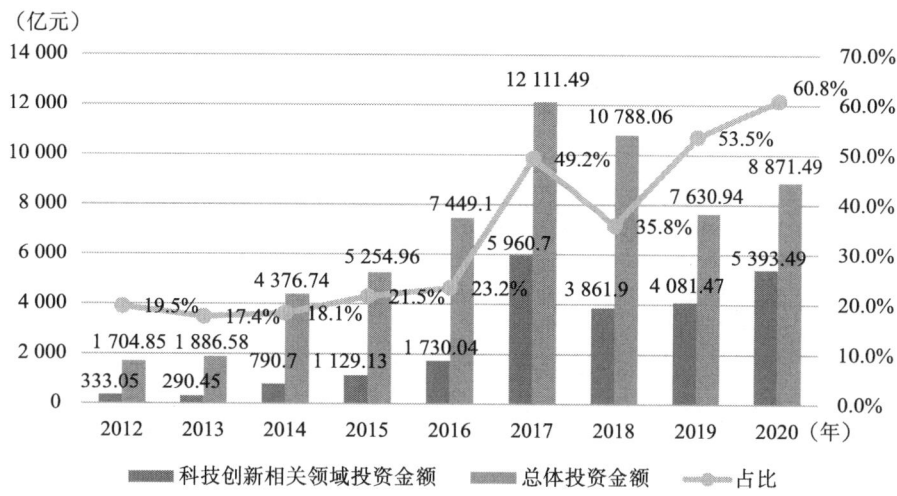

图 16-4 2012—2020 年科技创新领域股权投资情况（按投资金额）

16.2 2015—2020 年新兴产业行业融资能力比较

16.2.1 新兴产业私募股权市场行业融资能力

2020 年，PE 市场投资案例依旧集中在 IT、生物医疗、半导体及电子设备和互联网四个领域，与 2019 年保持一致，并且与其他行业的差距拉大。根据清科研究中心数据（见图 16-5），2020 年，PE 投资市场共有 687 起投资案例发生在 IT 领域，排名第一；其次为生物医疗领域，共 618 起；排在第三的半导体及电子设备共有 463 起；互联网领域共 406 起排在第四。值得注意的是，前四大领域的投资案例数共计 2 174 起，占整个 PE 投资市场总投资案例数的 65.3%，投资行业更加集中。围绕着大数据支持、智能制造、智能机器人等科技概念，IT 行业持续受到 PE 市场投资人的关注，"硬科技"成为互联网之后的又一个创新聚集领域。商汤科技、依图科技、旷视科技、优必选等科技公司受到资本追捧。同时，因为受到疫情冲击，在线教育、互联网医疗等线上互联网产业再次受到关注，猿辅导、作业帮、京东健康等线上互联网公司均在 2020 年完成了大额融资。

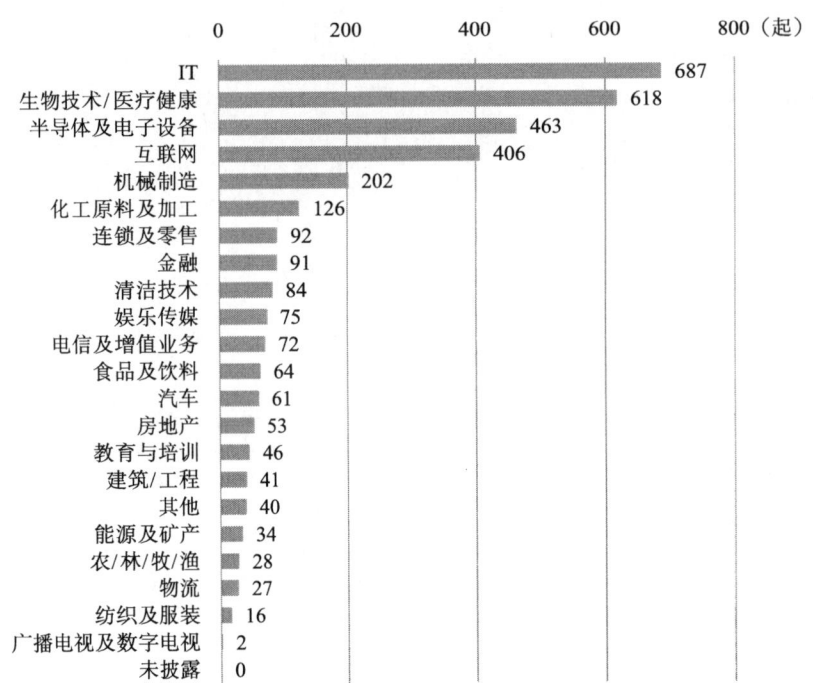

图 16-5 2020 年中国私募股权投资行业分布（按投资案例数）

投资金额上，生物医疗和半导体及电子设备领域在 2020 年 PE 投资市场占比最大。根据清科研究中心数据（见图 16-6），2020 年 PE 市场投资中，生物医疗领域共获得投资 1 274.44 亿元，半导体及电子设备领域获得投资 1 250.32 亿元，二者分别占本年度投资额的 18.8% 和 18.4%；互联网领域和 IT 行业分别以 912.12 亿元、736.98 亿元紧随其后。从绝对金额上看，生物医疗较上年同比上升了 82.6%，半导体及电子设备较上年上升了 404%，互联网较上年同比上升了 13.2%；而 IT 行业较上年下降了 5.6%，说明了资本关注重点的转移。

16.2.2 新兴产业创业投资市场行业融资能力

2020 年尽管上半年受到新冠肺炎疫情冲击，投资进度大幅放缓，但疫情稳定后，全国生产生活和商业活动快速恢复，加之境内资本市场深化改革提振退市信心，2020 年下半年投资活跃度回暖。根据清科旗下私募通数据显示，2020 年我国创业投资市场共新募集 808 只可投资于中国的基金，同比上升 15.1%，总金额 2 437.37 亿元，同比上升 12.4%。

新兴产业仍然是创投市场的投资主力方向。IT、生物医疗仍为热点，半导体及电子设备投资明显上升。2020 年中国创投市场投资主要集中在 IT 和生物医疗两个行业，

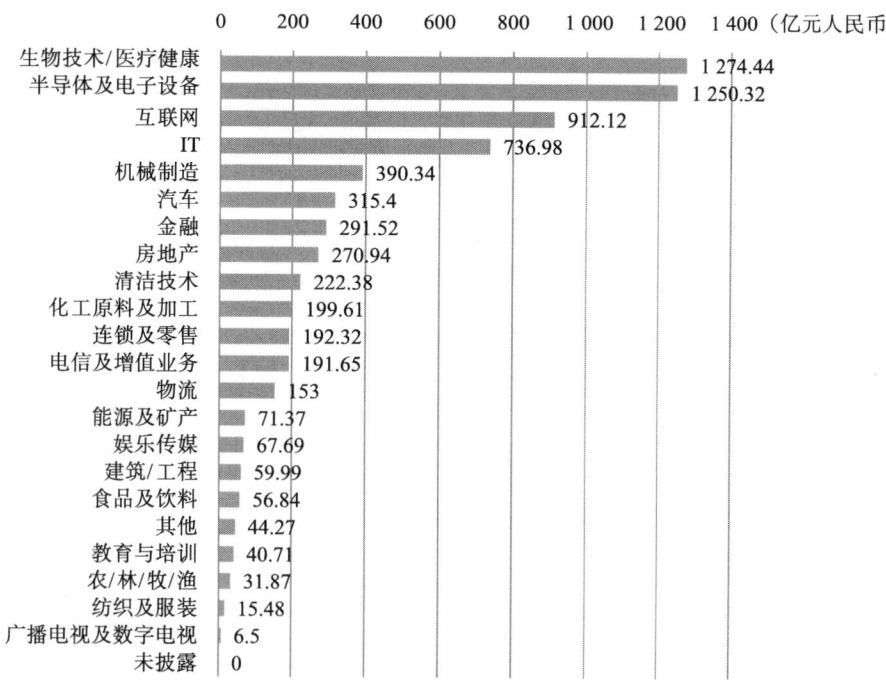

图 16-6 2020年中国私募股权投资市场一级行业分布（按投资金额）

投资案例数分别为 837 起和 711 起（见图 16-7）。从投资金额方面分析，生物医疗领域总投资为 486.18 亿元人民币，排名第一；IT 行业排名第二，投资金额为 353.65 亿元；互联网、半导体及电子设备分别以 311.43 亿元和 259.82 亿元的投资总额排名第三、第四（见图 16-8）。新冠肺炎疫情推动了医药研发、医疗服务、在线教育等领域的投资热度，而以芯片等硬科技为主的国内高端制造领域也开始发力。

16.3 2015—2020年新兴产业投资偏好分析

16.3.1 二级市场联动一级机构投向转变

VC/PE 机构，特别是管理规模和投资实力位于第一梯队的大机构，其投向具有一定的延续性，图 16-9 为 2017—2018 年大机构的重点投资领域及典型标的。2019—2020 年，科创板、创业板先后开启注册制，市场平稳运行得当，二级市场对生物医药、半导体、高端制造等领域的加速培育对一级机构投资形成联动效应。从头部 PEVC 投向来看，IDG、高瓴和 GGV 等均在下半年加大对医疗健康、半导体的投资，

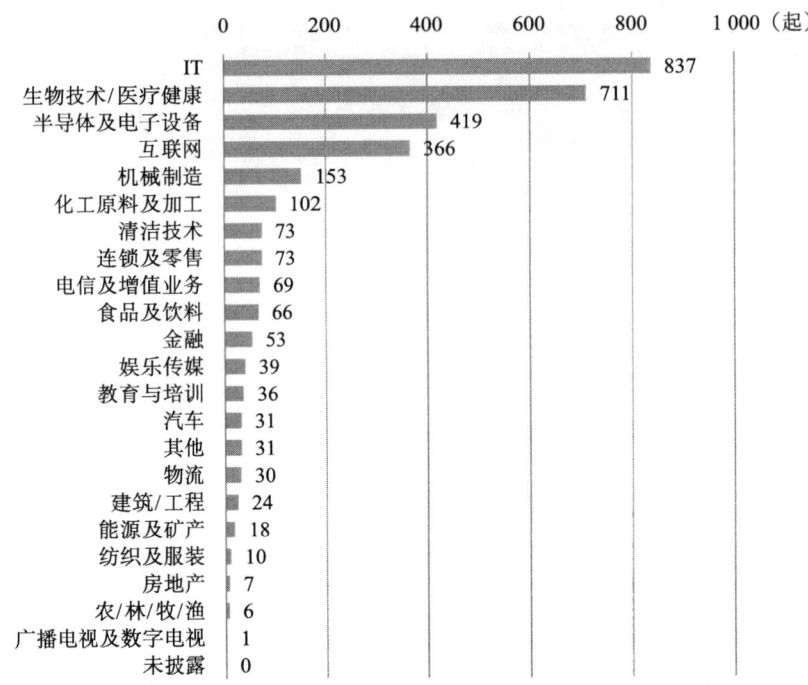

图16-7 2020年中国创业投资市场一级行业投资分布（按投资案例数）

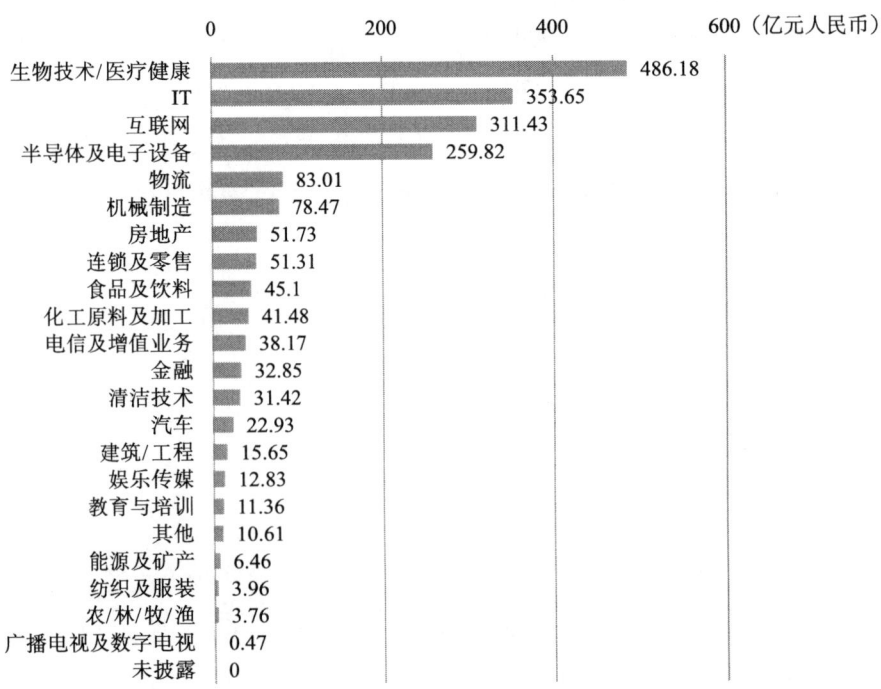

图16-8 2020年中国创业投资市场一级行业投资分布（按投资金额）

并顺应疫情下个人出行工具、清洁类智能硬件加速发展趋势，保持对该领域的投资加码。从头部企业小米和京东投资来看，小米产投围绕产业链加速智能制造、战投部则聚焦 IoT 互联。结合一二级市场方向的变化，智能硬件、高端材料以及智能驾驶领域将成为未来新的增长极。

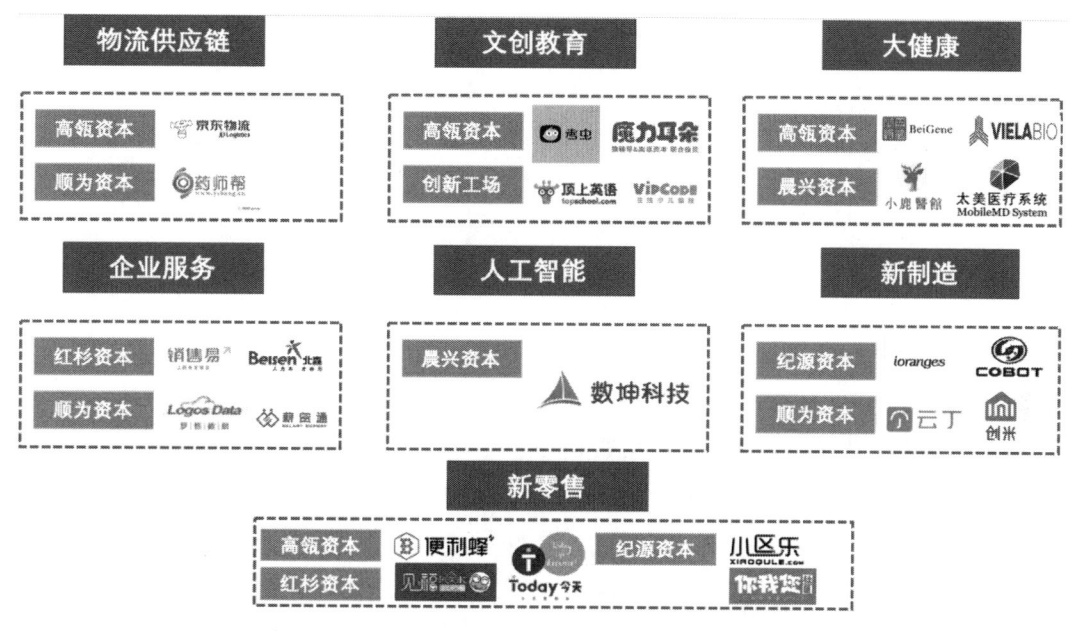

图 16-9　2017—2018 年各机构重点投资领域及典型标的

16.3.2　战略投资者投资倾向于生态链协同或主业之上的延伸

自 2011 年以来，国内越来越多的企业开展了直投业务、进行战略投资。时至今日，战略投资者逐渐在私募股权投资市场占据一席之地，尤其是百度、阿里巴巴、腾讯（BAT）等互联网企业的加入，改变了私募股权投资市场的竞争格局。2018 年清科私募股权投资 50 强机构中，腾讯、阿里资本、小米集团、百度、京东均榜上有名，2019 年清科发布中国战略投资者 10 强，公司创业投资/战略投资者（CVC）在股权投资领域的地位越来越不可忽视。2020 年，CVC 投资数量、投资金额为 891 起、806 亿元人民币，占市场总数比例达到 11.8% 和 9.1%（见图 16-10）。战略投资者广泛布局新兴行业，通过投资进入大数据/云服务、人工智能等新领域，持续为我国科技产业的进步与发展贡献力量。

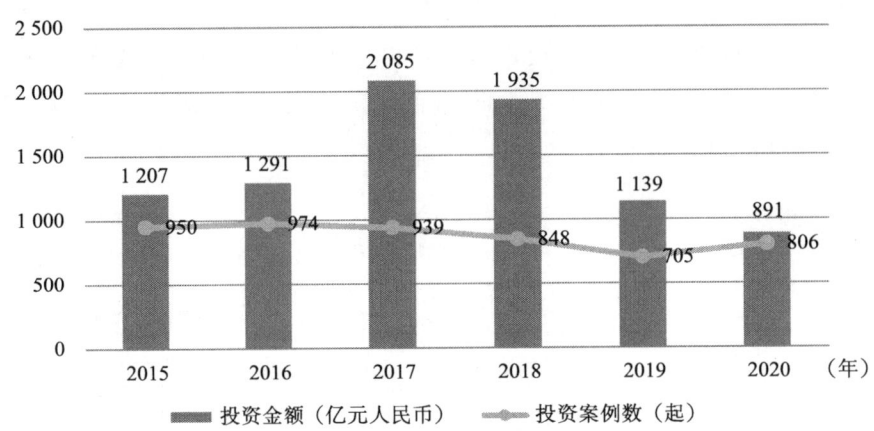

图 16-10 2020 年 CVC 投资数量与投资金额

纵观近十年以 BAT 为代表的互联网巨头的战投之路，除注重战略协同重金布局互联网、IT、电信增值业务以外，2014 年之后投资侧重逐渐开始分化，战略投资财务化、拓展新领域、抢占新市场成为发展趋势。

根据清科研究中心旗下私募通数据显示，2019 年度，投资金额最多的 10 家产业集团共投资 904.67 亿元，占同期全部 CVC 投资的 79.4%，腾讯、阿里巴巴、百度等产业集团投资板块不断扩大。2020 年腾讯投资所投案例数量 156 起，投资数量位居第一，投资金额约 781 亿元人民币。其投资涉足领域广泛，以互联网、电信及增值、娱乐传媒、物流、IT、汽车、生物医药等为主，其主流投资策略呈现出战略投资财务化的特点。阿里通过旗下阿里资本进行股权投资，2014 年之后，阿里资本除注重投资的战略协同以外，还布局了娱乐传媒行业，先后投资了合一信息、光线传媒、第一财经、SM 娱乐、华人文化等；同时，高调进击连锁及零售领域，先后投资了银泰百货、三江购物、联华超市、居然之家等品牌。除 BAT 等互联网巨头外，以京东、滴滴、小米等企业为代表的"后起之秀"，以及五八、好未来等新兴创业企业，均加速布局一级市场，实施战略投资，以达到强化自身核心能力、开拓海外市场、赋能主营业务的目的。

百度、阿里巴巴、腾讯、京东（BATJ）投向侧重生态链的协同，阿里在 PaaS、SaaS 层面通过投资来完善云计算生态链，腾讯持续投资文娱，则是基于自身流量优势导流和变现，百度在智能驾驶和智能制造的投入，旨在丰富 AI 的应用。优秀的制造龙头专注主业，研发投入大都为主业之上的延伸。以海康和大华为例，两家企业均从视频设备向机器视觉、智能机器人和无人机延伸。

优秀的制造业龙头专注主业及其延伸。在跻身全球创新 1000 强的中国企业中，除了 BATJ 等信息技术类巨头，其余主要是制造业龙头，分布在家电、电子、机械设备、通信和汽车等领域，主业突出，其创新研发主要是在核心技术、工艺和产品的突破。

17.
新兴产业初创公司投融资分析

17.1 新兴产业初创公司的治理

17.1.1 股权投资是新兴产业初创公司的主要融资渠道

"十四五"规划明确提出,要扩大战略性新兴产业的投资。一方面,新兴产业初期投入大,回收风险大,且没有成型的模式可以参考;另一方面,大部分新兴产业企业都是轻资产,缺乏抵押物,无法只依靠债权融资,必须更多的通过股权融资来注入资金和资源。在企业实现IPO之前,要经历数个不同的股权融资阶段,一般分为天使轮、A轮、B轮、C轮、Pre-IPO轮,此外还有种子轮、Pre-A轮、D轮、E轮、F轮等不同轮次的说法。

新兴产业初创公司大部分核心动力是技术,面临的问题比较多,包括:一是技术方面一般并不成熟,还出于量产化初期;二是生产能力不足、产品质量差、产品规格少、没有实现系列化等缺点;三是某些领域技术壁垒不高,潜在新进入者威胁大,一旦市场需求扩大,容易导致竞争者蜂拥而至,恶性竞争;四是产品品种单一,一旦下游市场需求有变或外部竞争加剧,企业将举步维艰;五是对下游市场的需求不明确。种种问题导致新兴产业初创公司对资金需求强烈。此时,如果依靠自身现金流缓慢发展,很可能错失占领市场的最佳时期。而同时由于发展存在的不确定性和复杂性,通过传统的银行贷款融资渠道通常会遇到较多困难。而风险投资的首要任务正是发现那些刚起步的、前景光明的初创企业,并投资于这类公司,从中获取高额的投资回报。如果他们的眼光独到,能挖掘出像Google、Facebook、Uber和Alibaba这类的初创企业,他们将会获得几倍甚至几十倍的投资回报。引入风险投资,是大部分新兴产业初创公司的选择，不仅可以解决企业资金短缺问题，还可以利用风投机构的管理、投融资、人脉等资源，加速企业发展和降低运营风险。

北京证券交易所定位于打造服务创新型中小企业主阵地，它的设立让股权投资的退出渠道更加畅通，其上市门槛低于现有板块，进一步缩短股权基金的退出周期，加快创新资本的流动，提升私募股权基金的利用率和投资回报，有助于私募基金"募投管退"的良性循环，也将增强创投机构投早投小的决心和信心，吸引更多资本配置到支持创新型中小企业发展中来，同时普通投资者也能够通过股权投资分享中小企业发展红利。

17.1.2 大额融资频发，疫情催生新的投资方向

2020年国内共计有3 313家公司获的投资，涉及交易金额约合7 223.20亿元。而单笔交易金额超过10亿元人民币的投资事件共出现130起，涉及123家公司，合计交易金额却达到了3 293.66亿元，单笔超过100亿元人民币的交易也频频出现。2020年截至12月8日，中国一级市场共计发生4起单笔交易金额超过100亿元人民币的投资事件（见表17-1）。

表17-1　2020年中国一级市场单笔融资超过100亿元（含）的公司

企业	时间	轮次	金额	投资方
中芯南方	2020-05-16	战略投资	22.5亿美元	国家集成电路产业投资基金、上海集成电路产业投资基金
满帮集团	2020-11-24	F轮—上市前	17亿美元	软银愿景基金（领投）、红杉资本中国（领投）、Permira璞米资本（领投）、富达投资Fidelity Investments（领投）、高瓴资本、GGV纪源资本、光速中国、云锋基金、襄禾资本、Baillie Gifford、全明星投资All-Stars Investment、CMC资本（华人文化产业投资基金）、腾讯投资
威马汽车	2020-09-22	D+轮	100亿元人民币	上汽投资—尚颀资本（领投）、百度、SIG海纳亚洲、长江产业基金、广金基金（广州金控）、紫光集团有限公司、红塔创投、雅居乐、盈科资本、合肥产投、上海国资投资平台（领投）、苏州昆山产业基金、湖南衡阳国有投资平台、央企扶贫基金、芯鑫
智己汽车	2020-11-26	战略投资	100亿元人民币	张江集团、阿里巴巴、上汽集团

国产芯片企业的发展是2019年以来国家层面重视并大力鼓励发展的产业之一，中芯国际于2020年在科创板完成IPO，并拿到了极高的市值。作为中芯国际子公司中芯

南方，在一级市场被国家队基金的寄予厚望，这一轮出资换算下来有 155 亿元人民币之多。满帮集团定位于公路物流领域的智能运力平台，2020 年以来获得包括腾讯、红杉资本中国、Permira 璞米资本等 13 家投资方的联合投资。随着交付量的持续走高，2019 年以来新造车公司再度引起资本热潮，而且在资本层面，BAT 以及美团都已入局造车新势力。

疫情冲击催生了在线教育的刚需，许多 K12 在线教育成为投资机构关注的重中之重，其中猿辅导和作业帮等独角兽成为资本追逐的热点。2020 年，作业帮获得两轮共 23.5 亿美元融资，投资方包括阿里巴巴、Tiger Global、红杉中国、软银愿景基金一期、方源资本等新老股东。猿辅导年内获得三轮共 35 亿美元的融资，投资方包括腾讯、高瓴资本、博裕资本、IDG 资本、DST Global、中信产业基金、新加坡政府投资公司（GIC）、淡马锡、挚信资本、德弘资本（DCP）、Ocean Link、景林投资、丹合资本等。

医疗健康领域在 2019 年就有相当高的热度，2020 年的疫情催生下，该领域在一二级市场都获得热捧，尤其以生物制药为最受关注。包括科兴公司旗下科兴中维、晶泰科技、云顶新耀等制药公司均拿到了超过 10 亿元的投资。医疗健康领域中获得资金最多的公司是华大智造，核心业务为仪器设备、试剂耗材等产品的研发、生产和销售。2020 年新冠肺炎疫情中，华大智造在病毒检车试剂盒、核酸检测实验室等环节都推出重要产品。2020 年 5 月 28 日，华大智造完成由 IDG 资本、中信产业基金、华盖资本、国泰君安、华兴新经济基金、中信证券等机构参与投资的 10 亿美元 B 轮融资。

17.1.3 新兴产业初创公司能为投资机构带来丰厚的回报

大批独角兽成功 IPO，和独角兽们共飨盛宴的是背后长久陪伴的 VC/PE 投资机构。根据清科研究中心数据，2020 年共有 19 家机构被投企业 IPO 数量不低于 8 家，其中深创投、高瓴资本、红杉中国、达晨财智 4 家头部机构全年斩获 IPO 数量不低于 15 家。在被投企业 IPO 数量不低于 8 家的机构均投中了科创板上市企业，其中深创投、达晨财智、金石投资、中国国新基金等机构的被投企业科创板上市数量均不低于 7 家（见表 17-2）。

表 17-2　　2020 年被投企业 IPO 数量不低于 8 家的机构

机构名称	上市公司数量（家）	科创板上市公司数量（家）	投资时长（年）	20 日回报倍数
深创投	21	8	3.93	7x
高瓴资本	18	1	2.36	5x
红杉中国	16	2	3.44	12x

续表

机构名称	上市公司数量（家）	科创板上市公司数量（家）	投资时长（年）	20日回报倍数
达晨财智	15	7	4.92	14x
鼎晖投资	12	6	2.68	3x
中金资本	12	4	2.34	4x
IDG资本	10	3	4.72	16x
金石投资	10	7	4.24	7x
斐君资本	9	3	2.23	2x
启明创投	9	3	4.08	15x
同创伟业	9	5	3.57	18x
毅达资本	9	6	3.25	9x
盈科资本	9	4	3.42	9x
正心谷资本	9	3	1.05	3x
中国国新基金	9	7	1.67	4x
君联资本	8	4	4.91	10x
前海方舟资本	8	1	2.80	4x

[案例17-1] 京东健康

京东健康是京东集团旗下一家互联网+医疗健康服务提供商，主营业务包含医药供应链、互联网医疗、健康管理、智慧医疗，并构建了"医药联动"的闭环系统，在纵向2C市场逐层的环环递进，提升用户黏性。自成立以来，获得4轮融资，投资方包括高瓴资本、中金资本、霸菱亚洲、京东、CPEChina Fund等（见表17-3）。2020年12月8日，京东健康正式于香港交易所主板上市，首日市值及突破3 300亿港元，其最新市值已超过阿里健康。

表17-3　　　　　　　　　　京东健康融资情况

公开日期	轮次	金额	主要投资者
2020-12-08	IPO	超200亿美元	公共股东
2020-11-25	战略投资	13.6亿美元	贝莱德、GIC、Tiger Global Management、高瓴资本、清池资本、结构调整基金
2020-08-17	B	58亿美元	高瓴资本
2019-11-15	A	10亿美元	中金资本、霸菱亚洲、京东、CPEChina Fund

资料来源：零壹智库。

2017—2019年，京东健康营业收入分别为55.53亿元、81.69亿元、108.42亿元，截至2020年6月，京东健康营业收入达到88亿元，同比增长76%，实现大幅增长。

疫情让大众对在线医疗健康服务需求直线上升，也让"互联网+医疗健康"真正驶入发展快车道。按高瓴资本目前持有京东健康 4.34% 股票计，不到半年时间，高瓴资本将至少获得 90 亿元回报，投资回报率超 10 倍。

17.2 新兴产业初创公司投资的指标选择

对于新兴产业初创公司投资标的选择，不同的投资者或投资机构有不同的看法，但万变不离其宗，核心的筛选指标仍然是行业、产品或服务、技术、团队等，我们归纳了如下几条核心投资指标：

17.2.1 好方向

好方向指产品的现有和未来市场规模要够大，也就是说，公司的产业链有没有需求（有痛点）、竞争格局以及政策等外部因素。俗话说，方向比努力更重要，做事情方向不要错了，方向错了即使具有很好的团队也会失败。

（1）方向首先是市场容量，要有市场容量。也就是说，公司主导产品需要有庞大的可预见的市场和成长空间，未来 5—10 年市场需求没有明显的成长瓶颈。如果一个行业市场容量较小，比如只有 10 亿元，即使公司能做到全国 50% 的市场份额，也只有 5 亿元的天花板。

（2）产业链需求。要选择有需求的产业链，也就是有痛点的行业。

（3）竞争格局。有市场容量还得有竞争优势，要能预见在现有竞争格局下仍然能赢得更大市场份额。比如拼车行业，2014 年很多创业公司涌入该市场，大方向没问题，但是该行业有一个巨大的潜在竞争者——滴滴。故具备大的竞争格局，不仅仅要看到自己的直接竞争对手，还要要看到自己的潜在竞争对手在哪里，分析其具备的核心竞争力和现有行业地位。

（4）外部因素。政府和有关部门出台的政策会影响整个行业，有可能让一个行业突然受较大影响。

17.2.2 好产品

好产品首先要有刚需、有客户可能验证，有高附加值。比如，京东众筹大多数达到上千万级的产品都是刚需的。众筹比较少的诸如智能鼠标、智能音乐灯、智能跳绳等。可以看出,消费者的更偏好刚需的产品,而无所谓产品智能或不智能。其次,要有较高进入壁垒以及在细分市场中具有领先地位。如拥有稀缺资源、高新技术、独特的商业模式等。

17.2.3　好团队

好团队的核心是优秀的创始人。创始人能力首先要有创业精神和产业抱负,如果创始人谋求短期利益,其投资的项目往往很难走长久。其次,创始人要具备所从事项目所要求的核心专业能力,如专业知识、技能或经验等。比如传统产业+互联网的项目一定要是行内人,若单纯从事互联网工作的人承接项目,其往往不能把控好产业的痛点和资源。具备很强的学习能力也是核心专业能力的重要组成部分。再次,要具备很强的领导能力。创始人虽然能力很强,但其精力毕竟是有限的,项目最终还是要靠整个团队去落实。最后,要具备高情商。团队内部难免会出现痛苦和不愉快的氛围,这就需要创始人的高情商去处理好各种矛盾冲突,协调好团队关系,充分激发人员的潜力,给公司带来正能量。

17.2.4　好模式

好模式是成熟稳定、易于理解、能复制、能赚钱的模式。

[案例17-2] 软银如何投资阿里巴巴

1999年初,马云决定回到杭州创办一家能为全世界中小企业服务的电子商务站点,马云和最初的创业团队集资了50万元,在马云位于杭州湖畔花园100多平方米的家里创立了阿里巴巴。1999年10月,马云私募到手第一笔天使投资500万美元,由高盛公司牵头,联合美国、亚洲、欧洲一流的基金公司。在阿里巴巴的第二轮融资中,软银开始出现。从此,这个大玩家不断支持马云,才使得阿里巴巴能发展到今天的规模。

从2000年4月起,纳斯达克指数开始暴跌,长达两年的熊市寒冬开始了,很多互联网公司陷入困境,甚至关门倒闭。当时全社会对互联网产生了一种不信任。但是阿里巴巴却安然无恙,很重要的一个原因是其获得了2 500万美元的融资。2000年,马云为阿里巴巴引进第二笔融资,软银、富达、汇亚资金、TDF、瑞典投资6家风险投资商向阿里巴巴注入了2 500万美元,其中软银2 000万美元,阿里巴巴管理团队仍绝对控股。2004年2月,在阿里巴巴第三次融资中,再从多家风险投资商手中募集到8 200万美元,其中软银出资6 000万美元。马云及其创业团队仍然是阿里巴巴的第一大股东，占47%股份；第二大股东为软银，约占20%；富达约占18%；其他几家股东合计约15%。

到阿里巴巴上市之前，只有软银一家风险投资商还一直在阿里巴巴的股份中牢牢占据主要地位，其他风险投资商已经全部退出。软银不仅给阿里巴巴投入了资金，在后来的发展中还给了阿里巴巴足够的支持。

作为阿里巴巴集团的两个大股东，软银在阿里巴巴上市当天账面上获得了巨额的回报。阿里巴巴招股说明书显示，软银间接持有阿里巴巴21.33%的股份，到收盘时，阿里巴巴股价达到39.5港元。市值飙升至1 980亿港元（约260亿美元），软银间接持有的阿里巴巴股权价值55.45亿美元。若再加上2005年雅虎入股时曾套现1.8亿美元，软银当初投资阿里巴巴集团的8 000万美元在阿里巴巴上市时就获得高达71倍的回报。

薛村禾在接受国外媒体采访时回忆，当时中国B2B领域共有四大公司，除阿里巴巴，还有8848、MeetChina和Sparkice，而选择阿里巴巴的重要原因是马云及其团队的坚定信念，尤其是18个创业合伙人的精神。薛村禾说："当年我们放弃别的机会，集中精力投资马云这个团队。我们并不是神仙，一眼就能看到阿里巴巴的未来，也只能看到电子商务这个大方向，但为什么最后选择马云这个团队呢？了解他多一点的人就知道，他能把很多人聚在周围，团队非常厉害。VC很重要的是判断团队。"软银认为，马云有一种独特的分享意识以及不平凡的领导才能。

17.3 新兴产业初创公司投资的风险因素

显然，与成熟的传统产业相比，新兴产业意味着更高的成长性和更高的回报率，但相对更高的风险也如影随形。一个新兴行业在发展之初，会通过产品价格和资产价格的暴涨暴跌，对业界进行一轮又一轮的竞争淘汰、兼并，最终形成若干家大企业主宰市场的寡头垄断局面，令行业进入成熟稳定阶段，这是一条行业发展的基本规律。20世纪末的"互联网泡沫"，很真切地让人们了解了一次新兴产业的魅力。当时互联网产业给人们带来了无限遐想，因而短期内吸引了大量的资金，并短期内推高了相关资产的价格。后来网络泡沫爆破以后，很多企业纷纷倒闭，投资者亏损惨重甚至颗粒无收。

产业风险是在全球化市场竞争环境中，产业发展由于技术、市场、政策等因素影响遭受损失、伤害、不利或毁灭的可能性。通过广泛吸收专家学者的意见、观点，综合而言，新兴产业的发展主要面临技术风险、市场风险、内部竞争风险、经营风险和政策五大风险（见表17-4）。新兴产业的风险是由其产业本身的特征决定的。

表 17-4　　　　　　　　新兴产业与传统产业风险类别的区别

风险类型	新兴产业	传统产业
技术风险	• 主要进行基础性技术研发和创新，风险较大 • 产业技术标准体系尚未建立 • 新的企业群体和突破性技术体系 • 进入行业壁垒较低	• 产业和技术相对成熟，标准体系已经形成，可进行大规模市场应用，技术风险较小 • 技术改进不确定性低，主要为生产工艺改进
市场风险	• 目标市场对产品的接受程度 • 市场配套体系完善程度 • 国际市场风险	• 用户的消费习惯、市场规模和特点等因素确定 • 市场配套体系相对完善，国际市场也趋于稳定
内部竞争风险	• 不具有核心技术，对于新兴产业偏重于制造环节，导致整个产业进入者过多过滥，低价竞争 • 长期乐观的前景而导致资本快速涌入、产能扩张和激烈竞争	• 更多的是基于市场的竞争、基于成本节省的竞争
经营风险	• 产业配套体系尚不完善、不平衡 • 商业模式尚未成功，经营风险相对较大	• 具有适合不同技术、不同类型企业的商业模式，经营风险相对较小
政策风险	• 国家鼓励发展，产业政策风险较小	• 国家对"两高一剩"行业进行限制，传统高污染、高耗能行业面临较大的产业政策风险

17.3.1　技术风险

新兴产业处于产业生命周期初创期或形成期的前期阶段，一方面，虽然技术创新的强度非常高，但各种技术路线都在探索当中，也就意味着主导技术路线是不成熟的。比如太阳能多晶硅制备技术一直大量采用西门子法，一吨产量耗电 20 万度，目前出现的新工艺硅烷法，使每吨产量耗电下降到 7.5 万度，另外还有许多工艺正在摸索当中。另一方面，即使技术进入商业化阶段，也会面临其他技术路线的竞争和超越。比如，《掘金绿色投资》中看好的 Solyndra 公司成立于 2005 年，其采用的 CIGS 薄膜电池技术不需要昂贵的多晶硅材料，和其他电池相比安装也相对简单，虽然有转换率较低等缺点，但成本远低于晶体硅电池，从而被许多投资者认为是更有未来潜力的技术，不仅获得多家知名 PE 机构的投资，而且被奥巴马政府视为重点扶持对象而予以资助。但此后几年，随着上游多晶硅原料价格出现雪崩，薄膜电池成本上的优势也被打破，直接将 Solyndra 这类薄膜电池技术路线公司赶出市场，公司最终于 2011 年破产。此外，新兴技术不确定性也决定了一种技术可能很快被另一种技术所代替，且往往具有颠覆性。全世界目前处于新的技术革命前期，新技术层出不穷，技术更新速度大大加快，如果企业对技术发展动向把握不准，很容易导致企业巨大的投资风险，这方面的教训在新一代信息技术产业表现尤为明显。我国企业花巨资投入兴建 3G 网络建设刚具备雏形，4G 网络的技术就已经初露端倪，造成整个行业宽带水平与发达国家差距并未缩小，网络演进面临体制机制的艰巨挑战，核心技术仍然受制于人，信息网络安全面临的挑战日益凸显。

17.3.2 市场风险

市场需求是新兴产业发展的重要推动力。新兴产业要完成从技术创新到获得稳定收益的过程，需化解许多市场风险，主要表现在以下四个方面：

一是目标市场对产品的接受程度。新产品要受到用户的转换成本、用户的消费习惯、市场规模和特点等因素的影响，变数很大，如果不能把新产品有效地引入市场，产业就很难发展。而且，更多情况是新兴产业市场需求有待培育，最典型的就是电动汽车，受制于技术研发，产品成本居高不下，成本过高导致价格没有优势，进一步限制了产业发展规模，仅仅依靠政府采购只是杯水车薪，而国外市场随着金融危机后国际贸易保护主义的兴起，国际市场出现萎缩局面，如何化解可持续发展风险关系到整个行业的生死。

二是市场配套体系完善程度。处在发展初期的新兴产业，面临与现有同类产品相比成本比较高、市场配套体系不完整等问题。公司的产品还有可能由于下游启动缓慢而显得过于超前，难以撑到行业爆发之时而成为"先烈"。比如在电动车市场的空间尚未打开之时，上游不少锂电池公司却过早地启动市场或扩产，结果大都陷入亏损。A123 在锂电池制造领域具有公认的先进技术，但由于与其主营业务息息相关的电动车市场在之前几年发展过慢，压制了 A123 的产能消化并导致持续亏本销售，随着其最大客户 Fisker 陷入困境，公司最终破产。

三是国际市场风险。有不少新兴产业面向国际市场，这在扩大新兴产业市场空间的同时，也增加了市场风险。

四是市场的规范性。国内的市场准入制度、价格形成机制不完善，新兴产业企业融资困难，市场竞争还有较多不规范，地方保护、行业垄断现象依然存在。

17.3.3 内部竞争风险

新兴产业应该是新技术与新产业的高度融合，对进入企业有着比较高的技术和资本要求，进入门槛应该是比较高的。但是由于在我国很多新兴产业领域企业不具有核心技术，对于新兴产业偏重于制造环节，准确说是偏重于组装，导致整个产业进入者过多过滥，低价竞争，一哄而起，一哄而散。例如在新能源领域，中国的风能、太阳能设备制造能力，投资量，占据世界前列，但核心装备和技术几乎全靠进口。我国太阳能电池材料生产和组装能力强，但太阳能镀膜核心装备靠进口。风能组装能力大，但关键控制系统靠进口。发展新能源成为各种类型企业的战略重点，造成的结果就是这个行业一盘散沙，竞争力低下。

此外，新兴产业也有可能因为长期乐观的前景而导致资本快速涌入、产能扩张和激烈竞争。曾经的光伏电池龙头企业无锡尚德拥有规模和先发优势，但从2011年开始，在激烈的行业竞争以及欧美对光伏电池反倾销的打击下，尚德的经营急转直下，直至破产。

17.3.4　经营风险

新兴产业发展时间较短，因此在如何经营及盈利的途径上仍不清晰，主要经营风险就表现在商业模式转变的风险上。以物联网为例，从物联网项目运营的角度看，其商业模式可以分为通道型、合作型、定制型和自营型四种。目前，国内物联网产业处于由导入期向成长期的过渡阶段，产业链厂商各自为战，应用项目多为政府或企业内部定制，信息的传输和运用主要在项目或企业内部运转，多数感应层设备供应商在提供设备的同时，也提供相关产品的系统集成服务，商业模式主要以通道型和合作型模式为主，未实现与其他网络的互联和信息价值的最大化。随着物联网应用领域的不断拓展和技术的不断发展，物联网产业将进入快速成长期，此时旧的商业模式将难以适应规模化、快速化、跨领域化市场的需求，需要商业模式更新和升级，而由于网络运营商资金雄厚、掌握信息网络层关键技术等因素在商业模式中的影响力将不断增强，设备制造商影响力将逐步减弱、盈利空间缩小，商业模式也将逐步由以通道型和合作型模式为主向合作型与定制型转变，商业银行要注重由于商业模式转变而对产业链上下游各企业的影响。

17.3.5　政策风险

新兴产业政策风险主要表现在四个方面：第一，不同省市的产业扶持政策同构化问题严重。在国家总体规划出台之前，各种地方规划早已纷纷出台，目前全国各省市出台的针对战略性新兴产业规划当中，大部分的政策需求是雷同的，缺乏针对性，政策实施效果堪忧。第二，政策缺乏系统性，即从政策制定到政策效果的评估没有确切的依据和可行性的衡量标准。有的政策出台后就不知"去向"，只管出台不管落实，有的地方政府甚至为落实政策而出台政策。第三，政策的短期行为，只考虑早出成效，缺少对产业的深入分析和调研，对新兴产业前期研发和开拓的艰巨性和长期性认识不足。第四，产业政策与企业的结合度不够，与企业的有效需求、企业的发展动力及产业行业的发展方向结合度不强。

17.4 最具投资价值的初创公司排行

"独角兽"（Unicorn）一词源于风投界，原意为神话中的一种生物，稀有而高贵，用来指一般成立不超过10年、估值超过10亿美元的公司。根据长城战略咨询的数据[①]显示，2020年我国独角兽企业251家（见表17-5），总估值首次超万亿美元，其中超级独角兽企业（估值超百亿美元）12家（新增5家），估值占比达52.6%，分别为字节跳动、蚂蚁集团、滴滴出行、菜鸟网络、快手、微众银行、京东科技、猿辅导、SheIn、京东物流、商汤科技、满帮集团。独角兽企业在引领新业态、开辟新赛道方面成绩卓著。2020年独角兽企业分布于27个赛道、88个细分赛道。与前四年独角兽企业分布的赛道相比，2020年新出现网红爆品、商业卫星等9个新赛道，其中创新药与器械赛道新晋独角兽企业数量最多，为11家。

表17-5　　　　　　　　　2020年中国独角兽企业名单

序号	估值排序	企业名称	2020年估值（亿美元）	赛道	成立时间	地点
1	1	字节跳动	1 800	数字文娱	2012	北京
2	2	蚂蚁集团	1 500	金融科技	2014	杭州
3	3	滴滴出行（小桔科技）	580	智慧出行	2012	北京
4	4	菜鸟网络	300	智慧物流	2013	深圳
5	5	快手	286	数字文娱	2011	北京
6	6	微众银行	216	金融科技	2015	深圳
7	7	京东科技	200	金融科技	2013	北京
8	8	猿辅导	170	互联网教育	2012	北京
9	9	SheIn	150	新零售	2014	南京
10	10	京东物流	134	智慧物流	2012	北京
11	11	商汤科技	120	人工智能	2014	北京
12	12	满帮	100	智慧物流	2017	贵阳
13	13	作业帮	96	互联网教育	2015	北京

---

① 中国独角兽企业研究报告2021 [R]．长城战略咨询，2021．

续表1

序号	估值排序	企业名称	2020年估值（亿美元）	赛道	成立时间	地点
14	14	车好多	90	汽车服务	2011	北京
15	15	平安医保科技	88	数字医疗	2016	上海
16	16	平安智慧城市*	85	人工智能	2018	深圳
17	17	货拉拉	80	智慧物流	2016	深圳
18	18	微医集团	72	数字医疗	2010	杭州
19	18	涂鸦智能	72	物联网平台	2014	杭州
20	20	自如	66	数字房产	2016	北京
21	21	华人文化	61.5	数字文娱	2017	上海
22	22	威马汽车	60	新能源与智能汽车	2016	上海
23	22	柔宇科技	60	智能硬件	2012	深圳
24	24	优必选	55	机器人	2012	深圳
25	25	小马智行	53	新能源与智能汽车	2016	广州
26	26	睿力集成*	51.9	集成电路	2016	合肥
27	27	万向一二三	51	新能源与智能汽车	2011	杭州
28	28	联影医疗	50	创新药与器械	2011	上海
29	28	每日优鲜	50	新零售	2014	青岛
30	30	兴盛优选	48	新零售	2018	长沙
31	31	VIPKID	45	互联网教育	2013	北京
32	31	地平线	45	人工智能	2015	北京
33	33	云从科技	44	人工智能	2015	广州
34	33	新瑞鹏*	44	生活服务	2013	深圳
35	35	网易云音乐	42	数字文娱	2016	杭州
36	36	旷视科技	40	人工智能	2011	北京
37	36	比特大陆	40	金融科技	2013	北京
38	36	哈啰出行	40	智慧出行	2016	上海
39	36	奇点汽车	40	新能源与智能汽车	2014	上海
40	36	汇通达	40	产业互联网	2010	南京
41	36	掌门教育	40	互联网教育	2014	上海
42	36	途虎养车	40	汽车服务	2014	上海
43	43	度小满	36	金融科技	2016	西安
44	43	明略科技	36	大数据	2014	北京
45	45	大搜车	35	汽车服务	2012	杭州
46	45	依图科技	35	人工智能	2012	上海
47	47	喜马拉雅	34	数字文娱	2012	上海
48	48	美菜网	33	产业互联网	2014	北京

续表2

序号	估值排序	企业名称	2020年估值（亿美元）	赛道	成立时间	地点
49	48	微创医疗机器人*	33	创新药与器械	2015	上海
50	50	华大智造	32	创新药与器械	2016	深圳
51	51	一下科技	30	数字文娱	2011	北京
52	51	小红书	30	新零售	2013	上海
53	51	阿里音乐	30	数字文娱	2016	北京
54	51	万物新生	30	电子商务	2010	上海
55	51	T3出行	30	智慧出行	2019	南京
56	51	丰巢科技	30	智慧物流	2015	深圳
57	57	天际汽车	29.4	新能源与智能汽车	2016	绍兴
58	57	谊品生鲜	29.4	新零售	2017	重庆
59	57	小度科技*	29.4	智能硬件	2020	上海
60	60	水滴公司	29	数字医疗	2016	北京
61	61	海光信息*	28.5	集成电路	2014	天津
62	62	知乎	27	数字文娱	2012	北京
63	63	丁香园*	25	数字医疗	2010	杭州
64	63	高济医疗*	25	数字医疗	2017	天津
65	65	乐元素	24.6	数字文娱	2012	北京
66	66	安能物流	24	智慧物流	2010	上海
67	66	雾芯科技*	24	网红爆品	2018	深圳
68	68	准时达	23.6	智慧物流	2010	成都
69	69	喜茶	23.5	网红爆品	2016	深圳
70	69	零跑科技	23.5	新能源与智能汽车	2015	杭州
71	71	医渡云	23.2	数字医疗	2012	贵阳
72	71	中商惠民	23.2	产业互联网	2013	济南
73	71	多点Dmall*	23.2	新零售	2015	北京
74	74	影谱科技	22	人工智能	2013	北京
75	74	致景科技	22	产业互联网	2013	广州
76	76	淘票票	21.1	数字文娱	2014	杭州
77	77	Boss直聘	21	企业数字服务	2013	北京
78	78	奥比中光	20	智能硬件	2013	深圳
79	78	科信美德	20	创新药与器械	2014	北京
80	78	快看漫画	20	数字文娱	2014	北京
81	78	英雄互娱	20	数字文娱	2015	延安
82	78	爱驰汽车	20	新能源与智能汽车	2016	上饶
83	78	新康众	20	汽车服务	2013	南京

续表 3

序号	估值排序	企业名称	2020年估值（亿美元）	赛道	成立时间	地点
84	78	第四范式	20	人工智能	2015	北京
85	78	极智嘉	20	机器人	2015	北京
86	78	七牛云	20	云服务	2011	上海
87	78	脉脉	20	生活服务	2013	北京
88	78	KLOOK 客路	20	旅游体育	2014	深圳
89	78	空中云汇	20	金融科技	2016	香港
90	78	能链集团	20	汽车服务	2016	青岛
91	78	叮咚买菜*	20	新零售	2014	上海
92	78	PingPong 金融*	20	金融科技	2015	杭州
93	78	元气森林*	20	网红爆品	2016	北京
94	78	滴滴沃芽*	20	新能源与智能汽车	2019	上海
95	78	京东工业品*	20	产业互联网	2020	北京
96	96	马蜂窝	19	旅游体育	2011	北京
97	96	长光卫星*	19	商业航天	2014	长春
98	98	震坤行*	18.9	产业互联网	2014	上海
99	99	千寻位置	18.8	智慧出行	2015	上海
100	100	APUS	18.5	企业数字服务	2014	北京
101	100	百信银行*	18.5	金融科技	2017	北京
102	102	中创为量子	18.4	量子科技	2014	北京
103	103	易久批	18	电子商务	2014	北京
104	103	天鹅到家	18	生活服务	2014	天津
105	103	首汽约车	18	智慧出行	2015	北京
106	103	浩云长盛*	18	云服务	2013	广州
107	107	高顿网校	17.6	互联网教育	2014	上海
108	107	云天励飞	17.6	人工智能	2014	深圳
109	107	浪潮云	17.6	云服务	2015	济南
110	110	日日顺物流	17.4	智慧物流	2013	青岛
111	110	氪空间	17.4	企业数字服务	2014	北京
112	112	便利蜂	16 +	新零售	2016	北京
113	113	一点资讯	16	数字文娱	2013	北京
114	113	鲸算科技	16	人工智能	2018	杭州
115	113	翱捷科技*	16	集成电路	2015	上海
116	113	晶泰科技*	16	创新药与器械	2015	深圳
117	113	PingCAP*	16	企业数字服务	2015	北京
118	113	火花思维*	16	互联网教育	2016	北京

续表4

序号	估值排序	企业名称	2020年估值（亿美元）	赛道	成立时间	地点
119	119	孩子王	15.9	电子商务	2012	南京
120	120	思派健康*	15.5	数字医疗	2014	北京
121	120	亿咖通*	15.5	新能源与智能汽车	2017	武汉
122	120	智己汽车*	15.5	新能源与智能汽车	2020	上海
123	123	普泰集团	15.4	智慧物流	2010	香港
124	123	惠龙易通	15.4	智慧物流	2013	镇江
125	123	曹操出行	15.4	智慧出行	2015	杭州
126	123	斑马智行	15.4	新能源与智能汽车	2015	上海
127	123	阿里体育	15.4	旅游体育	2015	上海
128	123	驹马物流	15.4	智慧物流	2015	成都
129	129	口袋购物	15	新零售	2011	北京
130	129	途家网	15	旅游体育	2011	北京
131	129	春雨医生	15	数字医疗	2011	北京
132	129	云知声	15	人工智能	2012	北京
133	129	小猪短租	15	旅游体育	2012	北京
134	129	界面	15	数字文娱	2014	上海
135	129	数梦工场	15	大数据	2015	杭州
136	129	达闼科技	15	机器人	2015	北京
137	129	转转	15	电子商务	2017	北京
138	129	智加科技	15	新能源与智能汽车	2018	苏州
139	129	零氪科技	15	数字医疗	2014	北京
140	129	合众汽车	15	新能源与智能汽车	2014	嘉兴
141	129	智云健康	15	数字医疗	2014	杭州
142	142	钱大妈	14.7	新零售	2014	广州
143	142	魔方公寓	14.7	数字房产	2010	上海
144	142	KK集团	14.7	电子商务	2015	东莞
145	142	山东天岳*	14.7	集成电路	2010	济南
146	142	德晋医疗*	14.7	创新药与器械	2015	杭州
147	147	百望云	14.6	企业数字服务	2015	北京
148	148	特斯联	14.5	物联网平台	2015	北京
149	148	欧冶云商	14.5	产业互联网	2015	上海
150	150	奕斯伟*	14.3	集成电路	2019	北京
151	151	NOME	14	新零售	2017	广州
152	152	国铁吉讯	13.6	智慧出行	2017	北京
153	153	瀚晖制药*	13.5	创新药与器械	2012	杭州

续表 5

序号	估值排序	企业名称	2020年估值（亿美元）	赛道	成立时间	地点
154	154	翼鸥教育*	13.3	互联网教育	2014	北京
155	155	妙手医生	13.2	数字医疗	2015	北京
156	156	Geo集奥聚合	13	大数据	2012	北京
157	156	华云数据	13	云服务	2013	无锡
158	156	腾云天下	13	大数据	2011	北京
159	156	海和药物*	13	创新药与器械	2011	上海
160	156	Manner咖啡*	13	网红爆品	2015	上海
161	161	云鸟配送	12.5	智慧物流	2015	北京
162	162	银河航天*	12.4	商业航天	2019	北京
163	163	星星充电*	12.1	新能源与智能汽车	2014	常州
164	164	伟东云教育	12	互联网教育	2012	青岛
165	164	闪送	12	智慧物流	2013	北京
166	164	城家公寓	12	数字房产	2014	上海
167	164	聚好看	12	数字文娱	2016	青岛
168	164	图森未来	12	新能源与智能汽车	2016	北京
169	164	碳云智能	12	数字医疗	2015	珠海
170	164	微创心通*	12	创新药与器械	2015	上海
171	164	快狗打车*	12	智慧物流	2017	天津
172	172	英雄体育VSPN*	11.8	旅游体育	2016	西安
173	172	蜂巢能源*	11.8	新能源与智能汽车	2018	常州
174	172	十荟团*	11.8	新零售	2018	北京
175	175	华胜集团*	11.5	汽车服务	2018	广州
176	176	开沃新能源	11.4	新能源与智能汽车	2010	南京
177	176	奈雪的茶*	11.4	网红爆品	2014	深圳
178	178	菜鸟驿站	11.2	智慧物流	2013	杭州
179	179	易点天下	11	企业数字服务	2011	西安
180	179	彩食鲜*	11	产业互联网	2011	渭南
181	179	特来电*	11	新能源与智能汽车	2014	青岛
182	179	树根互联*	11	物联网平台	2016	广州
183	179	卡奥斯*	11	物联网平台	2017	青岛
184	179	思特威*	11	集成电路	2017	上海
185	179	壁仞科技*	11	集成电路	2019	上海
186	186	酷量信息	10.9	企业数字服务	2014	上海
187	187	太合音乐	10.8	数字文娱	2014	北京
188	187	得到	10.8	数字文娱	2015	北京

续表6

序号	估值排序	企业名称	2020年估值（亿美元）	赛道	成立时间	地点
189	189	要出发	10.6	旅游体育	2011	广州
190	190	花生好车	10.5	汽车服务	2015	天津
191	190	联易融	10.5	金融科技	2016	深圳
192	190	美术宝*	10.5	互联网教育	2014	北京
193	193	诺禾致源	10.3	创新药与器械	2011	北京
194	194	执御	10.2	电子商务	2012	杭州
195	195	瑞派宠物	10.1	生活服务	2012	天津
196	196	江小白*	10+	网红爆品	2015	重庆
197	196	青桔单车*	10+	智慧出行	2017	杭州
198	198	酒仙网	10	电子商务	2010	北京
199	198	洋码头	10	电子商务	2010	上海
200	198	慧科教育	10	互联网教育	2010	北京
201	198	壹玖壹玖	10	电子商务	2010	成都
202	198	蜜芽宝贝	10	电子商务	2011	北京
203	198	G7	10	智慧物流	2011	北京
204	198	酷家乐	10	数字房产	2011	杭州
205	198	深兰科技	10	人工智能	2012	上海
206	198	我买网	10	新零售	2012	北京
207	198	WiFi万能钥匙	10	生活服务	2012	上海
208	198	辣妈帮	10	电子商务	2012	深圳
209	198	青云QingCloud	10	云服务	2012	北京
210	198	越海全球供应链	10	智慧物流	2012	深圳
211	198	找钢网	10	产业互联网	2012	上海
212	198	出门问问	10	人工智能	2012	北京
213	198	狮桥	10	汽车服务	2012	天津
214	198	时空电动	10	新能源与智能汽车	2013	杭州
215	198	贝贝网	10	电子商务	2014	杭州
216	198	智米科技	10	智能硬件	2014	北京
217	198	艾佳生活	10	数字房产	2014	南京
218	198	睿智科技	10	大数据	2014	北京
219	198	松鼠AI	10	互联网教育	2014	上海
220	198	小盒科技	10	互联网教育	2014	北京
221	198	微鲸科技	10	智能硬件	2015	上海
222	198	医联	10	数字医疗	2015	成都
223	198	农信互联	10	产业互联网	2015	北京

续表 7

序号	估值排序	企业名称	2020 年估值（亿美元）	赛道	成立时间	地点
224	198	壹米滴答	10	智慧物流	2015	上海
225	198	药帮忙	10	数字医疗	2015	武汉
226	198	得物	10	新零售	2015	上海
227	198	初速度	10	新能源与智能汽车	2016	苏州
228	198	旅悦集团	10	旅游体育	2016	天津
229	198	禧云国际	10	产业互联网	2017	天津
230	198	Weave Co-Living	10	数字房产	2017	香港
231	198	连尚文学	10	数字文娱	2017	南京
232	198	未来医生	10	数字医疗	2018	成都
233	198	雪球财经*	10	数字文娱	2010	北京
234	198	智慧芽*	10	企业数字服务	2010	苏州
235	198	本来生活*	10	新零售	2012	北京
236	198	极飞科技*	10	无人机	2012	广州
237	198	金康新能源*	10	新能源与智能汽车	2012	重庆
238	198	诺唯赞*	10	创新药与器械	2012	南京
239	198	世和基因*	10	创新药与器械	2013	南京
240	198	太美医疗*	10	数字医疗	2013	杭州
241	198	微脉*	10	数字医疗	2013	杭州
242	198	e 签宝*	10	企业数字服务	2014	杭州
243	198	Keep*	10	旅游体育	2014	北京
244	198	默升科技*	10	集成电路	2015	上海
245	198	行云集团	10	电子商务	2015	深圳
246	198	中航锂电科技*	10	新能源与智能汽车	2015	常州
247	198	华控创为*	10	人工智能	2017	南京
248	198	创新奇智	10	人工智能	2018	青岛
249	198	文远知行*	10	新能源与智能汽车	2018	广州
250	198	巴图鲁	10	汽车服务	2013	广州
251	198	斑马快跑	10	智慧出行	2015	武汉

注：*为 2020 年新晋独角兽企业。

资料来源：长城战略咨询。

18.

新兴产业投资案例分析

18.1 新兴产业典型行业投资案例

18.1.1 光伏行业投资案例

将太阳能用于发电始于 1953 年,美国贝尔实验室发现将硅晶片浸泡在锂溶液中再暴露在阳光下,可以产生较为明显的电流。这项发明为后来太阳能发电的规模化奠定了基础。迄今为止,太阳能电池的基本结构和机理没有发生变化。

图 18-1　1954 年贝尔实验室研制的第一片太阳能电池片

资料来源:光伏星星。

自 20 世纪 70 年代的石油危机以来,欧美等国已经意识到它们对原油的依赖可能是一个大问题,因而催生利用太阳能和风能等可再生能源的热潮。但与此同时,随着随后油价的大幅下跌,光伏发电成本居高不下,经济性不足,发展陷入停滞。20 世纪 90 年代,一次性化石能源的短缺使光伏发电重新进入公众视野,从 1954 年到 21 世纪初,光伏发电脉冲式的增长过程,是历史对能耗成本选择的最好诠释。

(1) 中国起步,两头在外

在国内光伏技术的发展历程中,有几个较为关键的时点。首先,2004年欧洲需求的快速释放带动了中国光伏产业的快速发展。以德国为例,2004年每千瓦时的光伏补贴达到6元,而德国电网的电价不到2元。德国企业开始向中国销售生产设备和硅片,中国企业生产电池组件出口德国。此时,光伏产业的主流技术是多晶硅。其次,2007年,国内多晶硅生产技术取得突破。作为核心原材料,中国在初期还不具备扩大生产的能力。当时,这项技术主要被美国MEMC、德国瓦克和日本三菱的这几家大工厂垄断。

此时,光伏产业有两个突出特点。一是两头在外:我国光伏产业只有中游发展迅速(2010年电池产量约占全球46%),多晶硅料生产技术主要掌握在美国、德国、日本等国家手中,国内中游光伏企业需要进口硅料,然后下游电池组件产品出口海外,导致"两头在外";二是硅料放量:光伏发电带动的硅料需求快速释放,导致硅价格从2003年的约45美元/公斤飙升至金融危机前的500美元/公斤。2006年,协鑫创始人朱共山在徐州创建了江苏中能,进入硅料领域,实现了核心技术的突破。之后,公司继续扩大生产,成为国内硅料的龙头企业。

2010年,协鑫进入硅片电路生产多晶硅片。硅料技术突破,从最上游逐步实现国产化替代。

在欧洲需求兴起下,尚德、英利、赛维等中游龙头开始快速扩张,然而扩张结果是资产负债率不断上升,尚德电力2005年在美上市时资产负债率为16%,2011年资产负债率达到79%,上升63个百分点,英利更是2015年资产负债率达到126%左右。

由于终端需求全部在欧洲等地,一旦需求(2011年开始)快速下杀,前期快速扩张的弊端开始显现,产品卖不出去,同时大量产线又不能长时间停掉,只能继续生产,进而产品越积越多,同时巨额债务需要偿还。这样的恶性循环,导致尚德、英利等曾经的光伏明星公司走了下坡路,逐步消失在历史舞台。

因此,"负债—冲规模—降成本—增加负债"的粗放增长路径,开始被逐步证伪,随后,行业开始转向通过提升技术降低成本的路径。

(2) 降本增效,国产替代

光伏产业链从上游到下游依次为:上游包括原材料(硅料)、设备提供商、硅片;中游包括电池片、组件的生产厂商(组件为建造电站的终端部件,硅片用于生产电池片,电池片用于生产组件);下游包括电站建造、运营商等(见图18-2)。

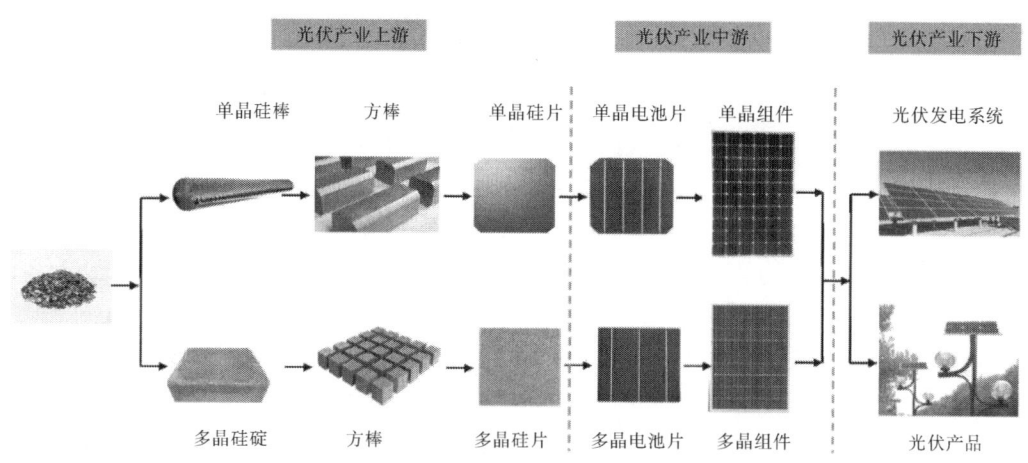

图 18-2 光伏产业链组成

资料来源：公开数据整理。

从产业供给来看，产业链正在逐步向中国转移。2020年，全产业链国产化基本完成。无论是产能还是产量，中国在每个环节都占有很大份额。如2020年，国内硅片产能占全球产能的97%，电池片和组件的国内生产能力和生产份额也超过75%（见图18-3）。因此，中国光伏产业的发展与全球光伏的需求有关。

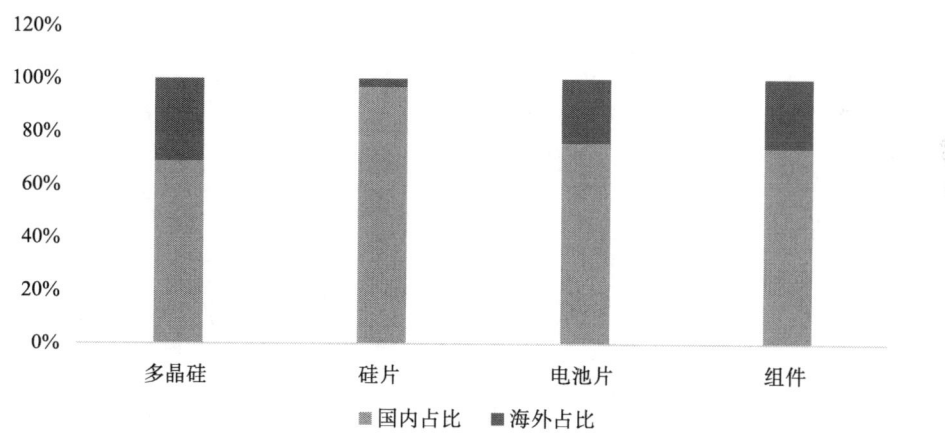

图 18-3 2020年光伏产业链海内外产能组成

资料来源：公开数据整理。

中国"制造狂魔"的进入，不仅构建了完整的光伏产业链制造环节，而且在每个环节都提高了技术，规模经济和供应链不断升级淘汰，实现了10年来光伏发电成本的急剧下降。根据 IRENA 收集的 2019 年 17 000 个项目的成本数据，太阳能光伏发电成本自2010年以来下降了82%，所有新并网的大规模可再生能源发电容量中，56%的成本低于最便宜的化石燃料发电。而各环节龙头企业均表示，成本仍有降低空间（见

图18-4)。

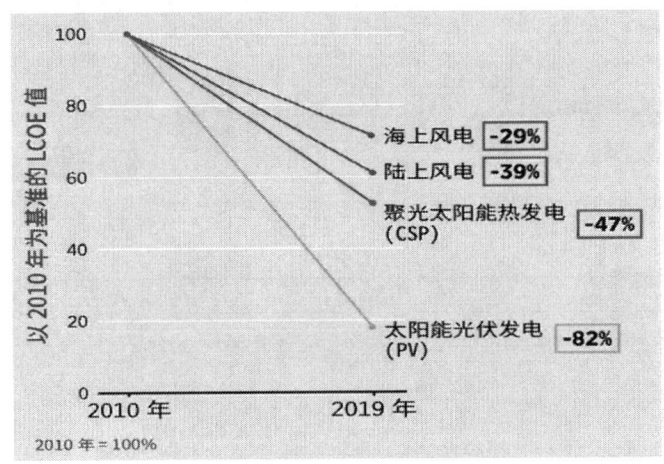

图 18-4 可再生能源发电技术成本的变化

资料来源：IRENA。

(3) 平价上网，技术攻坚

新能源技术补贴是一种常见的政策激励手段，政策补贴的力度和周期性也加大了新能源发展周期的波动。欧洲最先出现补贴，旨在提高光伏装机量，并在电力侧平价后逐步退出市场。后续的新增需求国家基本上是沿着这一政策推进的。

2004年以前，受光伏发电成本高企的制约，全球光伏新增装机容量增速缓慢。2004年，德国开始对国内光伏产业进行补贴：将光伏发电基准价格定得高于普通价格，使基准价格大于发电成本，资本进入光伏产业有利可图。此后，虽然德国下调了光伏发电基准价格，但基准价格的下调幅度小于技术进步带来的发电成本的降低，光伏电站的回报率也有所提高。因此，德国光伏装机容量需求一直保持强劲增长态势。2006年，西班牙效仿德国，出台了购电补偿法，对发电量低于100千瓦的光伏发电系统提供25年的补贴。西班牙光伏装机容量开始快速发展。2008年，由于金融危机的爆发，西班牙政府决定降低电价补贴，并出台预登记政策，控制装机总量。然而，这一举措在补贴削减前引发了安装热潮，这直接导致西班牙在2008年超过德国，成为全球最大的新光伏安装市场。西班牙在2008年增加了2 758MW，但在补贴减少后，2009年仅增加了69MW。德国、西班牙相继对国内光伏产业进行补贴，使欧洲率先打开光伏装机市场。因此，这一时期全球光伏装机需求主要集中在德国和西班牙。

2013年至2017年，中国出台了一系列扶持政策，推动国内光伏发电产业快速发展。在此期间，我国光伏新增装机居世界前列，需求向我国转移的态势明显。

需求转移叠加产能转移，致使光伏产业的主导权开始向中国转移。

表 18-1　　我国历年光伏政策

时间	发布单位	名称	主要内容
2013年7月15日	国务院	关于促进光伏产业健康发展的若干意见	到2015年光伏发电总装机容量达到3 500万千瓦（35GW）以上，2013—2015年年均新增光伏发电装机容量在1 000万千瓦左右。大力开拓分布式光伏发电市场。有序推进光伏电站建设
2013年8月26日	国家发改委	关于发挥价格杠杆作用促进光伏产业健康发展的通知	将国内分为三类光伏资源区，并确定三类地区的标杆电价分别为0.9元/千瓦时、0.98元/千瓦时和1元/千瓦时；同时，明确分布式光伏的度电补贴为0.42元/千瓦时。价格机制的确立，推动了国内光伏行业的发展
2014年2月11日	国家能源局	关于下达2014年光伏发电年度新增建设规模的通知	2014年中国将新增光伏发电装机1400万千瓦，其中分布式光伏发电8GW占比60%
2014年6月7日	国务院	能源发展战略行动计划（2014—2020年）	加快发展太阳能发电。有序推进光伏基地建设，同步做好就地消纳利用和集中送出通道建设。鼓励大型公共建筑及公用设施、工业园区等建设屋顶分布式光伏发电。到2020年，光伏装机达到1亿千瓦左右，光伏发电与电网销售电价相当
2015年12月22日	国家发改委	关于完善陆上风电光伏发电上网标杆电价政策的通知	2016年6月30日之前投运的电站执行原有电价，之后执行的电价分别为0.8元/千瓦时，0.88元/千瓦时和0.98元/千瓦时。分布式光伏补贴不调整
2016年12月26日	国家发改委	关于调整光伏发电陆上风电标杆上网电价的通知	2017年6月30日之前投运的电站执行原有电价，之后执行的电价分别为0.65元/千瓦时，0.75元/千瓦时和0.85元/千瓦时。分布式光伏补贴不调整

资料来源：国务院、国家发改委。

按照政策路线，进入2021年，中国正式进入发电侧平价时代。随着光伏组件各方面的降本增效措施，光伏组件的成本和价格持续下降。目前价格区间为1.56—1.7元/瓦。2021年取消光伏集中电站补贴审批，积极承诺包括光伏在内的新能源发电优先全额给予消纳，光伏发电运营商根据电厂建设和实际情况经营管理，这一变化使得光伏制造业过去受到下游电力抢夺带来的需求波动，减少了政策干扰。

政策实施后，市场再次聚焦光伏技术进步路线。值得注意的是，这一新的技术突破是由中国企业积极主导的，而外资的身影在这一变化中基本消失。目前，产业链各环节重大技术创新已基本完成。单晶技术的发展道路（80以上市场份额）已经确定。在这一技术主流的背后，后续的技术改进点主要包括：

硅料环节：相对改良西门子法生产多晶硅较高的单吨能耗（65 000度电/吨），流化床法连续生产硅料在能耗方面仅需要改良西门子法的1/3左右，极大地降低能耗成本。

N型电池：电池片从最后作用来讲，是光伏制造产业链最重要的制成品，过去的技术主要依托P型硅片，从ASF背板电池—PERC单面—PERC双面（P－TOPCON）的技术演进，在P型技术上已经走到了理论上限，电池转化效率已经达到了23%＋的水平。下一代电池技术会是N型电池的技术路线，比如异质结电池技术。目前中试线量产的转换率对外宣布已经达到24%＋，后续会不断提升，极大地增强电池的经济效益，进一步促进光伏发电的大规模应用。

由于我国明确了"碳达峰碳中和"的目标，国家电网于2021年3月出台了"碳达峰碳中和"行动计划，提出要加快能源供应的多元化、清洁化、低碳化、高效化和节能电气化。预计2025年和2030年，非化石能源将占一次能源消费的20%和25%左右，2025年和2030年，电能将占终端能源消费的30%和35%以上。

2021年4月19日，国家能源局综合司发布《关于2021年风电和光伏发电开发建设有关事项的通知（征求意见稿）》，新征求意见稿的要求是：（1）国家不再统一公布发展规模指标，各省按消费权重和用电量计算；（2）发展规模没有上限：规模指标只有下限，即保证规模，总开发规模没有上限，即市场规模不限；且各省间保障性规模可置换。文件打开了光伏发展空间，预计"十四五"和"十五五"期间我国光伏年平均装机容量分别达到70GW和105GW（见图18－5）。

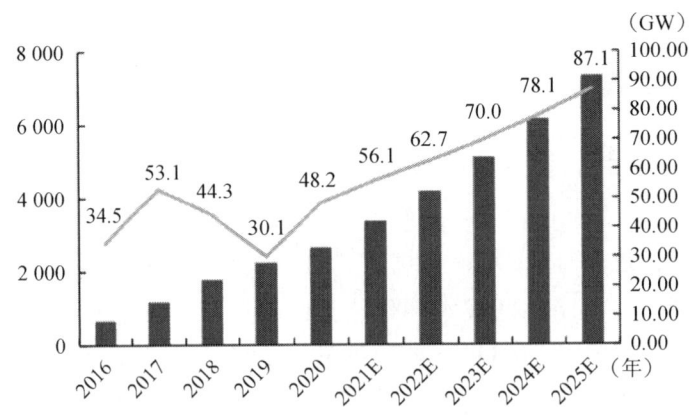

图18－5　光伏装机和发电量预测

资料来源：清华大学气候变化与可持续发展研究院、开源证券研究所。

2021年1—6月我国新增光伏装机容量13.011GW；截至2021年6月底，我国累计光伏装机容量为267.086GW，按照1 200GW风电和光伏发电总装机容量测算，未来10年新能源年装机容量将不低于97GW，其中光伏发电装机容量贡献量将超过一半。

与此同时,全球光伏需求超过 GW 的地区也越来越多。全球光伏装机容量的快速增长,不仅给中国企业带来了更强的世界级竞争力,也为投资者带来了更多参与和分享行业成长的机会。

18.1.2 半导体行业投资案例

(1) 缺芯加速国产替代,半导体行业迎来上升期

当前 5G、汽车电子、人工智能、工业物联网等新兴产业的发展对半导体的需求迅速增加。Wind 数据显示,2020 年全球半导体销售额达到 4 355.6 亿美元,同比增长 5.98%(见图 18-6)。根据 IDC 的预测,2021 年全球半导体市场收入预计将达到 5 220 亿美元。

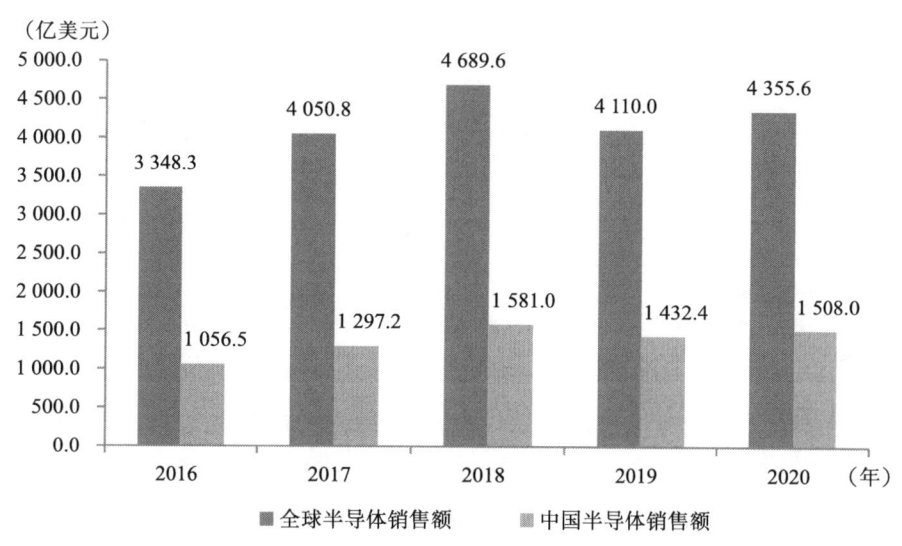

图 18-6 中国与全球半导体销售额

资料来源:WSTS、天风证券研究所。

中美脱钩致使半导体设备国产化的必要性增加和对行业投资力度加大。半导体在全球产业链中分工明确,国内承担的工艺制造和封装测试较为成熟,而上游芯片设计和半导体设备制造技术相对薄弱。中美脱钩后,美国封锁中国半导体产业使建设国内半导体产业链变得十分重要。近年来,半导体制造设备销售强劲增长,半导体产业链有望向中国转移,2020 年中国大陆首次成为世界上最大的半导体设备市场,销售额比 2019 年同期增长 39%,达到 187.2 亿美元(见图 18-7)。

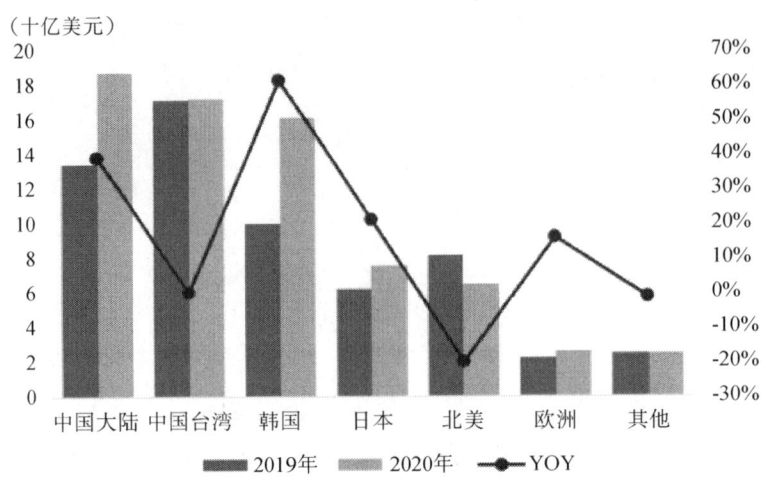

图 18-7 各地区 2019 及 2020 年半导体设备

资料来源：SEMI、天风证券研究所。

从全球来看，美日企业在整个半导体产业链的大部分领域都具有明显优势。目前国内的一些半导体领域也在不断发展，中国半导体产业链正在赶超世界一流水平，如在晶圆制造和封装测试领域已经有接近世界一流水平的企业，芯片设计在半导体器件的某些领域也取得了一定的进展，但在材料方面与世界领先企业的差距还较大，许多细分市场仍然是空白。

众多细分市场取得突破，国内替代进程步履坚实。在刻蚀机方面，中微公司成功进入 5nm 制程；在测试机方面，华峰测控的产品 STS8200 销量可观，已成功进入日月光、长电科技、意法半导体等全球领先厂商的供应链；在清洗设备方面，2020 年至纯科技的单片湿法设备新订单量金额达到 3.66 亿元，市场占有率迅速提升；在硅片制造设备方面，晶盛机电的 12 英寸半导体单晶炉已于 2020 年实现产业化，并应用在超导磁场、晶体拉速控制和熔体液位控制等领域。

（2）国产晶圆厂发展迅猛，利好设备国产替代

国内晶圆制造商的快速发展刺激了对上游设备的需求。2020 年在汽车芯片需求大幅增长叠加中美脱钩等背景下，半导体产业进入了快速发展的新时期。自 2020 年 Q4 以来缺芯情况严重，预计 2022 年才会得到缓解，这使得晶圆厂扩产需求旺盛。此次汽车缺芯的主要原因有两个：一是在 2019 年之前，手机芯片的需求量远远大于汽车芯片，许多晶圆厂将汽车芯片生产线改造成手机芯片生产线，导致全球汽车芯片生产能力大幅下降，2020 年下半年后新能源汽车需求快速增长，汽车芯片订单因此大幅增加，而下游工厂完全没有准备；二是新冠疫情使得半导体行业的整体产能受到冲击。随着半导体行业投资的不断加大，国内晶圆厂商在产业链的制造环节加大了资本支出，扩大了产能，并且攻克先进的制造工艺，这对上游半导体设备的需求也在不断增

长。同时，由于中美脱钩带来的半导体设备国产化的必要性，半导体设备国产化率将迅速提高，国内半导体设备制造商将从中受益。

2020年芯片供给紧缺使得行业景气度高，国内各大晶圆厂加大资本支出，力图快速扩大产能带动业绩增长。2020年国内晶圆代工前三大企业中芯国际、华虹半导体、晶合集成的资本支出总额达到431.57亿元，同比增幅创历史新高，达到164.54%。预计2021年这三大晶圆厂的资本支出将达到480亿元，同比增长11.22%。相比2019年之前年资本开支不到200亿元，三大晶圆厂进入了年400亿元以上的"军备竞赛"阶段，这将带来对半导体设备的巨大需求（见图18-8）。

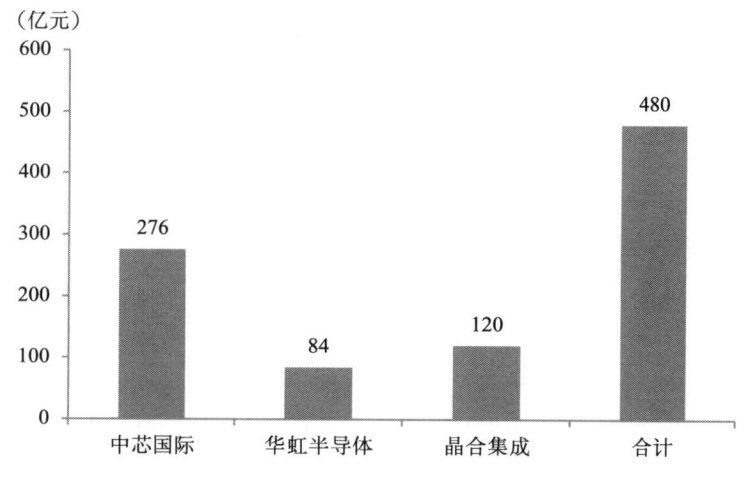

图18-8 国内三大晶圆厂2021年资本开支计划

资料来源：半导体投资联盟、晶合集成招股书、天风证券研究所。

18.2 新兴产业股权投资案例

18.2.1 光伏行业股权投资案例

光伏产业作为一个成长性周期产业，经过几次调整，在2020年开始了产业景气周期。纵观行业的跌宕起伏，其实早在几年前光伏产业调整期间，就有聪明资本多次着眼于行业前景，布局优质企业。现在看来，投资眼光是敏锐的。其中，被誉为"国内风投开山鼻祖"的IDG资本早在2007年就开始布局光伏产业。2020年，高瓴资本投资百亿入股龙基股份，成为2020年备受关注的国内光伏产业的一笔投资。

（1）IDG长期押注电池之光爱旭股份

爱旭股份于2009年成立，自成立以来便专注于光伏电池的研发、生产和销售，拥有行业领先的PERC（Passivated Emitter and Rear Cell）电池生产技术，是国家高新技术企业。创始人陈刚是公司的核心技术人员之一，获得过"国家万人计划科技创业领军人才"殊荣。目前，公司拥有广东佛山、浙江义乌和天津三大高效PERC电池生产基地，生产能力超过9.2GW。

IDG资本从2007年开始关注光伏行业。2016年对爱旭股份佛山工厂进行考察后，认为该公司的技术和工艺具有较大的发展潜力，因此投资9亿元支持爱旭股份研发新一代PERC光伏电池技术。

在得到IDG的投资后，爱旭的业务迅速扩张。同年，成功应用首创的管式PERC技术生产单晶PERC电池。2018年2月，公司PERC双面电池开始大规模出货。公司也是世界上少数几家高效PERC双面电池产量超过GW水平的专业电池制造商之一。2019年，爱旭将成为全球首家提出"双面、双测、双分级"技术的企业，并提供符合该技术标准的双面电池。

由此看出，IDG资本十年行业积累得出的判断相当精准。光伏电池是智能制造下的规模化产品，不同企业之间的竞争主要体现在电池的效率上。爱旭股份在这方面有相当的优势。截至2020年12月31日，爱旭股份与PERC技术相关的专利已达592件，公司2016—2020年的研发费用分别为6 700万元、10 341万元、20 079万元、22 057万元及38 000万元，研发费用规模不断加大，占营业收入比重分别为4.3%、5.3%、4.9%、3.6%和3.93%，公司的研发人员占比接近17%也远超同业。2020年，公司PERC电池量产平均效率已突破23%，持续处于行业顶尖水平。

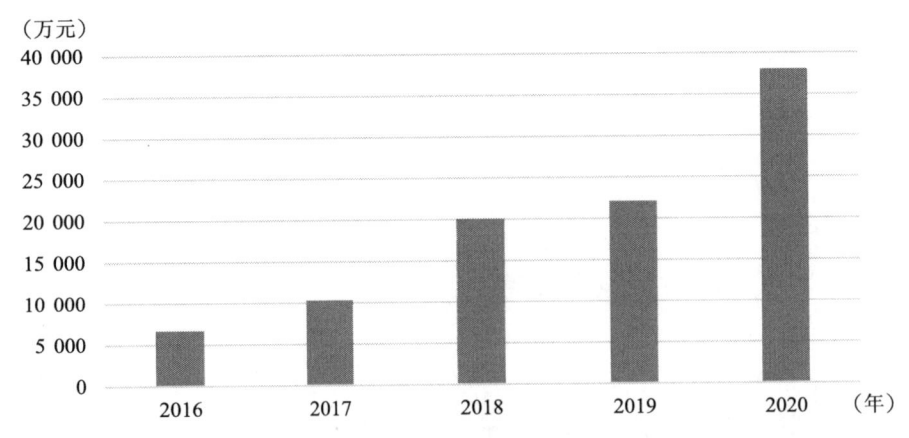

图18-9　公司研发费用投入情况

资料来源：公司公告、Wind。

2020年底，爱旭股份表示，通过外部扩张和内部潜力挖掘，使得高效光伏电池产能将提高到22GW，巩固公司在行业中的领先地位，进一步深化公司规模效应竞争优势。

爱旭在电池效率方面具有竞争优势，得益于IDG资本的帮助，爱旭优化运营，改善生产、处理相关关系等运营细节。目前，光伏产业已经进入景气周期。在行业景气趋势下，爱旭股份作为龙头企业，利润增长将有更大的弹性。

资本市场也对爱旭股份的价值给予了充分肯定。2019年9月，爱旭股份（600732）借壳ST新梅成功登陆资本市场，上市不到一年，股价几乎翻了一番。

不难发现，IDG资本通过前期对爱旭股票的投注，获得了丰厚的投资收益。目前，爱旭股份的市值已接近300亿元，以IDG资本持有的31%计算，市值已达100亿元。在IDG注资后的3年里，股权增值幅度达到900%。考虑到光伏行业的景气周期和爱旭股份的竞争优势，IDG资本的收益或远不止于此。

（2）高瓴资本豪掷百亿元入局隆基股份

自成立以来，高瓴资本一直把绿色可持续发展理念作为自身长远发展的重要保障。在全阶段投资周期中，环境、社会和公司治理（ESG）因素被视为重要的投资决策标准；同时，通过前瞻性的行业研究，继续加大对新能源、绿色低碳技术等领域的投入。2020年12月19日，隆基股份股东李春安与高瓴资本签署《关于隆基绿能科技股份有限公司之股份转让协议》，李春安拟以协议转让方式将公司无限售流通的2.26亿股股份（占公司总股本的6.00%）转让给高瓴资本。高瓴资本以158亿元的代价，受让光伏龙头隆基股份6%的股权，跻身隆基股份第二大股东之列。

隆基股份是全球光伏产业链的领先公司，其成立于2000年。2006年，公司确立了太阳能单晶硅生产企业的战略地位，持续专注于单晶硅的技术突破和成本控制。2015年，公司成长为全球最大的单晶硅制造商。借助光伏产业关键环节的管控，公司不断向下游拓展，推动整个业务链的布局，已成为国内最大的集研发、生产、销售为一体的单晶光伏产品制造企业。公司在单晶硅领域不断投入，形成了较高的产品壁垒，且非硅成本持续下降，成本优势突出，盈利能力遥遥领先同行（见表18-2）。同时，公司的组件业务形成了强大的品牌和渠道优势，组件出货量全球排名第一。

表18-2　　　　　　　　　　公司硅片环节非硅成本持续下降

项目	2014年	2015年	2016年	2017年	2018年	2019年
拉晶环节非硅成本	—	—	—	—	-10%	-25%
切片环节非硅成本	—	—	—	—	-28%	-27%
硅片环节非硅成本	-13%	-21%	-34%	—	—	—

资料来源：公司公告，华安证券研究所。

2020年，隆基股份实现单晶硅片出货量58.15GW，其中对外销售31.84GW，同比增长25.65%，自用26.31GW；实现单晶组件出货量24.53GW，其中对外销售

23.96GW,同比增长223.98%,自用0.57GW。此外,公司电站EPC系统开发能力持续提升,完成BIPV"隆顶"产品的下线及市场推广。随着产品出货量的提升,2020年隆基股份组件产品在全球的市场占有率提升11个百分点至19%。目前,公司在全面推进"硅片—电池—组件"一体化战略,高瓴资本入局隆基股份获利颇丰。截至2021年6月15日,高瓴资本买入隆基股份仅半年,但投资收益已接近90亿元。

18.2.2 半导体行业股权投资案例

(1) 大基金一期投资布局:以制造领域为主,关注各产业链龙头

国家集成电路产业投资基金(大基金)成立于2014年9月,首期募资资金达1 387.2亿元,是当时国内单期规模最大的产业投资基金,其股东为财政部、国开金融有限责任公司、中国烟草总公司、北京亦庄国际投资发展有限公司等。设立大基金是为了更好地促进国内集成电路产业的发展。根据国务院发布的《国家集成电路产业发展推进纲要》,一是着力发展集成电路设计产业,围绕产业链的重点领域,加强集成电路设计、软件开发和系统集成等协同创新;二是加快发展集成电路制造业,抓住技术变革的有利机遇,突破投融资瓶颈,持续推进先进生产线建设,兼顾特色工艺发展;三是提高先进封装测试行业发展水平,促进国内封装测试企业兼并重组,提高行业集中度;四是突破集成电路关键设备和材料,加强集成电路设备、材料与技术的集成制造,加快产业化进程,增强配套产业能力(见表18-3)。同时,大基金提前制定了15年投资计划。2015—2019年为投资期、2019—2024年为退出期、2025—2030为延展期。该纲要指出,到2030年集成电路产业链的主要环节将达到国际先进水平,实现跨越式发展。

表18-3　　　　　　　　　国家集成电路产业发展推进纲要

时间	发展目标	发展阶段
2015年	建立与集成电路产业规律相适应的管理决策体系、融资平台和政策环境,全行业销售收入超过3500亿元	建设期
2020年	与国际先进水平的差距逐步缩小,全行业销售收入年均增速超过20%	发展期
2024年	分阶段、有结构性地逐步退出	退出期
2030年	产业链主要环节达到国际先进水平,实现跨越发展	延展期

资料来源:国务院,安信证券研究中心。

大基金一期的投资布局以制造领域为主,关注各产业链龙头,其投资风格为:一是整体投资布局向代工倾斜(见表18-4)。根据集微网统计,一期投资制造类46%、设计类17%、装备材料类6%、封测类占比13%、产业生态占比18%。二是关注产业

链各环节龙头企业,优先帮助产业链龙头企业成长,加速国内半导体领先技术的孕育催化。三是通过与龙头企业共同出资子公司,成立产业基金及参与并购协助半导体产业链横向拓展,创造发挥企业间协同效应,同时加速产业链生态发展。

表 18-4 晶圆制造领域投资明细

时间	投资标的	投资金额（亿元）	目前持股比例	具体入股方式	标的业务
2015.02	中芯国际	27	8.07%	31 亿港元增发股份持股 11.54%	晶圆代工
2016.12		18.1		受让中投 27 亿元 H 股,持股比例增加至 17.69%	
2018.04		10.71		以每股配售股份 10.65 港元配售 2.41 亿股配售股份,其中大基金认购股份 12.62 亿港元	
2016.05	中芯北方	43	32%	增资入股,持股 26.5%	28nm、40nm、65 NOR Flash 晶圆代工
2017.08		60		增资入股,持股 32%	28nm、40nm、晶圆代工
2018.01	中芯南方	60	14.56%	增资入股,持股 27.04%	14nm 及 FinFET 晶圆代工
2018.03	中芯（宁波）	5	13.55%	受让中芯控股 28.17% 股权,增资认缴	模拟半导体特种工艺代工
2016.12	上海华力	116	39.20%	华力二期项目投资	28-20-14nm 工艺代工
2016.03	长江存储	93	24.09%	联合紫光集团、湖北国芯产业投资基金、湖北省科技投资集团共同出资	3D NAND Flash
2018.01	华虹半导体	26	18.94%	定向增发 2.42 亿 H 股,持股 18.94%	晶圆代工
2018.01	华虹半导体	33.94	29%	现金注资,持股 29%	90-65nm 特色工艺
2018.06	北京燕东	10	19.76%	增资认缴,持股 19.76%	6 英寸晶圆代工
2017.05	耐威科技司	14	13.83%	8 英寸 MEMS 国际代工线建设项目,公司后更名为北京赛微电子股份有限公司	惯性,卫星,组合导航
2019.02	赛微电子	10.28	13.75%	大基金将持有公司 46 506 369 股,持股比例为 13.75%,成为第二大股东	MEMS 代工
2017.05	赛莱克斯	6	30%	赛微电子通过非公开发行募集资金与大基金成立,8 英寸 MEMS 国际代工线建设项目的承担单位	8 英寸 MEMS 晶圆代工
2020.02	华润微	10	6.43%	公司在科创板上市时,国家大基金一期获配 7 812.5 万股	IDM 模式功率半导体、晶圆代工
2019.08	杭州士兰微	5	29.34%	向杭州士兰集昕微电子有限公司出资 5 亿元,形成新增年产 43.2 万片 8 英寸芯片制造能力	8 英寸芯片代工

资料来源：天眼查,安信证券研究中心。

（2）大基金二期成立，将加速半导体设备材料国产化

2019年10月22日，国家集成电路产业基金二期成立，注册资本超过2 000亿元。与一期相比，二期更加注重产业整体协调发展，将投资于国产半导体设备和关键零部件领域，形成上下游企业之间的流动枢纽来弥补技术差距空白。大基金总裁丁文武曾在半导体集成电路元器件峰会上表示，大基金二期将从三个方面重点支持国产设备和材料的发展：（1）大基金二期将对已经部署在刻蚀机、薄膜设备、测试设备和清洗设备等领域的企业保持高强度、持续的支持，培育中国大陆"应用材料"或"东方电力"的苗子；（2）加快光刻机、化学机械研磨设备等核心设备和关键零部件的投资布局来填补国内工艺装备空白；（3）督促制造企业提高国产设备验证及采购比例为更多国产设备和材料提供工艺验证条件。

自2020年大基金二期完成对紫光展锐的第一笔投资以来，已有中芯国际、中芯南方、中芯京城、睿力集成、紫光展锐、合肥沛顿存储、长川制造、艾派克、智芯微、华润微等10余家公司被投资（见表18-5）。由于晶圆制造业是一个重资产行业，往往需要更大的资本来运作晶圆厂的建设和发展。因此，制造业仍然是当前的主要投资领域。不过，根据大基金二期的投资策略，未来将把资金投向国内自主可控设备及关键零部件领域来加快半导体设备的国产化，为国内半导体企业营造良好的上游供应生态。

表18-5　大基金二期投资明细

时间	投资标的	投资金额（亿元）	目前持股比例（%）	具体入股方式	标的业务
2020.5	紫光展锐	22.5亿元	4.09	紫光展锐股权重组获增资50亿元，其中大基金二期对其增资22.5亿元	5G通信芯片
2020.5	中芯南方	15亿美元	23.08	公司是中芯国际的子公司，获得大基金以及上海集成电路产业投资基金等各方合计90.59亿美元投资。其中，大基金二期投资15亿美元	先进晶圆代工
2020.7	中芯国际	35亿元	1.61	3获得中芯国际科创板上市战略配售1.27亿股	先进晶圆代工
2020.10	北京智芯微电子科技	4.61亿元	7.19%	新增投资方包括大基金二期、小米长江产业基金、安芯投资等知名机构	电网芯片
2020.10	思特威	686.82万元	8.21	新一轮融资，大基金投资686.82万元	CMOS安防监控图像传感器芯片
2020.10	合肥沛顿存储	9.5亿元	31.05	大基金二期出资9.5亿元，与深科技全资子公司沛	存储器

续表

时间	投资标的	投资金额（亿元）	目前持股比例（%）	具体入股方式	标的业务
2020.12	长川制造	3亿元	33.33	长川科技与关联方国家产业基金二期、天堂硅谷杭实签署《合作暨增资协议》，拟以共计8.9亿元现金认购全资子公司长川制造，大基金出资3亿元	测试机、探针台、分选机
2020.12	艾派克微电子	15亿元	7.90	本次引入的战略投资者以国家集成电路产业投资基金二期股份有限公司为领投方，导入资金合计32亿元，大基金投资15亿元	CPU、SoC芯片设计
2020.11	睿力集成	47.60亿元	14.08	兆易创新与长鑫集成、石溪集电、大基金二期、三重一创等多名投资人共同参与睿力集成增资事项，其中，兆易创新、大基金二期分别拟出资3亿元、47.6亿元，持股0.85%、14.08%	存储器制造
2020.12	中芯京城	12.245亿美元	24.49	中芯控股、国家集成电路基金Ⅱ和亦庄国投订立合资合同以共同成立合资企业。中芯控股、国家集成电路基金Ⅱ和亦庄国投各自同意出资25.5亿美元、12.245亿美元和12.255亿美元	先进晶圆代工
2021.6	华润微	16.5亿元	33	重庆西永、大基金二期、华微控股分别出资24亿元、16.5亿元、9.5亿元设立合资公司。出资完成后分别占项目公司注册资本的48%、33%和19%。由项目公司投资建设12吋功率半导体晶圆生产线项目，项目计划投资75.5亿元人民币	功率半导体制造代工

资料来源：天眼查，安信证券研究中心。

（3）大基金良性退出，利好产业生态发展

大基金一期的投资成效显著，目前已进入退出期。根据规划，大基金退出期为2019—2024年，并有选择、分阶段性退出。目前，已有安集科技、北斗星通、北方华创、国科微、汇顶科技等十余家企业公布了大基金一期的减持方案，其中设计类企业5家、材料类企业1家、设备类企业2家、封装类企业4家、制造类企业1家。由于设计类企业的发展较为迅速，与国外的差距逐渐缩小，因此大基金对设计类公司的减持较多。大基金减持半导体产业是对资金的一次结构性调整，将资金从已在技术上取得部分突破的领先企业转移至仍需资金支持研发运营的企业，虽然对短期市场情绪有一定影响，但并不影响企业未来发展逻辑。

18.3 新兴产业公司投资案例分析

18.3.1 光伏产业公司投资案例分析

在全球光伏产业正逐步进入上网平价时代、中欧日韩相继宣布碳减排目标或计划、拜登赢得美国总统选举、美国将重返巴黎协议等背景下,预计全球光伏新装机容量将加速上行,光伏行业公司有望迎来较好的投资机会。

(1) 阳光电源:光伏逆变器龙头地位巩固

阳光电源成立于1997年,专注于逆变器的自主研发和制造,产品覆盖户用、组串式、集中式和集散式四种类型。自2013年以来,阳光电源已成为全球第二大逆变器制造商,截至2020年底累计装机突破120GW;同时,公司依托逆变器产品逐步向下游工程和运营延伸,2013年开始拓展电站业务,目前市场份额已迅速上升至全球第二;2014年,公司与三星SDI成立合资公司,开始涉足储能电池和电源业务;2016年以来,公司储能系统装机容量位居全国第一,已成为全国排名前5的锂电储能制造商。

公司股权结构较为集中,董事长曹仁贤,为公司实际控制人(见图18-10)。

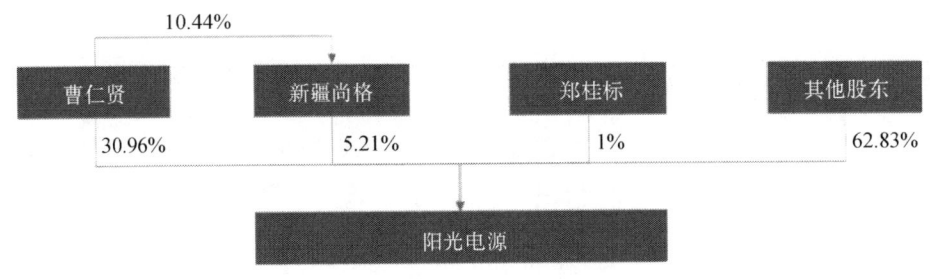

图18-10 公司股权结构

资料来源:Wind、国元证券研究所。

公司整体收入和净利润实现平稳增长,近5年复合增长率达23%。2018年,电站和储能业务快速发展平滑了光伏行业政策波动,总体收入保持增长态势;近5年复合增长速度达23%,近10年复合增长速度53%。2020年,由于行业需求的爆发和逆变器海外出货量的大幅增加,公司实现收入193亿元,净利润19.76亿元,同比分别增长48.3%、116.73%(见图18-11)。

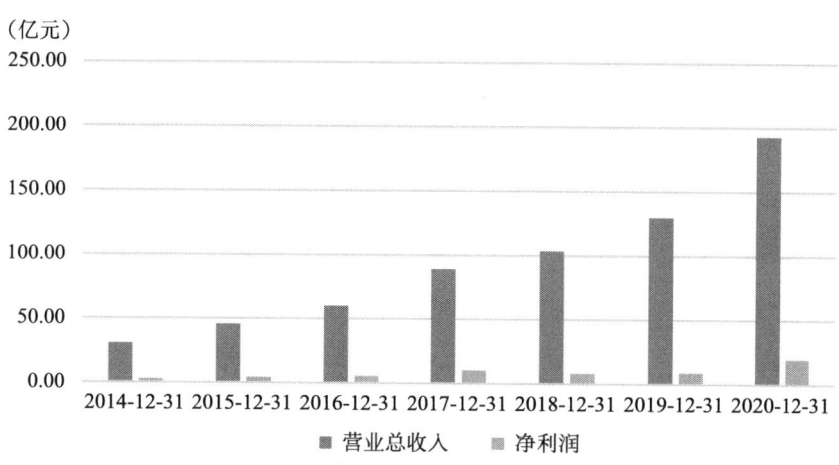

图 18-11　公司营业收入情况

资料来源：Wind。

公司费用控制良好。管理费用率维持在 7% 左右，2020 年因疫情停工，管理费用率迅速下降至 5%；销售费用率略有上升，主要是近年来公司开拓海外业务，销售人员增加所致。2020 年公司销售费用率、管理费用率、财务费用率分别为 5.05%、6.24%、1.35%（见图 18-12）。

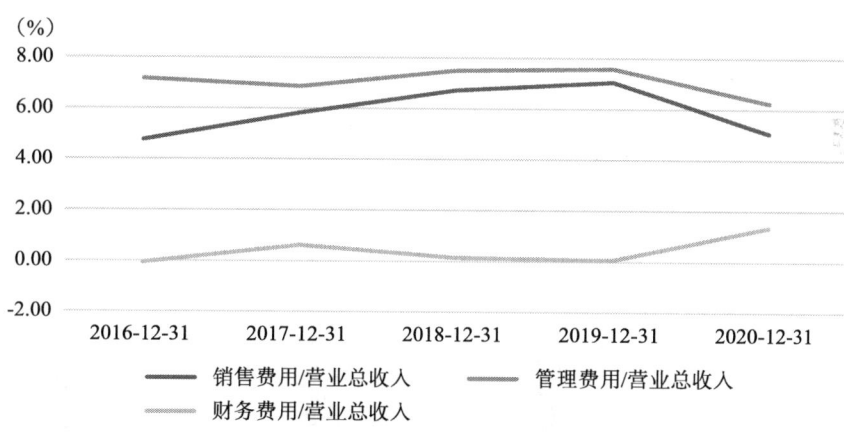

图 18-12　公司三项费用占营业收入比重情况

资料来源：Wind。

公司持续加大研发投入，同时技术人才储备充足。公司 2020 年研发支出为 8.06 亿元，同比增长 26.73%，研发支出远高于同行业竞争对手；研发人员共 1824 人，占比达 40.61%（见图 18-13）。持续的研发投入和引进技术人才，使公司在行业技术开发中处于领先地位。

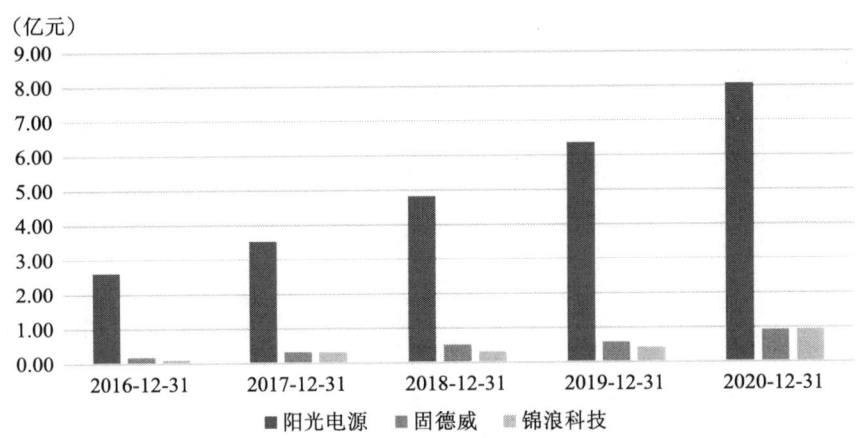

图 18-13 研发支出对比情况

资料来源：Wind、东吴证券研究所。

公司技术储备充足，累计获得专利 1 401 项。截至 2020 年上半年，公司已获得专利 1 401 项，涉及集中式和系列化逆变器、EPC、储能等领域（见图 18-14）。与同类型企业相比，阳光电源的专利数量遥遥领先，充分证明了公司的研发实力和创新能力。公司依托领先的技术储备，积极推动行业相关标准的制定和优化，组织起草了多项中国国家标准。

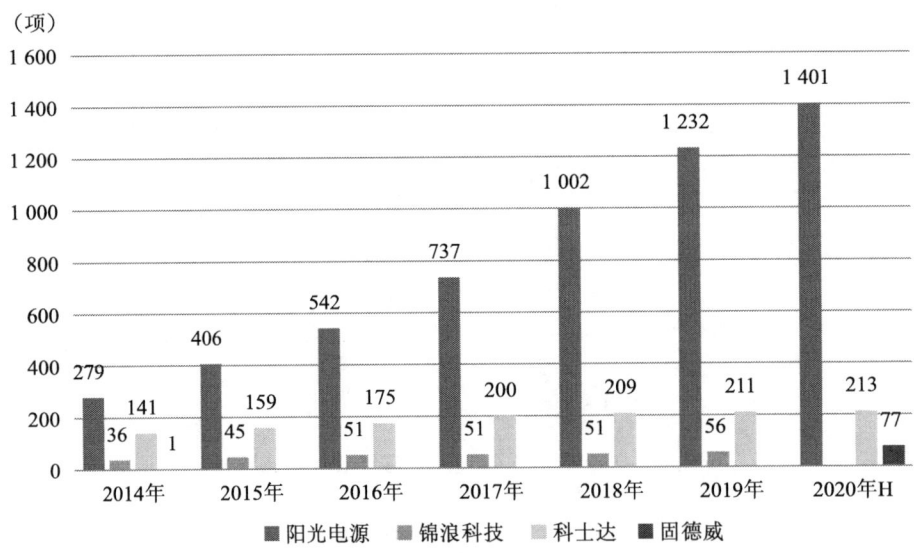

图 18-14 公司已累计获得专利（项）情况

资料来源：Wind、公司官网，东吴证券研究所。

公司产品齐全，是目前行业唯一一家涵盖四种逆变器的企业（见表 18-6）。公司逆变器分为户用、组串式、集中式和集散式四种类型，功率范围覆盖 3—6 800kW，最大转换效率99%+，充分满足了各种光伏组件和电网的并网要求，在高温、高湿度、高海拔等各种自然环境中高效稳定运行。现已批量销往60多个国家，全球累计实现逆变设备装机量超过120GW。

表18-6　　　　　　　　　　　公司逆变器应用场景及范围

逆变器类型	功率范围	适用场景	用户价值
户用逆变器	3—25kW	单个住宅屋顶	可自动适应复杂电网，延长发电时间，有效提升发电收益；同时内置防雷及高精度漏电流保护，确保设备及人身安全
组串逆变器	33—250kW	工商业屋顶、复杂山丘	采用智能风扇散热、高温不降额；同时支持1.2倍以上超配，有效提升发电收益
集中逆变器	500—3 400kW	大型地面、水面、工商业屋顶	采用三电平技术，转换效率超99%，有效提升发电收益；同时具备高防护等级，广泛适用于高温、高湿、风沙、盐雾等各种恶劣环境
集成方案	1 000—6 800kW	大型地面、水面、工商业屋顶	集成光伏逆变器、交直流配电、中压变压器、环网柜、通讯单元等功能模块，节省大量交流电缆，降低损耗，最大化提升收益
智能汇流箱	8路、16路、24路	大型地面、水面、工商业屋顶、复杂山丘	兼容双面组件，性价比更高，同时支持智能监控，运维更省心

资料来源：公司官网，东吴证券研究所。

（2）国内企业傲立全球，逆变市场空间广阔

逆变器是光伏系统中唯一具有智能控制能力的部分，它是指将直流电转换为频率和幅度可调的交流电电力电子设备，它是光伏发电系统的主要组成部分之一。

从全球逆变器的CR10来看，国内企业所占比重从2013年的12%上升到2019年的48%，国内龙头企业的占比逐步提高（见图18-15）。从全球企业出货量来看，华为、阳光电源和锦浪科技等国内企业的市占有率远远领先于海外企业，整体占有率接近50%。全球逆变器市场已形成一超（中国）多强（欧美日）的格局。

行业整体集中度明显提升，龙头市场份额仍有较大上升空间。2012年以来，逆变器行业集中度不断提高，CR10从48%提高到73%，CR5从39%提高到54%，CR3从33%提高到43%。2016年以来，华为、阳光电源、SMA作为全球逆变器行业的龙头企业，其市场占有率一直保持遥遥领先的地位，2019年全球市场份额分别达到22%、13%和8%。不过，从近三年集中度的变化来看，行业整体集中度略有下降，主要原因是SMA、ABB等海外大型厂商的市场份额下降，被锦浪科技、固德威、古瑞瓦特等国内逆变器新势力抢占（见图18-16）。

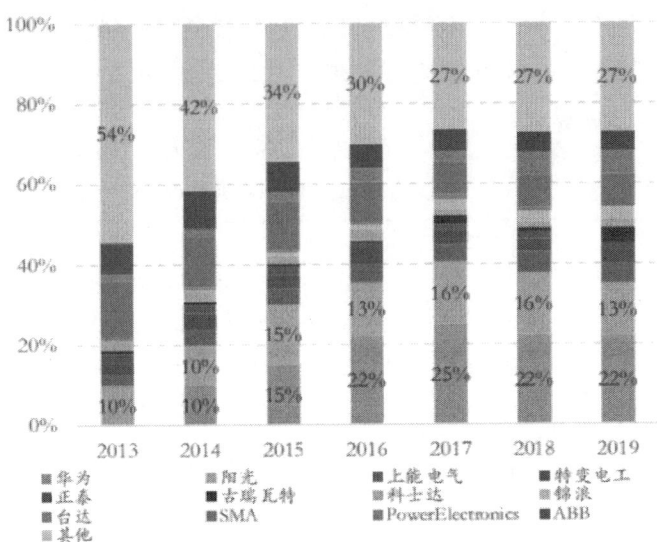

图 18-15 逆变器厂商全球份额变化情况

资料来源：智新咨询，东吴证券研究所。

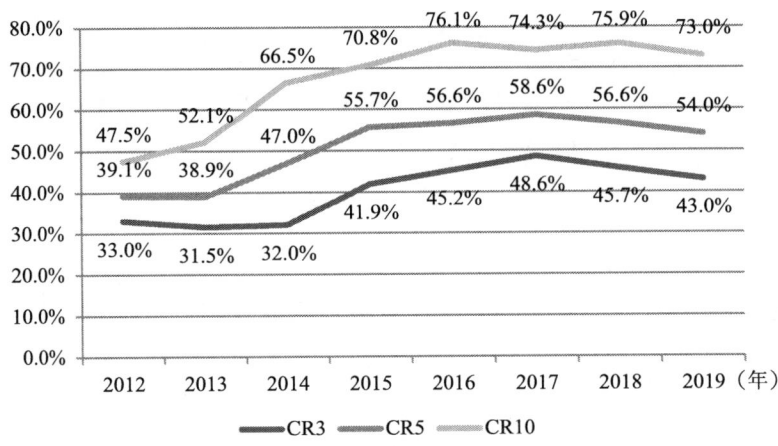

图 18-16 今逆变器行业集中度明显提升

资料来源：GTM、HIS，东吴证券研究所。

（3）国内龙头出海，加速全球市场的国产化渗透

海外市场增增速高，国内企业替代空间大。2018 年以来，由于政策滞后和国内装机量疲软，市场重心再次转向海外。2019 年，国内逆变器市场价值仅 60 多亿元，而海外市场价值超过 500 亿元，占比超过 85%。通过拆解 2019 年全球企业市场份额，国内企业在海外市场的收入为 162.9 亿元，仅占 27.3%，而国外企业的收入超过 370 亿元，占 62.1%，说明海外市场国内企业替代仍有较大空间。

中美紧张局势限制了华为的出口，也让国内其他龙头有瓜分市场的机会。从海外出口来看，2019 年华为占据海外市场 17% 的市场份额，居第一。不过，由于美国零部

件供应中断，华为对美出口有限，华为将逐步退出美国市场，因此华为海外市场份额将迅速下降。从海关出口额计算的市场份额来看，2019年华为出口市场份额约为21%，2020年1—5月下降至15%，说明华为放弃了6.7%的出口市场份额，其他国内龙头企业利用这种情况进行了瓜分。

2020年逆变器市场总体需求超过130GW，2025年新增+置换需求将达到400GW，由于逆变器中IGBT等电子元器件的使用寿命一般为10—15年，因此早期户用串联逆变器的预期寿命仅为5—10年，要求逆变器在组件25年的运行周期内至少更换一次。随着前期光伏装机量的增加，替代需求将迅速增加。预计2020年全球逆变器替代需求将达到8.7GW，2025年约27GW，光伏发电成本逐步降低，储能迅速导入。光伏发电在新增装机容量上具有成本优势。光伏发电增量占全球发电总量的比重逐步提高。2020年，逆变器市场需求超过130GW（127GW新增+8.7GW替换）。到2025年，光伏渗透率将达到8%左右，总需求将超过400GW（新增374GW+27GW）。到2030年，渗透率将达到19.32%，新装机容量将超过1 000GW（见图18-17）。

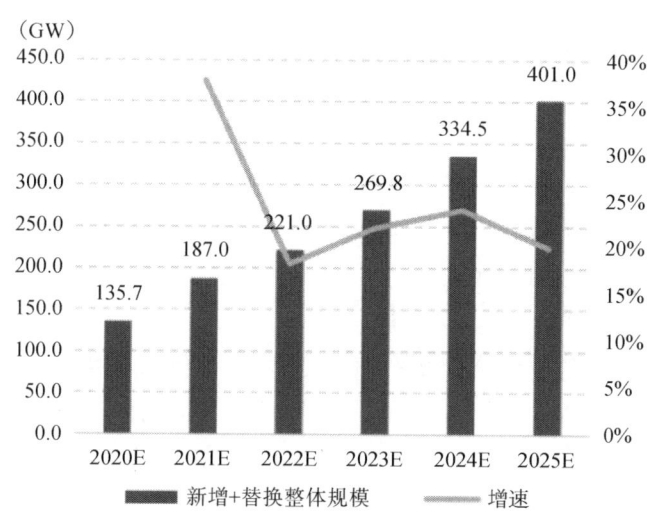

图18-17 光伏装机空间测算

资料来源：IHS，东吴证券研究所。

（4）公司逆变器未来三年盈利有望高增长

逆变器是阳光电源的传统核心业务。近年来，受益于光伏行业发展，收入保持增长态势，近五年复合增长率达13%。市场份额稳步提升，2020年全球市场份额约为27%，居海外多个国家和地区首位。预计未来三年市场占有率将超过30%，公司将成为世界领先的逆变器公司。未来三年，预计公司的出货量和利润将继续快速增长。公司将着力提高产品竞争力，扩大全球营销和服务网点布局，叠加光伏需求的高增长、华为出让其市场份额，2020年公司实现光伏逆变器35GW（国内13GW，海外22GW），是 2019 年（国内 17.1GW，国内 8.1GW，海外 9GW）的 1.05 倍。预计 2021 年和 2022 年分别达到 36GW 和 47GW，其中海外增速将明显高于中国，预计 2023 年海外出货比重将达到 62% 左右。

2019 年，公司 EPC（Engineering Procurement Construction）市场份额居世界第二，累计开发建设超过 12GW，开发运营成功率 100%。2021 年，公司计划建设 3GW 项目，以量补价，并将长期保持每年 20%—40% 的稳定增长。此外，公司是储能逆变器和储能系统的双龙头企业，预计 2021 年公司收入将突破 10 亿元。随着强制配储政策的深入实施和储能经济拐点的临近，预计未来将呈现爆炸式增长。逆变器、储能和 EPC 三大业务共享渠道，协同发展，作为未来业绩增长点的潜力逐渐显现。

公司是"全球逆变器+储能+EPC"龙头，在光伏迎来平价时代、碳中和成为全球共识、行业加速上行等背景下，公司逆变器出货有望高增长；同时，公司前瞻布局储能，叠加 EPC 稳健增长，公司当前有较大的投资价值。

18.3.2 半导体产业公司投资案例分析

（1）北方华创：国产设备龙头厂商，进入放量加速起飞

北方华创是中国领先的高端半导体设备及一体化解决方案供应商。公司由七星电子和北方微电子战略合并而成。其前身是 2001 年 9 月成立的北京七星华创电子有限公司。公司在芯片制造、刻蚀、薄膜沉积等领域有着近 20 年的发展历程，已成为国内领先的半导体高端工艺设备和一站式解决方案供应商。北方华创主要从事半导体设备、真空设备、新能源锂设备及精密元器件业务，为半导体、新能源、新材料等领域提供解决方案，半导体设备位于半导体产业链的上游（见图 18-18）。公司立足四大工业制造基地布局，客户覆盖中芯国际、华虹、三安光电、京东方等各产业链龙头，营销服务辐射欧、美、亚等主要国家和地区。

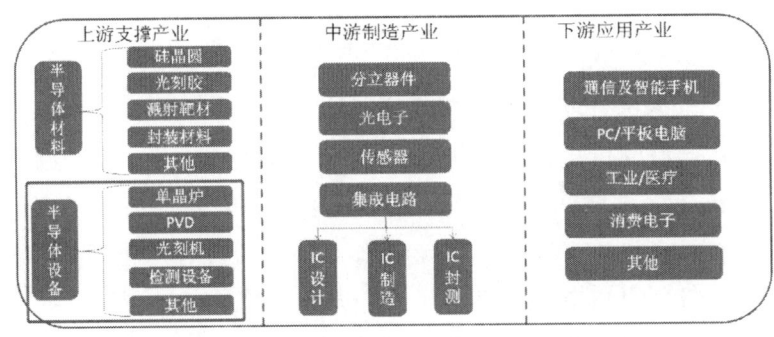

图 18-18　半导体设备位于半导体产业链的上游

资料来源：中商产业研究院。

公司在半导体设备领域不断发展，市场份额持续提升，业绩逐年稳步增长。近年来，随着国内半导体和泛半导体制造业的快速发展，公司不断推进技术迭代，完善产品矩阵，提升竞争力，实现业务规模的快速扩张。2015 年至 2020 年，归属于母公司的收入和净利润复合年增长率分别达到 47.94% 和 69.26%。2020 年公司营业收入 60.56 亿元，同比增长 49%；归属于母公司的净利润为 5.37 亿元，同比增长 74%（见图 18－19）。公司加强新产品研发、市场拓展、落地股权激励，全年设备、电子元器件实现了较大增长。

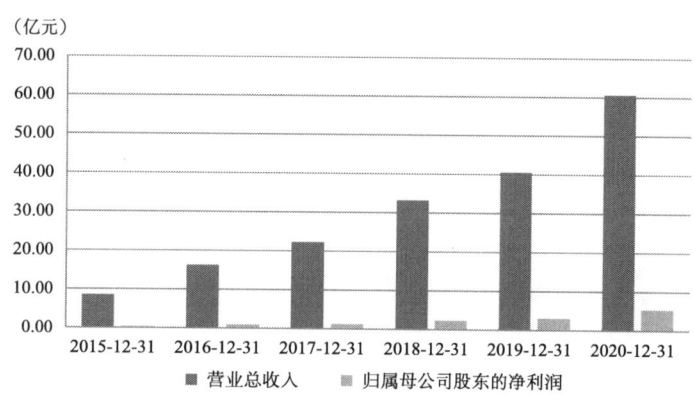

图 18－19　北方华创营业收入和归属母公司股东的净利润情况

资料来源：Wind。

全球设备市场增长超预期，国产替代需求加速。根据 SEMI 的数据，2020 年全球设备市场达到 712 亿美元，同比增长 19%（见图 18－20），SEMI 展望未来 5—10 年全球半导体设备投资需求加速。台积电最新资本开支 300 亿美元，国内晶圆厂投资加速，长江存储新一轮扩产，合肥长鑫、SMIC 设备采购国产化加速，国产化产线有望超预期，国内设备企业迎来发展良机。

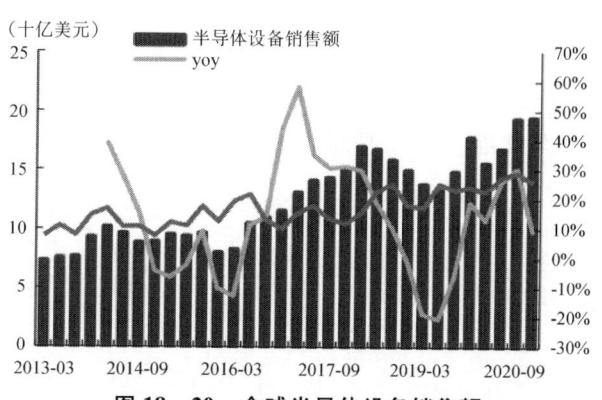

图 18－20　全球半导体设备销售额

资料来源：日本半导体制造装置协会、国盛证券研究所。

北方华创持续推进先进技术研发，核心设备量产、订单相继突破。2019—2020年，北方华创12英寸硅刻蚀机、金属PVD、立式氧化/退火炉、湿法清洗机等多款高端半导体设备相继进入量产，2020年下游客户需求旺盛，高端设备营业收入同比增长，成熟工艺设备突破新工艺，新工艺产品陆续进入客户验证或量产，产品频获客户重复采购订单。

（2）国内半导体设备需求爆发，国产替代进展加速

2020年中国成为全球最大半导体设备市场。根据SEMI的数据，中国设备市场在2013年之前占全球比重为10%以内，2014—2017年提升至10%—20%，2018年之后保持在20%以上，份额呈逐年上行趋势。2020年，国内晶圆厂投建、半导体行业加大投入，半导体设备市场规模首次在市场全球排首位，达到181亿美元，同比增长35.1%，占比26.2%（见图18-21）。2021—2022年，存储需求复苏，韩国领跑全球，但中国设备市场规模仍将保持在约160亿美元高位。

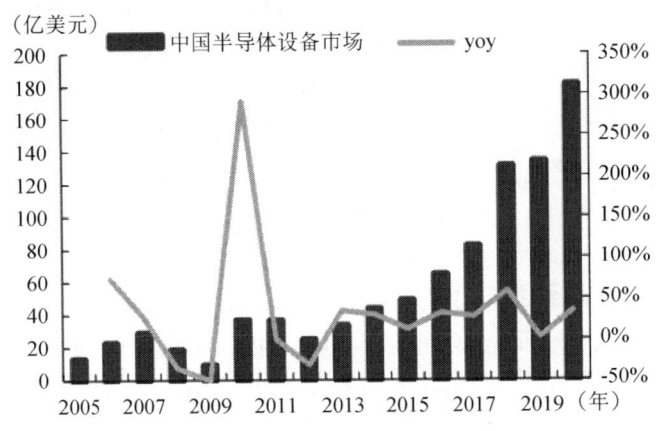

图18-21　中国半导体设备市场规模

资料来源：日本半导体制造装置协会、国盛证券研究所。

半导体设备作为国内半导体设备龙头，国产设备替代时不我待。伴随下游资本开支大幅提升，行业基本面强劲，景气度达到历史级别远超预期。公司全面布局半导体设备，产品在前道工艺覆盖面较广，技术处于国内领先地位，未来替代空间巨大，预计公司2021年将步入放量加速发展阶段。

第七篇
新兴产业与金融创新

19.

金融创新助推新兴产业发展

19.1 金融产品创新与新兴产业发展

对于新兴产业而言,其资金需求通常较为旺盛,一方面是因为产业本身知识和技术的密集性,需要大额的研发投入作为支撑;另一方面则是因为新兴产业具有在产业链上进行横向、纵向延伸的天然需求,并购活动层出不穷,进一步提升了融资需求。但鉴于新兴产业的高风险特性,上述融资需求既难以获得银行信贷的青睐,也难以在短期内登陆直接融资平台从而获得充分的资金注入。新兴产业的发展需要金融支持、资本助力。创新企业初期需要启动资金,发展阶段需要建设资金,在成熟期需要产业增值的资金服务。金融和科技就如同人的两只脚,金融支持并服务于科技创新,将其转化成新的生产力;科技也不断支持新的金融模式,支撑新的金融生态。创新和金融结合最需解决的就是广大中小企业、个人的融资难问题。即大众创业、万众创新的背景下,大量的、分散性的、小型的创新如何才得到金融的认可;金融创新背后新兴产业的投资机会在哪里。

19.1.1 金融产品创新支持战略性新兴产业发展

"十四五"强调要完善金融支持创新体系,促进新技术产业规模化应用。在宏观意义上,金融产品在投融资过程中扮演重要的媒介和通道作用。有什么样的金融产品决定了新兴产业可以融到什么类型的资金和多大规模的资金。在经济循环中,金融产品的角色是为投融资提供渠道和连接。金融机构如银行、信托、基金公司管理的形形色色的金融产品为经济体中的资金盈余者(如居民、企业)的资金流向资金需求方例如企业、政府,提供了顺畅的通道。换一个角度,资金需求者正是依靠各种类型的金融产品，实现其融资的需求。对于金融产品整体而言，进一步的扩容难度较大，而结构调整预计将成为未来持续多年的重要特征。

2012—2020年金融产品规模如图19-1所示①。2012—2015年，国内金融产品规模连续4年保持40%—50%的增速；2016年、2017年增速分别放缓至25%—30%和5%—10%，2018年首次出现总量规模的负增长（降幅为4.5%）；2019年小幅回升；2020年受疫情导致的货币宽松支撑，增长8.7%。2020年年末，国内金融产品市场规模合计125.09万亿元，较2019年末增长约10万亿元，增幅8.7%，存量规模已创出新高（此前高点为2017年末116.90万亿元），占名义GDP的比例为123%。其中，作为标准的净值化品类，公募基金增长最为强劲，2020年规模合计19.89万亿元（协会的季度数据口径），较2019年末增长34.7%。保险资管和私募基金规模也分别增加3.17万亿元、2.87万亿元。而传统上具有一定"通道"属性的券商资管、信托、基金子公司专户规模持续下降。从存量规模看（见图19-2），2020年末银行理财（非保本浮动收益）、信托、公募、私募的资产管理规模分别为25.86万亿元、20.49万亿元、19.89万亿元、16.96万亿元，公募/子公司专户、券商/期货资管、保险的规模分别为11.42万亿元、8.77万亿元和21.70万亿元（以保险资金运用余额近似代替）。从占比看，非保本银行理财规模占比最大，为21%左右，信托、保险和公募基金占比较为接近，均在16%左右。

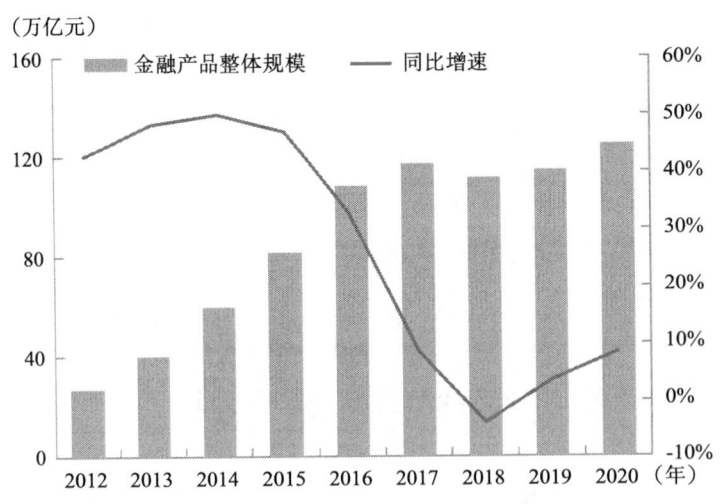

图19-1　2019年后金融产品市场规模筑底回升

资料来源：中国证监会、中国银保监会、中国证券投资基金业协会。

---

① 历海强，赵文荣，刘方，朱必远. 金融产品市场回顾与2021年下半年趋势展望：结构变迁主导格局，业务合作大于竞争 [R]. 中信证券，2020.

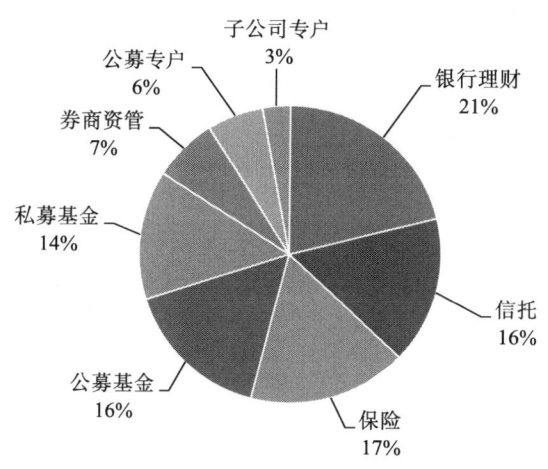

图 19-2　金融产品 2020 年末规模分布占比

注：银行理财为非保本浮动收益。

资料来源：证监会、银保监会。

目前市场上金融产品仍然是以传统的产品为主，并没有针对新兴产业的金融产品。随着国家自上至下大力推动金融供给侧改革，提倡金融支持新兴产业的发展并制定了一系列相关法律法规来指导金融业务发展方向，各银行也在尝试进行一些金融产品创新来满足新兴产业的融资需求。金融产品创新是指金融资源的分配形式与金融交易载体发生的变革与创新。金融产品创新是金融资源供给与需求各方金融要求多样化、金融交易制度与金融技术创新的必然结果。梳理目前各银行业务及产品最新发展动态，针对新兴产业的金融产品创新主要如下几类：

（1）"双创债"

为鼓励和扶植创新企业和微小高新技术企业，支持创新创业企业融资，证监会开始推动"双创债"试点发展，并于 2017 年 7 月发布《中国证监会关于开展创新创业公司债券试点的指导意见》；同年，首批"双创债"在上交所正式落地。双创债的推出可满足创新创业企业融资需求，拓宽融资渠道，降低融资成本，可进一步提高债券市场服务实体经济的能力。不过双创债试点后，其实际的发行效果并不如意。根据 Wind 数据不完全统计，2019 年 3 月 5 日，共有 35 家发行人发行 37 只双创债，合计发行规模约为 82.86 亿元。国务院总理向十三届全国人大二次会议作政府工作报告指出要鼓励发行双创金融债券，这意味着双创机构债会进一步被鼓励。

（2）科技金融创新产品

为更好地支持科技型小企业发展，各银行针对科技型中小企业经营特征、风险状况和融资需求等不同特点推出了科技金融创新产品，比如建设银行的"科技智慧贷""科技助保贷""科技信用贷"，江苏银行的"科技之星""人才之星""投贷之星"

"成长之星"等。

(3) 投贷联动

2016年4月21日,原银监会、科技部与中国人民银行联合出台了《关于支持银行业金融机构加大创新力度开展科创企业投贷联动试点的指导意见》,开启了投贷联动试点和推动工作。投贷联动是"信贷投放"与"股权融资"相结合的一种融资方式,其中,信贷投放主要由商业银行来完成,股权融资的主体则根据不同的投贷联动运作模式会有不同,常见的有外部风险投资机构(VC/PE)、商业银行集团内部具备投资资格的子公司、产业投资基金等。我国开展商业银行投贷联动业务试点以来,各试点行从多方面进行了有益探索,取得了一定成绩。

当前市场上最常见的"投贷联动"模式(见图19-3)就是商业银行向科技企业或者说是不完全符合信贷政策的实体企业发放商业贷款,并委托第三方投资机构代位持有企业的认股权证/期权。当发生认股权证/期权可以被成功行权时,投资机构代为行使权利,扣除一定比例的代持费用后将剩余收益通过合规途径支付给商业银行。

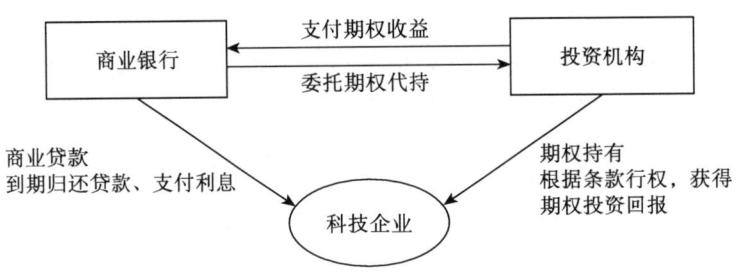

图19-3 典型的"投贷联动"模式

(4) 产业投资基金

财政与银行、证券、保险、租赁等机构合作,通过政府资金撬动社会资本组建产业投资基金,形成融资支持链。例如,安徽省投资集团设立69只产业基金,通过915亿元财政投入撬动2.8倍社会资金,精准支持战略性新兴产业企业生命全周期资金需求。

(5) 政策性金融组合

政策性银行通过成立证券、租赁等非银行金融机构,灵活使用"投、贷、债、租、证",有效满足战略性新兴产业集群发展融资需求。例如,国家开发银行设立国开证券公司,为新兴产业企业提供综合金融服务支持。

19.1.2 人才与资本推动战略性新兴产业发展

人才与资本是推动科技创新、引领新经济发展不可或缺的两大要素。而资本市场在支持技术创新、配置产业资本和促进新经济发展方面具有独特优势，能够为新经济的发展提供资本支持。无论是新兴产业的孕育还是传统产业的升级，都离不开金融的支持。前三次技术革命的历史经验表明，通过"收入效应"和"替代效应"，金融创新与发展成为技术革命、产业升级不可或缺的动能。健全的金融功能是技术进步的必要条件，高效的金融市场是产业升级的推动力，合理的金融结构是产业升级的加速器，积极的金融政策则是产业升级的重要保障。在第四次技术革命过程中，互联网、信息技术、生物医药等领域涌现出更多的轻资产型企业，他们拥有专利、技术、商誉、平台等无形资产，对金融市场和金融产品提出了和以往不同的要求，全球产业链的合作要求金融领域建立国际协调合作新机制。

从中国当前的发展情况看，随着创新发展战略的有序推进，中国新经济发展迅速，创新型企业层出不穷，涌现出了一批世界级的科技独角兽企业。科技进步对GDP增长的贡献率已经由2012年的52.2%提升到2020年的60%以上。2019年我国经济发展新动能指数中创新驱动指数为332.0，比上年增长23.4%。根据CB Insights统计，2020年，全球独角兽企业（估值超过10亿美元）总数达到511家，其中中国独角兽企业为251家，仅次于美国，名列世界第二。但需认识到，在全球产业链分工格局中，中国仍处于中下游组装合成环节，部分核心技术和关键零部件仍依赖进口。中国新经济的发展主要是依托新业态经济，即更加偏重流通领域和技术最下游应用环节。未来要实现新经济可持续发展和产业国际竞争力的不断提高，中国需要在技术自主创新方面做出更大努力，对经济创新能力的培育任重而道远。

当前国内资本市场拥有多层次资本配置体系，可以为处在不同生命周期和不同规模的创新型企业提供从种子投资到上市融资、并购重组等一系列资本配置服务。从多层次资本市场建设来看，中国资本市场已基本形成了主板、创业板、新三板和区域性股权市场的多层次市场结构。未来需要进一步区分四者之间的市场定位，健全多层次资本市场，提高资本市场对新经济企业的适应性和包容性，或可在降低上市标准的交叉重叠、理顺各层次之间的转板机制、实行差异化的交易制度甚至退市标准等领域进行研究探索，满足不同企业的多元化金融服务需求。

从国际资本市场的实践经验看，已有越来越多的国家和地区认识到资本市场支持经济创新升级的制度优势，加快了资本市场服务新经济企业的改革。2018年以来，中国香港和内地资本市场主动改革上市制度，将有助于提高新经济的直接融资比例，拓宽风险资本投资"新经济"的退出渠道，为技术创新提供更加及时的资本支持。特别是香港交易所大力改革上市制度，允许同股不同权公司和未盈利生物科技公司赴港上市，极大地提升了港交所对新经济企业的吸引能力和服务水平。以本次改革中的生物科技企业为例，生物科技企业初期需要大量的研发投入，资金压力大但盈利能力低，一旦前期资金断裂就有可能导致项目在成功前夭折。因此，允许未盈利生物科技企业上市融资，不仅符合企业的实际周期特征，能够为企业保持长期研发实力提供资本支持，而且由于丰富了风投资本的退出渠道，增强了风投资本在"种子期"参与的积极性，有助于培育生物科技产业发展的"萌芽"，实现资本与产业的良性互动。无独有偶，2018年以来中国A股市场也加快改革步伐，通过加快IPO和计划试点中国存托凭证、推动注册制、建立常态化退市机制等方式增加对新经济的融资支持，促进更多资本流向技术创新和新经济。

19.1.3 战略性新兴产业发展的金融创新具体对策

（1）建立适应战略性新兴产业发展的多元化、协作的金融机构体系

积极完善对金融机构系统的创新，应在已有大型间接融资金融机构的基础上，集中力量发展一批为新兴企业提供直接融资服务的小型金融机构，例如科技类小型借贷机构、融资担保机构；为了控制战略性新兴企业的融资风险，可以建设打包贷款的批发金融机构。因为间接融资部门在提供融资服务过程中，对于风险的承受能力不高，为了能够满足高风险特征的战略性新兴产业的融资需要，就要建立能够有效发挥直接融资服务的金融机构体系。重点是建立以中小型战略性新兴产业为核心的小额信贷金融机构，小额贷款可以在很大程度上解决中小型企业的融资问题，对于他们的长远发展具有十分重要意义。

（2）创建丰富、具有特色的金融产品系统为战略性新兴产业提供服务

金融产品创新要从市场实际情况出发，根据经济类型来创新。战略性新兴产业具有资金流动率低、实体资产少、具有一定的专利技术优势以及高素质、高水平的人力资源力量，并具有巨大的发展前景和高收益等特征。然而，现行的金融产品却更加适合于传统初具规模的企业。所以，需要从企业的经营管理特点、项目现金流周期以及资金运营等方面出发，创造出一套能够促进科技创新的金融产品。根据战略性新兴企业特点，其无形资产占据一大部分，同时，还可以实行无形知识产权抵融资制度，也可从实行供应链融资或者贸易融资制度，以适应新兴产业供应链长带动面宽的特点。可以实行直接融资机构与间接融资机构彼此联合，研发股债权联动的金融产品，把股东所持股份转化为支持企业发展的资金。

（3）创建能够适应战略性新兴企业的多层次、多功能的金融市场体系

健全的金融市场的特征为：可以集中进行科学的资源配置，确保更多的资金流入战略性新兴产业项目中，从战略性新兴产业融资特征来看，它具有投资与风险大、收益大特点，这就要加强金融市场体系创新，从市场结构与功能方面入手，创建一个针

对新兴产业企业发展各个时期提供融资服务的金融市场。常见的金融市场有创业板股票市场（它可以进行直接的融资服务）、创业投资基金交易市场等。此外，还有进行间接融资服务的金融市场，如信贷资产交易市场等。同时，也可以针对企业规模大小来建立一个多层次的资本市场，战略性新兴产业资本市场属于金融市场的一部分，要想发挥双方彼此协助、相互促进的作用，就需要创建一套多层次市场体系，可以从企业的发展程度、规模大小以及投资风险大小等方面出发创建能够满足不同层次企业服务需要的资本市场体系。

[案例19-1] A集团新兴产业发展金融产品创新

A集团成立于2000年9月，是一家以工业板块为主体，融产品经营、产业经营和资本经营为一体的综合性省属国有大型工业集团企业。近年来，A集团通过重组，逐步收缩业务范围，重点发展污水处理、固体废物（生活垃圾）处理及清洁能源应用等节能减排产业，同时培育发展大数据应用等新一代信息技术产业。经过业务结构的不断调整，新兴产业在集团业务结构中的占比大幅上升，截至2016年年末，新兴产业创造的收入已占集团全部收入的90%，所占资产比例也将近80%。

但是，如同其他以新兴产业为主业的企业集团一样，A集团公司同样遇到了资金方面的困扰：一是近十年来，集团深耕的环境综合整治（污水处理、垃圾处理）产业，具有投入大、周期长的特点，短期内收益难以快速见效，因此仅依靠企业内源性融资，无法在短期内获得充分的资金积累；二是在外部融资上，新兴产业本身的特性导致其能够获得的融资规模较为有限，同时融资手段不够丰富、创新不足，无法满足多层次、多方向的融资需求；三是由于上市资产的监管要求，统筹融资的力度较弱，无法形成高效的协同。这样的融资困境，一方面给市场份额和业务规模的扩张带来了不小的困难；另一方面也使集团难以进行大体量的并购，以及对科技研发开展持续性投入，不利于集团主业的长远发展。

针对上述的融资难题，A集团公司研究探索多元化融资策略，根据集团旗下不同的行业以及其所处的不同发展阶段制定配套的融资计划。对市场接受程度较高的项目和产业，采用传统模式进行融资，包括运用企业的留存收益进行内源性融资、引入外部投资者、发债及申请银行贷款等；如果条件允许，还可以通过财政专项资金和专项产业基金进一步拓宽融资渠道（见表19-1）。

然而在传统模式下，融资金额、融资用途和支付进度一般都会有比较明确的限制，例如商业银行的基建项目贷款，贷款支持的项目本身就需要按照国家规定的审批程序进行审批；同时，项目资本金还需要占到总投资的一定比例，通常要达到30%以上。进入施工建设阶段后，按照项目进度进行付款；项目建成后还要由有关部门组织竣工、决算、验收等工作。对于集团而言，较难实现对资金的统筹机动使用，不利于提高资

表 19-1　　A 集团公司研究探索的多元化融资策略

资金来源	典型融资渠道	资金来源	典型融资渠道
资本金	(1) 财政专项资金（如有） (2) 国家专项建设债券资金（如有） (3) 引入外部投资者 (4) 留存收益 (5) 长期债券 (6) 专项产业基金（如有）	债券	(1) 产业专项优惠贷款（如有） (2) 项目贷款 (3) 短期债券 (4) 流动资金贷款

金的使用效率，特别是在对风险较高的新兴产业项目进行投资时，仅仅依靠传统融资方式往往会受到一系列制约。

鉴于上述情况，A 集团公司开始探索适合新兴产业发展特点的一套融资模式。对于传统金融机构接受程度较低的小微项目，特别是以科技研发为主的高风险小微项目，探索建立一套与之相匹配的融资体系。比如对于处于种子期、初创期的项目，其资产大都以知识产权为主，由于难以进行评估质押，往往无法满足常规的融资条件。但如果能将这些项目相对集中于科技园区，再以园区为载体来发行联合信托、联合债券、联合票据等，则可以在一定程度上解决融资问题。这样的做法在市场中已有先例，比如由中关村科技园区的高新技术企业神州数码（中国）有限公司、北京和利时系统工程股份有限公司、北京北斗星通导航技术股份有限公司和有研亿金新材料股份有限公司组成的集合发债主体，对外发行"中关村高新技术企业集合债券"，共募集债券资金 3.05 亿元人民币，期限 3 年，是高新技术企业集合发债的首例。之后的 07 中关村债、07 深中小债、09 大连中小债、10 武汉中小债也都是高新技术企业集合发债的典型案例。目前，B 集团已建立了自己的孵化器并取得了相应的资质。未来，孵化管理公司有望成为相关资本运作的载体。在此基础上，对于经过培育达到一定发展程度的项目，积极引荐导入风险投资基金，使之实现更彻底的市场化、资本化。此外，还可借助资金结算中心提供的内部贴息贷款、无息贷款等。

与此同时，A 集团公司为从根本上解决融资问题，进一步优化和培育旗下的新兴产业，进行了一系列的重组：按照业务的发展方向，将关联度较强的子公司及资产通过划转、合并、重组等方式聚拢在一起，使之成为发展相关产业的载体；在此基础上，对未上市的主业企业，进行股份制改造，建立规范的公司治理结构，引入战略投资者，剥离非经营资产，并努力解决产业上下游在技术以及资金统筹等方面的问题，逐步实现 IPO 上市或在二级市场收购同行业企业实现上市；对那些发展前景较好、已具备"新三板"挂牌基本条件的企业，进一步整合内部资源或兼并外部同行企业，使其尽快符合挂牌条件；对于已上市的主业企业，进一步推动其通过并购实现快速发展。通过上述"提纯",最终实现优质主业资产与资本市场充分对接,为下一步的扩张奠定基础。

此外,为进一步拓展融资渠道,A集团公司还设立了基金管理公司,并正积极申请筹建财务公司。这样一方面可以多渠道、多形式吸纳社会资本投入产业;另一方面可利用专业团队进行专业化运作,实现融资资源的充分统筹。基金管理公司按照市场化原则设立的"母基金+子基金"模式的国有资本投资基金,可在吸收国有资本的基础上,分行业投入到污水垃圾处理、清洁能源应用及大数据应用等产业,在满足这些行业的资金需求的同时,也为国有投资基金提供了有价值的投资渠道,实现社会效益与经济效益双赢。财务公司则可进一步提升集团的融资及统筹能力,在政策允许的范围内,以财务公司作为实施载体,实现对集团成员企业的资金归集,并建设商贸、金融和物流三方合作的供应链金融平台,进一步提升集团的产业链融资能力。

19.2 引导基金与新兴产业融资

19.2.1 引导基金对战略性新兴产业发展的影响

政府引导基金是通过扶持初创期科技型中小企业的创业和技术创新,由政府对其进行资金投入,并且引导社会资本进入战略性新兴产业领域的投资行为。政府引导基金的主要目的包括扩大创业投资资本总量、使财政资金发挥最大作用和解决由于市场局限性所导致的创业投资资本的"市场失灵"问题。其对战略性新兴产业发展的影响主要有以下三方面:

(1) 吸引社会资本投入

引导基金作为政府培育战略性新兴产业的重要方式,如图 19-4 所示,2012—2019 年,我国引导基金数量增加 1158 只,复合年均增长率为 33.65%,设立引导基金自身总规模增加 20 247 亿元,复合年均增长率为 59.32%。引导基金作为一种"母基金",设立的目的是通过杠杆效应放大财政资金,增加创业投资资本的供给,充分发挥政府资金的示范效应和乘数效应,引导更多民间资本投资到战略性新兴产业领域,有效补充该领域的资金缺口。所谓的示范效应,就是政府资金以利益展示为先,有效吸引民间资本的关注力度,促使更多民间闲置资本向新兴产业转向。而乘数效应,则是表现在一旦政府设立基金,就可扩大政府引导性出资的范围;而后应用至具体项目,产生既得利益后,吸引其他资金的投入,从而再次扩大投资力度。而市场作为利益的驱动因素,极大可能会吸引银行信贷业务进入,更大限度扩大基金。这一过程不能单单地把示范效应和乘数效应割裂开,因为在基金的投入、使用、再投入这一循环体系中,两者是相辅相成、相互促进的。

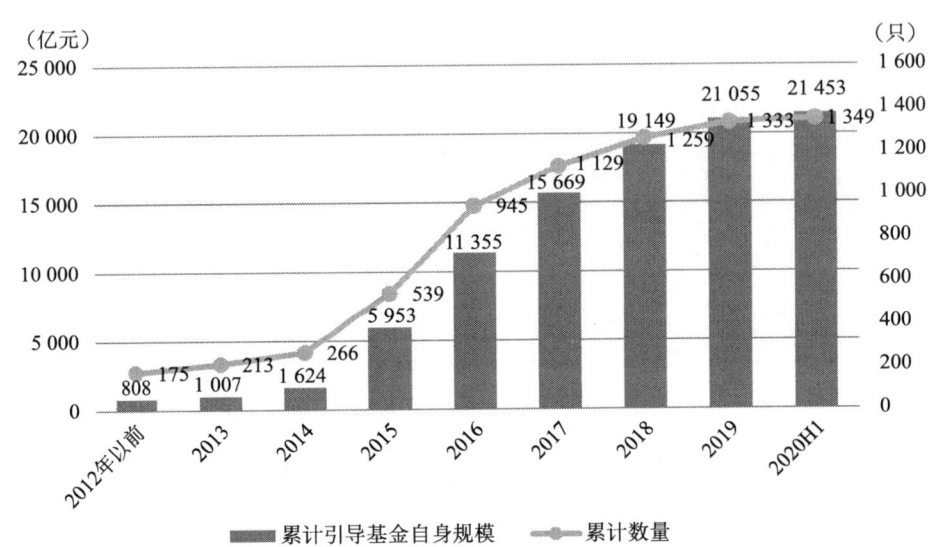

图 19-4　2012—2020 年全国政府引导基金成立情况

资料来源:CVSource 投中数据。

(2) 分散风险

政府引导基金的设立为投资者提供了一定的风险保障与风险承担,在一定程度上降低了社会投资者的投资风险。中国科技部科技型中小企业创业投资引导基金规定,引导基金按照投资收益的 50% 向共同投资的创业投资企业支付管理费和效益奖励。这一规定增加了社会投资者对战略性新兴产业的信心。政府引导基金所进行投资的项目是经过相关专业人员进行分析筛选后做出的选择,降低了投资者对投资项目的选择风险,减少投资步骤,为战略性新兴产业集中化、高效率发展提供了理论基础。政府的引导与市场的管理相结合以及社会资本的积极投入,使战略性新兴产业能够对市场的变化做出更快的反应,在政府的规范下对引导基金以及社会资本进行有效运作,确保基金使用的可循环和可持续,提高资金的投资质量和效率,从而达到利益的最大化。截至 2020 年 6 月底,国内共成立 1 349 只政府引导基金,自身总规模达 21 453 亿元,主要分布在华东和华北,如表 19-2 所示。

表 19-2　　　　　　　　截至 2020 年 6 月底政府引导基金地区分布

地区	引导基金数量（只）	引导基金自身规模（亿元）
华东	587	7 357
华北	215	5 066
华南	189	3 752
华中	130	2 231
西南	111	1 773
东北	54	434
西北	63	840
合计	1 349	21 453

资料来源：CVSource 投中数据。

（3）提高技术能力与创新

科技创新能力的提高需要更多的投入，技术以及相关产业需要更加注重全方位的布局。这是改造原有结构，增强市场竞争力，打造新经济引擎的有效手段。新兴产业的特点是，一旦开始了技术上的飞跃，相当于开启了一个新的需求，其对于社会的经济带动作用是巨大的。但因为新兴产业的创新前期需要巨大的投入，单单以市场自身的力量是难以支撑的，此时政府作为市场那只"有形的手"，有充足的社会资源进行配置，可以更好地对现有市场机制进行完善。财政部通过文件对政府投资基金投向做出相应规定，政府通过设立创投基金的方式支持和推动新兴产业的发展，使得战略性新兴产业的资源得到了更好的配置，推动了创新与发展。

根据中国结算公司发布的《关于政府出资产业投资基金信用信息登记情况的公示》的统计结果，政府撬动金融资本主要用于支持新兴产业，引导包括信息通讯、生物医药、新材料、互联网医疗、新能源、量子通信、节能环保、IT 以及文化创意等在内的重点发展领域的企业和项目的发展。其中，投资领域主要集中在工业制造业以及科技教育、农业领域，而这些领域也是政府近几年来优化供给结构重点投资的方向。

19.2.2　高质量发展背景下新兴产业的融资需求特征

目前，以智能制造、生物科技和人工智能为代表的新兴产业在我国总体上尚处于发展初期。从行业生命周期的角度来看，处于种子期和发展初期的新兴产业需要投入大量的研发和市场推广成本，并且缺乏稳定的现金流收入，企业的收支状况无法负担传统信贷模式下的利息返还。同时，由于金融机构对新兴产业的关键技术识别能力有限，难以对其实际价值进行准确评估，企业难以将无形资产作为质押物获得银行贷款，面临较大的融资约束。

由此，新兴产业的早期发展需要以风险投资基金为代表的战略投资者以股权投资的方式予以支持，在此背景下才能迅速而稳定地实现企业成长。但新兴产业的融资需求具有行业上的不对称性，这就需要政府引导基金对市场失灵的矫正和调整。从融资需求上看，风险投资基金的核心目的在于实现盈利，在资本约束的情况下要求资本较快回流，由此金融资本会流向中短期内具有较好盈利前景的企业，对具有中长期研发前景的企业支持不足。以2012—2019年的中国独角兽企业为例，大量创业投资流入美团、滴滴打车等技术门槛较低的消费行业。受疫情影响，生物医疗和半导体及电子设备等赛道逐渐受到资本热捧，2020年创新药与器械赛道的新晋独角兽企业数量最多，为11家。

同时，新兴产业的融资需求具有多阶段性。在经过充分的研发投入和市场推广后，新兴产业逐渐将无形的专利技术转化为有形的工业产品。在不同的发展阶段中，现金流状况和产品研发状况的变化也导致企业的投资方式和资金需求发生变化。以虚拟现实产业为例，目前以三星、微软为代表的国际巨头已经实现虚拟现实产品的研发，国内也有暴风科技、小米等企业推出了相关的虚拟现实设备。目前虚拟现实设备已经逐渐融入居民的日常娱乐生活中，但产品的使用率仍然较低。一方面，虚拟现实软件的高昂价格成为阻碍设备进一步推广的关键因素。另一方面，产品的宣传推广仍然不足，众多消费者对虚拟现实技术的认知仍然停留在比较初期的阶段，对产品的使用需求不足。在此背景下，虚拟现实产业的发展已经由单纯的硬件技术研发转向软件技术拓展和产品的营销推广，投资需求也从单纯的研发投入转向研发和销售投入并重。同时值得指出的是，由于企业的现金流状况得到改善，融资结构也会发生一定的变化。

再者，新兴产业的创始人团队对企业的控制权有着较高的要求，单纯依靠风险投资基金支持的融资模式可能导致企业的公司治理冲突加剧，甚至导致核心技术团队的流失，不利于新兴产业的长期发展。以苹果的无人车团队为例，技术团队的离职导致无人车研发项目中断，关键技术攻关的失败导致产品长时间无法进入试运营阶段，错失了发展的关键时期。在苹果公司无人车项目停滞不前时，竞争对手谷歌和特斯拉的无人车项目取得关键突破，苹果公司在无人车研发方面的产业布局陷入两难境地。因此，新兴产业发展过程中对公司治理结构具有较高的要求，如何缓和金融资本与创始人团队需求之间的矛盾成为政府引导基金发展过程中需要考虑的关键问题。

19.2.3　新兴产业背景下引导基金运行模式构建

根据《关于创业投资引导基金规范设立与运作的指导意见》规定，各地政府应采用引导基金理事会或决策委员会的形式来行使引导基金的决策权。该指导意见明确指出，引导基金的投资运作原则和关键条件是"政府引导、市场运作、科学决策、防范风险"，即政府出资创立引导基金后，吸引社会资本参与，日常管理与运作应由股东或管理机构负责，政府原则上只能进行宏观决策，不能直接进行投资项目的决策，具体运行模式如图19-5所示。

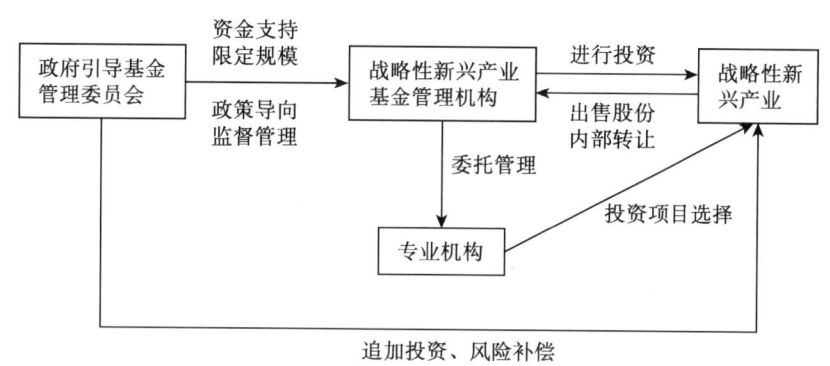

图 19-5 政府引导基金运行流程

（1）政府引导基金管理模式

首先，政府引导基金由政府管理委员会对战略性新兴产业基金管理机构提供资金支持。政府引导基金作为一种政策性基金，不以营利为目的，往往体现着国家政策的导向，但这并不意味着政府引导基金仅由政府提供拨款、贴息等无偿的方式去运作，市场化、有偿运作方式反而是其持续发展的内生动力。引导基金最主要的目的是帮助新兴产业的发展，再吸引大量社会资本投入到此产业。所以政府应根据实际情况来限定规模，以避免出现资金风险。政府引导基金的资金规模应根据政府财政实力和区域创投资本的实际需求等因素来确定。如果规模过小，可能导致政策目标不能实现；规模过大，则政府财力可能难以承受。政府引导基金管理目前主要采用间接管理模式，由政府委托第三方专业机构负责，比如基金公司，并且由其管理日常运营和掌控主要投资决策权，其收益分配方式以社会资本优先，若有剩余利润，即可分配给政府机构。

其次，战略性新兴产业基金管理机构委托专业机构对投资项目进行利益分析，做出投资项目选择，向战略性新兴产业进行投资，促进其发展。若项目得到发展，战略性新兴产业管理机构可出售股份，从而获得投资收益；若项目发展不利，则政府引导基金管理委员会应对战略性新兴产业进行投资追加，并对发展过程中所承担的风险进行补偿以使其能继续发展。

最后，政府引导基金投入通常设有存续期，当政策使命完成后，引导基金就退出或转出为商业性创投机构。在政策使命没有完成前，引导基金需要循环往复地扶持民间资金设立创业投资子基金。研究显示，战略性新兴产业进入稳定发展期一般需要3年，因此设定退出时长不应太短，应使引导基金充分发挥其作用后才可退出。政府引导基金的退出的方式有：公司内部优先转让、被投资公司上市、破产清算等，主要形式是以股权出售的方式退出。科技部科技型中小企业创业投资引导基金规定："引导基金投资成的股权，其他股东或投资者可以随时购买。自引导基金3年内购买的，转让价格为原始投资额。超过3年的，转让价格为引导基金原始投资额与按照转让时中国人民银行公布的1年期贷款基准利率计算的收益之和。"

（2）政府引导基金投资模式

政府引导基金的主要运行模式有阶段参股、跟进投资、风险补助、投资保障四种投资模式，图19-6展示了大健康产业基金的基本框架，图19-7展示了高新产业基金的投资结构。根据上述运行流程图具体分析得出：

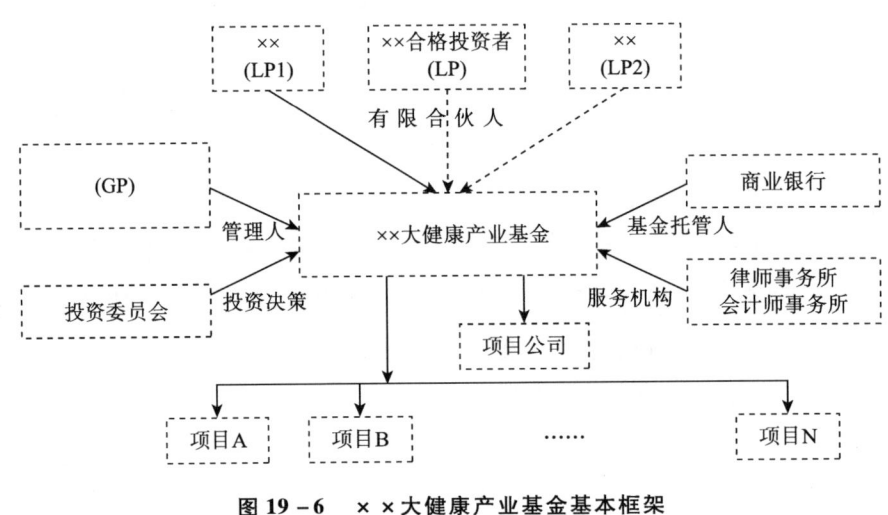

图19-6 ××大健康产业基金基本框架

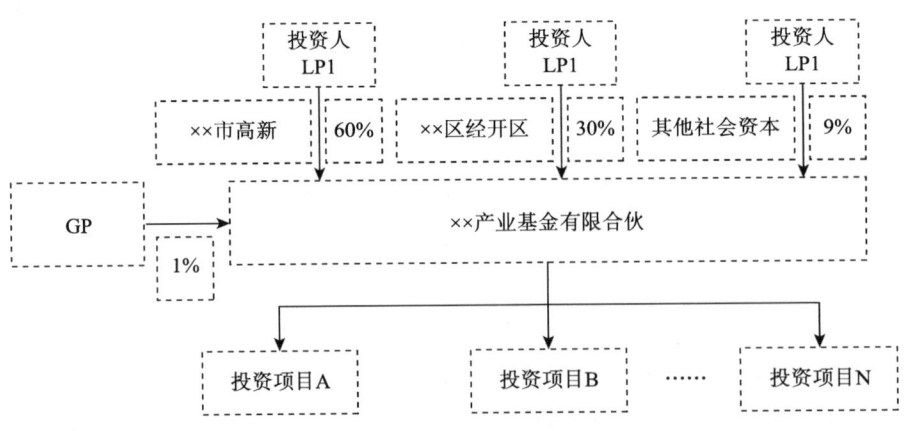

图19-7 ××高新产业基金投资结构

①阶段参股。阶段参股是引导基金运行的最基础的模式，引导基金向新兴产业投资机构提供资金支持，并按相关约定在一定期限内退出资金。阶段参股是运行过程中

必不可少的模式选择，政府的阶段性参股支持设立新的战略性新兴产业基金管理机构，扩大对科技型中小企业的投资总量，吸引更多的社会资本投入，在一定时期内退出则降低了政府基金的风险，也能获得投资收益。

②跟进投资。跟进投资主要是政府以相同的条件对项目进行跟进投资，扶持新兴产业的发展并引导产业的发展方向，使其能够在正确的方向上持续、快速发展。跟进投资一般是在初创期，我国在《关于创业投资引导基金规范设立与运作的指导意见》中也明确指出，跟进投资仅限于早期创业企业或需要政府重点扶持和鼓励的高新技术等产业领域的创业企业。为了增强战略性新兴产业投资机构抵御风险的能力，降低投资风险，减少因风险而不敢投资的可能，对于相对成熟的投资领域，由于市场和资金的饱和，政府也可进行投资跟进以发挥其最大的作用。

③风险补助。风险补助是对已投资于新兴产业的投资公司予以一定补助，增强其抵御风险的能力。风险补助是一种辅助的运行模式，其补助金额一般不超过银行贷款利率，以避免创业投资公司利用政府的风险补助政策套取国家补贴的现象发生，所以风险补助在引导基金运行中占比例很小，具有区域性的特点。

④投资保障。投资保障即战略性新兴产业基金管理机构委托专业机构对初创期有发展潜力、投资价值但却存在一定风险的投资项目进行筛选，由基金管理机构对这些企业进行股权投资，然后引导基金给予第二次资金支持。该模式主要解决了投资机构因存在风险而迟迟不敢对项目进行投资的困惑，也在专业机构的评估下降低了风险的可能性，提高了投资的获利性。政府在选择引导基金投资模式时应考虑投资项目所在的发展阶段以及发展区域，以一种投资模式为主、其他模式为辅，便于专业化管理。

19.3　信贷模式创新与新兴产业融资

作为金融体系重要组成部分的信贷体系，在战略性新兴产业演进过程中具有重要的支持作用。在信贷体系支持战略性新兴产业的培育、发展与升级过程中，必须依赖于政策性信贷支持机制的作用。所谓政策性信贷支持机制，主要是指政府通过直接或间接干预方式，引导金融机构在某些领域开展倾斜性信贷活动，从而使信贷资源优先配置到符合国家产业发展规划的领域。同时，也离不开市场性信贷支持机制的作用。所谓市场性信贷支持机制，主要是指信贷资源按照市场化原则实施配置的支持过程。

19.3.1　政策性信贷支持机制下的政策设计

政策性信贷支持机制下的政策设计思路是：政策性信贷支持机制作用于以银行信

贷为主导的信贷体系，探讨战略性新兴产业发展的政策框架。

第一，处于成熟期的战略性新兴产业因其产业规模特征而基本满足商业性信贷机构的信贷标准，为体现政府对战略性新兴产业技术升级和规模升级的政策性支持意图，政府应制定战略性新兴产业方面的信贷倾斜政策。一方面，要求政策性金融机构积极开展战略性新兴产业方面的信贷支持活动；另一方面，引导商业性金融机构在开展商业性信贷活动时，对战略性新兴产业的载体企业给予适度倾斜，以支持战略性新兴产业的规模化进程。

第二，与培育期高风险低收益不同的是，处于发展期的战略性新兴产业所呈现的中风险中收益特征，尽管在一定程度上能够获得部分商业性信贷资金，但还是需要来自政策性信贷层面的支持。对此，政府可以在战略性新兴产业方面实施信贷倾斜政策，以扶持战略性新兴产业的发展。信贷倾斜政策主要是指政府通过干预商业银行的信贷方向来贯彻产业支持意图，这在政府主导型的以间接融资为主的信贷体系中尤为明显。

第三，政府可以在战略性新兴产业方面实施差别化利率政策。一方面，通过财政贴息、风险补偿等手段，引导商业银行积极开展战略性新兴产业方面的市场性信贷活动；另一方面，政府应明确对战略性新兴产业方面的贷款利率上限进行严格管制或进行窗口指导。差别化利率政策是政府主导信贷体制下国家或地区实行的一种产业支持政策，并非是指政策性信贷与市场性信贷的利率差异；是指在市场性信贷活动中，政府对利率的干预而形成的利率差异，而并非是利率形成机制具有非市场化的因素。实际信贷利率差别不是资金市场供求作用的结果，而是国家为影响企业资金成本，进而影响投资方向以鼓励或抑制产业发展的利率政策。

第四，加快组建与发展由政府财政出资的政策性担保公司，发挥政策性担保在战略性新兴产业方面的融资担保作用，同时应引导由民间出资的商业性担保公司和互助性担保公司积极开展战略性新兴产业方面的融资担保业务，尽快建立与完善"以政策性担保为主、商业性担保公司和互助性担保公司为辅"的"一体两翼"模式的多层次融资担保体系，为战略性新兴产业的发展提供融资担保支持。

19.3.2 市场性信贷支持机制下的政策设计

市场性信贷支持机制下的政策设计思路是：市场性信贷支持机制作用于以银行信贷为主导的信贷体系，探讨战略性新兴产业发展的政策框架。

第一，在现行金融组织体系模式下，处于发展期的战略性新兴产业的发展规模水平往往难以引起规模性商业银行的信贷关注。对此，可通过金融组织（业务部门）创新方式，设立与发展服务于战略性新兴产业的中小商业银行、规模性商业银行战略性新兴产业信贷部，引导中小商业银行、规模性商业银行积极开展战略性新兴产业方面的市场性信贷活动，为战略性新兴产业的载体企业提供市场化的信贷支持。

第二，加强信贷管理和贷款评审等方面的信贷制度创新，引导商业银行建立适应战略性新兴产业特点的信贷管理和贷款评审制度。战略性新兴产业不同于其他传统性产业，是个崭新的"事物"，商业银行现行的信贷管理模式和贷款评审制度注重当前财务报表中的"净资产项"，但是处于成熟期的战略性新兴产业具有未来的规模发展效应所带来的巨大现金流收益，而这恰好是当前财务报表中无法体现的科目。

第三，积极推进知识产权质押融资、产业链融资等信贷产品创新。处于发展期的战略性新兴产业的发展规模还不够大，尽管其发展进程较快，但无法提供足够的传统意义上的抵押标的来获得商业银行的信贷资金。因此，应引导商业银行信贷产品创新，使商业银行注重传统意义上抵押标的的同时，积极开展知识产权质押融资、产业链融资等信贷活动方式，使处于发展期的战略性新兴产业容易获得商业银行的信贷支持，因为战略性新兴产业往往具有评估值较高的知识产权和较为完善的产业链。

第四，优化金融生态环境，建立战略性新兴产业的载体企业与商业银行之间的良好协作关系。良好的金融生态环境有利于处于成熟期的战略性新兴产业获得商业银行市场性信贷活动的支持。因为信贷风险的发生，不仅仅取决于产业本身，还取决于产业载体企业的诚信状况。为此，政府要加强载体企业诚信建设，建立载体企业诚信数据库，确定载体企业的信用等级，公布载体企业的信用执行状况等。同时，构建载体企业与商业银行之间良好的协作关系，有利于降低载体企业与商业银行之间的信息不对称程度，有利于载体企业在市场化原则下获得商业银行的信贷支持。

19.4　融资服务体系创新与新兴产业发展

从全球范围看，金融支持产业发展有两种基本模式：一种是以美国、英国为代表的市场主导型金融支持体系，产业发展及升级主要依靠直接融资。如图 19-8 所示，从 2010—2017 年美国直接融资与间接融资的占比分析，可以发现美国以直接融资为主，间接融资占比较小。另一种是以德国、日本韩国为代表的银行主导型金融支持体系，产业升级主要依靠银行的间接融资。如图 19-9 所示，从 2010—2018 年中国直接融资与间接融资的占比分析，可以发现中国以间接融资为主，直接融资占比较小。无论哪种模式，直接融资与间接融资混合发展的趋势都很明显，在一个产业从萌芽、兴起、发展、成熟的全生命周期中，离不开多元的金融支持，需要风险投资、证券市场、商业银行和政策性金融机构从不同的阶段和路径提供金融支持，同时还需要政府辅以相应的政策制度和法律法规。从资源配置主体来看包括政策性融资渠道和市场融资渠道。战略新兴产业应采取交叉多元融合方式,通过金融产品创新和服务创新来构建有别于传统产业的融资机制。

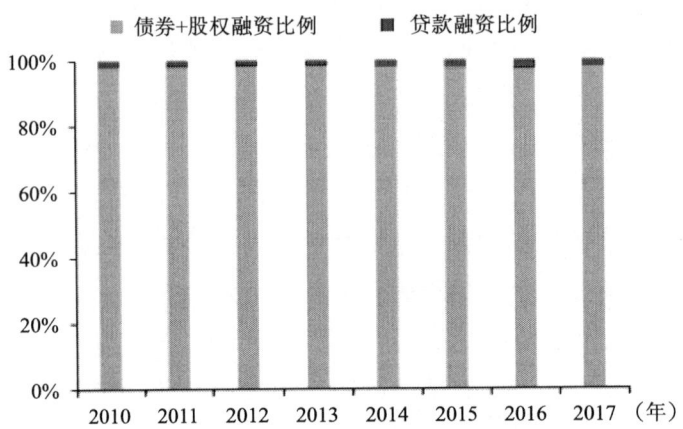

图 19-8　2010—2017 年美国直接融资与间接融资的占比

资料来源:曾岩,孔凌飞,藕文. 科创板时代的 A 股估值体系变革 [R]. 华泰证券研究所,2019。

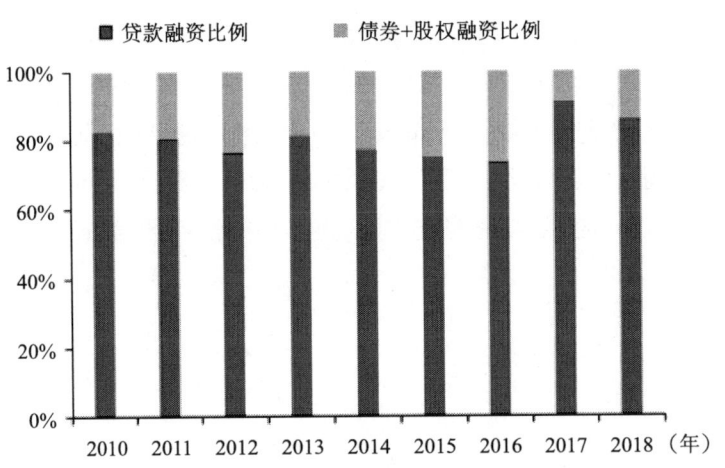

图 19-9　2010—2018 年中国直接融资与间接融资的占比

融资创新需要以产业价值链为根本,创造一个纵向、横向分布的融资链。前者主要是针对大小企业,大企业由于依靠小企业的生产从而给予融资帮助;后者则体现为在经营发展中存在关联的中小企业之间的合作,形成一股规模势力以此来控制贷款中的成本支出,而且确保这种合作的持久性。因此,要充分发挥政府职能部门的作用,引导金融机构集中发展,为战略性新兴产业提供资金辅助。还可以实行金融集群同战略性新兴产业相联系的政策,在集群金融体系的有力支撑下,集中力量支持一些新兴产业,例如新能源、新材料、信息等产业的发展。

"十四五"规划提出,要全面实行股票发行注册制,建立常态化退市机制,提高直接融资比重。为了能为战略性新兴产业企业提供更多的融资渠道,相关政府部门可以在确保金融安全的基础上,逐步实行金融业开放制度,改变以往的行业区分明显的弊端,减少对金融业的行业管控,使它们自由竞争,充分发挥金融市场调节作用来完善多层次资本市场的建设,再加上政府的辅助支持,促进金融企业集群发展。科创板注册制的试点、北交所的设立,都在为不断完善融资制度、拓宽融资渠道而努力。在区域性资本市场创建过程中,也要创建债券市场,通过发行债券的方式引来更多的民间资本,以此来增加创业资金比重,使更多人投入到创业中,促进非公有经济的丰富与完善,国家行政机构可以通过股权投资、项目配套投资等方式给予资金支持。新兴产业作为一种新型经济形式,在促进国家经济发展与科技进步等方面都占据着重要地位,必须加强金融创新,为新兴产业企业的发展提供更多的金融服务模式,促进新兴产业的飞速发展。

19.4.1 优化完善政策性融资体系和融资机制

战略性新兴产业在国家产业结构中具有独特的战略地位和新兴产业属性,政策性融资因此成为其不可忽略的重要融资手段。通常来讲,政策性融资期限长,利率低,通过筹集和引导社会资金,可以有效缓解经济社会发展中的瓶颈制约问题。国家在探讨战略性新兴产业政策性融资时,应该从长计议,尽量保持国家的政策性支持力度与财政部门收入增幅相一致,把对新兴产业的财政支持纳入整个国家的预算体系中,提高资金投入规模的结构稳定和均衡。另外,政府应进一步完善金融政策,提高战略性新兴产业的整体贷款质量,增加其在整个国家融资中的贷款占比。从我国来看,政策性融资对战略性新兴产业的发展和升级培育主要方式包括:通过国家政策性银行发放的政策性贷款,政府通过政策性担保、财政贴息等方法引导商业性金融机构的信贷倾向于战略性新兴产业,以及国家和政府设立的专项扶持基金等。

自 2015 年 4 月 12 日国务院发布国家开发银行改革方案以来,便将国开行定位为"开发性金融机构",明确提出要"积极发挥在稳增长、调结构等方面的重要作用",国开行在稳增长、重点支持基建等方面扮演着越来越重要的角色。更重要的是,随着其在经济政策大舞台上的"戏份"加重,国开行的投融资方式也发生了明显改变。国开行以行业规划研究带动业务布局构造,通过市场建设、信用建设和制度建设营造良好的产业发展环境,逐步克服战略性新兴产业情况复杂、风险把控难度大的特点,收获了一批可喜的成果,更创造了"部委推荐——政策支持——国家开发银行融资"的有效对接合作机制。

19.4.2　完善股权融资的市场化机制

股权融资是股份公司的主要筹资手段，政府可以逐渐放开对此类融资途径的限制，特别是加强战略性新兴产业的扶持力度，鼓励非银行金融机构参与投资项目，为创业公司提供多项融资服务。加快国内资本市场的发展，对于需要上市的新兴产业企业，应在政策上进行针对性的帮助，稳步推进此类企业的上市进程。针对国内现有的产权交易市场，加快多层次资本市场建设，为整个战略性新兴产业市场拓宽融资道路，借以股权转让、技术转让等方式增强新兴产业的融资力度。通过股权的市场机制，可以更好地提高新兴产业企业的资信能力和市场价值，增强企业的股权弹性和融资能力，为战略性新兴产业企业采取股权转让、技术交易和并购融资等活动提供便捷的渠道。落实证券发行注册制的各项要求，吸收借鉴科创板、创业板再融资制度的成熟做法，充分尊重企业发展规律和成长阶段，满足创新型中小企业多元化的融资需求。

19.4.3　健全债权融资机制

债权融资是企业的另一种主要融资方式，包括公司债、短期融资债、企业债等。企业通过规定相应票面利率以及面值等，在资本交易市场发行有价债券。债权融资的好处是可以立即获得相应资金且融资成本较低，债券的利率支付很大程度上是在扣除所得税之后计算的利息，对于购买债券的债权人，他们对公司没有控制权，无需加入公司而稀释公司管理层位置，这样可以保证在多种融资机制的情况下，提高企业的整体资金流动性和使用效率。不过债权融资在资本市场上还存在诸多限制，需要政府运用宏观调控手段，大力发展企业在资本交易市场中的债权融资行为。政府可以加强对新兴产业债权融资渠道的支持，完善银行和非银行金融机构的信贷融资机制和审批监管机制，积极开展多种融资渠道如知识产权质押、信用贷款、融资租赁和资产证券化等，探讨适应战略性新兴产业发展的债权融资模式，为战略性新兴产业的项目融资提供便利。

19.4.4　构建股权融资和债权融资协调配合机制

在整个战略性新兴产业的生命周期中，对处于不同发展阶段的企业给予针对性的战略建议，会提高整个产业的融资活力。其中，战略性新兴产业萌芽阶段，固定资产规模较小且价值较低，表现为轻资产的特征。根据商业银行贷款规则，这类企业的抵押物价值难以满足银行放贷的要求，因此可采用知识产权质押融资模式，包括建立创新服务机制、协同推进机制和风险管理机制等，提高产权流转效率，采用多元化知识产权融资模式。战略性新兴产业培育阶段，可设立政府产业引导基金，通过对新兴产业企业的扶持引导，带动社会资本支持科技中小型企业的技术创新与创业，并借此发挥乘数效应和示范效应，吸引民间资本流向战略性新兴产业。此时的战略性新兴产业依然很难获得商业银行的信贷资金，因此可考虑引进风险投资基金和私募股权融资，积极探索融资租赁和投资联动等相关服务，创新融资模式，规范运作机制，支持战略性新兴产业的发展。战略性新兴产业成长阶段至成熟阶段，企业资产价值逐渐增加，经营风险降低，收益日趋稳定，发展前景较为清晰，适合在资本市场上发行票据和债券进行直接融资。政府部门和相关机构应推进资本市场建设，提高股权融资和债权融资的比例，规范新兴产业企业的信息披露行为和信用评级机制，提高资本市场透明度并强化约束机制。此外，还应完善多层次的资本市场体系，健全证券交易所股权融资功能和准入机制，为战略性新兴产业企业的上市扫清障碍。

20.

全球新兴产业发展与投资机会

20.1　2020—2025年全球新兴产业重点发展方向

科技创新是经济发展的源泉，科技创新方向是全球未来的新兴产业发展方向。近年来，在全球范围掀起了人工智能、机器人、纳米技术、智能汽车与智慧交通、3D打印、合成生物技术、网络语大数据、精准医疗、免疫治疗、可再生能源与储能、绿色制造与先进制造等等技术领域的创新与投资及应用热潮，这也代表着未来新兴产业的发展方向。事实上，当前世界正处在全球化3.0向4.0转变的阶段。表20-1详细归纳了从全球化1.0到全球化4.0的开启时间、开启标志、核心国家、科技革命、主要特点、结束标志、全球化进程等内容。

表20-1　　　　　　　　　　全球化进程的主要内容

时间	全球化1.0	全球化2.0	全球化3.0	全球化4.0
开启时间	15世纪末	20世纪中叶	20世纪80年代	2008年
开启标志	地理大发现	第二次世界大战结束	新技术革命兴起	全球金融危机
核心国家	英国	美国、苏联	美国	美国、中国
科技革命	第一次工业革命：蒸汽技术 第二次工业革命：电气技术	第三次科技革命：计算机电子技术	第四次技术革命：生物、能源技术 第五次技术革命：信息通信技术	新能源革命+人工智能革命
主要特点	①欧洲中心化 ②资本主义殖民化 ③跨国贸易市场初步建立	①美苏两极对立化 ②区域经济一体化 ③跨国公司崛起	①美国/美元中心化 ②全面自由化、一体化 ③全球价值链分工形成	
结束标志	两次世界大战	布雷顿森林体系崩溃	2008年全球金融危机爆发	—
全球化进程	★	★★	★★★	—

全球化4.0时代将具有以下几个颠覆性的特点:

指数级的发展速度:由于数字化和信息技术的普及,世界已经成为一个高度云联的整体。因此,与以往的工业革命不同,本次革命将会呈现出指数级而非线性的发展速度。

惊人的规模化效应:数字化是第四次工业革命的核心之一,而数字化意味着自动化,这也就意味着企业的规模收益不会递减或递减幅度较小,行业的龙头企业将会具有更大的企业规模发展空间。

协同效应催生新技术产生:由于数字化的普及,不同学科和发现成果之间的协同效应也在增强,这将进一步的催生新技术的产生,新技术的出现速度大大加快。从第四次工业革命的这些特征我们或许可以解释之前的问题,即最近种种黑科技的出现,并不是各个学科领域孤立现象的出现,而恰恰是第四次工业革命不同学科协同性增强,催生新科技不断产生的结果。单纯讨论第四次工业革命的种种特征可能比较抽象,但是第四次工业革命的这些特性所造成的一个直接的结果就是,新兴产业的产业化速度可能会远远快于大家的预期。并且,新兴产业的快速推进将会给整体经济和产业带来颠覆性的变化。对于投资者而言,这也就意味着机遇与挑战同时存在。2015年9月达沃斯世界经济论坛发布的一份报告指出,一系列的技术引爆点将会在2025年之前出现(见表20-2)。这些技术引爆点是由世界经济论坛对全球800多名来自信息与通信技术行业的高管和专家进行调查后所确定的,具有较高的权威性。可以看出,诸如物联网、机器人、3D打印、大数据、无人驾驶和人工智能等新兴技术,在2025年之前,均有较大的概率出现在我们的实际生活中,会给我们的生活带来颠覆性的变化。

表20-2　　　　　　　预计在2025年以前出现的技术引爆点

出现的技术	出现概率
90%的人享受免费的无限储存空间	91.0%
1万亿传感器将接入互联网	89.2%
美国出现首个机器人药剂师	86.5%
首辆3D打印汽车投产	84.1%
政府首次用大数据取代人口普查	82.9%
5%的消费品都是3D打印而成	81.1%
无人驾驶汽车占到美国道路行驶车辆的10%	78.2%
首例3D打印肝脏实现移植	76.4%
30%的企业审计由人工智能执行	75.4%
家用电器和设备占到一半以上的互联网流量	69.9%
第一个人工智能加入公司董事会	45.2%

资料来源:世界经济论坛全球议程理事会未来软件与社会议题组。

当前,新兴技术的概念投资可以参考国外的映射板块。从主要国家新兴产业发展态势来看，美国新兴产业融合技术突破引致尖端产品创新和产业战略布局调整；德国"机器人+3D打印"实用技术融合发力引致产业化收获颇丰和制造业巨头强强联合表现活跃；日本"物联网+人工智能"技术普及应用引致机器人产业和能源产业全球跃升。Gartner 是全球最具权威的 IT 研究与顾问咨询公司，其中 Gartner 技术成熟曲线从 1995 年开始发布，已经成为企业判断新技术演变的重要参考依据（见图 20-1）。根据 Gartner 发布的 2020 年新兴技术成熟度曲线来看，处于技术萌芽期的主要有可认证溯源、AI 增强设计、DNA 计算与存储、低成本单板边缘计算机、自监督学习、健康护照、双向脑机接口、生成对抗网络、可自然降解传感器、差异化隐私、私有 5G、小数据、自适应机器学习、编组式 AI、构成化 AI、封装业务能力、公民数字孪生、个人数字孪生、多重体验、负责任的 AI；处于期望膨胀期的有 AI 增强开发、可编组企业、数据编织、嵌入式 AI、安全访问服务边缘（SASE）、社交距离技术、可解释型 AI；处于泡沫破裂低谷期的新兴技术主要有碳基晶体管、自带身份证、本体与图谱。

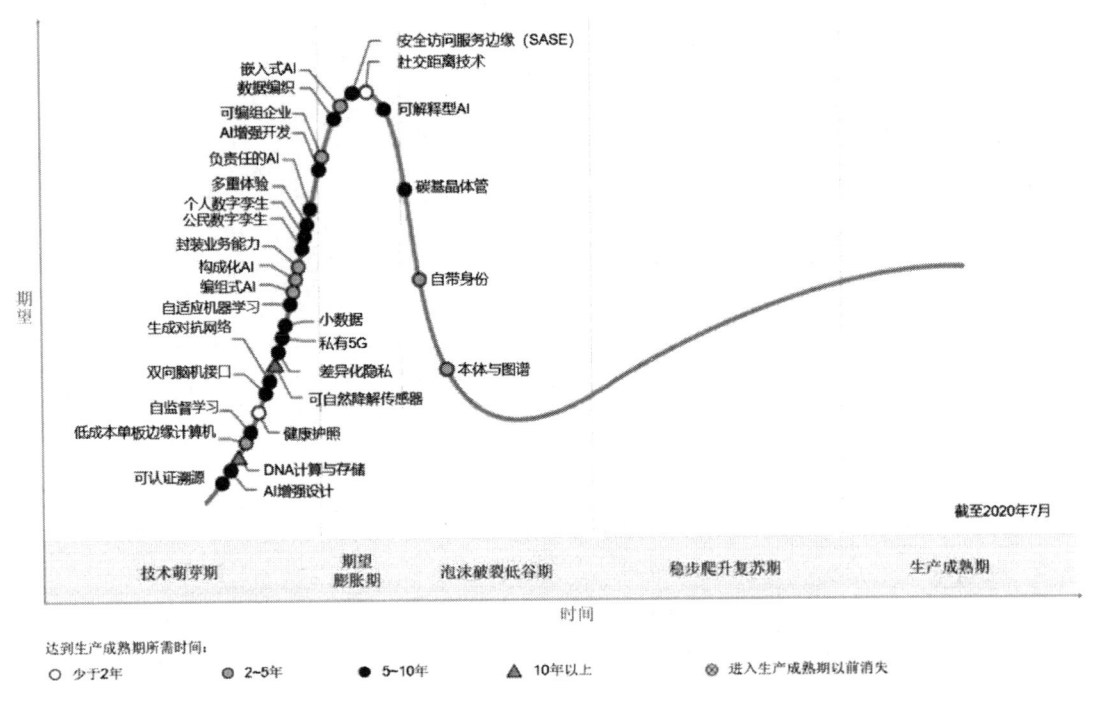

图 20-1　Gartner 发布的 2020 年"新兴技术成熟度曲线"

资料来源：Gartner。

健康护照、社交距离技术已经广泛被主流采用。低成本单板边缘计算机、编组 AI、构成化 AI、可编组企业、嵌入式 AI 等技术有望在 2—5 年内被主流所采用，并给世界经济带来变革性的变化。而在 5—10 年内，AI 增强设计、自监督学习、双向脑机接口、私有 5G 等也有望被主流所采用；同时，人工智能的研发将进一步加深。而在

10年后，DNA计算与存储、可自然降解传感器等黑科技也有望成为主流应用技术，可能给世界经济带来颠覆性的变化。因此，虽然投资者直觉地认为新兴技术的普及可能还有较长的时间，存在较大的不确定性，但是新兴技术快速地被主流所运用，可能只需要短短的10年时间。

从2020—2025年全球新兴产业重点发展方向来看，以"互联网＋大数据＋人工智能三位一体解决方案"为核心的新兴产业融合基础技术正迅速兴起，新兴产业尖端技术聚焦于人工智能、物联网、基因测序等产业领域，国家、行业、企业间的协作竞争正日益成为焦点所在。

20.1.1 人工智能

人工智能产业浪潮经过了数年的发展，其基础软硬件和产品应用都已经进入高速发展期。人工智能早期研发的瓶颈（算法、计算能力、数据量）已经突破："深度学习"成为引领此轮人工智能浪潮的核心算法，围绕GPU的基础芯片生态的成功加速了人工智能产业的发展，应用领域则随着软硬件技术突破而不断扩张边界。目前，全球顶尖巨头谷歌、微软、苹果、IBM、Facebook，英特尔、百度、阿里、腾讯等都将人工智能视为下一次技术革命的突破点，并加大研究力度，人工智能正逐渐发展为新一代通用技术，加快与经济社会各领域渗透融合，已在医疗、金融、安防、教育、交通、物流等多个领域实现新业态、新模式和新产品的突破式应用，带动生产流程、产品、信息消费和服务业的智能化、高附加值转型发展。图20－2为人工智能将完成人体自身、公司和产业的重构。人工智能已处于新科技革命和产业变革的核心前沿，成为推动经济社会发展的新引擎。

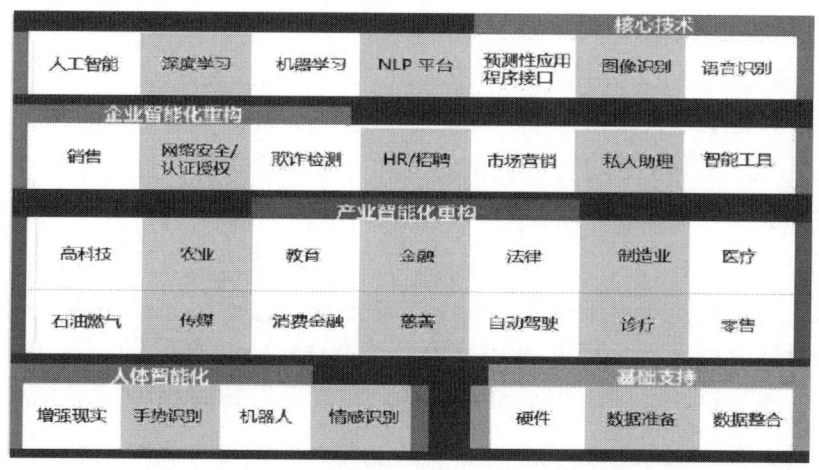

图20－2　人工智能将完成人体、公司和产业的重构

人工智能的发展离不开高质量的数据资源，大数据的日趋成熟为人工智能企业提供了丰富的应用空间，在安防、金融、互联网等数据资源丰富的领域，人工智能正在快速落地，通过加载智能算法，帮助客户强化产品性能，提升经济效益。而量子计算也将为人工智能带来革命性的发展机遇，量子比特数量会以指数增长的形式快速上升，小型化的量子芯片可以使人工智能前端系统的快速实时处理成为可能。2018年，全球人工智能产业进入一个快速发展时期，世界各国的高度重视，人工智能成为世界各国重点发展的战略性新兴产业。联合国世界知识产权组织（WIPO）发布了首份《2019 技术趋势——人工智能报告》（WIPO Technology Trends 2019 - Artificial Intelligence）。该报告显示，自 20 世纪 50 年代人工智能出现以来至 2016 年，科研人员已提交超过 34 万份人工智能发明专利申请，发表的科学出版物超过 160 万篇（部）。而这其中的专利超过半数是 2013 年以后公开的。据 IDC 发布的最新报告数据显示，2021 年包括软件、硬件和服务在内的全球人工智能市场收入预计将同比增长 16.4%，达到 3 275 亿美元。到 2024 年，市场预计将突破 5 000 亿美元大关，五年复合年增长率为 17.5%，总收入将达到 5 543 亿美元，发展潜力巨大。

未来，车载智能系统、无人机智能系统等领域或将首先应用量子计算芯片系统。此外，AI 计算芯片朝着云侧和终端侧方向发展。从云侧计算芯片来看，目前 GPU 占据主导市场，以 TPU 为代表的 ASIC 只用在巨头的闭环生态，未来 GPU、TPU 等计算芯片将成为支撑人工智能运算的主力器件，既存在竞争又长期共存，一定程度可相互配合；FPGA 有望在数据中心中以 CPU + FPGA 形式作为有效补充。从终端侧计算芯片来看，这类芯片将面向功耗、延时、算力、特定模型、使用场景等特定需求，未来将朝着不同方向发展。

20.1.2 物联网与元宇宙

继计算机和智能手机之后，下一次信息技术浪潮将是基于移动互联和云计算的物联网（IoT）。其影响力将远超科技板块的范畴，并颠覆多个行业的生态系统。在供给侧和需求侧的双重推动下，物联网进入以基础性行业和规模消费为代表的第三次发展浪潮，5G、低功耗广域网等基础设施加速构建，数以万亿计的新设备将接入网络并产生海量数据，人工智能、边缘计算、区块链等新技术加速与物联网结合，应用热点迭起，物联网迎来跨界融合、集成创新和规模化发展的新阶段。面对重大的发展机遇，各产业巨头强势入局，生态构建和产业布局正在全球加速展开。根据 IDC 研究数据显示，2020 年全球物联网支出达到 6 904.7 亿美元，其中中国市场占比为 23.6%。IDC 预测，到 2025 年全球物联网市场将达到 1.1 万亿美元，年均复合增长 11.4%，其中中国市场占比将提升到 25.9%，物联网市场规模全球第一。[①] 到 2030 年，全球将有超过 2/3 的人口居住在城市之中，而随着城市化的发展，过度拥挤、资源紧缺等问题产生的副作用将持续影响城市居民，城市综合运营管理能力亟待提高。智慧城市通过高效的物联网，监测、分析、整合城市中各个系统的关键数据，优化对包括交通、城市服务、环保、能源等方面的管理，提升城市人居环境和运行效率，实现城市可持续发展，其实质是通过信息化来提高城市政务管理水平。得益于外部动力和内生动力的不断丰富，物联网应用场景迎来大范围拓展，智慧政务、智慧产业、智慧家庭、个人信息化等方面产生大量创新性应用方案，物联网技术和方案在各行业渗透率不断加速。

根据 IoT Analytics 统计，2020 年，全球有 217 亿活跃的连接设备，其中 54%（约 117 亿）是物联网设备连接，物联网连接数量（如连接的汽车、智能家居设备、连接的工业设备等）第一次超越了非物联网连接的数量（如智能手机、笔记本电脑和台式电脑）。到 2025 年，预计将有超过 300 亿个物联网连接，即地球上几乎每人有 4 个物联网设备。物联网在应对新冠肺炎疫情中也起到了至关重要的作用。最值得注意的包括工作场所、医院和其他基于物联网的接触者追踪（如 Concept Reply 的跟踪和定位系统），以及整个疫苗供应链中的产品跟踪和验证（如 Controlant）。

今后，物联网对企业数字化转型的作用越来越明显，尤其是在业务的数字化转型中更为明显。一项面向采用过物联网的企业群体的调研显示，74% 的企业认为离开物联网的话，企业的数字化转型将寸步难行。物联网促成新的业务变革，为企业创造新的业务内容、新的商业模式，推动数据驱动的决策实现。例如在物联网赋能下，共享经济扩展到中低价值资产领域，催生了共享单车、共享充电宝、共享按摩椅等业态。

2021 年以来，"元宇宙"概念受到资本市场关注。元宇宙拥有完整的经济逻辑，数据、物体、内容以及 IP 都可以在元宇宙中存在，而且元宇宙不仅包含虚拟和现实的万事万物，还包含他们之间的各种关系和连接。元宇宙不仅包含人工智能、大数据分析、混合现实、区块链、物联网等最新技术和应用，还包括对于经济、人性、社群、心智、共识的深层次理解。游戏是元宇宙的初级形态，未来，元宇宙的成熟形态还需要在沉浸感、可进入性、可触达性、可延展性四个方面进行提升。相应地，AR/VR、云计算、算法算力提升、区块链等底层技术的进化是元宇宙成熟形态进化的必经之路；而互联网的高速发展、社交平台的拓展延伸、核心技术的进化等是元宇宙实现商用的必要前提。

[①] 2021 年 V1 全球物联网支出指南[R]. IDC, 2021.

20.1.3 基因测序

基因测序是分子诊断核心，是通向精准医疗的必经之路。当前难治性疾病（如肿瘤、老年痴呆、骨质疏松等）发病原因复杂，传统医疗方法用药的总体平均无效率为51%（十大复杂疾病的用药平均无效率），尤其是恶性肿瘤死亡率居首，用药无效性最高，因此依托分子诊断的精准医疗概念应运而生，其中基因测序作为核心技术实现对个人的基因组分析，提供个性化的诊断，在精准度和信息密度上远超其他诊断方式。基因测序产业链的上游为测序仪、试剂和耗材的供应，中游为测序服务、测序数据处理，下游为临床、科研、司法鉴定等（见图20-3）。

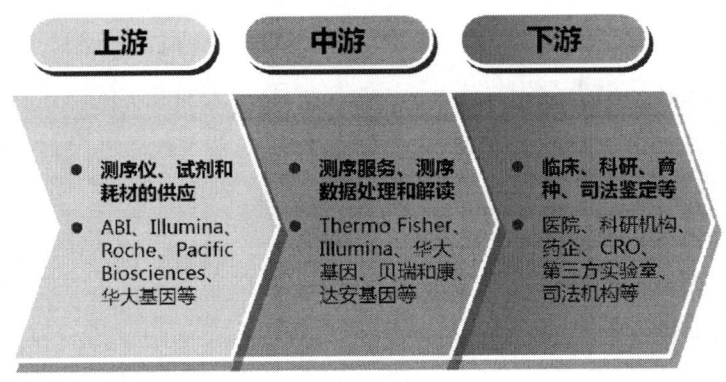

图20-3 基因测序行业产业链情况

测序成本的下降、效率的提高以及技术的创新将推动基因测序步入快速发展轨道。基因测序仪市场飞速发展。BBC Research 数据显示，2010—2019年全球基因测序市场规模呈现连续增长趋势，增速普遍超过10%，2019年全球基因测序市场规模约为126亿美元。预计到2023年，全球基因测序市场规模将达到250亿美元。我国2013—2018年基因测序市场规模年均增长率在30%以上，位居全球前列，预测未来几年将会延续这样的发展势头，预计2024年将突破410亿元。

20.2 2020—2025年全球新兴产业发展规模预测

新技术的发展为世界经济带来了新的增长动力，国际金融危机的爆发更是让各国纷纷加快了对节能环保、新能源、生物、信息网络等新兴产业的培育和发展。其中，美国拥有着强大的研发实力和产业基础，于2015年更新《美国国家创新战略》，重点发展九大战略领域（见表20-3），近年来研发投入持续增加，一直保持在GDP的2.5%以上，2019年达到6 127亿美元。在全球研发投入TOP2 500家企业中，美国企业研发投入总额为3477亿欧元，占比达38.45%，大规模的投入效果良好，在信息、新材料、生物、高速宽带、无线通信、有机材料、碳纤维材料等领域保持全球领先地位。英国长期重视生物产业和高端制造，2012年医药和生物医药的研发投资已占所有投资的近30%。2019年，投资数额已增长了400%以上，在分层医学等生物技术前沿领域，英国处于世界领先地位。法国依然在航空、高速铁路基础设施等领域力居国际前沿。近年来，日本提出的新兴产业包括节能环保、新能源、城市智能管理、健康医疗等领域，丰田、松下、三菱等许多有实力的企业已经积极进军这些产业。日本是全球最大的碳纤维生产国，日本东丽、东邦、三菱人造丝等3家企业拥有碳纤维70%以上的市场，日本混合动力汽车等新能源汽车的技术水平世界领先。韩国在半导体、平板电视、3G移动通信、宽带网构架等新一代信息技术产业率先实现突破。与此同时，新兴市场经济国家，依靠丰富自然优势，积极引进外资助推新兴产业。巴西成为乙醇燃料替代石油最成功的国家之一。印度在信息软件、医药等产业保持了较快发展势头，新能源产业有较大发展，2009年提出《国家太阳能计划》，2012年总太阳能发电机容量已经超过10亿瓦，2019年已经达到316.9亿瓦。

展望未来，新能源、新材料、生物医药、新一代信息网络、智能电网、绿色运载工具、生态环保、公共安全等全球战略性新兴产业将形成十数万亿美元规模的宏大产业，成为发展速度最快、采用高新技术最为密集、最具持续增长潜力的产业群落。预计未来世界新兴产业的投入将继续加大，全球新兴产业投资具有广阔市场空间。

表20-3　　　　　　　　　《美国国家创新战略》关注的九大战略领域

序号	领域	内容
1	先进制造	推出国家制造业创新网络，从而恢复美国在高精尖制造业创新中的领先地位
2	精准医疗	在保护个人隐私的前提下，推动基因组学、大型数据集分析、健康信息技术的发展。协助临床医生更好地理解病人的健康水平、疾病细节和身体状况，更好地预测最有效的治疗方法
3	大脑计划	通过基因对大脑进行全方位的认知，协助科学家和医生更好地诊断和治疗神经类疾病
4	先进汽车	在传感器、计算机和数据科学方面的突破，把车对车通讯和尖端自主技术投入商用
5	智慧城市	越来越多的社区管理者、数据科学家、技术人员和企业联合建立"智慧城市"
6	清洁能源和节能技术	部署和开发清洁能源技术，鼓励投资倾向于气候变化解决方案，在保证提升美国能源安全的前提下，继续保持新能源生产量的增长

续表

序号	领域	内容
7	教育技术	总统提议为99%的学生在2018年之前接通高速宽带网络,2016年将投资5 000万美元建立教育高级研究计划局
8	太空探索	在2017年之前重点投资发展商业载人太空运输技术,美国国家航空航天局开始支持多项项目,例如保护宇航员免受太空辐射的研究、先进推进系统的研究、研发,让人类在外太空能生存的相关技术
9	计算机领域	2015年7月制定的国家战略性计算机计划,将刺激创建和部署前沿计算技术,有助于提升政府经济竞争力、促进科学发现和助力国家安全

20.2.1 医疗领域

目前,人工智能等技术赋能医疗健康领域,使得医疗机构和人员的工作效率得到显著提高,医疗成本大幅降低,并且可以做到科学有效的日常检测预防,更好地管理自身健康。从应用角度看,智能医疗主要包括医学研究、制药研发、智能诊疗以及家庭健康管理等方面。从技术细分角度看,主要包括使用机器学习技术实现药物性能、晶型预测、基因测序预测等;使用智能语音与自然语言处理技术实现电子病历、智能问诊、导诊等;使用机器视觉技术实现医学图像识别、病灶识别、皮肤病自检等。目前,在医学研究和制药研发领域,美国BergHealth与Numerate用数据驱动药物发现,Vion和HBI Solution为医疗机构提供患者疾病预测和风险分析;智能诊疗领域,IBM Watson深度聚焦肿瘤领域,并通过收购和合作不断积累医疗数据资源,扩展各领域生态能力。阿里的"Doctor You"系列产品、腾讯的觅影、依图科技的"care.ai™"以及PereDoc的智能影像辅助诊疗平台实现医学影像辅助诊疗,傅利叶智能的Fourier X1实现了中国首款外骨骼机器人。家庭健康管理领域,WellTok更关注个人健康管理和生活习惯提升,AiCure是致力于辅助用户按时用药,碳云智能打造数字生命健康管理平台。根据麦肯锡的预测,到2025年,全球智能医疗行业规模将达到254亿美元,约占全球人工智能市场总值的1/5。

20.2.2 金融领域

近年来,金融科技发展如火如荼。从应用角度看,主要包括智能投顾、征信风控、金融搜索引擎、身份验证和智能客服等。金融是最依赖数据的行业之一,人工智能技术与金融行业相融合,通过基于大数据的人工智能技术驱动金融科技智能化升级。在前台，可以用于为用户提供更舒适、便利与安全的服务；在中台，可以为金融业务中的交易、授信与分析等提供决策辅助功能；在后台，可以针对各类风险改进金融系统。在后台，可以提高金融系统对各类风险的识别、预警与防控能力。总而言之，人工智能技术将深度重构当前金融业生态格局，使金融服务（银行、保险、理财、借贷、投资等方面）更加人性化与智能化。目前，智能投顾企业主要为一些证券、基金或资产管理牌照经营者转型形成，如美国Wealthfront、Betterment，中国的理财魔方、京东智投等；在金融智能客服领域，Digital Genius、网易七鱼、智齿客服等企业注重提升用户体验；在征信/风控领域，多以政府、企业或个人信息等基础形成基于大数据智能分析的行业壁垒，如具有消费金融和移动支付数据的美国金融科技公司Zest Finance与Affirm，具有企业多维实时动态与全量经营数据的征信平台的启信宝；其他企业应用，诸如融360、Data.GOV、DBpedia等聚焦金融搜索引擎；商汤、云从、依图、face++则依靠其业界领先的人脸识别的核心技术进入身份认证市场。据安永《2019全球金融科技采纳率指数》报告，全球金融科技服务采纳率逐年上涨，从2015年16%提升至2017年的33%。2019年，全球金融科技采纳率已达64%。Markets and Markets报告显示人工智能在金融科技的全球市场规模预计将从2017年的13.38亿美元增长到2022年的73.06亿美元，复合年增长率40.4%。

20.2.3 零售领域

当前，智能零售以大数据和智能技术驱动市场零售新业态，优化从生产、流通到销售的全产业链资源配置与效率，从而实现产业服务与效能的智能化升级。其商业化应用包括智能营销推荐、智能支付系统、智能客服、无人仓/无人车、无人店、智能配送等。从目前看，全球智能零售行业参与者主要以电商行业巨头与创业公司为主。在落地场景上，仍主要以销售端为主。比如无人零售实体店方面，在美国有Standard Cognition无人便利店，以及亚马逊的Amazon Go等。在中国，有阿里巴巴的淘咖啡，以及京东X无人超市；同时也有深兰科技、F5未来商店、缤果盒子等著名创业公司的相关产品。在客户服务机器人方面，中国猎豹移动的豹小贩零售机器人、擎朗智能的花生引领机器人、新松的松果I号促销导购机器人等都已在各落地场景应用。智能零售供应链场景，美国的UPS在佛罗里达州测试了无人机送货；沃尔玛的"自提塔"正在全美大范围铺设。在中国，美团点评推出无人配送开放平台；京东正在打造的以无人配送站、无人仓"亚洲一号"以及大型货运无人机"京鸿"等为一体的全生态智能零售物流体系。Market and Markets报告显示，全球智能零售市场预计将从2018年的130.7亿美元增长到2023年的385.1亿美元，预测期（2018—2023年）内复合年增长率为 24.12%。在中国，国家统计局数据显示，2019 年底，中国社会消费品零售总额达到 41.2 万亿元，同比增长 8%。罗兰贝格预测，到 2030 年，人工智能技术将为中国零售行业带来约 4200 亿元人民币的降本与增益价值。

20.2.4 教育领域

近年来教育界的一个重要趋势是，更加注重学生个性化，这样有助于教师因材施教，提升教学与学习质量，促进教育均衡化、可负担化。目前，智能教育全面覆盖"教、学、考、评、管"产业链条，并已在幼教、K12、高等教育、职业教育、在线教育等各类细分赛道加速落地，疫情冲击加速了智能教育领域的增长。从应用角度看，智能教育可分为学习管理、学习评测、教学辅导、教学认知思考四个环节。从细分领域看，其包括教育评测、拍照答题、智能教学、智能教育、智能阅卷、AI 自适应学习等落地场景。目前，在 AI 自适应学习领域，不管是美国 Knewton、英国的 Century Tech、澳大利亚的 Smart Sparrow 以及中国的义学教育、好未来、猿辅导等公司，都在利用 AI 教育平台帮助学生快速掌握知识点，改善学生学习效果。在智能评测领域，中国的学霸君、科大讯飞等企业推出智能阅卷系统；在教学辅导方面，中国的先声教育和流利说等企业推出的语言辅导系统，美国的 Tabtor、Carnegie Learning 和 Front Row 等企业推出智能导师系统模拟一对一辅导，形成接近专家辅导的效果，美国 LightSail 与 Newsela 等企业针对学生阅读情况进行个性化智能推荐，培养学生阅读能力和兴趣。Markets and Markets 报告显示，2017 年，全球人工智能技术在教育行业的市场规模为 3.731 亿美元，预计到 2023 年将达到 36.835 亿美元，预测期（2018—2023 年）内的复合年增长率为 47.0%。Global MarketInsights 同样发布了一份最新研究报告，预测教育市场的人工智能产业价值将在 2024 年超过 60 亿美元。其中，包括中国在内的亚太地区智能教育市场的复合年增长率将达高于 51%，成为最赚钱的地区。

20.2.5 家居领域

近几年，智能家居在全球范围内呈现强劲的生命力。作为智能家居的最大市场，美国注重以智能音箱为中控的家庭智能化，如亚马逊 Echo、Google Home 等产品销售火爆。在中国，一边市场上各大企业纷纷发布各式智能音箱产品，如阿里的"天猫精灵智能音箱"、小米的"小爱智能音箱"、讯飞与京东合作的"叮咚智能音箱"、百度的"小度音箱智能音箱"、腾讯的"听听智能音箱"、Rokid 的"若琪智能音箱"、喜马拉雅的"小雅智能音箱"等。另一边，各大企业也在积极打造以物联网平台赋予家居场景智慧化,诸如小米 MIoT、华为 HiLink、海尔 U + 等。未来,智能家居将逐步实现自适应学习和控制功能,以满足不同家庭的个性化需求。智能家居是一个以 IoT 为基础的家居生态圈,其主要包括智能照明系统、智能能源管理系统、智能视听系统、智能安防系统等。2019 年全球智能家居行业规模达 359 亿美元,2016—2019 年实现了 14% 的稳健高增速。IDC 发布的 2019 年智能家居市场预测数据显示,在 2019 年至 2023 年的预测期内,全球智能家居设备市场将持续增长,复合年增长率(CAGR)为 16.9%。随着消费者在家中使用多种设备,以及产品和服务的增加,2023 年全球智能家居市场的出货量将接近 16 亿台。

20.2.6 农业领域

智能农业主要包括农业机器人、精准农业和无人机分析以及畜牧监测等。美国作为全球第一农业强国,一直引领智能农业产业发展。在精准农业领域,Prospera、Arable 和 Trimble 等公司利用摄像头、传感器、微气象数据或定位技术对农作物进行监控分析;在农业智能设备领域,Blue River 公司创造了"生菜箱子"机器人、"可视化喷洒车"及无人驾驶航空系统。与此同时,中国农业产业智能化也正在加速转型。例如麦飞科技的智能农业监测无人机、合众思壮的"慧农"北斗导航农机自动驾驶系统,以及佳格天地将 AI 技术大规模应用在了种田和养猪场景等。同时,一些科技巨头也相继开始布局智能农业领域。2018 年 4 月,京东"京东农场"首次亮相;6 月,阿里云的 ET 农业大脑问世。前瞻产业研究院统计数据显示,2015 年中国智慧农业潜在市场规模已达 137.42 亿元,到了 2017 年中国智慧农业潜在市场规模增长至 175.73 亿元,截至 2019 年中国智慧农业潜在市场规模突破 200 亿元,达到了 232 亿元。

20.2.7 智能制造领域

近年来,智能制造已成为各国产业升级的主战场,一些发达国家在这方面已远远走在前面如德国菲尼克斯的智能车间、美国 C3 IoT 的 AWS 云生态系统,美国哈雷戴维森公司的智能制造单元等。在智能设备监控领域,也有如德国的 KONUX、法国的 Scortex、日本的 Brains Technology 等公司布局。一些中国企业也在进行智能工厂的建设,加大企业转型升级的力度。如埃斯顿在南京建立的工业机器人智能工厂、广汽传祺在杭州的智能工厂、中车浦镇车辆的数字化工厂等等。在传统家电制造业,美的、海尔、格力等企业正在积极向智能制造模式建设转型。智能制造产业链场景范围很广,其典型应用场景包括:智能产品与装备,智能工厂、车间与产线,智能管理与服务,智能供应链与物理，智能软件研发与集成，智能监控与决策等。Market Research 数据显示，2018 年全球智能制造市场达到 1770 亿美元，预计 2025 年全球智能市场规模将增至 3848 亿美元，期间年复合增长率约为 12.4%。前瞻产业研究院数据显示，2018 年，中国智能制造行业的产值规模已达到 17480 亿元左右。5G 时代的到来，将推动科技的发展，让智能制造更上一个台阶，到 2024 年，我国智能制造行业市场规模将超过 50000 亿元。

20.2.8 机器人领域

机器人主要包括智能工业机器人、智能服务机器人和智能特种机器人。当前主流的智能工业机器人一般具有打包、定位、分拣、装配、检测等功能；智能服务机器人一般具有家庭伴侣、业务服务、健康护理、零售贩卖、助残康复等功能；智能特种机器人一般具有侦察、搜救、灭火、洗消、破拆等功能。根据 IDC2020 年发布的《IDC 全球机器人与无人机支出指南》，以 2019 年为基础年，在 2020—2024 年的预测期间内，全球市场将实现 20.1% 的 CAGR（年均复合增长率），并预计 2024 年的市场规模将达到 2 746.2 亿美元。中国作为全球最大的机器人（含无人机）市场，预计 2024 年将占全球市场的 44%，规模将达到 1 211.2 亿美元。国际机器人领域四大巨头（ABB、Fanuc、Yaskawa、Kuka）早已在智能工业机器人产业占据绝对市场份额。而智能服务机器人作为新兴行业，因其直接面对消费端，市场需求更具多样化，市场竞争更具有区域化特征。诸如 iRobot 的家庭清洁机器人、乐高的教育编程机器人、CYBERDYNE 的医疗辅助机器人、纳恩博的代步机器人、Roobo 的商业服务机器人分别应用于家庭、教育、医疗、出行、商业等不同服务领域。在智能特种机器人领域，有诸如 ReconRobotics 的侦查机器人、中信重工的消防灭火机器人等。

20.2.9 智能驾驶领域

智能驾驶是个复杂的产业链，其涉及的领域包括芯片、软件算法、高清地图、安全控制等。从全球来说，自动驾驶主要包括主机商（宝马、通用、奥迪等）、供应商（奥托立夫的 Veoneer、博世等）、科技公司（Google 的 Waymo、百度的 Apollo、以色列的 Mobileye 等）以及出行公司（图森未来、小马智行、景驰科技等）。Mobileye、宝马、沃尔沃和福特都相继宣布，要在 2021 年至少实现 L4 级别的自动驾驶汽车商用落地。但受限于相关技术成熟度、法律法规完善以及基础设施配套等因素，目前来看，还存在很多不确定性，而一些复杂度较低、外部干扰因素少的相对封闭驾驶场景，被认为是最有望率先实现落地的无人驾驶汽车场景。目前,已经量产商用的有 Telsa Model 系列(L2-L3 级汽车)、Audi a8(L3 级汽车)。2018 年 3 月,autowise.ai 宣布在上海试运营全球首个自动驾驶清洁车队;7 月,百度宣布与金龙客车合作生产的全球首款 L4 级别量产自动驾驶巴士"阿波龙"量产下线。截至 2019 年底,中国人均汽车拥有量约 0.179 辆,只占美国的 1/5,市场成长空间巨大,世界各个国家的政策和各大企业的产业布局都使得智能驾驶成为热点研究领域。目前,业内普遍将自动驾驶汽车分为 L0 到 L5 级,L4 和 L5 级可统称为"无人驾驶",当前自动驾驶商业技术基本在 L2-L3 级水平。美国 IHS Automotive 报告预测,到 2025 年,全球自动驾驶汽车销量将接近 60 万辆,2035 年将达到 2100 万辆,预测期(2025—2035 年)内市场将保持 48% 的年复合增长率。中投产业研究院报告显示,2018 年中国智能驾驶市场规模达到 893 亿元,未来五年(2019—2023 年)年均复合增长率约为 20.72%。

20.2.10 网络安全领域

各国政府高度重视网络安全,例如美国的 IBM Corporation、CrowdStrike,英国的 RepKnight 等公司通过提供网络保护平台,实现阻止恶意软件、检测网络钓鱼与数据泄露等网络安全防护服务。欺诈与风险检测是网络安全领域的另一个重要应用,美国的 DataVisor、Drawbridge,葡萄牙的 Feedzai 等公司均有相关业务布局。近年来,中国智能网络安全企业涨势迅猛。其中,提供网络防御和反病毒服务的有图灵网安、360、网易云等公司;提供数据监测、反欺诈服务的有鹰眼数服、猛犸反欺诈、慧安金科、同盾科技等公司。目前智能网络安全的主要应用包括:网络监控防范(包括实时识别、响应和防御网络攻击、安全漏洞与系统故障预测、云安全保障等);预防恶意软件和文件被执行;提高安全运营中心的运营效率;网络流量异常检测;应用安全检测;网络风险评估等。Zion Market Research 的市场研究报告显示,2018 年全球基于人工智能的网络安全市场规模 71 亿美元,预计到 2025 年达到约 309 亿美元,2019 年至 2025 年的复合年增长率略高于 23.4%。中国云安全市场规模达到 55.1 亿元,增长率达 45.8%,且未来数年内预计仍将保持每年 40% 的高速增长。

20.2.11 安防领域

智能安防是人工智能最先大规模应用,并持续产生商业价值的领域,其在产品落地的功能实现上,主要体现在目标跟踪检测与异常行为分析、视频质量诊断与摘要分析、人脸识别与特征提取分析、车辆识别与特征提取分析等。智能安防系统的建立,离不开软件算法与硬件系统的集成。在系统硬件方面，国际上有瑞典的视频处理芯片商 Axis Communications AB、美国的安防硬件提供商 ADT、OPTEX 等；在中国，海康威视、大华股份、东方网力等企业都在相关领域处于市场领先地位。在软件算法方面，以色列的 Agent Video Intelligence，加拿大的 Genetec，美国的谷歌、Facebook、微软，以及中国的商汤科技、旷视科技、依图科技、云从科技等公司均具备优异的图像分析算法。

20.3　2020—2025 年全球新兴产业投资机会分析

20.3.1　制造数据的实时采集与深度挖掘将成为下一个投资热点

随着大数据、云计算、物联网等新一代信息技术与制造业的加速融合，制造过程不再仅仅通过最终产品进行单一维度的展示，制造过程中机器运行的每一个动作、每一次处理，都将通过智能传感器的采集变为有效数据，而这些数据背后蕴藏着真正有价值的制造本质。在此背景下，国内外众多企业纷纷兴建智能工厂，重新架构智能软件系统，力求实现制造数据的实时采集和深度挖掘，从而更加有效地提高生产效率、杜绝生产隐患、提升产品质量。

20.3.2　金融、政务和医疗等细分行业云即将进入爆发期

互联网应用行业的云计算应用已经较为成熟，占比 30% 以上，但是同时市场竞争较为激烈。随着直播、VR 等新兴技术和模式的兴起，互联网应用仍将持续保持增长的态势。金融、政务和医疗等行业云计算应用规模潜力巨大，即将爆发。

20.3.3　服务机器人和智能无人设备具备投资价值

对于服务机器人和智能无人设备领域，中国在软件集成方面已经具备国际领先水平，通过攻克相对较低的硬件研发门槛，将能实现快速市场普及。随着消费水平提高和人口老龄化的影响，提供教育、医疗、娱乐等专业化服务的智能机器人开始备受关注。受这些刚性需求的驱动，服务机器人和智能无人设备将成为投资新蓝海。

21.

中国新兴产业发展与投资策略

21.1 2020—2025年新兴产业发展整体策略：国家层面发展建议

21.1.1 新兴产业财税政策策略

（1）建立规范的财政长效投入增长机制

近年来，我国中央财政对新兴产业的投入有了较大幅的增长。但从总额来说，还是不能满足新兴产业发展的需求，与发达国家水平比也存在差距。而且，财政资金还存在使用分散、重点领域投入强度不足、缺乏稳定投入支持机制等问题。"十四五"规划提出要建立现代财税金融体制，政府应切实加大财政投入力度，发挥中央财政资金引导和调动社会投资激进型的作用，重点整合现有政策资源和利用现有资金渠道的基础上，建立稳定的财政投入增长机制，设立新兴产业发展专项资金，大幅度增加中央财政的资金投入，专项集中支持对新兴产业发展有带动作用或有重大创新成果的部门，引导创业投资发展。同时，建立财政扶持考核机制。

（2）增大政府引导基金投入，尤其是市场化运作的产业母基金投入

新兴产业发展补短板需要大量长周期、前瞻性投资。积极财政政策重点解决需求端问题，同时也可以通过产业母基金的引领性投入，加速产业结构调整，在供给端提供新动能。产业母基金是大体量、市场化、低风险培育新产业的利器。建议，大幅增加政府产业母基金投入，资金不应该主要来源于当期预算安排，而应该拿出投资棚改的魄力和创造力，通过财政发行长期特别债券等融资方式，以财政信用进行背书，筹措资金。

（3）完善税收政策，更好地服务新兴产业

"十四五"规划强调要完善现代税收制度，健全地方税、直接税体系，优化税制结构，适当提高直接税比重，深化税收征管制度改革。以税收优惠和专项扶持基金形式为相关新兴产业领域的企业"减负"，是切实加快国内战略性新兴产业工作落地的最直接手段。现行税收优惠政策存在重所得税、轻流转税，总体上缺乏针对性、覆盖面窄、缺乏系统性、缺乏配套措施、部分条款过时、实际执行中理解难和应用难等问题，完善税收政策，进一步推动我国新兴产业加快发展，意义深远而重大。一是清理、改进和完善现行相关税收优惠政策。在落实好现行各项促进科技投入、科技成果转化和支持高技术产业发展等税收政策的基础上，结合税制改革方向和税种特征，综合运用各种手段，形成普惠性激励社会资源发展新兴产业的政策手段。二是对促进新兴产业的税收政策专门立法。在专门法律中可明确规定税收优惠的目标、原则、方式及其具体范围、审批程序等内容，消除现行法规之间不系统、不规范、不透明、不稳定等诸多问题。三是进一步创新税收优惠方式。比如逐渐用税收抵免取代税前扣除、运用投资抵税、加计扣除、快速折旧、减计收入、特别费用税务处理（如税前还贷、R&D费用抵税）、出口退税、产品和行业税率优惠、允许计提"经营风险准备金"和"科技发展准备金"等，细化优惠方式，增强针对性。四是针对新兴产业发展的不同环节，制定有针对性的税收优惠政策。结合各个新兴产业的特点，针对其产业链上的关键环节，整合应用流转税、所得税、行为税等优惠政策，制订针对投资、研发、产品推广使用等不同环节的系统性税收优惠政策。

21.1.2 新兴产业金融政策策略

（1）坚定推进资本市场改革，完善多层次资本市场体系

多年以来，中国以间接融资为主，直接融资市场不发达，股票市场融资主体集中于大型成熟企业，新三板、创业板和场外市场规模较小，与大量初创、小微企业旺盛的股权融资需求不匹配。因此，资本市场政策应调整融资结构，促进直接融资的发展，推动多层次资本市场建设，改变股票市场的"倒三角"结构，丰富债券市场产品和层次等，以提升资本市场发展质量，破除制约资本市场发展的体制机制障碍，拓宽新兴产业股权融资渠道。近年来，科创板上市、北交所成立，将进一步完善我国多层次资本市场体系。科创板与试点注册制改革涉及交易机制、定价、退市、投资者保护等各个方面，其对经济转型、市场格局、投资结构、市场质量都将产生系统性的影响。北交所将在新三板的基础上，拓宽创投机构的项目退出渠道，也将给予资本"投早投小"更大的信心和动力。

（2）大力发展私募股权市场

我国金融业态以间接融资为主，股权融资发展严重不足。要大力引导投向新兴产业短板领域，创新服务方式，提高服务质量，借助 PE、VC 等私募股权市场推进新兴产业发展壮大。细化和落实促进 PE、VC 投资持续发展的各项政策，确保税收优惠政策落实到位，构建符合私募股权市场发展特点的创新生态环境。

（3）创新直接融资服务与产品

优化大中小金融机构的布局，发展定位于专注微型金融服务的中小金融机构，构建多层次、广覆盖、有差异的银行体系和信贷市场体系。要调整信贷结构，发挥好信贷政策支持再贷款、再贴现和抵押补充贷款等的作用，强化窗口指导和信贷指引，完善对金融机构的考核导向，引导银行业金融机构进一步加大对新兴产业重点领域和薄弱环节的支持力度。

（4）推动金融科技发展

大数据、云计算、区块链以及人工智能等现代科技手段与金融领域的结合，为金融支持新兴产业发展提供了新的工具。要大力支持金融科技通过改造提升传统金融服务与产品，开辟新的产品和服务领域，为金融支持新兴产业提供更丰富的金融服务产品。

21.1.3 新兴产业技术政策策略

（1）完善激励机制，驱动行业内的核心企业成为产业内科学研究和应用研究的重要力量，加快科技成果转化率

第二次工业革命中的美国和德国，其科学研究和应用研究的主体不仅包括了高等院校和科研院所，还包括了大量企业投资主导的研究机构和实验室。特别是后者，在新兴产业应用技术研究和技术产业化过程中起到了不可替代的重要作用。对于我国的新兴产业发展而言，尽管企业已成为产业创新的重要主体，但其研究仍主要集中于应用和开发，基础研究的投入力度仍然有限，大量的基础研究仍由科研院所和高校等事业单位承担。而科研院所和高校的科技成果转化率一直不高。为此，对企业的科学研究和技术开发进行资助和补贴是激励企业主导和参与研发行为的先锋。

（2）加强新兴领域的数据安全隐私保护

当前很多战略性新兴产业的业务由数据驱动，需要加强相关的安全隐私保护，避免出现诸如 Facebook 数据泄露、亚马逊 Alexa 窃听用户谈话等问题。一是在技术层面，加强网络攻防与测评实验等工作，加强数据加密、数据备份、电子认证、数据防伪、防篡改、隐私保护等安全技术攻坚，促进安全可靠服务器、海量高可靠性存储设备和

高性能安全网络设备等的研发与产业化。二是在服务层面,发展网络安全、云安全、数据安全、应用安全、安全终端和芯片等产品和服务,构建完整的数据安全产业链,夯实数据安全、信息安全和云平台的安全能力。三是在制度层面,建立健全信用信息保全机制,依法严厉打击泄露用户个人信息、恶意竞争和垄断等损害消费者权益的行为。

(3) 加大新兴产业共性技术推广范围和技术服务支持力度

政府有关部门要加强新兴产业领域的支撑配套能力建设,加快提升相关产业支持力度,突破核心共性技术的研发,支持新一代信息技术研发和产业化,鼓励智能终端产品创新发展,有效降低企业采用智能制造方式的投入成本。底层技术包括高性能运算、超级宽带、激光黏结等"通用技术"的研发,在此基础上推进以人工智能、数字制造、工业机器人为代表的样例开发与生产。在企业实施过程中需要研制大规模生产系统、柔性制造系统和可重构生产系统等复杂性技术系统。此外,新兴产业的推进工作需要协同企业主体、社会智库、中介机构以及各级政府部门等多方力量,共同加强新兴产业业态技术的宣传推介、技术咨询、系统管理等领域的技术服务活动。

(4) 强化数字经济反垄断,维护公平市场环境

数字经济不断发展的今天,存在着"大数据杀熟""二选一"等不正当竞争的行为,因此强化数字经济反垄断是维护数字经济的重要举措。针对数字经济的反垄断,从保护中小企业、个体消费者和鼓励创新的角度出发,重视对互联网平台公司的系统性垄断研究,推动反垄断法的修订,重点增加互联网领域的反垄断监管内容,提高平台头部企业垄断行业的处罚力度,并进一步完善相关法律。在反垄断法修订中增加更多数字经济领域的法律条款内容,增加超级平台的新型基础设施地位条款,赋予其公平合理无歧视的平台义务。同时,落地更多数字平台领域反垄断具体操作层面的规范文件。在数字经济发展发达地区先行先试,平衡好系统安全治理和创新发展引导问题,打破垄断,遏制互联网科技企业集中的"巨头式"数据采集与应用。

21.1.4 新兴产业开放政策策略

(1) 支持和引导新兴产业企业进行海外布局

政府部门应统筹布局,制定发展规划,从国家层面加强国家间的战略合作和协议协作,同时给予政策支持,比如资金方与产业"组团"、海外企业的设立、人才出入境等环节。支持新兴产业企业与国内金融机构联合到海外并购,实现技术产品升级和国际化经营。

(2) 支持有优势的新兴产业企业在境内外上市

建议政府金融监管、工业与信息化、科技、财税等相关部门以及国有金融机构在

新兴产业企业上市融资方面制定相应规划，给予政策支持，比如给予新兴产业领军企业 IPO 绿色通道，科创板上市公司对新兴产业企业进行份额倾斜，并在外汇及人才出入境方面给予支持，助力企业到海外上市融资。

（3）最大限度地开放本国新兴产业要素市场

开放新兴产业要素市场特别是知识技术市场和人力资本市场，以吸引和聚集更多产业高级生产要素，从而在本国形成新兴产业的创新发源地和中心。

21.2　2020—2025 年新兴产业发展区域策略：地方政府层面发展建议

21.2.1　区域政策与地方新兴产业发展

日本经济学家赤松要认为，发展中国家的国际分工体系或经济发展过程在地区分布来看可以比喻为"雁行形态"或"雁型模式"，也即率先实现工业化的国家或地区会依次把成熟了的或者具有比较劣势的产业转移到次一级的国家或地区，后者又会将其成熟的产业体系依次转移到比自己低一级的国家或地区，在他们之间形成"技术密集与高附加值产业—技术密集产业—劳动密集型产业"的阶梯式产业分工体系。这是因为发展中国家利用引进先进国家的技术和产品发展本国的产业，在贸易圈中势必存在不同发展层次产业机构的国家，这是产业梯度转移的动力之一。这放在一个国家内部也是如此，不同区域需要利用引进技术和设备发展本地市场，再结合本地优势把市场扩大到全国范围其至全球范围。

但从我国区域之间产业发展的实际情况来看，新兴产业的转移实际上很难，在很长时间内，一直到 2019 年，中国国内的新兴产业转移并没有全领域大规模的进行。首先，中国一流新兴产业公司的总部仍然高度集中在北上广深为首的沿海的地区。以 2020 年的财富世界 500 强为例，中国（含香港）上榜企业 124 家，来自中国 39 个城市，在数量上首次超过了美国（121 家）。其中，北京拥有世界 500 强 55 家，占中国世界 500 强企业数量近半数，远远超过其他城市。上海、深圳、香港则领衔"第二集团"，分别有 9 家、8 家、7 家上榜。台北、杭州、苏州、广州、厦门、佛山、福州、济南、乌鲁木齐、西安 10 座城市也分别聚集着不止一家世界 500 强。剩余 25 座城市，则各拥有一家世界 500 强。其次，目前先进产业和工作机会仍然高度集中在北上广深为首的沿海地区，在过去的十几年里，中国内部大规模的向中西部全产业转移成功案例也并不多。如郑州虽然迎来了富士康，但是手机产量在2018年仍然只有广东的1/4，事实上仍然是郑州和深圳双制造中心的状态。

21.2.2 新兴产业发展区域策略建议

（1）着力规划新兴产业项目集约化导向

新兴产业的具体门类和项目繁多。地方发展新兴产业必须进行项目选择，绝不可盲目推进、无序发展。如果规划项目过于分散，即使投入大量人力、物力、财力，也很难形成领先世界先进水平的新兴产业，而且很难获得良好的市场份额和经济效益。从原则上讲，地方政府选择新兴产业，必须坚持三个条件：一是产品要有稳定并有发展前景的市场需求；二是要有良好的经济技术效益；三是要能带动一批产业的兴起。从地方实际出发，还必须充分考虑地方的产业基础、人才基础、技术基础、研发能力基础等因素。

因此，在规划上要注意以下战略思路：一是注重规划衔接。既要注重上下衔接，即地方新兴产业规划与国家和省战略性新兴产业规划协调配合，也要注重横向衔接，即地方新兴产业规划与其他产业发展、资源环境和重大科技等专项规划的协调配合。二是注重集约发展。地方发展新兴产业，在选择项目上必须注重集约化。三是注重园区功能。地方发展新兴产业不能过于分散，必须以园区为载体。一个园区重点发展一两项新兴产业，突出特色性、规模性。四是注重高端发展方向。各个地市的开发园区注重专业化、特色化发展方向，瞄准国际先进技术，创建国家级技术型、专业型、特色型新兴产业开发区。

（2）着力推进新兴产业对外合作专业化导向

新兴产业不仅具有创新性特点，而且需要大量开发性投资。完全靠本地智力和财力，新兴产业的发展必然十分缓慢。地方政府的职责是：鼓励新兴产业的企业自主对外合作，同时构建本地区新兴产业联络网，统筹对外合作。包括：第一，明确对外合作的重点领域。根据地方新兴产业项目及其发展中的"短腿"或"瓶颈"，通过"招智引资"拉长增粗产业链，做大新兴产业规模。扬州市充分发挥获批"太阳能屋顶计划"并且其规模全省领先以及成为"国家半导体照明工程首批试点城市"的优势，通过市场招商，吸引国内外领军企业投资相关新兴产业项目。第二，聚焦对外合作的重大项目。从原则上讲，凡有利于本地区新兴产业发展的项目，都可以而且应当对外合作。要聚焦于龙头型、基地型的重大项目。这类合作项目对一个地区的新兴产业发展具有决定性的意义。第三，选好对外合作的重要对象。一般说来，对外合作对象坚持外企、民企、国企并重，谁有先进技术，谁有投入资金，谁有销售市场，就同谁合作，如欧美、日韩，以及中国台湾地区相关行业的领军企业，开展专业化引智招资。

(3) 着力提升新兴产业技术高端化导向

发展新兴产业的核心是高新技术，尤其是具有自主知识产权的核心技术。只有掌握核心技术，才能保障新兴产业的领先地位。然而，新兴产业高新技术的研发，具有攻关艰巨性、投资风险性、盈利滞后性的特点，必须坚持走企业主导与政府引领的道路。特别是在新技术研发阶段和新产品开发初期，政府的引领作用显得更加突出。重点涉及：

第一，强化企业主体地位。发展新兴产业的主体是企业。提升新兴产业技术高端化，企业的主体作用在于：其一，只有新兴产业企业才真正了解高端化技术的方向和需求；其二，只有新兴产业企业才能把握高端化人才的需求，并且把高端化技术向高端化产品转化。政府的职责在于：引导并扶持企业加大研发投入，自主开展新兴产业技术的开发；引导并协助企业加大人才引进的力度，形成研发核心技术的团队；引导并参与企业加大资金投入，延拓新兴产业的产业链；引导并帮助企业加大市场开发的力度，促进新兴产业的产品走向国内外市场。

第二，深化产学研合作。"产学研"合作是高新科技发展及其科研成果转化的重要途径。地方政府的职责在于：制定促进三者联姻的政策措施，鼓励企业与高等院校、科研院所建立"校企联盟"等多种合作载体；政府相关部门"牵线搭桥"，引见与产业相关的国内外科研院所和院士、专家，开展技术研发、制定技术标准、转化科技成果，形成产学研合作长效机制，加快技术与资本、成果与市场的有效对接。

第三，组织关键技术攻关。新兴产业发展的竞争，本质上是核心技术的竞争。企业只有获得自主产权的核心技术，才能够站在新兴产业发展的制高点。因此，必须由企业与政府相关部门协作，共同组建科研团队，大力开展技术攻关，从而克服新兴产业发展过程中的技术瓶颈。

第四，实施知识产权战略。知识产权战略包括保护知识产权、推进创新获得新的技术专利、转化运用专利技术成果等。

(4) 着力构建新兴产业融资投资多元化导向

发展新兴产业必须突破金融瓶颈。扬州市通过多渠道发展科技金融，为新兴产业的研发提供金融支撑。主要包括：

第一，发展创业投资。例如：通过财政力量建立"风险投资基金"。充分发挥政策性创业投资引导基金的作用，通过参股、提供融资担保、跟进投资等多种方式支持创业投资和风险投资企业的设立和发展。鼓励境内外各类企业、社会团体设立创业投资企业，鼓励境内外创业投资企业设立分支机构，积极扶持、壮大一批创业投资机构。

第二，推进金融创新。着力培育科技金融机构，重点为科技型企业，特别是新兴产业企业提供融资服务；支持企业投资成立科技小额贷款公司，积极开展科技担保贷款和知识产权质押贷款；利用各地市科技成果转化风险补偿资金贷款，开展科技保险试点工作；鼓励企业利用保险手段化解科技创新风险。

第三，扩大融资规模。如积极推动业务规模大、综合实力强、在国内同行业领先的企业在境内主板上市；支持业绩突出、成长性好的高科技中小企业在科创板、中小企业板或创业板上市，引导有条件的企业到境外上市融资；鼓励和支持科技型企业发行短期融资券、中期票据和企业债券融资；对成功在主板、中小企业板、创业板、科创板上市或被批准公开发行债券融资的新兴产业企业，地市财政给予奖励等。

21.2.3 新兴产业发展各区域策略建议

（1）针对长三角地区的策略建议

第一，加强统一规划协调，加快产业集聚发展。长三角区域应在国家的指导下统一规划布局，根据各空间的实际情况和资源禀赋，发展各具特色、优势互补的新兴产业，避免同质化和重复建设。同时，依托各个国家级开发区和工业园区，遵循产业发展围绕产业链聚集的规律，在区内打造新兴产业的完整产业链，形成多个产业增长极。

第二，培育良好的政策支持环境。大力鼓励自主创新，积极培养和引进科技人才，建立多元化、多渠道、多层次的科技投入体系，不断完善基础设施，提高资源要素市场化程度，促进技术、人才、资金等生产要素向新兴产业流动。

第三，加强金融与新兴产业的融合。加大银行信贷支持力度，完善科技金融服务体系；坚持主板、创业板、科创板和新三板并重，国内市场和国外市场并重，不断发展直接融资，建立多元化的融资体系；积极鼓励和引导民间资本通过参股、控股、资产收购等多种方式投资新兴产业；结合新兴产业的特点，大力鼓励金融创新。

（2）针对珠三角地区的策略建议

第一，拓展传统银行服务领域，为满足新兴产业企业快速发展的需求。一是转变贷款观念。因新兴产业的中小型企业群中有部分业绩好、潜力大、前景佳的企业，这部分企业未来发展空间巨大，所以国内银行应该摒弃规模歧视观念，只要企业具备良好条件，银行应该用发展的眼光看企业，摒弃规模歧视观念，给予一视同仁的信贷支持。二是创新授信制度，设立科技支行。银行应该创新授信制度。传统的授信制度主要服务于大企业，不适应中小科技型企业的发展特点。因此，商业银行应该建立合理的授信业务流程和授权授信制度，以更好地服务于新兴产业。三是加快信贷产品和信用担保方式创新。科技企业的融资需求具有时间急、金额小和频率高的特点。银行要结合这些特点创新信贷产品和优化信贷流程。

第二，专门设立金融机构以服务于新兴产业发展。一方面，珠三角地区可以采取多种方式，积极引进国外大型科技银行，如美国的硅谷银行等一些具有丰富投资经验和熟悉新兴产业周期的金融机构。广东省政府可以采用设立省级分行、独资银行以及参股银行等多种方式引进外资银行。另一方面，应建立起一批本土的中小金融机构，因为新兴产业企业分布在全省各地，而中小金融机构一般与地方企业联系较为紧密，更熟悉地方经济和地方企业的经营状况，这可以有效降低金融机构提供服务过程中的信息不对称风险。

第三，设立新兴产业基金。一方面，设立新兴产业创业发展基金。中央和地方政府财政可以定期安排一部分资金投入创业发展基金，用于鼓励和扶持自主创业。另一方面，设立科技风险基金。该基金是一项政策性风险基金，专门用于新兴产业的技术创新活动，重点支持具有自主产权、发展潜力但商业资金不进入需要公共资金支持的中小企业。此外，设立科技企业贷款担保基金。由于科技企业发展初期的信用等级低、担保方式少但资金需求大，珠三角地区政府应该鼓励发展科技企业贷款担保基金。基金的资金来源于财政拨付和会员企业的出资。发展该类基金可以为会员企业的银行信贷提供担保，从而使企业更易获得融资支持。

（3）针对京津冀地区的策略建议

第一，明确发展定位。针对京津冀新兴产业的发展来说，北京市具有强大的科研优势，可以作为京津冀区域新兴产业的研发基地，产业发展向天津和河北适度扩散。天津市具备良好的制造业基础和区位优势，新兴产业发展迅速，需要继续加深和北京的合作，发挥京津两地的引领和带动作用。河北有着雄厚的重化工基础和资源优势，新兴产业的发展水平有序提升，可实现与北京和天津两地的有效承接。各地区新兴产业持续有效的发展，是推动地区间产业协同效应发挥的前提。

第二，合理加快区域内要素流动。一方面，各地区需要在区域内进行人力资本的有效开发和引导，增强地区吸引力，为各自新兴产业提供充足的劳动力供给。另一方面，京津冀各地区要加大资本的投入力度，为各地区产业发展提供充足的资本供给和有效支撑。此外，京津冀各地区要加大科研人员和专业技术人员队伍，增加科技研发投入，大力促进技术的普及和应用，有效提升各地区产业的技术发展水平。

第三，充分发挥不同行业的比较优势。首先，北京市应依托于强大的总部经济和科技研发实力，大力发展电子计算机及办公设备制造业和医疗设备及仪器仪表制造业，同时适当分解城市功能，将行业的部分生产过程向津冀两地扩散，增进产业间合理互动，发挥协同效应。其次，天津市凭借良好的制造业基础和区位优势，需要大力发展航空航天器制造业和电子及通信设备制造业，同时加深和北京的合作，有效提升产业的发展水平，发挥新兴产业的协同效应。最后，河北省应充分利用资源的优势条件，挖掘自身潜力，大力发展医药制造业，提升自身的产业发展水平，与京津实现有效对接和错位发展，有效促进三地新兴产业的协同发展。

21.3 2020—2025年中国新兴产业投资策略：投资者层面投资建议

21.3.1 中国新兴产业投资机会

（1）主题投资交易视角

从当前美国资本市场的市值结构来看，传统工业部门、周期性行业的部分市值正在下降，消费行业市值基本稳定，而以新技术、新材料、专业服务业、高端消费为代表的成长性行业市值占比正不断扩大。当前，"十三五"规划确立的新兴行业如先进半导体、机器人、增材制造、智能系统、储能与分布式能源、高端材料等正逐步成长，"十四五"强调着眼于抢占未来产业发展先机，培育先导性和支柱性产业，推动战略性新兴产业融合化、集群化、生态化发展。有望推动中国经济从"投资驱动、规模扩张、出口导向"走向"创新驱动、质量增长、市场主导"的变革时代。传统需要转型，时代呼唤变革，可以预见在不久的将来，智能制造业必将催生出一系列新的经济业态、服务范式、商业模式与价值形态。预计，战略性新兴产业、现代服务业、新一代高速光纤网络、先进泛在的无线宽带网、大数据产业、将成为国内资本市场今后5年的着力点，并将衍生出一系列主题投资机会（见图21-1）。建议关注服务机器人、智能物流、工业传感器、智能汽车、无人机等几条投资主线。

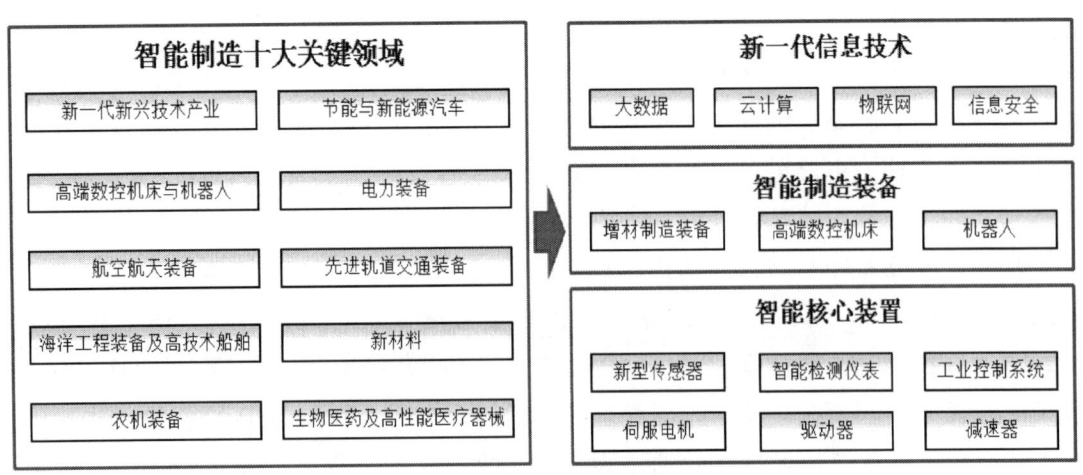

图21-1 我国新兴产业主题投资交易机会

①服务机器人将成为智能制造业的重要入口。服务机器人是机器人家族中的年轻成员,更贴近消费端,投资方向会有很多,如机器人硬件产品平台、专用芯片、操作系统、AI 引擎、感知引擎等方面。特别是物流机器人,未来几年流通物流领域对 AGV 需求将有突破性的进展,增长速度将超过 45%,物流机器人迎来快速发展时期。研究谷歌之母 Alphabet 的技术布局可以发现,深耕于智能感知、智能思考和智能行动领域的企业将大有作为,部分紧贴市场需求,以及具备技术积淀、成本优势和好的应用场景的企业在服务机器人产业大爆发的进程中有望实现快速发展。可以预见,未来服务机器人将成为智能制造的重要入口,并将吸引更多的民间资本进入,市场潜在空间巨大。

②智能物流与智能制造融合有望催生千亿级市场。智能物流是智能制造的核心组成部分,是降低社会仓储物流成本的终极方案。当前智能物流装备需求主要集中在制造业(新能源、医药、烟草等)、物流业(冷链、快递和电商)领域。2020 年度,中国移动机器人(AGV/AMR)市场销售额达到 76.8 亿元,较之于 2019 年增长幅度为 24.4%,其中营业收入超亿元的企业达到 24 家。2020 年 AGV 机器人所有品类产品新增量 4.1 万台,较之于 2019 年增长约 22.75%。2020 年天猫"双十一"购物狂欢节一天的成交额达 4 982 亿元。疫情下线上红利凸显,也加速了直播电商行业发展。受益于中国网络零售交易额的迅速增长以及自动化仓库、拣选中心改造升级,未来几年智能物流将迎来货运仓储建设的高速发展期。

③工业传感器向纵深发展,未来应用空间广泛。在汽车、工业自动化、医疗、环保、消费等领域智能化、数字化市场需求的持续带动下,2020 年全球传感器市场规模保持稳步增长。2020 年,智能传感器市场规模达到 358.1 亿美元,占总体规模的 22.3%。美国智能传感器产值占比最高,达到 43.3%,欧洲次之,占比 29.7%,欧美成为全球智能传感器的主要生产基地,占比超过 70%,而亚太地区(如中国、印度等)仍将保持较快的增速。新型工业传感器的近期目标,是将智能型光电传感器、智能型接近传感器、中低档视觉传感器、MEMS 传感器及芯片、光纤传感器的市场占有率提高到 20%。目前国内传感器应用占比最多的是工业和汽车领域,发展最快的是汽车电子和通信电子应用市场。未来,在智能农业、智能交通、智能楼宇、智能环保、智能电网、健康医疗、智能穿戴等领域,传感器将有着广阔的应用空间。

④智能汽车研发投资如火如荼,未来几年将进入提速增长期。近年来,国内外各大车企、互联网巨头均陆续涉足这一领域,革命性产品不断推出。根据 iResearch 统计数据,2016—2020 年我国智能网联汽车产业规模呈现连续上涨趋势,2020 年产业规模增长到了 2 556 亿元,同比增长 54.3%。未来 5—10 年,智能汽车发展进程将加速,而政策的支持、标准的制定也将进一步起到催化作用。随着智能网联技术的快速发展,

智能汽车领域正成为新一轮科技革命和产业革命的战略高地，我国智能汽车行业迎来了发展的黄金期，车联网汽车的数量不断增加，智能网联汽车的产业规模预计也将呈现连续增长趋势。到 2026 年，预计我国智能网联汽车产业规模将达到 5 859 亿元。智能汽车是未来汽车发展的重要战略方向，多个车企公布自动驾驶的战略规划，大批初创企业也投身于智能汽车行业，抢占行业发展先机展。2020 年发布的《智能汽车创新发展战略》提出，到 2025 年，中国标准智能汽车的技术创新、产业生态、基础设施、法规标准、产品监管和网络安全体系基本形成。2035—2050 年，中国标准智能汽车体系全面建成，更加完善，未来几年将成为投资布局智能汽车最好的时间点。

⑤无人机前景美好，有望成为最早实现产业化的特种机器人。根据 Gartner 数据来看，2018 年全球民用无人机市场产量达 313 万台，市场规模达到 73 亿美元，同比增速达到 28%。中国市场 2015 年市场销售规模达到 24 亿元。随着无人机应用领域的逐渐扩大和市场需求的不断提升，我国民用无人机市场规模 2018 年达到 134 亿元，2019 年达到 220 亿元。预计到 2025 年，民用无人机产值达到 1 800 亿元，年均增速 25% 以上。未来，人工智能、深度学习、计算机网络等前沿技术有望与无人机快速结合，使之成为真正意义上的"空中机器人"。

⑥"碳中和"目标提上日程，建立全球低碳经济新格局。2020 年，中国首次提出了"2060 碳中和"目标，与 2030 年碳排放达峰共同组成"30·60 目标"，标志着中国全面进入绿色低碳时代，以及"十四五"期间开启生态文明新征程。与此同时，欧盟、日本、韩国等主要经济体也在 2020 年相继宣布要在 2050 年前后实现"碳中和"，而其他近 110 个国家也都做出了同样的零碳承诺，这意味着 21 世纪第 3 个十年绿色可持续经济低碳竞争将成为全球经济发展的主基调，"全球绿色低碳经济之战"已正式打响。低碳新格局的建立，会带来产业新布局，亦会诞生新市场。越来越多的企业开始被倒逼在采购、生产、物流、销售等环节进行绿色升级转型，并融入数字化技术。不仅提高了生产效率、减少了环境影响，也提升了绿色项目对融资的吸引力，更有助于打造绿色产业链供应链。除工业生产上的减排工作外，打造绿色产业链也是推动疫情后绿色复苏以及实现"碳中和"目标的重要环节。在打通产运销绿色升级与数字转型的基础上，供应链全生命周期的碳排放测算工作以及碳排放信息披露都有赖于数字技术的融入与结合，最终实现产业链的全面智能化与绿色化。

（2）产业链视角

按照智能制造产业链发展的顺序，首先需实现自动化，然后信息化，再次互联化，最后智能化（见图 21-2）。就目前国内的实际发展情况而言，汽车、家电等行业自动化和信息化程度已经较高，其他 3C、食品饮料、化工、医药等行业正在加快其自动化和信息化进程。但是从目前的自动化到互联化还是需要相对长期的发展，智能化可能更需要长时间的等待。细分行业中也是自动化相关的装备及零部件、系统集成发展进程相对较快。

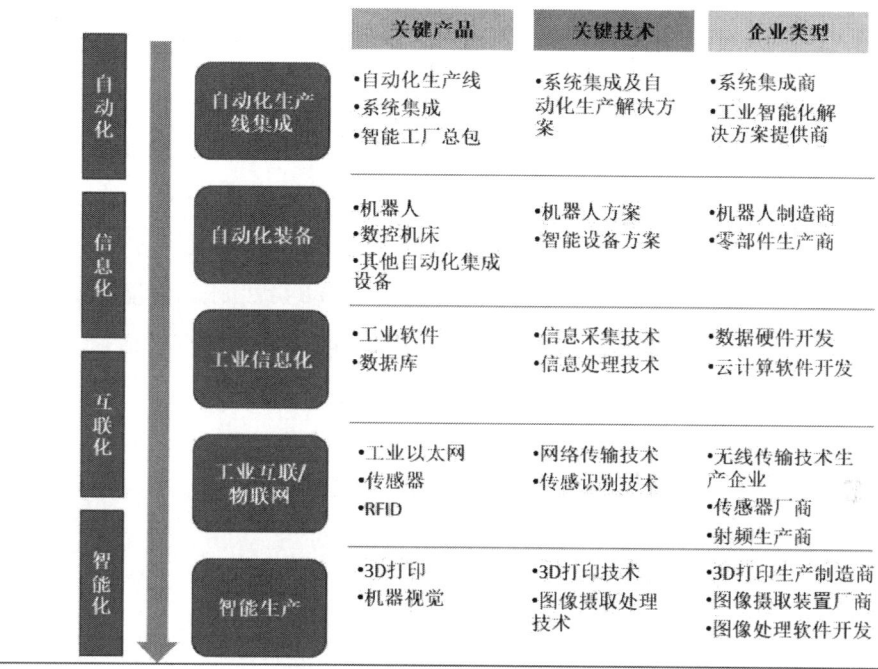

图 21-2 智能制造发展阶段及产业链

从国际比较来看，由于中国目前在智能制造技术方面的优势并不突出，在市场需求正处于快速扩张的背景下，产业链中相对下游细分行业中存在的业务模式、产品质量等问题可以相对弱化，因此短期（3年内）主要看政策利好、资本概念（并购、外资合资）驱动以及系统集成领域；中期（3—5年）应该看市场拓展（向产业链上游转移或拓展应用市场）和核心技术突破（特别是减速器和多机器人协作）的企业；长期（5—10年）看经营水平和顶层设计能力，特别是那些有主营业务利润，或者产业资本或政府资金持续支持；紧靠某一类优势的行业应用，在某一细分产品解决方案上具有独特优势；掌握关键核心技术，或者具备产学研结合优势；与政府（特别是当地政府）有良好关系的相关企业。

（3）细分行业格局视角

在整个智能制造体系中，工控软件、工业云平台和工业大数据是最为关键的三个细分行业领域，产业链相关企业将受益。目前，中国工控安全市场属于蓝海市场，当前处于刚起步阶段，其依托于国内庞大的工业系统，将成为网络安全领域的重要分支，预计在未来3—5年进入快速成长期。今后工控安全的突破点将在电力、高铁、市政、石化、烟草等过程控制生产类行业，例如发电和石化等细分子行业。工业云平台采用

"大规模计算平台＋大规模工业设备＋领域专家团队＋主导产业创新服务"的垂直创新模式，工业 PaaS 是当前领军企业布局的重点，是平台核心能力的集中体现。通过对通用 PaaS 平台的深度改造，构造满足工业实时、可靠、安全需求的云平台，将大量工业技术原理、行业知识、基础模型规则化、软件化、模块化，并封装为可重复使用和灵活调用的微服务，降低应用程序开发门槛和开发成本，提高开发、测试、部署效率。云计算企业提供云计算基础资源能力及关键技术支持，典型企业如亚马逊、微软、Pivotal、Vmware 等，国内云服务企业主要有阿里云和用友网络等企业。工业大数据基于工业云计算服务平台进行海量数据的存储、数据挖掘和可视化呈现。今后，工业大数据与智能机床、机器人、3D 打印等技术结合，推动柔性制造、智能制造和网络制造的发展，未来应关注符合工业大数据以及工业生产智能化升级方向的企业。

21.3.2 中国新兴产业投资策略建议

（1）投资专业化

一是行业发展方向判断专业。我国的九大新兴产业领域，看似投资机会很多，但是细分领域也很多，也很复杂，如果不够专业，不深扎进去，很难找到好的投资机会，也理不清投资逻辑。二是技术趋势和前景需要专业判断。新兴产业一般是多种技术迸发的阶段，技术水平怎么样，多条技术路线未来哪条是主流方向？都需要懂技术的才能去判断。

（2）重视投后管理

投资要更重视投后管理，具有同理心，把自己当成企业的人，一个战壕里的兄弟，坦诚相见，做好服务，帮企业干活儿，对接各种资源，指导规范运作，衔接资本市场，与企业一起成长。A 轮之前的项目，帮助企业攒团队，搭班子，商业模式梳理和融资对接；A＋轮到 C 轮帮助企业优化盈利模式、寻找战略融资；D 轮到 Pre – IPO 轮帮助企业进行战略布局、战略融资或并购。

（3）多元化退出渠道

在退出方面，有很多种方式，IPO、并购、转让、回购等，现在政策上又提供了一个渠道——科创板。对比美国纳斯达克，我国的科创板更多强调侧重在科技创新，尤其是科技含量和自主知识产权创新，具体条件和政策还在信息搜集和讨论期，但是大方向是没有问题的，注重研发投入、技术更新，有好的机会和政策，做强做大不是问题。

（4）做好风险控制

新兴产业投资风险相对更大，风控需做好。一是做好一般风险控制，项目选择时必须严格把关,按照投资的行业标准、区域标准、项目标准进行项目筛选,对于不符合要求的项目坚决否决。二是为避免可能造成的单个项目投资彻底失败,一般情况下都要把资金投放到不同的项目中去,由此形成一个项目投资组合。从行业组合、区域组合、投资阶段组合三个层面来考虑构建科学合理的项目投资组合。三是做好单个投资项目的风险控制,从投资进入之前开始,并伴随项目投资的始终,而且单个投资项目的风险控制和私募股权基金的一般风险控制紧密相连,需要服从私募股权基金的一般风险控制战略,综合运用分段投资、合同制约、违约补救、对管理层的股权激励和对赌协议等多重手段,做好单个项目风险的控制。

后　　记

　　目前，我国的经济正在处于一个转型升级的关键时期，国家正在推动创新驱动发展战略。战略新兴产业作为未来的产业支柱，其进步与发展主要具有以下三个方面的重要意义。首先，未来中国经济社会的健康和蓬勃发展需要战略性新兴产业作为一种重要的引导和带头力量。当前，大力发展战略性新兴产业对于正处于全面建设小康社会关键阶段的中国来说至关重要，这能够帮助我国抢占新一轮经济和科技发展的先机，还能够提升产业的核心竞争力，进而提升综合国力。其次，智能制造业的快速高质量发展对于正在进行转型升级的中国经济来说也是至关重要的。当前，一些跨国企业由于考虑到中国各项生产要素成本正在逐渐上升，已经开始将制造业往印度和东南亚各国转移，此外"碳达峰""碳中和"目标的确定也明确了产业转型升级这一战略方向，而促进和加快智能制造业的发展是进行产业转型升级所必不可少的举措之一。最后，信息通信业在一国经济发展中会起到基础性的作用，因此鼓励信息通信业的快速发展也是重中之重。

　　发展新兴产业能够完善国民经济产业体系，增加有效供给，满足人们日益增长的物质文化需求，创造更多的经济价值，促进经济发展；新兴产业大都为技术、资金、知识密集型产业，其发展能够转变经济增长方式，促进可持续发展，实现绿色增长；新兴产业为传统产业提供了技术支持，并能促进传统产业的改造升级，优化我国产业结构；新兴产业代表着未来经济的发展方向，是中国经济发展实现量到质的飞跃所必需的力量。

　　新兴产业多为服务业，因此在新型产业发展水平得到提高的同时，服务业在全国的经济贡献率也会得到相应的提高；新兴产业的发展将会吸引人才、资金等生产要素在此领域聚集，带动相关产业的发展，促进配套服务业发展水平的提高，从而提高服务业比重；新兴产业的创新性强，利于培育新的商业模式，这将大幅度提高我国服务业生产效率和质量，增加服务业比重。

国情不同决定了中国和西方的发展走出了不同的道路，中国在总结过去经验教训的基础上，将现代科技和市场经济进行了有机结合，这也是现代文明的精髓。

　　中国已经通过了刘易斯拐点，进入到了经济发展成熟的黄金期，中国特有的国情和文化决定了中国特有的决策，而这也使得中国将有可能可以有效避免进入中等收入陷阱，进而踏入发达国家的行列。在中国A股市场里我们可以发现一些优秀的龙头企业，因此中国A股还是被看好的，而这也是中国股市投资的逻辑。

　　从大学毕业以后，从事研究工作30余年来，之所以能取得现在的成绩，感谢我的父母在极端贫穷和困难的情况下，让我继续读书，家父于2017年初过世，这本书的出版也算是对他的一个纪念。

　　我的硕士导师，著名经济学家、浙江大学俞明仁教授，我的博士导师，著名经济学家吴宣恭、胡培兆教授一直鼓励我从事研究工作。俞明仁教授于2009年5月辞世，胡培兆教授于2019年5月仙逝，对此深表怀念。吴宣恭教授近九十岁高龄还在从事研究，一直激励着我。

　　本书是我们集体分工写作而成，全书致力于结合案例分析与操作细节，把脉新兴产业的发展动态，解读行业规则，揭开新兴产业的财富奥秘。囿于学力所限，书中不足乃至错谬之处难以彻底避免，恳请各位读者不吝赐教。

　　最后，在本书的写作过程中，我们得到了许多领导和专家的大力支持和关怀，在此谨向他们表达诚挚的感谢。感谢出版社编辑们的专业严谨和辛勤劳动。感谢对本书出版给予过关心、支持、帮助和建议的每一位师学亲友！

何诚颖

2022年4月